América del Sur

PEARSON

Part of the award-winning MyLanguageLabs suite of online learning and assessment systems for basic language courses, MySpanishLab brings together—in one convenient, easily navigable site—a wide array of language-learning tools and resources, including an interactive version of the *¡Anda! Curso intermedio* student text, an online Student Activities Manual, and all materials from the audio and video programs. Chapter Practice Tests, tutorials, and English grammar Readiness Checks personalize instruction to meet the unique needs of individual students. Instructors can use the system to make assignments, set grading parameters, listen to student-created audio recordings, and provide feedback on student work. MySpanishLab can be packaged with the text at a substantial savings. For more information, visit us online at www.mylanguagelabs.com/books.html

A GUIDE TO *¡ANDA! CURSO INTERMEDIO* ICONS

✔	**Readiness Check for MySpanishLab**	This icon, located in each chapter opener, reminds students to take the Readiness Check in MySpanishLab to test their understanding of the English grammar related to the Spanish grammar concepts in the chapter.
¡Hola!	**MySpanishLab**	This icon indicates that additional resources for pronunciation and culture are available in MySpanishLab.
🔊	**Text Audio Program**	This icon indicates that recorded material to accompany *¡Anda! Curso intermedio* is available in MySpanishLab (www.mylanguagelabs.com), on audio CD, or on the Companion Web site (www.pearsonhighered.com/anda).
👥	**Pair Activity**	This icon indicates that the activity is designed to be done by students working in pairs.
👥	**Group Activity**	This icon indicates that the activity is designed to be done by students working in small groups or as a whole class.
🌐	**Web Activity**	This icon indicates that the activity involves use of the Internet.
🎬	**Video icon**	This icon indicates that a video episode is available for the *Laberinto peligroso* video series that accompanies the *¡Anda! Curso intermedio* program. The video is available on DVD and in MySpanishLab.
📖	**Student Activities Manual**	This icon indicates that there are practice activities available in the *¡Anda! Curso intermedio* Student Activities Manual. The activities may be found either in the printed version of the manual or in the interactive version available through MySpanishLab. Activity numbers are indicated in the text for ease of reference.
📖	**Workbooklet**	This icon indicates that an activity has been reproduced in the *Workbooklet* available as a print supplement or in MySpanishLab.
🌐	**Interactive Globe**	This icon indicates that additional cultural resources in the form of videos, web links, interactive maps, and more, relating to a particular country, are organized on an interactive globe in MySpanishLab.

Curso intermedio

¡Anda!

Second Edition

AUDREY L. HEINING-BOYNTON
The University of North Carolina at Chapel Hill

JEAN W. LELOUP
United States Air Force Academy

GLYNIS S. COWELL
The University of North Carolina at Chapel Hill

PEARSON

Boston   Columbus   Indianapolis   New York   San Francisco   Upper Saddle River
Amsterdam   Cape Town   Dubai   London   Madrid   Milan   Munich   Paris   Montréal   Toronto
Delhi   Mexico City   São Paulo   Sydney   Hong Kong   Seoul   Singapore   Taipei   Tokyo

Executive Editor, Spanish: Julia Caballero
Editorial Assistants: Samantha Pritchard/Jessica Finaldi
Executive Marketing Manager: Kris Ellis-Levy
Senior Marketing Manager: Denise Miller
Marketing Assistant: Michele Marchese
Development Editor: Janet García-Levitas
Development Editor, Elementary Spanish: Celia Meana
Development Editor, Spanish: Meriel Martínez
Senior Managing Editor for Product Development:
  Mary Rottino
Associate Managing Editor (Production): Janice Stangel
Senior Production Project Manager: Nancy Stevenson
Executive Editor, MyLanguageLabs: Bob Hemmer
Senior Media Editor: Samantha Alducin

Development Editor, MyLanguageLabs: Bill Bliss
Editorial Coordinator, World Languages:
  Regina Rivera
Senior Art Director: Maria Lange
Cover Design: DePinho Design
Operations Manager: Mary Fischer
Operations Specialist: Alan Fischer
Full-Service Project Management: Melissa Sacco,
  PreMediaGlobal
Composition: PreMediaGlobal
Printer/Binder: R.R. Donnelley
Cover Printer: Lehigh - Phoenix Color
Publisher: Phil Miller
Cover Image: Shutterstock Images

This book was set in 10/12 Janson Roman.

Credits and acknowledgments borrowed from other sources and reproduced, with permission, in this textbook appear on appropriate page within text (or on page **A70**).

Library of Congress Cataloging-in-Publication Data
Heining-Boynton, Audrey L.
 Anda!: curso intermedio / Audrey L. Heining-Boynton, Jean W. LeLoup,
Glynis S. Cowell. — 2nd ed.
    p. cm.
 Text in English and Spanish.
 Includes bibliographical references and index.
 ISBN-13: 978-0-205-05596-8 (Student ed.)
 ISBN-10: 0-205-05596-6 (Student ed.)
 1. Spanish language—Textbooks for foreign speakers—English. 2. Spanish language—Grammar.
3. Spanish language—Spoken Spanish. I. LeLoup, Jean Willis. II. Cowell, Glynis S. III. Title.
PC4129.E5H4285 2012
468.2'421—dc23

2012000625

Student Edition, ISBN-10: 0-205-05596-6
Student Edition, ISBN-13: 978-0-205-05596-8
Annotated Instructor's Edition, ISBN-10: 0-205-39973-8
Annotated Instructor's Edition, ISBN-13: 978-0-205-39973-4

10 9 8 7 6

www.pearsonhighered.com

DEDICATION

In memory of D., M., G., & A.L. I miss you very much.
—Audrey

In memory of my parents

—Jean

In honor of family and friends

—Glynis

Brief Contents

(The numbers next to the grammar and vocabulary sections indicate their location within the chapter.)

FIRST

	CAPÍTULO PRELIMINAR A Para empezar	CAPÍTULO 1 Así somos	CAPÍTULO 2 El tiempo libre
Vocabulary sections		**1** El aspecto físico y la personalidad p. 34 **3** Algunos estados p. 46 **5** La familia p. 53	**1** Deportes p. 72 **3** Pasatiempos y deportes p. 86
Review grammar	Selected elementary topics, see page 3.	• Los pronombres de complemento directo e indirecto y los pronombres reflexivos p. 35 • El pretérito p. 47	• Los mandatos formales e informales p. 74 • El subjuntivo p. 87
Grammar sections		**2** Algunos verbos como *gustar* p. 39 **4** El presente perfecto de indicativo p. 49	**2** Los mandatos de *nosotros/as* p. 78 **4** El subjuntivo para expresar pedidos (*requests*), mandatos y deseos p. 91
Culture	**Notas culturales** El español: lengua de millones p. 10 **Perfiles** ¿Quién habla español? p. 18 **Notas culturales** La influencia del español en los Estados Unidos p. 30	**Notas culturales** ¿Hay un hispano típico? p. 42 **Perfiles** Familias hispanas p. 57 **Vistazo cultural** Los hispanos en los Estados Unidos p. 62	**Notas culturales** La Vuelta al Táchira p. 82 **Perfiles** Campeones famosos del mundo hispano p. 94 **Vistazo cultural** Deportes y pasatiempos en la cultura mexicana p. 100
Escucha		Un programa de televisión cómico p. 44 **Estrategia:** Predicting content and guessing meaning p. 44	Una conversación entre dos amigos p. 84 **Estrategia:** Listening for the gist p. 84
¡Conversemos!		**Estrategias comunicativas:** Employing greetings and farewells p. 58	**Estrategias comunicativas:** Expressing pardon, requesting clarification, and checking comprehension p. 96
Escribe		Un perfil personal p. 60 **Estrategia:** Process writing (Part 1): Organizing ideas p. 60	Un comentario de blog p. 98 **Estrategia:** Process writing (Part 2): Linking words p. 98
Laberinto peligroso		**Lectura:** *¿Periodistas en peligro?* p. 64 **Estrategia:** Pre-reading techniques: Schemata, cognates, predicting, and guessing p. 64 **Video:** *¿Puede ser?* p. 66	**Lectura:** *Búsquedas* p. 102 **Estrategia:** Skimming and scanning; reading for the gist p. 102 **Video:** *¿Qué te ocurre, Celia?* p. 104

SEMESTER

SECOND

SEMESTER

CAPÍTULO 9 La expresión artística	CAPÍTULO 10 Un planeta para todos	CAPÍTULO 11 Hay que cuidarnos	CAPÍTULO 12 Y por fin, ¡lo sé!
1 El arte visual p. 372 **3** La artesanía p. 381 **4** La música y el teatro p. 386 **6** El cine y la televisión p. 394	**1** El medio ambiente p. 412 **4** Algunos animales p. 425 **6** Algunos términos geográficos p. 432	**1** El cuerpo humano p. 454 **4** La atención médica p. 465 **6** Algunos síntomas, condiciones y enfermedades p. 472	**Reviewing strategies** p. 496
• Las comparaciones de igualdad y desigualdad p. 373 • El superlativo p. 388	• Las preposiciones y los pronombres preposicionales p. 413 • El uso del infinitivo después de las preposiciones p. 426	• Los verbos reflexivos p. 455 • Las expresiones afirmativas y negativas p. 466	**Comunicación** Recycling of **Capítulo 7** to **Capítulo 11** p. 498
2 Repaso del subjuntivo: El subjuntivo en cláusulas sustantivas, adjetivales y adverbiales p. 375 **5** Cláusulas condicionales de *si* (Parte 1) p. 391	**2** El imperfecto de subjuntivo p. 416 **3** El pasado perfecto de subjuntivo p. 420 **5** Cláusulas de *si* (Parte 2) p. 430 **7** La secuencia de los tiempos verbales p. 435	**2** *Se* impersonal p. 457 **3** Las construcciones recíprocas: *nos* y *se* p. 460 **5** El *se* inocente (*Se* for unplanned occurrences) p. 469 **7** La voz pasiva p. 476	
Notas culturales: El Museo del Oro en Bogotá, Colombia p. 383 **Perfiles:** El arte como expresión personal p. 397 **Vistazo cultural:** El arte de Perú, Bolivia y Ecuador p. 402	**Notas culturales:** Amigos del Medio Ambiente p. 422 **Perfiles:** Algunas personas con una conciencia ambiental p. 438 **Vistazo cultural:** La naturaleza y la geografía de Colombia y Venezuela p. 444	**Notas culturales:** La medicina tradicional o alternativa p. 462 **Perfiles:** Algunas personas innovadoras en el campo de la medicina p. 481 **Vistazo cultural:** La medicina y la salud en Cuba, Puerto Rico y la República Dominicana p. 486	**Cultura**
Una conversación entre familia de un concierto p. 384 **Estrategia:** Making inferences from what you hear p. 384	Un comentario de radio p. 423 **Estrategia:** Listening in different contexts p. 423	Un informe de radio p. 463 **Estrategia:** Commenting on what you heard p. 463	
Estrategias comunicativas: Clarifying and using circumlocution p. 398	**Estrategias comunicativas:** Expressing agreement, disagreement, or surprise p. 440	**Estrategias comunicativas:** Pausing, suggesting an alternative, and expressing disbelief p. 482	
Un cuento corto p. 400 **Estrategia:** Introductions and conclusions in writing p. 400	Un ensayo convincente p. 442 **Estrategia:** More on linking sentences p. 442	Un guión de cortometraje p. 484 **Estrategia:** Determining audience and purpose p. 484	
Lectura: *Sola y preocupada* p. 404 **Estrategia:** Making inferences: Reading between the lines p. 404 **Video:** *Desaparecidos* p. 406	**Lectura:** *En peligro de extinción* p. 447 **Estrategia:** Identifying characteristics of different text types p. 446 **Video:** *¡Alto! ¡Tire el arma!* p. 448	**Lectura:** *¿Caso cerrado?* p. 489 **Estrategia:** Assessing a passage, responding, and giving an opinion p. 488 **Video:** *Atando cabos* p. 490	Recap of Episodios 7–11

Preface

Why *¡Anda! 2e?*

We were pleased by the enthusiastic response to the first edition of *¡Anda! Curso intermedio,* and we are honored that so many schools have chosen to adopt it for use in their intermediate Spanish courses. The response confirmed that many schools needed a new kind of Spanish program.

We wrote *¡Anda! Curso intermedio* originally because Spanish instructors told us that their courses were changing. In survey after survey, in focus group after focus group, they said that they were finding it increasingly difficult to accomplish everything they wanted in their elementary and intermediate Spanish courses. They told us that contact hours were decreasing, that class sizes were increasing, and that more and more courses were being taught partially or totally online. They told us that their lives and their students' lives were busier than ever. And as a result, they told us, there simply wasn't enough time available to do everything they wanted to do. Some reported that they felt compelled to gallop through their text in order to cover all the grammar and vocabulary, omitting important cultural topics and limiting their students' opportunities to develop and practice communication skills. Others said that they had made the awkward choice to use a text designed for first-year Spanish over three or even four semesters. Many instructors were looking for new ways to address the challenges they and their students were facing. We created *¡Anda! Curso intermedio* to meet this need.

The challenges we heard about from all these Spanish instructors still exist today, and thus our goals and guiding principles for the second edition of the *¡Anda! Curso intermedio* program remain the same as they were in the first edition. Nevertheless we have made many changes in response to helpful suggestions from users of the earlier edition, and we have sought to make the program even more flexible than its predecessor and even more focused on students' and instructors' needs.

NEW to This Edition

Among the many changes we have made to the *¡Anda! Curso intermedio* program are the following:

▶ New *learning objectives* accompanying each *Vocabulario* and *Gramática* chunk make the learning goal of each chunk transparent to students.

▶ New *¿Cómo andas?* self-assessment boxes align directly to the chapter objectives and are numbered to match with its corresponding *Comunicación* section, helping students tie the objectives to learning outcomes.

▶ A new *chapter opening organizer* now includes references to the complete *¡Anda!* program, allowing for easier integration of supplements and resources.

▶ Revised headings and design for each *Comunicación* section, now labeled I and II, help students and instructors effectively navigate the parts of the chapter.

- ▶ *Repaso* **sections** are now available in MySpanishLab. Icons in the text guide students to these resources for more detailed information and practice in an interactive setting that allows for more personalized instruction.

- ▶ *New readings* in the *Letras* **Literary Reader** have been included in this edition, along with new pre-, during, and post-activities in order to acquaint students with new literary works.

- ▶ Many new **teacher annotations** have been added to provide additional guidance and options for instructors and to aid in lesson planning and implementation.

- ▶ New *21st Century Skills* teacher annotations help instructors develop students' language proficiency for use in real-life settings.

- ▶ Various custom versions of the text are now available. In addition to the *complete text, split volumes* are now available, each containing a single semester's worth of material.

The *¡Anda!* Story

The *¡Anda! Curso elemental* and *¡Anda! Curso intermedio* programs were developed to provide practical responses to the challenges today's Spanish instructors are facing. Its innovations center around three key areas:

1 Realistic goals with a realistic approach

2 Focus on student motivation

3 Tools to promote success

Realistic goals with a realistic approach

¡Anda! is the first college-level Spanish program conceived from the outset as a four-semester sequence of beginning and intermediate materials. The *¡Anda!* program is divided into two halves, *¡Anda! Curso elemental* for beginning students and *¡Anda! Curso intermedio* for intermediate students, each of which can be completed in one academic year.

Each volume's scope and sequence has been carefully designed, based on research and feedback from hundreds of instructors and users at a wide variety of institutions. The vocabulary in both *¡Anda! Curso elemental* and *¡Anda! Curso intermedio* is high frequency, and the number of new words is controlled. The grammar scope and sequence is the result of extensive research in which hundreds of Spanish instructors across the country responded. Well over 80% of the respondents agree with the placement of the grammar topics for both the beginning and intermediate courses. This careful planning and attention to chunking of material results in students having adequate time throughout the courses to focus on communication, culture, and skills development, and to master the vocabulary and grammar concepts to which they are introduced.

Each volume of *¡Anda!*, for both *Curso elemental* and *Curso intermedio,* has been structured to foster preparation, recycling, and review within the context of a multi-semester sequence of courses. The ten regular chapters are complemented by *two preliminary* chapters and *two recycling* chapters.

Capítulo Preliminar A	Capítulo Preliminar B
Capítulo 1	Capítulo 7
Capítulo 2	Capítulo 8
Capítulo 3	Capítulo 9
Capítulo 4	Capítulo 10
Capítulo 5	Capítulo 11
Capítulo 6 (recycling)	Capítulo 12 (recycling)

- In *¡Anda! Curso intermedio,* *Preliminary Chapter A* is a **review** of basic grammar structures that were presented in *¡Anda! Curso elemental* and is meant to jump-start your semester for those who are coming from a different school, or those who need a refresher, to get up to speed. Most students should be very familiar with the review material in this chapter.

- In *¡Anda! Curso intermedio,* *Preliminary Chapter B* is a **review** of Preliminary A through Chapter 5 and allows those who join the class midyear, or those who need a refresher, to get up to speed at the beginning of the second half of the book.

- *Chapters 1–5* and *7–11* are **regular** chapters.

- *Chapters 6* and *12* are **recycling** chapters. No new material is presented. Designed for in-class use, these chapters recycle and recombine previously presented vocabulary, grammar, and culture, giving students more time to practice communication without the burden of learning new grammar or vocabulary. Rubrics are provided in these chapters to assess student performance. They provide clear expectations for students as they review.

Each regular chapter of *¡Anda! Curso intermedio* provides a realistic approach for the achievement of realistic goals.

- New material is presented in manageable amounts, or **chunks,** allowing students to assimilate and practice without feeling overwhelmed.

- Each chapter contains a **realistic** number of new vocabulary words.

- Vocabulary and grammar explanations are interspersed, each **introduced at the point of need.**

- Grammar explanations are clear and concise, utilizing either deductive or inductive presentations, and include many supporting examples followed by practice activities. The inductive presentations, provide students with examples of a grammar concept. They then must formulate the rule(s) through the use of guiding questions. The inductive presentations are accompanied by a new *Explícalo tú* heading and an icon that directs them to Appendix 1, where answers to the questions in the presentations may be found.

- Practice begins with **mechanical** exercises, for which there are correct answers, progresses through more **meaningful,** structured activities in which the student is guided, but has some flexibility in determining the appropriate response, and ends with **communicative** activities in which students are manipulating language to create personalized responses.

Focus on student motivation

The many innovative features of *¡Anda! Curso intermedio* that have made it such a successful program continue in the second edition to help instructors generate and sustain interest on the part of their students, whether they be of traditional college age or adult learners:

- Chapters are organized around themes that reflect **student interests** and tap into students' **real-life experiences.**

- Basic **vocabulary** has been selected and tested throughout the textbook's development for relevance and support, while additional words and phrases are offered so that **students can personalize** their responses and acquire the vocabulary that is most meaningful to them. Vocabulary from beginning Spanish is also available in Appendix 2, so that students may recycle/review words they learned in their elementary Spanish course.

- Activities have been designed to foster active participation by students. The focus throughout is on giving students opportunities to speak and on allowing instructors to **increase the amount of student "talk time"** in each class period. The majority of activities **elicit students' ideas and opinions,** engaging them to respond to each other on a variety of levels. Abundant pair and group activities encourage students to learn from and support each other, creating a comfortable arena for language learning.

- **All of the material** for which students entering this class would be responsible is provided, including elementary grammar and vocabulary Appendices that give students a ready reference for what they learned during first-year Spanish.

- Each activity is designed to begin with **what the student already knows.**

- A **high-interest mystery story,** *Laberinto peligroso,* runs through each chapter. Two episodes are presented in each regular chapter, one as the chapter's reading selection (in the *Lectura* section), the other in a corresponding video segment (in the *Video* section).

- Both **"high" and "popular" culture** are woven throughout the chapters to enable students to learn to recognize and appreciate cultural diversity as they explore behaviors and values of the Spanish-speaking world. They are encouraged to think critically about these cultural practices and gifts to society.

Tools to promote success

The *¡Anda! Curso intermedio* program includes many unique features and components designed to help students succeed at language learning and their instructors at language teaching.

Student learning support

- Explicit, systematic **recycling boxes with page references** help students link current learning to previously studied material in earlier chapters or sections of *¡Anda! Curso intermedio.* Recycling boxes with page references to elementary vocabulary and grammar direct the student to *¡Anda! Curso elemental* or to an appendix in *¡Anda! Curso intermedio* where this material is repeated for those who used a different elementary program.

- Integrated-process strategies—Listening (*Escucha*), Reading (*Lectura*), Writing (*Escribe*), and Speaking (*¡Conversemos!*)—help students process the concepts and become self-sufficient learners.

- **Periodic review and self-assessment** boxes (*¿Cómo andas?* I) and (*¿Cómo andas?* II) help students gauge their understanding and retention of the material presented. A final assessment in each chapter (*Y por fin, ¿cómo andas?*) offers a comprehensive review. **Scoring rubrics** are also available in *Chapter 6* and *Chapter 12* to assist both students and instructors with assessment.

- **Student notes** provide additional explanations and guidance in the learning process. Some of these contain cross-references to other student supplements. Others offer learning strategies (*Estrategia*) and additional information (*Fíjate*).

- **MySpanishLab** offers students a wealth of online resources and a supportive environment for completing homework assignments. When enabled by the instructor, a "Need Help" box appears as students are doing online homework activities, providing links to English and Spanish grammar tutorials, e-book sections, and additional practice activities—all directly relevant to the task at hand. Hints, verb charts, a glossary, and many other resources are available as well.

- A **Workbooklet,** available separately, allows student to complete the activities that involve writing without having to write in their copies of the textbook.

Instructor teaching support

One of the most important keys to student success is instructor success. The *¡Anda! Curso intermedio* program has all of the support that you have come to expect and, based on our research, it offers many other enhancements.

- The **Annotated Instructor's Edition** of *¡Anda! Curso intermedio* offers a wealth of materials designed to help instructors teach effectively and efficiently. Strategically placed annotations explain the text's methodology and function as **a built-in course in language teaching methods.**

- **Estimated time indicators** for presentational materials and practice activities help instructors create lesson plans.

- Other annotations provide additional activities and suggested answers.

- **The annotations are color-coded** and labelled for ready reference and ease of use.

- A treasure trove of supplemental activities, available for download in the **Extra Activities** folder in MySpanishLab, allows instructors to choose additional materials for in-class use.

Teacher Annotations

The teacher annotations in the *¡Anda! Curso intermedio* program fall into several categories:

- **Methodology:** A deep and broad set of methods notes designed not only for the novice instructor but also for experienced instructors. The notes serve as either an induction into teaching or as an excellent refresher.

- **Section Goals:** Set of student objectives for each section.

- **National Standards:** Information containing the correlation between each section with the National Standards as well as tips for increasing student performance.

- **21st Century Skills:** Interpreting the new Partnership for the 21st Century skills and the National Standards. These skills enumerate what is necessary for successful 21st century citizens.

- **Planning Ahead:** Suggestions for instructors included in the Chapter openers to help prepare materials in advance for certain activities in the chapter. Also provided is information regarding which activities to assign to students prior to them coming to class.

- **Warm-up:** Suggestions for setting up an activity or how to activate students' prior knowledge relating to the task at hand.

- **Suggestion:** Teaching tips that provide ideas that will help with the implementation of activities and sections.

- **Note:** Additional information for instructors regarding specific activities as well as background knowledge instructors may wish to share with students.

- **Expansion:** Ideas for variations of a topic that may serve as wrap-up activities.

- **Follow-up:** Suggestions to aid instructors in assessing student comprehension.

- **Additional Activity:** Independent activities related to the ones in the text that provide further practice.

- **Alternate Activity:** Variations of activities provided to suit each individual classroom and preference.

- **Heritage Language Learners:** Suggestions for the heritage language learners in the classroom that provide alternatives and expansions for sections and activities based on prior knowledge and skills.

- **Recap of *Laberinto peligroso*:** A synopsis of the both the *Lectura* and *Video* sections for each episode of *Laberinto peligroso*.

Other Teacher Annotations

There are several other annotations that offer ease in lesson preparation and instructional delivery.

- **Audioscript:** Instructors are guided to the *Instructor's Resource Manual* for the complete scripts of the *Escucha* sections.

- **Writing sample for *Escribe* section:** These teacher notes provide a sample of what students should be writing in each *Escribe* section. These samples are included for reference and assessment purposes.

The authors' approach

Learning a language is an exciting, enriching, and sometimes life-changing experience. The development of the *¡Anda! Curso intermedio* program, and now its second edition, is the result of many years of teaching and research that guided the authors independently to make important discoveries about language learning, the most important of which center on the student. Empirically research-based and pedagogically sound, *¡Anda! Curso intermedio* is also the product of extensive information gathered firsthand from numerous focus group sessions with students, graduate instructors, adjunct faculty, full-time professors, and administrators in an effort to determine the learning and instructional needs of each of these groups.

The Importance of the National Foreign Language Standards in *¡Anda!*

The *¡Anda! Curso intermedio* program continues to be based on the *National Foreign Language Standards*. The five organizing principles (the 5 Cs) of the Standards for language teaching and learning are at the core of *¡Anda! Curso intermedio*: **Communication, Cultures, Connections, Comparisons,** and **Communities.** Each chapter opener identifies for the instructor where and in what capacity each of the 5 Cs are addressed. The **Weave of Curricular Elements** of the *National Foreign Language Standards* provides additional organizational structure for *¡Anda! Curso intermedio*. The components of the **Curricular Weave** are: **Language System, Cultural Knowledge, Communication Strategies, Critical Thinking Skills, Learning Strategies, Other Subject Areas,** and **Technology.** Each of the Curricular Weave elements is omnipresent and, like the 5 Cs, permeates all aspects of each chapter of *¡Anda! Curso intermedio*.

- The *Language System*, which is comprised of components such as grammar, vocabulary, and phonetics, is at the heart of each chapter.

- The *Comunicación* sections of each chapter present vocabulary and grammar at the point of need and maximum usage. Streamlined presentations are utilized that allow the learner to be immediately successful in employing the new concepts.

- *Cultural Knowledge* is approached thematically, making use of the chapter's vocabulary and grammar. Many of the grammar and vocabulary activities are presented in a cultural context. A cultural context organizes the two-page chapter openers and always starts with what the students already know about the cultural theme / concept from their home, local, regional, or national cultural perspective. The *Notas culturales*, *Perfiles*, and *Vistazo cultural* sections provide rich cultural information about each Hispanic country as well as notable Hispanics.

- For *¡Anda! Curso intermedio,* the authors have created the *Letras* Literary Supplemental Reader, which gives instructors the option of including authentic literature in their Intermediate course. The readings correspond to the chapter themes and include short stories, poems, plays, and novel excerpts written by writers from various parts of the Spanish-speaking world, including the United States. All readings are accompanied by process-oriented activities and strategies that focus on literary terminology to ensure that students are reading as effectively as possible.

- *Communication and Learning Strategies* are abundant with tips for both students and instructors on how to maximize studying and in-class learning of Spanish, as well as how to utilize the language outside of the classroom. *¡Anda! Curso intermedio* moves students to higher levels of speaking proficiency by adding detailed conversational strategies in *¡Conversemos!* These strategies guide not only the current chapter but are also presented in progression to allow students to use them in future chapters. *¡Conversemos!* focuses on language functions, helping students put the language to use in a natural, conversational way.

- *Critical Thinking Skills* take center stage in *¡Anda! Curso intermedio*. Questions throughout the chapters, in particular tied to the cultural presentations, provide students with opportunities to answer more than discrete-point questions. The answers students are able to provide do indeed require higher-order thinking, but at a linguistic level completely appropriate for beginning language learner.

- With regard to *Other Subject Areas, ¡Anda! Curso intermedio* diligently incorporates **Connections** to other disciplines via vocabulary, discussion topics, and suggested activities. This edition also highlights a **Communities** section, which includes experiential and service learning activities in the Student Activities Manual.

- Finally, *Technology* is taken to an entirely new level with **MySpanishLab** and the *Laberinto peligroso* DVD. The authors and Pearson Education believe that technology is a means to the end, not the end in and of itself, and so the focus is not on the technology *per se*, but on how that technology can deliver great content in better, more efficient, more interactive, and more meaningful ways.

By embracing the *National Foreign Language Standards* and as a result of decades of experience teaching Spanish, the authors believe that:

- A **student-centered classroom** is the best learning environment.

- Instruction must **begin where the learner is,** and all students come to the learning experience with prior knowledge that needs to be tapped.

- All students can learn in a **supportive environment** where they are encouraged to take risks when learning another language.

- **Critical thinking** is an important skill that must constantly be encouraged, practiced, and nurtured.

- **Learners** need to **make connections** with other disciplines in the Spanish classroom.

With these beliefs in mind, the authors have developed hundreds of creative and meaningful language-learning activities for the text and supporting components that employ students' imagination and engage the senses. For both students and instructors, they have created an instructional program that is **manageable, motivating,** and **clear.**

The complete program

¡Anda! Curso intermedio is a complete teaching and learning program that includes a variety of resources for students and instructors, including an innovative offering of online resources.

For the student

Text
The *¡Anda! Curso intermedio* student text is available as a complete version, consisting of two preliminary chapters and twelve regular chapters. Also available is Volume 1, consisting of Preliminary A and Chapters 1 through 6. Other custom options are available to meet the needs of students and their instructors.

Student Activities Manual
The printed Student Activities Manual is available both in a complete version and in a separate volume corresponding to Volume 1 of the student text. The contents of the Student Activities Manual are also available online.

Answer Key to Accompany Student Activities Manual
An Answer Key to the Student Activities Manual is available separately, giving instructors the option of allowing students to check their own homework. The Answer Key includes answers to all Student Activities Manual activities.

Letras Supplemental Literary Reader

Letras is a supplemental literary reader with selections corresponding to the chapter themes. This reader covers different genres, authors, and styles. Pre-, during and post-activities accompany the selections.

Workbooklet

Also available is a Workbooklet that allows students to complete writing activities without having to write in their copies of the textbook.

Audio CDs to Accompany Text

A set of audio CDs contains recordings of the vocabulary, the *Escucha* section recordings, and recordings for the *Lectura* section of each episode of *Laberinto peligroso*. Also recorded are the *Notas culturales*, *Perfiles*, and *Vistazo cultural* sections. Finally, the set also contains audio material for the listening activities in the *¡Conversemos!* section of the student text. These recordings are also available online.

Audio CDs to Accompany Student Activities Manual

A second set of audio CDs contains audio material for the listening activities in the *Student Activities Manual*. These recordings are also available online.

Video on DVD

The entire *Laberinto peligroso* video is available on DVD. Also available is the award-winning *Vistas culturales* video, which contains nineteen 10-minute vignettes with footage from every Spanish-speaking country. Each of the accompanying narrations, which employ vocabulary and grammar designed for Spanish language learners, was written by a native of the featured country or region. All the video materials are also available online.

For the instructor

Annotated Instructor's Edition

The *Annotated Instructor's Edition* offers a wealth of materials designed to help instructors teach effectively and efficiently.

- Strategically placed annotations explain the text's methodology and function as a built-in course in language teaching methods.

- Estimated time indicators for presentational materials and practice activities help instructors create lesson plans.

- Other annotations provide additional information, activities, and suggested answers.

- The annotations are color-coded and labelled for ready reference and ease of use.

Instructor's Resource Manual

The Instructor's Resource Manual contains complete lesson plans for all chapters as well as helpful suggestions for new instructors and those who are unfamiliar with the U.S. educational system. It also provides videoscripts for all episodes of the *Laberinto peligroso* video, and audioscripts for listening activities in the Student Activities Manual. The Instructor's Resource Manual is available to instructors online at the *¡Anda! Curso intermedio* Instructor Resource Center.

Testing Program

The Testing Program is closely coordinated with the vocabulary, grammar, culture, and skills material presented in the student text. For each chapter of the text, a bank of testing activities is provided in modular form; instructors can select and combine modules to create customized tests tailored to the needs of their own classes. Two complete, ready-to-use tests are also provided for each chapter. The tests and testing modules are available to instructors online at the *¡Anda! Curso intermedio* Instructor Resource Center.

Testing Audio CDs

A special set of audio CDs, available to instructors only, contains recordings corresponding to the listening comprehension portions of the Testing Program.

Extra Activities

Supplemental in-class activities corresponding to the themes, grammar, and vocabulary taught in each chapter are available online for instructors to use with their class.

Grammar PowerPoints

Each grammar point of *¡Anda! Curso intermedio* is accompanied by a PowerPoint grammar presentation for use in or out of class.

Instructor Resource Center

Several of the supplements listed above—the Instructor's Resource Manual, the Testing Program, Extra Activities, and the Workbooklet—are available for download at the access-protected *¡Anda! Curso intermedio* Instructor Resource Center (www.pearsonhighered. com). An access code will be provided at no charge to instructors once their faculty status has been verified.

Online resources

MySpanishLab

MySpanishLab is an innovative, nationally hosted online learning system created specifically for students in college-level language courses. It brings together—in one convenient, easily navigable site—a wide array of language-learning tools and resources, including an interactive version of the *¡Anda! Curso intermedio* Student Activities Manual, an electronic version of the *¡Anda! Curso intermedio* student text, and all materials from the *¡Anda! Curso intermedio* audio and video programs. Readiness checks, chapter tests, and tutorials personalize instruction to meet the unique needs of individual students. Instructors can use the system to make assignments, set grading parameters, listen to student-created audio recordings, and provide feedback on student work. Instructor access is provided at no charge. Students can purchase access codes online or at their local bookstores.

Companion Website

The open-access Companion Website includes an array of activities and resources designed to reinforce the vocabulary, grammar, and cultural material introduced in each chapter. It also provides audio recordings for the student text and Student Activities Manual, links for Internet-based activities in the student text, and additional web exploration activities for each chapter. All contents of the Companion Website are also included in MySpanishLab.

The Authors

Audrey Heining-Boynton

Audrey Heining-Boynton received her Ph.D. from Michigan State University and her M.A. from The Ohio State University. Her career spans K-12 through graduate school teaching, most recently as Professor of Education and Spanish at The University of North Carolina at Chapel Hill. She has won many teaching awards, including the prestigious ACTFL Anthony Papalia Award for Excellence in Teacher Education, the Foreign Language Association of North Carolina (FLANC) Teacher of the Year Award, and the UNC ACCESS Award for Excellence in Working with LD and ADHD students. Dr. Heining-Boynton is a frequent presenter at national and international conferences, has published more than one hundred articles, curricula, textbooks, and manuals, and has won nearly $4 million in grants to help create language programs in North and South Carolina. Dr. Heining-Boynton has also held many important positions: President of the American Council on the Teaching of Foreign Languages (ACTFL), President of the National Network for Early Language Learning, Vice President of Michigan Foreign Language Association, board member of the Foreign Language Association of North Carolina, committee chair for Foreign Language in the Elementary School for the American Association of Teachers of Spanish and Portuguese, and elected Executive Council member of ACTFL. She is also an appointed two-term *Foreign Language Annals* Editorial Board member and guest editor of the publication.

Jean LeLoup

Jean LeLoup is Professor Emerita of Spanish at the State University of New York (SUNY) College at Cortland. She holds a Ph.D. in Foreign Language Education and an M.A. in Spanish Literature from The Ohio State University, as well as an M.S.Ed. in Counseling from the University of Missouri–St. Louis. For many years, she taught Spanish and was a guidance counselor at the secondary level in the St. Louis, Missouri, area. Dr. LeLoup is the co-founder/moderator of the Foreign Language Teaching Forum (FLTEACH) listserv, and presents and publishes on the integration of culture and the use of technology in foreign language instruction. Dr. LeLoup has won many professional awards, including the ACTFL/FDP-Houghton Mifflin Award for Excellence in Foreign Language Instruction Using Technology with IALL, the SUNY Chancellor's Awards for Excellence in Teaching and for Faculty Service, and several awards from the New York State Association of Foreign Language Teachers for outstanding publications and service to the profession. She has been a Fulbright Fellow and has also been program director of two grants from the National Endowment for the Humanities. She presently teaches Spanish at the United States Air Force Academy (USAFA), where she was named Outstanding Academy Educator in 2010 and received the 2011 USAFA Award for Innovative Excellence in Teaching, Learning, and Technology.

Glynis Cowell

Glynis Cowell is the Director of the Spanish Language Program in the Department of Romance Languages and Literatures and an Assistant Dean in the Academic Advising Program at The University of North Carolina at Chapel Hill. She has taught first-year seminars, honors courses, and numerous face-to-face and hybrid Spanish language courses. She also team-teaches a graduate course on the theories and techniques of teaching foreign languages. Dr. Cowell received her M.A. in Spanish Literature and her Ph.D. in Curriculum and Instruction, with a concentration in Foreign Language Education, from The University of North Carolina at Chapel Hill. Prior to joining the faculty at UNC-CH in August 1994, she coordinated the Spanish Language Program in the Department of Romance Studies at Duke University. She has also taught Spanish at both the high school and community college levels. At UNC-CH she has received the Students' Award for Excellence in Undergraduate Teaching as well as the Graduate Student Mentor Award for the Department of Romance Languages and Literatures.

Dr. Cowell has directed teacher workshops on Spanish language and cultures and has presented papers and written articles on the teaching of language and literature, the transition to blended and online courses in language teaching, and teaching across the curriculum. She is the co-author of two other college textbooks.

Faculty Reviewers

Silvia P. Albanese, *Nassau Community College*
Ángeles Aller, *Whitworth University*
Nuria Alonso García, *Providence College*
Carlos Amaya, *Eastern Illinois University*
Tyler Anderson, *Colorado Mesa University*
Aleta Anderson, *Grand Rapids Community College*
Ines Anido, *Houston Baptist University*
Inés Arribas, *Bryn Mawr College*
Tim Altanero, *Austin Community College*
Bárbara Ávila-Shah, *University at Buffalo*
Ann Baker, *University of Evansville*
Ashlee Balena, *University of North Carolina–Wilmington*
Amy R. Barber, *Grove City College*
Mark Bates, *Simpson College*
Charla Bennaji, *New College of Florida*
Georgia Betcher, *Fayetteville Technical Community College*
Christine Blackshaw, *Mount Saint Mary's University*
Marie Blair, *University of Nebraska*
Kristy Britt, *University of South Alabama*
Isabel Zakrzewski Brown, *University of South Alabama*
Eduardo Cabrera, *Millikin University*
Majel Campbell, *Pikes Peak Community College*
Paul Cankar, *Austin Community College*
Monica Cantero, *Drew University*
Aurora Castillo, *Georgia College and State University*
Tulio Cedillo, *Lynchburg College*
Kerry Chermel, *Northern Illinois University*
Carrie Clay, *Anderson University*
Alyce Cook, *Columbus State University*
Jorge H. Cubillos, *University of Delaware*
Shay Culbertson, *Jefferson State Community College*
Cathleen G. Cuppett, *Coker College*
Addison Dalton, *Virginia Tech*
John B. Davis, *Indiana University, South Bend*
Laura Dennis, *University of the Cumberlands*
Lisa DeWaard, *Clemson University*
Sister Carmen Marie Diaz, *Silver Lake College of the Holy Family*
Joanna Dieckman, *Belhaven University*
Donna Donnelly, *Ohio Wesleyan University*
Kim Dorsey, *Howard College*
Mark A. Dowell, *Randolph Community College*
Dina A. Fabery, *University of Central Florida*
Jenny Faile, *University of South Alabama*
Juliet Falce-Robinson, *University of California, Los Angeles*
Mary Fatora-Tumbaga, *Kauai Community College*

Ronna Feit, *Nassau Community College*
Irene Fernandez, *North Shore Community College*
Erin Fernández Mommer, *Green River Community College*
Rocío Fuentes, *Clark University*
Judith Garcia-Quismondo, *Seton Hill University*
Elaine Gerber, *University of Michigan at Dearborn*
Andrea Giddens, *Salt Lake Community College*
Amy Ginck, *Messiah College*
Kenneth Gordon, *Winthrop University*
Agnieszka Gutthy, *Southeastern Louisiana University*
Shannon Hahn, *Durham Technical Community College*
Nancy Hanway, *Gustavus Adolphus College*
Sarah Harmon, *Cañada College*
Marilyn Harper, *Pellissippi State Community College*
Mark Harpring, *University of Puget Sound*
Dan Hickman, *Maryville College*
Amarilis Hidalgo de Jesus, *Bloomsburg University*
Charles Holloway, *University of Louisiana Monroe*
Anneliese Horst Foerster, *Queens University of Charlotte*
Laura Hortal, *Forsyth Technical Community College*
John Incledon, *Albright College*
William Jensen, *Snow College*
Qiu Y. Jimenez, *Bakersfield College*
Roberto Jiménez, *Western Kentucky University (Glasgow Regional Center)*
Valerie Job, *South Plains College*
Michael Jones, *Schenectady County Community College*
Dallas Jurisevic, *Metropolitan Community College*
Hilda M. Kachmar, *St. Catherine University*
Amos Kasperek, *University of Oklahoma*
Melissa Katz, *Albright College*
Lydia Gil Keff, *University of Denver*
Mary Kindberg, *Wingate University*
Nieves Knapp, *Brigham Young University*
Melissa Knosp, *Johnson C. Smith University*
Pedro Koo, *Missouri State University*
Allison D. Krogstad, *Central College*
Courtney Lanute, *Edison State College*
Rafael Lara-Martínez, *New Mexico Institute of Mining and Technology*
John Lance Lee, *Durham Technical Community College*
Roxana Levin, *St. Petersburg College: Tarpon Springs Campus*
Penny Lovett, *Wake Technical Community College*
Paula Luteran, *Hutchinson Community College*
Katie MacLean, *Kalamazoo College*
Eder F. Maestre, *Western Kentucky University*
William Maisch, *University of North Carolina, Chapel Hill*
H.J. Manzari, *Washington and Jefferson College*

Lynne Flora Margolies, *Manchester College*
Anne Mattrella, *Naugatuck Valley Community College*
Maria R. Matz, *University of Massachusetts, Lowell*
Sandra Delgado Merrill, *University of Central Missouri*
Lisa Mershcel, *Duke University*
Geoff Mitchell, *Maryville College*
Charles H Molano, *Lehigh Carbon Community College*
Javier Morin, *Del Mar College*
Noemi Esther Morriberon, *Chicago State University*
Gustavo Obeso, *Western Kentucky University*
Elizabeth Olvera, *University of Texas at San Antonio*
Michelle Orecchio, *University of Michigan*
Martha T. Oregel, *University of San Diego*
Cristina Pardo-Ballister, *Iowa State University*
Edward Anthony Pasko, *Purdue University, Calumet*
Joyce Pauley, *Moberly Area Community College*
Gilberto A. Pérez, *Cal Baptist University Western Kentucky*
Inma Pertusa, *Western Kentucky University*
Beth Pollack, *New Mexico State University*
Silvia T. Pulido, *Brevard Community College*
JoAnne B. Pumariega, *Pennsylvania State Berks*
Lynn C. Purkey, *University of Tennessee at Chattanooga*
Aida Ramos-Sellman, *Goucher College*
Alice S. Reyes, *Marywood University*
Rita Ricaurte, *Nebraska Wesleyan University*
Geoffrey Ridley Barlow, *Purdue University, Calumet*
Daniel Robins, *Cabrillo College*
Sharon D. Robinson, *Lynchburg College*
Ibis Rodriguez, *Metropolitan University, SUAGM*
David Diego Rodríguez, *University of Illinois, Chicago*
Mileta Roe, *Bard College at Simon's Rock*
Donna Boston Ross, *Catawba Valley Community College*
Marc Roth, *St. John's University*
Kristin Routt, *Eastern Illinois University*
Christian Rubio, *University of Louisiana at Monroe*
Claudia Sahagún, *Broward College*
Adán Salinas, *Southwestern Illinois College*
Ruth Sánchez Imizcoz, *The University of the South*
Love Sánchez-Suárez, *York Technical College*
Gabriela Segal, *Arcadia University*
Diana Semmes, *University of Mississippi*
Michele Shaul, *Queens University of Charlotte*
Steve Sheppard, *University of North Texas, Denton*
Roger K. Simpson, *Clemson University*
Carter Smith, *University of Wisconsin–Eau Claire*
Nancy Smith, *Allegheny College*
Ruth Smith, *University of Louisiana at Monroe*
Margaret L. Snyder, *Moravian College*
Clara Sotelo, *University of Florida*
Wayne Steely, *Saint Joseph's College*
Irena Stefanova, *Santa Clara University*
Benay Stein, *Northwestern University*

Gwen H. Stickney, *North Dakota State University*
Belkis Suárez, *Mount Mercy University*
Erika M. Sutherland, *Muhlenberg College*
Carla A. Swygert, *University of South Carolina*
Sarah Tahtinen-Pacheco, *Bethel University*
Luz Consuelo Triana-Echeverria, *St. Cloud State University*
Cynthia Trocchio, *Kent State University*
Elaini Tsoukatos, *Mount St. Mary's University*
Robert Turner, *Shorter University*
Ivelisse Urbán, *Tarleton State University*
Maria Vallieres, *Villanova University*
Sharon Van Houte, *Lorain County Community College*
Yertty VanderMolen, *Luther College*
Kristi Velleman, *American University*
Gayle Vierma, *University of Southern California*
Phoebe Vitharana, *Le Moyne College*
Richard L.W. Wallace, *Crowder College*
Martha L. Wallen, *University of Wisconsin–Stout*
Mary H. West, *Des Moines Area Community College*
Michelangelo Zapata, *Western Kentucky University*
Theresa Zmurkewycz, *Saint Joseph's University*

Faculty Focus Groups

Stephanie Aaron, *University of Central Florida*
María J. Barbosa, *University of Central Florida*
Ileana Bougeois-Serrano, *Valencia Community College*
Samira Chater, *Valencia Community College*
Natalie Cifuentes, *Valencia Community College*
Ana Ma. Diaz, *University of Florida*
Aida E. Diaz, *Valencia Community College*
Dina A. Fabery, *University of Central Florida*
Ana J. Caldero Figueroa, *Valencia Community College*
Pilar Florenz, *University of Central Florida*
Stephanie Gates, *University of Florida*
Antonio Gil, *University of Florida*
José I. González, *University of Central Florida*
Victor Jordan, *University of Florida*
Alice A. Korosy, *University of Central Florida*
Joseph Menig, *Valencia Community College*
Odyscea Moghimi-Kon, *University of Florida*
Kathryn Dwyer Navajas, *University of Florida*
Julie Pomerleau, *University of Central Florida*
Anne Prucha, *University of Central Florida*
Lester E. Sandres Rápalo, *Valencia Community College*
Arcadio Rivera, *University of Central Florida*
Elizabeth Z. Solis, *University of Central Florida*
Dania Varela, *University of Central Florida*
Helena Veenstra, *Valencia Community College*
Hilaurmé Velez-Soto, *University of Central Florida*
Roberto E. Weiss, *University of Florida*
Robert Williams, *University of Central Florida*
Sara Zahler, *University of Florida*

Acknowledgments

The second edition of *¡Anda! Curso intermedio* is the result of careful planning between ourselves and our publisher and ongoing collaboration with students and you, our colleagues. We look forward to continuing this dialogue and sincerely appreciate your input. We owe special thanks to the many members of the Spanish-teaching community whose comments and suggestions helped shape the pages of every chapter—you will see yourselves everywhere. We gratefully acknowledge the reviewers for this second edition, and we thank in particular our *¡Anda! Advisory Board* for their invaluable support, input, and feedback. The Board members are:

Megan Echevarría, *University of Rhode Island*

Luz Font, *Florida State College at Jacksonville*

Yolanda Gonzalez, *Valenica College*

Linda Keown, *University of Missouri*

Jeff Longwell, *New Mexico State University*

Gillian Lord, *University of Florida*

Dawn Meissner, *Anne Arundel Community College*

María Monica Montalvo, *University of Central Florida*

Markus Muller, *Long Beach State University*

Joan Turner, *University of Arkansas–Fayetteville*

Donny Vigil, *University of North Texas, Denton*

Iñigo Yanguas, *San Diego State University*

Special thanks go to Esther Castro for her important input and support. We are also grateful to those who have collaborated with us in the writing of *¡Anda!*

We owe many thanks to Megan Echevarría for her superb work on the Student Activities Manual and *Letras*. We also owe great thanks to Donny Vigil for his authoring of the Testing Program as well as Anastacia Kohl for her important testing program authoring contributions.

Equally important are the contributions of the highly talented individuals at Pearson Education. We wish to express our gratitude and deep appreciation to the many people at Pearson who contributed their ideas, tireless efforts, and publishing experience to this second edition of *¡Anda! Curso intermedio*. First, we thank Phil Miller, Publisher, and Julia Caballero, Executive Editor, whose support and guidance have been essential. We are indebted to Janet García-Levitas, Development Editor, for all of her hard work, suggestions, attention to detail, and dedication to the programs. We have also been fortunate to have Celia Meana, Development Coordinator, bring her special talents to the project, helping to create the outstanding final product. We would also like to thank Bob Hemmer and Samantha Alducin for all of the hard work on the integration of technology for the *¡Anda!* program with MySpanishLab.

Our thanks to Meriel Martínez, Development Editor, for her efficient and meticulous work in managing the preparation of the Student Activities Manual and the Testing Program. Thanks to Samantha Pritchard and Jessica Finaldi, Editorial Assistants, for attending to many administrative details.

Our thanks also go to Denise Miller, Senior Marketing Manager, for her strong support of *¡Anda!*, creating and coordinating all marketing and promotion for this second edition. Many thanks are also due to Nancy Stevenson, Senior Production Editor, who guided *¡Anda!* through the many stages of production, and to our Art Manager, Gail Cocker. We continue to be indebted to Andrew Lange for the amazing illustrations that translate our vision.

We would like to sincerely thank Mary Rottino, Senior Managing Editor, for her unwavering support and commitment to *¡Anda!* and Janice Stangel, Associate Managing Editor, for her support and commitment to the success of *¡Anda!* We also thank our colleagues and students from across the country who inspire us and from whom we learn.

And finally, our love and deepest appreciation to our families for all of their support during this journey: David; Jeffrey; John, Jack, Kate, and Papa Paul.

Audrey L. Heining-Boynton

Jean W. LeLoup

Glynis S. Cowell

Para empezar

You are about to continue your exciting journey of acquiring the Spanish language and learning more about Hispanic cultures. Learning a language is a skill much like learning to ski or to play a musical instrument. Developing these skills takes practice and commitment.

Learning another language involves many steps and considerations. Research indicates that successful language learners are willing to take risks and experiment with the language. To acquire a high level of Spanish proficiency, you need to keep trying and to risk making mistakes, knowing that practice will garner results.

Why are **you** studying Spanish? Many of you realize the importance of being able to communicate in languages in addition to English. *¡Anda! Curso intermedio* will guide you through a review of basic concepts and provide you with the additional key essentials for becoming a successful Spanish language learner. Our goal is the same as yours: to prepare you to use and to enjoy Spanish throughout your adulthood in your professional and personal lives.

PREGUNTAS

1 How might Spanish play a role in your future?

2 What are your goals for this course?

3 What do you need to do to realize your goals?

Comunicación

REPASO

¡Hola!
Spanish Tutorial

A-01 to A-02

1. El masculino y el femenino
Identifying masculine and feminine nouns

You will remember that in Spanish, all nouns (people, places, things, and ideas) have gender; they are either **masculine** or **feminine.** Review the following rules, and remember that if a noun does not belong to any of the following categories, you must memorize the gender as you learn that noun.

1. Most words ending in **-a** are feminine.

   la palabra, la computadora, la casa, la pintura

   *Some exceptions: **el día, el mapa,** and words of Greek origin ending in **-ma** such as **el problema, el programa,** and **el drama**

2. Most words ending in **-o** are masculine.

   el libro, el número, el párrafo, el hermano

   *Some exceptions: **la foto** (*photo*), **la mano** (*hand*), **la moto** (*motorcycle*)

El abuelo y las tías

Fíjate

La foto and *la moto* are shortened forms for *la fotografía* and *la motocicleta.*

3. Words ending in **-ción** (equivalent to the English *-tion*) and **-sión** (equivalent to the English *-sion*) are feminine.

   la televisión, la discusión, la información, la lección

4. Words ending in **-dad** or **-tad** (equivalent to the English *-ty*) are feminine.

   la ciudad, la libertad, la universidad, la comunidad

A-1   **¿Recuerdas?** Túrnense para indicar si las siguientes palabras son masculinas **(M)** o femeninas **(F)**. ¡OJO! Hay algunas excepciones. Túrnense (*Take turns*). ■

Fíjate

Words that look alike and have the same meanings in both English and Spanish, such as *la identidad* and *el diccionario,* are known as *cognates.* Use cognates to help you decipher meaning and to form words.

1. _____ recepción
2. _____ drama
3. _____ identidad
4. _____ año
5. _____ manzana

6. _____ diccionario
7. _____ tía
8. _____ brazo
9. _____ mano
10. _____ sistema

11. _____ nacionalidad
12. _____ avión
13. _____ bolso
14. _____ blusa
15. _____ senadora

Estrategia

Make educated guesses about the meanings of unknown words, and you will be a more successful Spanish learner!

REPASO

¡Hola!
Spanish/English
Tutorials

A-03 to A-05

2. El singular y el plural   Using singular and plural nouns

Raúl tiene dos primas y Jorge tiene una prima.

Review the following simple rules to pluralize singular nouns and adjectives in Spanish.

1. If the word ends in a vowel, add **-s.**

   casa → casa**s**   año → año**s**   pie → pie**s**

2. If the word ends in a consonant, add **-es.**

   usted → usted**es**   lección → leccio**nes**   joven → jóven**es**

3. If the word ends in **-z,** change the **z** to **c** and add **-es.**

   lápi**z** → lápi**ces**   feli**z** → feli**ces**

Fíjate

Remember that in Spanish, written accents on vowels are used to distinguish word meaning or when a word is "breaking" a pronunciation rule. Words ending in vowels or in the consonants *n* or *s* are stressed on the next-to-the-last syllable, and all the rest are stressed on the last syllable. Any words not following these rules need written accent marks. For example, words ending in *-sión* and *-ción* need the accent mark to enforce the stress on the last syllable, but these words lose their accent marks in the plural because they no longer "break" the pronunciation rule. The same reasoning applies to *joven* → *jóvenes* but in reverse.

A-2   Les toca a ustedes Túrnense para indicar las formas plurales de las siguientes palabras. ■

1. el día
2. la semana
3. el joven
4. la discusión
5. la computadora
6. la mesa
7. la profesora
8. la puerta
9. la televisión
10. el gobernador
11. el abuelo
12. el lápiz
13. la ciudad
14. el autobús
15. la calle
16. el programa

3. Los artículos definidos e indefinidos
Conveying *the, a, one,* and *some*

Eduardo tiene una hermana. La hermana de Eduardo se llama Adriana.

Remember that like English, Spanish has two kinds of articles, **definite** and **indefinite**. The **definite article** in English is *the;* the **indefinite articles** are *a, an,* and *some*.

- In Spanish, articles and other adjectives mirror the gender (*masculine* or *feminine*) and number (*singular* or *plural*) of the nouns they accompany. For example, an article referring to a singular masculine noun must also be singular and masculine. Note the forms of the articles in the following charts.

LOS ARTÍCULOS DEFINIDOS			
el estudiante	*the student* (male)	**los** estudiantes	*the students* (males/males and females)
la estudiante	*the student* (female)	**las** estudiantes	*the students* (females)

LOS ARTÍCULOS INDEFINIDOS			
un estudiante	*a/one student* (male)	**unos** estudiantes	*some students* (males/males and females)
una estudiante	*a/one student* (female)	**unas** estudiantes	*some* students (females)

1. *Definite articles* are used to refer to **the** person, place, thing, or idea.

   La clase es pequeña este año.   *The class is small this year.*

2. *Indefinite articles* are used to refer to **a** or **some** person, place, thing, or idea.

   Ella tiene **una** tía chilena y **unos**   *She has a Chilean aunt and some*
   tíos dominicanos.   *Dominican aunts and uncles.*

A-3   **Vamos a practicar**   Túrnense para añadir el artículo definido (**el/la/los/las**) y el artículo indefinido (**un/una/unos/unas**) a cada una de las siguientes palabras. ■

1. _____ hermano
2. _____ grupos
3. _____ fiestas
4. _____ playa
5. _____ queso
6. _____ cuadernos
7. _____ suéter
8. _____ diente

9. _____ parques
10. _____ senadora
11. _____ actriz
12. _____ pan
13. _____ camas
14. _____ aventura
15. _____ pájaros
16. _____ mapa

REPASO

¡Hola!
English Tutorial

A-09 to A-11

4. Los adjetivos descriptivos
Supplying details about people, places, and things

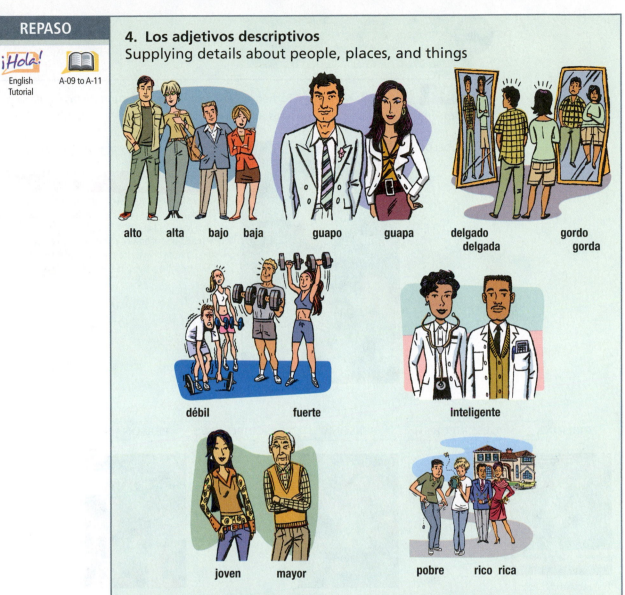

alto   alta   bajo   baja

guapo   guapa

delgado
delgada

gordo
gorda

débil   fuerte

inteligente

joven   mayor

pobre   rico   rica

You will recall that **descriptive adjectives** are words that describe people, places, things, and ideas. In English, adjectives usually come before the words (nouns) they describe (e.g., **the *red* car**), but in Spanish, they usually follow the words (e.g., **el coche *rojo***).

1. Adjectives in Spanish agree with the nouns they modify in number (*singular* or *plural*) and in gender (*masculine* or *feminine*).

Javier es un **chico** cómic**o**.	*Javier is a funny boy.*
Isabel es una **chica** cómic**a**.	*Isabel is a funny girl.*
Javier e Isabel son unos **chicos** cómic**os**.	*Javier and Isabel are (some) funny children.*

2. A descriptive adjective can also directly follow the verb **ser.** When it does, it still agrees with the noun to which it refers, which is the subject in this case.

Javier es cómic**o**.	*Javier is funny.*
Isabel es cómic**a**.	*Isabel is funny.*
Javier e Isabel son cómic**os**.	*Javier and Isabel are funny.*

Fíjate

When the word *y* comes directly before a word beginning with *i* or *hi,* it changes to *e: padres e hijos.* Likewise, when *o* comes immediately before a word beginning with *o* or *ho* it changes to *u: setenta u ochenta.*

♲ *¡Anda! Curso elemental,* Capítulo Preliminar A.
El verbo *ser;* Capítulo 1. Los adjetivos descriptivos;
El verbo *tener,* Apéndice 3.

A-4 ¿Cómo son? Túrnense para describir a cada una de las siguientes personas usando por lo menos **dos** adjetivos descriptivos. ▪

MODELO

Eva Longoria es baja y muy guapa.

Estrategia

Now that you have read the first review grammar points, review the vocabulary on the family as well as some descriptive adjectives that you have learned in your previous Spanish classes. You may also wish to quickly review the forms of *ser* and *tener* before you do the next activities.

PERSONA	DESCRIPCIÓN:	PERSONA	DESCRIPCIÓN:	PERSONA(S)	DESCRIPCIÓN:
1. Mariano Rivera		2. Shakira		3. Juan Carlos Navarro y Leo Mainoldi	
4. Javier Bardem		5. Oprah Winfrey		6. Bill Gates	

A-5 **¿Cuáles son sus cualidades?**

Piensa en las cualidades de tu mejor amigo/a y las de una persona que no te gusta mucho. Escribe **tres** oraciones que describan a estas personas y comparte tu lista con un/a compañero/a. ■

MODELO

MI MEJOR AMIGO/A	LA PERSONA QUE NO ME GUSTA
1. *Es simpático/a.*	1. *No es paciente.*

 A-6 **¿Es cierto o falso?** Describe a **cinco** personas famosas. Tu compañero/a va a reaccionar a tus descripciones diciendo **Es verdad** (*It's true*) o **No es verdad** (*It's not true*). Si tu compañero/a no está de acuerdo con tus descripciones, debe corregirlas. ■

MODELO E1: *Mark Sánchez es fuerte, simpático, inteligente y muy rico.*

E2: *Sí, es verdad. Mark Sánchez es fuerte, simpático, inteligente y muy rico.*

♻ *¡Anda! Curso elemental,* Capítulo 1. La familia, Apéndice 2.

Estrategia

When you are working with a partner, listen carefully to help him or her. Give your partner encouragement when he or she expresses something correctly and creatively; help with corrections when needed.

 A-7 **¿Cómo eres?** Ahora vas a conocer a tus compañeros de clase. ■

Paso 1 Descríbete a ti mismo/a a un/a compañero/a y luego descríbele **dos** o **tres** miembros de tu familia.

MODELO *Me llamo Katie. Soy joven, muy inteligente y alta. También soy cómica. Tengo dos hermanas. Las dos son inteligentes. Mi hermana Emily es alta y muy guapa. Mi otra hermana, Rebecca, es guapa también…*

Paso 2 Escriban una lista sobre lo que tu compañero/a y tú tienen en común y lo que no.

MODELO *Tasha y yo somos jóvenes, altas y muy inteligentes. Nuestras familias son cómicas, simpáticas y pacientes. Tasha no tiene hermanos…*

Paso 3 Ahora circula por la clase y preséntate a otros compañeros de clase, compartiendo la información sobre tu familia y tú. Habla con por lo menos **cinco** estudiantes que no conozcas.

El español: lengua de millones

A-12 to A-13

¿Por qué estudiamos español? Bueno, hay muchas razones. El español es la lengua oficial de veintiún países del mundo:

Argentina	Cuba	Guatemala	Nicaragua	Puerto Rico
Bolivia	Ecuador	Guinea Ecuatorial	Panamá	la República Dominicana
Chile	El Salvador	Honduras	Paraguay	Uruguay
Colombia	España	México	Perú	Venezuela
Costa Rica				

También figura como lengua importante en muchos otros países como Andorra, Belice, Filipinas, Gibraltar y Marruecos. Así, ¡el español es una lengua importante en cuatro continentes! Y por supuesto, la presencia del español en los Estados Unidos es enorme. Hay más de 49 millones de hispanos viviendo en este país de más de 319 millones de personas. Con esta población hispana, los Estados Unidos es uno de los países con mayor número de hispanohablantes del mundo. Con tantos vecinos hispanohablantes en el mundo y en tu propio país, ¿por qué *no* estudiar español?

Preguntas

1. ¿En qué países se habla español como lengua oficial? ¿En qué continentes figura el español como lengua importante?
2. Describe la presencia del español en los Estados Unidos.
3. ¿Por qué es importante para ti estudiar español?

El mundo hispanohablante

REPASO

Spanish/English
Tutorials A-14 to A-16

5. Los adjetivos posesivos   Stating possession

Review the following chart about expressing possession.

Mis padres se llaman Juan y María. ¿Cómo se llaman tus padres?

LOS ADJETIVOS POSESIVOS			
mi, mis	*my*	**nuestro/a/os/as**	*our*
tu, tus	*your*	**vuestro/a/os/as**	*your*
su, sus	*your* (for.)	**su, sus**	*your* (for.)
su, sus	*his, her, its*	**su, sus**	*their*

Note the following:

1. Possessive adjectives agree in form with the person, place, or thing possessed, *not with the possessor*. They agree in number (*singular* or *plural*), and in addition, **nuestro** and **vuestro** indicate gender (*masculine* or *feminine*).

2. The possessive adjectives **tu** and **tus** (*your*) refer to someone with whom you are familiar and/or on a first-name basis. **Su** and **sus** (*your*) are used to describe people you would call *Ud.* and *Uds.* (that is, people you treat more formally and with whom you are perhaps not on a first-name basis). Use **su/sus** (*their*) also when expressing possession with *ellos* and *ellas*.

mi hermano	*my brother*	**mis** hermanos	*my brothers/siblings*
tu primo	*your cousin*	**tus** primos	*your cousins*
su abuelo	*your grandfather*	**sus** abuelos	*your grandparents*
su tía	*her/his aunt*	**sus** tías	*her/his aunts*
nuestra familia	*our family*	**nuestras** familias	*our families*
vuestra mamá	*your mom*	**vuestras** mamás	*your moms*
su hermana	*your sister*	**sus** hermanas	*your sisters*
su hija	*their daughter*	**sus** hijas	*their daughters*

Nuestros abuelos tienen dos hijos.   *Our grandparents have two sons.*
Sus hijos son José y Andrés.   *Their sons are José and Andrés.*

3. In Spanish, you can also show possession expressing the equivalent of the English (*of*) *mine, yours, his, hers, ours,* and *theirs*.

SINGULAR		PLURAL		
MASCULINE	**FEMININE**	**MASCULINE**	**FEMININE**	
mío	**mía**	**míos**	**mías**	*mine*
tuyo	**tuya**	**tuyos**	**tuyas**	*yours* (fam.)
suyo	**suya**	**suyos**	**suyas**	*yours* (for.)
suyo	**suya**	**suyos**	**suyas**	*his, hers*
nuestro	**nuestra**	**nuestros**	**nuestras**	*ours*
vuestro	**vuestra**	**vuestros**	**vuestras**	*yours* (fam.)
suyo	**suya**	**suyos**	**suyas**	*yours* (for.)
suyo	**suya**	**suyos**	**suyas**	*theirs*

(continued)

Study the following examples:

Mi refrigerador funciona bien.	**El refrigerador mío** funciona bien.	**El mío** funciona bien.
Nuestros sofás cuestan mucho.	**Los sofás nuestros** cuestan mucho.	**Los nuestros** cuestan mucho.
¿Cuánto cuestan **tus** lámparas?	¿Cuánto cuestan **las lámparas tuyas?**	¿Cuánto cuestan **las tuyas?**
Sus muebles son caros.	**Los muebles suyos** son caros.	**Los suyos** son caros.

Note that the third person forms (**suyo/a/os/as**) can have more than one meaning. To avoid confusion, you can use:

article + *noun* + de + *subject pronoun:*

el coche suyo = el coche de él/ella/Ud./ellos/ellas/Uds.

his/her/your/their/your (plural) *car*

¡Anda! Curso elemental, Capítulo 1. La familia; Capítulo 3. La casa, Apéndice 2.

A-8 **Tu familia** Túrnense para hablar de sus familias o de una de las familias que aparece en las fotos. Hablen también de sus casas y usen los adjetivos posesivos. ■

MODELO *Hay cuatro personas en mi familia. Mi padre se llama Ben y mi madre Dorothy. En algunas fotos hay muchas personas en las familias, pero mi familia es pequeña. Mi casa es pequeña, pero probablemente las suyas son grandes...*

REPASO

Spanish/English Tutorials   A-17 to A-20

6. Presente indicativo de verbos regulares   Relating daily activities

You will remember that Spanish has three groups of verbs that are categorized by the ending of the **infinitive.** Remember that an infinitive is expressed in English with the word *to: to have, to be,* and *to speak* are all infinitive forms of English verbs. Spanish infinitives end in **-ar, -er,** or **-ir.** Review the following charts.

VERBOS QUE TERMINAN EN *-ar*			
bailar	*to dance*	**llegar**	*to arrive*
cantar	*to sing*	**necesitar**	*to need*
cocinar	*to cook*	**preparar**	*to prepare; to get ready*
comprar	*to buy*	**preguntar**	*to ask (a question)*
contestar	*to answer*	**regresar**	*to return*
enseñar	*to teach; to show*	**terminar**	*to finish; to end*
esperar	*to wait for; to hope*	**tomar**	*to take; to drink*
estudiar	*to study*	**trabajar**	*to work*
hablar	*to speak*	**usar**	*to use*

A las 6:30 Mario **espera** el autobús y **regresa** a su apartamento.

VERBOS QUE TERMINAN EN *-er*			
aprender	*to learn*	**correr**	*to run*
beber	*to drink*	**creer**	*to believe*
comer	*to eat*	**deber (+ inf.)**	*should; must*
comprender	*to understand*	**leer**	*to read*

VERBOS QUE TERMINAN EN *-ir*					
abrir	*to open*	**describir**	*to describe*	**recibir**	*to receive*
compartir	*to share*	**escribir**	*to write*	**vivir**	*to live*

1. To express ongoing activities or actions, use the present indicative.

Cisco **lee** en la biblioteca.   { *Cisco reads in the library.*
{ *Cisco is reading in the library.*

2. You can also use the present indicative to express future events.

Mario **regresa** mañana.   *Mario is coming back tomorrow.*

3. Remember that to form the present indicative, drop the **-ar, -er,** or **-ir** ending from the infinitive and add the appropriate ending. Follow this simple pattern with regular verbs.

	hablar	comer	vivir
yo	habl**o**	com**o**	viv**o**
tú	habl**as**	com**es**	viv**es**
Ud.	habl**a**	com**e**	viv**e**
él, ella	habl**a**	com**e**	viv**e**
nosotros/as	habl**amos**	com**emos**	viv**imos**
vosotros/as	habl**áis**	com**éis**	viv**ís**
Uds.	habl**an**	com**en**	viv**en**
ellos/as	habl**an**	com**en**	viv**en**

A-9 **Vamos a practicar** Tomen **diez** papelitos (*small pieces of paper*) y en cada papelito escriban un sustantivo (*noun*) o un pronombre personal (**yo, tú, él,** etc.). Luego, tomen otros **cinco** papelitos y escriban un **verbo** en el **infinitivo** en cada uno. Seleccionen cada uno un papelito de cada categoría y den la forma correcta del verbo según el sujeto. Cada persona debe dar la forma correcta de por lo menos **cinco** verbos. ■

MODELO	INFINITIVE:	*preguntar*
	PRONOUN OR NOUN:	*mi madre*
	E1:	*mi madre pregunta*

Workbooklet

A-10 **Dime quién, dónde y cuándo** Mira las tres columnas, y conecta cada pronombre con una actividad y con un lugar para crear **cinco** oraciones. Luego, comparte tus oraciones con un/a compañero/a. ■

MODELO   nosotros / ver una película / el cine
Nosotros vemos una película en el cine.

PRONOMBRE	ACTIVIDAD	LUGAR
yo	comer el almuerzo	la clase de inglés
nosotros/as	leer muchas novelas	el centro comercial
ellos/as	necesitar una calculadora	la cafetería
ella	comprar un libro	la clase de matemáticas
tú	usar un diccionario bilingüe	el cine
Uds.	comprar un suéter	la clase de español
él	ver una película	la librería

REPASO

¡Hola!
Spanish
Tutorial

A-21 to A-23

7. Algunos verbos irregulares
Expressing actions

You will recall that not all verbs follow the same pattern as regular verbs in the present indicative. What follows are the most common irregular verbs that you have learned.

Necesito un apartamento para este semestre. ¿Qué hago?

¿Por qué no pones un anuncio en el periódico?

	dar *(to give)*	**conocer** *(to know; to be acquainted with)*	**estar** *(to be)*	**hacer** *(to do; to make)*	**poner** *(to put; to place)*
yo	d**oy**	cono**zco**	estoy	ha**go**	pon**go**
tú	das	conoces	estás	haces	pones
Ud.	da	conoce	está	hace	pone
él, ella	da	conoce	está	hace	pone
nosotros/as	damos	conocemos	estamos	hacemos	ponemos
vosotros/as	dais	conocéis	estáis	hacéis	ponéis
Uds.	dan	conocen	están	hacen	ponen
ellos/as	dan	conocen	están	hacen	ponen

	salir *(to leave; to go out)*	**traer** *(to bring)*	**ver** *(to see)*	**ir** *(to go)*	**ser** *(to be)*
yo	sal**go**	tra**igo**	v**eo**	voy	soy
tú	sales	traes	ves	vas	eres
Ud.	sale	trae	ve	va	es
él, ella	sale	trae	ve	va	es
nosotros/as	salimos	traemos	vemos	vamos	somos
vosotros/as	salís	traéis	veis	vais	sois
Uds.	salen	traen	ven	van	son
ellos/as	salen	traen	ven	van	son

Estrategia

Memorizing information is easier to do when the information is arranged in chunks. You will remember that the *yo* forms of some present tense verbs end in *go,* such as *salgo, traigo,* and *pongo.* Reviewing the information as a chunk of *go* verbs may make it easier to remember.

	decir *(to say; to tell)*	**oír** *(to hear)*	**venir** *(to come)*	**tener** *(to have)*
yo	d**igo**	o**igo**	ven**go**	ten**go**
tú	dices	oyes	v**ie**nes	t**ie**nes
Ud.	dice	oye	v**ie**ne	t**ie**ne
él, ella	dice	oye	v**ie**ne	t**ie**ne
nosotros/as	decimos	oímos	venimos	tenemos
vosotros/as	decís	oís	venís	tenéis
Uds.	dicen	oyen	v**ie**nen	t**ie**nen
ellos/as	dicen	oyen	v**ie**nen	t**ie**nen

Estrategia

Organize these review verbs in your notebook. Note whether each verb is regular or irregular, what it means in English, whether any of the forms have accents, and whether any other verbs follow this pattern. You might want to highlight or color code the verbs that follow a pattern. This strategy will serve you well when you begin to learn new verbs in *Capítulo 1.*

A-11 **La ruleta** Escuchen mientras su profesor/a les explica el juego de la ruleta. ■

1. traer	5. hacer	9. oír
2. querer	6. ver	10. dar
3. decir	7. conocer	11. poder
4. poner	8. venir	12. salir

A-12 **Otras combinaciones** Completa los siguientes pasos. ■

Paso 1   Escribe una oración con cada (*each*) verbo, combinando elementos de las tres columnas.

MODELO   (A) nosotros, (B) (no) hacer, (C) en el gimnasio
Nosotros hacemos ejercicio en el gimnasio.

A	B	C
Uds.	(no) hacer	estudiar matemáticas
mamá y papá	(no) ver	películas cómicas
yo	(no) conocer	en el gimnasio
tú	(no) poner	muchos libros a clase
el/la profesor/a	(no) querer	la mesa para la cena
nosotros/as	(no) salir	bien el arte de México
ellos/ellas	(no) traer	de casa los sábados

Paso 2   En grupos de tres, lean las oraciones y corrijan (*correct*) los errores.

Paso 3   Escriban juntos (*together*) **dos** oraciones nuevas y compártanlas (*share them*) con la clase.

¡Anda! Curso elemental, Capítulo 2. La formación de preguntas y las palabras interrogativas, Apéndice 3.

Workbooklet

A-13 **Firma aquí** Completen los siguientes pasos. ■

Paso 1 Circula por la clase haciéndoles preguntas a tus compañeros según la información del cuadro. Los compañeros que responden **sí** a las preguntas deben firmar el cuadro.

MODELO venir a clase todos los días

    E1: *Bethany, ¿vienes a clase todos los días?*

    E2: *No, no vengo a clase todos los días.*

    E1: *Gayle, ¿vienes a clase todos los días?*

    E3: *Sí, vengo a clase todos los días.*

    E1: *Muy bien. Firma aquí, por favor.* <u>*Gayle*</u>

Estrategia

Now that you have focused on talking about yourself, you can talk about other people: the things your siblings, your roommate, your parents, or your significant other do. This will give you practice using other verb forms, and you can be creative in your answers!

¿QUIÉN... ?	FIRMA
1. ver una película todas las noches	
2. hacer la tarea todos los días	
3. salir con los amigos los jueves por la noche	
4. estar cansado/a hoy	
5. conocer Puerto Rico	
6. poder estudiar con muchas personas	
7. querer ser cantante	
8. venir a clase todos los días	

Paso 2 Comparte los resultados con la clase.

MODELO *Joe ve una película todas las noches. Chad y Toni están cansados hoy…*

A-14 **Entrevista** Completen los siguientes pasos. ■

¡Anda! Curso elemental, Capítulo 2. Los deportes y los pasatiempos, Apéndice 2.

Paso 1 Túrnense para hacerse y contestar las siguientes preguntas.

1. ¿Qué deportes y pasatiempos te gustan? ¿Con quién haces ejercicio?
2. ¿Cuándo ves la televisión? ¿Cuál es tu programa favorito?
3. ¿Qué persona famosa te gusta? ¿Por qué?
4. ¿Con quién sales los fines de semana? ¿Qué hacen ustedes?
5. ¿Qué quieres ser (o hacer) en el futuro?

Paso 2 Compartan con la clase un poco de lo que aprendieron de sus compañeros.

MODELO *Mi compañero sale los fines de semana con sus amigos y no hace ejercicio…*

Fíjate

Part of the fun of learning another language is getting to know other people. Your instructor structures your class so that you have many opportunities to work with different classmates. *¡Anda!* also provides activities that allow you to get to know each other better and encourage you to share that information with other members of the class.

PERFILES

A-24 to A-25

¿Quién habla español?

Hay muchas personas que hablan español en el mundo. Aquí tienes algunos de entre los millones que hablan español.

La actriz hondureña **America Ferrera** (n. 1984) habla inglés y español y es famosa por su papel en "Ugly Betty".

Sonia Sotomayor (n. 1954) es la primera jueza hispana en la Corte Suprema de los Estados Unidos.

El arquitecto español **Santiago Calatrava** (n. 1951) hace edificios y esculturas famosos.

Ricky Martin (n. 1971) es un cantante puertorriqueño. También es filántropo y activista social.

Preguntas

1. ¿A quién te gustaría conocer de las personas anteriores? ¿Por qué? ¿Qué preguntas tienes para él/ella?
2. ¿Quiénes son otras personas que hablan español?

REPASO

Spanish Tutorial   A-26 to A-30

8. Los verbos con cambio de raíz   Communicating accomplishments

In your previous Spanish classes, you learned a variety of common irregular verbs that are known as **stem-changing verbs.** Review the following charts.

¡Cierro la ventana, pido una pizza y empiezo a estudiar!

Change e → ie			
cerrar (*to close*)			
Singular		**Plural**	
yo	c**ie**rro	nosotros/as	cerramos
tú	c**ie**rras	vosotros/as	cerráis
Ud.	c**ie**rra	Uds.	c**ie**rran
él, ella	c**ie**rra	ellos/as	c**ie**rran

Other verbs like **cerrar** (**e → ie**) are:

comenzar	*to begin*	**mentir**	*to lie*	**perder**	*to lose; to waste*
empezar	*to begin*	**recomendar**	*to recommend*	**preferir**	*to prefer*
entender	*to understand*	**pensar**	*to think*	**querer**	*to want; to love*

Change e → i			
pedir (*to ask for*)			
Singular		**Plural**	
yo	p**i**do	nosotros/as	p**e**dimos
tú	p**i**des	vosotros/as	p**e**dís
Ud.	p**i**de	Uds.	p**i**den
él, ella	p**i**de	ellos/as	p**i**den

Other verbs like **pedir** (**e → i**) are:

repetir	*to repeat*	**servir**	*to serve*
seguir*	*to follow; to continue (doing something)*		

*Note: The **yo** form of **seguir** is **sigo.**

Change o → ue			
encontrar (*to find*)			
Singular		**Plural**	
yo	enc**ue**ntro	nosotros/as	enc**o**ntramos
tú	enc**ue**ntras	vosotros/as	enc**o**ntráis
Ud.	enc**ue**ntra	Uds.	enc**ue**ntran
él, ella	enc**ue**ntra	ellos/as	enc**ue**ntran

(continued)

Other verbs like **encontrar** (o → ue) are:

almorzar	*to have lunch*	**mostrar**	*to show*	**recordar**	*to remember*
costar	*to cost*	**morir**	*to die*	**volver**	*to return*
dormir	*to sleep*	**poder**	*to be able to*		

Another common stem-changing verb that you learned is **jugar.**

Change u → ue			
jugar (u → ue) *(to play)*			
Singular		Plural	
yo	**jue**go	nosotros/as	**ju**gamos
tú	**jue**gas	vosotros/as	**ju**gáis
Ud.	**jue**ga	Uds.	**jue**gan
él, ella	**jue**ga	ellos/as	**jue**gan

¡Explícalo tú!

To summarize . . .

1. What is a rule that you can make regarding all four groups (e → ie, e → i, o → ue, and u → ue) of stem-changing verbs and their forms?
2. With what group of stem-changing verbs would you place each of the following verbs?

demostrar	*to demonstrate*	**encerrar**	*to enclose*
devolver	*to return (an object)*	**perseguir**	*to chase*

✔   Check your answers to the preceding questions in Appendix 1.

Fíjate

Some Spanish verbs, like English verbs, have prefixes (parts that are attached to the beginning of the verb). The verb *tener* has prefixes that form other verbs such as *obtener* (to obtain), *contener* (to contain), and *mantener* (to maintain), and those verbs are formed just like *tener* (*obtengo, contienes, mantiene,* etc.) The verbs *seguir* and *volver* are the roots for other verbs such as *conseguir* (to get) and *devolver* (to return).

A-15 **¡Preparados, listos, ya!** Escuchen mientras su profesor/a les explica esta actividad. ∎

MODELO	cerrar				
	tú	E1: *cierras*	yo	E4: *cierro*
	nosotros	E2: *cerramos*	Uds.	E5: *cierran*
	ella	E3: *cierra*	ellos	E6: *cierran*

¡Anda! Curso elemental, Capítulo Preliminar A. La hora; Capítulo 2. Las materias y las especialidades, Apéndice 2.

A-16 ¿Conoces bien a tu compañero/a de clase?

Túrnense para hacerse las preguntas de esta entrevista. ■

1. ¿Entiendes a tu profesor/a cuando habla español?
2. ¿A qué hora comienzas la tarea los lunes?
3. ¿Prefieres estudiar por la noche o por la mañana?
4. ¿Pierdes tus lápices o bolígrafos frecuentemente?
5. Generalmente, ¿con quién almuerzas?

Estrategia

When working in pairs or groups, it is imperative that you make every effort to speak only Spanish. Because you will be learning from each other, use the following expressions as ways of interacting with each other and making suggestions, helpful comments, and corrections:

(No) Estoy de acuerdo.	I agree. / I don't agree.
Creo que es…	I think it is …
¿No debería ser…?	Shouldn't it be … ?

Workbooklet

A-17 **Firma aquí** Completen los siguientes pasos. ■

Paso 1 Circula por la clase haciéndoles preguntas a tus compañeros según la información del cuadro. Los compañeros que responden **sí** a las preguntas deben firmar el cuadro.

MODELO siempre perder la tarea

E1: *Ashley, ¿siempre pierdes la tarea?*

E2: *No, no pierdo la tarea. Soy muy organizada.*

E1: *Alex, ¿siempre pierdes la tarea?*

E3: *Sí, siempre pierdo mi tarea.*

E1: *Muy bien. Firma aquí, por favor.* _Alex_

¿QUIÉN…?	FIRMA
1. siempre perder la tarea	
2. almorzar en McDonald's a menudo	
3. querer visitar Centroamérica	
4. siempre entender al/a la profesor/a de español	
5. jugar muy bien al tenis	
6. preferir dormir hasta el mediodía	
7. querer ser artista	
8. volver tarde a casa a menudo	

Paso 2 Comparte los resultados con la clase.

MODELO *Alex siempre pierde la tarea y David quiere visitar Costa Rica…*

9. Las construcciones reflexivas Relating daily routines

When the subject both performs and receives the action of the verb, a **reflexive verb** and **pronoun** are used.

afeitarse **bañarse** **cepillarse (los dientes)**

acostarse (o → ue)

dormirse (o → ue → u)

despertarse (e → ie)

ducharse

maquillarse

vestirse (e → i → i)

peinarse **secarse**

Reflexive pronouns			
Yo **me** divierto	en las fiestas.	*I always enjoy myself at parties.*
Tú **te** diviertes	en las fiestas.	*You always enjoy yourself at parties.*
Usted **se** divierte	en las fiestas.	*You (formal) always enjoy yourself at parties.*
Él/Ella **se** divierte	en las fiestas.	*He/She always enjoys himself/herself at parties.*
Nosotros **nos** divertimos	en las fiestas.	*We always enjoy ourselves at parties.*
Vosotros **os** divertís	en las fiestas.	*You (all) always enjoy yourselves at parties.*
Ustedes **se** divierten	en las fiestas.	*You (all) always enjoy yourselves at parties.*
Ellos/Ellas **se** divierten	en las fiestas.	*They always enjoy themselves at parties.*

Reflexive pronouns:

1. precede a conjugated verb.
2. can be attached to infinitives and present participles (**-ando, -iendo**).

Me voy a levantar.
Voy a levantar**me**. } *I am going to get up.*

¿**Se** van a levantar esta mañana?
¿Van a levantar**se** esta mañana? } *Are they going to get up this morning?*

¡**Nos** estamos levantando!
¡Estamos levantándo**nos**! } *We are getting up!*

Algunos verbos reflexivos

acordarse de (o → ue)	*to remember*	**ponerse (la ropa)**	*to put on (one's clothes)*
callarse	*to become/to keep quiet*	**ponerse (nervioso/a)**	*to become (nervous)*
divertirse (e → ie → i)	*to enjoy oneself; to have fun*	**quedarse**	*to stay; to remain*
irse	*to go away; to leave*	**quitarse (la ropa)**	*to take off (one's clothes)*
lavarse	*to wash oneself*	**reunirse**	*to get together; to meet*
levantarse	*to get up; to stand up*	**sentarse (e → ie)**	*to sit down*
llamarse	*to be called/named*	**sentirse (e → ie → i)**	*to feel*

Fíjate

Many verbs can be used both reflexively and non-reflexively: e.g., *ir:* to go; *irse:* to leave; *dormir:* to sleep; *dormirse:* to fall asleep. Also consider examples such as *Manolo lava el coche* versus *Manolo se lava.* Why is the verb not reflexive (*lavar*) in the first sentence? Why is it reflexive (*lavarse*) in the second sentence?

Estrategia

Remember that stem-changing verbs have the irregularities given in parentheses. For example, when you see *sentirse* (*e → ie → i*) you know that this infinitive is a stem-changing verb, that the first *e* in the infinitive changes to *ie* in the present indicative, and that the *e* changes to *i* in the third person singular and plural of the preterit.

A-18 **El juego de la pelota** Formen grupos de cuatro a seis estudiantes. Una persona del grupo le tira (*throws*) una pelota de papel a otro/a estudiante al mismo tiempo que nombra un verbo reflexivo y un pronombre o nombre personal. Si el/la compañero/a dice la forma correcta, gana un punto y tiene que continuar el juego. ■

MODELO

E1: *ducharse… yo,* (tira la pelota)

E2: *me ducho*

E2: *vestirse… mi madre,* (tira la pelota)

E3: *mi madre se viste*

E3: *acordarse… tú,* (tira la pelota)…

A-19 **Mímica** Hagan mímica (*charades*) en grupos de cuatro. Túrnense para escoger un **verbo reflexivo** para representar al grupo. El grupo tiene que adivinar qué verbo es. Sigan jugando hasta que cada estudiante represente **cuatro** verbos diferentes. ■

¡Anda! Curso elemental, Capítulo Preliminar A. La hora, Apéndice 2.

A-20 **Un día típico**

Paso 1   Ordena las siguientes actividades diarias de forma cronológica. Después, con un/a compañero/a, escribe **tres** oraciones detalladas sobre un día típico.

1.   ④

2.   ③

3.   ①

4.   ⑤

5.   ②

6.   ⑥

Paso 2   Ahora escribe por lo menos **ocho** actividades que haces tú normalmente y a qué hora las haces. Usa **verbos reflexivos**. Después, comparte tu lista con un/a compañero/a.

① Se acuestan.
② Se lavan sus dientes
③ Se ducha.

A-21 **¿Cuál es tu rutina diaria?**
Circula por la clase para entrevistar a varios compañeros según el modelo. ■

① Me levanto a las siete y media.

② Me ducho a las ocho menos cuarto.

③ Me lavo mis dientes a ocho menos cuarto.

④ Me viste a las ocho menos diez.

⑤ Ando mi bicicleta a clase a las ocho menos cinco.

⑥ Despues de clase, yo como desayuno a las nueve.

⑦ Camino a mi proxima clase a las diez

MODELO   E1: *¿A qué hora te despiertas?*

E2: *Me despierto a las siete.*

E1: *Yo no. Me despierto a las siete y media.*

1. ¿A qué hora te despiertas y a qué hora te levantas?
2. ¿Prefieres ducharte o bañarte? ¿A qué hora?
3. ¿Qué haces para divertirte?
4. ¿A qué hora te acuestas?
5. ¿ … ? (*Crea tu propia pregunta*).

 A-22   **¿Conoces bien a tus compañeros?** Trabajen en grupos de cuatro para hacer esta actividad. ■

Paso 1   Un/a compañero/a debe salir de la sala de clase por un minuto. Los otros estudiantes escriben **cinco** preguntas sobre la vida diaria del/de la compañero/a, usando **los verbos reflexivos.**

MODELO   *¿A qué hora te despiertas? ¿A qué hora te acuestas?*

Paso 2   Antes de entrar el/la compañero/a, el grupo de estudiantes debe adivinar cuáles van a ser las respuestas a esas preguntas.

MODELO   *Probablemente nuestro/a compañero/a se despierta a las siete. Luego, probablemente se acuesta a las once.*

Paso 3   Entra el/la compañero/a y los otros le hacen las preguntas.

Paso 4   Comparen las respuestas del grupo con las del/de la compañero/a. ¿Tienen razón? Pueden repetir la actividad con los otros miembros del grupo.

REPASO

¡Hola!
Spanish
Tutorial

A-35 to A-38

10. Repaso de *ser* y *estar*   Describing states of being, characteristics, and location

> Son las ocho y media. ¿Dónde está Beto?

You learned two Spanish verbs that mean *to be* in English. These verbs, **ser** and **estar**, are contrasted below.

1. **Ser** (soy, eres, es, es, somos, sois, son, son) is used:

   • **To describe physical or personality characteristics that remain relatively constant**

   | Guillermo **es** inteligente. | *Guillermo is intelligent.* |
   | Las casas **son** pequeñas. | *The houses are small.* |

   • **To explain who or what someone or something is**

   | La Dra. García **es** profesora de literatura. | *Dr. García is a literature professor.* |
   | Mary **es** mi hermana. | *Mary is my sister.* |

   • **To tell time or to tell when or where an event takes place**

¿Qué hora **es**?	*What time is it?*
Son las nueve.	*It's nine o'clock.*
Mi clase de español **es** a las ocho y **es** en Peabody Hall.	*My Spanish class is at eight o'clock and is in Peabody Hall.*

   • **To tell where someone is from and to express nationality**

   | **Somos** de Cuba. **Somos** cubanos. | *We are from Cuba. We are Cuban.* |

2. **Estar** (estoy, estás, está, está, estamos, estáis, están, están) is used:

   • **To describe physical or personality characteristics that can change, or to indicate a change in condition**

   | Elena **está** enferma hoy. | *Elena is sick today.* |
   | Leo y Ligia **están** cansados. | *Leo and Ligia are tired.* |

   • **To describe the locations of people or places**

El cine **está** en la calle 8.	*The movie theatre is on 8th Street.*
Estamos en el restaurante.	*We're at the restaurant.*
¿Dónde **estás** tú?	*Where are you?*

   • **With the present participle (-ando, -iendo) to create the *present progressive***

   | ¡**Están** bailando mucho! | *They are dancing a lot!* |
   | **Estamos** esperándola. | *We are waiting for her.* |

¡Explícalo tú!

Compare the following sentences and answer the questions below.

> Su hermano **es** simpático.
> Su hermano **está** enfermo.

1. Why do you use a form of **ser** in the first sentence?
2. Why do you use a form of **estar** in the second sentence?

✔ Check your answers to the preceding questions in Appendix 1.

You will learn several more uses for **ser** and **estar** by the end of *¡Anda! Curso intermedio.*

A-23 **¡A jugar!** Vamos a practicar **ser** y **estar.** ■

Paso 1 Hagan una lista con dos columnas. Escriban **ser** en una columna y **estar** en la otra. Su profesor/a les va a dar tres minutos para escribir todas las oraciones que puedan con **ser** y **estar.**

Paso 2 Cuando terminen, formen grupos de cuatro para revisar sus oraciones. ¿Cuántas tienen correctas?

A-24 **¿Quiénes son Pilar y Eduardo?** Pilar y Eduardo son estudiantes bilingües en una universidad de los Estados Unidos. ■

Paso 1 Túrnense para completar el siguiente párrafo con las formas correctas de **ser** o **estar** para conocerlos mejor.

(1) _____ las siete y media de la mañana. Pilar (2) _____ cansada y un poco enferma pero tiene que darse prisa porque su clase de periodismo (3) _____ a las ocho. Por suerte (*Luckily*) su apartamento no (4) _____ muy lejos de la universidad. Eduardo (5) _____ otro estudiante de la misma universidad. Toma la misma clase que Pilar, pero no la conoce. (6) _____ un hombre alto, inteligente y muy simpático. Le gusta estudiar. Sus abuelos (7) _____ de Perú y él (8) _____ tratando de mantener y respetar su cultura. Hoy no se siente muy bien; (9) _____ un poco enfermo. Los estudiantes ya (10) _____ en la clase. Pilar y Eduardo (11) _____ corriendo para llegar a tiempo. Los dos (12) _____ muy puntuales y no les gusta llegar tarde.

Paso 2 Expliquen por qué usaron (*you used*) **ser** o **estar** en cada espacio del párrafo del **Paso 1.**

MODELO 1. *Son*, telling time

A-25 **Quiero conocerte mejor** Túrnense para hacerse y contestar las siguientes preguntas. ■

¡Anda! Curso elemental, Capítulo Preliminar A. La hora; Capítulo 2. Emociones y estados; Capítulo 3. La casa, Los colores, Apéndice 2.

1. ¿De dónde eres?
2. ¿Cómo eres?
3. ¿Cómo estás hoy?
4. ¿A qué hora son tus clases?
5. ¿Cómo es tu casa?
6. ¿Dónde está tu casa?
7. ¿De qué color es tu casa?
8. ¿Dónde está tu residencia estudiantil?
9. ¿Cómo es tu dormitorio?
10. ¿Cuál es tu color favorito?
11. Describe a la persona más importante para ti.
12. ¿Dónde está él/ella ahora?

A-26 **Somos iguales** Completen los siguientes pasos. ■

Paso 1 Dibujen tres círculos, como los del modelo, y entrevístense para averiguar en qué se parecen y en qué se diferencian. En el círculo del centro, escriban oraciones usando **ser** y **estar** sobre lo que tienen en común. En los otros círculos, escriban en qué son diferentes.

MODELO

> **Estrategia**
>
> Concentrate on spelling all words correctly. For example, make sure you put accent marks where they belong with forms of *estar* and other words that take accent marks. If necessary, review the rules regarding accent marks on page 5 of this chapter in the student note. If you are a visual learner, try color-coding the words that have accents or writing the accents in a different color to call attention to those forms of the verb.

Soy alto.

Nuestro color favorito es el azul. Somos inteligentes.

Soy baja.

E1: *¿Cuál es tu color favorito?*

E2: *Mi color favorito es el azul.*

E1: *Mi color favorito es el azul también.*

(E1/E2 writes: *Nuestro color favorito es el azul.*)

Paso 2 Comparen sus dibujos (*drawings*) con los dibujos de sus compañeros de clase. ¿Qué tienen en común?

REPASO

¡Hola!

Spanish
Tutorial

A-39 to A-42

Fíjate

Remember that *mi* means "my" and *mí* means "me."

11. El verbo *gustar* Conveying likes and dislikes

You will remember that the verb **gustar** is used to express likes and dislikes. **Gustar** functions differently from other verbs you have studied so far.

iMe gusta este vestido!

- **The person, thing, or idea that is liked is the *subject* (S) of the sentence.**
- **The person (or persons) who like(s) another person, thing, or idea is the *indirect object* (IO).**

Note the following examples.

IO		S	
(A mí)	**me**	gusta la playa.	*I like the beach.*
(A ti)	**te**	gusta la playa.	*You like the beach.*
(A Ud.)	**le**	gusta la playa.	*You like the beach.*
(A él)	**le**	gusta la playa.	*He likes the beach.*
(A ella)	**le**	gusta la playa.	*She likes the beach.*
(A nosotros/as)	**nos**	gusta la playa.	*We like the beach.*
(A vosotros/as)	**os**	gusta la playa.	*You (all) like the beach.*
(A Uds.)	**les**	gusta la playa.	*You (all) like the beach.*
(A ellos/as)	**les**	gusta la playa.	*They like the beach.*

Note the following:

1. The construction **a + pronoun** (**a mí, a ti, a él,** etc.) or **a + noun** is optional most of the time. It is used for clarification or emphasis. Clarification of **le gusta** and **les gusta** is especially important because the indirect object pronouns **le** and **les** can refer to different people (*him, her, you, them, you all*).

   A él le gusta la música clásica. (clarification)   *He likes classical music.*
   A Ana le gusta la música clásica. (clarification)   *Ana likes classical music.*

2. Use the plural form **gustan** when what is liked (the subject of the sentence) is plural.

   Me gusta **el traje.**   *I like the suit.*
   Me gusta**n los trajes.**   *I like the suits.*

3. To express the idea that one likes *to do* something, **gustar** is followed by an infinitive. In that case you always use the singular **gusta,** even when you use more than one infinitive in the sentence:

   Me gusta ir de compras por la noche.   *I like to go shopping at night.*
   A Juan **le gusta ir** de compras y **salir**   *Juan likes to go shopping and to go out*
   con sus amigos.   *with friends.*

¡Explícalo tú!

In summary:

1. To say you like or dislike one thing, what form of **gustar** do you use?
2. To say you like or dislike more than one thing, what form of **gustar** do you use?
3. Which words in the examples mean *I? You? He/She? You (all)? They? We?*
4. If a verb is needed after **gusta/gustan,** what form of the verb do you use?

✓ Check your answers to the preceding questions in Appendix 1.

A-27 ¿**Qué te gusta?** Completen los siguientes pasos. ■

Paso 1 Decidan si les gustan las siguientes cosas. Túrnense.

MODELO los lunes

E1: *No me gustan los lunes.*

E2: *A mí tampoco me gustan los lunes.*

Fíjate

To express "me too," you use *también;* to express "me neither," use *tampoco.*

1. la cafetería
2. los viernes
3. vivir en una residencia estudiantil
4. las ciencias
5. aprender idiomas
6. cocinar comida mexicana
7. bailar salsa
8. las novelas de Ernest Hemingway

¡Anda! Curso elemental, Capítulo 2. La formación de preguntas y las palabras interrogativas, Apéndice 3.

Paso 2 Ahora hazles preguntas de las categorías del **Paso 1** a otros compañeros de clase.

MODELO E1: *¿Les gustan los lunes?*

E2 & E3: *No, no nos gustan los lunes.*

Estrategia

Remember, if you answer negatively, you will need to say *no* twice.

NOTAS CULTURALES

La influencia del español en los Estados Unidos

A-43 to A-44

Desde la época de los conquistadores, el español ha tenido una influencia muy fuerte en los Estados Unidos, y esta influencia sigue hoy en día. Muchas ciudades y lugares geográficos se reconocen por sus nombres hispanos del tiempo colonial: El Álamo, El Paso, Las Vegas, Boca Ratón, Santa Fe, San Francisco y Los Ángeles, por mencionar algunos. También, hay varios estados con nombres derivados de la lengua o herencia española como Colorado, Montana, Florida, California y Nevada. La población hispanohablante de los Estados Unidos es cada día más numerosa y tiene un gran poder económico también. Por eso, hay muchas emisoras de radio (¡más de 650!) y varias cadenas de televisión (como Telemundo, Univisión, América TeVe, Mega TV, etc.) con programación en español que compiten por la atención del público.

Preguntas

1. ¿Dónde se ve la influencia del español en los Estados Unidos?
2. ¿Dónde se ve el poder económico de los hispanohablantes en los Estados Unidos?

Y por fin, ¿cómo andas?

Each of the coming chapters of *¡Anda! Curso intermedio* will have three self-check sections for you to assess your progress. The first *¿Cómo andas? (How are you doing?)* section will appear approximately one-third of the way through each chapter. The second *¿Cómo andas?* will appear approximately two-thirds of the way through the chapter. At the end of each chapter you will find *Y por fin, ¿cómo andas? (Finally, how are you doing?)*. Use the checklists as a measure of all that you have learned in the chapter. Place a check in the *Feel confident* column of the topics you feel you know and a check in the *Need to Review* column of those that you need to practice more. Be sure to go back and practice those concepts that you determine you personally need to review. Practice is key to your success!

Having completed this chapter, I now can . . .

	Feel confident	Need to review
Comunicación		
• identify masculine and feminine nouns. (p. 4)	☐	☐
• use singular and plural nouns. (p. 5)	☐	☐
• convey *the, a, one,* and *some.* (p. 6)	☐	☐
• supply details about people, places, and things. (p. 7)	☐	☐
• state possession. (p. 11)	☐	☐
• relate daily activities. (p. 13)	☐	☐
• express actions. (p. 14)	☐	☐
• communicate accomplishments. (p. 19)	☐	☐
• relate daily routines. (p. 22)	☐	☐
• describe states of being, characteristics, and location. (p. 26)	☐	☐
• convey likes and dislikes. (p. 29)	☐	☐
Cultura		
• give at least two reasons why it is important to study and be able to communicate in Spanish. (p. 10)	☐	☐
• name numerous Spanish speakers. (p. 18)	☐	☐
• document the influence of Spanish in the United States. (p. 30)	☐	☐
Comunidades		
• use Spanish in real-life contexts. (SAM)	☐	☐

Estrategia

The *¿Cómo andas?* and *Por fin, ¿cómo andas?* sections are designed to help you assess your understanding of specific concepts. In *Capítulo Preliminar A,* there is one opportunity for you to reflect on how well you understand the concepts. Beginning with *Capítulo 1,* you will find three opportunities in each chapter to stop and reflect on what you have learned. These checklists help you become accountable for your own learning and determine what you need to review. Use them also as a way to communicate with your instructor about any concepts you still need to review. Additionally, you might use your checklist as a way to guide your studies with a peer group or peer tutor. If you need to review a particular concept, more practice is available in MySpanishLab.

Así somos

¿Cómo eres? ¿Cómo es tu familia? ¿Cómo te ven otras personas? Todos tenemos características personales y físicas que compartimos y que nos diferencian. ¡Vamos a explorarlas!

PREGUNTAS

1 ¿Cómo son las personas que aparecen en la foto?

2 Compara esta familia con la tuya.

3 ¿Cómo eres tú?

Comunicación I

♻ *¡Anda! Curso elemental*, Capítulo 1. Los adjetivos descriptivos, Apéndice 3; Capítulo 2. Las emociones y los estados; Capítulo 9. El cuerpo humano, Apéndice 2.

1 VOCABULARIO

01-01 to 01-05

El aspecto físico y la personalidad
Describing yourself and others in detail

El aspecto físico

las pestañas · la mejilla · la frente · el pelo rubio · el pelo castaño · calvo/a · las pecas · el lunar · los labios · las canas / el pelo canoso · las cejas · el bigote · la barba · el pelo teñido · el mentón · los frenos · la trenza · pelirrojo · moreno · la perforación del cuerpo · la cicatriz · el tatuaje · el pelo corto · la peluca · el pelo largo · el pelo lacio · el pelo rizado

Estrategia

If the meaning of any vocabulary word is not clear, verify the definition in the *Vocabulario activo* at the end of this chapter.

La personalidad

agradable, alegre, chistoso y extrovertido

callada, introvertida, seria y tímida

desorganizada, maleducada, egoísta, gastadora y presumida

El aspecto físico	*Physical appearance*
la apariencia	*appearance*
la piel	*skin*

Palabra útil	*Useful word*
discapacitado/a	*physically / psychologically handicapped*

La personalidad	*Personality*
despistado/a	*absent-minded; scatterbrained*
educado/a	*polite*
flojo/a	*lazy*
generoso/a	*generous*
grosero/a	*rude*
honesto/a	*honest*
pesado/a	*dull; tedious*
raro/a	*strange*
sencillo/a	*modest; simple*
sensible	*sensitive*
tacaño/a	*cheap*
terco/a	*stubborn*

REPASO

¡Hola!
Repaso & Spanish/English Tutorials

01-06 to 01-10

Los pronombres de complemento directo e indirecto y los pronombres reflexivos   Avoiding repetition and clarifying meaning

For a complete review of direct and indirect object pronouns and reflexive pronouns, go to MySpanishLab or refer to **Capítulo 9** of *¡Anda! Curso elemental* in Appendix 3 of your textbook. The vocabulary activities that follow incorporate this grammar point. Practicing new vocabulary with a review grammar point helps to strengthen and increase your knowledge of Spanish.

¡Anda! Curso elemental, Capítulo Preliminar A. El verbo *ser*; Capítulo 1. Los adjetivos descriptivos; Capítulo 5. Los pronombres de complemento directo y la "a" personal, Apéndice 3; Capítulo 9. El cuerpo humano, Apéndice 2.

1-1 **¿Cómo son?** Miren los tres dibujos y completen los siguientes pasos. ■

Paso 1 Haz una lista de por lo menos **seis** características físicas de cada persona que aparece en los dibujos.

MODELO La mujer joven:

1. *es rubia*

Paso 2 Escribe una descripción de cada persona que aparece en los dibujos y compártela con un/a compañero/a.

MODELO *La mujer es joven y rubia con una frente alta. No tiene pecas…*

1-2 **¿Qué tenemos en común?** Con un/a compañero/a, descríbanse, dando por lo menos **ocho** características. Después, hagan un diagrama de Venn. Escriban las características que tienen en común en la intersección de los dos círculos y escriban fuera de la intersección las características que no comparten. ■

MODELO E1: *Soy extrovertida.*

E2: *Yo también soy extrovertido.*

E1: *Soy desorganizada.*

E2: *Yo no. Yo soy organizado…*

Estrategia

Remember when using adjectives to make them agree in gender and number. E.g., if you are a male, you are *extrovertido;* if you are a female, you are *extrovertida;* when talking about both of you, two males or a male and a female are *extrovertidos;* two females are *extrovertidas.*

Clara — desorganizada | extrovertidos | Marco — organizado

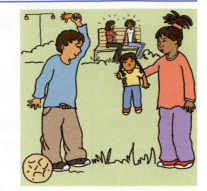

👥 **1-3** **¿Algún día?** Gloria y Tomás están caminando por el parque. Se paran para observar a dos niños jugando mientras sus madres conversan. ■

Paso 1 Completen la conversación entre Gloria y Tomás, usando **los pronombres de complemento directo e indirecto** y **los pronombres reflexivos.**

GLORIA: ¡Qué día tan agradable! Y ¡qué chistoso es aquel niño!

TOMÁS: ¿Chistoso? No lo puedo creer, ¡qué malo es ese niño! ¿Ves cómo rompe el juguete (*toy*) de aquella niña?… y ahora (1) _____ tira (*throws it*) al suelo.

GLORIA: Sí, amor. La niña (2) _____ levanta para buscar a su mamá. Parece que (3) _____ está llamando.

TOMÁS: Ah, no. Creo que va a recoger (*pick up*) el juguete. ¡No! Va a pegarle (*hit*) al niño. Mira.

GLORIA: Le pega fuerte. Cuidado… ¡Qué maleducada!

No (4) _____ preocupes, Tomás. Allí están sentadas las madres.

TOMÁS: Sí, y (5) _____ van a reñir (*scold*). Deben estar enojadas con sus niños.

GLORIA: Ay, Tomás… los niños son preciosos, ¿verdad?

TOMÁS: A mí no (6) _____ gustan. No quiero hijos. Y tú, ¿(7) _____ quieres tener?

GLORIA: Pues, sí, algún día. Pienso tener cinco hijas y (8) _____ voy a llevar al parque todos los días. Tú y yo podemos…

TOMÁS: ¡Mi teléfono! Tengo que ir _____ (9). Creo que mi madre (10) _____ llama. ¡Adiós!

GLORIA: Pero, Tomás… ¡ (11) _____ invitaste a comer!

Paso 2 Usen el dibujo y el vocabulario nuevo para describir a los niños en el parque.

MODELO *La niña tiene el pelo rizado y los dos probablemente tienen las pestañas largas…*

¡Anda! Curso elemental, Capítulo 1. Los adjetivos descriptivos; Capítulo 8. Las construcciones reflexivas, Apéndice 3; Capítulo 2. Las emociones y los estados; Capítulo 9. El cuerpo humano, Apéndice 2.

👥 **1-4** **¿Cómo son?** Escoge a una de las personas de la lista y escribe **tres** palabras que describan a la persona. Después, inventa un horario para hoy para esa persona. Comparte la descripción y el horario con un/a compañero/a. Trata de usar **los pronombres reflexivos** con el vocabulario nuevo. ¡Sé creativo! ■

MODELO **tu mejor amigo:** *agradable, generoso, despistado*
Mi mejor amigo se llama Tonio. Es muy agradable y generoso. Se levanta a las seis. A las ocho se va a la universidad…

1. Javier Bardem y Penélope Cruz
2. Homer Simpson
3. Donald Trump
4. Beyoncé
5. Payton Manning
6. tu mejor amigo/a

¡Anda! Curso elemental,
Capítulo Preliminar A.
Los números 0–30;
Capítulo 1. Los números
31–100; Los adjetivos
descriptivos; Capítulo 2.
Las emociones y los
estados; Los deportes
y los pasatiempos;
Capítulo 5. El mundo de
la música; Capítulo 9.
El cuerpo humano,
Apéndice 2; Capítulo 9.
Las expresiones
afirmativas y negativas,
Apéndice 3.

Workbooklet   **1-5**   **¿Estás interesado/a?** Pareja.com te ayuda a encontrar a esa persona ideal. Completa los siguientes pasos. ■

Paso 1   Completa el formulario para utilizar el servicio. Después, compara tu información con la de tus compañeros en grupos de cuatro para saber qué tienen ustedes en común.

¿Estás buscando pareja?. . . Para ayudarte a encontrar tu pareja ideal, necesitamos que completes el siguiente formulario:

PAREJA.COM

Nombre _____
Correo electrónico _____
Sexo: ____ hombre ____ mujer

¿CÓMO ERES?

Soy: ___ guapo/a ___ normal
Edad: ___
Ojos: ___ verdes ___ azules ___ castaños
Pelo: ___ rubio ___ castaño ___ moreno ___ pelirrojo ___ teñido ___ calvo ___ canoso
Carácter: ___ organizado/a ___ serio/a ___ callado/a ___ sensible ___ honesto/a
           ___ tímido/a ___ interesante ___ simpático/a ___ gastador/a ___ chistoso/a
           ___ extrovertido/a ___ humilde
Inteligencia: ___ alta ___ normal ___ baja
¿Hablas español? ___ muy bien ___ un poco ___ no
¿Hablas otras lenguas? ___ sí ___ no

TRABAJO: ___ sí ___ no   **Licencia de conducir:** ___ sí ___ no

PASATIEMPOS:

Viajar: ___ sí ___ no   **Leer:** ___ sí ___ no
Deportes: ___ fútbol   ___ básquetbol ___ coches/motos ___ natación
          ___ atletismo   ___ gimnasia   ___ artes marciales ___ esquí
          ___ deportes acuáticos ___ golf   ___ fútbol americano ___ tenis
          ___ boxeo   ___ ciclismo   ___ patinaje ___ otros deportes
          ___ no me gusta hacer deporte
Fin de semana ideal: ___ cine/teatro ___ ir a la discoteca ___ ir a restaurantes
                     ___ montaña ___ playa   ___ ir de compras
Música preferida: ___ clásica   ___ pop/rock en general ___ de los años 60–70
                  ___ de los años 80 ___ jazz   ___ rock duro/heavy
                  ___ New Age   ___ tradicional/popular ___ salsa/música latina
                  ___ No me gusta la música
¿Sabes cocinar? ___ sí ___ no

HORÓSCOPO: ___ Aries ___ Tauro ___ Géminis ___ Cáncer ___ Leo ___ Virgo
               ___ Libra ___ Escorpio ___ Sagitario ___ Capricornio ___ Acuario ___ Piscis

NOTAS ADICIONALES:
_____
_____

Paso 2   Escribe por lo menos **cuatro** oraciones sobre tu hombre/mujer ideal. Usa por lo menos **cuatro** descripciones de características físicas y personales de él o ella.

MODELO   *Mi hombre/mujer ideal tiene el pelo corto y las pestañas largas…*

Paso 3   Ahora haz una descripción de ti mismo/a. Usa por lo menos **cuatro** descripciones de características físicas y personales tuyas. Después, comparte las descripciones con un/a compañero/a.

MODELO   *Mi apariencia no es nada extraordinaria. No tengo ni bigote ni barba. Soy callado y un poco serio. No soy grosero…*

2 GRAMÁTICA

01-11 to 01-14 · ¡Hola! Spanish Tutorial

Algunos verbos como *gustar*

Expressing feelings and reactions

> No me caen bien las personas egoístas.

> A mí tampoco. Me fascina la gente como tú.

In **Capítulo Preliminar A,** you reviewed the verb **gustar.**
Some other verbs that have a similar structure to **gustar** in Spanish are:

* **caer bien/mal** — *to like/to dislike someone*

A Javier **le cae** muy **bien** Pilar.
Javier likes Pilar a lot.

Me caen mal las personas egoístas.
I dislike self-centered people.

* **parecer** — *to seem; to appear*

Me parece que José tiene un carácter agresivo.
It seems to me that José has an aggressive personality.

¿Qué **te parece** este tatuaje?
How do you like this tattoo? (How does this tattoo seem to you?)

* **interesar** — *to interest*

A ellos **les interesa** mucho la cirugía plástica.
They are very interested in plastic surgery. / Plastic surgery interests them a lot.

¿A quién **le interesa** solo el aspecto físico de las personas?
Who is only interested in a person's physical characteristics?

* **quedar** — *to have something left*

Nos queda un dólar.
We have one dollar left.

Me quedan dos años para graduarme.
I have two more years (left) until I graduate.

* **faltar** — *to need; to lack*

Me faltan dos dólares (Necesito dos dólares).
I need two dollars.

Me faltan dos cursos para graduarme (Necesito dos cursos para graduarme).
I still need two courses to graduate.

Additional verbs like **gustar** include:

encantar	*to love; to like very much*	**importar**	*to matter; to be important*
fascinar	*to fascinate*	**molestar**	*to bother*
hacer falta	*to need; to be lacking*		

1-6 **Me cae bien** Túrnense para crear oraciones con los verbos como **gustar.** ■

MODELO   caer mal / las personas / presumido / (a mí)
Me caen mal las personas presumidas.

1. caer bien / gente / educado / (a nosotros)
2. caer mal / personas / grosero / (a ellos)
3. importar / canas / (a ella)
4. encantar / hombres / calvo / (a mí)
5. ¿parecer mal / profesores / despistado? / (a ti?)
6. fascinar / pelo / corto / (a Rafael)
7. no interesar / personas / gastador / (a nosotros)

1-7 **Combinaciones** Usando elementos de las tres columnas, escribe **seis** oraciones diferentes. Después, comparte las oraciones con un/a compañero/a. Túrnense. ■

MODELO   a mí   fascinar   estudiar español
A mí me fascina estudiar español.

A	B	C
a mí	(no) caer bien/mal	el fútbol americano
a mis amigos	(no) importar	los bigotes
a mi hermano y a mí	(no) fascinar	un amigo despistado
a ti	(no) parecer bien/mal	cinco dólares
a mis padres	(no) quedar	los profesores chistosos
a usted	(no) faltar	estudiar español

1-8 **Sus opiniones** Los psicólogos nos dicen que formamos opiniones al mirar a una persona. Es hora de dar sus opiniones e impresiones. Usen los siguientes verbos: ■

(no) caer bien/mal	(no) encantar	(no) fascinar	(no) interesar

Paso 1 Túrnense para compartir sus opiniones sobre las personas que aparecen en las fotos.

MODELO *No me cae bien la mujer con los tatuajes. Es muy seria.*

Paso 2 Repite lo que tu compañero/a dijo.

MODELO *A mi compañero de clase no le cae bien la mujer con los tatuajes porque es muy seria.*

Workbooklet

1-9 **Firma aquí** Busca a un/a compañero/a de clase que pueda responder **sí** a cada una de las siguientes preguntas. Al responder afirmativamente, la persona necesita firmar el cuadro. ■

MODELO fascinar el pelo rizado

E1: *Ana, ¿te fascina el pelo rizado?*

E2: *No, no me fascina el pelo rizado.*

E1: *Tom, ¿te fascina el pelo rizado?*

E3: *Sí, me fascina el pelo rizado.*

E1: *Muy bien. Firma aquí, por favor.*

¿A QUIÉN... ?	FIRMA
1. fascinar el pelo rizado	*Tom*
2. caer bien las personas despistadas	
3. fascinar los hombres con barba	
4. parecer bien salir con personas tacañas	
5. molestar los frenos	
6. interesar los tatuajes	
7. importar el aspecto físico de una persona	

NOTAS CULTURALES

¿Hay un hispano típico?

01-15

¿Cómo puede ser? Los hispanos son producto de las civilizaciones europeas, indígenas, africanas y asiáticas: una rica mezcla (*mixture*) de muchos grupos diferentes. Hay hispanos de pelo castaño, piel oscura y ojos negros, y también los hay de pelo rubio, piel blanca y ojos azules. La comida en los países hispanohablantes es tan variada como la gente. Comer en un restaurante mexicano en España es tan exótico como hacerlo en Argentina. Para los españoles, es un restaurante étnico con comida típica de México —igual (*the same*) que para nosotros aquí en los Estados Unidos.

Muchas veces la gente conoce sólo a una o a dos personas de habla española y piensa que *todas* son iguales. En realidad, todos tienen su propia cultura y muchas veces una gran variedad de características físicas y personales. ¿Hay un *hispano* típico? Del mismo modo, también podemos preguntarnos: ¿hay un *estadounidense* típico?

Preguntas
1. ¿Los hispanohablantes son una mezcla de qué civilizaciones?
2. ¿Los estadounidenses son una mezcla de qué civilizaciones?
3. ¿Por qué es imposible describir a un estadounidense y a un hispano típico?

1-10 **¿Qué te parece?** Entrevista a **tres** compañeros de clase para descubrir más información sobre ellos. ■

1. ¿Cuántos años te faltan para graduarte?
2. ¿Qué tipo de profesor/a te cae bien? (e.g., personalidad, características, etc.)
3. ¿Qué les molesta a tus profesores?
4. ¿Qué te fascina hacer en tu tiempo libre?
5. ¿Qué les interesa a tus amigos? ¿A tus padres?
6. ¿Te importa el dinero?

 ¡Anda! Curso elemental, Capítulo 1. Los adjetivos descriptivos, Apéndice 3; Capítulo 2. Las emociones y los estados, Los deportes y los pasatiempos; Capítulo 5. El mundo de la música, El mundo del cine, Apéndice 2.

1-11 **A conocerlo/a mejor** ¿Conocen bien a su profesor/a? Adivinen (*Guess*) sus posibles respuestas a las siguientes preguntas. Después, su profesor/a les va a dar las respuestas correctas. ■

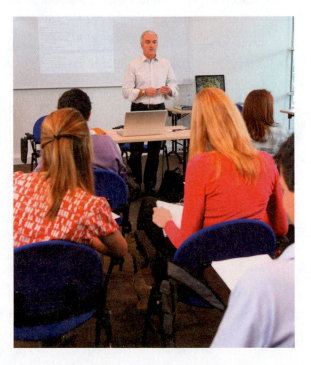

1. ¿Qué le gusta más de ser profesor/a?
2. ¿Qué cualidades le parecen buenas en un estudiante?
3. ¿Le interesa viajar a un país hispanohablante este verano? ¿A dónde le interesa ir?
4. ¿Qué le fascina hacer en su tiempo libre?
5. ¿Qué aspectos le encantan de la vida universitaria?

ESCUCHA

01-16 to 01-17

Un programa de televisión cómico

Estrategia

Predicting content and guessing meaning

There are many ways that we can **anticipate** what we are going to hear before we even hear it! For example, we may be walking past the television and see an image of two people about to kiss. We can **predict** that we will probably hear tender words between two people in love. If we hear two children crying, we can perhaps **anticipate** words of a confrontation or that they have been injured. Then, based on the context, we can **guess the meanings** of unknown or unfamiliar words. Using *visual* and *sound cues* is important to help **predict/anticipate content**. **Guessing** meaning is an equally important tool to help us determine what we hear.

1-12 Antes de escuchar A Adriana le encanta ver un programa de televisión sobre solteros que buscan a sus parejas ideales. El programa se llama "Una cita inolvidable" (*An Unforgettable Date*). ■

La soltera (*bachelorette*) les va a hacer preguntas a los tres solteros para averiguar cómo son y cómo son sus mujeres ideales.

Basándote en el dibujo, ¿cómo crees que son estos hombres? Describe a cada uno.

Soltero #1   _____

Soltero #2   _____

Soltero #3   _____

1-13 A escuchar Escucha el programa de televisión. ■

Paso 1   La primera vez que lo escuches, trata de predecir las respuestas de cada soltero. Escoge la palabra que mejor describe a cada soltero.

Soltero #1:	a. sensible	b. presumido	c. callado
Soltero #2:	a. grosero	b. tímido	c. introvertido
Soltero #3:	a. egoísta	b. gastador	c. agradable

Paso 2   La segunda vez que lo escuches, adivina lo que significan las siguientes palabras.

Soltero #1:   reino, espejito

Soltero #2:   cerveza

Soltero #3:   conviene

1-14 Después de escuchar Escucha por tercera vez y haz una lista de todas las palabras que describan a cada soltero. Luego, compara tu lista con la de un/a compañero/a. ■

¿Cómo andas? I

	Feel confident	Need to review
Having completed **Comunicación I,** I now can . . .		
• describe myself and others in detail. (p. 34)	☐	☐
• avoid repetition and clarify meaning. (MSL)	☐	☐
• express feelings and reactions. (p. 39)	☐	☐
• examine stereotypes and the idea of a "typical" Hispanic. (p. 42)	☐	☐
• predict content and guess meaning. (p. 44)	☐	☐

Comunicación II

Algunos estados Conveying personal descriptors

01-18 to 01-20

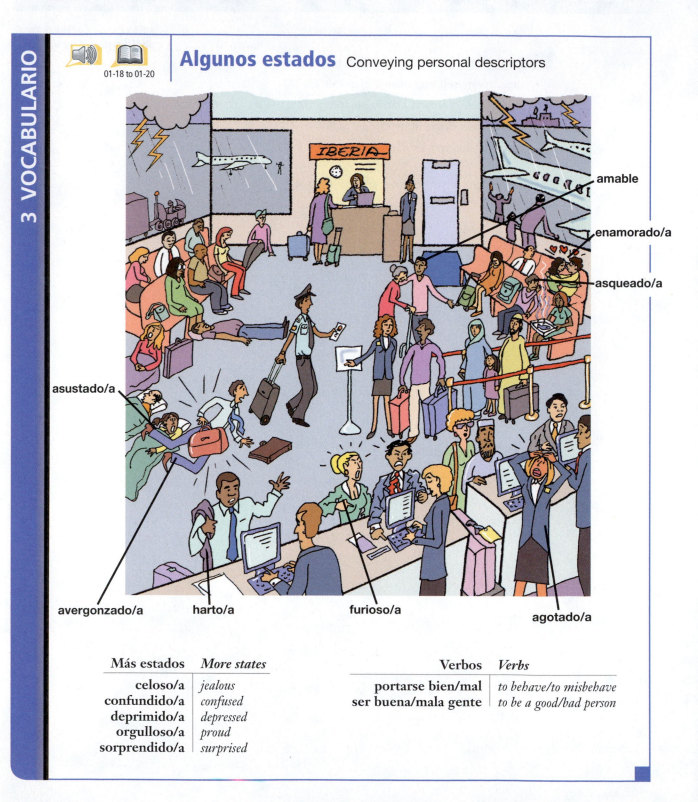

amable

enamorado/a

asqueado/a

asustado/a

avergonzado/a   harto/a   furioso/a   agotado/a

Más estados	More states		Verbos	Verbs
celoso/a	*jealous*		**portarse bien/mal**	*to behave/to misbehave*
confundido/a	*confused*		**ser buena/mala gente**	*to be a good/bad person*
deprimido/a	*depressed*			
orgulloso/a	*proud*			
sorprendido/a	*surprised*			

El pretérito Speaking and writing about past events

For a complete review of the preterit, go to MySpanishLab or refer to **Capítulo 7** of *¡Anda! Curso elemental* in Appendix 3 of your textbook. The vocabulary activities that appear in your textbook incorporate this grammar point. Practicing new vocabulary with a review grammar point helps to strengthen and increase your knowledge of Spanish.

*¡Anda! Curso elemental,
Capítulo 1. Los
adjetivos descriptivos,
Apéndice 3.*

1-15 **La pirámide** Con un/a compañero/a, escuchen las instrucciones de su profesor/a y practiquen el vocabulario nuevo jugando a la pirámide. ■

MODELO   E1: *Es un sinónimo de enojado.*

           E2: *¿Asqueado?*

           E1: *No, empieza con la letra* f.

           E2: *¿Furioso?*

           E1: *¡Correcto! ¡Excelente!*

1-16 **Asociación libre** ¿Qué emociones asocian con las siguientes situaciones? Túrnense para crear oraciones. ■

MODELO   antes de un examen

           E1: *Me siento confundido.*

           E2: *Me siento confiada.*

1. estar en un grupo de personas que no conoces bien
2. trabajar con una persona floja
3. estudiar para un examen de matemáticas
4. estar con la persona que más quieres
5. después de terminar la tarea para la clase de español

1-17 **La televisión nos controla** Estamos bombardeados con información sobre la gente famosa en la televisión. Túrnense para crear oraciones sobre lo que vieron y cómo se sintieron usando **el pretérito.** ■

MODELO   Pink / estrenar (*show for first time*) / tatuajes / nuevo.
           Sentirme /_____.

           Pink estrenó unos tatuajes nuevos. Me sentí celosa.

1. Raquel Welch y Lady Gaga / llevar / peluca / diferente. Sentirme / _____.
2. Javier Bardem y Ricky Martin / afeitarse / barba / y bigote. Sentirme / _____.
3. Cristina Saralegui / discutir / algo muy serio. Sentirme / _____.
4. Los niños de Angelina Jolie y Brad Pitt / portarse mal. Sentirme / _____.
5. Al Pacino / mostrar / cicatriz / grande. Sentirme / _____.

*¡Anda! Curso
elemental,* Capítulo 8.
Las construcciones
reflexivas, Apéndice 3.

1-18 **De niño/a** Tenemos muchos recuerdos sobre las cosas que
nos pasaron de niños. ■

Paso 1   Entrevista a **cuatro personas** para saber a quiénes les pasaron los siguientes
sucesos (*events*) y cómo se sintieron.

MODELO   no probar (*try*) pescado

E1: *¿No probaste el pescado?*

E2: *No, no lo probé porque me sentí asqueada. Ahora me gusta.*

¿QUIÉN... ?	E1	E2	E3	E4
1. compartir (*share*) sus cosas				
2. ayudar a personas mayores				
3. leer su primer libro antes de ir a la escuela primaria				
4. no probar pescado				
5. romper un juguete de su hermano/a o mejor amigo/a				

Paso 2   Comparte las respuestas de tus compañeros con los otros estudiantes
de la clase.

MODELO   *Cuando eran niñas, Mayra y Carmen ayudaron a personas mayores.
Sus padres se sintieron muy orgullosos de ellas...*

 1-19 **Mi mejor característica** Un periodista te entrevista para el
nuevo programa de televisión *¡Tipazo!* para averiguar tus mejores características.
Contesta y justifica tus respuestas. Túrnense. ■

MODELO   E1: *¿Nos puedes decir cuáles son tus mejores características?*

E2: *Una de mis mejores características es que soy una persona generosa —con mi
dinero, con mi tiempo y con mis emociones…*

4 GRAMÁTICA

¡Hola! 01-25 to 01-29 Spanish/English Tutorials

El presente perfecto de indicativo

Indicating what someone *has* done

¿Has oído los comentarios chistosos de Jorge?

No, pero me han dicho que son muy divertidos.

In Spanish, as in English, the **present perfect** is used to refer to what someone *has* or *has not* done.

*I **have met** the man of my dreams.*	**He conocido** al hombre de mis sueños.
*We **have decided** to get married!*	**¡Hemos decidido** casarnos!

- In Spanish, the *present perfect*, **el presente perfecto de indicativo,** is formed with the present form of the verb **haber** and the **past participle.**
- To form the past participle, drop the **-ar**, **-er**, or **-ir** from the infinitive, and add **-ado** or **-ido** as in the chart below.
- Though **ser** and **ir** are frequently irregular in many tenses and forms, for the past participle they follow the rule as stated here.

Note: In the present perfect, the past participle does **not** agree in number and gender with the subject.

	Present tense of *haber*	Past participle -ar: hablar	-er: conocer	-ir: decidir
yo	**he**	hablado	conocido	decidido
tú	**has**	hablado	conocido	decidido
Ud.	**ha**	hablado	conocido	decidido
él, ella	**ha**	hablado	conocido	decidido
nosotros/as	**hemos**	hablado	conocido	decidido
vosotros/as	**habéis**	hablado	conocido	decidido
Uds.	**han**	hablado	conocido	decidido
ellos/as	**han**	hablado	conocido	decidido

Me he sentido un poco deprimida recientemente.	*I have felt a little depressed lately.*
Nos ha admitido que es un hombre celoso.	*He has admitted to us that he is a jealous man.*
Mi madre **ha decidido** no teñirse el pelo.	*My mother has decided not to dye her hair.*
Tus hermanos siempre **han sido** muy buena gente.	*Your brothers have always been good people.*
Nuestros sobrinos nunca **se han portado** muy bien.	*Our nephews have never behaved very well.*
Hemos sorprendido a tus padres con las buenas noticias.	*We have surprised your parents with the good news.*

(continued)

- Some past participles have irregular forms. They include:

Infinitivo	Participio	
abrir (to open)	**abierto**	He abierto la puerta.
cubrir (to cover)	**cubierto**	Mi hermana ha cubierto la cicatriz con maquillaje.
decir (to say)	**dicho**	Mis padres siempre me han dicho la verdad.
escribir (to write)	**escrito**	Te han escrito un email.
hacer (to do; to make)	**hecho**	¿Has hecho la tarea para hoy?
morir (to die)	**muerto**	Su perro ha muerto.
poner (to put; to place)	**puesto**	He puesto tus libros en la mesa.
resolver (to solve)	**resuelto**	Mi profesora ha resuelto el problema.
romper (to break)	**roto**	He roto mis lentes.
ver (to see; to watch)	**visto**	¿Has visto el tatuaje de Juan?
volver (to return)	**vuelto**	Mis padres han vuelto de su viaje a Lima.

- Finally, object and reflexive pronouns (**me, te, lo, la, nos, los, las, le, les, se**) *always* come **before** forms of **haber.**

No **me lo** han dicho.	*They haven't told me about it.*
Se ha ido.	*She has left.*
¿**Nos las** has traído?	*Have you brought them for us?*

1-20 **Batalla** Haz un cuadro de **nueve** espacios. Llénalos con **nueve** verbos diferentes con las formas indicadas en **el presente perfecto de indicativo.** Pregúntense si tienen los verbos. La primera persona con tres **X** gana. Repitan el juego con verbos diferentes. ■

acabar (yo)	conocer (ella)	dar (nosotros)	decir (tú)
hacer (ellas)	oír (yo)	poner (Ud.)	querer (Uds.)
salir (nosotros)	traer (yo)	venir (ella)	ver (ellas)

MODELO

E1: ¿Tienes *has dicho*?

E2: No, no tengo *has dicho*.
      ¿Tienes *ha venido*?

E1: Sí, tengo *ha venido*…

1-21 **Así es él** Gabriela tiene la oportunidad de ver a su amigo Ignacio. Hace mucho tiempo que no lo ha visto. Túrnense para completar la conversación entre ellos con **el presente perfecto de indicativo.** ■

GABRIELA: ¡Hola, Ignacio! ¿Qué tal (1. estar) _____ ? ¡Cuánto tiempo! Tú no (2. cambiar) _____ en absoluto. Te ves igual. ¿Qué (3. estar) _____ haciendo?

IGNACIO: ¡Es obvio que tú no (4. hablar) _____ con mi mamá! Se lo está diciendo a todos porque está muy orgullosa: hace seis meses que trabajo como consejero de jóvenes. Otros dos colegas nuevos y yo (5. conocer) _____ a mucha gente interesante en estos últimos meses. Por ejemplo, (6. tener) _____ que aconsejar (*counsel*) a jóvenes que no (7. portarse) _____ bien en la escuela, a otros que (8. ser) _____ flojos en sus trabajos y a otros que (9. tener) _____ problemas en casa. El trabajo es difícil pero me fascina. ¿Qué (10. hacer) _____ tú?

GABRIELA: Yo escribo artículos para nuestro periódico en los que (11. poder) _____ utilizar todo lo que aprendí en mis clases de psicología. Los otros reporteros y yo (12. escribir) _____ historias sobre gente amable, generosa y honesta. Hoy vas a leer un reportaje de dos de mis colegas que (13. resolver) _____ un caso de unas personas que (14. maltratar) _____ a unos ancianos en varias ocasiones. ¡Qué mundo es este! ¿Verdad?

IGNACIO: Es verdad, Gabriela. Oye, ¡mira! Allí está José Luis. No lo (15. ver) _____ en por lo menos seis meses. Oye, José Luis, ven acá. Tanto tiempo…

1-22 **Un día típico para ti** Todos los días ocurren muchas cosas y siempre hay mucho que hacer. ■

Paso 1 Túrnense para decir lo que ha pasado y lo que no ha pasado hoy.

1. ¿Has arreglado tu cuarto?
2. ¿Has terminado la tarea para mañana?
3. ¿Tus amigos te han escrito mensajes en Facebook?
4. ¿Tus amigos y tú han almorzado ya?
5. ¿Has ido a la biblioteca hoy?

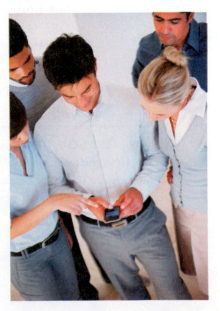

Paso 2 Prepara un resumen de sus respuestas para compartir con otros estudiantes de la clase.

MODELO *Clara y yo hemos arreglado nuestros cuartos, pero nuestros compañeros no han lavado los platos…*

¡Anda! Curso elemental, Capítulo 8. Las construcciones reflexivas, Apéndice 3.

¡Anda! Curso intermedio, Capítulo Preliminar A. Las construcciones reflexivas, pág. 22.

1-23 **¿Cómo lo han pasado?** Todo el mundo reacciona de manera diferente en situaciones distintas. Túrnense para explicar cómo han reaccionado estas personas en las siguientes situaciones. Pueden usar los verbos de la lista. ■

divertirse	enojarse	agotarse	confundirse
enamorarse	asustarse	avergonzarse	sorprenderse

Estrategia

Words that are related or similar but are different parts of speech are known as *word families*. For example, the verb *avergonzarse* is like *avergonzado/a*, which you have learned. What do you think *avergonzarse* means, based on the meaning of *avergonzado/a*? Using the concept of word families will help you increase your vocabulary.

Mi padre   Mis padres   Mis amigos y yo   Yo

MODELO   *Yo me he divertido mucho cuando he ido a los parques de atracciones. He comido mucho y…*

1-24 **Lo que yo he hecho** En grupos de cuatro o cinco estudiantes, túrnense para decir una cosa que ha hecho cada persona del grupo en las siguientes situaciones. ■

MODELO   servir a la comunidad
              He sido voluntaria en un hospital.

1. servir a la comunidad
2. molestar a mis padres
3. hacer una cosa tonta
4. ayudar a tu familia
5. hacer una cosa atrevida
6. resolver un problema

1-25 **Así soy yo** Descríbete a una persona que no te conoce usando **el presente perfecto de indicativo.** Usa las preguntas que siguen para crear por lo menos **ocho** oraciones. Después, comparte la descripción con **cinco** compañeros. ■

- ¿Qué has hecho en tu vida?
- ¿Qué tipo de persona has sido en tu vida?
- ¿Qué te ha interesado?
- ¿Qué tipo de personas te han caído bien o mal?
- ¿Qué te ha fascinado?

MODELO   *Siempre he sido una persona muy amable. Me he portado bien y soy buena gente. No me han caído bien las personas flojas…*

5 VOCABULARIO

¡Anda! Curso elemental, Capítulo 1. La familia, Apéndice 2.

01-30 to 01-33

La familia   Sharing information about your family

BIENVENIDOS

los gemelos

la mujer

la bisabuela

el bisabuelo

el marido

el viudo

la viuda

la ahijada

la madrina

el padrino

el ahijado

Otros parientes	*Other relatives*
el cuñado/	*brother-in-law/*
la cuñada	*sister-in-law*
el hermanastro/	*stepbrother/*
la hermanastra	*stepsister*
el hijastro/la hijastra	*stepson/stepdaughter*
el hijo único/la hija única	*only child*
la nuera/	*daughter-in-law/*
el yerno	*son-in-law*
la pareja	*couple; partner*
el pariente	*relative*
el sobrino/la sobrina	*nephew/niece*
el suegro/	*father-in-law/*
la suegra	*mother-in-law*

Las etapas de la vida	*Stages of life*
la adolescencia	*adolescence*
la jubilación	*retirement*
la juventud	*youth*
la muerte	*death*
el nacimiento	*birth*
la niñez	*childhood*
la vejez	*old age*

(continued)

Adjetivos	*Adjectives*
anciano/a	*elderly*
casado/a	*married*
divorciado/a	*divorced*
embarazada	*pregnant*
soltero/a	*single (not married)*

Verbos	*Verbs*
casarse	*to marry; to get married*
divorciarse	*to divorce; to get divorced*
envejecer	*to grow old; to age*
nacer	*to be born*
recordar (o → ue)	*to remember; to remind*
separarse	*to separate; to get separated*

1-26 **¿Quiénes son?** Túrnense para describir las relaciones entre las siguientes personas. Usen todo el vocabulario nuevo posible en las descripciones. ■

MODELO   *Mariela es la nuera de Luis y Gloria y la hija de…*

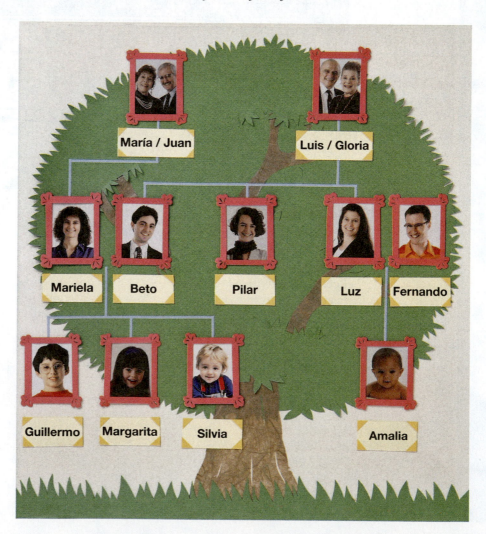

♻ *¡Anda! Curso elemental*, Capítulo 1. La familia, Apéndice 2;
Capítulo 2. La formación de preguntas y las palabras interrogativas;
Capítulo 8. Las construcciones reflexivas, Apéndice 3.

1-27 **Seamos creativos** Este verano, Alberto se reunió con su familia en Costa Rica. Túrnense para hacerle preguntas (E1) y formar las respuestas de Alberto (E2) usando **el pretérito.** ∎

MODELO   nacer / bisabuelos (Buenos Aires, Argentina)

    E1: *¿Dónde nacieron tus bisabuelos?*

    E2: *Mis bisabuelos nacieron en Buenos Aires, Argentina.*

1. tus suegros / divorciarse (sí, en mayo)
2. separarse / el año pasado (hermana y su marido)
3. compartir (Uds.) / historias / la juventud (sí)
4. nietos / dormirse (en la casa / los abuelos)
5. divertirse / los parientes (sí, mucho)

1-28 **Un poco personal** Túrnense para hacerse las siguientes preguntas sobre sus familias y sus parientes. ∎

MODELO   ¿Cómo se llaman tus ahijados?

    E1: *No tengo ahijados.*

    E2: *Yo sí tengo una ahijada; se llama Adriana.*

1. ¿Cuándo y dónde naciste?
2. ¿Cuándo y dónde nacieron tus padres, tus abuelos y tus bisabuelos?
3. ¿Tienes hermanastros? ¿Cuántos?
4. ¿Eres hijo/a único/a?
5. ¿Conoces a un/a hijo/a único/a?

1-29 **La familia real** Túrnense para describir a la familia real española usando el árbol geneológico parcial. Incluye por lo menos **cinco** personas y relaciones entre las tres generaciones. ■

MODELO E1: *El rey de España, Juan Carlos I, nació en el año 1938. Es hijo de Juan de Borbón y Mercedes. Se casó con…*

E2: *Juan de Borbón es el abuelo de…*

D. Juan de Borbón, 1913–1993   Doña Mercedes, 1910–2000

Rey Juan Carlos, 1938   Reina Sofía, 1938

Infanta Elena Duquesa de Lugo, 1963   Leticia Princesa de Asturias, 1972

Infanta Cristina Duquesa de Palma, 1965   Felipe Príncipe de Asturias, 1968

1-30 **A ver si encuentras…** Es hora de entrevistarse. ■

Workbooklet

Paso 1   Forma preguntas en **el pretérito** según el modelo.

MODELO   conocer a tus bisabuelos

E1: *¿Conociste a tus bisabuelos?*

Paso 2   Busca a algún/alguna compañero/a que responda (*answers*) afirmativamente.

MODELO   E1: *¿Conociste a tus bisabuelos?*

E2: *No, no conocí a mis bisabuelos.*

E1: *¿Conociste a tus bisabuelos?*

E3: *Sí, conocí a mis bisabuelos.*

E1: *Bueno, firma aquí, por favor.*

E3: *Janet*

recibir una herencia (*inheritance*) monetaria de tus bisabuelos	divorciarse unos amigos el año pasado	aprender algo importante de tus abuelos
casarse el año pasado	nacer en otro estado	visitar a tus primos la semana pasada
divertirse durante la niñez	ir de vacaciones con tus parientes el año pasado	conocer a tus bisabuelos

PERFILES

01-34

Familias hispanas

La familia es muy importante en la cultura hispana. Frecuentemente, es el centro de muchas actividades sociales y culturales. Siempre ha sido el núcleo de apoyo (*support*) para el individuo hispano. Aquí tienes diferentes representantes de la familia hispana.

Pío de Jesús Pico La familia Pico —con sangre africana, indoamericana y europea— fue muy poderosa (*powerful*) políticamente en la historia de California. Pío de Jesús Pico (1801–1894) fue el último gobernador mexicano de Alta California. El Pico Boulevard en Los Ángeles fue nombrado en su honor.

Isabel Allende (n. 1942) pasó su niñez en Chile. Es una de las autoras latinas más conocidas; emplea elementos del realismo mágico en sus novelas. Ha vivido en diferentes países y ahora vive en los Estados Unidos. Algunas de sus obras se basan en sus experiencias familiares. Su tío fue Salvador Allende, el presidente de Chile entre los años 1970 y 1973.

Lorenzo Zambrano Treviño (n. 1945) figura en la lista de *Forbes* de los hombres más ricos del mundo. Desde el año 1995 es el presidente de la compañía mexicana CEMEX, fundada por su abuelo y productora importante de cemento. El Sr. Zambrano empezó a trabajar en CEMEX en el año 1968 y ha trabajado en muchos puestos diferentes en la compañía.

Preguntas

1. ¿Por qué son importantes estas personas?
2. ¿Qué papel tiene la familia para estas personas?
3. Compara tu familia con una de éstas. ¿En qué son semejantes y en qué son diferentes?

1-31 **¡Feliz cumpleaños!** ¿Has ido a una fiesta de cumpleaños recientemente? ¿Hablaste con unos parientes? Selecciona (¡o inventa!) a dos personas de tu familia y descríbele a un/a compañero/a lo que descubriste sobre sus vidas. Debes usar **el pretérito** cuando puedas. ■

MODELO　　*El cumpleaños de mi ahijado fue el mes pasado. Me dijeron que mi hermanastro Guillermo empezó un trabajo nuevo hace dos meses…*

¡CONVERSEMOS!

ESTRATEGIAS COMUNICATIVAS Employing greetings and farewells

You have already learned basic greetings and farewells such as **Hola, ¿cómo estás?,** and **Hasta luego.** Here are some additional expressions.

 ¡Anda! Curso elemental, Capítulo Preliminar A. Saludos, despedidas y presentaciones, Apéndice 2.

Saludos
- ¿Cómo / Qué tal amaneció usted / amaneciste?
- (Muy) Buenas.
- ¡(Qué) Gusto de verlo/la/te
- ¿Qué hay (de nuevo)?
- ¿Qué me cuenta/s?

Greetings
How are you this morning?
Hello.
How nice to see you!
What's up / new?
What do you say? / What's up?

Despedidas
- Chao.
- Cuídese / Cuídate.
- Gusto en verlo/la/te.
- Hasta la próxima.
- Nos vemos.
- Saludos a (nombre) / a todos por su/tu casa.
- Que le/te vaya bien.

Farewells
Bye.
Take care.
Nice to see you.
Till next time.
See you. (literally, "we'll see each other")
Say hi to (name) / everyone at home.
Take care.

 1-32 **Diálogos** Escucha los diálogos y contesta las siguientes preguntas. ■

1. ¿Cómo se saludan y se despiden Nines y Amalia, dos amigas?
2. ¿Cómo se saludan las Sras. Valdés y Lobo, dos personas que no se conocen muy bien?
3. ¿Qué otros saludos y despedidas usan Víctor y Paco, otros amigos?

1-33 **¿Cómo nos saludamos y cómo nos despedimos?** Miren las fotos y decidan qué tipo de saludo o despedida es apropiado para cada situación. Luego, inventen un mini-diálogo entre las personas de cada foto para saludarse o despedirse. ■

1-34 **Saludos y despedidas** En grupos de tres, seleccionen una de las siguientes situaciones y escriban un diálogo con un mínimo de **diez** oraciones. ■

1. Unos amigos se encuentran con la novia de uno de ellos en la calle.
2. Otro estudiante y tú llegan a la casa de tu profesor/a de español para cenar y conocen a su pareja por primera vez.
3. Te preparas para salir de la casa de tus tíos después de una visita.
4. Ves a dos vecinos, los saludas, y después de hablar unos minutos, te vas.

1-35 **Una entrevista** Eres presidente del club de aficionados (*fans*) de una estrella de rock y vas a entrevistarlo durante su gira en tu ciudad. Un estudiante hace el papel del presidente y el otro es la estrella de rock. Escriban un diálogo entre ustedes con un saludo y **cuatro** preguntas sobre lo que el músico ha hecho en su gira, lo que le fascina de ser músico y una despedida. ■

MODELO

E1: *Muy buenas.*

E2: *¿Qué hay?*

E1: *¿Dónde ha cantado en la gira?*

E2: *He cantado en las ciudades de…*

E1: *¿Qué le gusta más de su vida como músico?*

E2: *Me fascina el dinero, me encanta cantar y me han caído bien los aficionados como tú…*

1-36 **Su historia** En grupos de tres, miren las fotos e inventen una historia de por lo menos **ocho** oraciones sobre cada grupo. Luego, creen un diálogo entre ellos. Incluyan saludos y despedidas apropiados y la siguiente información. ■

1. una descripción de sus apariencias físicas y de sus personalidades
2. la relación entre sí (*among them*)
3. algo que han hecho juntos

MODELO *La foto es de tres generaciones de una familia: abuela, madre, e hija / nieta…*

ESCRIBE

01-37

Un perfil personal

Good writing is the result of a process involving several steps. Each chapter in *¡Anda! Curso intermedio* will focus on a different strategy.

Estrategia		
Process writing (Part 1): Organizing ideas	Organizing ideas around a subject brings them together into a coherent, whole unit for writing. The technique of *mapping* (drawing a graphic organizer showing relationships and/ or connections among ideas, concepts, themes, etc.) can help you organize your ideas	into logical categories that you can then use to begin writing. Try using a map graphic such as the one shown below to organize your thoughts before you begin. First, decide on and label your categories. Then begin to fill in your map with details expanding or explaining each category.

1-37 Antes de escribir Tu escuela secundaria va a tener una reunión y te ha pedido un perfil (*profile*) personal para el libro de recuerdos. De esta manera te puedes reconectar con los compañeros que comparten (*share*) tus intereses. ■

1. Primero, decide sobre las categorías descriptivas que vas a usar (e.g., características físicas, de personalidad, tu edad, los gustos que te describen mejor, etc.). Escribe nombres para cada categoría en tu diagrama. Puedes usar las categorías sugeridas en el modelo en los círculos rojos o algunas semejantes (*similar ones*).
2. Luego, haz una lista de tus características, según (*according to*) las categorías, y escribe una oración para cada una. Pon estas oraciones en el diagrama, bajo las categorías apropiadas y en los círculos apropiados.

1-38 **A escribir** Ahora, usando los grupos de características que has hecho en el diagrama y las oraciones relacionadas, elabora tu perfil personal. Puedes mencionar algunos detalles de tu familia si quieres. Tu párrafo debe tener por lo menos **seis** oraciones. Hay que usar **por lo menos dos verbos** en **el pretérito** y **por lo menos dos verbos** en **el presente perfecto.** ◼

MODELO   *Soy Juana. Nací en California y tengo veinticuatro años; no estoy casada porque todavía soy joven…*

1-39 **Después de escribir** Entrégale el perfil personal a tu profesor/a. Tu profesor/a lo va a leer a la clase para ver si tus compañeros pueden identificarte. ◼

¿Cómo andas? II

	Feel confident	Need to review
Having completed **Comunicación II,** I now can . . .		
• convey personal descriptors. (p. 46)	☐	☐
• speak and write about past events. (MSL)	☐	☐
• indicate what someone *has* done. (p. 49)	☐	☐
• share information about my family. (p. 53)	☐	☐
• discuss well-known families. (p. 57)	☐	☐
• employ appropriate greetings and farewells. (p. 58)	☐	☐
• use the strategy of *mapping* to organize ideas before writing. (p. 60)	☐	☐

Vistazo cultural

AL • VISTAZO CULTURAL • VISTAZO CULTURAL • VISTAZO CULTURAL • VISTAZO CULTURAL • VISTAZO CULTURAL • VISTAZO CULTURAL • VISTA

Lic. Anita Paulino Pavía,
Socióloga

Los hispanos en los Estados Unidos

01-38 to 01-40

Trabajo como socióloga en la ciudad de Chicago. Mi empleo me fascina porque hablo con personas hispanas. Estudio sus características, su cultura y su vida diaria. Vamos a explorar algunos ejemplos de la cultura hispana individual y familiar aquí en los Estados Unidos.

Los Premios Herencia Hispana

Estos premios fueron creados en el año 1987 y la ceremonia de premiación (*awards ceremony*) se celebra cada septiembre en el Kennedy Center en Washington, D.C. Los premios rinden homenaje a muchas personas hispanas que han tenido una gran influencia positiva en los Estados Unidos. Las personas premiadas han sido de muchos campos diversos e incluyen líderes de la juventud.

Óscar Hijuelos

Óscar Hijuelos es hijo de inmigrantes cubanos. Nació en Nueva York en el año 1951 y ahora escribe novelas con temas familiares. Ha ganado varios premios como el Premio Pulitzer por su novela *The Mambo Kings Play Songs of Love* en el año 1990; fue el primer hispano en ganar este premio.

La familia López

La familia López de Texas es *la primera familia* de taekwondo de los Estados Unidos. De herencia nicaragüense, los tres hermanos, Steven, Mark y Diana han practicado el deporte desde la niñez. Los tres hermanos ganaron medallas en los Juegos Olímpicos en el año 2008 en Beijing. Su hermano mayor, Jean, es su entrenador (*trainer*) y está muy orgulloso de su familia.

El Mes de la Herencia Hispana

El Mes de la Herencia Hispana se celebra del 15 de septiembre hasta el 15 de octubre. Las celebraciones tienen lugar en ciudades por todas partes de los Estados Unidos.

El Festival de la Calle Ocho

Cada marzo, hay un festival enorme en la Calle Ocho de la Pequeña Habana de Miami. En veintitrés cuadras (*blocks*) de la ciudad la gran población cubana celebra allí su herencia cultural con comida, baile, música y actividades para los niños y toda la familia.

El Paseo del Río en San Antonio, Texas

Los domingos, la familia puede pasar unas horas agradables en *El Paseo del Río*. Es muy popular hacer una caminata por el paseo. A las familias les encanta andar, pasear en barco, comer en un restaurante al lado del río o simplemente sentarse y mirar a las personas que pasean por allí.

Preguntas

1. Selecciona a una de las familias de las fotos aquí o en la sección de *Perfiles* y descríbela. ¿Cómo es similar y cómo es diferente a tu familia?
2. ¿Cuál de los eventos culturales te gusta más? ¿Por qué?
3. ¿Cuáles son algunas cosas que haces con tu familia?

01-43 to 01-44

Laberinto peligroso

EPISODIO 1

Lectura

Estrategia Pre-reading techniques: Schemata, cognates, predicting, and guessing

Even before you begin to read something, you are already using many clues that help you understand the passage. For example, by focusing on titles and subtitles and also on any pictures and illustrations and their captions, you begin to guess what the passage might contain. You can also use cognates (words that look like English words and mean the same) and your prior knowledge of the world (schemata) to aid in your predictions.

En el primer episodio de *Laberinto peligroso,* vas a conocer a Javier, a Cisco y a Celia, tres periodistas que se conocen y que están viviendo en la misma ciudad. Ellos todavía no lo saben, pero están a punto de empezar una gran aventura ¡pero puede ser una aventura muy peligrosa!

1-40 **Antes de leer** Completa los siguientes pasos. ∎

Paso 1 Mira el título del episodio. Si no sabes los significados de las palabras, consulta el diccionario.

Paso 2 Subraya los cognados que aparecen en el primer párrafo.

Paso 3 Usando los cognados que has identificado y el título, crea una hipótesis sobre el episodio. ¿Qué piensas que va a pasar?

DÍA 1 ## *¿Periodistas en peligro?*

Javier quería sorprender a sus estudiantes. A todos les interesaba mucho el tema del seminario —los reportajes de investigación— pero Javier pensaba que las clases eran demasiado teóricas. Estaba harto de aburrir a sus estudiantes. Cuando aceptó el trabajo como profesor, fue porque le encantaba ser periodista y porque quería tener un impacto en el mundo. Pero sus clases no le parecían interesantes y quería enseñarlas mejor. Después de reflexionar mucho, llegó a una conclusión: a sus estudiantes les hacía falta una perspectiva más práctica y, por eso, Javier decidió invitar a unos periodistas a la clase para formar un panel de expertos.

Estaba seguro de que su amiga Celia lo iba a ayudar. Acababa de llegar a la ciudad y Javier iba a almorzar con ella ese mismo día. Sabía que la oportunidad también le podía interesar a Cisco, un columnista importante que era muy buena gente. Javier decidió llamarlo por teléfono.

—Aló —Cisco contestó el teléfono con un tono de voz que mostraba que estaba agotado.

—Hola, Cisco, soy Javier. ¿Estás bien? —le preguntó Javier, preocupado.

—Sí, Javier —respondió Cisco con un tono más alegre—. Simplemente he tenido muchos obstáculos y dificultades con una de mis investigaciones. Me ha frustrado un poco. ¿Qué tal tú?

—Bien, aunque he estado muy ocupado con el seminario que estoy enseñando en la universidad. Por eso te llamo; quiero pedirte un favor.

—¿Qué necesitas?

—Ya sabes que respeto mucho tu trabajo y que me encanta tu columna —dijo Javier con un tono más serio—. Quiero que vengas al seminario para hablar sobre tu columna y las investigaciones que haces. Sé que tienes muchas anécdotas interesantes para contar. ¿Qué te parece?

—Me parece muy interesante. Me encanta participar en ese tipo de actividades. Claro que te ayudo.

—Muchísimas gracias, Cisco. ¿Te puedo llamar dentro de unos días para hablar de los detalles?

—Muy bien. Hablamos entonces. Hasta luego, Javier.

—Adiós, Cisco, y gracias de nuevo.

Después de hablar con Cisco, Javier salió para almorzar con Celia. Cuando entró en el café, Celia ya estaba allí.

—Perdóname por llegar tarde, Celia. ¿Llevas mucho tiempo esperándome?

—No, Javier. Hace cinco minutos que llegué. Siéntate. ¿Qué tal estás?

—¿Qué tal estás tú? ¡Cuánto me alegro de tenerte cerca!

a while; period of time —Estoy bien y muy contenta con mi decisión de vivir aquí durante una temporada.° Estaba tan harta de mi trabajo; realmente necesitaba un descanso.

—¿Qué vas a hacer? ¿Tienes muchos planes? —le preguntó Javier.

—No, tengo muy pocos planes. Voy a hacer investigaciones para unos proyectos, y voy a intentar descansar —respondió Celia.

—¿La ex agente federal que siempre ha necesitado estar trabajando ahora quiere "descansar"? ¡No lo creo!

—Créelo. He cambiado mucho desde mis días con el FBI. Pero no he venido aquí para hablar de eso. Cuéntame cosas de ti. ¿Qué tal va el seminario?

—Bien, pero va a ir mejor gracias a ti; como eres tan buena amiga, me vas a hacer un gran favor.

flirtatious —¿Ah, sí? ¿Y qué favor es? —preguntó Celia en un tono insinuante.°

—Vas a venir al seminario como experta invitada para hablar de tus experiencias como investigadora y como periodista. ¿Te gusta la idea?

—Me parece muy bien. Puedes contar conmigo.

Mientras Javier y Celia continuaron conversando y almorzando, Cisco llegó al café al otro lado de la calle y se sentó con una amiga. En ese café, había un hombre que miraba a Javier y a Celia y también a Cisco. Mientras los observaba, sacó un cuchillo.

1-41 **Después de leer** Contesta las siguientes preguntas. ■

1. ¿Cómo se llaman los personajes principales del episodio? ¿Qué sabemos de ellos?
2. ¿Crees que Javier y Cisco son amigos o conocidos (*acquaintances*)? ¿Piensas que Javier y Celia son amigos o conocidos?
3. ¿Cuál(es) de los personajes ha(n) tenido problemas en su trabajo? ¿Qué tipo de problemas ha(n) tenido? ¿Tiene(n) soluciones?
4. ¿Por cuánto tiempo va a estar Celia en la ciudad? ¿Qué planes tiene?
5. ¿Qué ocurrió en el restaurante?

Video

En la primera lectura conociste a los tres periodistas que van a ser los personajes principales de *Laberinto peligroso*. En el primer episodio del video, vas a conocerlos un poco más en el contexto del seminario de Javier.

01-45 to 01-46

1-42 **Antes del video** ¿Has ido alguna vez a una conferencia con un panel de expertos? ¿En qué tipo de lugares hacen las conferencias así? ¿Cómo empiezan normalmente? ■

Antes de ver el video, contesta las siguientes preguntas.

1. ¿Piensas que los periodistas están en peligro? ¿Por qué?
2. ¿Por qué crees que el hombre del restaurante sacó el cuchillo?
3. El video tiene lugar en el seminario que enseña Javier. ¿Qué piensas que vas a descubrir sobre los personajes y sobre su situación?

… me gusta mucho tu nuevo corte de pelo, te queda muy bien.

Me cae muy bien Emilio. Es muy simpático; no es nada presumido sino muy sencillo.

También trabajé en un restaurante, en un spa y he escrito unas novelas… he hecho un poco de todo.

Episodio 1

«¿Puede ser?»

1-43 **Después del video** Completa los siguientes pasos para describir a los personajes principales. ■

Paso 1 Completa cada columna con la información que aprendiste de la lectura y en el video.

JAVIER	CISCO	CELIA
1. es periodista	1. es periodista	1. es periodista
2. es profesor	2. es fuerte	2. tiene el pelo largo
3. …	3. …	3. …

Paso 2 Ahora escribe una descripción de un párrafo sobre uno de los personajes.

| **LETRAS** | Acabas de terminar el primer episodio de **Laberinto peligroso.** Explora más lecturas en la colección literaria, **Letras.** |

Y por fin, ¿cómo andas?

Each chapter will end with a checklist like the one that follows. This is the third time in the chapter that you are given the opportunity to check your progress. Use the checklist to measure what you have learned in the chapter. Place a check in the *Feel confident* column of the topics you feel you know, and a check in the *Need to review* column for the topics that you need to practice more.

	Feel confident	**Need to review**

Having completed this chapter, I now can . . .

Comunicación I

	Feel confident	Need to review
• describe myself and others in detail. (p. 34)	☐	☐
• avoid repetition and clarify meaning. (MSL)	☐	☐
• express feelings and reactions. (p. 39)	☐	☐
• predict content and guess meaning. (p. 44)	☐	☐

Comunicación II

• convey personal descriptors. (p. 46)	☐	☐
• speak and write about past events. (MSL)	☐	☐
• indicate what someone *has* done. (p. 49)	☐	☐
• share information about my family. (p. 53)	☐	☐
• employ appropriate greetings and farewells. (p. 58)	☐	☐
• use the strategy of *mapping* to organize ideas before writing. (p. 60)	☐	☐

Cultura

• examine stereotypes and the idea of a "typical" Hispanic. (p. 42)	☐	☐
• discuss well-known families. (p. 57)	☐	☐
• consider famous Hispanic families and family events. (p. 62)	☐	☐

Laberinto peligroso

• apply pre-reading techniques to aid in comprehension while meeting the three protagonists in *Laberinto peligroso*. (p. 64)	☐	☐
• learn more about how the lives of the protagonists intertwine. (p. 66)	☐	☐

Comunidades

• use Spanish in real-life contexts. (SAM)	☐	☐

Literatura

• read and understand a poem using literary terms. (Literary Reader)	☐	☐

La cabeza y la cara — *Head and face*

la apariencia	*appearance*
la barba	*beard*
el bigote	*moustache*
las cejas	*eyebrows*
la frente	*forehead*
los labios	*lips*
el lunar	*beauty mark; mole*
la mejilla	*cheek*
el mentón	*chin*
las pestañas	*eyelashes*
la piel	*skin*

El pelo — *Hair*

calvo/a	*bald*
las canas	*gray hair*
castaño	*brunette; brown*
pelo:	*hair:*
canoso, corto, largo, lacio, moreno, rizado	*gray, short, long, straight, black, curly*
pelirrojo/a	*redheaded*
rubio/a	*blond*
pelo teñido	*dyed hair*

Características notables — *Notable characteristics*

la cicatriz	*scar*
los frenos	*braces*
las pecas	*freckles*
la peluca	*wig*
la perforación del cuerpo	*body piercing*
el tatuaje	*tattoo*
la trenza	*braid*

Características personales — *Personal characteristics*

agradable	*agreeable; pleasant*
alegre	*happy; cheerful*
callado/a	*quiet*
chistoso/a	*funny*
(des)organizado/a	*(dis)organized*
despistado/a	*absentminded, scatterbrained*
educado/a / maleducado/a	*polite / impolite; rude*
egoísta	*selfish*
extrovertido/a / introvertido/a	*extroverted / introverted*
flojo/a	*lazy*
gastador/a	*extravagant; wasteful*
generoso/a	*generous*
grosero/a	*rude*
honesto/a	*honest*
pesado/a	*dull, tedious*
presumido/a	*conceited, arrogant*
raro/a	*strange*
sencillo/a	*modest; simple*
sensible	*sensitive*
serio/a	*serious*
tacaño/a	*cheap*
terco/a	*stubborn*
tímido/a	*shy*

Palabra útil — *Useful word*

discapacitado/a	*physically / psychologically handicapped*

Algunos estados — *Some states*

agotado/a	*exhausted*
amable	*nice; kind*
asqueado/a	*disgusted*
asustado/a	*frightened*
avergonzado/a	*embarrassed, ashamed*
celoso/a	*jealous*
confundido/a	*confused*
deprimido/a	*depressed*
enamorado/a	*in love*
furioso/a	*furious*
harto/a	*fed up*
orgulloso/a	*proud*
sorprendido/a	*surprised*

Verbos — *Verbs*

portarse bien / mal	*to behave / to misbehave*
ser buena / mala gente	*to be a good / bad person*

La familia — *Family*

el ahijado/la ahijada	*godson/goddaughter*
el bisabuelo/ la bisabuela	*great-grandfather/ great-grandmother*
el cuñado/la cuñada	*brother-in-law/sister-in-law*
los gemelos	*twins*
el hermanastro/ la hermanastra	*stepbrother/ stepsister*
el hijastro/la hijastra	*stepson/stepdaughter*
el hijo único/ la hija única	*only child*
la madrina/el padrino	*godmother/godfather*
el marido	*husband*
la mujer	*wife*
la nuera/el yerno	*daughter-in-law/son-in-law*
la pareja	*couple; partner*
el pariente	*relative*
el sobrino/la sobrina	*nephew/niece*
el suegro/ la suegra	*father-in-law/ mother-in-law*
el viudo/la viuda	*widower/widow*

Las etapas de la vida — *Stages of life*

la adolescencia	*adolescence*
la jubilación	*retirement*
la juventud	*youth*
la muerte	*death*
el nacimiento	*birth*
la niñez	*childhood*
la vejez	*old age*

Adjetivos — *Adjectives*

anciano/a	*elderly*
casado/a	*married*
divorciado/a	*divorced*
embarazada	*pregnant*
soltero/a	*single (not married)*

Verbos — *Verbs*

casarse	*to marry; to get married*
divorciarse	*to divorce; to get divorced*
envejecer	*to grow old; to age*
nacer	*to be born*
recordar (o → ue)	*to remember; to remind*
separarse	*to separate; to get separated*

2

El tiempo libre

A la gente le gustan los pasatiempos y los deportes que son tan variados como las personas mismas (*themselves*). El fútbol y el béisbol, por ejemplo, son deportes muy populares en los países hispanos. Para muchos, son deportes para practicar y hacer ejercicio, y para otros son pasatiempos para observar y disfrutar (*enjoy*). Hay deportes y pasatiempos para todos los gustos.

PREGUNTAS

1 ¿Cuáles son tus deportes y pasatiempos favoritos?

2 ¿Cuándo y dónde puedes practicarlos?

3 ¿Cuáles son los deportes más populares en los Estados Unidos? ¿Qué deportes se practican en los Estados Unidos y en los países hispanos?

Comunicación I

¡Anda! Curso elemental, Capítulo 2. Los deportes y los pasatiempos, Apéndice 2.

1 VOCABULARIO

02-01 to 02-04

Deportes Sharing information about sports

- cazar
- levantar pesas
- practicar esquí acuático
- jugar al voleibol
- boxear
- hacer surf
- escalar
- practicar lucha libre
- montar a caballo
- jugar al boliche
- esquiar
- patinar en monopatín
- el campeón (la campeona)
- practicar artes marciales
- las pesas
- la tabla de surf
- los patines
- el bastón de esquí
- el palo (de golf; de hockey)
- el bate

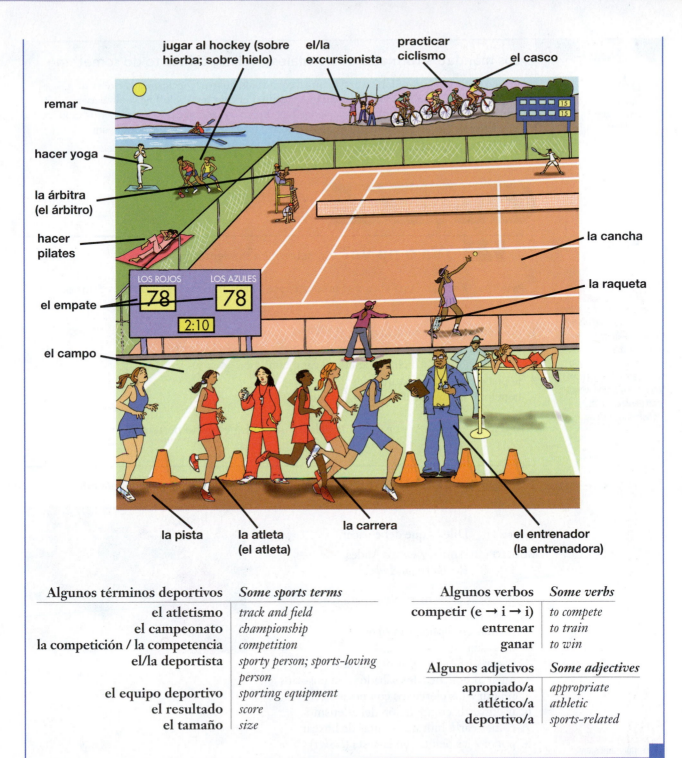

jugar al hockey (sobre hierba; sobre hielo)

el/la excursionista

practicar ciclismo

el casco

remar

hacer yoga

la árbitra (el árbitro)

hacer pilates

el empate

el campo

la cancha

la raqueta

LOS ROJOS 78   LOS AZULES 78   2:10

15
15

la pista

la atleta (el atleta)

la carrera

el entrenador (la entrenadora)

Algunos términos deportivos	Some sports terms
el atletismo	track and field
el campeonato	championship
la competición / la competencia	competition
el/la deportista	sporty person; sports-loving person
el equipo deportivo	sporting equipment
el resultado	score
el tamaño	size

Algunos verbos	Some verbs
competir (e → i → i)	to compete
entrenar	to train
ganar	to win

Algunos adjetivos	Some adjectives
apropiado/a	appropriate
atlético/a	athletic
deportivo/a	sports-related

REPASO

Repaso &
Spanish/English
Tutorials

02-05 to 02-10

Los mandatos formales e informales   Telling others to do something

For a complete review of formal and informal commands, go to MySpanishLab or refer to **Capítulo 10** of *¡Anda! Curso elemental* in Appendix 3 of your textbook. The vocabulary activities that appear in your textbook incorporate this grammar point. Practicing new vocabulary with a review grammar point helps to strengthen and increase your knowledge of Spanish.

♻ *¡Anda! Curso elemental*, Capítulo 2. Los deportes y los pasatiempos, Apéndice 2.

🍦🍦 **2-1** ¿Va o no va? Completen los siguientes pasos. ■

Paso 1   Escojan la palabra que no pertenece a cada uno de los siguientes grupos. Túrnense.

1. el atletismo, la carrera, la pista, el boliche
2. el árbitro, la tabla de surf, la raqueta, el bate
3. el entrenador, la cancha, el atleta, el campeón
4. la pista, el palo, los patines, las pesas
5. la pelota, la cancha, el tamaño, la raqueta

Paso 2   Expliquen por qué cada palabra que escogieron no pertenece.

🍦🍦 **2-2** El entrenador Túrnense para darle instrucciones a un/a atleta, usando **los mandatos informales.** ■

Paso 1   Dile lo que debe hacer.

MODELO   esquiar / en los Andes
Esquía en los Andes.

1. practicar artes marciales / para tener más equilibrio
2. patinar en monopatín / con un casco
3. hacer surf / con un profesional
4. jugar al boliche / los sábados con nosotros
5. repetir / los ejercicios con pesas ligeras (*light*)
6. ir / a ver la competición del atletismo
7. comer carbohidratos / antes de boxear
8. poner / las pelotas en la cesta (*basket*)
9. buscar / los bates en el campo
10. dormir / ocho horas cada noche

Paso 2   Ahora dile lo que no deben hacer.

MODELO   esquiar / en los Andes
No esquíes en los Andes.

¡Anda! Curso elemental, Capítulo 2. Los deportes y los pasatiempos, Apéndice 2.

Workbooklet

2-3 **Los deportes en la UCA** El semestre que viene vas a estudiar en la UCA (Universidad Católica Argentina). Tienen un gran programa deportivo y quieres participar. ■

Paso 1 Completa el formulario.

Paso 2 Comparte el formulario con tus compañeros en grupos de tres o cuatro. ¿Van a participar en los mismos deportes? ¿En qué deportes son novatos *(beginners)*? ¿En qué deportes están al nivel recreativo? ¿nivel competitivo? Luego, formen **cuatro mandatos informales** para animar *(encourage)* o desanimar *(discourage)* a sus compañeros.

Fíjate

Remember, to express "with me" you say *conmigo*.

MODELO E1: *Joe, no juegues al fútbol. Rema conmigo.*
E2: *Sarah, juega al voleibol conmigo. No escales la montaña…*

Por favor complete el siguiente formulario para recibir información detallada de las actividades deportivas a realizarse durante el año escolar.

fútbol
___ novato
___ recreativo
___ competitivo

polo
___ novato
___ recreativo
___ competitivo

tenis
___ novato
___ recreativo
___ competitivo

hockey
___ novato
___ recreativo
___ competitivo

voleibol
___ novato
___ recreativo
___ competitivo

golf
___ novato
___ recreativo
___ competitivo

básquetbol
___ novato
___ recreativo
___ competitivo

escuela montaña (escalar)
___ novato
___ recreativo
___ competitivo

natación
___ novato
___ recreativo
___ competitivo

remo
___ novato
___ recreativo
___ competitivo

buceo
___ novato
___ recreativo
___ competitivo

náutica
___ novato
___ recreativo
___ competitivo

UNIVERSIDAD
C A T Ó L I C A
ARGENTINA

¡Anda! Curso intermedio, Capítulo 1. Los pronombres de complemento directo e indirecto y los pronombres reflexivos, pág. 35.

¡Anda! Curso elemental, Capítulo 9. Un resumen de los pronombres de complemento directo, indirecto y reflexivos, Apéndice 3.

2-4 **Te toca a ti** Tienen un primito bien atlético. Túrnense para contestar sus preguntas. En sus respuestas, deben usar **los pronombres de complemento directo.** ■

Fíjate

In the directions to **2-4,** you see the word *primito*, meaning *little cousin*. The endings *ito/a/s* mean *small/little/cute/endearing*. How would you say: *My little female cousin? Her little house? Our little books?*

MODELO ¿Puedo escalar el estante de libros? (No)
No, no lo escales.

1. ¿Puedo usar tus patines? (No)
2. ¿Puedo levantar las pesas pequeñas? (Sí)
3. ¿Puedo ponerme tu casco para patinar en monopatín? (No)
4. ¿Puedo practicar artes marciales en tu garaje? (Sí)
5. ¿Puedo comprar unas pelotas de tenis? (Sí)

2-5 **Cosas para hacer y no hacer** Túrnense para formar **mandatos formales** afirmativos y negativos con las siguientes palabras. Pueden usar los siguientes verbos: ■

| apoyar (*to support*) | buscar | comprar | hablar | levantar | llevar | practicar |

MODELO　　el bastón de esquí (Ud.)
　　　　　　Busque el bastón de esquí. No compre bastones de esquí nuevos…

1. los palos de golf (Ud.)
2. la lucha libre (Uds.)
3. el casco (Uds.)
4. las pesas (Ud.)
5. el equipo (Uds.)
6. la árbitra (Ud.)

♻ *¡Anda! Curso elemental*, Capítulo 2. Los deportes y los pasatiempos; Capítulo 7. La comida; Capítulo 9. El cuerpo humano, Apéndice 2.

2-6 **Sus consejos** Antonia Novello, nacida en Fajardo, Puerto Rico, fue la primera mujer y la primera hispana en ocupar el puesto de Cirujana General de los Estados Unidos (1990–1993). En una conferencia reciente, le da consejos al público sobre cómo vivir una vida sana y segura. Formen por lo menos **cinco mandatos formales** afirmativos y **tres** negativos que ella podría (*could*) dar. ■

MODELO　　*Es importante ser activo y es necesario usar el equipo deportivo adecuado. Por ejemplo, compren un casco bueno para practicar ciclismo…*

¡Anda! Curso elemental, Capítulo 2. Los deportes y los pasatiempos, Apéndice 2.

2-7 **Un deporte para cada quien** Túrnense para darles consejos a unos jóvenes que quieren ponerse en forma. ■

MODELO　　Nos gustan los animales.
　　　　　　Pues, monten a caballo.

1. Nos gusta la nieve.
2. Nos gustan las bicicletas.
3. Nos gustan las montañas.
4. Nos gusta el hielo.
5. Nos gusta el agua.
6. Nos gusta el gimnasio.

2-8 **El Centro Turístico de Mazatlán** ¡Qué suerte! Tienen la oportunidad de trabajar durante un verano en un centro turístico muy exclusivo en México. Túrnense para ayudar a los huéspedes (*guests*) a escoger el deporte perfecto. ■

MODELO Soy una persona muy enérgica y quiero hacer algo para aliviar el estrés. *Pues, practique el yoga.*

Estrategia

Remember to use the *Ud./ Uds.* forms with people you do not know well or with whom you are not on a first-name basis. Guests in a hotel would fall into this category.

1. Admiro mucho a Lance Armstrong y a Miguel Indurain.
2. No me gusta jugar en equipo.
3. Me siento muy joven y me gusta el peligro (*danger*).
4. No soy muy fuerte.
5. Traje una raqueta.
6. Me gusta correr.

Fíjate

Miguel Indurain is a Spanish cyclist, winner of numerous races including the prestigious Tour de France. Many consider him the best Spanish athlete of all time and one of the greatest in cycling history.

♻ *¡Anda! Curso elemental,* Capítulo 2. Los deportes y los pasatiempos; Capítulo 4. Los lugares; Capítulo 5. El mundo de la música, El mundo del cine, Apéndice 2.

2-9 **Vengan a vernos** Escriban un anuncio de publicidad para el Centro Turístico de Mazatlán. Usen por lo menos **ocho mandatos formales.** ¡Sean creativos!

MODELO *¡Señoras y señores! Vengan al Centro Turístico de Mazatlán para pasar siete días estupendos con nosotros. Por ejemplo, jueguen al golf en uno de nuestros campos excelentes o monten a caballo en la playa. También…*

02-11 to 02-15 ¡Hola! Spanish Tutorial

Los mandatos de *nosotros/as*

Suggesting group action using *Let's*

In the ***Repaso*** section, we revisited the **tú** and **Ud./Uds.** commands. Whenever you wish for people to join you in doing things, you use the **nosotros** commands. These commands are the equivalent of the English *Let us/Let's…*

- The endings are the same for all regular and irregular verbs and are formed like the **Ud., Uds.,** and negative **tú** commands:

1. Take the **yo** form of the present indicative tense of the verb.
2. Drop the **-o** ending.
3. Add **-emos** for **-ar** verbs, and add **-amos** for **-er** and **-ir** verbs.

¡Esquiemos!   ¡Cacemos!

caminar   yo caminø + **emos**   camin**emos**

	ganar	**correr**	**vivir**
nosotros	gan**emos**	corr**amos**	viv**amos**

Mont**emos** a caballo hoy.   *Let's go horseback riding today.*

Y corr**amos** en el parque.   *And let's go running in the park.*

- Note that these endings do not change their form in the negative **nosotros** command.

No mont**emos** a caballo hoy.   *Let's not go horseback riding today.*

Y no corr**amos** en el parque.   *And let's not go running in the park.*

- Some common irregular verbs are formed as follows:

	hacer	**poner**	**ser**	**traer**
nosotros	ha**gamos**	pon**gamos**	se**amos**	tra**igamos**

	decir	**ir**	**oír**	**salir**
nosotros	di**gamos**	va**yamos**	oi**gamos**	sal**gamos**

No **vayamos** al partido de fútbol esta noche.   *Let's not go to the soccer game tonight.*

Ha**gamos** una fiesta en casa.   *Let's have a party at home.*

Sal**gamos** para el centro.   *Let's go downtown.*

- Note the spelling changes for some common verbs ending in **-car, -gar,** and **-zar.**

	practicar	**jugar**	**empezar**
nosotros	practi**quemos**	ju**guemos**	empe**cemos**

Practiquemos ciclismo con toda la familia.   *Let's go cycling with the whole family.*

No **juguemos** sin los niños.   *Let's not play without the children.*

Empecemos el juego a las dos.   *Let's start the game at two.*

- Stem changing **-ir** verbs, such as **dormir (o → ue → u)** and **competir (e → i → i)** change as follows:

	dormir (o → ue → u)		competir (e → i → i)	
	PRESENT	*NOSOTROS* COMMAND	PRESENT	*NOSOTROS* COMMAND
nosotros	dormimos	**durmamos**	competimos	**compitamos**

Durmamos más para poder jugar mejor.	*Let's sleep more so that we will be able to play better.*
Compitamos contra el equipo de tu hermano.	*Let's compete against your brother's team.*

- As in the case of **tú** and **Ud(s).** commands, object pronouns are used with **nosotros** commands, as shown in the examples that follow. With reflexive verbs, or when adding the pronoun **se**, the final **-s** is dropped from **-mos** (for example, **sentémonos**).

Jorge, ¿dónde está tu casco?	*Jorge, where is your helmet?*
Busquémoslo ahora mismo.	*Let's all look for it right now.*
¿Cuándo vamos a comprar las raquetas nuevas de tenis? **Comprémoslas** ahora.	*When are we going to buy the new tennis rackets? Let's buy them now.*
¿Las raquetas? **No las compremos** ahora; **esperemos** hasta la semana que viene.	*The rackets? Let's not buy them now; let's wait until next week.*
¿Tienes el palo de golf para Pepe?	*Do you have the golf club for Pepe?*
Sí, pero **no se lo demos** ahora.	*Yes, but let's not give it to him now.*
Dejemos de hablar. ¡**Levantémonos** y **juguemos**!	*Let's stop talking. Let's get up and play!*
Ella necesita unas pelotas de tenis.	*She needs some tennis balls.*
Comprémoselas antes de irnos a la cancha de tenis.	*Let's buy them for her before going to the tennis court.*

¡Explícalo tú!

1. Where are object pronouns placed when used with affirmative commands?
2. Where are object pronouns placed when used with negative commands?
3. When do you need to add a written accent mark?

✔ Check your answers to the preceding questions in Appendix 1.

Note: Affirmative **nosotros** commands can also be expressed using the phrase **vamos a** + *infinitive*. To express "let's not" do something, the subjunctive is used.

Vamos a patinar en monopatín mañana.	*Let's go skateboarding tomorrow.*
Vamos a esquiar este fin de semana.	*Let's go skiing this weekend.*
No vayamos al gimnasio a levantar pesas hoy. Estoy cansada.	*Let's not go to the gym to lift weights today. I'm tired.*
No vayamos al partido de hockey esta noche.	*Let's not go to the hockey game tonight.*

2-10 **De otra manera** Cambien los mandatos **vamos a** + *infinitivo* a mandatos de *nosotros/as*. Túrnense. ■

MODELO

Vamos a bailar.
Bailemos.

Vamos a…

1.

practicar lucha libre.

2.

hacer surf.

3.

competir contra el equipo de Tomás.

4.

jugar al hockey.

5.

patinar en monopatín.

6.

escalar montañas.

7.

montar a caballo.

8.

esquiar.

¡Anda! Curso intermedio, Capítulo 1. El aspecto físico y la personalidad, pág. 34.

¡Anda! Curso elemental, Capítulo 1. Los adjetivos descriptivos; Capítulo 2. Los deportes y los pasatiempos, Apéndice 2.

2-11   Así somos Hay una actividad para cada personalidad. Túrnense para sugerir actividades usando **los mandatos de *nosotros/as*.** ■

MODELO   Somos deportistas.
E1:   *Escalemos las montañas.*
E2:   *Buena idea. Esquiemos también.*

Somos…

1. extrovertidos
2. tacaños
3. pobres
4. fuertes
5. callados
6. flojos
7. ricos
8. débiles

¡Anda! Curso intermedio, Capítulo 1. Algunos verbos como *gustar*, pág. 39.

Workbooklet

2-12   ¿Qué hacemos? Circula por la clase y habla con **dos** personas para encontrar una(s) actividad(es) que puedan hacer juntos. ■

MODELO   YO: *A mí no me gusta hacer surf, ¿a ti, Julie?*
E1:   *A mí tampoco me gusta hacer surf.*
E2:   *A mí sí me gusta hacer surf.*
YO: *Bueno. Lo siento, Al, pero no hagamos surf.*

ACTIVIDAD	YO	E1 _____Julie_____	E2 _____Al_____
1. hacer surf	no	no	sí
2. hacer ejercicio en el gimnasio			
3. jugar al tenis			
4. nadar			
5. patinar sobre hielo			
6. remar			
7. montar a caballo			

NOTAS CULTURALES

La Vuelta al Táchira

02-16

A muchos deportistas les encanta el desafío
(*challenge*) que acompaña una competencia
deportiva. Investiguemos un evento que tiene
lugar anualmente en el estado de Táchira
en Venezuela. Se trata de una competencia
de ciclismo que ocurre en el mes de enero
durante la Fiesta de San Sebastián. En esta
difícil competencia participan ciclistas de
todo el mundo. Muchas personas creen que
la Vuelta al Táchira es el evento ciclista más
importante de América.

Consideremos los elementos del desafío: la distancia de la ruta es difícil y larga, a veces
hasta 1.600 kilómetros en total. El terreno es muy montañoso. La competencia se divide
en doce etapas y dura casi dos semanas. Y no olvidemos la rivalidad que existe en esta
competencia entre los participantes colombianos y venezolanos en particular. Así que es
un evento con mucha emoción y actividad.

Preguntas

1. ¿Qué tipo de deporte se practica en Táchira?
2. Describe la competencia: cuándo es, el terreno, la distancia de la ruta, etc.
3. ¿Qué otras competencias internacionales conoces?

2-13 **¡Conversemos!** Túrnense para hacer planes para el próximo fin
de semana. ■

MODELO   jugar al boliche

     E1: *Me gusta jugar al boliche.*

     E2: *Yo también juego al boliche.*

     E1: *Entonces, juguemos al boliche
este fin de semana.*

1. boxear
2. practicar artes marciales
3. ir al partido de básquetbol
4. hacer pilates
5. hacer surf
6. ser árbitro/a
7. comprar unos patines para jugar al hockey
8. ver la competición de atletismo en la televisión

Workbooklet

2-14 En el Hotel Palacio de la Luna

¡Van a pasar las vacaciones de primavera en Cancún, México —por cuatro días! Decidan qué actividades quieren hacer. Después, compartan sus listas entre todos. ■

la Luna Golf y Spa Resort

En el Palacio de la Luna Golf y Spa Resort se puede encontrar toda la acción y emoción que uno busca. Para empezar, nuestras piscinas al aire libre estilo laguna figuran entre las más grandes de México ocupando una extensión de más de 200 metros a lo largo de la playa e incluyen jacuzzis, bares y áreas infantiles. Además, nuestro campo de golf ofrece 18 hoyos y es uno de los mejores de México.

- 2 piscinas estilo libre con 6 jacuzzis
- 4 bares de piscina
- 2 piscinas para niños
- piscina al aire libre en el club de golf
- demostración de buceo
- marina de deportes acuáticos
- instalaciones de spa ($)
- 2 gimnasios
- sauna y baños de vapor
- bicicletas
- yoga y pilates
- 6 canchas de tenis iluminadas
- 2 canchas de básquetbol
- voleibol de playa
- fútbol de playa
- billares
- juegos de mesa
- Club de niños (4 a 12 años)
- Discoteca Andrómeda
- fiestas temáticas

NUESTRAS ACTIVIDADES POR DÍA:

lunes	martes	miércoles	jueves
de día: levantemos pesas en el gimnasio	de día:	de día:	de día:
de noche: compitamos jugando al tenis	de noche:	de noche:	de noche:

2-15 ¿Qué hacemos este fin de semana?

Jamás hay suficiente tiempo durante los fines de semana. Conversen sobre las posibilidades de hacer algo con sus parientes o mejores amigos. ■

etcétera

comer en nuestro restaurante favorito
hacer la tarea
ir al partido de béisbol
limpiar la casa
practicar el esquí acuático

dormir doce horas cada noche
hacer un postre
jugar al boliche
pasar la aspiradora
salir a bailar

MODELO

E1: *¿Qué quieren hacer este fin de semana? Si todos tenemos hambre, comamos en nuestro restaurante favorito.*

E2: *Buena idea; también, si tenemos tiempo el sábado por la mañana, durmamos…*

ESCUCHA

02-17 to 02-20

Una conversación entre dos amigos

Estrategia	When you are speaking with someone or listening to a description or narration, you can often understand what is being said by paying attention to the speaker's intonation, gestures, the topic being discussed, and the overall	context. You do not need to understand every word, but by focusing on specific details you can get the *gist,* or main idea(s), of what is being said. You should be able to state the gist of a passage in one or two sentences.
Listening for the gist		

2-16　Antes de escuchar

Describe a las personas que aparecen en la foto. ¿Dónde están? ¿De qué crees que están hablando? ¿Qué crees que van a hacer? ■

1. ¿Con quiénes pasas tú la mayoría de tu tiempo? ¿Qué tienes en común con esas personas?
2. ¿Cómo pasan el tiempo?
3. Generalmente, ¿qué haces los fines de semana?

2-17　A escuchar　Completa los siguientes pasos. ■

Paso 1　Lee las siguientes oraciones. Luego, escucha la conversación entre Jorge y Rafa mientras hablan de sus planes para el fin de semana. Después de escuchar, escoge la oración que mejor describe la conversación.

a. Deciden hacer un poco de todo—levantar pesas, hacer surf y esquiar.
b. Se pelean (*They fight*) porque Consuelo no va a limpiar las ventanas.
c. No pueden ponerse de acuerdo (*agree*) porque quieren hacer cosas diferentes.

Paso 2 Antes de escuchar la conversación otra vez, lee las siguientes preguntas y respuestas. Por fin, ¿qué deciden hacer Jorge y Rafa? Escoge las respuestas correctas después de escuchar.

1. ¿Cuál de estas cosas quiere hacer Jorge?
   a. esquiar   b. jugar al boliche   c. patinar en monopatín
2. ¿Cuál de estas cosas quiere hacer Rafa?
   a. cazar   b. boxear   c. montar a caballo
3. ¿Cuál es el acuerdo (*compromise*)?
   a. Primero van a limpiar la casa y después van a ir al gimnasio.
   b. Deciden estudiar, pero el próximo fin de semana van a hacer algo más activo al aire libre.
   c. Van a hacer la compra para la semana y ayudar a Consuelo.

2-18 Después de escuchar Mira o escucha el pronóstico del tiempo (*weather report*) en español (de la televisión, la radio o el Internet). Basándote en ese pronóstico, planea un fin de semana perfecto. Después, haz un segundo plan en caso de que cambie el tiempo (por ejemplo, si llueve). ■

¿Cómo andas? I

	Feel confident	Need to review
Having completed **Comunicación I**, I now can . . .		
• share information about sports. (p. 72)	☐	☐
• tell others to do something. (MSL)	☐	☐
• suggest group action using *Let's.* (p. 78)	☐	☐
• discuss an international sporting event. (p. 82)	☐	☐
• listen for the gist of a conversation. (p. 84)	☐	☐

Comunicación II

♻ *¡Anda! Curso elemental*, Capítulo 2. Los deportes y los pasatiempos, Apéndice 2.

Pasatiempos y deportes   Describing pastimes and sports

02-21 to 02-23

3 VOCABULARIO

pasear en barco (de vela)

pescar

hacer jogging

bucear

tirar un platillo volador

coleccionar tarjetas de béisbol

jugar a las damas

ir de camping

hacer trabajo de carpintería

jugar al ajedrez

tejer

coser

hacer artesanía

comentar en un blog

jugar a videojuegos

jugar a las cartas / jugar al póquer

decorar

trabajar en el jardín

pintar

Un verbo útil	*A useful verb*
pelear(se)	*to fight*

| REPASO | **El subjuntivo** Conveying doubt, influence, feelings, and hopes |

¡Hola!
Repaso &
Spanish/English
Tutorials

02-24 to 02-26

For a complete review of the subjunctive, go to MySpanishLab or refer to **Capítulo 11** of *¡Anda! Curso elemental* in Appendix 3 of your textbook. The vocabulary activities that appear in your textbook incorporate this grammar point. Practicing new vocabulary with a review grammar point helps to strengthen and increase your knowledge of Spanish.

2-19 **¡Practiquemos!** La práctica hace maestros. Completa los siguientes pasos. ■

Paso 1 Para cada palabra o expresión en la lista, escoge la foto que le corresponde. Túrnense.

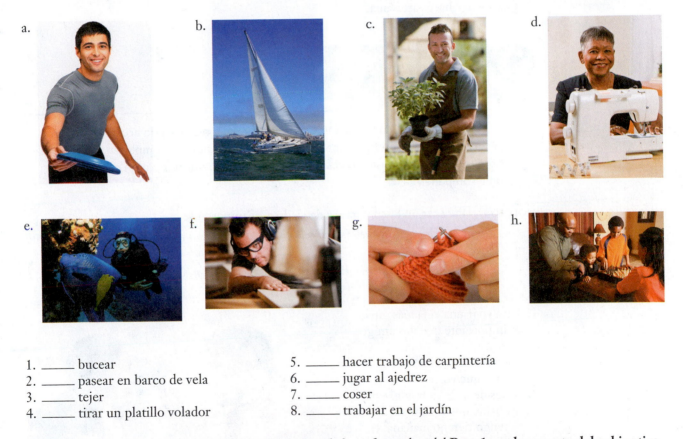

a.

b.

c.

d.

e.

f.

g.

h.

1. _____ bucear
2. _____ pasear en barco de vela
3. _____ tejer
4. _____ tirar un platillo volador

5. _____ hacer trabajo de carpintería
6. _____ jugar al ajedrez
7. _____ coser
8. _____ trabajar en el jardín

Paso 2 Túrnense para practicar diferentes formas de los **ocho** verbos del **Paso 1** en **el presente del subjuntivo**, usando **quizás**.

MODELO E1: jugar al ajedrez / yo
E2: *Quizás juegue al ajedrez.*
E2: jugar al ajedrez / nosotros
E1: *Quizás juguemos al ajedrez.*

Fíjate

Remember that you are familiar with the subjunctive forms from your practice with *Ud.* (*¡Estudie!*) and negative *tú* (*¡No hables!*) commands.

2-20   Deseos Túrnense para crear oraciones sobre los deseos de las siguientes personas. ■

MODELO   Ojalá / nosotros / decorar / la cocina / el próximo año.
              Ojalá nosotros decoremos la cocina el próximo año.

Fíjate

The expression *Ojalá (que)* comes from the Arabic expression that means "May it be Allah's will." *Tal vez* and *Quizás* also take the subjunctive but do not use the word *que*.

1. Quizás / ellos / bucear / este junio.
2. Ojalá / mis hijos / coleccionar tarjetas de béisbol / como yo.
3. Ojalá / tú / poder jugar al ajedrez / con tu familia.
4. Tal vez / Inés / tejer / un suéter.
5. Quizás / tú y yo / pasear en barco de vela / este verano.
6. Tal vez / Raúl / jugar al póquer / en Las Vegas.
7. Quizás / yo / ir de camping / este otoño.
8. Ojalá / tú / hacer artesanía.

¡Anda! Curso elemental, Capítulo 2. Los deportes y los pasatiempos; Capítulo 3. La casa, Apéndice 2.

2-21   ¿Qué quiero decir? Raúl y Sofía no están de acuerdo siempre. ¿Estás de acuerdo con tu compañero/a en estas situaciones? Completen las siguientes oraciones usando **el subjuntivo** para comparar tu opinión con la de un/a compañero/a. ■

MODELO   Para ser un buen jugador de ajedrez, es importante que...

E1:   *Para ser un buen jugador de ajedrez, es importante que tú te enfoques más en el juego.*

E2:   *Estoy de acuerdo. Para ser un buen jugador de ajedrez, es importante que juegues todos los días.*

1. Para vivir una vida más sana, es importante que mis amigos y yo...
2. Después de salir de mis clases, es raro que yo...
3. Antes de ir de camping, es probable que mi amigo...
4. Si tengo tiempo mañana, es posible que...
5. Para decorar bien una casa, es preferible que tú...
6. Si decides coleccionar tarjetas de béisbol, es mejor que...
7. Este año es imposible que mis padres...
8. Ojalá que mis amigos...

Workbooklet

2-22 **Nuestras preferencias** Completa el cuadro con tus preferencias. Usa las expresiones **Es posible que…** y **Es poco probable que…** Compara tus respuestas con las de un/a compañero/a. ¿Qué preferencias tienen en común? ■

coleccionar tarjetas de béisbol	coser	comentar en un blog
decorar	hacer artesanía	hacer jogging
hacer trabajo de carpintería	ir de camping	jugar a las damas
hacer yoga	pescar	pintar
trabajar en el jardín	tejer	tirar un platillo volador

CON AMIGOS Y FAMILIARES	SOLO/A	SI LLUEVE
1. Es poco probable que juguemos a las damas.	1.	1.
2.	2.	2.
3.	3.	3.
4.	4.	4.
5.	5.	5.
6.	6.	6.
7.	7.	7.
8.	8.	8.

♻ *¡Anda! Curso intermedio,* Capítulo 1. El presente perfecto de indicativo, pág. 49.

2-23 **¿Dónde están?** Juana y su familia decidieron pasar las vacaciones en casa. Hay mucho que hacer pero el problema es que ella no sabe divertirse. Tampoco sabe dónde están los miembros de su familia. Túrnense para dar sugerencias de qué hacen las siguientes personas. ■

MODELO   No sé dónde está mi esposo, pero le fascina el agua.

E1: *Tal vez esté pescando.*

E2: *Sí, o quizás esté buceando.*

1. No sé dónde están mis hijos, pero les gustan las computadoras.
2. Mi prima Gloria ha desaparecido. Se cree editora de *House Beautiful.*
3. Mi abuelo tiene ochenta años. Ha tenido una vida muy activa, pero ahora le duelen mucho las piernas.
4. Siempre me ha gustado crear cosas con las manos, pero no sé qué hacer.

Workbooklet

2-24 **¿Probable o poco probable?** Entrevista a los compañeros de clase para saber para quiénes es probable y para quiénes es poco probable cada una de las siguientes acciones. Escribe el nombre de la persona y la letra **P** para "probable" y **PP** para "poco probable". ■

MODELO   jugar a las cartas

TÚ: *Felipe, ¿es probable que juegues a las cartas esta noche?*

E1:   *No, es poco probable que juegue a las cartas. Comento en un blog todas las noches.*

ES PROBABLE O POCO PROBABLE QUE...	
jugar a las cartas	Felipe (PP)
tocar un instrumento	
nadar	
ir de camping	
coleccionar tarjetas de béisbol	
comentar en un blog	
decorar tu dormitorio	
tirar un platillo volador	
tejer	
hacer trabajo de carpintería	
jugar a videojuegos	
dar clases de golf	

2-25 **Mentimos a veces** Escribe **cinco** oraciones sobre ti mismo/a (*yourself*) usando el vocabulario de **pasatiempos y deportes** y **el subjuntivo**. **Una** de las oraciones debe ser verdadera y **cuatro** deben ser mentiras (*lies*). Tu compañero/a tiene que adivinar cuáles son mentiras y cuál es verdadera. Túrnense. ■

MODELO   E1:   *Es probable que yo juegue al ajedrez todos los días.*

E2:   *No. Es improbable que juegues al ajedrez todos los días. Creo que es una mentira…*

4 GRAMÁTICA

02-27 to 02-28 Spanish/English Tutorials

El subjuntivo para expresar pedidos (*requests*), mandatos y deseos Recommending, suggesting, requesting, or requiring something of someone

A. There are a variety of different situations in which you need to use the **subjunctive**.

● Sometimes, you may want to *recommend* something to or *request* something from someone in a less demanding way than using a command.

Note the following examples.

Te **recomiendo que hagas** más ejercicio.

I recommend that you exercise more.

● You *express wishes* in the same way:

Deseo que mis padres me **regalen** tarjetas de béisbol.

I wish that my parents would give me baseball cards.

Espero que estés contento —no quiero pelear contigo hoy.

I hope that you are happy— I don't want to fight with you today.

Es preferible que pintes la casa y que no vayas a pescar este fin de semana.

● You may also *report on others' requests, recommendations, or wishes:*

José y Gregorio **quieren que** sus padres les **compren** videojuegos.

José and Gregorio want their parents to buy them video games.

Gloria y Yolanda **esperan que** sus esposos no **vayan a pescar** este fin de semana.

Gloria and Yolanda hope that their husbands will not go fishing this weekend.

Javier no **quiere que** Pilar **haga jogging** por la noche.

Javier doesn't want Pilar to jog/go jogging at night.

Sonia les **recomienda que jueguen** al póquer.

Sonia recommends that they play poker.

B. When *wishing or hoping something for oneself*, and **the subject does not change**, you must **use the infinitive, NOT the subjunctive.**

Quieren ir de camping este fin de semana.

They want to go camping this weekend.

Espera tejer un suéter pronto.

She hopes to knit a sweater soon.

Deseo trabajar en el jardín esta tarde.

I want to work in the garden this afternoon.

● Some verbs used to express **requests, commands,** and **wishes** are:

aconsejar	*to recommend; to advise*	**preferir (e → ie → i)**	*to prefer*
desear	*to wish*	**prohibir**	*to prohibit*
esperar	*to hope*	**proponer**	*to suggest; to propose*
exigir	*to demand*	**querer (e → ie)**	*to want; to wish*
insistir (en)	*to insist (on)*	**recomendar (e → ie)**	*to recommend*
necesitar	*to need*	**rogar (o → ue)**	*to beg*
pedir (e → i → i)	*to ask (for); to request*	**sugerir (e → ie → i)**	*to suggest*

● The following are some common impersonal expressions that also express **requests, commands,** and **desires:**

Es importante que	*It is important (that)*	**Es necesario que**	*It's necessary (that)*
Es mejor que	*It's better (that)*	**Es preferible que**	*It's preferable (that)*

¡Explícalo tú!

Based on the sentences on page 91,

1. In **Part A**, how many verbs are in each sample sentence?
2. Which verb is in the present indicative: the verb in blue or the one in red?
3. Which verb is in the present subjunctive: the verb in blue or the one in red?
4. Is there a different subject for each verb?
5. What word joins the two distinct parts of the sentence?
6. State a rule for the use of the subjunctive in the sentences from **Part A.**
7. State a rule for the sentences in **Part B.**

✔ Check your answers to the preceding questions in Appendix 1.

♻ *¡Anda! Curso elemental,* Capítulo 2. Presente indicativo de verbos regulares; Capítulo 3. Algunos verbos irregulares; Capítulo 4. Los verbos con cambio de raíz, Apéndice 3.

2-26 **La práctica hace maestros** Su instructor/a les va a explicar una actividad para practicar la formación del subjuntivo. ¡Diviértanse! ■

2-27 **Más práctica** En grupos de tres, practiquen más **el subjuntivo.** Tiren una pelota de "Koosh" o una pelota de papel. Usen los verbos y los (pro)nombres siguientes con las expresiones impersonales **Es preferible, Es importante, Es necesario,** y creen oraciones breves. ■

Tomás y Carlos / comprar	ellas / vivir	los dos chicos / perder
nosotros / saber	tú / comenzar	tú / querer
Susana / escribir	Víctor y yo / esperar	nosotros / dormir
Gabriela y Héctor / encontrar	yo / servir	yo / ser
nuestros profesores / repetir	tú / volver	tú / poder
Paola / ponerse	los estudiantes / sentarse	tú / tener

MODELO   nosotros / dormir   *Es importante que durmamos ocho horas.*
             (Tírale la pelota a un/a compañero/a, quien crea otra oración, etc.)

2-28 **Los cuentos del barrio** Cada barrio tiene sus historias. Descubre las opiniones y un poco de las historias de las personas que viven en la Calle Central. Túrnense para crear oraciones con **el subjuntivo.** ■

MODELO   Los Grajera / esperar / los nuevos vecinos García / no hacer trabajo de carpintería hasta muy tarde.
Los Grajera esperan que los nuevos vecinos García no hagan trabajo de carpintería hasta muy tarde.

1. El Sr. Vargas / preferir / su mujer / no decorar la sala.
2. La Sra. Vargas / desear / su esposo / no jugar al póquer.
3. Los jóvenes Vargas / rogar / sus padres / pintar sus dormitorios / negro y morado.
4. Silvia Hernández / proponer / yo / tirar un platillo volador / con ella / mañana.
5. Muchos padres / decir / es preferible / sus niños / hacer artesanía afuera / y / no jugar a videojuegos / en casa.

2-29 **Rafael Nadal** Ustedes son grandes aficionados (*fans*) del famoso tenista español. Lean la información sobre Rafael Nadal y túrnense para terminar las siguientes oraciones. ■

MODELO   Recomendamos que los aficionados…
Recomendamos que los aficionados vean el torneo Abierto de Australia en la televisión.

Rafael **NADAL** Parera

Nacionalidad:	España (Mallorca)
Fecha de nacimiento:	3 de junio de 1986
Residencia:	Manacor, Mallorca, España
Familia:	Sebastián, Ana María y una hermana menor llamada María Isabel
Profesional desde:	2001
Entrenador:	Toni Nadal (tío)
Comida favorita:	Mariscos y la pasta
Pasatiempos preferidos:	Jugar con el PlayStation, fútbol, golf, pescar, salir con amigos para ir a fiestas y al cine
Equipo favorito:	Real Madrid
Películas favoritas:	*Gladiator, Titanic*
Próximo torneo:	Australian Open

1. Es deseable que Rafael…
2. Mi amigo/a y yo esperamos que…
3. Los aficionados esperan que…
4. Recomendamos que los aficionados…
5. Los otros jugadores de tenis profesionales exigen que…
6. Prefiero que Rafael…
7. Su entrenador le propone que…
8. Los árbitros le ruegan al público que…
9. Ojalá que…
10. Tal vez…

Fijate

Real Madrid is a professional soccer team from Madrid, Spain.

Workbooklet

2-30 **Tus consejos** Siempre tenemos deseos y consejos para los demás. ■

Paso 1   Expresa tus deseos para las siguientes personas. Termina cada oración usando el **vocabulario nuevo** cuando sea posible y usa **un verbo diferente** para cada situación.

MODELO   A TUS PADRES O FAMILIARES / Recomendamos que…
Recomendamos que hagan artesanía. Es un pasatiempo interesante.

A TUS PADRES O FAMILIARES	A NOSOTROS	A TU PROFESOR/A	A TU MEJOR AMIGO/A
1. Recomendamos que…	1. Es preferible que…	1. Espero que…	1. Es importante que…
2. Siempre exigimos que…	2. Es necesario que…	2. Nosotros deseamos que…	2. Te aconsejo que…
3. Sugiero que…	3. No es importante que…	3. Los estudiantes ruegan que…	3. Espero que…
4. Quiero que…	4. Los profesores nos sugieren que…	4. Propongo que…	4. Prefiero que…

Paso 2   Compara tus recomendaciones con las de un/a compañero/a.

PERFILES

02-29 to 02-30

Campeones famosos del mundo hispano

Hay deportes y pasatiempos para todos los gustos. Aquí hay tres campeones muy admirados por sus aficionados.

José Raúl Capablanca (1888–1942) nació en Cuba y fue un prodigio del juego de ajedrez, por lo que muchos aficionados del juego se refieren a él como "el Mozart del ajedrez". Reinó como campeón mundial del ajedrez entre los años 1921 y 1927. Hoy en día se celebra el Torneo Internacional Capablanca in Memoriam; es uno de los torneos ajedrecísticos más importantes del mundo hispano.

José Alberto Pujols Alcántara (n. 1980) es de la República Dominicana. Emigró a los Estados Unidos con su familia y empezó a jugar al béisbol. Por muchos años jugó la posición de primera base para los St. Louis Cardinals en las grandes ligas y en el año 2012 empezó a jugar para los Angels de Los Ángeles. Es un jugador fenomenal; algunos lo comparan con el famoso jugador Lou Gehrig. En su primer año lo nombraron novato *(rookie)* del año en la Liga Nacional y también ha sido designado el jugador del año varias veces.

Lionel Messi (n. 1987) es un futbolista argentino que juega en el equipo FC Barcelona en España. Actualmente es considerado uno de los mejores jugadores y delanteros *(forwards)* del mundo. Es ganador del Balón de Oro y del premio *FIFA World Player* dos veces. Quizás sea el nuevo Maradona.

Fíjate

Diego Armando Maradona is a former soccer player from Argentina and is considered one of the best players in the history of the sport.

Preguntas

1. ¿Qué deportes o pasatiempos se representan aquí?
2. ¿Con quién se compara a cada campeón?
3. Probablemente, ¿qué recomiendan estos campeones que otros atletas y deportistas hagan para tener éxito?

2-31 **Michelle Wie nos recomienda** Michelle Wie, una de las mejores jugadoras de golf del mundo, nos da consejos de cómo mejorar nuestras habilidades en el juego de golf. Usen los siguientes verbos con **el subjuntivo** para crear sus consejos. ■

MODELO no jugar con expertos al empezar a jugar / (a los novatos)
Les aconsejo (recomiendo, sugiero, etc.) que no jueguen con expertos.

1. nunca dejar de mirar la pelota / (a ti)
2. comprar pelotas buenas / (a tu amiga)
3. mantener limpios los palos / (a tu profesor/a)
4. llevar lentes de sol / (a tus tíos)
5. darle a la pelota suavemente / (a los jugadores)

 ¡Anda! Curso intermedio, Capítulo 1. El aspecto físico y la personalidad, pág. 34.

¡Anda! Curso elemental, Capítulo 3. Los quehaceres de la casa; Capítulo 4. Los lugares; Capítulo 10. Los medios de transporte, Apéndice 2.

2-32 **Recomiendo que** Hagan comentarios y sugerencias para una de las siguientes situaciones. Usen por lo menos **cuatro** oraciones diferentes para cada una. ■

Estrategia

For **2-32,** note that for various scenarios you are directed to review certain chapters from *¡Anda! Curso elemental* in Appendix 2. There, you will be reminded of helpful vocabulary you have learned that is appropriate to incorporate here.

1. Tienes tres primos. Recomiéndales unos deportes y pasatiempos según sus personalidades. Diana es extrovertida y amable. Carlos es callado y bien educado. Manuel es flojo y terco.
2. Un amigo quiere comprar un Rolls-Royce nuevo.
3. Tus amigos viven de una manera muy desorganizada.
4. Unos amigos van a viajar a Sudamérica.

¡CONVERSEMOS!

02-31 to 02-33

2-33 Diálogos Escucha los diálogos y contesta las siguientes preguntas. ■

1. ¿Qué le dijo José a Josefina cuando sonó el telefóno?
2. ¿Qué dijeron Teresa y Marina al salir del metro?

2-34 Disculpa, por favor Con un/a compañero/a de clase, usa las estrategias comunicativas que aprendiste para decidir qué debes decir en las siguientes situaciones. Más de una estrategia puede ser aceptable. ■

1. En un partido de fútbol donde hay mucho ruido, no oíste lo que tu amigo te dijo.
2. En el partido de béisbol anuncian los resultados de otros partidos importantes del día, pero no entendiste lo que se dijo sobre tu equipo favorito.
3. En el mismo partido, un aficionado te explica algo complicado que un jugador hizo, usando palabras que no has escuchado antes.
4. Necesitas bajar del autobús porque has oído que la próxima parada es la tuya. Hay muchas personas delante de ti.
5. Cuando sales del autobús, le pisas (*step on*) el pie a alguien sin querer.

2-35 Adivina el deporte Se juega en equipos. Un miembro de cada equipo selecciona una palabra (del vocabulario sobre los deportes y pasatiempos) y se la describe a su equipo sin usar ninguna palabra asociada semánticamente con la palabra. Usen las estrategias comunicativas para clarificar las pistas. ■

MODELO
E1: *Es un deporte en que usas una raqueta.*

E2: *¿Se usa una pelota también?*

2-36 **Situaciones** Ahora que sabes disculparte y pedir clarificación, con un/a compañero/a de clase, dramaticen las siguientes situaciones: ■

1. E1: Recibes una llamada telefónica de una persona que cree haber llamado a un teatro. No te deja hablar.

   E2: Llamas a un teatro para comprar boletos para un concierto de Juanes. La persona que contesta no parece ni oírte ni entenderte.

Fíjate

Juanes is a successful Colombian musician. He has won many Latin Grammy awards. His real name is Juan Esteban Aristizábal Vásquez.

MODELO
   E1: *¿Aló?*

   E2: *Buenos días. ¿Hablo con El Teatro de Oro? Quiero comprar unos boletos para el concierto de Juanes este viernes a las siete y media.*

   E1: *Perdón. ¿Qué dijo usted? Creo que usted se equivocó.*

   E2: *¿Cómo? Disculpe. Unos boletos. Quiero comprar dos boletos...*

2. E1: Trabajas en la ventanilla (*ticket window*) del estadio municipal. Un extranjero te hace preguntas, pero no entiendes.

   E2: Eres turista y quieres comprar una entrada para ver el partido de fútbol esta tarde. Parece que el vendedor te ignora o no quiere venderte el boleto.

3. E1: Vas en autobús a una exhibición de lucha libre. Hay mucha gente en el pasillo y necesitas pasar porque tu parada viene pronto.

   E2: Estás en el autobús y una persona te dice algo pero no entiendes. Pide clarificación.

2-37 **Sobre gustos no hay nada escrito** ¡Tu amigo/a (un/a compañero/a de clase) y tú han ganado un premio fabuloso! Van a pasar dos días en un hotel de lujo—¡gratis! En este hotel hay todo tipo de deportes y pasatiempos, y ustedes tienen que decidir cuáles van a practicar en su tiempo limitado. Deben hacer una lista de por lo menos **seis** de las actividades que más quieren hacer. Usen **los mandatos de nosotros/as** y las estrategias comunicativas. ■

MODELO
   E1: *Bueno, el primer día, levantemos pesas por la mañana. Y luego juguemos al tenis.*

   E2: *Discúlpame. La verdad es que no me...*

97

ESCRIBE

02-34 to 02-36

Un comentario de blog

Estrategia	Linking words can provide a smooth transition between portions of your writing so that it does not appear choppy or disjointed. Use linking words to connect simple thoughts and turn them into complex sentences. Linking words will help you communicate your ideas in a natural way, and by using these words, your writing will flow more smoothly.	**Nexos**	**_Linking Words_**
Process writing (Part 2): Linking words		así	_thus_
		cuando	_when_
		o/u	_or_
		pero	_but_
		porque	_because_
		pues	_well, since_
		que, quien	_that, who_
		y/e	_and_

2-38 **Antes de escribir** Vas a comentar en un blog sobre una experiencia con un deporte. ■

1. Primero, piensa en los eventos principales de tu experiencia.
2. Después, haz una lista de los eventos que quieres mencionar; escribe **una** o **dos** oraciones descriptivas para cada evento.
3. Finalmente, conecta las oraciones con nexos donde sea necesario para que tengan más sentido.

2-39 **A escribir** Escribe tu comentario de blog sobre tu experiencia deportiva. ■

Asegúrate de que:

• hayas incluido los eventos más importantes de la experiencia deportiva.
• conectes tus pensamientos para tener más sentido.

Menciona por lo menos **cuatro** eventos que ocurrieron. Tu comentario debe contener por lo menos **seis** oraciones. Usa por lo menos **dos oraciones en el subjuntivo.**

MODELO   _Mi amigo siempre quiere que vaya con él a esquiar. Así que por fin decidí intentarlo, pero primero tuve que comprar los esquís y luego los bastones de esquí..._

2-40 **Después de escribir** Comparte tu comentario de blog con un/a compañero/a de clase. Haz una comparación de las dos experiencias que ustedes han tenido. ¿En qué son semejantes (_similar_) y en qué son diferentes? ■

¿Cómo andas? II

	Feel confident	Need to review
Having completed **Comunicación II**, I now can . . .		
• describe pastimes and sports. (p. 86)	☐	☐
• convey doubt, influence, feelings, and hopes. (MSL)	☐	☐
• recommend, suggest, request, or require something of someone. (p. 91)	☐	☐
• identify three elite athletes and champions in the Spanish-speaking world. (p. 94)	☐	☐
• express pardon, request clarification, and check for comprehension. (p. 96)	☐	☐
• use linking words to make writing more cohesive. (p. 98)	☐	☐

Vistazo cultural

AL • VISTAZO CULTURAL • VISTAZO CULTURAL • VISTAZO CULTURAL • VISTAZO CULTURAL • VISTAZO CULTURAL • VISTAZO CULTURAL • VISTA

Julio López Ríos, estudiante del Instituto Tecnológico y de Estudios Superiores de Monterrey, México

02-37

Deportes y pasatiempos en la cultura mexicana

Me interesa todo tipo de arte creativo relacionado con la tecnología de las computadoras. Así decidí seguir una carrera en la cual puedo combinar los dos intereses. Estudio para sacar una Licenciatura en Animación y Arte Digital. Exploremos más pasatiempos y deportes en México. Quizás un deporte o un pasatiempo pueda inspirar tu carrera.

La lucha libre

La lucha libre continúa subiendo en popularidad. Las máscaras de los deportistas de lucha libre son a la vez símbolos de la política, del mito (*myth*) histórico, del alma (*soul*) individual y de la resistencia social del pueblo. Llevar una máscara convierte al luchador en otro personaje y le da cierta libertad.

Los alebrijes

Hay muchos artistas en México que hacen artesanía, no como un pasatiempo, sino para ganarse la vida. En el estado de Oaxaca hay artesanos que trabajan con madera para hacer figuritas de animales; se llaman *alebrijes*. Los alebrijes tienen colores brillantes y están decorados con muchos detalles.

Cozumel

Hay varios lugares para bucear en México, y la costa de Cozumel es famosa en todo el mundo por todas sus atracciones. Tiene más de cien lugares oficiales del buceo. Para los aficionados a este deporte, es un paraíso marino con una gran variedad de flora y fauna.

La Quebrada, Acapulco

Si te gustan los deportes difíciles, ¿has considerado el clavadismo (*cliff diving*)? El espectáculo de clavados en La Quebrada es impresionante. Los clavadistas lo hacen parecer fácil y divertido, pero definitivamente es un deporte para los profesionales. ¡De fácil no tiene nada!

El Parque Chapultepec

Un pasatiempo favorito en México es pasar un domingo en el Parque Chapultepec con sus diversiones: los lagos, los museos y los jardines botánicos y zoológicos. Entre los museos se encuentra el Museo Nacional de Historia en el Castillo (*Castle*) de Chapultepec. Así que los fines de semana las familias visitan el castillo y comen en el parque.

Xochimilco

Los jóvenes y las familias van tradicionalmente los fines de semana a pasear unas horas al aire libre en Xochimilco. Es una serie de canales y jardines flotantes (*floating*) con *trajineras*, barcos decorados de colores brillantes. En estas trajineras se venden flores, bebidas y comida ¡y algunas tienen músicos para darles una serenata a los visitantes!

El fútbol mexicano

El fútbol es el deporte más popular en México. El equipo nacional mexicano se llama El Tricolor, conocido con cariño como "El Tri". El Estadio Azteca, localizado al suroeste de México D.F., es uno de los más grandes del mundo con más de 105,000 asientos. El Club América, un equipo mexicano popular, juega allí, igual que El Tri.

Preguntas

1. ¿Cuáles de estos deportes o pasatiempos cuestan mucho dinero para practicarlos? ¿Con cuáles se puede ganar la vida (*earn a living*)? ¿Cómo?
2. Compara el Parque Chapultepec o Xochimilco con el Paseo del Río en San Antonio (*Capítulo* 1, pág. 63).
3. ¿Cuáles de estos deportes o pasatiempos en México son semejantes y cuáles son diferentes a los de tu comunidad y tu mundo?

02-40 to 02-41

Laberinto peligroso

EPISODIO 2

Lectura

Estrategia   **Skimming and scanning: reading for the gist**

To improve comprehension, you can *skim* or read quickly to get the *gist* of the passage. If you are searching for specific information, you can also *scan* for that in particular.

2-41 **Antes de leer** Muchas veces puedes comprender mucho más de un texto si antes de leerlo con mucho cuidado y atención, lo lees de manera más superficial y rápida. También puede ser útil leer el texto en busca de información específica. Antes de leer el episodio, sigue los pasos a continuación. ■

1. Lee superficialmente el diálogo entre Javier y Celia para contestar las siguientes preguntas.
   - ¿Dónde estaban?
   - ¿Qué buscaban?
   - ¿De quién(es) hablaron?
2. Revisa el diálogo otra vez y busca las respuestas para las siguientes preguntas.
   - ¿Qué deporte(s) recomienda Javier que Celia practique?
   - ¿Cuál es el deporte que no quiere que practique?
3. Lee superficialmente el primer párrafo después del diálogo para contestar las siguientes preguntas.
   - ¿Dónde estaba Cisco?
   - ¿Qué buscaba?
4. Mira el último párrafo y busca la respuesta para la siguiente pregunta.
   - ¿Dónde tenía Cisco una entrevista de trabajo?

DÍA 5   *Búsquedas*

—¡Gracias por venir a ayudarme! —dijo Celia al llegar Javier a la tienda deportiva. Celia lo saludó con un besito° en la mejilla.

little kiss

—No hay de qué —respondió Javier, abrazándola°—. ¿Qué querías comprar?

hugging her

—Pues, no sé muy bien. Necesito llevar una vida más activa, pero no estoy segura qué deportes quiero practicar —explicó Celia.

—Entiendo lo que dices. Yo también quiero hacer más ejercicio —contestó Javier.

—Pero, ¿qué deporte? —preguntó Celia.

—Si necesitas relajarte y desconectarte de todo, como dijiste antes, te recomiendo que bucees. Yo lo hacía antes y me tranquilizaba mucho —sugirió Javier.

—No es mala idea, pero para bucear es necesario que compre mucho equipo deportivo caro. Es preferible que encuentre un deporte más económico. Mira, aquí está la sección de materiales para escalar montañas.

—¡Te prohíbo que trates de escalar una montaña sola! —gritó Javier—. Es un deporte peligroso y es importante que lo practiques con otras personas.

smile —¡Entonces, hagámoslo tú y yo juntos! —respondió Celia con una sonrisa°.

—Eres muy graciosa, Celia. Es importante que lo practiques con gente que tenga experiencia. Nunca he escalado ninguna montaña, y no tengo muchas ganas de hacerlo.

—Muy bien, Javier, sigamos buscando. —Entonces, Celia se dirigió al otro lado de la tienda.

—Yo siempre he querido aprender a jugar al golf. Mira, estos palos están de oferta. ¿Quieres que tomemos una clase tú y yo juntos? —propuso Javier.

—Lo siento, Javier, pero a mí siempre me ha parecido un poco aburrido el golf. Y hablando de aburrimiento, ¿va mejor el seminario?, ¿está más interesante? —preguntó Celia.

—Sí, realmente a mis estudiantes les encantó hablar con ustedes sobre sus experiencias. —dijo Javier.

—Ese columnista, el que compartió esas anécdotas tan raras, ¿cómo se llamaba? —preguntó Celia.

—Ah, Cisco. Ha tenido experiencias realmente singulares.

—¿Lo conoces bien? —preguntó Celia.

—Más o menos. Lo conozco porque los dos hemos trabajado como periodistas en esta ciudad durante un par de años. Ya sabes cómo es esta profesión. Me gusta mucho como trabaja.

—¿Es buena gente? —dijo Celia demostrando más interés.

—Sí, es amable, honesto y generoso. Eso sí, es generoso con muchas cosas pero, como todos nosotros, no es nada generoso con los resultados de sus investigaciones.

—Entiendo —respondió Celia.

—Parece que Cisco te ha gustado —comentó Javier.

he looked very familiar to me —No, no es eso. Te he preguntado por él porque me sonaba mucho su cara°, pero me he dado cuenta que no lo conocía.

Mientras Javier y Celia conversaban en la tienda sobre Cisco, éste trataba de trabajar. Su investigación sobre la desaparición de las selvas tropicales le resultaba interesante, pero no podía competir con su deseo de estudiar otro tema. En la pantalla de su computadora tenía varias ventanas abiertas; algunas eran páginas web con información sobre las selvas, pero lo que captó toda su atención fueron los resultados de una búsqueda Google sobre Celia Cortez.

Cuando terminó de leer todo lo que encontró sobre ella, volvió al artículo. Tenía que escribir un artículo espectacular pronto. Después de gastar todo ese dinero intentando *debts* impresionar a su exnovia, ahora estaba solo y tenía que pagar unas deudas°. Para obtener la información que buscaba para el artículo, era necesario infiltrarse en un laboratorio. Tenía una entrevista para un trabajo allí esa tarde y debía salir en la próxima media hora. *interviewed him* Apagó la computadora y se preparó. Al llegar al laboratorio, lo entrevistaron°. Cisco no lo sabía, pero había un hombre que lo observaba.

2-42 **Después de leer** Contesta las siguientes preguntas. ■

1. ¿Qué deportes consideraban Javier y Celia? ¿Por qué?
2. ¿Qué opinión tiene Javier de Cisco?
3. ¿Por qué quería Celia saber más cosas sobre Cisco?
4. ¿Por qué quería Cisco, un periodista, trabajar en un laboratorio?
5. ¿Cuáles son las diferentes búsquedas que tuvieron lugar en el episodio?
6. ¿Cuáles son las búsquedas que te parecieron más importantes? ¿Por qué crees que los personajes buscaban esas cosas?

▶Ⅱ Video

02-42 to 02-43

2-43 **Antes del video** En *Búsquedas,* aprendiste que Javier y Celia querían llevar una vida más activa y sana, y que Cisco estaba tratando de escribir un artículo muy importante sobre las selvas tropicales. En el episodio del video, estos objetivos diferentes hacen que nuestros tres personajes principales acaben en el mismo lugar. Antes de ver el episodio, contesta las siguientes preguntas. ■

1. ¿En qué partes del mundo hay selvas tropicales? ¿Sabes qué tipo de flora y fauna tienen?
2. ¿Por qué están desapareciendo las selvas tropicales? ¿Qué podemos hacer para mejorar la situación?
3. Si desaparecen las selvas tropicales, ¿qué tipo de consecuencias va a sufrir el mundo entero?
4. ¿Qué conexiones piensas que hay entre la investigación de Cisco sobre las selvas tropicales y el trabajo en el laboratorio que quiere obtener?¿Qué aspectos de las selvas tropicales pueden interesar a un laboratorio? ¿Por qué?

Organicemos una excursión a las montañas. Escalemos y montemos a caballo.

¿Quieres que vayamos a la charla?

No me siento muy bien.

Episodio 2

«¿Qué te ocurre, Celia?»

Relájate y disfruta el video.

2-44 **Después del video** Contesta las siguientes preguntas. ■

1. ¿Dónde se encontraron Javier, Celia y Cisco?
2. ¿Por qué fueron allí Javier y Celia? ¿Por qué estaba allí Cisco?
3. ¿Qué le ocurrió a Celia durante el episodio?
4. ¿Cómo reaccionó Cisco? ¿Por qué crees que Cisco reaccionó de esa manera?

LETRAS

02-48 to 02-50

Acabas de terminar otro episodio de **Laberinto peligroso.** Explora más lecturas en la colección literaria, **Letras.**

Y por fin, ¿cómo andas?

	Feel confident	Need to review
Having completed this chapter, I now can . . .		
Comunicación I		
• share information about sports. (p. 72)	☐	☐
• tell others to do something. (MSL)	☐	☐
• suggest group action using *Let's*. (p. 78)	☐	☐
• listen for the gist of a conversation. (p. 84)	☐	☐
Comunicación II		
• describe pastimes and sports. (p. 86)	☐	☐
• convey doubt, influence, feelings, and hopes. (MSL)	☐	☐
• recommend, suggest, request, or require something of someone. (p. 91)	☐	☐
• express pardon, request clarification, and check for comprehension. (p. 96)	☐	☐
• use linking words to make writing more cohesive. (p. 98)	☐	☐
Cultura		
• discuss an international sporting event. (p. 82)	☐	☐
• identify three elite athletes and champions in the Spanish-speaking world. (p. 94)	☐	☐
• describe and communicate on the topic of sports and pastimes in Mexican culture. (pp. 100–101)	☐	☐
Laberinto peligroso		
• skim, scan, get the gist of a passage, and to report on Celia's interests and Cisco's job. (p. 102)	☐	☐
• consider who is trying to harm Celia. (p. 104)	☐	☐
Comunidades		
• use Spanish in real-life contexts. (SAM)	☐	☐
Literatura		
• understand hyperbole, metaphor, and prosopopoeia as literary devices in an authentic text. (Literary Reader)	☐	☐

Deportes	*Sports*
boxear	*to box*
cazar	*to go hunting*
escalar	*to climb*
esquiar	*to ski*
hacer pilates	*to do Pilates*
hacer surf	*to surf*
hacer yoga	*to do yoga*
jugar al boliche	*to bowl*
jugar al hockey	*to play (ice; field)*
(sobre hierba; sobre hielo)	*hockey*
jugar al voleibol	*to play volleyball*
levantar pesas	*to lift weights*
montar a caballo	*to go horseback riding*
patinar en monopatín	*to skateboard*
practicar artes marciales	*to do martial arts*
practicar ciclismo	*to go cycling*
practicar esquí acuático	*to go waterskiing*
practicar lucha libre	*to wrestle*
remar	*to row*

Algunos términos deportivos	*Some sports terms*
el/la atleta	*athlete*
el atletismo	*track and field*
el/la árbitro/a	*referee; umpire*
el bastón de esquí	*ski pole*
el bate	*bat*
el campeón/la campeona	*champion*
el campeonato	*championship*
el campo	*field*
la cancha	*court*
la carrera	*race*
el casco	*helmet*
la competición / la competencia	*competition*
el/la deportista	*sporty person; sports-loving person*
el empate	*tie*
el/la entrenador/a	*coach; trainer*
el equipo deportivo	*sporting equipment*
el/la excursionista	*hiker*
el palo (de golf; de hockey)	*golf club; hockey stick*
los patines	*skates*
las pesas	*weights*
la pista	*track; rink*
la raqueta	*racket*
el resultado	*score*
la tabla de surf	*surfboard*
el tamaño	*size*

Algunos adjetivos	*Some adjectives*
apropiado/a	*appropriate*
atlético/a	*athletic*
deportivo/a	*sports-related*

Algunos verbos	Some verbs
competir (e → i → i)	to compete
entrenar	to train
ganar	to win

bat = el bate

tie = el empate

athlete = el atleta

score = el resultado

trainer = el entrenador

race = la carrera

Pasatiempos y deportes	Pastimes and sports
bucear	to scuba dive
coleccionar tarjetas de béisbol	to collect baseball cards
coser	to sew
comentar en un blog	to post to a blog
decorar	to decorate
hacer artesanía	to do crafts
hacer jogging	to jog
hacer trabajo de carpintería	to do woodworking
ir de camping	to go camping
jugar al ajedrez	to play chess
jugar a las cartas	to play cards
jugar a las damas	to play checkers
jugar al póquer	to play poker
jugar a videojuegos	to play video games
pasear en barco (de vela)	to sail
pescar	to fish
pintar	to paint
tejer	to knit
tirar un platillo volador	to throw a frisbee, to play frisbee
trabajar en el jardín	to garden

row = remar

to go waterskiing = practicar esquí acuático

to wrestle = practicar lucha libre

to box = boxear

to do Pilates = hacer Pilates

to surf = hacer surf

to do yoga = hacer yoga

horseback riding = montar a caballo

Un verbo útil	A useful verb
pelear(se)	to fight

surfboard = la tabla de surf

court = la cancha

field = el campo

race = la carrera

Hogar, dulce hogar

Las casas son tan diferentes como las personas que las habitan. Muchas veces depende del gusto del dueño (*owner*) y de la decoración. A veces depende del lugar en que se encuentra y su cultura. Pero en cualquier caso, cada persona necesita convertir la casa en *su* hogar (*home*).

PREGUNTAS

1 ¿Cómo son estas casas? Descríbelas.

2 ¿Vives en una casa, en un apartamento o en una residencia estudiantil? ¿Cómo es?

3 ¿Piensas que las casas son símbolos culturales del lugar en que se encuentran? Explica.

Comunicación I

¡Anda! Curso elemental. Capítulo 3.
La casa, Apéndice 2.

1 VOCABULARIO

03-01 to 03-03

La construcción de casas y sus alrededores
Describing houses and their surroundings

casa de madera

el estanque

casa de ladrillo

casa de adobe

el muro

casa de cemento

la piscina

la cerca

la manguera   el césped

construir   la obrera   el obrero   mudarse

los azulejos

el arquitecto

la arquitecta

el contratista

la contratista

la carpintera   el carpintero

la acera

Algunos verbos	*Some verbs*		Algunas palabras útiles	*Some useful words*
alquilar	*to rent*		el alquiler	*rent*
añadir	*to add*		la cuadra	*city block*
comparar con	*to compare with*		el/la diseñador/a	*designer*
componer	*to repair; to fix an object*		el/la dueño/a	*owner*
gastar	*to spend; to wear out*		la factura (mensual)	*(monthly) bill*
ponerse de acuerdo	*to agree; to reach an agreement*		la hipoteca	*mortgage*
quemar	*to burn*		el préstamo	*loan*
reparar	*to repair*		el presupuesto	*budget*
			el yeso	*plaster*

REPASO

Repaso &
Spanish/English
Tutorials

03-04 to 03-07

El pretérito: verbos con cambios de raíz y otros verbos irregulares   Discussing past events

For a complete review of stem-changing and irregular verbs in the preterit go to MySpanishLab or refer to **Capítulo 7** of *¡Anda! Curso elemental* in Appendix 3 of your textbook. The vocabulary activities that appear in your textbook incorporate this grammar point. Practicing new vocabulary with a review grammar point helps to strengthen and increase your knowledge of Spanish.

Workbooklet

3-1 **A organizar** Organicen el **vocabulario nuevo** poniendo las palabras en las siguientes cuatro categorías. ■

MATERIALES DE LA CASA	ALREDEDOR DE LA CASA	LA CONSTRUCCIÓN	LAS CONSIDERACIONES ECONÓMICAS
los ladrillos			la hipoteca

3-2 **¿Va o no va?** Escojan la palabra que no pertenece a cada uno de los siguientes grupos y túrnense para explicar por qué la palabra que escogieron no pertenece. ■

MODELO   el yeso, el ladrillo, el cemento, el césped

El césped no va con las otras palabras porque no es un material para construir casas.

1. el barrio, la acera, los azulejos, la cuadra
2. la factura, el muro, el préstamo, la hipoteca
3. quemar, componer, construir, reparar
4. la carpintera, la hipoteca, el contratista, la diseñadora
5. la madera, la manguera, la piscina, el estanque

¡Anda! Curso elemental,
Capítulo 3. La casa, Apéndice 2.

3-3 **¿Cuál prefieres?** Mira el dibujo de las tres casas. Decide cuál es tu favorita y prepara una lista de por lo menos **cinco** razones. Después, explícale a un/a compañero/a por qué te gusta más. ◾

Estrategia

Remember that you can state your likes by using negative sentences. For example, *Me gusta la casa roja porque no tiene acera y a mí no me gustan las aceras.*

 ¡Anda! Curso elemental,
Capítulo 3. La casa, Apéndice 2.

3-4 **¿Qué hicieron?** En grupos de tres, escriban **tres** oraciones en **el pretérito** para cada grupo de palabras. Después, compartan sus oraciones con otros grupos. ¡Sean creativos! ◾

MODELO arquitecta, contratista, obrero, diseñadora

La arquitecta trabajó con un contratista nuevo. Juntos encontraron a unos obreros de mucha experiencia y construyeron la casa en seis meses. La diseñadora decoró la casa en tres semanas.

1. préstamo, hipoteca, presupuesto, factura
2. comparar con, ponerse de acuerdo, añadir, gastar
3. barrio, cuadra, cerca, estanque
4. madera, ladrillo, cemento, azulejos

¡Anda! Curso elemental, Capítulo 3.
La casa; Los muebles y otros objetos
de la casa; Los colores, Apéndice 2.

3-5 ¿Cómo es la casa? Completen los siguientes pasos. ■

Paso 1   Descríbele tu casa, la casa de tus padres o la casa de un/a amigo/a a tu
compañero/a usando por lo menos **ocho** oraciones. Debes hablar de
los materiales de la casa, los alrededores y el interior de la casa.

MODELO   *Me encanta la casa de mi amigo Francisco. Es una casa blanca de madera.
Detrás tiene un patio de cemento donde siempre tenemos fiestas. Está en el
campo y el jardín es muy bonito…*

Paso 2   Repite por lo menos **tres** cosas que tu compañero/a te dijo.

¡Anda! Curso elemental, Capítulo 2.
La formación de preguntas y las
palabras interrogativas, Apéndice 3;
Capítulo 3. La casa, Apéndice 2.

3-6 Preguntas y más preguntas Es hora de hacerles preguntas a tus compañeros/as. ■

Paso 1   Escribe una lista de **ocho** preguntas que se puedan hacer, incorporando
el **vocabulario nuevo** y el **pretérito.**

Paso 2   Circula por la sala de clase, haciéndoles las preguntas a diferentes
compañeros/as.

MODELO   E1:   *¿Cortaste el césped en la casa de tus padres el verano pasado?*

E2:   *No. Mis padres no tienen jardín. Viven en un apartamento. ¿Y tú?*

E1:   *Sí, corté el césped muchas veces…*

2 GRAMÁTICA

03-08 to 03-11

¡Hola!
Spanish/English
Tutorials

Usos de los artículos definidos e indefinidos
Specifying people, places, and things

In **Capítulo Preliminar A,** you reviewed *definite* and *indefinite* articles. The following is a guide to help you determine when to use them.

¡El amor es cruel!

LOS ARTÍCULOS DEFINIDOS

Definite articles (**el, la, los, las**) are used in the following instances:

1. before abstract nouns (la paz, la vida, el amor) used as subjects, and nouns used in a general sense (el café, la cerveza). English omits the article in these cases.

La vida de la ciudad es intensa.	*City life is intense.*
Me gustan **las casas** de adobe.	*I like adobe houses.*

2. before parts of the body and articles of clothing when preceded by a reflexive verb or when it is clear who the possessor is. English uses a possessive adjective in these cases.

Voy a ponerme **la chaqueta** porque hace frío aquí.	*I'm going to put on my jacket because it is cold in here.*
Me duele **la cabeza.**	*My head hurts.*

3. before the days of the week, to mean *on.*

Tenemos la clase de español **los lunes, miércoles y viernes.**	*We have Spanish class on Mondays, Wednesdays, and Fridays.*
El martes a las diez de la mañana viene la decoradora.	*The decorator is coming (on) Tuesday at 10:00 A.M.*

4. before dates and times of day.

Empezaron a construir la casa **el catorce de marzo.**	*They began to build the house on March 14.*
Son **las tres de la tarde** y el carpintero todavía no ha llegado.	*It is 3:00 P.M. and the carpenter hasn't arrived yet.*

5. before names of languages, except when they follow *de, en,* or *hablar*. However, the article is often *omitted* after the following verbs: **aprender, enseñar, entender, escribir, estudiar, leer,** and **saber.**

El español no es un idioma oficial de los Estados Unidos, pero muchas personas lo hablan.	*Spanish is not an official language of the United States, but many people speak it.*
Aprender (**el**) **inglés** es importante para los obreros.	*It is important for the workers to learn English.*
El estudiante habló en **español** con su profesor.	*The student spoke in Spanish with his professor.*

6. before titles, except *San, Santa, don,* and *doña* when speaking *about* the person, even though the article is *omitted* when speaking *to* the person.

Tenemos que hablar con **la profesora Salgado** sobre la renovación de su casa.	*We have to speak with Professor Salgado about remodeling her house.*
¿Has visto **al Sr. del Valle,** el contratista?	*Have you seen Mr. del Valle, the contractor?*

7. before the names of certain cities, regions, and countries such as *La Habana, Los Ángeles, La Mancha,* and *El Salvador.* However, the article is optional with the following countries:

(la) Argentina	(el) Canadá	(el) Ecuador	(el) Paraguay	(la) República Dominicana
(el) Brasil	(la) China	(los) Estados Unidos	(el) Perú	(el) Uruguay

Los azulejos vienen de **Los Ángeles.**	*The tiles come from Los Angeles.*
Los vecinos son de **El Salvador.**	*The neighbors are from El Salvador.*

LOS ARTÍCULOS INDEFINIDOS

Just as it is in English, the indefinite article (**un, una, unos, unas**) is used when the noun is not known to the listener or reader. Once the noun is identified, the definite article is used.

Se acaba de abrir **una tienda** nueva de decoración.	*A new decorating store just opened.*
Han contratado a mucha gente para trabajar en **la tienda.**	*They've hired a lot of people to work at **the** store.*

1. In general, the indefinite article is used *much less* in Spanish than in English. Indefinite articles *are omitted* in the following instances:

    a. after *hacerse* and *ser* when followed by an ***un*modified noun referring to nationality, political affiliation, profession, or religion.**

Pensaba **hacerse diseñador,** pero ahora quiere **ser arquitecto.**	*He was thinking about becoming **a** designer, but now he wants to be **an** architect.*
Carolina Herrera **es venezolana.**	*Carolina Herrera is **a** Venezuelan.*

    b. before *cien(to), cierto, medio, mil, otro,* and *tal* (such).

Pensamos gastar **mil dólares** para terminar la cocina.	*We are planning to spend **a** thousand dollars to finish the kitchen.*
Necesitamos **otro electricista** porque este no puede llegar a tiempo.	*We need **another** electrician because this one can't arrive on time.*

    c. after the prepositions *con* and *sin*.

El plomero nunca trabaja **sin gorro.**	*The plumber never works without **a** hat.*
Quiere comprar una casa **con piscina.**	*He wants to buy a house with **a** pool.*

    d. in negative sentences and after verbs like *buscar, haber,* and *tener* when the numerical notion of *un(o)* or *una* is not important.

No **tengo carro** hoy así que no te puedo llevar.	*I don't have **a** car today so I can't take you.*
Busco apartamento y **compañero de cuarto.**	*I am looking for **an** apartment and **a** roommate.*

2. Indefinite articles *are used* in the following instances:

    a. before numbers, *unos* and *unas* are used to indicate *approximate* amounts.

Necesitamos **unas dos** toneladas (*tons*) de ladrillos para el proyecto.	*We need **about** two tons of bricks for the project.*
Unos veinte arquitectos están participando en el concurso.	***Some (approximately)*** *twenty architects are participating in the contest.*

    b. before nouns that are modified.

Antonio Gaudí fue **un arquitecto español innovador.**	*Antonio Gaudí was **an** innovative Spanish architect.*
Narciso Rodríguez es **un** diseñador **famoso.**	*Narciso Rodríguez is **a** famous designer.*

3-7 **Tiene más sentido** Juntos repasen los usos 1 a 7 de **los artículos definidos** y las oraciones que sirven de ejemplos. Después, escriban sus propias oraciones para los ejemplos, según su vida universitaria y personal. Hagan lo mismo con **los artículos indefinidos.** ▪

MODELO   1. Before abstract nouns…   *El amor es muy importante para mis amigos.*

3-8 **¿Quiénes son?** Explica quiénes son las siguientes personas. Después, compara tus oraciones con las de un/a compañero/a. ▪

MODELO   Pablo Neruda / chileno / poeta / poeta chileno
Pablo Neruda es chileno. Es poeta. Es un poeta chileno.

1. Sandra Tarruella e Isabel López / españolas / diseñadoras / diseñadoras españolas
2. Benicio del Toro / puertorriqueño / actor / actor puertorriqueño
3. Eva Mendes / cubanoamericana / actriz / actriz cubanoamericana
4. Fernando Botero / colombiano / artista / artista colombiano
5. Carlos Santana / mexicano / músico / músico mexicano

El mejoramiento de la casa

03-12

El mejoramiento de la casa: Hazlo tú mismo

Cumpliste el sueño de tener tu propia casa y ahora ves que necesita algunas reparaciones[1] y renovaciones. ¿Cómo las vas a hacer? Pues, *hazlo tú mismo*, el lema de muchos negocios nuevos de mejoramiento de la casa. Esta moda es muy popular en el mundo hispano hoy en día. Las personas quieren participar en el trabajo de renovación por muchas razones. Por ejemplo, la gente ahora no tiene tanto miedo de hacer sus propias reparaciones; para otros, hay razones económicas; y hasta para algunos, es un pasatiempo.

Muchas compañías se especializan en el mejoramiento de la casa. *Sodimac* es el líder en Chile y también está en Colombia y Perú. En México hay las cadenas *Del Norte* y *Total HOME,* en España se encuentra *Bricor* y una compañía venezolana, *EPA,* ha abierto tiendas en Costa Rica. Por dondequiera[2] que vivas, si quieres mejorar la casa, siempre tienes la opción de *hacerlo tú mismo.*

Preguntas

1. ¿Cuál es el lema para el mejoramiento de la casa? ¿Cuáles son las razones que contribuyen a la popularidad de esta moda?
2. ¿Dónde se encuentran algunas tiendas de mejoras para la casa en el mundo hispano?
3. ¿Qué tipo de reparaciones puedes hacer en la casa?

[1]*repairs*   [2]*wherever*

3-9 **Y otra persona conocida** Juntos completen la siguiente entrevista con María Elvira Salazar para saber quién es y por qué es conocida en el mundo hispano. Completen las frases con **el artículo indefinido** si es necesario o deja el espacio en blanco. ■

ENTREVISTADOR/A:	¿Cuál es su profesión?
MARÍA ELVIRA SALAZAR (MES):	Pues, soy (1) _____ periodista y actualmente soy (2) _____ presentadora de (3) _____ nuevo programa en MEGA TV.
ENTREVISTADOR/A:	¿Cómo se llama el nuevo programa?
MES:	Es muy original: *¡María Elvira Live!*
ENTREVISTADOR/A:	Excelente. Bueno, el público desea conocerla mejor. ¿De dónde es usted?
MES:	Mi familia es originalmente de Cuba; soy (4) _____ cubanoamericana y vivo a (5) _____ veinte minutos del centro de Miami.
ENTREVISTADOR/A:	¿Por qué se destaca (*stand out*) tanto en un campo de (6) _____ miles de periodistas y presentadores?
MES:	Es (7) _____ pregunta un poco difícil. Trabajo mucho, eso sí. También soy conocida por haber hecho supuestamente (*allegedly*) la última entrevista con Pinochet.
ENTREVISTADOR/A:	Bastante controvertido, ¿no?
MES:	Sin (8) _____ duda.
ENTREVISTADOR/A:	Bueno, ¿cuáles son sus metas para el nuevo programa?
MES:	Sobre todo, quiero llegar a (9) _____ público más amplio y diverso… y (10) _____ otras cosas, claro.
ENTREVISTADOR/A:	Pues, muchas gracias, María Elvira, y muy buena suerte con su programa.

> **Fíjate**
>
> Augusto José Ramón Pinochet Ugarte (1915–2006) was the dictator of Chile from 1973 to 1990. Pinochet was a controversial ruler who was accused of human rights abuses. For more on the dictator and his reign, research the library or the Internet.

3-10 **¿Entendiste?** Contesta las siguientes preguntas sobre María Elvira Salazar en oraciones completas. Pon atención especial al uso de **los artículos definidos** e **indefinidos**. Después compara tus respuestas con las de un/a compañero/a. ■

1. ¿Cuál es la profesión de la Srta. Salazar?
2. ¿Cuál es su nacionalidad?
3. ¿Dónde vive?
4. ¿Por qué es una presentadora tan conocida?
5. ¿Cuáles son las metas para su nuevo programa?

3-11 ¿Sí o no? Alberto Vargas habla de los cambios que ha visto en la construcción. ■

Paso 1 Decidan si se necesita **el artículo definido** o no en cada espacio para terminar la descripción de sus años como contratista.

(1) _____ construcción es muy diferente hoy en día en (2) _____ Costa Rica. Soy (3) _____ contratista para (4) _____ casa nueva de (5) _____ familia León. Cuando empecé a trabajar en esta profesión hace treinta años, (6) _____ responsabilidades eran diferentes. Por ejemplo, (7) _____ materiales que necesitaba para construir una casa eran muy limitados. Hoy sólo tengo que ir a uno de esos almacenes grandes y encuentro de todo —madera, cemento, ladrillos, azulejos, etc. (8) _____ madera generalmente viene de (9) _____ árboles de este país. A mí me gustan (10) _____ casas de madera —son muy naturales. También, (11) _____ casas de adobe son muy populares aquí. Otra diferencia tiene que ver con (*has to do with*) (12) _____ obreros. Hace treinta años era muy difícil encontrar a personas con experiencia y yo mismo hacía la mayor parte del trabajo. Ahora es fácil encontrar a gente competente y por eso puedo construir una casa en mucho menos tiempo. Por ejemplo, (13) _____ año pasado, me fracturé (14) _____ pierna izquierda en una caída y no pude trabajar por dos meses. Todos (15) _____ hombres de mi equipo se juntaron para ayudarme y siguieron con (16) _____ trabajo como si estuviera yo allí (*as if I were there*).

Paso 2 Expliquen por qué usaron (o no usaron) **el artículo definido** en el **Paso 1**.

Paso 3 Escribe las respuestas, en oraciones completas, a las siguientes preguntas, poniendo mucha atención al uso de **los artículos definidos e indefinidos.** Después compara tus respuestas con las de un/a compañero/a.

1. ¿Cuál es la profesión del Sr. Vargas?
2. ¿Cuál es su nacionalidad?
3. ¿Qué tipo de casa le gusta más? ¿Por qué?
4. ¿Cuándo empezó a trabajar en esta profesión?
5. ¿Cuáles son los cambios que han ocurrido en esta profesión desde que empezó a trabajar él?
6. ¿Qué pasó en el trabajo después de fracturarse la pierna?

3-12 **Un poco de todo** Túrnense para contestar las siguientes preguntas. Pongan atención a **los artículos.** ■

1. En la construcción de una casa, ¿cuál es la diferencia entre las responsabilidades del arquitecto y las del contratista?
2. ¿Cuáles son los materiales que usaron en la construcción de tu casa o de la casa de tus padres?
3. ¿Cuáles son las consideraciones al escoger materiales de construcción para una casa?
4. ¿Es importante que los diseñadores tengan un título universitario o cuenta más la experiencia?
5. ¿Cuáles son algunos de los problemas que puede tener un negocio de construcción de casas?

ESCUCHA

Un programa de televisión

03-13 to 03-14

Estrategia	
Listening for the main ideas	When listening for the main ideas, you are not focusing on details, but rather on the main points. For example, if you were getting ready to go to work or class and are listening to the weather report, you would probably want to know the maximum high and low temperatures in your area and whether there will be precipitation. You would not necessarily listen for what the temperature and weather conditions were on the other side of the country. *Listening for the main ideas* means focusing on the most important points. Those can be dictated based on your need for and use of the information.

3-13 **Antes de escuchar** Mientras Mari Carmen limpia su casa, ella escucha (¡y también mira de vez en cuando!) el programa de televisión *¡Estamos en casa!* en el que muestran unas casas extraordinarias de su área. A Mari Carmen le encanta el programa y mientras está limpiando le gusta imaginarse a ella y a su familia viviendo en una de esas grandes mansiones. Escribe **tres** ideas principales que pueden estar incluidas en la descripción de una mansión grande. ■

1. _____
2. _____
3. _____

3-14 **A escuchar** Completa los siguientes pasos. ▪

Paso 1 Escucha parte del programa *¡Estamos en casa!* La primera vez que escuchas, enfócate en alguna(s) idea(s) general(es).

Paso 2 La segunda vez que escuchas, determina una o dos características de la casa, escogiendo entre las siguientes opciones.

1. La casa está en…
   a. el centro de la ciudad.
   b. medio del campo.
2. La casa…
   a. no es muy grande.
   b. es muy grande.

3-15 **Después de escuchar** Escucha una vez más, esta vez notando otra idea principal. ▪

¿Cómo andas? I

	Feel confident	Need to review
Having completed **Comunicación I,** I now can . . .		
• describe houses and their surroundings. (p. 110)	☐	☐
• discuss past events. (MSL)	☐	☐
• specify people, places, and things. (p. 115)	☐	☐
• relate information about home improvements. (p. 117)	☐	☐
• note main ideas. (p. 120)	☐	☐

Comunicación II

♻ *¡Anda! Curso elemental*, Capítulo 3. La casa; Los quehaceres de la casa, Apéndice 2.

3 VOCABULARIO

03-15 to 03-19

Dentro del hogar: la sala, la cocina y el dormitorio Depicting a home and its rooms

las persianas

el cuarto

el sótano

pintar

la chimenea

colgar (o → ue)
las cortinas

el espejo

la funda

la toalla

la secadora
la lavadora

sacar la mala hierba

cortar el césped

el jardinero (la jardinera)

regar (e → ie) las flores

el hogar

el pasillo

el plomero

el fuego

las velas

el florero

el aire acondicionado

el vecino
la vecina
las cortinas
el mostrador
la cafetera
cubrir
la sartén
la plomera
la olla
el fregadero
el plato hondo
la batidora
la cacerola
el horno
la jarra
la despensa
la copa
el platillo
la alacena
calentar (e → ie)
la sopera

Algunos verbos	*Some verbs*
remodelar, renovar (o → ue)	*to remodel; to renovate*
sugerir (e → ie → i)	*to suggest*

Una palabra útil	*A useful word*
el/la electricista	*electrician*

REPASO

¡Hola!
Repaso & Spanish/English Tutorials

03-20 to 03-23

El imperfecto   Sharing about situations in the past and how things used to be

For a complete review of the imperfect, go to MySpanishLab or refer to **Capítulo 8** of *¡Anda! Curso elemental* in Appendix 3 of your textbook. The vocabulary activities that appear in your textbook incorporate this grammar point. Practicing new vocabulary with a review grammar point helps to strengthen and increase your knowledge of Spanish.

3-16 Buena memoria Escoge **cinco** letras diferentes. Bajo cada letra escribe todas las palabras que empiecen con esta letra del vocabulario de **Dentro del hogar** que recuerdes. Después, compara tu lista con la de un/a compañero/a. ¿Quién tiene mejor memoria? ■

MODELO   a   c   f

          alacena   cafetera   fuego

¡Anda! Curso elemental, Capítulo 3. La casa, Apéndice 2; Capítulo 11. Las preposiciones y los pronombres preposicionales, Apéndice 3.

3-17 La casa de su niñez

Miren la foto y el plano de la casa donde nació Diego Rivera el 8 de diciembre del año 1886. Ahora es un museo y contiene una gran colección de obras del famoso muralista mexicano. Juntos describan la casa, usando **el imperfecto** según el modelo. ¡Sean creativos! ■

Librería

Patio

1. Sala
2. Dormitorio
3. Vestidor
4. Dormitorio de la tía Vicenta
5. Dormitorio del matrimonio Rivera
6. Comedor
7. Estudio

> **Fíjate**
>
> The words *la habitación*, *la recámara*, *el cuarto*, and *la alcoba* are common words for *el dormitorio*. Sometimes different words are used in different Spanish-speaking countries. In *¡Anda! Curso intermedio*, you are learning vocabulary that tends to be used the most universally across the Spanish-speaking world.

MODELO   *Cuando Diego vivía en la casa, sus padres dormían en un dormitorio que estaba enfrente del dormitorio de la tía. Creo que Diego dormía en…*

3-18 La casa de mi niñez

Completa los siguientes pasos. ■

Paso 1   Dibuja un plano sencillo (*simple*) de la casa de tu niñez o de la de un/a amigo/a. Incluye los cuartos y detalles sobre el exterior; por ejemplo, la cerca, el jardín, la piscina, etc.

Paso 2   Descríbele la casa a un/a compañero/a, usando por lo menos **ocho** oraciones en **el imperfecto.** Tu compañero/a va a dibujar lo que dices.

MODELO   *La casa de mi niñez tenía una cerca de madera alrededor de la casa…*

Paso 3   Comparen los dos dibujos para ver si las describieron e interpretaron bien. Túrnense.

¡Anda! Curso elemental, Capítulo 3. Los colores; Capítulo 7. La comida, Apéndice 2.

3-19 **¿Y tu vida?** Piensen en su niñez y túrnense para compartir la siguiente información. ■

MODELO   E1:   *¿Qué tipo de comida guardaba tu familia en el refrigerador y en la despensa?*

E2:   *Mi familia guardaba refrescos, leche, frutas, verduras y condimentos en el refrigerador. En la despensa…*

1. ¿Qué tipo de comida guardaba tu familia en el refrigerador y en la despensa?
2. ¿Cuántas almohadas necesitabas para dormir?
3. ¿De qué colores eran tus sábanas, fundas y toallas?
4. ¿Usabas cortinas o persianas?
5. ¿Tenías tocadores o nada más que armarios?
6. ¿Te permitían tus padres cocinar o usar una sartén?
7. ¿Cuántas familias vivían en tu barrio o en tu cuadra?
8. ¿Te caían bien los vecinos?

¡Anda! Curso elemental, Capítulo 3. La casa, Apéndice 2.

3-20 **Una imagen vale** Mira el dibujo en la página 122. Imagina que tienes que describirle a alguien lo que pasaba (usando **el imperfecto**) en estas casas y sus alrededores. Túrnense para crear **ocho** oraciones cada uno/a. ■

MODELO   *Había sábanas y fundas rosadas. La casa no se calentaba con la chimenea porque hacía calor y buen tiempo.*

Workbooklet

¡Anda! Curso intermedio, Capítulo Preliminar A. Los artículos definidos e indefinidos, pág. 6.

3-21 **El mundo es un pañuelo** ¿Cuánto sabes de tus compañeros y de sus pasados? Entrevístalos para encontrar a los que puedan contestar afirmativamente a las siguientes preguntas. ■

Paso 1   Usa **el imperfecto** para crear las preguntas.

MODELO   *¿Tenía piscina tu casa?*

Paso 2   Pregúntaselas a tus compañeros/as de clase. Si alguien contesta que **sí**, tiene que firmar su nombre en el espacio apropiado.

MODELO   E1:   *¿Tenía piscina tu casa?*

E2:   *Sí, mi casa tenía piscina.*

E1:   *Firma aquí, por favor.*
        Charlie

tu casa / tener / piscina _Charlie_	las casas en tu barrio / ser / de ladrillo _____	tú / componer / cosas rotas _____	tu casa / tener / un estanque _____
tus hermanos / cortar / el césped _____	tu casa / haber / azulejos _____	tu casa / haber / chimenea _____	tu familia y tú / quemar / madera en la chimenea _____
tu casa / tener / un muro enfrente _____	tú / usar / la lavadora _____	tú / guardar / cosas especiales / en tu tocador _____	tú / renovar / tu casa con la ayuda de revistas (*magazines*) _____

¡Anda! Curso intermedio, Capítulo 2. El subjuntivo para expresar pedidos, mandatos y deseos, pág. 91.

3-22 **¡La lotería!** ¡Tu esposo/a y tú acaban de ganar 80.000 euros! Túrnense para describir sus planes para la renovación y la decoración de su casa vieja, usando por lo menos **ocho** oraciones. ◼

MODELO   E1: *Primero quiero que renovemos los mostradores de la cocina. Sugiero usar azulejos del sur de España.*

          E2: *Buena idea. Me gusta. Quizás construyamos alacenas de madera y tal vez las pintemos blancas…*

4 GRAMÁTICA

03-24 to 03-27   ¡Hola! Spanish/English Tutorials

El subjuntivo para expresar sentimientos, emociones y dudas

Expressing doubt, emotions, and sentiments

In **Capítulo 2,** you learned about the **subjunctive** to express **volition** or **will** (commands, requests, and wishes). In Spanish, you also use the **subjunctive** to express **feelings, emotions, doubt,** and **probability.**

Dudo que podamos renovar esta casa. No creo que sea una opción para nosotros.

¡Qué potencial! No creo que la casa necesite mucho trabajo. Pintamos… unas cortinas nuevas y ya está.

Estrategia

You may want to review the present tense subjunctive forms on p. 87 and the sentence construction with verbs of volition on p. 91 before beginning this section.

Fíjate

Gustar (to like) and most verbs like it (see *Capítulo 1,* p. 39) can express feelings and emotions.

1. Some verbs and phrases used to express **feelings** and **emotions:**

alegrarse de	*to be happy (about)*	**ser una lástima**	*to be a shame*
avergonzarse de (o → ue)	*to feel (to be) ashamed of*	**sentir (e → ie → i)**	*to regret*
gustar	*to like*	**temer / tener miedo (de)**	*to fear; to be afraid (of)*
ser bueno/malo	*to be good/bad*		

Me alegro de que tengas un presupuesto.

Pepa **teme** que ella y su esposo no tengan el dinero para pagar el alquiler este mes.

Nos gusta que la casa esté bien decorada ahora.

Es una lástima que no podamos comprarla.

I'm happy that you have a budget.

Pepa fears that she and her husband do not have the money to pay the rent this month.

We like (the fact) that the house is well decorated now.

It's a shame we cannot buy it.

2. Some verbs used to express **doubt** and **probability:**

dudar	*to doubt*	**no pensar**	*not to think*
no creer	*not to believe; not to think*	**ser dudoso**	*to be doubtful*
no estar seguro (de)	*to be uncertain*	**ser probable**	*to be probable*

Marco **no cree** que nosotros sepamos suficiente para renovar una casa.

No estoy segura de que Hosun tenga un jardinero.

Marco doesn't think that we know enough to renovate a house.

I am not sure that Hosun has a gardener.

3. The verbs **creer, estar seguro de,** and **pensar** do **not** use the **subjunctive,** but rather the indicative, after **que** because they do not express doubt.

DOUBT

dudar, no creer, no estar seguro (de), no pensar

No creo que podamos terminar de renovar el baño para septiembre.

I don't believe that we can finish renovating the bathroom by September.

Julio **no está seguro de que** esta lavadora sea la mejor que jamás ha tenido.

Julio is not certain that this washing machine is the best he has ever had.

CERTAINTY

no dudar, creer, estar seguro (de), pensar

Creo que podemos terminar de renovar el baño para septiembre.

I believe that we can finish renovating the bathroom by September.

Julio **está seguro de que** esta lavadora es la mejor que jamás ha tenido.

Julio is certain that this washing machine is the best he has ever had.

4. When only one subject/group of people expressing **feelings, emotions, doubt,** or **probability** exists, you must use the **infinitive** and **NOT** the **subjunctive.**

Se alegran (de) comprar una casa en aquel barrio.

They are happy to buy a house in that neighborhood.

¡Explícalo tú!

After studying the previous presentation on the subjunctive, answer the following questions:

1. In which part of the sentence do you place the verb that expresses feelings, emotions, or doubts: to the right or the left of **que?**
2. Where do you put the subjunctive form of the verb: to the right or the left of **que?**
3. What word joins the two parts of the sentence?
4. When you have only one subject/group of people and you are expressing **feelings, emotions, doubt,** or **probability,** do you use a subjunctive sentence?

✔ Check your answers to the preceding questions in Appendix 1.

3-23 **Práctica** Terminen las siguientes oraciones de manera apropiada. Tienen que decidir si necesitan usar **el subjuntivo** o **el indicativo.** ■

| comprar | organizar | pagar | preparar | querer |

MODELO   Nos alegramos de que nuestros padres… / una lavadora y una secadora nuevas.

*Nos alegramos de que nuestros padres **compren** una lavadora y una secadora nuevas.*

1. Mis padres no creen que nosotros… / una casa nueva este año.
2. Dudan que yo… / la comida todos los días.
3. ¿Estás seguro de que ella siempre… / las facturas?
4. No pienso que su ahijada… / las alacenas. Es muy perezosa.
5. Creo que él… / construir un muro de cemento.

¡Anda!, Curso intermedio,
Capítulo 1. La familia, pág. 53.

3-24 **Optimista o pesimista**

Hay optimistas y pesimistas en este mundo.
¡Hoy es tu día para jugar a ser el/la pesimista!
Túrnense para responder de manera pesimista. ■

MODELO   Creo que los platos y las copas hacen juego (*match*).

PESIMISTA: *No creo que los platos y las copas hagan juego.*

1. Creo que el sótano de mis tíos necesita reparaciones.
2. Mi madrina está remodelando su casa y no duda que los azulejos son del color correcto.
3. Los gemelos Sánchez creen que su horno calienta bien y que no necesitan uno nuevo.
4. Estoy segura de que mis primos son buenos cocineros y que nunca queman la comida.
5. Creemos que tu padrino te va a regalar una nueva casa de madera para tu cumpleaños.

3-25 **Lo siento, pero lo dudo** No estás de acuerdo con lo que te dice tu compañero/a. Responde con **Dudo que…,** **No creo que…**, etc. ■

MODELO   E1:   Mi cuñada quema la comida todos los días.

E2:   *Dudo que tu cuñada queme la comida todos los días.*

1. Mi casa es tan sofisticada como la Casa Blanca.
2. Lavo las toallas, las sábanas y las fundas todos los días.
3. Nos mudamos todos los años.
4. Vivo en una casa con dos piscinas.
5. Mis padrinos tienen unos espejos de Francia del siglo XVII.

¡Anda! Curso elemental, Capítulo 3. Los quehaceres de la casa, Apéndice 2.

3-26 **Mis quehaceres** Siempre hay cosas que hacer y tu compañero/a te va a ayudar. Túrnense para responder con gratitud (**me alegro, me gusta, me encanta**, etc.). ■

MODELO   E1:   pintar el despacho
          E2:   *Me alegro de que pintes el despacho.*

1. comprar la comida para la cena
2. cortar el césped
3. hacer la cama con nuevas sábanas, fundas y almohadas
4. barrer el piso
5. organizar la despensa
6. limpiar el sótano

3-27 **Mis opiniones** Tus abuelos te regalan una casa vieja. Estás agradecido/a pero necesitas renovarla. ■

Paso 1   Escribe por lo menos **cinco** ideas que expresen **duda, sentimientos** o **emociones** sobre el proyecto.

MODELO   *Voy a renovar la cocina. Primero, necesito encontrar a un buen contratista. Creo que el contratista debe tener buenas referencias. Temo que la renovación sea cara…*

Paso 2   Comparte tus ideas con **tres** compañeros.

¡Anda! Curso intermedio, Capítulo 1. El aspecto físico y la personalidad, pág. 34; Algunos estados, pág. 46.

3-28 **El futuro es dudoso** Dos amigos suyos van a casarse. Expresen sus opiniones en por lo menos **cinco** oraciones sobre la boda (*wedding*) y/o su futuro. ¡Sean creativos! Después, compartan sus oraciones con sus compañeros/as. ■

MODELO   *En el futuro, dudo que se pongan de acuerdo sobre cómo gastar el dinero. Ella es muy gastadora y él es muy tacaño. Por ejemplo, ella quiere gastar $5.000 dólares en un horno y una estufa, pero él no cree que sea muy importante…*

¡Anda! Curso intermedio, Capítulo 2. Deportes, pág. 72; Pasatiempos y deportes, pág. 86.

¡Anda! Curso elemental, Capítulo 2. Los pasatiempos y los deportes; Capítulo 5. El mundo de la música, El mundo del cine, Apéndice 2.

3-29 **Y otra cosa…** Expresa tus dudas, sentimientos y emociones con respecto a tus pasatiempos y diversiones. Comparte la información con un/a compañero/a. ■

MODELO   *Me encanta mi familia y creo que debemos ver la televisión mucho menos y hablar mucho más. Me alegro de que tengamos tiempo para reunirnos y comer juntos, pero…*

03-28 to 03-31 · ¡Hola! Spanish/English Tutorials

Estar + el participio pasado
Reporting results of actions

In **Capítulo 1,** you learned about the **present perfect** tense (present tense of **haber** [he, has, ha, etc.] + past participle [**-ado/ido**]). You can also use the **past participle as an adjective.**

Estar + *past participle* describes the **result of an action**. The verb **estar** can be used in the **present** or **imperfect tense.**

¡No puedes salir sin arreglar tu cuarto!

Mamá iya está arreglado!

Las ventanas **están cerradas.**	*The windows are closed. (Someone closed the windows.)*
La puerta **estaba abierta** cuando yo llegué.	*The door was open when I arrived. (Someone opened the door.)*
La casa ya **está pintada;** la terminamos ayer.	*The house is already painted; we finished it yesterday. (Someone painted the house.)*

¡Explícalo tú!

Based on the examples above, what rule can you state with regard to what determines the endings of the past participles (**-ado / -ido**) when used as adjectives?

✔ Check your answer to the preceding question in Appendix 1.

¡Anda! Curso intermedio, Capítulo 1. El presente perfecto, pág. 49.

3-30 **Mi casa es tu casa** Tu compañero/a y tú han trabajado mucho hoy. Túrnense para describir lo que ya han hecho. ■

MODELO puerta / pintar
La puerta está pintada.

1. factura mensual / pagar
2. platos / guardar
3. toallas / lavar
4. silla rota / reparar
5. césped / cortar
6. cerca / pintar
7. cortinas / colgar
8. flores / regar

PERFILES

03-32

La importancia de la casa y de su construcción

La construcción de los lugares donde la gente vive es personal y refleja los gustos y las necesidades de las personas que los van a habitar. Muchas personas se especializan en el trabajo de mejorar los edificios, por fuera y por dentro *(inside)*. Aquí tienes tres ejemplos del intento de crear un espacio agradable y útil para vivir o pasar el tiempo.

Eduardo Xol (n. 1966), nativo de Los Ángeles y de padres mexicanos, ha ganado fama como diseñador de exteriores y de jardines. Desde pequeño trabajó con su familia y aprendió mucho del arte de la jardinería. Ahora hace recomendaciones sobre este tema al público en el programa *Extreme Makeover Home Edition*.

Sandra Tarruella e **Isabel López** son unas diseñadoras de interiores muy conocidas en España. En el año 2009, recibieron el premio Interiorismo Plus al mejor Proyecto Hotelero por el Hotel Eme en Sevilla. Desde entonces, cada una tiene su propio estudio de interiorismo pero no hay duda que los proyectos de las dos figuran entre los más modernos y populares del país.

La civilización incaica (1438–1532) demostró mucho talento en la construcción con piedra. Sus ruinas indican que los incas eran buenos arquitectos. Sus casas y templos estaban construidos de piedras masivas que se ajustaban *(fit)* juntas unas con otras, tan perfectamente que no había necesidad de mortero *(mortar)*.

Preguntas

1. ¿En qué son semejantes *(similar)* y en qué son diferentes los trabajos de las personas representadas?
2. ¿Qué es más importante para ti: el exterior o el interior de tu casa? ¿Por qué?
3. ¿Cuál es el cuarto de tu casa que más te gusta? ¿Por qué?

¡Anda! Curso intermedio, Capítulo 1. El presente perfecto de indicativo, pág. 49.

 ¡Anda! Curso elemental, Capítulo 3. Los quehaceres de la casa, Apéndice 2; Capítulo 10, Los mandatos informales, Apéndice 3.

3-31 Por favor Completen los siguientes pasos. ■

Paso 1 Túrnense para formar **mandatos informales** y para responder de manera positiva a su amigo/a un poco exigente (*demanding*).

MODELO quemar los papeles

E1: *Por favor, quema los papeles.*

E2: *Ya están quemados.*

Por favor,

1. cerrar las ventanas de tu cuarto.
2. apagar la chimenea.
3. lavar las cacerolas en el fregadero.
4. guardar la batidora en la alacena.
5. organizar los comestibles en la despensa.
6. pintar los pasillos de color azul.
7. cubrir la almohada con una funda limpia.
8. reparar las persianas rotas.

Paso 2 Ahora cambien las respuestas al **imperfecto.**

MODELO Ya están quemados.

Ya estaban quemados.

3-32 ¿Eres competitivo? Túrnense para hacer el papel de una persona que siempre quiere hacer las cosas mejor que los demás. ■

MODELO No tengo tiempo para decorar mi apartamento.

Mi apartamento está bien decorado.

1. No tengo tiempo para cortar el césped.
2. Necesito pintar el pasillo.
3. Nunca guardo mi ropa limpia.
4. No puedo hacer la cama todos los días.
5. Necesito renovar la cocina.
6. Nunca tengo tiempo para lavar mi carro.
7. Debo poner la mesa cuando invito a mis amigos a comer.
8. No me gusta barrer el suelo.

3-33 **Ya lo hicimos** Juntos hagan una lista de por lo menos **ocho** cosas que hicieron ayer. Después, conviertan la lista a oraciones completas usando **el participio pasado.** ■

MODELO   *Ayer saqué la basura.*
          La basura está sacada.

3-34 **¿Qué pasó?** Necesitan ayudar a la policía porque hubo un crimen en el apartamento del vecino. Miren el dibujo y describan, con **participios pasados,** lo que vieron al entrar en el apartamento. Túrnense. ■

Estrategia

These words may be useful in your description: *abrir, cerrar, desordenar, hacer, poner, romper, sacar, tirar* (to throw).

¡Anda! Curso elemental, Capítulo 7.
El pretérito, Apéndice 3.

3-35 **¡Ya soy responsable!** Imagínense que es la primera vez que viven solos y sus padres están muy preocupados. ■

Paso 1   Inventen una conversación entre un/a hijo/a y el padre/la madre. ¿Cuáles son las preguntas de los padres y cuáles son las respuestas del hijo/de la hija responsable? Usen **el participio pasado.**

MODELO   E1: *¿Pagaste las facturas de este mes?*
          E2: *Sí mamá. Todas las facturas están pagadas.*

Paso 2   Presenten la conversación a su profesor/a y a sus compañeros/as de clase.

¡CONVERSEMOS!

03-33

3-36 **Diálogos** Escucha los diálogos y contesta las siguientes preguntas. ▪

1. ¿Para qué es la primera invitación?
2. ¿Puede ir Laura? ¿Qué dice?
3. ¿A qué invitan Paco y Verónica a Inés y a Jorge?
4. ¿Pueden ir? ¿Qué dice Inés?

3-37 **¡Bienvenido!** Piensen en un personaje histórico a quien quieran invitar a cenar. Luego escriban un mini-diálogo. Su compañero/a hace el papel del invitado y puede aceptar o negar la invitación, pero necesita explicar por qué. ▪

MODELO　　E1: *Saludos, Sr. Quijote.*

　　　　　　E2: *Buenos días. ¿Lo conozco?*

　　　　　　E1: *No, pero he leído el libro sobre su vida y me gustó mucho. Espero que usted pueda cenar conmigo esta noche.*

　　　　　　E2: *Ah, muchísimas gracias, pero lo siento, esta vez no puedo. Tengo otro compromiso… Tengo una cita con Dulcinea…*

3-38 **¿Aceptas o no?** Mira la siguiente lista de invitaciones y decide si quieres aceptar o no cada una. Con un/a compañero/a, dramaticen las situaciones y luego cambien de papel y háganlo de nuevo. ■

1. Un amigo te invita a una fiesta latina en su casa donde se va a bailar mucho; no sabes bailar.
2. Tu profesor/a de español quiere que la clase vaya a su casa para una tertulia (*informal social gathering*). Tienen que hablar toda la noche en español. Responde por toda la clase (nosotros).
3. Tu novio/a quiere que conozcas a sus padres. Te ha invitado a cenar en casa con ellos. No tienes ropa apropiada en este momento.
4. Tus vecinos te han invitado a una barbacoa en su casa, pero eres vegetariano/a.
5. Tu amigo va a ayudar a construir unas casas para Hábitat para la Humanidad durante las vacaciones de primavera y te invita a acompañarlo.

MODELO E1: *Hola, Juanita. Quisiera invitarte al baile este sábado.*

E2: *Ah, ¡qué bueno! ¡Claro que sí!…*

3-39 **Una casa de vacaciones** Quieres alquilar una casa para ir de vacaciones, pero quieres más información sobre la propiedad. Solamente has leído un anuncio en el periódico y no la describe con mucho detalle. ■

Estudiante 1: Llama al/a la dueño/a y pídele una descripción. Pregúntale lo que quieras sobre la casa: por ejemplo, ¿Hay piscina? ¿De qué está hecha la casa? ¿Cómo es la cocina?

Estudiante 2: Eres el/la dueño/a. Describe la casa lo mejor posible, indicando cuáles son los mejores aspectos de la casa y de sus alrededores (*surroundings*) e invita al cliente a verla.

MODELO E1: *Muy buenos días, señora. ¿Usted todavía tiene una casa disponible o ya está alquilada?*

E2: *¡Claro! ¡Por supuesto! ¿Qué quiere saber? ¿Desea que le describa la casa?…*

3-40 **Manos a la obra** Tu vecino/a te pide que le ayudes con un proyecto de mejoramiento de su casa. Con un/a compañero/a de clase, creen un diálogo entre tu vecino/a y tú, teniendo en cuenta que: ■

TÚ	EL/LA VECINO/A
• tu vecino/a te cae bien y no quieres ofenderlo/a	• necesitas hacer las reparaciones de casa, pero no te gusta trabajar a solas
• no te gusta trabajar en la casa ni hacer renovaciones	• quieres conocer mejor a tu vecino/a y crees que esta es la mejor manera
• no eres muy hábil con las herramientas (*tools*), pero tienes un juego (*set*) nuevo que tus padres te regalaron; nunca lo has usado	• has visto que tu vecino/a tiene muchas herramientas buenas y te parecen nuevas

MODELO E1: *Hola, Raúl. ¿Qué tal?*

E2: *Hola, pues muy bien, ¿y tú? ¿Qué haces?*

E1: *Pienso renovar mi sala. A propósito, ¿me quieres ayudar? Temo que no pueda hacerlo yo mismo…*

ESCRIBE

Una lista detallada

03-34

Estrategia	
Process writing (Part 3): Supporting details	Unless you are jotting down a quick note or outline, you will need to add details that support your main ideas or statements. These details provide additional information that clarify and expand upon your main thoughts, conveying your message more vividly. Details can be in the form of facts, examples, or reasons. One way to begin is to supply two or three supporting details for each main idea in your writing.

3-41 **Antes de escribir** Vas a mudarte a otra ciudad en otro estado. Te has comunicado con un agente de bienes raíces (*real estate*) para poder encontrar tu "casa ideal". El agente quiere que escribas una descripción de lo que constituye tu casa ideal; es decir, ¿qué tiene que tener tu casa? ¿cómo es? ■

ESTILO: español
MATERIAL: ~~cemento~~ adobe
PISCINA: ??? ~~$$$~~
DORMITORIOS: ~~3~~ 4
BAÑOS: 3 baños con
        azulejos

3-42 **A escribir** Para escribir tu descripción de casa, completa los siguientes pasos. ■

Paso 1   Indica las **cinco** cosas más importantes que buscas en tu casa ideal.

Paso 2   Añade **dos** detalles apropiados con cada idea principal para que el agente entienda perfectamente lo que quieres.

Paso 3   Escribe la descripción completa. Debe tener por lo menos **diez** oraciones. Crea por lo menos **cuatro** oraciones en **el subjuntivo**.

MODELO   *Mi casa ideal necesita tener ciertas características. La casa debe ser de adobe; me gustan las casas de estilo español y es bueno que sea de color blanco...*

3-43 **Después de escribir** Compara la descripción de tu casa ideal con la de un/a compañero/a de clase. ¿En qué son semejantes y en qué son diferentes tus descripciones? ■

¿Cómo andas? II

	Feel confident	Need to review
Having completed **Comunicación II,** I now can . . .		
• depict a home and its rooms. (p. 122)	☐	☐
• share about situations in the past and how things used to be. (MSL)	☐	☐
• express doubt, emotions, and sentiments. (p. 126)	☐	☐
• report results of actions. (p. 130)	☐	☐
• identify people who specialize in home and architectural design. (p. 131)	☐	☐
• extend, accept, and decline invitations. (p. 134)	☐	☐
• add supporting details to a description. (p. 136)	☐	☐

Vistazo cultural

Arq. Ana María Pintado Escudero,
Arquitectura

03-35 to 03-36

Las casas y la arquitectura en España

Saqué mi Maestría en Diseño Arquitectónico en la Escuela Técnica Superior de Arquitectura de la Universidad de Navarra. Ahora logré mi sueño de ser arquitecta. Trabajo en la firma Duarte Verano, Arquitectos que está localizada en Marbella, España. Mis colegas y yo diseñamos edificios maravillosos.

La Casa Batlló
El exterior de *La Casa Batlló* en Barcelona se destaca por su decoración, sus curvas y sus chimeneas peculiares. Antonio Gaudí (1852–1926), un arquitecto catalán, remodeló un edificio tradicional existente y sobre su base construyó este original edificio en el año 1906 como residencia de la familia Batlló, a quien se debe su nombre.

La manzana de la discordia en Barcelona
En una sola cuadra del Passeig de Gràcia, una ruta principal en Barcelona, se encuentran tres ejemplos maravillosos de la arquitectura modernista. Esta cuadra se llama *la manzana de la discordia*.

El patio de la Casa Sorolla
Joaquín Sorolla y Bastida (1863–1923) fue un pintor realista e impresionista de Valencia. Construyó la casa donde también tenía su estudio en el año 1911 en Madrid. Pintó más de veintiocho vistas desde su jardín, captándolo principalmente durante la primavera con muchas flores.

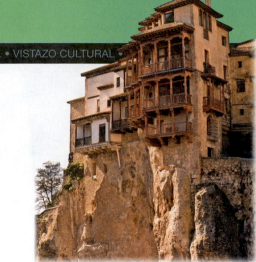

Las casas colgantes de España

Es dudoso que se encuentren casas más precarias que las casas colgantes de Cuenca. Cuelgan de un precipicio al lado del río Huécar. Antes, servían de hogar para la gente del pueblo. Hoy, una de las casas está convertida en el Museo de Arte Abstracto Español y otra es un restaurante famoso.

El puente del Alamillo, Sevilla y El museo de las Ciencias Príncipe Felipe

Santiago Calatrava (n. 1951), nativo de Valencia, es el arquitecto más conocido de España y uno de los más famosos del mundo. Tiene títulos en arquitectura y en ingeniería civil; también ha estudiado pintura y dibujo. Sus estructuras son distintas, modernas, bonitas y llamativas (*striking*).

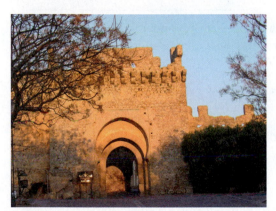

El parador de Carmona

Los paradores son lugares de turismo dirigidos por el gobierno de España. Son edificios viejos e históricos como palacios, monasterios, conventos y mansiones. Todos están renovados y sirven como hoteles; cada uno tiene su propio restaurante con la comida típica de la región. Algunos datan del siglo X.

Una casa cueva en Andalucía

¿Te gustan las cuevas (*caves*)? ¡Es posible que sea tu nueva casa! Las casas cuevas han empezado a ser populares, sobre todo en Andalucía. Las cuevas han sido renovadas en hogares muy cómodos y modernos con teléfono, electricidad, agua corriente y hasta acceso al Internet.

Preguntas

1. ¿Cuáles son las semejanzas (*similarities*) y diferencias entre los edificios y las construcciones en esta presentación?
2. Compara la construcción de tu edificio favorito en este vistazo con la de tu casa ideal.
3. ¿Cómo y dónde se ve la influencia de la arquitectura española en los Estados Unidos y otras partes del mundo hispano?

139

EPISODIO 3

Laberinto peligroso

Lectura

First, identify your purpose for reading. Is it for pleasure, to find specific information, or to research a topic? Next, skim the passage for the main idea(s). Make use of prior strategies such as predicting from titles and/or illustrations, identification of cognates, and use of background knowledge to help pinpoint the main topics of the reading.

3-44 **Antes de leer** En lugar de tratar de leer y comprender todas las palabras de un texto, muchas veces es más útil tratar de extraer las ideas generales del texto. Antes de leer el episodio, completa los siguientes pasos. ■

Paso 1 Lee superficialmente y rápidamente el episodio y contesta las siguientes preguntas.

1. ¿Quiénes son los protagonistas en este episodio?
2. ¿Quién llega al café antes?
3. ¿Qué hace en el café?
4. ¿De qué habla con la otra persona?

Paso 2 Basándote en tus respuestas a las preguntas del **Paso 1** y en el título del episodio, escribe una oración indicando cuál crees que va a ser la idea general del episodio.

DÍA**19** *Planes importantes*

Estaba harto de estar solo en casa, así que Cisco decidió dar un paseo hasta un café para tomar algo y seguir trabajando allí. Cuando llegó al café, pudo sentarse en una mesa grande porque no había mucha gente, sólo un hombre que tomaba algo y estudiaba unos informes°. Cisco *reports* pidió un café, sacó la computadora y los libros, y se puso a trabajar. Después de un rato, el otro cliente se levantó bruscamente para salir del café y con la prisa se le cayó una página al suelo.

Cuando Cisco llevaba una hora allí solo, una voz conocida le sorprendió:

—¿Qué haces tú aquí? —le preguntó Celia.

—Nada. Vivo cerca y quería tomar un café —respondió Cisco, mientras cerraba su computadora *to hide* y trataba de esconder° los libros.

—¿Y estos libros? —preguntó Celia.

—Para un artículo —dijo Cisco.

—Me sorprende que trabajes aquí —dijo Celia—. ¿Puedes concentrarte?

—Sí, ya ves que está muy tranquilo y así salgo de casa. ¿Quieres sentarte y tomar algo? —respondió Cisco.

—Me encantaría, pero no quiero interrumpirte —dijo Celia.

—No, el artículo está casi terminado —mintió Cisco—. Además necesito un descanso.

—Está bien —dijo Celia.

—¿Qué tal te sientes? ¿Ya te has recuperado de lo que te pasó durante el seminario?

—Sí, no fue nada. Creo simplemente que estaba cansada —respondió Celia, mientras se sentaba.

—¿Has ido al médico? —preguntó Cisco.

—¡Qué exagerado! Estoy bien. No me he vuelto a sentir mal desde entonces, y fue hace dos semanas. De verdad, no creo que sea nada importante —insistió Celia.

you fainted —Pero te desmayaste°. No creo que sea mala idea ir al médico —insistió Cisco.

Celia quería cambiar de tema y trataba de mirar los títulos de los libros que había sobre la mesa, pero solo pudo ver una revista.

—¿Estás escribiendo sobre casas? —le preguntó Celia, señalando la revista.

—No, es que quiero hacer unos cambios en mi casa. Cuando la compré tenía planes para renovarla, pero como tengo mucho trabajo, no puedo dedicarle mucho tiempo a eso.

—Es una lástima que no tengas más tiempo para una cosa tan importante. ¿Qué cambios quieres hacer? —preguntó Celia.

—Muchísimos. Estoy añadiendo un baño y voy a cambiar la cocina y acabar el sótano.

—¿Tienes contratista? —preguntó Celia.

—No, estoy haciéndolo todo yo. Para algunas cosas necesito un plomero, pero yo hago todo lo que pueda —dijo Cisco.

—Me sorprende que sepas hacer tantas cosas, pero me parece muy bien que tomes esa iniciativa.

—También tiene que ver con mi presupuesto. Para hacer tanto trabajo, es fundamental que haga todo lo que pueda. Comprar todos los materiales y encima contratar a otras personas para hacer las reformas, ¡imagínate todas las facturas!

—¿Y no quieres pedir un préstamo? —preguntó Celia.

—La hipoteca ya es mucho. Y también me gusta hacer las cosas con mis propias manos.

—¿En qué cuarto estás trabajando ahora? —preguntó Celia.

—El baño está casi terminado, así que pronto voy a empezar en la cocina.

—Tengo ganas de aprender a hacer esas cosas, pero supongo que primero debería comprar la casa —reflexionó Celia.

—¿Qué tipo de casas te gustan?

—Sencillas, no demasiado grandes. Quiero tener una con un buen jardín, eso es fundamental, y una cocina grande y una gran chimenea en la sala —respondió Celia.

—A mí también me gustan mucho las chimeneas. ¿Piensas comprar una casa pronto?

—No sé. Todavía no he hecho planes tan importantes —respondió Celia, mirando hacia abajo y tocándose la frente.

—¿Estás bien? —preguntó Cisco con un tono preocupado.

—Sí, pero estoy un poco cansada y me duele la cabeza. Creo que debería irme —Celia dijo mientras abría el bolso para sacar una propina para el camarero.

En su bolso encontró una nota que la asustó mucho.

3-45 **Después de leer** Contesta las siguientes preguntas. ■

1. Al principio del episodio, ¿qué ocurrió con el hombre que estaba en el café?
2. ¿Por qué crees que Cisco le dijo a Celia que su artículo estaba casi terminado?
3. ¿Por qué crees que Celia no quería hablar sobre el incidente que ocurrió en el seminario?
4. ¿Qué planes tenía Cisco para su casa?
5. ¿Cómo era la casa ideal de Celia?
6. ¿Qué le ocurrió a Celia al final del episodio?

Video

03-41 to 03-42

3-46 **Antes del video** En los últimos episodios, Cisco ha estado trabajando en un artículo importante, y al final de *Planes importantes* Celia estaba asustada. En el próximo episodio del video, vas a ver qué asustó a Celia y también vas a aprender más sobre el artículo de Cisco. Antes de ver el episodio, contesta las siguientes preguntas. ■

1. ¿Qué tema ha estado investigando Cisco en los últimos episodios?
2. ¿Por qué crees que no se sentía bien Celia?
3. ¿Qué crees que había en la nota que asustó a Celia?

Dudo que sea una broma (*joke*).

¿Por qué tenía tanta prisa Cisco? ¿Ocultaba (*Was he hiding*) algo?

El poder curativo de las plantas en las selvas tropicales es algo que me apasiona…

«Una nota misteriosa»

Episodio 3

Relájate y disfruta el video.

3-47 **Después del video** Contesta las siguientes preguntas. ■

1. ¿Qué dijo la nota que Celia encontró en su bolso? ¿Cómo reaccionó Cisco a la nota?
2. ¿Cómo era el apartamento de Celia?
3. ¿Con qué tipo de especialista necesitaba hablar Cisco?
4. ¿Cómo concluyó el episodio?

LETRAS

Acabas de terminar otro episodio de **Laberinto peligroso.** Explora más lecturas en la colección literaria, **Letras.**

03-47 to 03-51

Y por fin, ¿cómo andas?

	Feel confident	Need to review
Having completed this chapter, I now can . . .		

Comunicación I
- describe houses and their surroundings. (p. 110) ☐ ☐
- discuss past events. (MSL) ☐ ☐
- specify people, places, and things. (p. 115) ☐ ☐
- note main ideas. (p. 120) ☐ ☐

Comunicación II
- depict a home and its rooms. (p. 122) ☐ ☐
- share about situations in the past and how things used to be. (MSL) ☐ ☐
- express doubt, emotions, and sentiments. (p. 126) ☐ ☐
- report results of actions. (p. 130) ☐ ☐
- extend, accept, and decline invitations. (p. 134) ☐ ☐
- add supporting details to a description. (p. 136) ☐ ☐

Cultura
- relate information about home improvements. (p. 117) ☐ ☐
- identify people who specialize in home and architectural design. (p. 131) ☐ ☐
- investigate housing and architecture in Spain. (p. 138) ☐ ☐

Laberinto peligroso
- pinpoint a text's main ideas and hypothesize the origin of Celia's threatening note. (p. 140) ☐ ☐
- speculate on Celia and Cisco's relationship and what happened to her at the seminar. (p. 142) ☐ ☐

Comunidades
- use Spanish in real-life contexts. (SAM) ☐ ☐

Letras
- read and understand a short story using literary terms. (Literary Reader) ☐ ☐

La construcción de casas y sus alrededores	Housing materials and surroundings
la acera	sidewalk
el adobe	adobe
los azulejos	ceramic tiles
el cemento	cement
la cerca	fence
el césped	grass; lawn
la cuadra	city block
el estanque	pond
el ladrillo	brick
la madera	wood
la manguera	garden hose
el muro	wall (around a house)
la piscina	swimming pool
el yeso	plaster

Algunos verbos	Some verbs
alquilar	to rent
añadir	to add
comparar con	to compare with
componer	to repair; to fix an object
construir	to construct
gastar	to spend; to wear out
mudarse	to move
ponerse de acuerdo	to agree; to reach an agreement
quemar	to burn
reparar	to repair

Algunas palabras útiles	Some useful words
el alquiler	rent
el/la arquitecto/a	architect
el/la carpintero/a	carpenter
el/la contratista	contractor
el/la diseñador/a	designer
el/la dueño/a	owner
la factura (mensual)	(monthly) bill
la hipoteca	mortgage
el/la obrero/a	worker
el préstamo	loan
el presupuesto	budget

Dentro del hogar	Inside the home
el aire acondicionado	air conditioning
la chimenea	fireplace; chimney
el cuarto	room
el fuego	fire
el hogar	home
la lavadora	washing machine
la secadora	dryer
el pasillo	hall
el sótano	basement

La sala	Living room
el florero	vase
las velas	candles

La cocina	Kitchen
la alacena	cupboard
la cafetera	coffeemaker
la batidora	hand-held beater; mixer; blender
la cacerola	saucepan
la copa	goblet; wine glass
las cortinas	curtains
la despensa	pantry
el fregadero	kitchen sink
el horno	oven
la jarra	pitcher
el mostrador	countertop
la olla	pot
el platillo	saucer
el plato hondo	bowl
la sartén	skillet; frying pan
la sopera	soup bowl
la toalla	towel

Algunos verbos	Some verbs
calentar (e → ie)	to heat
colgar (o → ue)	to hang
cortar el césped	to cut the grass
cubrir	to cover
pintar	to paint
remodelar, renovar (o → ue)	to remodel, to renovate
regar (e → ie) las flores	to water the flowers
sacar la mala hierba	to weed
sugerir (e → ie → i)	to suggest

Algunas palabras útiles	Some useful words
el/la electricista	electrician
el/la jardinero/a	gardener
el/la plomero/a	plumber
el/la vecino/a	neighbor

El dormitorio	Bedroom
el espejo	mirror
la funda (de almohada)	pillowcase
las persianas	blinds

la funda - pillowcase

la copa - goblet, wine glass

el plato hondo - bowl
los flores - flowers
el florero - vase
la jarra - pitcher
la toalla - towel

la sartén - skillet
las velas - candles
el espejo - mirror
el mostrador - counter top
el fregadero - sink
las persianas - blinds

¡Celebremos!

Hay celebraciones por todas partes del mundo y por muchos motivos diferentes. Algunas se asocian con temas religiosos y son formales. Otras tienen que ver con eventos familiares y celebran las épocas de la vida, el paso del tiempo o las relaciones personales. ¡Y algunas celebraciones son simplemente fiestas para divertirse con amigos, música y buena comida!

PREGUNTAS

1 ¿Qué piensas que celebran estas personas?

2 ¿Qué fiestas te gusta celebrar más y por qué?

3 ¿Cómo y con quiénes celebras los eventos importantes de la vida?

Comunicación I

04-01 to 04-03

Las celebraciones y los eventos de la vida
Expressing information about celebrations and life events

la luna de miel

el novio

el compromiso

la Navidad

el regalo

el aniversario de boda

la graduación

la novia

el Día de las Brujas

el bautizo

el bebé

el Día de San Valentín

el cumpleaños   el novio   la boda   la novia   la Pascua

Las celebraciones y los eventos de la vida	*Life events and celebrations*
el baile	*dance*
la cita	*date*
El Día de la Madre/ del Padre/ de la Independencia, etc.	*Mother's Day, Father's Day, Independence Day, etc.*
El Día de los Muertos	*Day of the Dead*
el nacimiento	*birth*
la primera comunión	*First Communion*
la quinceañera	*fifteenth birthday celebration*

Verbos	*Verbs*
celebrar	*to celebrate*
cumplir… años	*to have a birthday/to turn . . . years old*
dar a luz	*to give birth*
discutir	*to argue; to discuss*
disfrazarse	*to disguise oneself; to wear a costume*
enamorarse (de)	*to fall in love (with)*
engañar	*to deceive*
estar comprometido/a	*to be engaged*
estar embarazada	*to be pregnant*
pelear(se)	*to fight*
salir (con)	*to go out (with)*
tener una cita	*to have a date*

REPASO

Repaso &
Spanish/English
Tutorials

04-04 to 04-08

El pretérito y el imperfecto   Reporting and narrating past events

For a complete review of the preterit and the imperfect, go to MySpanishLab or refer to **Capítulo 9** of *¡Anda! Curso elemental* in Appendix 3 of your textbook. The vocabulary activities that appear in your textbook incorporate this grammar point. Practicing new vocabulary with a review grammar point helps to strengthen and increase your knowledge of Spanish.

4-1 **¿Cuál fue?** Anoche hubo muchas celebraciones. Lean lo que hicieron estas personas en distintas celebraciones e indiquen de qué celebración se trata cada situación. Túrnense. ■

a. El Día de las Brujas
b. el bautizo
c. el aniversario de boda
d. el nacimiento

1. Los niños se disfrazaron y fueron a una fiesta.
2. Sara dio a luz a una niña.
3. Hoy hace veinte años que Gastón y Patricia se casaron.
4. Julia y Felipe llevaron a su bebé a la iglesia y hubo una ceremonia con los padrinos y un cura (*priest*).

4-2 **Y la palabra es...** Escuchen mientras el/la profesor/a explica la actividad. Van a tener que describir palabras, según el modelo. ■

MODELO   tener una cita

una persona invita a otra a salir; entonces salen juntos; pueden ser más que amigos; el amor es una posibilidad…

4-3 **La cita de Paula y Pablo** Elijan el verbo apropiado para terminar el pasaje. Después discutan por qué son correctos. Túrnense. ■

(1) Eran / Fueron las cinco de la tarde cuando Pablo (2) decidía / decidió llamar a Paula. Paula (3) hacía / hizo yoga cuando (4) sonaba / sonó el teléfono. (5) Era / Fue Pablo y la (6) quería / quiso invitar a cenar con él. A las siete y media la (7) recogía / recogió (8) e iban / y fueron en coche al restaurante Tío Tapa. El restaurante (9) era / fue pequeño pero acogedor (*cozy*). (10) Se sentaban / Se sentaron en el patio y (11) empezaban / empezaron a conocerse. (12) Pedían / Pidieron diferentes tapas y cerveza. Después de tres horas de comer, beber y conversar (13) decidían / decidieron irse a un club para bailar. (14) Se divertían / Se divirtieron mucho en su primera cita.

4-4 Una celebración en Sevilla
Adriano estudia este semestre en Sevilla, España. Le escribe un email a su madre sobre una experiencia muy interesante. ■

Paso 1 Termina el email con las formas correctas de los verbos apropiados en **el pretérito** o **el imperfecto.** Después compara tu trabajo con el de un/a compañero/a.

andar	decir	empezar	encontrarse	leer
llamar	llegar	salir	ser (×2)	tener

Querida mamá:

¡Me gusta Sevilla más que nunca! Anoche yo (1) _____ *Don Quijote* cuando mi amigo Luis me (2) _____.
Él me (3) _____ que (4) _____ una sorpresa para mí y que me recogería (*would pick me up*) en diez minutos. Cuando (5) _____ del piso (apartamento) vi que (6) _____ una noche perfecta con buena temperatura, una brisa deliciosa y un cielo estrellado. (7) _____ las once y media cuando Luis (8) _____. Inmediatamente nosotros (9) _____ a caminar a un lugar secreto (por lo menos para mí). (10) _____ por casi media hora y por fin (11) _____ en un lugar con mucha gente y fue muy emocionante.

decir	divertirse	esperar	estar		iluminar
moverse	parecer	ser	ubicarse (*to be located*)		volver

Me (12) _____ que toda la gente (13) _____ algo importante. Nosotros (14) _____ cerca de la entrada de un sitio grande y oscuro. A las doce en punto 20.000 bombillas (15) _____ una gran portada. ¡Era el comienzo de la famosa Feria de Abril! Entonces toda la masa de personas (16) _____ para dentro.

Según me (17) _____ Luis, este año es diferente porque hay un nuevo lugar para la Feria —los terrenos del Charco de la Pava, junto al río Guadalquivir. En el pasado la Feria (18) _____ en el Barrio de los Remedios, donde vivo yo ahora con doña Esperanza. Según Luis la razón por la que cambiaron de lugar (19) _____ la alta demanda de casetas (casas pequeñas donde la gente come, bebe, baila y descansa durante la Feria).

Yo (20) _____ a la Feria al día siguiente donde (21) _____ muchísimo. Mamá —la música, el baile, los caballos, la comida, las copas— ¡todo fue increíble!

Besos,
Adriano

Paso 2 Ahora, expliquen el uso de los verbos y los tiempos verbales del **Paso 1.**

MODELO 1. leía

*describes what was going on when another action interrupted;
he was reading when Luis called*

Workbooklet

4-5 **Tres momentos importantes** Piensa en los momentos importantes de tu vida. ∎

Paso 1 Escribe sobre **tres** eventos importantes que tuvieron lugar en tu vida, contestando las preguntas, según el modelo.

Estrategia

Concentrate on spelling and accent marks. If you are a visual learner, try color-coding the words that have accents or writing the accents in a different color to call attention to those forms of the verb.

¿CUÁNDO FUE?	¿DÓNDE ESTABAS?	¿CON QUIÉN(ES) ESTABAS?	¿QUÉ PASÓ?	¿CÓMO TE SENTÍAS?
el quince de mayo	la playa	mis padres	conocí a mi novio	feliz

Paso 2 Escribe **tres** oraciones (una para cada evento) resumiendo toda la información. Después comparte la información con un/a compañero/a.

MODELO *El quince de mayo estaba en la playa con mi familia cuando conocí a mi novio. Me sentía muy feliz…*

¡Anda! Curso elemental, Capítulo 2. Los deportes y los pasatiempos; Capítulo 10. El viaje, Apéndice 2.

4-6 **El Hotel Playa Sol** Lean el anuncio del Hotel Playa Sol. Después escriban un párrafo creativo de **seis** a **ocho** oraciones sobre lo que les ocurrió allí a Andrea y Roberto, una pareja de Guadalajara, México. ∎

path
candles and torches

¡Bodas en el paraíso!
Hotel Playa Sol es su lugar.

El Hotel Playa Sol tiene un bello jardín tropical donde un sendero° con velas y antorchas° lo conduce hacia una playa hermosa donde su ser amado lo espera…

2 GRAMÁTICA

04-09 to 04-12 Spanish/English Tutorials

El pasado perfecto (pluscuamperfecto)

Discussing events that *had* occurred

In **Capítulo 1** you learned to express actions that began in the past and continue into the present by using the equivalent of *have/has* _____ -*ed* (form of **haber + ado/ido**), the **present perfect**.

En los últimos tres años, muchos de mis amigos **se han casado.**	*In the past three years, many of my friends have gotten married.*
Nos hemos peleado mucho recientemente.	*We have fought a lot lately.*

- Another perfect tense is the **past perfect** (*had* _____-*ed*). In Spanish, as in English, the past perfect is used to indicate that an action **had taken** place. Study the chart and the examples, and then answer the questions that follow.

Cuando yo llegué, ella ya había salido con otro hombre.

	haber	**Past participle**
yo	había	celebr**ado** / com**ido** / discut**ido**
tú	habías	celebr**ado** / com**ido** / discut**ido**
Ud.	había	celebr**ado** / com**ido** / discut**ido**
él, ella	había	celebr**ado** / com**ido** / discut**ido**
nosotros/as	habíamos	celebr**ado** / com**ido** / discut**ido**
vosotros/as	habíais	celebr**ado** / com**ido** / discut**ido**
Uds.	habían	celebr**ado** / com**ido** / discut**ido**
ellos/as	habían	celebr**ado** / com**ido** / discut**ido**

Cuando llegué a la fiesta todo el mundo ya **se había ido**.	*When I arrived at the party everyone had already gone.*
Cuando llegaron los bomberos, Adriana ya **había dado** a luz.	*When the firefighters arrived, Adriana had already given birth.*
A las siete el bautizo todavía no **había empezado**.	*The baptism had still not begun by 7:00.*
Cuando se casaron en el año 2005 **habían vivido** en el mismo barrio varios años.	*When they married in 2005 they had lived in the same neighborhood several years.*

- **Note:** Remember that some verbs have irregular past participles, such as **abrir (abierto)** and **decir (dicho)**. What are the other common irregular past participles that you know? For a complete list, refer to page 50.

¡Explícalo tú!

1. How do you form the past perfect tense?
2. How does the form compare with the present perfect tense (**he hablado, has comido, han ido,** etc.)?
3. To make the sentence negative in the past perfect, where does the word *no* go?
4. Which verbs have irregular past participles?

✔ Check your answers to the preceding questions in **Appendix 1.**

Estrategia

Remember that there are two types of grammar presentations in *¡Anda! Curso intermedio:*
1. You are given the grammar rule.
2. You are given guiding questions to help you construct the grammar rule and to state the rule in your own words.

4-7 Cambiamos Digan lo que habían hecho ya los artistas Pablo Picasso y Wifredo Lam cuando se encontraron en un museo a las diez de la noche. Túrnense. ■

MODELO   Wifredo / comer en un restaurante cubano
            Wifredo había comido en un restaurante cubano.

1. Pablo / pintar un cuadro
2. Wifredo / llevar cuadros a dos museos
3. Pablo y Wifredo / aprender nuevas técnicas
4. Wifredo / experimentar con una acuarela (*watercolor*)
5. Pablo / mirar la joyería de su hija Paloma
6. Pablo y Wifredo / conocer algunos aficionados (*fans*)

4-8 El engaño Esta mañana ustedes vieron a la novia de Paco y ella les hizo muchas preguntas sobre la vida de Paco antes de empezar a salir con ella. Túrnense para decirle a Paco lo que les preguntó su novia. Usen **el pasado perfecto** en sus oraciones según el modelo. ■

MODELO   notar algo diferente (yo)
            Me preguntó si yo había notado algo diferente.

1. tener conversaciones contigo sobre otras mujeres (yo)
2. observar un comportamiento (*behavior*) raro (yo)
3. recibir llamadas extrañas (tú)
4. verte en fiestas sin ella (yo)
5. venir a mi casa con otra mujer (tu hermano y tú)
6. comprar regalos recientemente (tú)
7. ir a bares juntos (tú y yo)
8. mentir o decir la verdad (yo)

¡Anda! Curso elemental, Capítulo Preliminar A. Los adjetivos de nacionalidad, Apéndice 2. Capítulo 4. Las expresiones afirmativas y negativas, Apéndice 3.

4-9   Sí, me encanta el español ¿Qué habían hecho ustedes antes de tomar este curso de español para demostrar su interés por la lengua y la cultura hispana? Túrnense. ∎

MODELO   ver una película de un director de España (yo)
               Había visto una película de un director *español.*

1. leer una novela de una escritora de Argentina (mi compañero/a y yo)
2. viajar a un lugar turístico en Honduras (Clara)
3. pedir comida de El Salvador en un restaurante (Jorge y Julián)
4. escribir un poema para imitar a una poeta de Chile (yo)
5. ser voluntario/a en una clínica en Guatemala (el/la profesor/a)
6. escuchar música de Puerto Rico (mis amigos)
7. conversar con unos hombres de Colombia sobre su país (mis padres y yo)
8. ver una telenovela de México (tú)

> **Estrategia**
>
> In the *modelo*, you will note the use of the adjective of nationality *español* that replaces the country *España*. Practice adjectives of nationality in the remainder of **4-9**.

4-10   ¿Qué había pasado? Túrnense para describir lo que **había pasado** antes de sacar cada foto. ∎

MODELO   *El cura ya había bautizado al bebé cuando llegamos.*

1.

2.

3.

4.

5.

NOTAS CULTURALES

El Día de los Muertos

04-13

La tradición del Día de los Muertos tiene su origen en una celebración indígena y representa una combinación de unas creencias (*beliefs*) precolombinas y cristianas. Se celebra principalmente en México y en las comunidades mexicanas en los Estados Unidos. El primero y el dos de noviembre, las familias van al cementerio para limpiar y decorar con flores las tumbas de sus parientes que ya han muerto. También construyen ofrendas (altares) en las casas

o en lugares públicos en honor de los difuntos (muertos). Allí ponen unos recuerdos de cada persona: una fotografía, la comida y la bebida que le habían gustado en la vida y flores. El altar y las ofrendas simbolizan la conexión que los difuntos habían tenido con la familia mientras vivían. Durante estos días los niños reciben dulces en forma de esqueletos (*skeletons*) y calaveras (*skulls*) y muchas personas preparan el pan de muerto para llevar al cementerio o poner en las ofrendas. Es un tiempo para recordar a los parientes difuntos y celebrar sus vidas.

Preguntas

1. ¿Cómo se honra a los difuntos el primero y el dos de noviembre?
2. ¿Qué simbolizan las ofrendas y para qué sirven?
3. Piensa en las actitudes ante las etapas de la vida que representan estas tradiciones. ¿En qué son semejantes y en qué son diferentes a las actitudes de tu cultura? ¿Te parecen tristes o alegres estas tradiciones? ¿Por qué?

4-11   Antes de graduarme ¿Qué cosas interesantes habías hecho antes de graduarte de la escuela secundaria? En grupos de seis a ocho estudiantes, túrnense para compartir algunas de las cosas que habían hecho. Tienen que recordar y repetir lo que todas las personas dicen. ■

MODELO   E1 (TINA):   *Antes de graduarme había trabajado en Zara.*

E2 (TOM):   *Antes de graduarme había visitado veinte estados de los Estados Unidos y Tina había trabajado en Zara.*

E3 (SAM):   *Antes de graduarme había estudiado un verano en España, Tom había visitado veinte estados de los Estados Unidos y Tina había trabajado en Zara.*

¡Anda! Curso
intermedio, Capítulo 1.
Algunas características
físicas, pág. 34.
Algunas características
personales, pág. 35.

4-12 La foto nos habla

Imagina lo que había pasado en
el momento antes de sacar la foto.
Sé creativo, inventando personas
y situaciones. Escribe por lo menos
ocho oraciones usando **el pasado
perfecto**. Después, comparte
tu historia con tus compañeros
de clase. ■

ESCUCHA

Un mensaje de teléfono

04-14

Estrategia		
Listening for details	When listening, always determine the main idea(s) first and *then* take note of supporting details. Jotting down the details is helpful. You can then use your notes to confirm and verify your information. When listening	to someone in person, you can confirm and verify by asking follow-up questions for clarification. If you are listening to a recording, there is always the option to replay what you have heard for confirmation and verification of details.

4-13 Antes de escuchar Rogelio trabaja para un

famoso cocinero latino, Aarón Sánchez, el dueño del restaurante
Paladar en Nueva York. Rogelio va al mercado cuando se da
cuenta de que tiene un mensaje del gerente (*manager*) de la
cocina. ¿Qué crees que dice el gerente en su mensaje? Escribe
dos detalles que crees que debe recordar Rogelio. ■

1. _____
2. _____

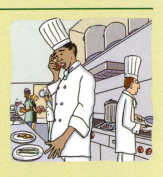

4-14 A escuchar Completa los siguientes pasos. ■

Paso 1 La primera vez que escuchas, capta la idea general.

Paso 2 Al escuchar el mensaje por segunda vez, escribe **tres** detalles que Rogelio
debe recordar.

1. _____ 2. _____ 3. _____

Paso 3 Compara lo que escribiste con lo que escribió un/a compañero/a.

4-15 Después de escuchar Miren o escuchen un anuncio sobre un producto

específico, y escriban **tres** detalles que el anuncio presenta sobre el producto. ■

¿Cómo andas? I

	Feel confident	Need to review
Having completed the **Comunicación I,** I now can . . .		
• express information about celebrations and life events. (p. 148)	☐	☐
• report and narrate past events. (MSL)	☐	☐
• discuss events that *had* occurred. (p. 153)	☐	☐
• relate information about celebrations and traditions in the Hispanic world. (p. 156)	☐	☐
• register details. (p. 157)	☐	☐

Comunicación II

♻ *¡Anda! Curso elemental*, Capítulo 7. La comida; La preparación de las comidas, Apéndice 2.

3 VOCABULARIO

🔊 📖
04-15 to 04-17

La comida y la cocina
Describing foods and their preparation

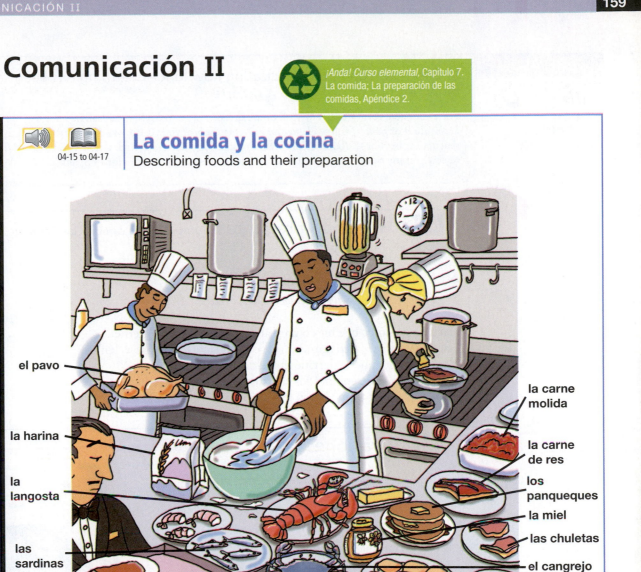

el pavo

la harina

la langosta

las sardinas

el tocino

la carne molida

la carne de res

los panqueques

la miel

las chuletas

el cangrejo

las salchichas

el pan dulce

Las carnes y las aves	*Meat and poultry*
la carne de cerdo	*pork*
la carne de cordero	*lamb*
la ternera	*veal*

Palabras útiles	*Useful words*
el fuego (lento, mediano, alto)	*(low, medium, high) heat*
el ingrediente	*ingredient*
el kilogramo	*kilogram (or 2.2 pounds)*
el nivel	*level*
el pedazo	*piece*
la receta	*recipe*

Términos de la cocina	*Cooking terms*
añadir	*to add*
asar	*to roast; to broil*
batir	*to beat*
(re)calentar (e → ie)	*to (re)heat*
derretir (e → i → i)	*to melt*
freír (e → i → i)	*to fry*
hervir (e → ie → i)	*to boil*
mezclar	*to mix*
pelar	*to peel*
revolver (o → ue)	*to stir*
tapar	*to cover*
verter (e → ie)	*to pour*

REPASO

*Repaso &
Spanish/English
Tutorials*   04-18 to 04-20

Expresiones con *hacer* Indicating how long something has been going on or how long ago it occurred

For a complete review of **hacer** with time expressions, go to MySpanishLab or refer to **Capítulo 9** of *¡Anda! Curso elemental* in Appendix 3 of your textbook. The vocabulary activities that appear in your textbook incorporate this grammar point. Practicing new vocabulary with a review grammar point helps to strengthen and increase your knowledge of Spanish.

4-16 Haciendo preguntas Túrnense para cambiar las siguientes oraciones en preguntas. ▪

MODELO   Hace un mes que busco la receta.

¿Cuánto tiempo hace que buscas la receta?

1. Hace varias horas que busco una sartén española en el Internet.
2. Hace cuarenta y cinco minutos que cocino la ternera a fuego lento.
3. Hace una hora que se derritió el hielo.
4. Hace dos días que compré los camarones y los cangrejos.
5. Hace diez minutos que busco los ingredientes.

4-17 Oraciones Completa los siguientes pasos. ▪

Paso 1   Escribe **seis** oraciones diferentes utilizando palabras de cada columna, más otras palabras necesarias. Después comparte las oraciones con un/a compañero/a.

MODELO   hace una hora que yo preparar

Hace una hora que preparo los panqueques para el desayuno.

Hace	media hora	que	tú	freír…
	un día		Rafael	hervir…
	diez minutos		nosotros	calentar…
	una hora		yo	añadir…
	dos horas		ellas	asar…
	mucho tiempo		mi madre	revolver…

Paso 2   Juntos pongan los verbos en las oraciones en **el pretérito.** ¿Cómo cambia el significado de las oraciones?

MODELO   Hace una hora que preparo los panqueques para el desayuno.

Hace una hora que preparé los panqueques para el desayuno.

¡Anda! Curso elemental, Capítulo 7. La comida;
La preparación de las comidas, Apéndice 2.

4-18 **¡Delicioso!** Hay muchos chefs famosos hoy en día, en parte a causa del Food Network y el Cooking Channel. Una es Ingrid Hoffman, una apasionada cocinera y estrella de Food Network y Univisión. Con un/a compañero/a completen esta entrevista con ella utilizando las expresiones con **hacer** con los verbos en paréntesis y los tiempos indicados. ■

PERIODISTA (P):   Saber cocinar bien es un gran talento. ¿De dónde viene su atracción por la cocina?

INGRID HOFFMAN (IH):   (1) _____ (estar obsesionada con la comida / treinta años). Yo me crié en Colombia, en las Antillas Holandesas y en los Estados Unidos con una madre colombiana y un padre colombo-alemán y con una mezcla de culturas y sabores diferentes.

P: ¿Cuándo empezó a cocinar?

IH: (2) _____ (empezar a cocinar / veinte y ocho años) con mi mamá. Era tan pequeña que me tenía que subir en un banquito para llegar a la estufa y a la despensa.

P: ¡Impresionante! Y cuando no está en la cocina ¿qué le gusta hacer?

IH: Pues, trabajo bastante porque (3) _____ (abrir una tienda / cinco años), La Capricieuse, y también (4) _____ (comprar un restaurante / dos años) en Miami, Roca. Pero cuando tengo tiempo libre sé disfrutarlo. Me encantan el arte, la música, el mar, estar al aire libre, ir al cine, reunirme con mi familia y amigos, viajar y soñar.

P: Muchas gracias por la entrevista. (5) _____ (ver su programa en la televisión / mucho tiempo) *Simply Delicioso*. ¿Quiere invitarme a cenar?

IH: Gracias a usted. Ha sido un placer. Hmmm… ¿qué le gusta comer?

162 CAPÍTULO 4   ¡CELEBREMOS!

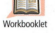 **4-19** **¿Cuánto tiempo hace?** Túrnense para crear y contestar preguntas. ■

Paso 1 Escriban **cuatro** preguntas siguiendo el modelo.

MODELO Hace _____ que / (no) comer carne de cerdo / tú

¿Cuánto tiempo hace que comes carne de cerdo? /
¿Cuánto tiempo hace que no comes carne de cerdo?

Paso 2 Ahora pregunta y contesta.

MODELO E1: *¿Cuánto tiempo hace que no comes carne de cerdo?*

E2: *Hace veinte años que no como carne de cerdo.*
¡La detesto!

Un mercado en Barcelona, España

Workbooklet

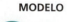 **4-20** **Firma aquí** Circula por la clase hasta encontrar a un estudiante que pueda contestar afirmativamente cada pregunta. ■

¡Anda! Curso elemental,
Capítulo 7. La comida,
Apéndice 2.

MODELO desayunar con huevos y tocino hace dos días

E1: *¿Hace dos días que desayunaste con huevos*
y tocino?

E2: *No, no desayuné con huevos y tocino hace dos días.*
Nunca como tocino porque no me gusta.

E1: *¿Hace dos días que desayunaste con huevos y tocino?*

E3: *Sí, hace dos días desayuné con huevos y tocino*
y hoy también.

E1: *Pues, firma aquí, por favor.*
Tomás

1. comer langosta y otros mariscos hace muchos años

_____

2. empezar a trabajar como camarero/a hace una semana

_____

3. ver un programa en el Food Network hace dos o tres días

_____

4. tomar un café con leche y azúcar hace una hora

_____

5. pedir comida italiana en un restaurante elegante hace uno o dos meses

_____

6. preparar una comida vegetariana con verduras, legumbres y fruta hace una semana

_____

7. comer pescado preparado a la parrilla hace tres o cuatro semanas

_____

8. preparar una ensalada grande con lechuga, tomate, cebolla, pavo y queso hace uno o dos días

_____

4-21 **Conversando** Habla con varios compañeros de clase utilizando las siguientes preguntas para guiar la conversación. ■

1. Si sabes cocinar, ¿cuánto tiempo hace que aprendiste? ¿Cómo aprendiste? ¿Cuáles son tus platos favoritos para preparar? Si no sabes cocinar, ¿cuáles son tus platos favoritos para comer?

2. ¿Cuánto tiempo hace que una persona te preparó una comida especial? ¿Quién fue esa persona? ¿Qué preparó?

3. ¿Cuánto tiempo hace que hiciste las compras para la semana (comida)? ¿Cuándo fue? ¿Qué compraste?

4. ¿Te gustan los programas de cocina en la televisión? ¿Cuánto tiempo hace que ves esos programas? ¿Quién es tu cocinero/a favorito/a?

5. ¿Cuánto tiempo hace que cenaste en un restaurante caro? ¿Qué comiste? ¿Con quién estuviste?

04-21 to 04-24

Más comida Expanding on foods

¡Anda! Curso elemental, Capítulo 7. La comida; La preparación de las comidas, Apéndice 2.

Algunas frutas y verduras

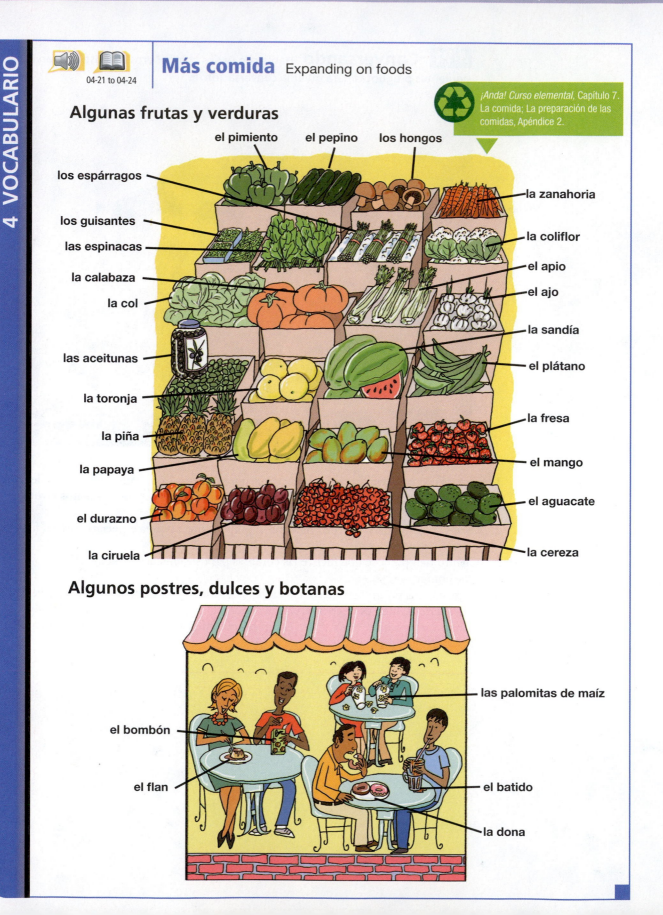

el pimiento
el pepino
los hongos

los espárragos
los guisantes
las espinacas
la calabaza
la col
las aceitunas
la toronja
la piña
la papaya
el durazno
la ciruela

la zanahoria
la coliflor
el apio
el ajo
la sandía
el plátano
la fresa
el mango
el aguacate
la cereza

Algunos postres, dulces y botanas

las palomitas de maíz

el bombón

el flan

el batido

la dona

¡Anda! Curso elemental, Capítulo 3. Los colores; Capítulo 7. La comida, Apéndice 2.

Workbooklet

4-22 **¿De qué colores son?**

Paso 1 Organicen las diferentes comidas del vocabulario nuevo **Más comida** según su color.

MODELO VERDE: la col, el apio...

Paso 2 Ahora añadan otras comidas a las listas.

BLANCO	AMARILLO	ROJO	VERDE	MARRÓN	ROSADO	ANARANJADO	OTRO

¡Anda! Curso elemental, Capítulo 5. Los números ordinales, Apéndice 3; Capítulo 7. La comida, Apéndice 2.

4-23 **Eres poeta** Sigue las instrucciones para crear un poema estilo *cinquain* —un poema corto de cinco versos (*lines*) sobre una de las frutas o verduras que acaban de aprender. Después comparte tu poema con los compañeros de clase. ■

primer verso: una o dos palabras para indicar el tema

segundo verso: dos o tres palabras que describan el tema

tercer verso: tres o cuatro palabras que expresen acción

cuarto verso: cuatro o cinco palabras que expresen una actitud personal

quinto verso: una o dos palabras para aludir (referirse) nuevamente al tema

MODELO *La toronja*

El sol anaranjado

Me da mucha vida

Cada mañana me despierta

Pura energía

Workbooklet

4-24 **¿Cuáles son tus favoritas?** Completa los siguientes pasos. ■

Paso 1 Haz una lista de tus comidas favoritas y de cómo las prefieres: crudas (**C**), hervidas (**H**), asadas (**A**), a la parrilla (**P**) o fritas (**F**).

♻ *¡Anda! Curso elemental,* Capítulo 7. La comida; La preparación de las comidas, Apéndice 2.

Vocabulario útil

crudo/a	*raw*
hervido/a	*boiled*
asado/a	*grilled*
a la parrilla	*grilled; barbecued*
frito/a	*fried*

Fíjate

A *plátano* is a cooking banana, known in the United States as a plantain. While bananas are usually eaten raw and are sweet, *plátanos* are firmer, less sweet, and are always cooked in some way before eating. They are a staple food in many tropical regions, much like potatoes in other cultures and climates.

FRUTAS	VERDURAS	PESCADOS	MARISCOS	AVES	CARNES	POSTRES	OTROS COMESTIBLES
durazno (C)	hongos (H)		cangrejo (F)				
	plátanos (H)						

Paso 2 Compara la lista con las de otros compañeros.

MODELO E1: *¿Cuáles de las comidas prefieres crudas?*

E2: *Prefiero comer las zanahorias, el durazno, los tomates y la lechuga crudos.*

E3: *Yo solo como las verduras crudas en la ensalada…*

Workbooklet

4-25 **Y ahora son dueños**

Usando el cuadro de la actividad **4-24**, en grupos de tres o cuatro creen un menú para un restaurante pequeño incorporando las comidas favoritas en platos especiales. Deben ponerle un nombre al restaurante y decidir qué tipo de restaurante es. Después, presenten los menús a los otros compañeros y voten por el mejor restaurante del grupo. ■

EL RESTAURANTE
_____

PLATOS
_____

POSTRES
_____
_____

¡Anda! Curso elemental, Capítulo 7.
La comida, Apéndice 2.

Workbooklet

4-26 **Una cena virtual** Según el
Libro Guinness de los Records, Casa Botín es el
restaurante más antiguo del mundo. Fundado
en Madrid en el año 1725, es uno de los
restaurantes más famosos de España. Ahora van
a conocer el restaurante de manera virtual. ▪

Paso 1 Estás en Madrid y tienes mucha hambre
y dinero. Vas a Casa Botín para cenar
con tus amigos. Mira la carta (el menú)
en el Internet y decide qué platos
quieres pedir.

Paso 2 Ahora entrevista a **cinco** personas y
apunta sus comidas. Decide si sus
selecciones son *sanas* o *no muy sanas*.

COMIDA SANA	COMIDA NO MUY SANA

Paso 3 Comunica tus resultados a tus compañeros de clase.

MODELO *El veinticinco por ciento de los estudiantes no sigue una dieta sana porque…*

¡Anda! Curso elemental,
Capítulo 7. La comida,
La preparación de las
comidas, Apéndice 2.

4-27 **Entrevista** Circula por la sala de clase haciendo y contestando las
siguientes preguntas. ▪

1. ¿Sigues una dieta sana? Explica, dando unos ejemplos.
2. ¿Qué comida(s) te gusta(n) menos? ¿Por qué?
3. Cuando preparas una comida especial para tu novio/a, esposo/a o amigos, ¿qué sueles
   preparar? (soler preparar = *usually prepare*)
4. ¿Qué ingredientes sueles poner (o comer) en una ensalada?
5. ¿Te gusta el pescado? ¿las aves? ¿la carne? ¿Cómo lo(s)/la(s) prefieres?
6. ¿Eres un/a buen/a cocinero/a? Explica.

¡Anda! Curso elemental,
Capítulo 7. La comida;
La preparación de las
comidas, Apéndice 2.

4-28 **Otra entrevista** Escribe **seis** preguntas sobre las preferencias
de comida y las dietas sanas. Circula por la sala de clase haciendo tus preguntas y
contestando las preguntas de las otras personas. ▪

MODELO   E1:   *¿Cuál es la comida que comes con más frecuencia?*

E2:   *Como hamburguesas con queso con más frecuencia.*

E1:   *¿Cuántas veces por semana las comes?*

E2:   *Las como por lo menos tres veces por semana.*

E2:   *¿Prefieres pelar las frutas y verduras antes de comerlas?*

5 GRAMÁTICA

04-25 to 04-28 — ¡Hola! Spanish/English Tutorials

El presente perfecto de subjuntivo
Specifying what *has* happened

You have already worked with the **present perfect** (*he llamado, has comido,* etc.) and **past perfect** (*había llamado, habías comido,* etc.) **indicative.**

The **present perfect subjunctive** is formed in a similar way.

Present subjunctive form of *haber* + **past participle** is used when the subjunctive mood is needed.

Study the forms and examples below, and then answer the questions that follow.

Espero que mis padres hayan puesto más dinero en mi cuenta.

	Present subjunctive of *haber*	Past participle
yo	**haya**	preparado / comido / servido
tú	**hayas**	preparado / comido / servido
Ud.	**haya**	preparado / comido / servido
él, ella.	**haya**	preparado / comido / servido
nosotros/as	**hayamos**	preparado / comido / servido
vosotros/as	**hayáis**	preparado / comido / servido
Uds.	**hayan**	preparado / comido / servido
ellos/as	**hayan**	preparado / comido / servido

Mis padres **han preparado** una comida fabulosa.
Espero que mis padres **hayan preparado** una comida fabulosa.

Hemos comido en Casa Botín.
Dudan que **hayamos comido** en Casa Botín.

Siempre nos **han servido** muy rápido.
Es bueno que siempre nos **hayan servido** muy rápido.

My parents have prepared a fabulous meal.
I hope (that) my parents have prepared a fabulous meal.

We have eaten at Casa Botín.
They doubt (that) we have eaten at Casa Botín.

They have always served us quickly.
It is a good thing (that) they have always served us quickly.

¡Explícalo tú!

1. How is the present perfect subjunctive formed?
2. When is it used?

✔ Check your answers to the preceding questions in **Appendix 1.**

Workbooklet

 4-29 **Batalla** Llena un cuadro con **nueve** verbos diferentes de la lista en las formas indicadas del **presente perfecto de subjuntivo.** Pregúntense si tienen esos verbos. La primera persona con tres **X** gana. Repitan el juego. ■

> añadir (yo), asar (ellos), batir (ella), dar (nosotros), decir (tú), disfrazarse (Ud.), discutir (ellos), engañar (yo), hacer (yo), hervir (ellas), mezclar (tú), oír (yo), poner (Ud.), querer (Uds.), revolver (él), salir (nosotros), traer (yo), verter (ella), ver (ellas)

MODELO   E1: ¿Tienes *hayas hecho*?
              E2: No, no tengo *hayas hecho*.
                   ¿Tienes *haya revuelto*?
              E1: Sí, tengo *haya revuelto*…

4-30 **Decisiones** Elige entre **el presente perfecto de indicativo** y el **presente perfecto de subjuntivo** para terminar la siguiente conversación entre Rosalía y Miguel. Túrnense. ■

¡Anda! Curso intermedio, Capítulo 2. El subjuntivo para expresar pedidos, mandatos y deseos, pág. 91; Capítulo 3. El subjuntivo para expresar sentimientos, emociones y dudas, pág. 126.

ROSALÍA: ¡Hola, Miguel! ¿Qué tal (1) has estado / hayas estado? Tanto tiempo sin verte. Es increíble que no (2) has cambiado / hayas cambiado en absoluto. Te ves igual. ¿Qué (3) has estado haciendo / hayas estado haciendo?

MIGUEL: Hola, Rosalía. ¡Es obvio que no (4) has hablado / hayas hablado con mi mamá! Se lo está diciendo a todos porque está muy orgullosa: hace seis meses que trabajo como consejero de las estrellas, quiero decir de la gente famosa e importante. Por ejemplo, recientemente (5) he tenido / haya tenido que aconsejar (*counsel*) a una mujer joven (no puedo mencionar su nombre) que no se (6) ha portado / haya portado bien —muchas fiestas, muchos bares, muchas citas— ya sabes. Además, también (7) he aconsejado / haya aconsejado a muchos atletas profesionales. Oye, dudo que tu trabajo (8) ha sido / haya sido tan difícil como el mío. A propósito, ¿qué (9) has hecho / hayas hecho recientemente?

ROSALÍA: (*¡Umf! Dudo que* (10) has estudiado / hayas estado *interesado en otra persona que no seas tú… piensa ella antes de contestar.*) Bueno, yo escribo columnas para el periódico. Nuestro enfoque es tratar de ayudar a la gente buena, honesta y humilde —ayudar a la sociedad en general. Por ejemplo, hoy si quieres, puedes leer un reportaje de dos de mis colegas que (11) han resuelto / hayan resuelto un crimen de unas personas avaras que (12) han maltratado / hayan maltratado a unas personas mayores. ¡Qué mundo éste! ¿Verdad?

MIGUEL: Pues, sí… (*le comenta totalmente desinteresado*). Mira, allí está José Luis. No me (13) ha visto / haya visto en por lo menos seis meses. Oye, José Luis, ven acá. Tanto tiempo sin verte…

¡Anda! Curso elemental, Capítulo 7. El pretérito; Algunos verbos irregulares en el pretérito, Apéndice 3.

 ¡Anda! Curso intermedio, Capítulo 2. El subjuntivo para expresar pedidos, mandatos y deseos, pág. 91; Capítulo 3. El subjuntivo para expresar sentimientos, emociones y dudas, pág. 126.

4-31 No te creo

Tienes un amigo que casi nunca dice la verdad. Túrnense para responder a sus comentarios usando las siguientes expresiones. ■

| no creo | dudo | es imposible | es improbable | no es cierto |

MODELO E1: *Cené con Barack y Michelle Obama.*

E2: *Dudo que hayas cenado con ellos.*

1. Cuando estuve en Casa Botín, vi a Leticia Ortiz, la futura reina de España.
2. Me invitaron a cocinar en el programa *Simply Delicioso*.
3. Rafael acaba de escribir un libro de cocina y una casa editorial muy famosa lo quiere publicar.
4. Mis hermanas abrieron un restaurante nuevo en la isla Roatán en Honduras. Está justo en la playa.
5. ¡Me comprometí! Mi novia es Cameron Díaz y me ha dicho que me ama.

¡Anda! Curso intermedio, Capítulo 2. El subjuntivo para expresar pedidos, mandatos y deseos, pág. 91; Capítulo 3. El subjuntivo para expresar sentimientos, emociones y dudas, pág. 126.

4-32 ¿Y yo?

Ahora escribe una lista de **seis** cosas que te han ocurrido recientemente. **Dos** de las cosas no deben ser verdaderas. Después, en grupos de tres o cuatro, túrnense para leer y responder a las oraciones. ■

Fíjate

Some expressions to use in activity **4-32** are: *No creo que…* , *Creo que…* , *Dudo que…* , *Es verdad que…* , and *Es probable que….* For other expressions, consult pages 91 and 126 on *el subjuntivo.*

MODELO E1: *He ido a El Salvador cuatro veces.*

E2: *Es probable que hayas ido a El Salvador cuatro veces.*

E3: *Dudo que hayas ido a El Salvador cuatro veces.*

E4: *Es cierto que has ido a El Salvador cuatro veces.*

E1: *Hakeem tiene razón. No he ido a El Salvador nunca.*

4-33 **Anticipando la cita** Esta noche Inés tiene una cita con alguien que no conoce. Tiene muchas dudas y se arrepiente de (*regrets*) haber aceptado salir con él. Terminen sus pensamientos usando siempre **el presente perfecto de subjuntivo** y otras palabras apropiadas. Túrnense y sean creativos, añadiendo detalles. ■

MODELO   Ojalá que él (ducharse)…

Ojalá que él se haya duchado antes de venir a recogerme.

1. Espero que (ir al cajero automático)…
2. Dudo que (comprarme flores)…
3. Es probable que (no tener tiempo de)…
4. No creo que (hablar con… sobre…)…
5. Es preferible que (graduarse de)…
6. No ha venido y es tarde. Tal vez (decidir)…

PERFILES

04-29 to 04-30

Grandes cocineros del mundo hispano

Se dice que cocinar bien es un arte. Aquí hay unos ejemplos de "artistas" de la cocina de varias partes del mundo hispano.

Patricia Quintana es una famosa cocinera, maestra y autora de docenas de libros de la cocina mexicana. Si has ido a su restaurante en México, D.F., *Izote*, es muy probable que hayas comido una de sus recetas que combinan las tradiciones culinarias mexicanas de elote (maíz) y chiles con la alta cocina mexicana.

Hace años que **Ferran Adrià Acosta** (n. 1962) es considerado el mejor cocinero del mundo por muchos críticos gastronómicos. Era propietario del restaurante El Bulli en España que se cerró en el año 2011 para reinventarse como una fundación gastronómica. Es notable que Adrià, quien empezó su carrera lavando platos, llegara a crear un restaurante de tres estrellas en la guía Michelin.

Es posible que hayas visto a la cocinera argentina **Dolli Irigoyen** (n. 1950) en la televisión. Durante varios años protagonizó su propia serie de programas de cocina. Es también autora de un libro de cocina y ha creado su propio restaurante en Buenos Aires, el Espacio Dolli.

Preguntas

1. ¿Cómo se han hecho famosas estas personas?
2. Compara a una de estas personas con algún/alguna cocinero/a famoso/a de los Estados Unidos. ¿Qué sabes de él/ella?
3. Es notable que estas personas se consideren grandes artistas del mundo culinario. ¿Qué opinas tú de los cocineros como artistas?

¡Anda! Curso intermedio, Capítulo 2. El subjuntivo para expresar pedidos, mandatos y deseos, pág. 91; Capítulo 3. El subjuntivo para expresar sentimientos, emociones y dudas, pág. 126.

4-34 **¿Qué habrían hecho?** Imagínense que pueden conversar con Patricia Quintana, Dolli Irigoyen y Ferran Adrià Acosta para pedir consejos sobre la comida. Ustedes tienen las siguientes situaciones y ellos les necesitan ofrecer comentarios. Inventen sus comentarios, usando **el presente perfecto de subjuntivo** y **el presente de subjuntivo**. ■

MODELO   Sra. Quintana, me gusta cocinar pero no he tenido tiempo para hacerlo recientemente.

Es bueno que hayas cocinado en el pasado y que te haya gustado. Para tener más tiempo para preparar una comida sugiero que prepares todos los ingredientes la noche anterior…

1. Sra. Quintana, he leído muchos de sus libros de la cocina Mexicana, pero no puedo elegir mis recetas favoritas.
2. Sra. Irigoyen, hemos visto muchos de sus programas de cocina en la televisión, pero sus recetas nos han parecido muy difíciles.
3. Sr. Adrià, siempre he querido ser cocinero en un restaurante conocido, pero es casi imposible encontrar un trabajo así.
4. Sr. Adrià, hace seis años que soy dueño de un restaurante de mucho éxito, pero en los últimos dos años no he tenido tiempo para experimentar con nuevas recetas.
5. Sres. Quintana, Irigoyen y Adrià, siempre he querido ser famosa. He estudiado para ser cocinera y he trabajado en el mismo restaurante por cinco años. Todo el mundo conoce al dueño del restaurante pero nadie sabe quién soy yo.

¡CONVERSEMOS!

04-31 to 04-32

4-35 **Diálogos** Escucha los diálogos y haz las siguientes actividades. ■

1. ¿A qué mercado va el turista? ¿Cómo piensa viajar allí?
2. ¿Adónde quieren ir Nines y Mercedes?
3. ¿Por qué quieren ir allí ellas?
4. En la **Situación 1,** dibuja un mapa para el turista para que pueda llegar a la estación de autobuses.
5. En la **Situación 2,** dales de nuevo las indicaciones (*directions*) a Nines y a Mercedes.

> **Fíjate**
>
> *La esquina* (corner) and *la cuadra* (block) are important words to know when giving directions.

4-36 **¿Cómo llegamos?** En grupos de tres o cuatro personas, dramaticen la siguiente situación. ■

Una delegación de estudiantes internacionales de países hispanohablantes ha llegado a tu ciudad. Ellos quieren saber dónde pueden comer en tu ciudad y qué sirven de comer en los distintos restaurantes. Explíquenles cómo llegar a algunos restaurantes y qué tipo de comida sirven.

MODELO E1: *Hola. ¿Me podría decir cómo llegar a un restaurante mexicano y cuáles son sus platos especiales?*

E2: *Sí, mi favorito está muy cerca. Siga derecho...*

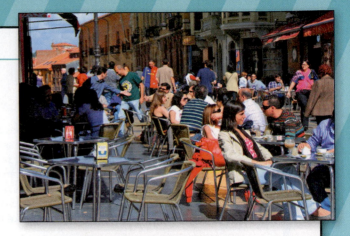

4-37 Mi restaurante favorito es…

Habla con un/a compañero/a de clase para compartir información sobre tu restaurante favorito. Explícale por qué es tu favorito. Entonces cada uno debe darle indicaciones al otro para llegar al restaurante. ■

4-38 Vamos a comer Quieren ir a comer en tu ciudad y necesitan formular un plan: ■

1. ¿Adónde quieren ir?
2. ¿Qué tipo de comida esperan encontrar?
3. ¿Cómo se llega al restaurante?

En un grupo de tres, hagan su plan. Usen el vocabulario y las estructuras de este capítulo y sean creativos.

MODELO   E1:   *Vamos al restaurante Mixto —creo que tienen buena comida allí.*

         E2:   *¿Dónde está? Espero que tengan bistec a la parrilla.*

         E3:   *Es fácil llegar —he ido antes. Salgan por la puerta principal de la universidad, sigan recto dos cuadras y doblen a la izquierda. Está a mano derecha.*

         E4:   *Es bueno que hayas ido allí antes. ¿Qué tipo de comida sirven?*

4-39 Una entrevista Con un/a compañero/a de clase, dramatiza la siguiente situación. Eres reportero/a para la revista *Buen provecho*. Vas a entrevistar a un cocinero famoso del restaurante X. Prepara una lista de preguntas sobre la historia del restaurante, la experiencia del cocinero y su plato favorito. Al final, pregúntale cómo llegar al restaurante. El cocinero debe preparar unas respuestas apropiadas para las preguntas. Traten de usar el vocabulario y la gramática del capítulo en la entrevista. ■

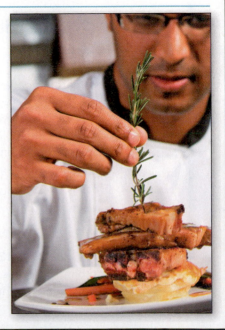

MODELO   E1 (REPORTERO):   *Gracias por darme esta entrevista. Hace tiempo que quiero conocerlo. Tengo muchas preguntas para usted.*

         E2 (COCINERO):   *De nada. Es un placer también para mí. Un reportero de su revista me contactó hace un año, pero no he podido hacer la entrevista hasta ahora…*

ESCRIBE

04-33 to 04-34

Un artículo de revista

Estrategia

Process writing (Part 4): Sequencing events

Narratives about events—past, present, or future—have a logical sequence that the reader can follow. Using a logical sequence in your writing will give it cohesion and make it flow naturally.

Expressions such as those listed can be used to indicate the natural order of events in your narrative. These words also provide smooth transitions between portions of your writing.

Adverbios y expresiones adverbiales	*Adverbs and adverbial expressions*
al principio, primero	*at first, first, in the beginning*
el primer día / mes	*the first day / month*
luego, entonces	*then, next*
antes (de)	*before*
después (de)	*afterward, after*
en seguida	*immediately (after)*
más tarde	*later*
pronto	*soon*
por fin, finalmente	*finally*
al final	*at the end*
por último	*last (in a list)*

4-40 **Antes de escribir** Vas a escribir un artículo sobre una celebración local que tiene lugar en tu ciudad. Primero selecciona una celebración. Luego, haz una lista de los datos y los eventos (nombre de la celebración, la fecha, el lugar, etc.). ■

4-41 **A escribir**

Ahora ha llegado el momento de escribir tu artículo.

- Primero, toma la lista que escribiste y empieza el artículo incluyendo los datos.
- Luego, pon tu lista de los eventos en orden cronológico, conectándolos con las expresiones nuevas como **primero, luego, después,** etc.
- Entonces añade a cada evento los detalles que sean interesantes como la descripción de una competencia, la comida, etc.

Finalmente, asegúrate de que en el artículo:

- hayas puesto los eventos en orden cronológico usando las expresiones de esta sección.
- hayas escrito por lo menos **ocho** oraciones.

4-42 **Después de escribir** Comparte tu artículo con un/a compañero/a. Haz una comparación de las dos celebraciones que ustedes han descrito. ¿En qué son semejantes y en qué son diferentes? Comunica esta información al resto de la clase. ■

¿Cómo andas? II

	Feel confident	Need to review
Having completed **Comunicación II,** I now can . . .		
• describe foods and their preparation. (p. 159)	☐	☐
• indicate how long something has been going on or how long ago it occurred. (MSL)	☐	☐
• expand on foods. (p. 164)	☐	☐
• specify what *has* happened. (p. 168)	☐	☐
• name and provide details about three people known for creating excellent cuisine. (p. 172)	☐	☐
• use appropriate expressions when asking for and giving directions. (p. 174)	☐	☐
• write about events in a logical order. (p. 176)	☐	☐

Vistazo cultural

04-35

Tradiciones de Guatemala, Honduras y El Salvador

Carmen Barreto Molina,
estudiante de Artes Culinarias

Soy estudiante en el Instituto Femenino de Estudios Superiores de Guatemala, y hace tres años que estudio artes culinarias. Siempre había pensado en estudiar la comida y la cultura de otros países. En mis cursos he aprendido que muchas veces la comida típica es una parte integral de las celebraciones culturales. Aquí les ofrezco un vistazo a unas fiestas de diferentes culturas y unos platos típicos de algunos países.

Antigua, Guatemala

Durante la Semana Santa en Antigua, Guatemala, las procesiones religiosas pasan sobre "alfombras" en las calles. Estas alfombras se hacen principalmente de aserrín (*sawdust*) de muchos colores y a veces de verduras, de plantas, de flores y hasta de pan. La gente ha planeado sus diseños por meses pero se hacen en las veinticuatro horas antes de comenzar las procesiones.

Un plato guatemalteco

Un plato típico guatemalteco es *pepián* o *pipián*. Es un rico plato tradicional a base de tomates, chiles, pollo y otras verduras como la papa. También contiene especias y a veces se sirve como un guisado (*stew*). A menudo se come con tortillas.

Las máscaras guatemaltecas

Hace siglos que las máscaras tradicionales tienen un papel muy importante en las celebraciones guatemaltecas. El uso de las máscaras data de los tiempos precolombinos y aún de los conquistadores. Se habían usado para representar animales, diablos, santos y otras figuras míticas que aparecían en las historias y los bailes folklóricos. Hoy en día la gente se disfraza con máscaras para celebrar eventos tanto sociales como religiosos.

Copán, Honduras

En Santa Rosa de Copán, un pueblo en las montañas de Honduras, la celebración de la Semana Santa es impresionante. Hay seis desfiles que celebran diferentes partes de la historia de la Pascua. El viernes santo, una procesión pasa por el pueblo sobre una alfombra de flores extendida en la calle.

El Día de Garífuna, Honduras

El doce de abril se celebra "El Día de Garífuna", el aniversario de la llegada de los Garífuna a Honduras hace más de doscientos años. El pueblo Garífuna es de herencia africana y caribeña. La fecha se celebra con baile, música, teatro y desfiles (*parades*).

Comida salvadoreña

Las pupusas son la comida más común en El Salvador. Son tortillas a base de masa de maíz con relleno de queso, frijoles y/o carne de algún tipo. Por un decreto legislativo salvadoreño del año 2005, el segundo domingo del mes de noviembre de cada año es "El Día Nacional de las Pupusas".

Juayúa, El Salvador

Este pueblo se conoce por su famosa Iglesia del Cristo Negro, cuyo santo patrón se celebra cada enero con un festival. También es famoso por su feria gastronómica. Hace más de veinticinco años que se festeja cada fin de semana con un festival de comida típica salvadoreña pero también unos platos exóticos e internacionales.

Preguntas

1. ¿Qué elementos tienen en común estas celebraciones?
2. ¿Qué comidas tradicionales se mencionan? ¿En cuáles de estas celebraciones es probable que se haya servido comida?
3. Compara estas celebraciones con otras que has estudiado y con las celebraciones en los Estados Unidos. ¿Qué celebración o tradición prefieres y por qué?

Laberinto peligroso

04-38 to 04-39

EPISODIO 4

Lectura

4-43 **Antes de leer** Para algunos textos (como los artículos periodísticos o las novelas de detectives) es muy importante fijarse en los detalles. Contesta las siguientes preguntas sobre algunos detalles importantes de los episodios anteriores. ■

1. ¿Qué le pasó a Celia durante la conferencia y después de tomar café con Cisco?
2. ¿Por qué necesitaban Celia y Cisco hablar con el Dr. Huesos?
3. ¿Qué decía la nota que Celia encontró en su bolso? ¿Cómo reaccionaron Celia y Cisco?

DÍA 20

Colaboradores, competidores y sospechosos

Mientras Cisco le hablaba sobre sus comidas favoritas, Celia pensaba en el mensaje de correo electrónico que había recibido: "Te estoy observando". ¿Quién se lo había mandado? ¿La persona que le había dejado la nota ayer? ¿Por qué se había sentido mal durante la conferencia y en el café? Había consultado varios periódicos para ver si otros habían sufrido esos síntomas, pero no había encontrado nada relevante.

—¿Estás bien? —Cisco interrumpió sus pensamientos.

—Sí. ¿Por qué me lo preguntas? —respondió Celia bruscamente, mientras intentaba

get distracted   recordar lo que había estado diciendo antes de distraerse°.

—Porque te he preguntado algo y no me has respondido. ¿Me has estado escuchando? —preguntó Cisco, un poco molesto.

—Siento no haberte prestado atención. Estoy preocupada, por eso tengo la mente en otro lugar —reconoció Celia.

—¿Puedo ayudarte?

—¿Me enviaste algún correo? —preguntó Celia, con un tono acusatorio.

—No. ¿Por qué?

joke   —Porque es posible que me hayas querido hacer una broma° de muy mal gusto —dijo Celia, indignada.

—¿Cómo?

—Recibí un mensaje como la nota que encontré cuando salíamos del café ayer —explicó Celia.

—No he sido yo —repitió Cisco.

—¿Estás seguro?

—No lo hice. —insistió—. ¿Me crees?

—Está bien, Cisco, no creo que me hayas enviado el mensaje —Por fin Celia estaba más tranquila.

—¿Y ahora me contestas la pregunta? ¿Has terminado el café?

—Sí, lo he terminado. ¿Nos vamos? —respondió Celia.

—Sí, tengo mucho trabajo.

—Yo también, y además camino a casa necesito comprar un regalo para una amiga que dio a luz hace un mes. Hace tanto tiempo que no estoy con ningún bebé… no sé qué comprarle —dijo Celia mientras salían del café.

—¿Un libro? —sugirió Cisco.

—Tal vez, pero como es un bautizo, mejor algo religioso. Me emociona mucho que me haya invitado y quiero demostrárselo dándole algo apropiado.

—Hay una tienda de objetos religiosos cerca del mercado de comida orgánica —mencionó Cisco.

—Está bien, voy para allá. Hasta luego.

kiss —Cuídate —respondió Cisco dándole un beso° en la mejilla.

Era la una cuando Celia llegó a casa. Inmediatamente volvió a la investigación con la que la había ayudado el Dr. Huesos. Cisco había llegado a su casa media hora antes y trabajaba en lo mismo. Cada uno en su propia casa, Celia y Cisco leían cientos de páginas web y numerosos artículos. Cada uno por su parte tomó conciencia de la situación en las selvas tropicales.

2.471 acres Cisco descubrió que la destrucción de las selvas había empezado hacía décadas, y que nada mejoraba: cada año seguían destruyéndose miles de hectáreas°. Aunque algunos gobiernos y compañías tenían cierta responsabilidad, los contrabandistas eran un enorme problema. Ganaban mucho dinero vendiendo ilegalmente sus recursos naturales, especialmente la madera y los pájaros exóticos. Ya se habían extinguido muchas especies de plantas y animales, y el impacto en los indígenas era tremendo: dependían de la selva para comer, tratar heridas y enfermedades, construir casas, defenderse; la necesitaban para vivir. Antes de empezar este proyecto, Cisco no se había dado cuenta del poder de las selvas. Muchas de las sustancias que contenían sus plantas eran medicinales, y otras eran peligrosas y podían usarse para crear armas biológicas.

Aunque estaba satisfecho con su progreso, sabía que Celia podía ser una gran colaboradora en el proyecto. La respetaba por su inteligencia, sinceridad y honradez. Mientras abría el correo electrónico para escribirle, sonó el teléfono. Lo contestó y era Ramón, un oficial de El Salvador, uno de los contactos de su familia, que le devolvía la llamada. Después de hablar con él, empezó a prepararse porque esa noche se casaba uno de sus mejores amigos.

Hacía dos horas que había salido para la boda cuando alguien forzó la entrada a su casa. ¡Encendió la computadora y copió todo lo que Cisco había descubierto!

4-44 **Después de leer** Contesta las siguientes preguntas. ■

1. ¿Por qué estaba preocupada Celia?
2. ¿Qué pensaba Celia que Cisco había hecho?
3. Según la investigación de Cisco, ¿quiénes tenían la culpa de la destrucción de las selvas tropicales? ¿Cuáles han sido las consequencias?
4. ¿Por qué crees que se titula el episodio *Colaboradores, competidores y sospechosos*?

Video

04-40 to 04-41

4-45 **Antes del video** En *Colaboradores, competidores y sospechosos*, viste cómo avanzaba Cisco con su investigación sobre las selvas tropicales. En el episodio en video, vas a ver cómo avanza el proyecto de Celia. Antes de ver el episodio, contesta las siguientes preguntas. ■

1. ¿Por qué piensas que Celia sospechaba que Cisco le había enviado el mensaje?
2. ¿De qué piensas que hablaron Cisco y Ramón?
3. ¿Quién crees que entró en el apartamento de Cisco?

Espero que lo hayas pasado muy bien.

¿Es posible que alguien haya intentado envenenarme *(poison me)?*

Javier, hay algo que debes saber…

Episodio 4

«¿Mágica o malvada?»

Relájate y disfruta el video.

4-46 **Después del video** Contesta las siguientes preguntas. ■

1. ¿Dónde había estado Celia antes de llegar a su casa al comienzo del episodio?
2. Compara y contrasta los resultados de la investigación de Cisco con los de Celia.
3. ¿Qué pensaba Celia que podía haber pasado en la conferencia cuando se enfermó?
4. ¿Cómo concluyó el episodio?

LETRAS

04-45 to 04-50

Acabas de terminar otro episodio de **Laberinto peligroso.** Explora más lecturas en la colección literaria, **Letras.**

Y por fin, ¿cómo andas?

	Feel confident	Need to review
Having completed this chapter, I now can . . .		

Comunicación I

- express information about celebrations and life events. (p. 148) ☐ ☐
- report and narrate past events. (MSL) ☐ ☐
- discuss events that *had* occurred. (p. 153) ☐ ☐
- register details. (p. 157) ☐ ☐

Comunicación II

- describe foods and their preparation. (p. 159) ☐ ☐
- indicate how long something has been going on or how long ago it occurred. (MSL) ☐ ☐
- expand on foods. (p. 164) ☐ ☐
- specify what *has* happened. (p. 168) ☐ ☐
- use appropriate expressions when asking for and giving directions. (p. 174) ☐ ☐
- write about events in a logical order. (p. 176) ☐ ☐

Cultura

- relate information about celebrations and traditions in the Hispanic world. (p. 156) ☐ ☐
- name and provide details about three people known for creating excellent cuisine. (p. 172) ☐ ☐
- share and compare cultural information regarding celebrations and traditions in Guatemala, Honduras, and El Salvador. (p. 178) ☐ ☐

Laberinto peligroso

- identify details and supporting elements in a text and speculate about threatening notes. (p. 180) ☐ ☐
- hypothesize about mysterious intruders. (p. 182) ☐ ☐

Comunidades

- use Spanish in real-life contexts. (SAM) ☐ ☐

Literatura

- identify the structure of a poem. (Literary Reader) ☐ ☐

Las celebraciones y los eventos de la vida — *Life events and celebrations*

el aniversario de boda	*wedding anniversary*
el baile	*dance*
el bautizo	*baptism*
el bebé	*baby*
la boda	*wedding*
la cita	*date*
el compromiso	*engagement*
el cumpleaños	*birthday*
El Día de las Brujas	*Halloween*
El Día de San Valentín	*Valentine's Day*
El Día de la Madre/ del Padre/de la Independencia, etc.	*Mother's Day, Father's Day, Independence Day, etc.*
El Día de los Muertos	*Day of the Dead*
la graduación	*graduation*
la luna de miel	*honeymoon*
el nacimiento	*birth*
la Navidad	*Christmas*
el/la novio/a	*boyfriend/girlfriend; groom/bride*
la Pascua	*Easter*
la primera comunión	*First Communion*
la quinceañera	*fifteenth birthday celebration*
el regalo	*present*

Verbos — *Verbs*

celebrar	*to celebrate*
cumplir… años	*to have a birthday/ to turn . . . years old*
dar a luz	*to give birth*
discutir	*to argue; to discuss*
disfrazarse	*to wear a costume; to disguise oneself*
enamorarse (de)	*to fall in love (with)*
engañar	*to deceive*
estar comprometido/a	*to be engaged*
estar embarazada	*to be pregnant*
pelear(se)	*to fight*
salir (con)	*to go out (with)*
tener una cita	*to have a date*

La comida y la cocina — *Food and kitchen*

Las carnes y las aves — *Meat and poultry*

la carne de cerdo	*pork*
la carne de cordero	*lamb*
la carne de res	*beef*
la carne molida	*ground beef*
las chuletas	*chops*
el pavo	*turkey*
las salchichas	*sausages*
la ternera	*veal*
el tocino	*bacon*

El pescado y los mariscos — *Fish and seafood*

el cangrejo	*crab*
la langosta	*lobster*
las sardinas	*sardines*

Más comidas — *More foods*

la harina	*flour*
la miel	*honey*
el pan dulce	*sweet roll*
los panqueques	*pancakes*

Términos de la cocina — *Cooking terms*

añadir	*to add*
asar	*to roast; to broil*
batir	*to beat*
(re)calentar (e → ie)	*to (re)heat*
derretir (e → i → i)	*to melt*
freír (e → i → i)	*to fry*
hervir (e → ie → i)	*to boil*
mezclar	*to mix*
pelar	*to peel*
revolver (o → ue)	*to stir*
tapar	*to cover*
verter (e → ie)	*to pour*

Palabras útiles — *Useful words*

el fuego (lento, mediano, alto)	*(low, medium, high) heat*
el ingrediente	*ingredient*
el kilogramo	*kilogram (or 2.2 pounds)*
el nivel	*level*
el pedazo	*piece*
la receta	*recipe*

Las frutas — *Fruit*

el aguacate	*avocado*
la cereza	*cherry*
la ciruela	*plum*
el durazno	*peach*
la fresa	*strawberry*
el mango	*mango*
la papaya	*papaya*
la piña	*pineapple*
la sandía	*watermelon*
la toronja	*grapefruit*

Las verduras — *Vegetables*

las aceitunas	*olives*
el ajo	*garlic*
el apio	*celery*
la calabaza	*squash; pumpkin*
la col	*cabbage*
la coliflor	*cauliflower*
los espárragos	*asparagus*
las espinacas	*spinach*
los guisantes	*peas*
los hongos	*mushrooms*
el pepino	*cucumber*
el pimiento	*pepper*
el plátano	*plantain (Lat. America)*
la zanahoria	*carrot*

Algunos postres, dulces y botanas — *Some desserts, candies, and snacks*

el batido	*milkshake*
el bombón	*sweet; candy*
la dona	*donut*
el flan	*caramel custard*
las palomitas de maíz	*popcorn*

· Yo había terminado mi tarea

Viajando por aquí y por allá

¿Te gusta ir de viaje? En el mundo hispano hay muchos lugares bonitos que puedes visitar. Hay lagos, montañas, playas, ciudades con centros comerciales y parques de atracciones. Y la tecnología puede llegar hasta cualquiera de esos lugares. ¡Vamos a explorar!

PREGUNTAS

1 ¿Cómo prefieres viajar? ¿Por qué?

2 ¿Adónde te gusta viajar?

3 ¿Cómo usamos la tecnología para viajar?, ¿y en nuestra vida diaria?

Comunicación I

05-01 to 05-03

Los viajes Discussing travel and means of transportation

♻ ¡Anda! Curso elemental, Capítulo 2. Los deportes y los pasatiempos; Capítulo 4. Los lugares; Capítulo 10. Los medios de transporte; El viaje, Apéndice 2.

el monumento nacional

el paisaje

el extranjero

el crucero

la frontera

firmar (los documentos)

el equipaje

los recuerdos

la aduana

la cámara

el guía (la guía)

sacar fotos

alquilar un coche

la limusina

el itinerario

perderse (e → ie)

Palabras útiles	Useful words
el puerto	port
hacer un crucero	to go on a cruise

Por y para Expressing time, location, purpose, destination, and direction

For a complete review of **por** and **para**, go to MySpanishLab or refer to **Capítulo 11** of *¡Anda! Curso elemental* in Appendix 3 of your textbook. The following vocabulary activities that appear in your textbook incorporate this grammar point. Practicing new vocabulary with a review grammar point helps to strengthen and increase your knowledge of Spanish.

5-1 Viaje ¿Qué necesitas para viajar? Con un grupo de cuatro compañeros/as de clase, hagan una lista de lo que necesitan y/o lo que van a ver en su "viaje". Cada persona del grupo debe tomar por lo menos **dos** turnos. ¡Diviértanse! ■

MODELO   E1 [JOE]:   *Llevo un mapa.*

E2 [ABBY]:   *Voy a la frontera y Joe lleva un mapa.*

E3 [MARK]:   *Uso un guía para no perderme, Abby va a la frontera y Joe lleva un mapa…*

 ¡Anda! Curso intermedio, Capítulo 2. El subjuntivo para expresar pedidos, mandatos y deseos, pág. 91.

 ¡Anda! Curso elemental, Capítulo 10. Los medios de transporte; El viaje, Apéndice 2.

5-2 En un mundo (im)perfecto

Siempre hay recuerdos de los viajes. Termina las siguientes oraciones de manera lógica, usando el vocabulario nuevo de **Los viajes.** ■

MODELO   Mañana, mis amigos y yo salimos para…

Mañana, mis amigos y yo salimos para Panamá en un crucero de dos semanas.

1. Me gustó pasear por…
2. Mis amigos y yo salimos para…
3. Fui a la frontera por…
4. Compraron unos recuerdos para…
5. ¿Alquilaste un coche por…?
6. Yo pagué más de $100 por…

¡Anda! Curso intermedio, Capítulo 2. El subjuntivo para expresar pedidos, mandatos y deseos, pág. 91.

¡Anda! Curso elemental, Capítulo 10. Los medios de transporte; El viaje, Apéndice 2.

5-3 **Agentes de viajes** Ustedes son agentes de viajes y les dan a sus clientes recomendaciones sobre los viajes que ellos van a hacer. Túrnense. Sean creativos y usen **por** y **para** cuando sea posible. ■

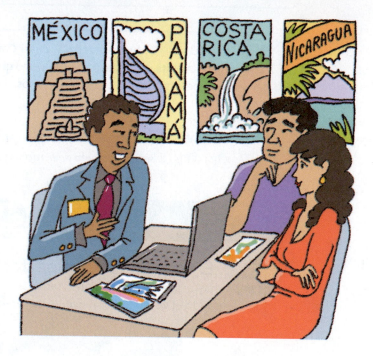

MODELO ir por tren

Es aconsejable que vayan por tren porque es más rápido y económico.

1. no manejar en esa ciudad
2. revisar el coche antes de alquilarlo
3. comprar un boleto de ida y vuelta
4. llegar a tiempo al aeropuerto
5. renovar (*renew*) el pasaporte
6. no llevar demasiado equipaje

Estrategia

Remember that you can use the following verbs and expressions to create your recommendations for **5-3**: *aconsejar, recomendar (e → ie), sugerir (e → ie → i), es aconsejable / deseable / mejor / preferible / recomendable que…*

¡Anda! Curso intermedio, Capítulo 4. El pasado perfecto (El pluscuamperfecto), pág. 153.

 ¡Anda! Curso elemental, Capítulo 8. El imperfecto, Apéndice 3; Capítulo 10. Los medios de transporte, Apéndice 2.

5-4 ¿Por o para? Carlos planea las vacaciones de la familia. ■

Paso 1 Túrnense para descubrir los planes finales de Carlos usando **por** y **para.**

Carlos y su familia trabajaban demasiado. (1) _____ más de cinco años habían hablado de irse de vacaciones y (2) _____ fin decidieron que iban a hacerlo (3) _____ finales de julio. Era el primero de mayo y todavía no habían decidido (4) _____ cuánto tiempo se iban a ir. Carlos quería ir (5) _____ tres semanas y hacer un crucero (6) _____ el Caribe, pero sus hermanos y sus padres no podían dejar el trabajo (7) _____ más de diez días. Tampoco les quedaba mucho dinero (8) _____ las vacaciones porque acababan de renovar su casa.

Entonces, ya era hora de decidir adónde y cómo ir. (9) _____ Carlos, si no podían hacer un crucero, era mejor alquilar una camioneta (*truck*) y una tienda de campaña y viajar (10) _____ el oeste de los Estados Unidos (11) _____ conocer los parques nacionales. Se puede hacer camping (12) _____ menos dinero que quedarse en un hotel. También, Carlos pensaba pasar (13) _____ la carretera Panamericana, quizás la parte entre Denver, Albuquerque y San Antonio. Sabía que había atascos (*traffic jams*) a causa de la construcción, pero no le importaba. Sus padres se conocieron en un pueblo en la carretera Panamericana cerca de San Antonio, y Carlos pensaba que (14) _____ esa razón iba a ser una buena sorpresa (15) _____ ellos. (16) _____ ayudar a sus padres, Carlos tenía la intención de planear toda la ruta yendo (17) _____ unos caminos interesantes en vez de pura autopista.

Decidieron tomar sus sugerencias, y sus padres se lo agradecieron. (18) _____ los hermanos no fue tan emocionante aquella decisión; ¡querían ir a Disneylandia!

Paso 2 Túrnense para explicar por qué usaron **por** o **para** en cada espacio en blanco. Sigan el modelo.

MODELO 1. Por, *duration of time*

5-5 Preguntas para Carlos Túrnense para hacerle **seis** preguntas a Carlos de la actividad **5-4** sobre sus planes, y luego contéstenlas. Pueden añadir información. Practiquen **por** y **para** en sus preguntas y sus respuestas. ■

Estrategia

When you create with language, you use *critical thinking skills* such as *hypothesizing*. Create questions that might not be directly answered in **5-4.** Then create hypothetical, plausible answers that Carlos might give.

MODELO E1: *¿Por qué querías viajar por el Caribe en un crucero?*

E2 (CARLOS): *Quería viajar por el Caribe en un crucero porque me gustan las playas y quería descansar y relajarme un poco.*

♻ *¡Anda! Curso elemental*, Capítulo 9.
El pretérito y el imperfecto, Apéndice 3.

5-6 **Mi viaje en un crucero por el río Amazonas** Lee el folleto sobre el crucero y después escribe una entrada de diario para describir lo que viste e hiciste durante el viaje. Puedes añadir más detalles. Usa por lo menos **cinco** de las palabras nuevas de **Los viajes**. También usa **por** y **para** por lo menos **cinco** veces. Después, compara tu entrada con la de un/a compañero/a. ◼

MODELO   Querido diario:

Querido diario:

El domingo pasado salimos de Iquitos, Perú, para Tabatinga, en Brasil. Hicimos un viaje por barco por el río Amazonas. Vimos e hicimos muchas cosas interesantes. Por ejemplo, por la mañana...

Este crucero de siete días sale los domingos de Iquitos, Perú, y lo lleva en el barco RÍO AMAZONAS a Tabatinga, Brasil, de regreso a Iquitos. Viajar en un barco cómodo le permite gozar de un recorrido inolvidable por la selva y conocer algunas comunidades nativas. También puede observar la exuberante flora y fauna de la selva tropical.

El barco RÍO AMAZONAS:

ITINERARIO:
- **Primer día:** Navegación río abajo a través de la zona industrial de Iquitos y una breve visita a los campos de caña de azúcar°.
- **Segundo día:** Observación de aves° por la mañana. Visita a pueblos indígenas.
- **Tercer día:** Caminata por la selva, pesca de pirañas en un lago pequeño y observación de los caimanes°.
- **Cuarto día:** Llegada a la Isla de Santa Rosa. Mañana libre para pasear y hacer compras.
- **Quinto día:** Por la mañana, visita a la villa de Atacuari; por la tarde, visita al remoto hospital de leprosos de San Pablo.
- **Sexto día:** Breve parada en Pijuayal para un chequeo de documentos, una visita a Pevas para intercambiar artículos fabricados por artesanía de los nativos.
- **Séptimo día:** Llegada a Iquitos temprano por la mañana.

sugar cane
pájaros

un tipo de *alligator*

2 VOCABULARIO

05-07 to 05-09

Viajando por coche

Becoming familiar with cars and automobile travel

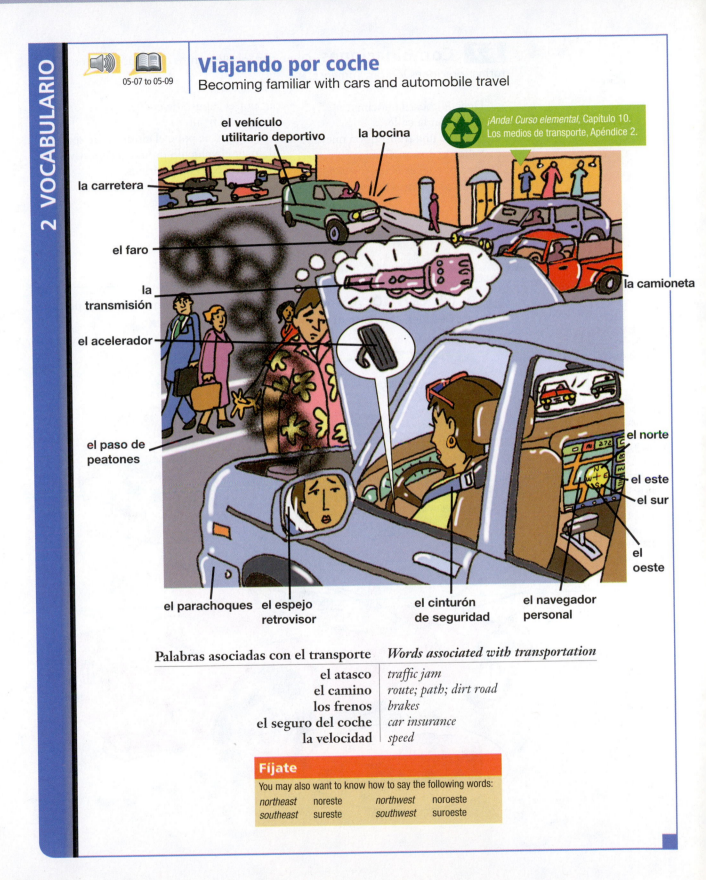

¡Anda! Curso elemental, Capítulo 10. Los medios de transporte, Apéndice 2.

el vehículo utilitario deportivo

la bocina

la carretera

el faro

la transmisión

el acelerador

el paso de peatones

la camioneta

el norte

el este

el sur

el oeste

el parachoques
el espejo retrovisor

el cinturón de seguridad

el navegador personal

Palabras asociadas con el transporte	Words associated with transportation
el atasco	*traffic jam*
el camino	*route; path; dirt road*
los frenos	*brakes*
el seguro del coche	*car insurance*
la velocidad	*speed*

Fíjate

You may also want to know how to say the following words:

| *northeast* | noreste | *northwest* | noroeste |
| *southeast* | sureste | *southwest* | suroeste |

5-7 **Combinaciones** Combinen los elementos de las dos columnas para formar oraciones lógicas. Túrnense. ■

1. _____ Deja de tocar la bocina…
2. _____ Cruzaron la calle…
3. _____ Compré una transmisión nueva…
4. _____ Salieron esta mañana…
5. _____ Para obedecer la ley (*the law*)…
6. _____ Piden setecientos dólares al año…

a. por el seguro de coche.
b. para la frontera.
c. siempre se pone el cinturón de seguridad.
d. para el vehículo utilitario deportivo viejo.
e. por el paso de peatones.
f. para no molestar a los vecinos.

♻ *¡Anda! Curso elemental,* Capítulo 10.
Los medios de transporte, Apéndice 2.

Workbooklet

5-8 **Mi carrito** ¿Conoces bien tu carro? Escribe los nombres de las partes en el dibujo. Después, comparte tu trabajo con un/a compañero/a. ■

Estrategia

When you study vocabulary, writing the words down is a useful technique. Making a list helps you remember the new words better and learn their spellings. Study the words from your written list by looking at each English word as a prompt and saying the Spanish word. Check off the words you know well, and then concentrate on those you do not know yet.

5-9 **Piloto de carreras (*Race car driver*)** Juan Pablo Montoya empezó a competir oficialmente en carreras de karting de su país a la edad de seis años. Vamos a ver lo que él nos cuenta. Completa el siguiente párrafo sobre Montoya con las palabras apropiadas de la siguiente lista. Después, comparte tu trabajo con un/a compañero/a. ■

Fíjate

The term *karting* refers to racing in go-karts, smaller-sized cars built for children to race on tracks. They are often found at amusement parks.

Fíjate

In Spanish-speaking countries, dates are written differently: day/month/year, e.g., *17/6/2014*.

Número del vehículo:	42
Fecha de Nacimiento:	20/09/1975
Lugar de Nacimiento:	Bogotá, Colombia
Altura:	1,68 m
Peso:	72 kg.
Residencia:	Miami, Florida
Familia:	Connie, esposa, e hijos Sebastian, Paulina & Manuela
Pasatiempos:	deportes aquáticos, golf

carretera	cinturones	bocina	frenos
navegador personal	transmisión	velocidad	vehículo utilitario deportivo

Desde niño me han gustado las carreras. De karting fui a Fórmula Uno, donde me quedé por varios años. Pero desde el año 2007 soy piloto de carreras de stock car con NASCAR y vivo en los Estados Unidos. Mucha gente me pregunta cuál es mi carro favorito —aunque tengo varios coches muy buenos, mi favorito es mi (1) _____. Tiene más de doscientas mil millas, pero es como nuevo para mí porque lo acabo de restaurar (*restore*). Por ejemplo, anda bien porque la (2) _____ es nueva. Para la seguridad de mis hijos puse nuevos (3) _____. Para poder parar con rapidez y precisión, tengo unos (4) _____ nuevos también. Es un coche muy seguro y lo suficientemente grande para poder llevar a mis hijos con todas sus cosas y mis perros a la playa o de excursión. Para no perderme compré un (5) _____. Una cosa que no cambié fue la (6) _____ porque funciona y suena (*sounds*) muy bien. Cuando quiero correr más (ir más rápido), no lo hago en la (7) _____ donde hay muchos otros carros; me meto en mi auto de carrera y puedo ir a alta (8) _____ en la pista de carreras.

5-10 **Un coche distinto** Lleva a clase una foto de un coche. Puede ser un coche extraordinario o un coche "regular". Descríbeselo a un/a compañero/a de clase usando por lo menos **diez** palabras nuevas del vocabulario **Viajando por coche.** ■

3 GRAMÁTICA

05-10 to 05-12

¡Hola! Spanish/English Tutorials

Los pronombres relativos *que* y *quien*
Connecting sentences and clarifying meaning

¡¿Es ésta la limusina que alquilamos por $200?!

The words **que** and **quien** can link two parts of a sentence. When used in this way **que** (*that, which, who, whom*) and **quien(es)** (*who, whom*):

- do not have accents.
- refer back to *nouns* in the **main clause** (main part of the sentence).
- provide a smooth transition from one idea to another, eliminating the repetition of the noun.

1. Que is the **most frequently used** and can refer to *people, places, things, or ideas*.

¿Es ésta	**la limusina**	**que**	alquilamos por doscientos dólares?
Is this	*the limosine*	*(that)*	*we rented for two hundred dollars?*

La agente de viajes **que** conocimos ayer viajó por todo el mundo hace tres años.

The travel agent (that) we met yesterday traveled around the world three years ago.

El itinerario y los mapas son algunas de las cosas **que** necesitamos llevar con nosotros.

The itinerary and the maps are some of the things (that) we need to take with us.

El monumento nacional **que** quieren visitar está en el centro de la ciudad.

The national monument (that) they want to visit is in the center of the city.

2. Quien(es) may also be used in a clause set off by commas when it refers *to people*, BUT **que** is normally used instead of **quien.**

El guía, **quien / que** nos llevó por toda la ciudad, no nos acompaña mañana.

The guide, who took us around the city, is not accompanying us tomorrow.

3. What follows are some additional guidelines for using **que** and **quien**:

  a. Use **que** after the simple prepositions **a, con, de,** and **en** to refer to *places, things, or abstract ideas*—NOT *people*.

  b. To refer to *people* after the simple prepositions **a, con, de,** and **en,** *you must use* **quien(es).**

El **avión en que** volamos ahora es uno de los más grandes del mundo.

The plane in which we are now flying is one of the largest in the world.

Los **peatones con quienes** cruzan necesitan apurarse un poco.

The pedestrians with whom they are crossing need to speed up a bit.

Fíjate

Note that while the word *that* can sometimes be omitted in English, **que** and **quien** are always needed in Spanish:

  El atasco **que** *vimos ayer duró cuatro horas.*
  The traffic jam (that) we saw yesterday lasted four hours.

Fíjate

A *dependent clause* cannot stand alone as a complete sentence and depends on the main clause to complete its meaning. In the following sentence, the underlined portion is the dependent clause:

  El itinerario y los mapas son algunas de las cosas ***que dejamos en casa.***

5-11 **Selecciones** Termina el siguiente párrafo con **que** y **quien**. Después, compara tu trabajo con el de un/a compañero/a. Túrnense para explicar sus elecciones. ■

La agencia (1) _____ ofrece viajes baratos no tiene problemas económicos sino unos arreglos muy especiales con la comunidad. Ayer, sin embargo, cuando llamamos a la agencia, el agente con (2) _____ hablamos no nos pudo ayudar mucho. Ese agente, (3) _____ se mudó aquí de Santiago, Chile, no sabe mucho sobre las ofertas (4) _____ tienen. Por ejemplo, no sabe si hay cruceros muy económicos (5) _____ hagan giras por todo el Caribe. Mis padres, (6) _____ hacen un viaje casi todos los años, dicen que hay cruceros enormes (7) _____ salen del puerto de nuestra ciudad. Dicen que se puede hacer muchas actividades a bordo: nadar en la piscina, relajarse en el jacuzzi, tomar el sol, asistir a diferentes clases para hacer ejercicio, como el pilates y el yoga, ir al cine, visitar los bares y las discotecas para tomar y bailar y comer las veinticuatro horas del día. ¡Mis amigas, con (8) _____ pienso hacer el crucero, nunca van a querer dormir!

5-12 **¿Has visitado la luna?** Combinen las oraciones usando **que** y **quien** para evitar la repetición. ■

MODELO   El Valle de la Luna está en Bolivia. El Valle de la Luna es un lugar muy curioso.
El Valle de la Luna, que está en Bolivia, es un lugar muy curioso.

1. El Valle de la Luna está a diez kilómetros del centro de La Paz. Es un lugar muy extraño.
2. El paisaje ofrece un gran contraste. Es un paisaje extraterrestre.
3. El Valle de la Luna está al lado de un pueblo. El pueblo se llama Malilla.
4. El día que estuve allí había un hombre encima de una roca enorme. El hombre tocaba una flauta.
5. El taxista nos cobró veinte dólares por llevarnos allí. Nos encontramos con el taxista al lado del bar Max Beber.

¡Anda! Curso elemental, Capítulo 9.
El pretérito y el imperfecto, Apéndice 2.

5-13 **La historia de Rapunzel** Su profesor/a los va a poner en grupos de tres o cuatro estudiantes y les va a dar ocho papeles que contienen la historia de Rapunzel. Ustedes tienen que poner los papeles en orden y contar la historia. ■

5-14 **¿Quién puede ser?** En grupos de cuatro o cinco, túrnense para dar pistas (*clues*) sobre una persona de la clase hasta que alguien pueda adivinar quién es. Enfóquense en el uso de **que** y **quién.** ■

MODELO   E1: *Estoy pensando en una persona que tiene una camioneta roja y lleva jeans.*
                También es una persona a quien le gusta mucho el básquetbol y con quien
                trabajo mucho en la clase.
          E2: *¿Es Mark?*
          E1: *Sí, es Mark.*

5-15 **Biografía** Ahora piensen en unas personas famosas para continuar el juego de la actividad **5-14.** Deben dar de **tres** a **cinco** pistas, o más si los compañeros no pueden adivinar quién es. ■

05-13 to 05-16

Las vacaciones Planning and illustrating vacations

¡Anda! Curso elemental, Capítulo 10.
El viaje, Apéndice 2.

la camarera
(el camarero)

el servicio

el hotel
de lujo

el sobre

la dirección

la
sombrilla

Sr. Dineral
Hotel Caro
Calle Rica 888
San Sebstián, Costa Rica

el paquete

Calle Rica 888

la arena

el portero
(la portera)

los lentes
de sol

la huésped
(el huésped)

el telefonista
(la telefonista)

la recepcionista
(el recepcionista)

el guardia de seguridad
(la guardia de seguridad)

5-16 **Veo, veo** ¿Qué ves en el dibujo de la página 199? Dile a un/a compañero/a lo que ves. Túrnense. ■

MODELO   E1:   *Veo a una persona hablando por teléfono.*

             E2:   *Ves al telefonista.*

             E2:   *Veo algo para proteger los ojos.*

             E1:   *Ves los lentes de sol.*

NOTAS CULTURALES

05-17 to 05-18

El fin del mundo y los glaciares en cinco días:

Para los viajeros que quieren algo diferente en sus vacaciones

Día 1: *Punta Arenas:* Llegada entre las 09:00 y las 16:00 horas al puerto en el crucero "Sueño". Cóctel de bienvenida con el capitán, quien encabeza el crucero.

Día 2: *Isla Magdalena y los pingüinos:* Visita la Isla Magdalena y los pingüinos magallánicos. Excursión al Parque Nacional Cabo de Hornos. Noche a bordo.

Día 3: *Ushuaia:* Navegación y llegada a Ushuaia, Tierra del Fuego, la ciudad más austral del mundo. Gira de la ciudad. Noche en hotel de 4 estrellas.

Día 4: *El Calafate y el Perito Moreno:* Traslado° *transfer* al aeropuerto; vuelo a Calafate. Exploración de los glaciares masivos de El Calafate, Patagonia. Noche en hotel de 4 estrellas.

Día 5: *El Calafate – Punta Arenas:* Desayuno. Traslado en autobús al aeropuerto. Vuelo a Punta Arenas.

Fíjate

Perito Moreno is one of the few glaciers that is growing and expanding instead of receding.

Preguntas

1. ¿Qué lugares incluye el recorrido de este viaje? ¿Qué van a ver los pasajeros? ¿Con quién tienen el cóctel de bienvenida?

2. ¿Qué medios de transporte se mencionan? ¿Adónde van en cada uno de los medios de transporte?

3. ¿Cuáles son los medios de transporte más comunes para las vacaciones en tu cultura?

5-17 **Entrevista** Circula por la sala de clase haciendo y contestando las siguientes preguntas. Debes hablar por lo menos con **cinco** personas diferentes. Después, tu profesor/a va a pedirles la información para averiguar qué tienen en común. ■

1. Cuando viajas, ¿normalmente te quedas en hoteles de lujo o en hoteles más económicos? ¿Por qué?
2. Típicamente, ¿en qué se diferencian los hoteles de lujo de los hoteles más económicos?
3. ¿Te gusta tomar el sol o prefieres quedarte bajo una sombrilla cuando estás en la playa? ¿Por qué?
4. ¿Siempre llevas lentes de sol? ¿Qué marca (*brand*) prefieres? ¿Cuánto te costaron? ¿Dónde los compraste? ¿Por qué te gustan?
5. ¿Coleccionas sellos o tarjetas postales? ¿Conoces a alguien que los coleccione? ¿De dónde has recibido tarjetas postales?

Estrategia

Answer in complete sentences when working with your classmates. Even though it may seem mechanical at times, using complete sentences leads to increased comfort with speaking Spanish.

5-18 **Nuestra historia** Mira el dibujo en la página 199, **Las vacaciones.** Con un/a compañero/a, creen una historia sobre lo que pasó aquel día. Túrnense, incluyendo por lo menos **diez** oraciones. ■

MODELO   Empezó como un día normal en el Hotel Caro.
   E1:   *Hacía sol y no llovía en la playa.*
   E2:   *Pero, llegaron dos huéspedes en una limusina…*

 ¡Anda! Curso elemental, Capítulo 9. Un resumen de los pronombres de complemento directo e indirecto y reflexivos. Apéndice 3.

5-19 **Tus vacaciones ideales** ¡Qué suerte! Ganaste $100.000 dólares en un concurso para realizar el viaje de tus sueños. Después de regresar del viaje, te entrevistó un periodista de la revista *Viajes*. Un/a estudiante hace el papel del periodista y el/la otro/a el papel del ganador. Túrnense para formar y contestar las siguientes preguntas usando **el pretérito** y **el imperfecto.** ■

1. ¿Adónde / decidir / ir? ¿Por qué?
2. ¿En qué hotel / quedarse?
3. ¿Qué servicios / ofrecer / en el hotel?
4. Cuando / estar / en el hotel, ¿cómo / pasar / el tiempo (día y noche)?
5. ¿Viajar / por la región? ¿Qué excursiones / hacer?
6. ¿Perderse / en algún momento? Da algún ejemplo.
7. ¿Sacar / muchas fotos?
8. ¿Cómo / viajar? —¿Alquilar / un carro / o / ir / en taxi y autobús / o / caminar?

Estrategia

Both you and your partner should answer the questions individually, according to your dream vacations.

ESCUCHA

Un anuncio de radio

05-19 to 05-21

When pinpointing specific information, it is usually necessary for you to know the topic or context of what you will hear in advance. Then you need to anticipate what you will want and/or need to know. When pinpointing specific information, you may wish to write or make a brief mental list of specific questions or topics upon which you will focus your listening. When performing this strategy in real life in an interpersonal setting, you would want to follow up with clarifying questions if you did not glean all the details.

5-20 Antes de escuchar

Vas a escuchar un anuncio de radio para la agencia de viajes Zona del Viaje. Si estás pensando en tomar un viaje y oyes este anuncio, ¿qué información esperas sacar? Escribe **tres** cosas que crees que vas a escuchar en el anuncio. ■

1. _____
2. _____
3. _____

5-21 A escuchar Lee esta lista de información que puede ser importante para este tipo de promoción y escucha el anuncio. ■

1. El tipo de viaje	
2. Las ofertas (*special offers*)	
3. El precio	
4. Lo que está incluido en ese precio	
5. Cómo comprar el viaje	

5-22 Después de escuchar Llena el cuadro de la actividad **5-21** con la información que escuchaste y compáralo con el de un/a compañero/a. Después, decidan si el viaje es una buena oferta y si a ustedes les gustaría hacerlo. ■

¿Cómo andas? I

	Feel confident	Need to review
Having completed **Comunicación I,** I now can . . .		
• discuss travel and means of transportation. (p. 188)	☐	☐
• express time, location, purpose, destination, and direction. (MSL)	☐	☐
• become familiar with cars and automobile travel. (p. 193)	☐	☐
• connect sentences and clarify meaning. (p. 196)	☐	☐
• plan and illustrate vacations. (p. 199)	☐	☐
• compare notes on travel and transportation. (p. 200)	☐	☐
• pinpoint specific information. (p. 202)	☐	☐

Comunicación II

¡Anda! Curso elemental, Capítulo 2.
En la universidad, Apéndice 2.

5 VOCABULARIO

05-22 to 05-23

La tecnología y la informática
Indicating how technology is useful, both at home and in travel

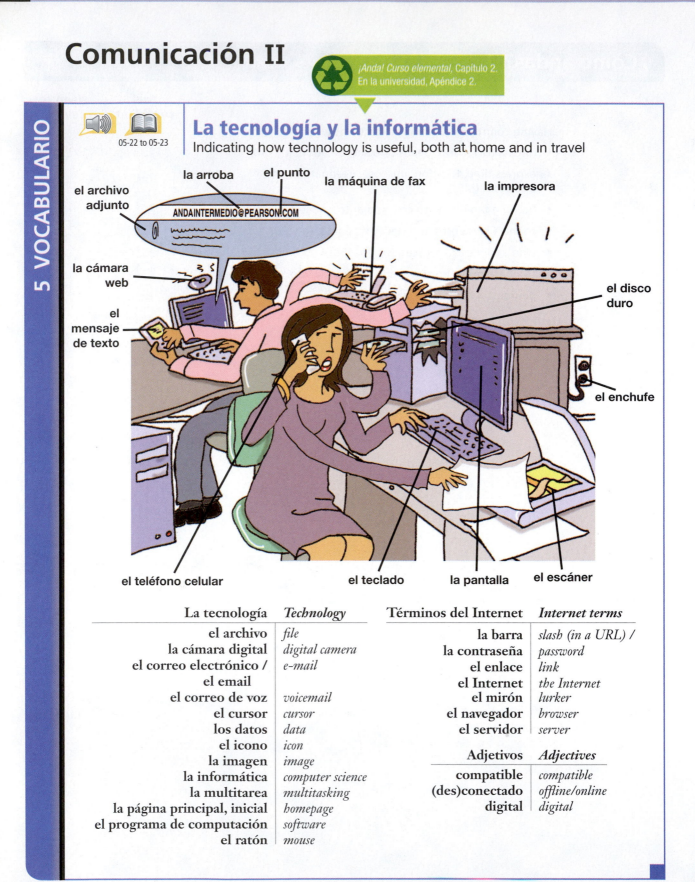

el archivo adjunto

la arroba   el punto   la máquina de fax   la impresora

ANDAINTERMEDIO@PEARSON.COM

la cámara web

el disco duro

el mensaje de texto

el enchufe

el teléfono celular   el teclado   la pantalla   el escáner

La tecnología	Technology	Términos del Internet	Internet terms
el archivo	*file*	la barra	*slash (in a URL)* /
la cámara digital	*digital camera*	la contraseña	*password*
el correo electrónico /	*e-mail*	el enlace	*link*
el email		el Internet	*the Internet*
el correo de voz	*voicemail*	el mirón	*lurker*
el cursor	*cursor*	el navegador	*browser*
los datos	*data*	el servidor	*server*
el icono	*icon*		
la imagen	*image*	**Adjetivos**	*Adjectives*
la informática	*computer science*	compatible	*compatible*
la multitarea	*multitasking*	(des)conectado	*offline/online*
la página principal, inicial	*homepage*	digital	*digital*
el programa de computación	*software*		
el ratón	*mouse*		

REPASO

Repaso &
Spanish/English
Tutorials

05-24 to 05-26

El pretérito y el imperfecto (continuación)
Conversing about events in the past

For a complete review of the preterit and the imperfect, go to MySpanishLab or refer to **Capítulo 9** of *¡Anda! Curso elemental* in Appendix 3 of your textbook. The following vocabulary activities that appear in your textbook incorporate this grammar point. Practicing new vocabulary with a review grammar point helps to strengthen and increase your knowledge of Spanish.

5-23 **¿Cierto o falso?** Es el año 2050. Un abuelo habla con su nieta, y bromea (*jokes around*) con ella sobre cómo era la tecnología en el año 2000. La nieta decide si las oraciones del abuelo son ciertas o falsas. Si son falsas, corríjanlas (*correct them*) para hacerlas ciertas. Túrnense. ■

Fíjate

Most Spanish-speaking countries use either *el computador* or *la computadora* for *computer*. In Spain, *el ordenador* is used.

MODELO
E1 (ABUELO): Cuando usaba el Internet necesitaba tener un mirón.

E2 (NIETA): *No, abuelo. Cuando usted usaba el Internet necesitaba tener un navegador.*

1. Guardaba mis documentos en el mirón.
2. Mandaba mensajes, revisaba el presupuesto personal y escribía un reporte —todo a la vez— la multitarea era parte de mi vida.
3. Para comprar algo por el Internet necesitaba usar la impresora y el disco duro, pero una vez no los usé.
4. Podía leer mi correo electrónico sin la pantalla.
5. El cursor y el teclado eran necesarios para poder escribir los correos electrónicos en la computadora.

♻️ *¡Anda! Curso elemental*, Capítulo 5. Los pronombres de complemento directo; Capítulo 8. Los pronombres de complemento indirecto, Apéndice 3.

5-24 **Busco un cibercafé que…**
Ustedes son unos ejecutivos importantes de una compañía multinacional y están en Arequipa, Perú, para una conferencia. Necesitan acceso a la tecnología porque la maleta en que tenían todos los materiales para la presentación se perdió. Encuentran este anuncio sobre el Cibercafé Dos Mundos. Hablen de lo que pueden hacer (y de lo que no pueden hacer) allí para preparar de nuevo la presentación. ¡Sean creativos! ■

MODELO *Es bueno que el Cibercafé Dos Mundos tenga un fax. Entonces podemos decirle a la secretaria que nos mande una copia de los documentos que están en la maleta perdida.*

CIBERCAFÉ DOS MUNDOS

Plaza Bolívar
Arequipa, Perú
tel. (54)-42-3082
www.cibercafedm.pe

PUEDES CONECTAR TU EQUIPO

¡Anda! Curso
elemental, Capítulo 5.
Los pronombres
de complemento
directo; Capítulo 8.
Los pronombres de
complemento indirecto;
Capítulo 9. Expresiones
con hacer, Apéndice 3.

Workbooklet

5-25 **La tecnología en mi vida** Llena el cuadro con información sobre el uso que tú haces de la tecnología. Después, pídele a un/a compañero/a su información. Usa **los pronombres de complemento directo e indirecto** para evitar la repetición. Finalmente, compartan sus datos con otros compañeros para averiguar qué tienen ustedes en común. ■

MODELO   teléfono celular

E1: *¿Tienes un teléfono celular?*

E2: *Sí, y es un teléfono nuevo de Motorola.*

E1: *¿Cuándo lo compraste?*

E2: *Lo compré hace cinco meses.*

E1: *¿Cuántas veces al día lo usas?*

E2: *Lo uso por lo menos veinte veces al día.*

E1: *¿Para qué lo usas?*

E2: *Lo uso para llamar a mis amigos, para mandar mensajes de texto y para leer mi email.*

Estrategia

Note the options for answering the questions in **5-25**. As you work with your partner, always push yourself to be as creative as possible. By varying your answers, you practice and review more of the structures, which in turn helps you become a strong speaker of Spanish.

APARATO	MARCA (*BRAND*)	CUANDO LO/ LA COMPRÉ	CON QUÉ FRECUENCIA LO/LA USO	PARA QUÉ LO/LA USO
teléfono celular	Motorola	Hace cinco meses	Por lo menos veinte veces al día	Para llamar a mis amigos, para mandar mensajes de texto y para leer mi email
calculadora				
cámara digital				
cámara de video digital				
fax				
reproductor de MP3				
televisión HD o 1080p				

5-26 **¿Qué puede ser?** Van a describir aparatos electrónicos usando cuatro pistas (*clues*). ■

Paso 1 En grupos de tres o cuatro, escojan un aparato y escriban las cuatro pistas. La primera pista debe ser la más general y la cuarta la más específica.

MODELO E1: (escáner)

Es tan útil como una computadora.

Se comunica con una computadora.

Copia y transmite información.

Con esta máquina, puedo mandarle por computadora una página de un libro a mi amiga.

Paso 2 Túrnense para adivinar.

MODELO E2: *¿Es una impresora?*

E1: *No. Adivina de nuevo.*

E3: *¿Es un escáner?*

E1: *¡Sí! ¡Correcto!*

Paso 3 Escojan dos aparatos para presentar a los otros grupos.

5-27 **Un invento muy importante** En grupos de tres o cuatro, inventen un aparato que mejore la calidad (*quality*) de nuestra vida. Necesitan describir el aparato con un dibujo y con palabras, explicar sus usos y decir a quién(es) le(s) ayudaría (*would help*). ■

6 GRAMÁTICA

05-27 to 05-29 Spanish/English Tutorials

El subjuntivo con antecedentes indefinidos o que no existen

Depicting something that is uncertain or unknown

> Pero Gerardo, yo necesito una computadora en la que realmente pueda hacer mi trabajo... ¡no un juguete!

So far you have used the **subjunctive** to indicate **wishes, recommendations, suggestions,** and **commands.** You have also used it to express **doubt, uncertainty, disbelief,** and **denial** as well as **emotions** and **opinions.**

The **subjunctive** is also used to express the possibility that something is **uncertain** or **nonexistent.** If it is clear that the *person, place or thing* **does exist,** then the **indicative** is used. Note the following sentences.

Quiero comprar **una** computadora que **sea** compatible con el sistema que tengo.

*I want to buy **a** computer that is compatible with the system I have.* (may not exist)

Quiero comprar **la** computadora que **es** compatible con el sistema que tengo.

*I want to buy **the** computer that is compatible with the system I have.* (the computer exists)

Necesitamos **un** servidor que **sea** lo suficientemente grande para satisfacer todas nuestras necesidades.

*We need **a** server that is large enough to accommodate all our needs.* (does not yet exist for the speaker)

Necesitamos **el** servidor que **es** lo suficientemente grande para satisfacer todas nuestras necesidades.

*We need **the** server that is large enough to accommodate all our needs.* (the server exists)

No conocemos a nadie que **sepa** cifrar los documentos.

We don't know anyone who knows how to encrypt the documents. (speakers do not know anyone)

Conocemos a alguien que **sabe** cifrar los documentos.

We know someone who knows how to encrypt the documents. (speakers do know someone)

Estrategia

To determine whether you should use the subjunctive or the indicative, ask the question: *Does the person, place, or thing exist at that moment for the speaker?* If it does, then use the indicative; if not, the subjunctive is needed.

5-28 **Trabajos nuevos** Son ayudantes para el jefe de una compañía internacional nueva que necesita muchos empleados. Usando la información de la lista, túrnense para describir al tipo de persona que necesitan o buscan. ■

MODELO hablar varios idiomas

Necesito / Busco un secretario / ayudante que hable varios idiomas.

1. saber organizar una oficina
2. querer trabajar los fines de semana
3. tener experiencia con muchos programas de computación
4. hablar inglés perfectamente
5. ser honesto/a y eficiente
6. entender los programas de computación de la oficina
7. escribir bien las cartas y reportes
8. ser intérprete y traductor/a

5-29 **A repasar** Han hablado de los aparatos tecnológicos que tienen, e incluso han inventado un aparato nuevo. Ahora vamos a repasar un poco. Terminen las siguientes oraciones de manera lógica. ■

MODELO Quiero un teléfono celular que (no existe todavía)…

Quiero un teléfono celular que no sea tan caro.

Quiero el teléfono celular que (ya existe)…

Quiero el teléfono celular que cuesta veinte dólares, como el que tiene Pati.

1. Mis padres quieren una computadora que…
2. Mis padres quieren la computadora que…
3. Necesito un teléfono celular que…
4. Necesito el teléfono celular que…
5. Busco una cámara digital que…
6. Quiero comprar la cámara digital que…

5-30 El mío es mejor Tu amigo/a siempre tiene lo mejor de todo y siempre lo exagera. Túrnense para responder tal como respondería él/ella (*as he/she would respond*) a las siguientes oraciones. ■

MODELO   Busco una computadora que _____ (reconocer) mi voz.

E1:   *Busco una computadora que reconozca mi voz.*

E2 (AMIGO):   *Yo tengo una computadora que reconoce mi voz y me llama por teléfono cuando tengo un correo electrónico importante.*

1. Necesito una pantalla para mi computadora que _____ (ser) tan grande como la pantalla de mi televisión.
2. Quiero encontrar una impresora que _____ (poder) imprimir, copiar y escanear.
3. ¿Hay una computadora que _____ (escribir) lo que dice una persona?
4. ¿Tienes un teléfono que _____ (poder) mostrar películas?
5. No existe un carro que _____ (ser) realmente económico.
6. Busco una televisión que _____ (tener) todas las características que _____ (tener) mi computadora.

5-31 El teléfono ideal Hoy en día un teléfono celular es mucho más que un teléfono —es útil pero también puede ser casi como un juguete (*toy*). ¿Cuáles son las características y usos más importantes para ti? Haz una descripción de **tres** o **cuatro** oraciones sobre el teléfono perfecto para ti, usando **el subjuntivo con antecedentes indefinidos o que no existen**. Después, comparte la descripción con un/a compañero/a. ■

MODELO   *Quiero un teléfono que sea pequeño y que…*

5-32 ¡No existen! Hagan una lista de por lo menos **diez** cosas que no existen, pero que quieren que existan. Sigan el modelo. ■

MODELO   E1:   *No existe un tren que sea tan rápido como un avión.*

E2:   *No existe un IPhone que sea barato.*

…

5-33 Enamórate en BuscaPareja.com Piensas utilizar un servicio en Internet para encontrar el amor. Pero primero, necesitas decidir cuáles son las características personales en una pareja más importantes para ti. Haz una lista de **diez** características y después compártelas con un/a compañero/a. Usa **el subjuntivo**. ■

MODELO   *Necesito un hombre / una mujer que sea inteligente. Busco una persona que…*

7 VOCABULARIO

05-30 to 05-32

Las acciones relacionadas con la tecnología
Describing technology

Algunos verbos	*Some verbs*
actualizar	*to update*
arrancar	*to boot up; to start up*
borrar	*to delete; to erase*
cifrar	*to encrypt*
conectar	*to connect*
congelar	*to freeze; to crash*
cortar	*to cut*
descargar	*to download*
deshacer	*to undo*
digitalizar	*to digitalize*
enchufar	*to plug in*
escanear	*to scan*

guardar	*to save; to file*
hacer clic	*to click*
hacer la conexión	*to log on*
imprimir	*to print*
navegar	*to navigate; to surf*
pegar	*to paste*
prender	*to start*
pulsar el botón derecho	*to right-click*
reiniciar	*to reboot*
sabotear	*to hack*

¡Anda! Curso elemental, Capítulo 7.
El pretérito, Apéndice 3.

5-34 Poner todo en orden

Juntos pongan las siguientes oraciones en orden correcto para explicar lo que hizo José Luis con su computadora. ■

_____ Después de que se abrió mi página principal, fui a leer mi correo electrónico.

_____ Hice la conexión con mi contraseña.

_____ Después de borrar el *spam*, abrí un mensaje de mi sobrino que tenía un archivo adjunto.

_____ No sé cómo, pero alguien la había desenchufado. Entonces, la enchufé.

_____ Navegué por el Internet un poco y por fin apagué la computadora.

_____ Mi página principal se abrió.

_____ Borré unos treinta mensajes de *spam*.

_____ Imprimí el archivo que era una foto de él detrás del volante de su coche nuevo.

_____ Traté de encender la computadora, pero no prendió.

_____ Luego la prendí.

Fíjate

You may have noticed that many technology words are cognates in English, e.g., *fax, escanear.* Because much of the technology originated in the United States with English words, much of the terminology has entered the Spanish language as cognates. This is a common way that languages evolve. What are some words that fall into this category?

5-35 Ayer en el cibercafé

Ayer fue un día de mucho trabajo en el cibercafé. Describan el dibujo, incluyendo en la descripción por lo menos **una oración** sobre cada persona. ■

Marcela

Kyung

Lorenzo

Rosalía

Roberto

Arturo

¡Anda! Curso elemental, Capítulo 8. Los pronombres de complemento directo e indirecto usados juntos; Capítulo 10. Los mandatos informales, Apéndice 3.

5-36 ¿Qué debo hacer? Túrnense para darle consejos a su amigo Federico. ◼

MODELO E1 (FEDERICO): Quiero mostrarles las fotos de mis vacaciones en Perú.

E2 (USTEDES): *Descarga las fotos y muéstranoslas.*

1. Mi computadora funciona mal y tarda mucho en abrir las ventanas nuevas.
2. Este programa de computación no hace lo que necesito.
3. Mi iPhone se congeló.
4. No me gusta leer los documentos que me mandan en la pantalla.
5. Necesito información sobre los cibercafés de Barcelona.
6. Tengo demasiados mensajes en mi correo electrónico.

Workbooklet

5-37 El uso de la computadora ¿Cómo usas tu computadora? ¿Cuánto tiempo pasas delante de tu computadora? ◼

Paso 1 Completa el cuadro con tu información personal.

	PROGRAMA DE COMPUTACIÓN O PÁGINA WEB	ACCIÓN(ES)	DÍAS	HORAS	MINUTOS
YO					
E1					
E2					
E3					

Paso 2 Entrevista a por lo menos **tres** personas para averiguar cómo ellos usan la computadora.

MODELO E1: *¿Qué programas de computadora usas más?*

E2: *Uso Word y PowerPoint más.*

E1: *¿Cuáles son tus páginas web favoritas?*

E2: *Escribo mucho en Facebook y…*

Paso 3 Comparen cómo todos los estudiantes de la clase usan la computadora. ¿En qué aspectos son parecidos? ¿En qué aspectos son diferentes?

MODELO E1: *Paso una hora al día de lunes a viernes escribiendo documentos en Word. ¿Y ustedes?*

E2: *Yo paso menos tiempo en Word; generalmente media hora durante la semana. Trabajo más con Excel por mi trabajo.*

E3: *Escribo en Word una hora, pero paso tres horas en Facebook…*

PERFILES

05-33 to 05-34

Viajando hacia el futuro

La tecnología puede ser muy útil: nos ayuda a comunicarnos, trabajar y viajar. Las siguientes personas tienen algo que ver con la tecnología, los viajes o las dos cosas a la vez.

¿Conoces a alguien que sea astronauta? **Franklin Díaz-Chang** (n. 1950), de San José, Costa Rica, comenzó a trabajar para la NASA como astronauta en el año 1981 y ha participado en siete vuelos al espacio exterior. Tiene un doctorado en física aplicada del Instituto Tecnológico de Massachusetts.

Fíjate

Franklin Díaz-Chang's father is a Costa Rican of Chinese descent.

¿Hay muchas personas a quienes no les guste andar en bicicleta? **Alberto Contador** (n. 1982 en Madrid, España) ha andado mucho en bicicleta. Ha ganado el Tour de Francia tres veces, en los años 2007, 2009 y 2010. También en el año 2008 ganó el Giro de Italia y la Vuelta a España. Con esto, se convirtió en el quinto corredor de la historia en ganar las tres grandes competencias de ciclismo.

Augusto Ulderico Cicaré (n. 1937 en Polvaredas, Argentina): A los doce años abandonó sus estudios formales y se dedicó a los inventos tecnológicos. Se enamoró del vuelo, y por fin elaboró la máquina de su pasión: el helicóptero. Hoy en día sigue inventando y es el jefe de la compañía de helicópteros Cicaré, famosos en todo el mundo.

Preguntas

1. ¿Cómo usan estas personas la tecnología para viajar?
2. Estas personas utilizan la tecnología en sus profesiones de una manera u otra. ¿Cómo piensas usar la tecnología en tu futuro?
3. ¿Qué profesiones utilizan la tecnología con más frecuencia?

5-38 **¡Tengo la pantalla negra!** Hace cinco días que pediste ropa nueva por el Internet. Estabas tratando de ver el estado de tu pedido (*order*) cuando de repente ¡tu computadora se congeló! Llama para pedir asistencia técnica. Crea un diálogo con un/a compañero/a, preguntando y describiendo lo que pasó en **ocho** pasos. Incluye por lo menos **cinco** de los siguientes verbos. ■

| apagar | borrar | descargar | funcionar | grabar |
| guardar | imprimir | navegar | prender | quemar |

MODELO   E1: *¿En qué puedo servirle?*

E2: *¡Mi computadora se congeló!*

5-39 **Entrevista** Circula por la clase haciendo y contestando las siguientes preguntas. ■

1. ¿Cuántos cibercafés hay cerca de la casa de tus padres?, y ¿cerca de la universidad? ¿Por qué crees que hay tantos (o tan pocos)? ¿Qué hacen las personas en los cibercafés?
2. ¿Cuál es más inteligente: la computadora o el ser humano (*human being*)? Explica.
3. ¿Cuáles son algunas cosas que la computadora puede hacer que una persona no puede hacer? ¿Cuáles son algunas cosas que una computadora no puede hacer que una persona sí puede?
4. ¿Tienes la televisión por cable o satélite? ¿Cuántos canales recibes? ¿Cuántos canales recibes que son en español?
5. ¿Cómo te comunicas con tus compañeros/as? ¿y con amigos que viven lejos de ti?
6. ¿Cómo te comunicas con tus padres y otros parientes?
7. ¿Cuál es el aparato que no tienes, pero que más necesitas? ¿Por qué lo necesitas? ¿Qué marca prefieres? ¿Cuánto cuesta?
8. ¿Es la tecnología siempre aplicable, necesaria y/o deseada?

♻ *¡Anda! Curso elemental*, Capítulo 10. Los mandatos informales; Los mandatos formales, Apéndice 3.

5-40 **Un anuncio comercial** Han creado un nuevo modelo de computadora a la moda, y para promocionarla tienen que crear un anuncio comercial de **quince segundos**. Deben hablar de las características generales y enfocarse en lo que es realmente nuevo (e increíble) de su producto. Pueden empezar con unas cuantas preguntas retóricas, usando el **subjuntivo con antecedentes indefinidos o que no existen**. ■

MODELO   *¿Quiere comprar una computadora que haga todo su trabajo y más en un instante? ¿Existe una computadora que no necesite un teclado tradicional? Fíjense en el nuevo modelo RELÁMPAGO…*

¡CONVERSEMOS!

05-35 to 05-36

ESTRATEGIAS COMUNICATIVAS Asking for input and expressing emotions

Many aspects of our lives (including travel and using technology) have us asking for opinions and suggestions as well as expressing emotions. What follows is a variety of ways to ask for input and to respond to situations both positively and negatively.

Para obtener información / *Asking for input*
- ¿Qué le/te parece? — *What do you think (about the idea)?*
- ¡Qué bueno! — *Good!*
- ¡Fenomenal! — *Phenomenal!*
- ¿Le/Te parece bien? — *Do you like the suggestion?*
- ¡Formidable! — *Super!*
- ¡Qué emoción! — *How exciting!, How cool!*
- ¿Qué opina/s? — *What do you think?*
- ¡No me digas! — *You don't say!, No way!*
- ¿Qué dice/s? — *What do you say?*

- ¡No puede ser! — *This / It can't be!*
- ¿Le/Te importa? — *Do you mind?*
- ¡Ya no lo aguanto! — *I can't take it anymore!*
- ¿Le/Te importa si...? — *Do you mind if . . . ?*

Para expresar emoción / *Expressing emotions*
- ¡Qué barbaridad! — *How awful!*
- ¡Qué pena! — *What a pity / shame!*

🔊 **5-41** **Diálogo** Adriana quiere que ella y su esposo David planeen unas vacaciones para celebrar su aniversario de boda. Ella busca una gira que tenga un poco de todo. Escucha el diálogo para descubrir los detalles. ■

1. ¿Qué sugiere Adriana?
2. ¿Qué recomienda David?
3. ¿Qué pasa al final y cómo se expresan?

🍦🍦 **5-42** **¿Quién me puede ayudar?** Haz una llamada para buscar a alguien que te pueda ayudar con un aparato tecnológico que no está funcionando. Túrnense, usando el vocabulario de este capítulo y las expresiones nuevas. ■

MODELO
- E1: *¿Aló?*
- E2: (Quieres hablar con alguien que sepa algo de tu aparato.)
- E1: *¿En qué le puedo ayudar?*
- E2: (Dile que tu aparato no funciona y quieres saber su opinión de la situación.)
- E1: *¿Qué opina usted?*
- E2: (Expresa tu frustración con la situación.)

5-43 ¿Qué opinas? ¡Están en un atasco y van a llegar tarde al aeropuerto donde van a iniciar el viaje de sus sueños! Creen un diálogo de por lo menos **ocho** interacciones, expresando su frustración y pidiendo sugerencias. ■

MODELO   E1: *¡Qué barbaridad! ¡Qué atasco!*

          E2: *¿Qué te parece si tomamos la carretera?…*

> ♻ *¡Anda! Curso intermedio*, Capítulo 4.
> El presente perfecto de subjuntivo, pág. 168.

5-44 ¿Conoces a alguien que…? Conocemos a muchas personas que han tenido una gran variedad de experiencias en sus vidas. ■

Workbooklet

Paso 1   Pregúntales a tus compañeros si conocen a alguien a quien le hayan pasado las siguientes cosas.

¿CONOCES A ALGUIEN QUE…?		
haber ido en una limusina _____	tener un iPad _____	haber hecho un crucero _____
haber borrado archivos importantes sin querer	navegar diariamente en la computadora	haber creado una página personal en el Internet
haber tenido un accidente porque los frenos no funcionar _____	no tener teléfono celular _____	usar demasiado la bocina _____

Paso 2   Cuando tu compañero/a contesta, pídele una opinión o expresa una emoción apropiada.

MODELO   E1: *¿Conoces a alguien que haya ido en una limusina?*

          E2: *No, no conozco a nadie que haya ido en una limusina.*

          E1: *¿Qué opinas de las limusinas?…*

                    o

          E2: *Sí. Yo he ido en una limusina.*

          E1: *¡Qué emoción! ¿Te gustó?…*

> ♻ *¡Anda! Curso intermedio*, Capítulo 2. El subjuntivo para expresar
> pedidos, mandatos y deseos, pág. 91; Capítulo 4. Las celebraciones
> y los eventos de la vida, pág. 148; La comida y la cocina, pág. 159.

5-45 ¿Qué te parece? Tu compañero/a de clase y tú acaban de obtener un trabajo ideal como planeadores de fiestas exóticas. ¡Su cliente es Oprah Winfrey y quiere que planeen una fiesta extraordinaria para cien personas fuera de los Estados Unidos! Creen un diálogo de por lo menos **veinte** oraciones que incluya la siguiente información: ■

1. El destino y cómo llegar
2. Los invitados (*guests*) y la comida
3. Sus dudas acerca de la existencia de ciertas cosas (*certain things*)
4. Pregúntense sus opiniones y expresen sus emociones

MODELO   E1: *¡No puede ser! Oprah Winfrey nos llamó y quiere que planeemos una fiesta para ella.*

          E2: *¡No me digas! ¿Qué te parece…?*

ESCRIBE

El proceso de revisar

05-37

Estrategia		
Peer editing	Before you begin to edit a peer's writing sample, it is helpful to know upon what to focus your attention. Two important categories are *clarity* and *accuracy*. *Clarity* refers to how well you, the reader, understand the message of the writing.	*Accuracy* pertains to how correctly the writer has used the target language. For example, are the grammar and punctuation correct? The peer editor helps the original writer improve upon the sample with suggestions and corrections.

5-46 Antes de revisar Estudia la siguiente guía de revisión. Luego cambia papeles con tu compañero/a y lee su composición. ■

Estrategia

Peer editing gives you the opportunity to read a classmate's work carefully. This will, in turn, help you edit and polish your own writing.

LA GUÍA DE REVISIÓN

I. Clarity of expression

1. What is the main idea of the narration?
   State it in your own words; then verify with the author.
   _____

2. My favorite part is: _____
3. Something I do not understand: _____

II. Accuracy of Grammar and Punctuation

The peer editor should check for the following:
1. Agreement (*Concordancia*)
   _____ Subject/verb agreement (e.g., *Mi hermana y yo fuimos.*)
   _____ Noun/adjective agreement (e.g., *Llegamos a una playa bonita.*)
2. _____ Usage of the preterit and the imperfect (e.g., *Cuando yo era niña fui a…*)
3. _____ Usage of subjunctive, where appropriate
4. _____ Spelling and accent marks

5-47 A revisar Ahora, usa la guía para revisar la narración. ■

1. Lee el párrafo por primera vez y concéntrate en la claridad de expresión. Si no entiendes algo, debes indicarlo. Si tienes algunas ideas para mejorar o aclarar el párrafo, escríbelas.
2. Ahora, lee el párrafo otra vez para ver si la gramática es correcta. Si encuentras un error, escribe las correcciones.
3. Haz comentarios beneficiosos para tu compañero/a y también señala (*point out*) las partes que consideras bien hechas.

5-48 **Después de revisar** Completen los siguientes pasos. ■

Paso 1 Comparte tus comentarios con el autor del párrafo.

Paso 2 Después, lee los comentarios de tu compañero/a sobre tu párrafo y pide clarificación si es necesario.

Paso 3 Finalmente, revisa tu párrafo con la información de la revisión de tu compañero/a.

¿Cómo andas? II

	Feel confident	Need to review
Having completed **Comunicación II,** I now can . . .		
• indicate how technology is useful, both at home and in travel. (p. 204)	☐	☐
• converse about events in the past. (MSL)	☐	☐
• depict something that is uncertain or unknown. (p. 208)	☐	☐
• describe technology. (p. 211)	☐	☐
• identify some people for whom travel and technology are important. (p. 214)	☐	☐
• ask for input and express emotions. (p. 216)	☐	☐
• use peer editing to improve narrative expression. (p. 218)	☐	☐

Vistazo cultural

AL • VISTAZO CULTURAL • VISTAZO CULTURAL • VISTAZO CULTURAL • VISTAZO CULTURAL • VISTAZO CULTURAL • VISTAZO CULTURAL • VIST

Un viaje por mundos diferentes en Nicaragua, Costa Rica y Panamá

Héctor Robles Matos,
estudiante de turismo

Estudio turismo ecológico en la Universidad del Turismo (UTUR) en San José, Costa Rica. Es muy importante en mi país y las agencias de viajes de primera categoría buscan gente que tenga buena formación en esta área. Una profesora mía me sugirió la posibilidad de añadir el estudio de la administración hotelera. Con esta combinación, va a ser muy fácil conseguir un buen trabajo que me guste.

Algunos autobuses decorados en América Central

Estos autobuses pintados son un método popular de transporte público en muchas ciudades latinas, y en la Ciudad de Panamá se llaman *los diablos rojos*. Tienen diseños artísticos y/o folklóricos, y los chóferes tienen mucho orgullo (*pride*) de su artesanía creativa. Muchos clientes esperan en la parada hasta que llegue su autobús favorito.

Las islas de Maíz

Un lugar muy tranquilo para las vacaciones caribeñas son las islas de Maíz, que quedan a unas cincuenta millas de la costa de Nicaragua. La arena es blanca, el clima agradable, hay buenos lugares para bucear y hacer snorkeling, y los costos son bajos. Estas islas son un paraíso tropical.

La construcción del canal de Panamá: 1534–1914

La construcción del canal fue terminada en el año 1914 a un costo de unos $375.000.000. Hoy en día, su tecnología e ingeniería siguen siendo impresionantes. La primera investigación de la posibilidad del canal fue en el año 1534, después de la exploración de la región por Vasco Núñez de Balboa, explorador español.

El canopy en Costa Rica

¿Buscas una aventura que sea divertida y única? Una excursión por el canopy de la selva en líneas de cable puede ser para ti. Es una actividad muy popular para los ecoturistas; se puede apreciar la naturaleza desde un punto muy alto en los árboles de la selva nubosa.

La isla Ometepe con los volcanes Concepción y Maderas

El lago Nicaragua, también conocido como el lago Cocibolca, es el lago más grande de América Central. Contiene un archipiélago de más de 350 isletas y una isla grande, Ometepe, formada de dos volcanes: Concepción y Maderas. Es el único lago del mundo que tiene tiburones de agua dulce (*freshwater*).

El volcán Arenal cerca de La Fortuna, Costa Rica

A muchos turistas les gusta combinar una visita al volcán Arenal y luego una caminata en la selva nubosa (*cloud forest*) de Monteverde. La ruta más corta entre estos dos lugares turísticos es el muy popular viaje de *jeep-boat-jeep*. Cruzando el lago Arenal recorta el viaje a tres horas. ¡Qué viaje!

La tecnología "verde"

En Costa Rica, la tecnología está convirtiendo los desperdicios (*waste products*) de animales en formas de energía. En un intento de ser más "verde", se cambia el gas metano a combustible para la calefacción y la electricidad. Este ejemplo buenísimo de reciclaje apoya el ecoturismo, de mucha importancia para el país.

Preguntas

1. ¿Cuáles son los medios de transporte indicados en los tres países?
2. ¿Cómo se usa la tecnología para crear un planeta más "verde"?
3. En los capítulos anteriores, has tenido *un vistazo* de México, España, Honduras, Guatemala y El Salvador. De todos estos lugares incluyendo los tres países de este capítulo, ¿adónde prefieres ir de viaje? ¿Por qué?

05-42

Laberinto peligroso

EPISODIO 5

Lectura

Estrategia   Using a dictionary

It is important to learn the skillful use of a dictionary. Learning how to use one will help you properly identify parts of speech and word usage. As a language learner, you will need to pay attention to dictionary abbreviations and conventions. Additionally, cross-checking (looking up Spanish to English and vice versa) will help you pinpoint the best translation for a particular context. Remember, you do not have to look up every word—just those whose meaning is vital for your comprehension.

5-49 Antes de leer Cuando leemos, muchas veces no entendemos todas las palabras que hay en el texto, y por eso es importante tener un buen diccionario que nos ayude. Sin embargo, antes de consultar un diccionario hay que tratar de adivinar el significado de la palabra por medio del contexto. Basándote en el contexto de cada oración y la definición de la palabra en un diccionario, escribe una definición para cada palabra. ■

a. **cómplice** / Ella era su cómplice en el crimen.

b. **crónica** / Leímos diferentes crónicas para la clase de historia.

c. **ladrón** / Los detectives descubrieron quién era el ladrón.

d. **bibliotecario** / El bibliotecario me ayudó a encontrar el libro.

e. **equivocado** / Se dio cuenta de que estaba equivocado; su novia no le había mentido.

f. **exposición** / En el museo hicieron una exposición de las obras de artistas locales.

DÍA 23

Cómplices, crónicas, mapas y ladrones

Celia llegó tarde porque había estado navegando en el Internet buscando más datos. Cisco la estaba esperando. Después de conversar sobre cosas que no tenían mucha importancia, Celia intentó cambiar el tema de la conversación.

—¿Qué tal vas con tus proyectos? —preguntó.

—Bastante bien; estoy haciendo unas investigaciones interesantes —respondió Cisco.

pretending   —¿Te puedo preguntar qué temas estás investigando? —preguntó Celia, fingiendo° poco interés.

smiling   —¿Sabes que no hay nadie que sepa nada de lo que estoy investigando? —preguntó Cisco, sonriendo°.

—Sí y también te puedo decir que no conozco a ningún periodista que hable de sus investigaciones con otros periodistas, aunque sean amigos. Todos somos tan competitivos —afirmó Celia, mirándole los ojos.

—Entonces, ¿por qué me preguntas lo que estoy haciendo? —preguntó Cisco, todavía sonriendo.

—Porque busco un colaborador que sea inteligente y que tenga contactos en la ciudad. Creo que es posible que tú seas esa persona. ¿Estoy equivocada? —respondió Celia.

coincidence —¡Qué casualidad°! Para uno de mis proyectos yo también necesito un colaborador, uno que tenga experiencia como investigador. Busco a alguien a quien le interese el tema del medio ambiente, más concretamente las selvas tropicales. Pienso que es muy probable que tú seas la persona perfecta —dijo Cisco.

confidence —Tienes razón. Me interesa mucho el medio ambiente y he estudiado las selvas tropicales —afirmó Celia, con seguridad°.

—¿Recientemente? —En lugar de preguntar, parecía que Cisco pedía una confirmación de algo que ya sabía.

—Sí —confirmó Celia, sonriendo.

Entonces, empezaron a compartir algunos de los resultados que sus respectivas investigaciones habían producido. Con cada dato que salía, estaban cada vez más fascinados porque descubrían todo lo que tenían en común. Los dos querían aprender más sobre los indígenas que vivían en las selvas tropicales y que dependían de esas selvas para vivir. Celia dijo que tenía muchas ganas de viajar por esos lugares y de perderse por las selvas. Quería conocer a los indígenas, de quienes sabía que podía aprender mucho. Cisco reaccionó con mucha emoción porque él también quería hacer ese viaje. Pero se preguntaba, ¿con quién podía compartir una experiencia tan singular? Celia le respondió que él tenía que buscar a otra compañera de viaje porque ella no iba a hacer ningún viaje con él. Cisco respondió con un comentario parecido, explicándole que no buscaba el sufrimiento que tenía que ser ir al extranjero con una mujer como Celia. Después de ese *exchange* intercambio° incómodo, volvieron a hablar de las selvas tropicales. Celia propuso un viaje a un lugar más cercano: la biblioteca.

Al llegar a la biblioteca, descubrieron que había una gran colección de mapas antiguos de las selvas, y que algunas personas los usaban para identificar los mejores lugares donde encontrar plantas medicinales. Los bibliotecarios, quienes estaban digitalizando toda la colección para facilitar el acceso de los investigadores a los mapas y también para proteger esos documentos tan antiguos y frágiles, los ayudaron a encontrar los mapas de las zonas que más les interesaban y también les enseñaron la exposición en la biblioteca de crónicas de la época colonial, libros históricos muy importantes que tenían datos relevantes a su investigación. Mientras exploraban los testimonios de los cronistas, Celia miró hacia arriba y vio a un hombre a quien creía conocer. No sabía de dónde ni por qué lo conocía.

robbery Unos días más tarde, el periódico los sorprendió con una noticia sobre el robo° de algunos de los mapas que habían consultado. También había desaparecido una de las crónicas de la exposición. ¡Parecía increíble!

5-50 **Después de leer** Contesta las siguientes preguntas. ■

1. ¿Por qué estaba sorprendido Cisco cuando Celia le preguntó por el tema de su investigación?
2. ¿Por qué le preguntó Celia a Cisco por el tema de su investigación?
3. ¿Por qué quería colaborar Cisco con Celia?
4. ¿A dónde querían viajar Celia y Cisco? ¿Por qué querían viajar allí?
5. ¿Por qué fueron Celia y Cisco a la biblioteca?
6. ¿Qué robaron los ladrones de la biblioteca?

▶❚❚ Video

05-43 to 05-44

5-51 **Antes del video** En *Cómplices, crónicas, mapas y ladrones* viste cómo cambia la relación entre Cisco y Celia. Antes de ver el episodio en video, contesta las siguientes preguntas. ■

1. ¿Por qué crees que Celia y Cisco buscaban ayuda para sus investigaciones?
2. ¿Por qué piensas que dijeron que no querían viajar juntos?
3. ¿Quién crees que era el hombre que Celia vio en la biblioteca?
4. ¿Por qué piensas que los ladrones robaron los mapas y la crónica de la biblioteca?

Sé que había un gran atasco en la carretera principal.

Hace unos días también desaparecieron algunos documentos del laboratorio en el que trabajo.

La persona que ha robado estos mapas debía conocer perfectamente el funcionamiento de los diferentes sistemas de seguridad informáticos.

Episodio 5

«¿Somos sospechosos?»

Relájate y disfruta el video.

5-52 **Después del video** Contesta las siguientes preguntas. ■

1. ¿Por qué tenían que hablar Celia y Cisco con la policía?
2. ¿Qué esperan los policías que Celia y Cisco puedan hacer?
3. ¿Qué recordó Celia del hombre que vio en la biblioteca?
4. ¿Qué decía el mensaje de correo electrónico que recibieron Celia y Cisco?

05-48 to 05-53

LETRAS

Acabas de terminar otro episodio de **Laberinto peligroso.** Explora más lecturas en la colección literaria, **Letras.**

Y por fin, ¿cómo andas?

	Feel confident	Need to review
Having completed this chapter, I now can . . .		

Comunicación I

- discuss travel and means of transportation. (p. 188) ☐ ☐
- express time, location, purpose, destination, and direction. (MSL) ☐ ☐
- become familiar with cars and automobile travel. (p. 193) ☐ ☐
- connect sentences and clarify meaning. (p. 196) ☐ ☐
- plan and illustrate vacations. (p. 199) ☐ ☐
- pinpoint specific information. (p. 202) ☐ ☐

Comunicación II

- indicate how technology is useful, both at home and in travel. (p. 204) ☐ ☐
- converse about events in the past. (MSL) ☐ ☐
- depict something that is uncertain or unknown. (p. 208) ☐ ☐
- describe technology. (p. 211) ☐ ☐
- ask for input and express emotions. (p. 216) ☐ ☐
- use peer editing to improve narrative expression. (p. 218) ☐ ☐

Cultura

- compare notes on travel and transportation. (p. 200) ☐ ☐
- identify some people for whom travel and technology are important. (p. 214) ☐ ☐
- share information about interesting vacations and explore green initiatives in Nicaragua, Costa Rica, and Panama. (p. 220) ☐ ☐

Laberinto peligroso

- employ a bilingual dictionary with a reading passage and relate Celia and Cisco's discoveries in their research of the rain forest. (p. 222) ☐ ☐
- hypothesize about threatening e-mails. (p. 224) ☐ ☐

Comunidades

- use Spanish in real-life contexts. (SAM) ☐ ☐

Literatura

- distinguish elements in a sonnet. (Literary Reader) ☐ ☐

VOCABULARIO ACTIVO 🔊

Los viajes — *Trips*

Spanish	English
la aduana	customs
la cámara	camera
el crucero	cruise ship; cruise
el equipaje	luggage
el extranjero	abroad
la frontera	border
el/la guía	guide
el itinerario	itinerary
la limusina	limousine
el monumento nacional	national monument; monument of national importance
la oficina de turismo	tourism office
el paquete	package
el paisaje	countryside, landscape
el puerto	port
los recuerdos	souvenirs

Las vacaciones — *Vacations*

Spanish	English
la arena	sand
el/la camarero/a	maid
la dirección	direction
el/la guardia de seguridad	security guard
el hotel de lujo	luxury hotel
el/la huésped	guest
los lentes de sol	sunglasses
el paquete	package
el/la portero/a	doorman
el/la recepcionista	receptionist
el servicio	room service
el sobre	envelope
la sombrilla	umbrella
el/la telefonista	telephone operator

Viajando por coche — *Traveling by car*

Spanish	English
el acelerador	accelerator; gas pedal
la bocina	horn
la camioneta	van; station wagon; small truck
la carretera	highway
el cinturón de seguridad	seat belt
el espejo retrovisor	rearview mirror
el este	east
el faro	headlight
los frenos	brakes
el navegador personal	GPS; navigation system
el norte	north
el oeste	west
el parachoques	bumper
el paso de peatones	crosswalk
el sur	south
la transmisión	transmission
el vehículo utilitario deportivo	sport utility vehicle (SUV)

Palabras asociadas con el transporte — *Words associated with transportation*

Spanish	English
el atasco	traffic jam
el camino	route; path; dirt road
el seguro del coche	car insurance
la velocidad	speed

Verbos útiles — *Useful verbs*

alquilar un coche	to rent a car
firmar (los documentos)	to sign (documents)
hacer un crucero	to go on a cruise
perderse (e → ie)	to get lost
sacar fotos	to take pictures/photos

La tecnología	Technology
el archivo	file
la cámara digital	digital camera
la cámara web	web camera
el correo electrónico; el email	e-mail
el correo de voz	voicemail
el cursor	cursor
los datos	data
el disco duro	hard drive
el enchufe	plug
el escáner	scanner
el icono	icon
la imagen	image
la impresora	printer
la informática	computer science
la máquina de fax	fax machine
el mensaje de texto	text message
la multitarea	multitasking
la página principal, inicial	homepage
la pantalla	screen
el programa de computación	software
el ratón	mouse
el teclado	keyboard
el teléfono celular	cell phone

Términos del Internet	Internet terms
el archivo adjunto	attachment
la arroba	at (in an e-mail address/ message: @)
la barra	slash (in a URL: /)
la contraseña	password
el enlace	link
el Internet	the Internet
el mirón	lurker
el navegador	browser
el punto	dot (in a URL)
el servidor	server

Algunos adjetivos	Some adjectives
compatible	compatible
(des)conectado	offline; online
digital	digital

Algunos verbos	Some verbs
actualizar	to update
arrancar	to boot up, to start up
borrar	to delete; to erase
cifrar	to encrypt
conectar	to connect
congelar	to freeze; to crash
cortar	to cut
deshacer	to undo
descargar	to download
digitalizar	to digitalize
enchufar	to plug in
escanear	to scan
guardar	to save; to file
hacer clic	to click
hacer la conexión	to log on
imprimir	to print
navegar	to navigate; to surf
pegar	to paste
prender	to start
pulsar el botón derecho	to right-click
reiniciar	to reboot
sabotear	to hack

6

¡Sí, lo sé!

This chapter is a recycling chapter, designed for you to see just how much you have progressed in your quest to learn and use Spanish. The *major points* of **Capítulos 1–5** are included in this chapter, providing you with the opportunity to "put it all together." You will be pleased to see how much more you know and are able to do with the Spanish language.

Because this is a recycling chapter, no new vocabulary is presented. The intention is that you review the vocabulary of **Capítulos 1–5** thoroughly, focusing on the words that you personally have difficulty remembering.

All learners are different in terms of what they have mastered and what they still need to practice. Take the time with this chapter to determine what you feel confident with and what concepts you need to review. Then devote your efforts to what you personally need to practice.

Remember, language learning is a process. Like any skill, learning Spanish requires practice, review, and then more practice!

OBJETIVOS

COMUNICACIÓN

To describe yourself, your family, and others

To share ideas about sports and pastimes

To describe homes in depth

To relate past celebrations and plan future ones, and describe foods and their preparation

To plan and give details regarding future and past travels, and indicate how technology is useful

To express what *has* and *had* happened

To express wishes, doubts, feelings, and emotions

To link together simple and complex ideas

To refer to people and things that may or may not exist

To engage in additional communication practice (SAM)

CULTURA

To synthesize information about families, sports and pastimes, homes and their construction, celebrations, and traveling in the United States, Mexico, Spain, Honduras, Guatemala, El Salvador, Nicaragua, Costa Rica, and Panama

To compare and contrast the countries you learned about in **Capítulos 1–5**

To explore further the chapter's cultural themes (SAM)

LABERINTO PELIGROSO

To review and create with **Laberinto peligroso**

COMUNIDADES

To use Spanish in real-life contexts (SAM)

LITERATURA

To review and reflect about the selections in **Letras**

Organizing Your Review

The following research-based tips can help you organize your review. These suggestions will help you utilize your time and energy.

1 Reviewing Strategies

1. Make a list of the *major* topics you have studied and need to review, dividing them into three categories: *vocabulary, grammar,* and *culture.* These are the topics on which you need to focus the majority of your time and energy. *Note:* The two-page chapter openers for each chapter can help you determine the major topics.
2. Allocate a minimum of an hour each day over a period of days to review. Budget the majority of your time for the major topics. After beginning with the most important grammar and vocabulary topics, review the secondary/supporting grammar topics and the culture. Cramming the night before a test is *not* an effective way to review and retain information.
3. Many educational researchers suggest that you start your review with the most recent chapter, or in this case, **Capítulo 5.** The most recent chapter is the freshest in your mind, so you tend to remember the concepts better, and you will experience quick success in your review.
4. Spend the greatest amount of time on concepts in which you determine *you* need to improve. Revisit the self-assessment tools **Y por fin, ¿cómo andas?** in each chapter to see how you rated yourself. Those tools are designed to help you become good at self-assessing what you need to work on the most.

2 Reviewing Grammar

1. When reviewing grammar, begin with the *subjunctive,* because this is the most important topic you have learned in the first semester. Begin with how the subjunctive is formed in both regular and irregular verbs, and then progress to how and when it is used. Once you feel confident with using the subjunctive correctly, then proceed to the additional new grammar points and review them.
2. As you assess what you personally need to review, you may determine that you still need more practice with the **preterit** and the **imperfect.** Although these past tenses were the focus of your previous Spanish classes, you may determine that you need additional practice expressing yourself well in the past tenses. If so, review the **preterit** and **imperfect** and pay special attention to the

activities in this chapter that require you to use these tenses.
3. Good ways to review include redoing activities in your textbook, redoing activities in your Student Activities Manual, and (re)doing activities on MySpanishLab.

3 Reviewing Vocabulary

1. When studying vocabulary, it is usually most helpful to look at the English word and then say or write the word in Spanish. Make a special list of words that are difficult for you to remember, writing them in a small notebook or in an electronic file. Pull out your list every time you have a few minutes (in between classes, waiting in line at the grocery store, etc.) to review the words. The **Vocabulario activo** pages at the end of each chapter will help you organize the most important words of each chapter.
2. Saying vocabulary (which includes verbs) out loud helps you retain the words better.

4 Overall Review Technique

1. Get together with someone with whom you can practice speaking Spanish. If you need something to spark the conversation, take the drawings from each vocabulary presentation in *¡Anda! Curso intermedio* and say as many things as you can about each picture. Have a friendly challenge to see who can make more complete sentences or create the longest story about the pictures. This will help you build your confidence and practice stringing sentences together to speak in paragraphs.
2. Yes, it is important for you to know "mechanical" pieces of information such as verb endings. *But,* it is *much more important* that you are able to take those mechanical pieces of information and put them all together, creating meaningful and creative samples of your speaking and writing on the themes of the five chapters.
3. You are well on the road to success if you can demonstrate that you can speak and write in paragraphs, using a wide variety of verb tenses and vocabulary words correctly. Keep up the good work!

Comunicación

06-01 to 06-06

Capítulo Preliminar A y Capítulo 1 ◀

Capítulo Preliminar A y Capítulo 1.

Workbooklet

🍦🍦 **6-1** **¿Quiénes son?** Lee los siguientes anuncios de citas del Internet. ■

Estrategia

Before beginning each activity, make sure that you have reviewed and identified recycled chapters and their concepts carefully so that you are able to move through the activity seamlessly as you put it all together!

♻ *¡Anda! Curso elemental,* Capítulo 1. Los adjetivos descriptivos, Apéndice 3

♻ *¡Anda! Curso intermedio,* Capítulo 1. El aspecto físico y la personalidad, pág. 34.

CITAS EN EL INTERNET

Dama honesta (21 años), chistosa, delgada, con unos tatuajes interesantes, busca caballero educado, trabajador, generoso y con cicatriz, sin compromiso. Foto 14823

Mujer costarricense (35 años) amable, en forma, busca un caballero mayor de 30 años, generoso, divertido y sin compromiso para una bonita relación. Foto 75527

Chileno (35 años), me encantan la playa, los deportes y bailar, busco dama atractiva sin perforación del cuerpo, de buen carácter, alegre y cortés para llenar mi vida de amor. Foto 59232

Caballero (50 años) educado y de buena familia, busco una dama hermosa, de pelo largo, para una relación profunda y permanente. Foto 47520

CITAS EN EL INTERNET

Nombre _____

Edad _____

Características físicas _____

_____

_____

Personalidad _____

_____

Me gusta(n) _____

No me gusta(n) _____

Busco una pareja... _____

_____

Paso 1   Contesta las siguientes preguntas. Túrnense.

1. De las fotos, ¿quién escribió cada anuncio personal? ¿cómo lo sabes?
2. ¿Qué persona te parece la más interesante y por qué?
3. ¿Cuál te parece la menos interesante y por qué?

Paso 2   Escribe tu propio anuncio y compártelo con un/a compañero/a.

Estrategia

As you study your vocabulary or grammar, it might be helpful to organize the information into a word web. Start with the concept you want to practice, such as *las personalidades,* write the word in the center of the page, and draw a circle around it. Then, as you brainstorm how your other vocabulary fits into *las personalidades,* you can create circles that branch off from your main idea. For example, you might write *positivas* and *negativas* in circles. Once you have your categories arranged, add vocabulary that belongs to each category. Branching from *positivas* might be *alegre.* Branching from *negativas* might be *gastador/a.*

♻ *¡Anda! Curso elemental*, Capítulo 1. Los adjetivos descriptivos. Capítulo 9. El pretérito y el imperfecto, Apéndice 3.

♻ *¡Anda! Curso intermedio*, Capítulo 1. El aspecto físico y la personalidad, pág. 34.

6-2 **Identificaciones** Estabas en un café con unos amigos cuando de repente vieron a dos personas corriendo por la calle. La última persona gritaba —¡Ladrón! ¡Me robaste mi dinero! ¡Párenlo!— Un policía llegó y ahora tienes que describirle al policía cómo eran el criminal y la víctima. ■

Paso 1 Explícale lo que pasó a tu compañero/a, describiéndole al ladrón y a su víctima. Puedes escogerlos entre los del dibujo. Sé creativo/a.

Paso 2 Basándose en tu explicación, tu compañero/a tiene que identificar al ladrón y a su víctima. Usa **el pretérito** y **el imperfecto** cuando sea apropiado. Túrnense.

MODELO

E1: *El ladrón corría muy rápido, pero la víctima, muy enojada, no podía correr tan rápido. La víctima tenía pelo…*

E2: *Entonces, ¿el ladrón fue _____ y la víctima fue _____?*

E1: *¡Sí! / No, voy a explicártelo de nuevo…*

> **Estrategia**
>
> You may wish to create names or descriptions for each of the characters in the lineup in order to identify them.

♻ *¡Anda! Curso intermedio*, Capítulo 1. El presente perfecto de indicativo, pág. 49.

6-3 **¿Qué tal has estado?** Estás en una fiesta de tu clase de graduación de la escuela secundaria. Hace muchos años que no ves a tus compañeros. Describe lo que has hecho en los últimos años, usando por lo menos **ocho** verbos diferentes en **el presente perfecto** *(haber + -ado / -ido).* Túrnense. ■

MODELO

E1: *Hola, Bernardo. Tanto tiempo que no nos hemos visto. ¿Qué has hecho en estos últimos años?*

E2: *Hola, Jaime. ¿Qué he hecho? Pues, muchas cosas. Primero, he trabajado para una compañía…*

> **Estrategia**
>
> Remember to use the *present perfect* (*haber* + *-ado/-ido*) to state what you or others *has/have done.* Also remember that *-ado/-ido* often translates to the *-ed* verb form in English.

¡Anda! Curso elemental, Capítulo 1.
La familia, Apéndice 2.

*¡Anda! Curso
intermedio,* Capítulo 1.
El aspecto físico y la
personalidad, pág. 34;
Algunos verbos como
gustar, pág. 39; La
familia, pág. 53.

6-4 **Nuestras familias** Completen los siguientes pasos. ■

Paso 1   Con un/a compañero/a, túrnense para describir a su familia, o a una familia o
persona famosa. Trata de usar por lo menos **diez** oraciones con un mínimo de
cinco verbos diferentes. Incluye: aspectos de su personalidad, su descripción
física, qué o quién(es) le(s) fascina(n)/falta(n), qué cosas especiales han hecho
en su vida, etc.

MODELO   E1:   *Me fascinan mis dos hermanastros. Cuando los conocí, me cayeron mal,
pero siempre han tenido unas personalidades interesantes. Por ejemplo,
Joaquín es chistoso y Manolo es callado…*

Paso 2   Ahora descríbele la familia de tu compañero/a a otro miembro de tu clase,
usando por lo menos **cinco** oraciones. Si no recuerdas bien los detalles o si
necesitas clarificación, pregúntale a tu compañero/a.

MODELO   E2:   *Adriana tiene dos hermanastros. Al principio le cayeron mal, pero ahora le
fascinan. Uno es chistoso; el otro es callado…*

Estrategia

People rarely remember
everything they hear!
It is important that you
feel comfortable asking
someone to repeat
information or asking
for clarification using
expressions such as *¿Qué
dijiste? ¿Me lo puedes
repetir, por favor?*

Estrategia

With situations like those in **6-4,** it is not
essential that *all* details be remembered.
Nor is it essential in this type of scenario to
repeat *verbatim* what someone has said;
it is totally acceptable to express the same
idea in different words.

Estrategia

Focus on using as much of the
vocabulary from *Capítulo 1* as
possible in your descriptions.
Remember to create negative
sentences as well: e.g., *A mi mamá
no le gustan mucho los tatuajes.*

Rúbrica

All aspects of our lives benefit from self-reflection and self-assessment. Learning Spanish is an aspect of our academic and future professional lives that benefits greatly from such a self-assessment. Also coming into play is the fact that, as college students, you personally are being held accountable for your learning and are expected to take ownership for your performance. Having said that, we instructors can assist you greatly by letting you know what we expect of you. It will help you determine how well you are doing with the recycling of **Capítulo Preliminar A** and **Capítulo 1.** This rubric is meant first and foremost for you to use as a self-assessment, but you can also use it to peer-assess. Your instructor may use the rubric to assess your progress as well.

	3 EXCEEDS EXPECTATIONS	**2 MEETS EXPECTATIONS**	**1 APPROACHES EXPECTATIONS**	**0 DOES NOT MEET EXPECTATIONS**
Duración y precisión	• Has at least 10 sentences and includes all the required information. • May have errors, but they do not interfere with communication.	• Has 7–9 sentences and includes all the required information. • May have errors, but they rarely interfere with communication.	• Has 4–7 sentences and includes some of the required information. • Has errors that interfere with communication.	• Supplies fewer sentences and little of the required information in *Approaches Expectations.* • If communicating at all, has frequent errors that make communication limited or impossible.
Gramática nueva del *Capítulo 1*	• Makes excellent use of the chapter's new grammar (e.g., **verbs similar to *gustar*** and **the present perfect indicative**). • Uses a wide variety of new verbs when appropriate.	• Makes good use of the chapter's new grammar (e.g., **verbs similar to *gustar*** and **the present perfect indicative**). • Uses a variety of new verbs when appropriate.	• Makes use of some of the chapter's new grammar (e.g., **verbs similar to *gustar*** and **the present perfect indicative**). • Uses a limited variety of new verbs when appropriate.	• Uses little if any of the chapter's grammar (e.g., **verbs similar to *gustar*** and **the present perfect indicative**).
Vocabulario nuevo del *Capítulo 1*	• Uses many of the new vocabulary words (e.g., **physical and personality descriptions, emotional states,** and **the family**).	• Uses a variety of the new vocabulary words (e.g., **physical and personality descriptions, emotional states,** and **the family**).	• Uses some of the new vocabulary words (e.g., **physical and personality descriptions, emotional states,** and **the family**).	• Uses few, if any, new vocabulary words (e.g., **physical and personality descriptions, emotional states,** and **the family**).
Gramática y vocabulario de repaso/reciclaje del *Capítulo 1*	• Does an excellent job using review grammar (e.g., **object pronouns** and **the preterit**) and vocabulary to support what is being said. • Uses a wide array of review verbs. • Uses review vocabulary appropriately while utilizing new vocabulary.	• Does a good job using review grammar (e.g., **object pronouns** and **the preterit**) and vocabulary to support what is being said. • Uses an array of review verbs. • Uses some review vocabulary, but focuses predominantly on new vocabulary.	• Does an average job using review grammar (e.g., **object pronouns** and **the preterit**) and vocabulary to support what is being said. • Uses a limited array of review verbs. • Uses mostly review vocabulary and some new vocabulary.	• Almost solely uses the present tense. • If speaking at all, relies almost completely on vocabulary from beginning Spanish course.
Esfuerzo	• Clearly the student made his/her best effort.	• The student made a good effort.	• The student made an effort.	• Little or no effort went into the activity.

06-07 to 06-12

Capítulo 2

Capítulo 2.

¡Anda! Curso elemental, Capítulo 2. Los deportes y los pasatiempos, Apéndice 2.

¡Anda! Curso intermedio, Capítulo 2. Deportes, pág. 72; Los mandatos de nosotros/as, pág. 78; Pasatiempos y deportes, pág. 86.

6-5 Vamos de vacaciones y... ¡Tu compañero/a y tú van a tener diez gloriosos días de vacaciones después de los exámenes! ¿Qué van a hacer? Túrnense para crear oraciones usando **los mandatos de *nosotros/as*** y **el vocabulario de los deportes y los pasatiempos.** Sigan el modelo. ∎

MODELO
E1: *¡Estamos de vacaciones! Juguemos al vóleibol.*

E2: *Muy bien. Juguemos al vóleibol y patinemos en monopatín.*

E1: *Muy bien. Juguemos al vóleibol, patinemos en monopatín y buceemos.*

E2: *…*

¡Anda! Curso elemental, Capítulo 2. Los deportes y los pasatiempos, Apéndice 2.

Workbooklet

¡Anda! Curso intermedio, Capítulo 2. Deportes, pág. 72; Pasatiempos y deportes, pág. 86.

6-6 ¿Qué tenemos en común? ¿Qué hacían tu compañero/a de clase y tú durante sus años de la escuela secundaria? Túrnense para hacerse **diez** preguntas para ver qué deportes y pasatiempos tenían en común. Escriban sus respuestas en un diagrama de Venn. ∎

MODELO
E1: *¿Comentabas en un blog?*

E2: *Sí, comenté en un blog por lo menos una vez… quizás dos veces. ¿y tú? ¿Comentabas en un blog?*

E1: *Sí, comentaba mucho en un blog. ¡Hacíamos la misma cosa!*

Estrategia

Before doing **6-6,** review the formation and uses of *el pretérito* and *el imperfecto,* pp. 47 and 123.

YO

Buceé en México.
Pinté muchos cuadros.

NOSOTROS/AS

Comentamos en un blog.
Fuimos de camping.

TÚ

Patinaste en monopatín.
Practicaste artes marciales.

♻ *¡Anda! Curso elemental*, Capítulo 11. El subjuntivo, Apéndice 3.

♻ *¡Anda! Curso intermedio*, Capítulo 2. Deportes, pág. 72; Pasatiempos y deportes, pág. 86.

6-7 Artuditu, quiero que…

¡Ah… el mundo moderno! ¡Tienes un robot que hace todo lo que tu familia y tú quieran! Dile por lo menos **ocho** cosas, con **ocho** verbos diferentes, que tu familia y tú quieren que haga. Usen **el subjuntivo**. Túrnense. ■

MODELO   *Robot, por favor, quiero que me traigas las cartas para jugar al póquer. Van a venir diez amigos a la casa para jugar. Entonces, también necesito que prepares unos sándwiches. Luego, mi mamá dice que es necesario que limpies la cocina…*

Estrategia

After doing **6-7** using the subjunctive, practice with the *tú* and *usted* commands: e.g., *Robot, trae las cartas por favor* or *traiga las cartas* or *tráemelas* or *tráigamelas*.

Rúbrica

Estrategia

You and your instructor can use this rubric to assess your progress for **6-5** through **6-7**.

	3 EXCEEDS EXPECTATIONS	2 MEETS EXPECTATIONS	1 APPROACHES EXPECTATIONS	0 DOES NOT MEET EXPECTATIONS
Duración y precisión	• Has at least 8 sentences and includes all the required information. • May have errors, but they do not interfere with communication.	• Has 5–7 sentences and includes all the required information. • May have errors, but they rarely interfere with communication.	• Has 4 sentences and includes some of the required information. • Has errors that interfere with communication.	• Supplies fewer sentences and little of the required information in *Approaches Expectations*. • If communicating at all, has frequent errors that make communication limited or impossible.
Gramática nueva del *Capítulo 2*	• Makes excellent use of the chapter's new grammar (e.g., ***nosotros/as*** **commands** and **the subjunctive**). • Uses a wide variety of new verbs when appropriate.	• Makes good use of the chapter's new grammar (e.g., ***nosotros/as*** **commands** and **the subjunctive**). • Uses a variety of new verbs when appropriate.	• Makes use of some of the chapter's new grammar (e.g., ***nosotros/as*** **commands** and **the subjunctive**). • Uses a limited variety of new verbs when appropriate.	• Uses little if any of the chapter's grammar (e.g., ***nosotros/as*** **commands** and **the subjunctive**).
Vocabulario nuevo del *Capítulo 2*	• Uses many of the new vocabulary words (e.g., **sports** and **pastimes**).	• Uses a variety of the new vocabulary words (e.g., **sports** and **pastimes**).	• Uses some of the new vocabulary words (e.g., **sports** and **pastimes**).	• Uses few, if any, new vocabulary words (e.g., **sports** and **pastimes**).

	3 EXCEEDS EXPECTATIONS	2 MEETS EXPECTATIONS	1 APPROACHES EXPECTATIONS	0 DOES NOT MEET EXPECTATIONS
Gramática y vocabulario de repaso/reciclaje del *Capítulo 2*	• Does an excellent job using review grammar (e.g., **formal/informal commands** and **the subjunctive**) and vocabulary to support what is being said. • Uses a wide array of review verbs. • Uses review vocabulary appropriately while utilizing new vocabulary.	• Does a good job using review grammar (e.g., **formal/informal commands** and **the subjunctive**) and vocabulary to support what is being said. • Uses an array of review verbs. • Uses some review vocabulary, but focuses predominantly on new vocabulary.	• Does an average job using review grammar (e.g., **formal/informal commands** and **the subjunctive**) and vocabulary to support what is being said. • Uses a limited array of review verbs. • Uses mostly review vocabulary and some new vocabulary.	• Almost solely uses the present tense. • If speaking at all, relies almost completely on vocabulary from beginning Spanish course.
Esfuerzo	• Clearly the student made his/her best effort.	• The student made a good effort.	• The student made an effort.	• Little or no effort went into the activity.

Capítulo 3

06-13 to 06-17

Capítulo 3.

¡Anda! Curso elemental, Capítulo 3. La casa, Apéndice 2. Capítulo 11. El subjuntivo, Apéndice 3.

¡Anda! Curso intermedio, Capítulo 1. Algunos verbos como *gustar*, pág. 39; Capítulo 3. La construcción de casas y sus alrededores, pág. 110; Dentro del hogar, pág. 122.

6-8 **Mi hogar favorito** Mira las fotos y descríbele tu hogar favorito a un/a compañero/a. Dile por qué te gusta el hogar y explica por qué no te gustan los otros hogares. En tu descripción, incluye información sobre los materiales con los que han construido el hogar y los alrededores del hogar. Utiliza por lo menos **ocho** oraciones y usa **el subjuntivo** cuando sea necesario. Túrnense. ■

MODELO   *Me encanta la casa tradicional. Quizás sea difícil de construir y dudo que sea barata, pero ¡me fascina el color del ladrillo!…*

¡Anda! Curso elemental, Capítulo 3. La casa, Apéndice 2.

¡Anda! Curso intermedio, Capítulo 3. La construcción de casas y sus alrededores, pág. 110; Dentro del hogar, pág. 122.

6-9 **Adivina** Trae unas revistas o páginas de unas revistas que tengan fotos de casas y sus interiores. Describe una de las casas detalladamente para que tu compañero/a adivine cuál estás describiendo. Túrnense. ∎

Workbooklet

6-10 **Y aquí recomiendo…** ¡Qué emoción! ¡Acabas de ganar $75.000,00 U.S. para renovar la cocina y el dormitorio de tus sueños! Dibuja tus planes y descríbeselos en detalle a tu compañero/a. Túrnense. ∎

¡Anda! Curso elemental, Capítulo 3. La casa, Apéndice 2.

¡Anda! Curso intermedio, Capítulo 3. La construcción de casas y sus alrededores, pág. 110; Dentro del hogar, pág. 122.

MODELO *Empiezo en la cocina con alacenas y mostradores nuevos. Quiero que las alacenas sean de madera y los mostradores de color café…*

Workbooklet

¡Anda! Curso elemental, Capítulo 3. La casa, Apéndice 2.

¡Anda! Curso intermedio, Capítulo 3. La construcción de casas y sus alrededores, pág. 110; Dentro del hogar, pág. 122.

6-11 **En venta** Estás trabajando en una compañía de ventas de casas. Escoge una de las siguientes situaciones y escribe una descripción donde incluyas por lo menos **diez** detalles. Busca algunas fotos en el Internet para incluir con tu descripción. ∎

SITUACIÓN 1: Tienes que vender tu propia casa.

SITUACIÓN 2: Tienes que vender dos casas: una que vale quince millones de dólares y la otra que vale setenta y cinco mil dólares.

FOTO

Dirección _____

Descripción _____

_____

_____

Precio _____

Teléfono _____

¡Anda! Curso elemental, Capítulo 3. La casa; Capítulo 11. El medio ambiente, Apéndice 2. Capítulo 11. El subjuntivo, Apéndice 3.

¡Anda! Curso intermedio, Capítulo 3. La construcción de casas y sus alrededores, pág. 110; Dentro del hogar, pág. 122. El subjuntivo para expresar sentimientos, emociones y dudas, pág. 126.

6-12 **Mis dudas** El futuro no es siempre seguro. ■

Estrategia

For **6-12,** consider the following emotions: *tener miedo, dudar, temer, esperar, no creer.* Also consider as suggestions the following categories of uncertainty: *el dinero, el trabajo, el matrimonio, los hijos, la jubilación,* etc.

Estrategia

You may wish to incorporate review vocabulary from *¡Anda! Curso elemental, Capítulo 11, El medio ambiente, Appendix 2* in **6-12.**

Paso 1   Expresa **ocho** dudas, sentimientos y emociones que tus amigos, tus parientes y tú tengan sobre el futuro. Usa **el subjuntivo.**

MODELO   *Dudo que haya menos contaminación del aire y del agua en el futuro. Mis padres tienen miedo de no tener suficiente dinero para su jubilación. Mi hermano teme que su mujer gaste demasiado dinero para reparar su casa…*

Paso 2   Menciona por lo menos **cuatro** sentimientos, emociones y dudas de tu compañero/a.

MODELO   *Mi compañera Mandy duda que su hermano y su cuñada tengan suficiente dinero para reparar su casa…*

Estrategia

Being a good listener is an important life skill. Repeating what your classmate said gives you practice in demonstrating how well you listened.

Rúbrica

Estrategia
You and your instructor can use this rubric for **6-8** through **6-12**.

	3 **EXCEEDS** **EXPECTATIONS**	**2** **MEETS** **EXPECTATIONS**	**1** **APPROACHES** **EXPECTATIONS**	**0** **DOES NOT MEET** **EXPECTATIONS**
Duración y precisión	• Has at least 8 sentences and includes all the required information. • May have errors, but they do not interfere with communication.	• Has 5–7 sentences and includes all the required information. • May have errors, but they rarely interfere with communication.	• Has 4 sentences and includes some of the required information. • Has errors that interfere with communication.	• Supplies fewer sentences and little of the required information in *Approaches Expectations*. • If communicating at all, has frequent errors that make communication limited or impossible.
Gramática nueva del *Capítulo 3*	• Makes excellent use of **the subjunctive.**	• Makes good use of **the subjunctive.**	• Makes use of **the subjunctive.**	• Uses little, if any, of **the subjunctive.**
Vocabulario nuevo del *Capítulo 3*	• Uses many of the new vocabulary words (e.g., **homes and their surroundings**).	• Uses a variety of the new vocabulary words (e.g., **homes and their surroundings**).	• Uses some of the new vocabulary words (e.g., **homes and their surroundings**).	• Uses few, if any, new vocabulary words (e.g., **homes and their surroundings**).
Gramática y vocabulario de repaso/reciclaje del *Capítulo 3*	• Does an excellent job using review grammar (e.g., **the preterit** and **the imperfect**) and vocabulary to support what is being said. • Uses a wide array of review verbs. • Uses review vocabulary appropriately while utilizing new vocabulary.	• Does a good job using review grammar (e.g., **the preterit** and **the imperfect**) and vocabulary to support what is being said. • Uses an array of review verbs. • Uses some review vocabulary, but focuses predominantly on new vocabulary.	• Does an average job using review grammar (e.g., **the preterit** and **the imperfect**) and vocabulary to support what is being said. • Uses a limited array of review verbs. • Uses mostly review vocabulary and some new vocabulary.	• Uses grammar almost solely from beginning Spanish course. • If speaking at all, relies almost completely on vocabulary from beginning Spanish course.
Esfuerzo	• Clearly the student made his/her best effort.	• The student made a good effort.	• The student made an effort.	• Little or no effort went into the activity.

Capítulo 4 Capítulo 4.

06-19 to 06-25

> ¡Anda! Curso intermedio, Capítulo 2. Deportes, pág. 72; Pasatiempos y deportes, pág 86; Capítulo 3. La construcción de casas y sus alrededores, pág. 110; Dentro del hogar, pág. 122; Capítulo 4. El pasado perfecto, pág. 153; El presente perfecto de subjuntivo, pág. 168.

Workbooklet

6-13 **Adivina** Formen grupos de cuatro. ■

Estrategia

Although you are focusing on the *Capítulo 4* grammar review in **6-13,** for maximum success, review vocabulary from *Capítulo 2, Deportes,* p. 72; *Pasatiempos y deportes,* p. 86; *Capítulo 3, La construcción de casas y sus alrededores,* p. 110; *Dentro del hogar,* p. 122.

Paso 1 Una persona sale del grupo y los otros tres estudiantes dicen y escriben si creen que su compañero/a ha hecho cada una de las cosas de la lista.

Paso 2 El/La compañero/a regresa al grupo para confirmar.

MODELO

E1: *Angie, ¡es imposible que hayas cosido algo!*

E2 (ANGIE): *Es cierto que no he cosido nada.*

E3: *Angie, dudamos que hayas reparado la casa.*

E2 (ANGIE): *No tienen razón. Sí, he reparado la casa… un poco.*

E1: *Angie,…*

Estrategia

Note the use of the *perfect tenses* (*haber* + *-ado/-ido*) in the *modelo* of **6-13:** e.g., *que hayas cosido, he cosido, que hayas reparado, he reparado.* Activity **6-13** was created to help you use those tenses.

	ESTUDIANTE 1 Angie		ESTUDIANTE 2		ESTUDIANTE 3		ESTUDIANTE 4	
	DUDAMOS	**CREEMOS**	**DUDAMOS**	**CREEMOS**	**DUDAMOS**	**CREEMOS**	**DUDAMOS**	**CREEMOS**
1. coser algo	Es imposible que haya cosido algo.							
2. reparar la casa	Dudamos que haya reparado la casa.							
3. …								
4. …								

¡Anda! Curso elemental, Capítulo 7. La comida;
La preparación de las comidas, Apéndice 2.

¡Anda! Curso intermedio, Capítulo 1. El aspecto físico y la
personalidad, pág. 34; Capítulo 4. La comida y la cocina, pág. 159.

6-14   Observándolos Imagina que has estado observando a las siguientes personas. Una cosa que notaste fue lo que comían. Descríbele a tu compañero/a las personas que aparecen en las fotos (sus personalidades, sus características físicas, lo que (no) comían, etc.). Usa por lo menos **ocho** oraciones. Túrnense. ■

¡Anda! Curso elemental, Capítulo 7. La comida;
La preparación de las comidas, Apéndice 2.

¡Anda! Curso intermedio, Capítulo 4. Las celebraciones y los
eventos de la vida, pág. 148; La comida y la cocina, pág. 159.

Workbooklet

6-15   ¡Fiesta! ¡Qué emoción! Todos tus amigos y tu familia vienen para festejar (*celebrate*) contigo. ■

Paso 1   Decide qué ocasión festejas.

Paso 2   Planea el menú.

Paso 3   Escribe una receta para un plato que vas a servir.

DE LA COCINA DE
RECETA PARA
INGREDIENTES

Paso 4   Comparte tus ideas con un/a compañero/a.

¡Anda! Curso elemental, Capítulo Preliminar A. El tiempo; Capítulo 7.
La comida; La preparación de las comidas, Apéndice 2.

¡Anda! Curso intermedio, Capítulo 4.
La comida y la cocina, pág. 159

Estrategia

Note that in **6-16** you will need to use the *preterit* and *imperfect* tenses to report what happened.

6-16   ¡Luces, cámara, acción! ¡Te invitaron a informar sobre la fiesta del siglo en Hollywood! Haz un reportaje, incluyendo por lo menos **diez** detalles. Puedes empezar con información sobre qué tiempo hacía aquella noche. Hazle tu reportaje oralmente a un/a compañero/a de clase o a toda la clase. ■

Rúbrica

Estrategia

You and your instructor can use this rubric for **6-14** through **6-16**.

	3 **EXCEEDS EXPECTATIONS**	**2** **MEETS EXPECTATIONS**	**1** **APPROACHES EXPECTATIONS**	**0** **DOES NOT MEET EXPECTATIONS**
Duración y precisión	• Has at least 8 sentences and includes all the required information. • May have errors, but they do not interfere with communication.	• Has 5–7 sentences and includes all the required information. • May have errors, but they rarely interfere with communication.	• Has 4 sentences and includes some of the required information. • Has errors that interfere with communication.	• Supplies fewer sentences and little of the required information in *Approaches Expectations*. • If communicating at all, has frequent errors that make communication limited or impossible.
Gramática nueva del *Capítulo 4*	• Makes excellent use of the chapter's new grammar (e.g., **past perfect** and **present perfect subjunctive**). • Uses a wide variety of new verbs when appropriate.	• Makes good use of the chapter's new grammar (e.g., **past perfect** and **present perfect subjunctive**). • Uses a variety of new verbs when appropriate.	• Makes use of some of the chapter's new grammar (e.g., **past perfect** and **present perfect subjunctive**). • Uses a limited variety of new verbs when appropriate.	• Uses little if any of the chapter's grammar (e.g., **past perfect** and **present perfect subjunctive**).
Vocabulario nuevo del *Capítulo 4*	• Uses many of the new vocabulary words (e.g., **celebrations** and **food**).	• Uses a variety of the new vocabulary words (e.g., **celebrations** and **food**).	• Uses some of the new vocabulary words (e.g., **celebrations** and **food**).	• Uses few, if any, new vocabulary words (e.g., **celebrations** and **food**).
Gramática y vocabulario de repaso/reciclaje del *Capítulo 4*	• Does an excellent job using review grammar (e.g., **the preterit, the imperfect,** and *hacer* **with time expressions**) and vocabulary to support what is being said. • Uses a wide array of review verbs. • Uses review vocabulary appropriately while utilizing new vocabulary.	• Does a good job using review grammar (e.g., **the preterit, the imperfect,** and *hacer* **with time expressions**) and vocabulary to support what is being said. • Uses an array of review verbs. • Uses some review vocabulary, but focuses predominantly on new vocabulary.	• Does an average job using review grammar (e.g., **the preterit, the imperfect,** and *hacer* **with time expressions**) and vocabulary to support what is being said. • Uses a limited array of review verbs. • Uses mostly review vocabulary and some new vocabulary.	• Almost solely uses the present tense. • If speaking at all, relies almost completely on vocabulary from beginning Spanish course.
Esfuerzo	• Clearly the student made his/her best effort.	• The student made a good effort.	• The student made an effort.	• Little or no effort went into the activity.

Capítulo 5

06-26 to 06-30

Capítulo 5.

¡Anda! Curso elemental, Capítulo 10. El viaje, Apéndice 2; Capítulo 11. El subjuntivo, Apéndice 3.

6-17 **¿Adónde vamos?** Planea tus vacaciones ideales. Expresa tus ideas usando por lo menos **diez** oraciones. Usa **el subjuntivo** en por lo menos **dos** de las oraciones. Comparte tus ideas con un/a compañero/a. ◼

MODELO   *Vamos a hacer un crucero. Busco un crucero que no sea muy caro porque no tengo mucho dinero en este momento. Quiero visitar varios puertos. Mis hermanos van a venir y espero que no se pierdan…*

¡Anda! Curso intermedio, Capítulo 5. Los viajes, pág. 188; El subjuntivo con antecedentes indefinidos o que no existen, pág. 208.

¡Anda! Curso elemental, Capítulo 11. El subjuntivo, Apéndice 3.

¡Anda! Curso intermedio, Capítulo 5. La tecnología y la informática, pág. 204; Las acciones relacionadas con la tecnología, pág. 211; El subjuntivo con antecedentes indefinidos o que no existen, pág. 208.

6-18 **Busco ayuda…** En el mundo digital, las cosas no siempre funcionan. Tienes que llamar a un número de ayuda (*help line*). Crea un diálogo con un/a compañero/a. Usen **el subjuntivo** para expresar lo que ustedes necesitan. ◼

MODELO   E1: *¿En qué puedo servirle?*

E2: *Busco a alguien que me pueda ayudar. Mi computadora ha borrado todos mis archivos.*

E1: *¿Cómo? Necesito que mi supervisor me ayude. No sé nada de impresoras.*

E2: *¿Impresoras? ¡No necesito que me hable de impresoras! ¡Necesito a alguien que sepa algo sobre computadoras!*

E2: *…*

Rúbrica

Estrategia

You and your instructor can use this rubric for **6-17** and **6-18.**

	3 EXCEEDS EXPECTATIONS	**2 MEETS EXPECTATIONS**	**1 APPROACHES EXPECTATIONS**	**0 DOES NOT MEET EXPECTATIONS**
Duración y precisión	• Has at least 8 sentences and includes all the required information. • May have errors, but they do not interfere with communication.	• Has 5–7 sentences and includes all the required information. • May have errors, but they rarely interfere with communication.	• Has 4 sentences and includes some of the required information. • Has errors that interfere with communication.	• Supplies fewer sentences and little of the required information in *Approaches Expectations*. • If communicating at all, has frequent errors that make communication limited or impossible.
Gramática nueva del *Capítulo 5*	• Makes excellent use of the chapter's new grammar (e.g., **relative pronouns** and **the subjunctive**). • Uses a wide variety of new verbs when appropriate.	• Makes good use of the chapter's new grammar (e.g., **relative pronouns** and **the subjunctive**). • Uses a variety of new verbs when appropriate.	• Makes use of some of the chapter's new grammar (e.g., **relative pronouns** and **the subjunctive**). • Uses a limited variety of new verbs when appropriate.	• Uses little if any of the chapter's grammar (e.g., **relative pronouns** and **the subjunctive**).
Vocabulario nuevo del *Capítulo 5*	• Uses many of the new vocabulary words (e.g., **travel** and **technology**).	• Uses a variety of the new vocabulary words (e.g., **travel** and **technology**).	• Uses some of the new vocabulary words (e.g., **travel** and **technology**).	• Uses few, if any, new vocabulary words (e.g., **travel** and **technology**).
Gramática y vocabulario de repaso/reciclaje del *Capítulo 5*	• Does an excellent job using review grammar (e.g., *por* and *para,* **the preterit and the imperfect**) and vocabulary to support what is being said. • Uses a wide array of review verbs. • Uses review vocabulary appropriately while utilizing new vocabulary.	• Does a good job using review grammar (e.g., *por* and *para,* **the preterit and the imperfect**) and vocabulary to support what is being said. • Uses an array of review verbs. • Uses some review vocabulary, but focuses predominantly on new vocabulary.	• Does an average job using review grammar (e.g., *por* and *para,* **the preterit and the imperfect**) and vocabulary to support what is being said. • Uses a limited array of review verbs. • Uses mostly review vocabulary and some new vocabulary.	• Uses grammar almost solely from beginning Spanish course. • If speaking at all, relies almost completely on vocabulary from beginning Spanish course.
Esfuerzo	• Clearly the student made his/her best effort.	• The student made a good effort.	• The student made an effort.	• Little or no effort went into the activity.

Un poco de todo

06-31 to 06-38

6-19 **Tengo talento** Escribe un poema en verso libre o una canción sobre uno de los siguientes temas. ■

TEMAS

- Mi mejor amigo
- Mi tiempo libre
- Hogar, dulce hogar
- El viaje
- La tecnología: ¿amiga o enemiga?
- Una de las selecciones de literatura: *Poema I* de *Versos sencillos, Fútbol a sol y sombra, Yo y el ladrón, Tres cosas* o *Al partir*

6-20 **¿Lo quiere?** Celia, de **Laberinto peligroso,** le escribe un correo electrónico a un hombre que conoció durante sus días en el FBI. ¿De qué le escribe?, ¿del pasado?, ¿de sus días trabajando con él en el FBI o del presente?, ¿de sus días participando en el seminario de Javier?, ¿de sus planes para su casa ideal?, ¿de unas vacaciones?, ¿de su relación con él? Escribe ese mensaje por Celia en por lo menos **diez** oraciones. ■

Episodio 6

6-21 **El juego de la narración** Túrnense para crear una narración oral sobre **Laberinto peligroso**. ¡Incluyan muchos detalles! ◼

MODELO
E1: *Laberinto peligroso es un misterio muy imaginativo.*
E2: *Hay tres protagonistas que se llaman…*
E1: *…*

Estrategia

Another way to approach **6-22** is to hypothesize what *will happen* to the characters of *Laberinto peligroso*. You will need to use the construction form **ir + a +** *infinitive*, for example, *Cisco y Celia van a pelearse mucho porque los dos van a querer escribir sobre el mismo tema.*

6-22 **Su versión** En la actividad **6-21,** narraron una versión de **Laberinto peligroso.** Ahora es su turno como escritores. Sean muy creativos y creen su propia versión imaginativa. Su profesor/a les va a explicar cómo hacerlo. Empiecen con la oración del modelo. ¡Diviértanse! ◼

MODELO *Javier conocía a otros dos periodistas, Celia y Cisco, y los invitó a participar en un seminario que él enseñaba.*

6-23 **Tu propia película** Eres director/a de cine y puedes crear tu propia versión de **Laberinto peligroso**. Primero, pon las fotos en el orden correcto y después escribe el diálogo para la película. Luego, puedes filmar tu versión. ■

6-24 **¿Cómo eres?** Conoces un poco a los estudiantes y a los profesionales de los países que hemos estudiado en **Vistazo cultural.** ¿Qué más quieres saber de ellos? Escribe por lo menos **diez** preguntas que quieras hacerles. Sé creativo/a. Escribe por lo menos **tres** preguntas usando **el presente** o **pasado perfecto** (**haber + -ado / -ido**) y **tres** preguntas usando **el subjuntivo.** ■

MODELO
1. *¿Dónde ha vivido usted?*
2. *¿Le gusta montar a caballo?*
3. *¿Necesita viajar mucho para su trabajo?...*

Workbooklet

6-25 **Aspectos interesantes** Escribe por lo menos **tres** cosas interesantes sobre cada uno de los siguientes países. ■

MÉXICO	ESPAÑA	HONDURAS	GUATEMALA

EL SALVADOR	NICARAGUA	COSTA RICA	PANAMÁ

6-26 **Un/a agente de viajes** Durante el verano, tienes la oportunidad de trabajar en una agencia de viajes. Tienes unos clientes que quieren visitar un país hispanohablante. Escoge uno de los países que estudiamos y recomiéndales el país, usando por lo menos **seis** oraciones. ■

6-27 **Mis favoritos** Describe tu país favorito (de **Vistazo cultural**) o tu persona favorita (de **Perfiles**) de los **Capítulos 1** a **5**. En por lo menos **diez** oraciones, explica por qué te gusta y lo que encuentras interesante e impresionante de ese país o persona. ■

6-28 **Compáralos** Escoge dos de los países que estudiamos y escribe las diferencias y semejanzas *(similarities)* entre los dos. ■

MODELO   *En México y en Nicaragua se practican deportes acuáticos porque los dos países tienen costas…*

6-29 **¡A jugar!** En grupos de tres o cuatro, preparen las respuestas para las siguientes categorías de **¿Lo sabes?,** un juego como *Jeopardy!,* y después las preguntas correspondientes. Sugieran valores de dólares, pesos, euros, etc. ¡Buena suerte! ◼

CATEGORÍAS

VOCABULARIO

El aspecto físico y la personalidad
La familia
Los deportes y los pasatiempos
La construcción de casas y sus alrededores
Dentro del hogar
Algunas celebraciones
La comida
Los viajes
La tecnología

VERBOS

Verbos como **gustar**
Los tiempos perfectos
Los mandatos de **nosotros/as**
El subjuntivo

CULTURA

Personas importantes
Estados Unidos
México
España
Honduras
Guatemala
El Salvador
Nicaragua
Costa Rica
Panamá

MODELOS

VOCABULARIO
CATEGORÍA: EL ASPECTO FÍSICO

Respuesta: pelo en el mentón
Pregunta: *¿Qué es "una barba"?*

VERBOS
CATEGORÍA: EL SUBJUNTIVO

Respuesta: Es importante que tú _____ (venir).
Pregunta: *¿Qué es "vengas"?*

CULTURA
CATEGORÍA: PERSONAS IMPORTANTES

Respuesta: Alberto Contador
Pregunta: *¿Quién es un atleta español que practica ciclismo y ganó varias veces el Tour de Francia?*

¿LO SABES?

Notas culturales	Perfiles	Vistazo cultural

¿LO SABES? DOBLE

Notas culturales	Perfiles	Vistazo cultural

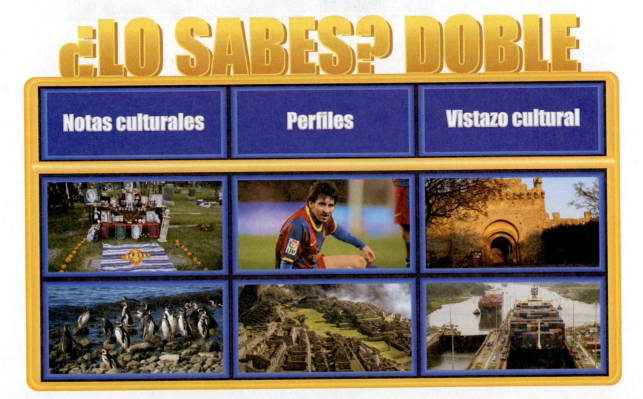

6-30 ¿Qué opinan? Tu compañero/a y tú fueron al teatro para ver la obra *La vida es sueño*. Después, fueron a un café para discutir lo que vieron. Túrnense para compartir sus opiniones. ▪

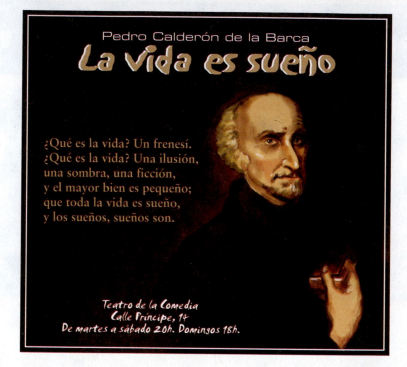

Pedro Calderón de la Barca
La vida es sueño

¿Qué es la vida? Un frenesí.
¿Qué es la vida? Una ilusión,
una sombra, una ficción,
y el mayor bien es pequeño;
que toda la vida es sueño,
y los sueños, sueños son.

Teatro de la Comedia
Calle Príncipe, 14
De martes a sábado 20h. Domingos 18h.

1. Para ti, ¿qué es la vida?
2. ¿Por qué dice Calderón que "la vida es sueño (*dream*)"? ¿Qué puede significar?
3. ¿En qué aspecto(s) puede ser la vida "un frenesí"? Da ejemplos de tu vida.
4. ¿Cuándo se puede comparar la vida a una sombra (*shadow*)?, ¿y a una ficción?

6-31 Querido/a autor/a... Escríbele una carta a uno de los autores de las selecciones de **Letras**. Dile lo que más te gusta de su obra y lo que no te gusta o lo que no entiendes muy bien. Compara su obra literaria con la de otro/a autor/a que leíste. ▪

Y por fin, ¿cómo andas?

	Feel confident	Need to review

Having completed this chapter, I now can . . .

Comunicación

- describe myself, my family, and others. ☐ ☐
- share ideas about sports and pastimes. ☐ ☐
- describe homes in depth. ☐ ☐
- relate past celebrations and plan future ones, and describe foods and their preparation. ☐ ☐
- plan and give details regarding future and past travels, and indicate how technology is useful. ☐ ☐
- express what *has* and *had* happened. ☐ ☐
- express wishes, doubts, feelings, and emotions. ☐ ☐
- link together simple and complex ideas. ☐ ☐
- refer to people and things that may or may not exist. ☐ ☐

Cultura

- synthesize information about families, sports and pastimes, homes and their construction, celebrations, and traveling in the United States, Mexico, Spain, Honduras, Guatemala, El Salvador, Nicaragua, Costa Rica, and Panama. ☐ ☐
- compare and contrast the countries I learned about in **Capítulos 1–5.** ☐ ☐

Laberinto peligroso

- review and create with **Laberinto peligroso.** ☐ ☐

Comunidades

- use Spanish in real-life contexts. ☐ ☐

Literatura

- review and reflect about the selections in **Letras.** ☐ ☐

B

Introducciones y repasos

This chapter is a review of vocabulary and grammatical concepts that you are already familiar with in Spanish. Some of you are continuing with *¡Anda! Curso intermedio* while others may be coming from a different program. As you begin the second half of *¡Anda!* it is important for you to feel confident about what you already know about the Spanish language while you continue to acquire knowledge and proficiency. This chapter will help you determine what you already know and focus on what you personally need to improve upon.

If you are new to *¡Anda!* you will not only want to review the grammar already introduced but also familiarize yourself with the active vocabulary used in the textbook. *¡Anda!* recycles vocabulary and grammar frequently to help you learn more effectively, and this chapter will review what we consider to be the basics of the preceding chapters.

For all students, this chapter also reviews what has occurred to date in the thrilling episodic adventure, **Laberinto peligroso.** Students who haven't seen the previous episodes will also have an opportunity to do so. The episodes in the text and the video build upon each other just like a *telenovela* and, starting in **Capítulo 7,** will continue from where the episode in **Capítulo 5** left off. **Capítulo 6** is a recycling chapter and no new episodes for **Laberinto peligroso** were presented.

Before you begin this chapter, you may wish to review the studying and learning strategies on pages 230–231 in **Capítulo 6.** These strategies are applicable to your other subjects as well. So on your mark, get set, let's review!

OBJETIVOS

COMUNICACIÓN

To describe yourself, your family, and others in detail

To narrate past events

To indicate something *has* or *had* happened

To share information about sports and pastimes

To express feelings, opinions, and reactions

To suggest group action using *Let's*

To recommend, suggest, request, or require something of someone

To describe houses and their surroundings

To express doubt, emotions, and sentiments

To relate information about celebrating life events, and elaborate on foods and food preparation

To discuss travel, means of transportation, and technology

To connect sentences and clauses

To depict something that is uncertain or unknown

To engage in additional communication practice (SAM)

LABERINTO PELIGROSO

To describe what has happened thus far to the protagonists Celia, Javier, and Cisco

To hypothesize about what you think will happen next

COMUNIDADES

To use Spanish in real-life contexts (SAM)

Comunicación

• Capítulo Preliminar A *and*
Repaso *Grammar Boxes:* Capítulos 1–5 •

B-01

1. Para empezar y Repaso. **Capítulo Preliminar A** and the two **Repaso** grammar boxes in each of **Capítulos 1–5** served as an organized review of beginning Spanish grammar concepts via the following topics. Consult the pages listed if you need to review these topics before proceeding.

gender of nouns, p. 4
singular and plural nouns, p. 5
definite (**el, la, los, las**) and indefinite
   (**un/a, unos/as**) articles, p. 6
descriptive and possessive
   adjectives, pp. 7, 11
present indicative of regular, irregular,
   and stem-changing verbs, pp. 13, 14, 19
reflexive constructions, p. 22
ser and **estar,** p. 26
gustar, p. 29

direct (**me, te, lo, la, nos, os, los, las**) and
   indirect (**me, te, le/se, nos, os, les/se**)
   object pronouns, p. 35
the **preterit,** pp. 47, 111
formal (**Ud./Uds.**) and informal (**tú**)
   commands, p. 74
the present **subjunctive,** p. 87
the **imperfect,** p. 123
the **preterit** and the **imperfect,** pp. 149, 205
hacer with time expressions, p. 160
por and **para,** p. 189

• Capítulo 1 •
Describing yourself, your family, and others in detail
Narrating past events
Indicating something *has* or *had* happened

B-02 to B-03

2. El aspecto físico y la personalidad. Repasa el vocabulario **El aspecto físico y la personalidad** de la página 34 y haz la siguiente actividad.

B-1 **¿Cómo describirlos?** Describe a algunas personas que conozcas o a algunas de las personas que aparecen en las fotos, enfocándote en (*focusing on*) sus aspectos físicos y su personalidad. Si usas las fotos, imagina la personalidad de estas personas. Utiliza por lo menos **ocho** oraciones. Túrnense. ■

Estrategia

In **B-1**, you are directed to say at least eight sentences. See how many more than eight you can do in the time allotted. Always try to do more than the minimum suggested.

MODELO   *Mi amiga Carol es simpática, inteligente y amable. Es alta, rubia, tiene los ojos verdes y es muy delgada. Tiene pestañas muy largas y unas cejas…*

Estrategia

Whenever you do an activity, such as **B-1**, always try to go beyond the images you see. For example, talk about not only the obvious physical characteristics and possible personality traits, but also imagine and describe their families. Perhaps you can pretend that you and your partner are siblings, and that one of the photos is of your family.

B-04 to B-05

3. Algunos verbos como *gustar*. Repasa los verbos como **gustar** de la página 39. ¿Qué otros verbos son como **gustar**? Ahora, haz la siguiente actividad.

B-2 **Y mis amigos…** Túrnense para crear y terminar las siguientes oraciones con algunos verbos como **gustar**. ■

MODELO   Las características que más (interesarme) en una persona son…
Las características que más me interesan en una persona son la inteligencia
y la simpatía.

1. Las características que menos (interesarme) en una persona son…
2. A mi mejor amigo/a no (interesarle)…
3. (Fascinarme)…
4. A los estudiantes (encantarnos)…
5. (Caerme) bien las personas que…

B-06 to B-07

4. Algunos estados. Repasa **Algunos estados** en la página 46 y haz la siguiente actividad.

B-3 **Te toca a ti** Inventen cómo eran la personalidad de las personas que aparecen en estas obras de arte. Utilicen por lo menos **ocho** oraciones. ■

Felipe VI Cazador, Diego Velázquez,
entre los años 1632 y 1638

Retrato del pintor Francisco de Goya,
Vicente López, 1826

MODELO   *El señor con bigote probablemente era amable, pero tímido…*

B-08 to B-09

5. El presente perfecto de indicativo. Repasa **El presente perfecto de indicativo** en la página 49. Explícale a un/a compañero/a cómo formarlo y luego haz la siguiente actividad.

B-4 **Así soy yo** Si te describieras, ¿qué dirías (*what would you say*)? ¿Qué has hecho en tu vida? ¿A cuántas escuelas has asistido? ¿En cuántas ciudades has vivido? ¿Qué te ha interesado? ¿Qué te ha fascinado? ¿Qué tipos de personas te han caído bien/mal? Descríbete en por lo menos **ocho** oraciones usando **el presente perfecto de indicativo.** Después, comparte la descripción con **cinco** compañeros. ■

MODELO *Siempre he sido una persona muy generosa con mi tiempo y mi dinero. No me han caído bien las personas flojas…*

Estrategia

When reading, you will at times come across a word that you have not formally learned. It is important that you do not become frustrated but rather look for clues to the word's meaning. Maybe it looks like another word you have already learned; perhaps you can guess its meaning from the context of the sentence or paragraph. One example is *describieras* in the directions for **B-4**. Although you have not yet learned the tense for *describieras*, what is the infinitive for this verb? What do you suppose it means?

6. La familia. Repasa el vocabulario de **La familia** en la página 53 y haz las siguientes actividades.

B-10 to B-11

Workbooklet

B-5 **A ver si encuentras...** Es hora de entrevistar a tus compañeros.
Completa los siguientes pasos. ■

Estrategia

If necessary, review the formation of the preterit on p. 47 before beginning **B-5**.

Paso 1   Crea preguntas en **el pretérito** según el modelo.

MODELO   conocer a tus bisabuelos
¿Conociste a tus bisabuelos?

Paso 2   Busca a algún/alguna compañero/a que responda afirmativamente.

MODELO   E1: ¿Conociste a tus bisabuelos?   E3: Sí, conocí a mis bisabuelos.
             E2: No, no conocí a mis bisabuelos.   E1: Bueno, firma aquí, por favor.
             E1: ¿Conociste a tus bisabuelos?   E3: _____ Ray _____

conocer a tus bisabuelos _____Ray_____	nacer un/a sobrino/a u otro miembro de la familia este año	ir de vacaciones con los parientes durante la niñez
conocer a algunos gemelos en la universidad	recibir una herencia monetaria de los bisabuelos	divertirse durante la adolescencia
aprender algo importante de unos ancianos cuando era niño/a	divorciarse unos amigos el año pasado	casarse hace unos años

Workbooklet

B-6 **Pregúntale** Usa las siguientes palabras para formar por lo menos **ocho** preguntas. Luego, házselas a tus compañeros/as. ■

Estrategia

If necessary, make a list of all of the question words to assist you with **B-6**.

los gemelos	la madrina/el padrino	la nuera/el yerno
el hermanastro/la hermanastra	el marido/la mujer	la pareja
el hijastro/la hijastra	el hijo único/la hija única	el suegro/la suegra

	E1	E2	E3
1. ¿Conoces a algunos gemelos?			
2.			
3.			
4.			
5.			
6.			
7.			
8.			

MODELO   E1: Tengo una pregunta para ti. ¿Conoces a algunos gemelos?

             E2: No, no conozco a ningunos gemelos. Ahora una pregunta para ti:
                  ¿Cómo se llama el marido de Penélope Cruz?...

• Capítulo 2 •

Sharing information about sports and pastimes
Expressing feelings, opinions, and reactions
Suggesting group action using *Let's*
Recommending, suggesting, requesting, or requiring something of someone

B-12 to B-13

7. Deportes. Repasa el vocabulario de **Deportes** en la página 72 del **Capítulo 2**. Luego haz las siguientes actividades.

Estrategia

¡Anda! Curso intermedio has provided you with reviewing and recycling references to help guide your continuous review of previously learned material. Make sure to consult the indicated pages if you need to refresh your memory about this or any future recycled topics.

B-7 **¿En qué orden lo hicieron?** La familia Hernández fue de vacaciones por seis días. Hicieron algo diferente cada día. Pon los dibujos en el orden que quieras y explícale a tu compañero/a qué hicieron. Tu compañero/a tiene que decirte el orden. Túrnense. ∎

Estrategia

¡Anda! Curso intermedio encourages you to be creative when practicing and using Spanish. Being creative now in your Spanish class will help you become a more confident speaker when you use Spanish in your everyday life. One way to be creative with Spanish is to devise mini-stories about photos or drawings that you see. Being creative also includes giving individuals in drawings names and characteristics.

B-8 **¿Verdadero o falso?** Escribe **cinco** oraciones sobre lo que miembros de tu familia, personas que conoces o tú **han hecho** o **no han hecho** en el mundo deportivo. **Cuatro** de las cinco oraciones deben ser **falsas** y **una** debe ser **verdadera.** En grupos de cuatro, tus compañeros/as tienen que adivinar cuál de las oraciones es verdadera. Túrnense. ■

MODELO   E1: *Mis padres han hecho surf en Hawaii. Mi mejor amigo ha ganado un premio en boliche,…*

              E2: *A ver. La oración verdadera es Mi mejor amigo ha ganado un premio… ¿Qué opinas, E3?*

              E3: *En mi opinión, la oración verdadera es…*

B-14

8. Los mandatos de *nosotros/as*. Repasa **Los mandatos de *nosotros/as*** en la página 78. ¿Cómo se forman? Ahora, haz la siguiente actividad.

B-9   **Hagamos lo siguiente…** Invita a tu compañero/a a hacer alguna de las actividades del dibujo usando **mandatos de *nosotros/as*.** Tu compañero/a debe aceptar o rechazar las invitaciones. Túrnense. ■

MODELO   E1: *¡Hagamos surf!*

              E2: *Gracias, pero no lo hagamos este fin de semana porque va a hacer mal tiempo.*

B-15 to B-16

9. Pasatiempos y deportes y el subjuntivo. Repasa **Pasatiempos y deportes** y **El subjuntivo** en las páginas 86 y 87. ¿Cómo se forma **el subjuntivo**? Explícaselo a un/a compañero/a de clase. ¿Cuáles son algunos de sus usos? Ahora, haz las siguientes actividades.

Workbooklet

🍦🍦 **B-10** **Nuestros pasatiempos** Juntos hagan un diagrama de Venn, categorizando los siguientes pasatiempos de acuerdo con los que se pueden hacer en casa, los que se hacen al aire libre y los que se pueden hacer en ambos lugares. ∎

coleccionar tarjetas de béisbol

decorar la casa

hacer trabajo de carpintería

pasear en barco de vela

trabajar en el jardín

coser

hacer artesanía

ir de camping

jugar a las damas

pescar

tejer

comentar en un blog

hacer yoga

pintar

tirar un platillo volador

montar a caballo

Estrategia

Another tip to help you remember vocabulary is to use images in association with the words. You could create visual flash cards with pictures instead of English translations. Also, try to associate these activities with times when you have done them or seen someone else do them. When you put your vocabulary in a personal context, it becomes more meaningful to you and you will retain it better.

MODELO

EN CASA
coleccionar tarjetas de béisbol

EN CASA Y AL AIRE LIBRE
comentar en un blog

AL AIRE LIBRE
pescar

Workbooklet

B-11 **¿Probable o poco probable?** ¿Para quién es probable…? ■

Paso 1 Entrevista a los compañeros de clase para saber para quién es probable y para quién es poco probable cada una de las siguientes acciones. Escribe el nombre de la persona y la letra **P** para "probable" y **PP** para "poco probable".

MODELO bucear

TÚ: *Leo, ¿es probable que bucees esta noche?*

E1: *No, es poco probable que bucee. Comento en un blog todas las noches…*

ES PROBABLE O POCO PROBABLE QUE…		
pescar	coleccionar tarjetas de béisbol	tomar clases de artes marciales
coser	bucear *Leo PP*	hacer jogging
jugar a videojuegos	decorar un cuarto	jugar al ajedrez

Paso 2 Comunica los resultados a la clase usando el siguiente vocabulario.

Vocabulario útil		
el cien por ciento de los estudiantes **todos los…**	**casi todos los…** **la mitad (*half*) de los…** **casi la mitad de los…**	**más de la mitad de los…** **pocos estudiantes…** **sólo un estudiante…**

LOS RESULTADOS

TÚ: *El noventa y cinco por ciento de la clase dice que es poco probable que buceen esta noche…*

B-17 to B-18

10. El subjuntivo para expresar pedidos, mandatos y deseos. Repasa las páginas 91 y 92 donde se explica **El subjuntivo para expresar pedidos, mandatos y deseos.** ¿Cuáles son algunos verbos o algunas expresiones para expresar pedidos, mandatos y deseos? Escribe una lista con algunos de los verbos y expresiones para tenerlos como referencia. Ahora, haz las siguientes actividades.

B-12 **Más mentiras** Escribe **cinco** oraciones sobre ti mismo/a (*yourself*) usando el vocabulario de **Pasatiempos y deportes** y **El subjuntivo. Una** de las oraciones debe ser **verdadera** y **cuatro** deben ser **falsas.** Tu compañero/a tiene que adivinar cuáles son falsas y cuál es verdadera. Túrnense. ■

MODELO   E1: *Yo tejo todos los días.*

          E2: *Creo que es falso. No creo que tejas todos los días… /*
               Creo que es verdad. Es posible que tejas todos los días.

B-13 **Tus consejos** Siempre tenemos deseos y consejos para los demás. ■

Workbooklet

Fíjate

Note the use of the word *sino* in the *modelo* for **B-13.** It is used when you have a negative clause preceding another clause, e.g., *no juegues.*

Paso 1   Expresa tus deseos para las siguientes personas. Termina cada oración con el vocabulario apropiado y verbos diferentes para cada una.

MODELO   A TU MEJOR AMIGO/A: *Es importante que…*
          Es importante que no juegues tantos videojuegos sino que hagas algo al
          aire libre como trabajar en el jardín.

A TU MEJOR AMIGO/A	A TU PROFESOR/A	A TUS PADRES O FAMILIARES	A TI MISMO/A
1. Es importante que…	1. Espero que…	1. Les recomiendo que…	1. Es preferible que yo…
2. Te aconsejo que…	2. Nosotros deseamos que…	2. Siempre les exijo que…	2. Es necesario que…
3. Espero que…	3. Los estudiantes ruegan que…	3. Sugiero que…	3. No es importante que…
4. Prefiero que…	4. Propongo que…	4. Quiero que…	4. Mis amigos no me recomiendan que…

Paso 2   Compara tus recomendaciones con las de un/a compañero/a.

B-14 **Les recomiendo que…** ¡Muchas personas necesitan sus consejos! Hagan comentarios y sugerencias para cada situación. Usen por lo menos **cuatro** oraciones diferentes para cada una. Túrnense. ■

1. Una amiga recién divorciada quiere casarse con un hombre a quien conoció hace menos de un mes.
2. Tus cuñados viven de una manera muy desorganizada.
3. Tus vecinos tienen siete nietos que vienen a visitarlos por ocho días.
4. Tienes tres amigos. Recomiéndales algunos deportes y pasatiempos según sus personalidades: Dolores es extrovertida y amable. Eduardo es callado y bien educado. Manolo es flojo y terco.

B-15 **A conocerte mejor** Siéntense en un círculo. Su profesor/a les va a dar las instrucciones de esta actividad. ¡Diviértanse! ■

• **Capítulo 3** •
Describing houses and their surroundings
Expressing doubt, emotions, and sentiments

B-19 to B-20

11. La construcción de casas y sus alrededores. Repasa el vocabulario de **La construcción de casas y sus alrededores** en la página 110 y haz las siguientes actividades.

 B-16 **¿Cómo es la casa de tus sueños?** Completa los siguientes pasos. ■

Paso 1 Describe la casa de tus sueños (*dream house*). Debes hablar de los materiales de la casa, los alrededores y el interior de la casa.

MODELO *La casa de mis sueños no es muy grande. Es una casa de madera pintada de amarillo. Tiene un patio de ladrillos detrás donde siempre podemos tener fiestas. Está en el campo y el jardín es muy bonito…*

Estrategia
Being an active listener, e.g., being able to repeat what you heard someone say, is an important speaking and life skill.

Paso 2 Repite por lo menos **tres** cosas que tu compañero/a te dijo para ver cuántos detalles recuerdas. `

B-17 **¿Cuál prefieres?** Mira las fotos de las tres casas. Imagina cómo son por dentro. Escoge tu favorita y descríbesela a tu compañero/a. ■

Una casa en Córdoba, España

La casa Vicens de Gaudí, Barcelona

La casa Aurora, Huatulco, México

B-18 **Preguntas y más preguntas** Es hora de hacerles preguntas a tus compañeros/as. Completa los siguientes pasos. ■

Paso 1 Escribe una lista de **ocho** preguntas que se puedan hacer incorporando **el pretérito** y las siguientes palabras.

ALGUNOS SUSTANTIVOS			
los azulejos	la cerca	el césped	el estanque

ALGUNOS VERBOS					
construir	componer	cortar	gastar	guardar	reparar

Paso 2 Circula por la sala de clase haciéndoles las preguntas a diferentes compañeros/as.

MODELO E1: *¿Cortaste el césped en casa de tus padres el verano pasado?*

E2: *No. Mis padres no tienen jardín. Viven en un apartamento. ¿Y tú?*

E1: *Sí, lo corté muchas veces…*

12. Usos de los artículos definidos e indefinidos. Repasa **Usos de los artículos definidos e indefinidos** en la página 115. Escribe una lista de cuándo se usan. Luego, haz la siguiente actividad.

B-21

B-19 **Un poco de todo** Túrnense para formar y contestar las siguientes preguntas. Pongan atención a **los artículos.** ■

1. En _____ construcción de _____ casa, ¿cuál es _____ diferencia entre _____ responsabilidades del arquitecto y _____ del contratista?
2. ¿Cuáles son _____ materiales que se usaron en _____ construcción de tu casa o en _____ casa de tus padres? ¿La construyó _____ compañía o _____ amigos?
3. ¿Cuáles son _____ consideraciones al escoger materiales de construcción para _____ casa o _____ apartamento?
4. ¿Es importante que _____ diseñadores tengan _____ título universitario o cuenta más _____ experiencia?
5. ¿Cuáles son algunos de _____ posibles problemas que _____ negocio de construcción de casas pueda tener?

B-22

13. Dentro del hogar: la sala, la cocina y el dormitorio. Repasa el vocabulario de **Dentro del hogar: la sala, la cocina y el dormitorio** en la página 122 y haz las siguientes actividades.

B-20   Veo, veo… Mira el dibujo y descríbele a tu compañero/a lo que ves. Túrnense. ■

Fíjate

Remember that a number of words related to the home are cognates. What do the following words mean? *el balcón, el patio, el salón, la terraza, el vestíbulo*

MODELO   E1: *Veo una cosa en la cocina donde puedes lavar los platos.*

E2: *¿El fregadero?*

E1: *¡Sí! ¿Qué ves?*

E2: *Veo…*

B-21 **La casa de mi niñez** Dibuja un plano sencillo (*simple*) de la casa de tu niñez o de la de un/a amigo/a. Completa los siguientes pasos. ■

Paso 1   Incluye los cuartos y detalles sobre el exterior; por ejemplo, la cerca, el jardín, la piscina, etc.

Paso 2   Descríbele la casa a un/a compañero/a, usando por lo menos **ocho** oraciones en **el imperfecto.** Tu compañero/a va a dibujar lo que dices.

MODELO   *La casa de mi niñez tenía una cocina pequeña con unos mostradores rojos…*

Paso 3   Comparen los dos dibujos para ver si la describieron e interpretaron bien. Túrnense.

Workbooklet

B-22 **¿Y tu vida?** Piensen en su niñez. ■

Paso 1   Háganles las siguientes preguntas a varios/as compañeros/as. Usen **el imperfecto** y apunten sus respuestas en cada cuadro.

MODELO   ¿Qué tipo de comida (*guardar*) tu familia en el refrigerador y en la despensa?

     E1:   *¿Qué tipo de comida guardaba tu familia en el refrigerador y en la despensa?*

     E2:   *Mi familia guardaba refrescos, leche, frutas, verduras y condimentos en el refrigerador. En la despensa…*

1. ¿Qué tipo de comida (*guardar*) tu familia en el refrigerador y en la despensa? E1: _____ E2: _____	2. ¿Cuántas almohadas (*necesitar / tú*) para dormir? E1: _____ E2: _____	3. ¿De qué colores (*ser*) tus sábanas, fundas y toallas? E1: _____ E2: _____	4. ¿(*Usar / ustedes*) cortinas o persianas? E1: _____ E2: _____
5. ¿(*Tener / tú*) tocadores o nada más que armarios? E1: _____ E2: _____	6. ¿Te (*permitir*) tus padres cocinar o usar una sartén? E1: _____ E2: _____	7. ¿Cuántas familias (*vivir*) en tu barrio o en tu cuadra? E1: _____ E2: _____	8. ¿Te (*caer*) bien los vecinos? E1: _____ E2: _____

Paso 2   Comuníquenles los resultados a sus compañeros de clase.

MODELO   *El cien por ciento de mis compañeros guardaba leche en el refrigerador…*

Fíjate

What follows are some useful expressions:

por ciento	percent (e.g., *sesenta por ciento*)
un cuarto	one quarter
tres cuartos	three quarters
la mitad	half

B-23 ## Una imagen vale... Imagínense que tienen que describirle a alguien lo que pasaba (**el imperfecto**) en estas casas y sus alrededores. Túrnense para crear **ocho** oraciones cada uno. ■

MODELO   *Había una piscina y el niño nadaba.*
La casa no se calentaba con la chimenea
porque hacía calor y buen tiempo…

Workbooklet

B-24 ## El mundo es un pañuelo ¿Cuánto sabes de tus compañeros y de su pasado? Entrevístalos para saber quiénes contestan afirmativamente a las siguientes preguntas. ■

Paso 1   Usa **el imperfecto** para crear las preguntas.

MODELO   *¿Tenía piscina tu casa?*

Paso 2   Pregúntaselas a los compañeros de clase. Si alguien contesta que **sí,** tiene que firmar su nombre en el espacio apropiado.

MODELO   tu casa / tener piscina

E1: *¿Tenía piscina tu casa?*

E2: *Sí, mi casa tenía piscina.*

E1: *Firma aquí, por favor.*

tu casa / tener jardín	tu casa / ser de madera	tu casa / tener piscina
tener / aire acondicionado en tu dormitorio	usar / la batidora	haber / azulejos en el baño
mudarse / cada año	renovar / tu dormitorio cada verano	tu casa / tener escaleras

👯 **B-25** **¡La lotería!** ¡Tu esposo/a y tú acaban de ganar un millón de dólares! Túrnense para describir sus planes para la renovación y la decoración de su casa vieja, usando por lo menos **ocho** oraciones. ▪

MODELO   E1:   *Primero, quiero renovar las alacenas de la cocina. Sugiero pintarlas.*

              E2:   *Buena idea. Me gusta. Sugiero que renovemos los mostradores.*

              E1:   *No quiero renovarlos. Quiero comprar unos nuevos.*

B-23

14. El subjuntivo para expresar sentimientos, emociones y dudas. Repasa **El subjuntivo para expresar sentimientos, emociones y dudas** en la página 126. Escribe una lista de los verbos y las expresiones que expresan sentimientos, emociones y dudas. ¿Qué verbos y expresiones no usan el subjuntivo, sino el indicativo? ¿Por qué? Ahora, haz las siguientes actividades.

👯 **B-26** **Mis quehaceres** Siempre hay cosas que hacer y tu compañero/a te va a ayudar. Túrnense para expresar sus sentimientos con **me alegro, me gusta, me encanta,** etc. ▪

MODELO   E1: pintar la sala

              E2: *Me alegro de que pintes la sala.*

1. comprar velas para el comedor
2. organizar el sótano
3. lavar las sábanas, las fundas y las almohadas
4. limpiar el mostrador
5. regar las flores
6. sacar la mala hierba

Estrategia

Make an attempt to work with a different partner in every class. This enables you to help and learn from a variety of your peers, an important and highly effective learning technique. Equally important is the fact that working in small groups, rather than as a large class, gives you more opportunities and time to practice Spanish, as well as to realize how similar you and your fellow classmates really are as you get to know each other better.

B-27 Optimista o pesimista Hay optimistas y pesimistas en este mundo. ¡Hoy es tu día para jugar a ser el/la pesimista! Túrnense para responder de manera pesimista. ■

MODELO   Creo que la jarra que me regaló mi madrina es de Picasso.
            No creo que aquella jarra sea de Picasso.

1. Mi suegro cree que su aire acondicionado funciona muy bien.
2. Estoy segura de que Ingrid Hoffman cocina bien y nunca quema la comida.
3. Creo que el sótano de mis tíos necesita ser renovado.
4. Creo que te voy a regalar un florero para la Navidad.

B-28 Lo siento, pero lo dudo No estás de acuerdo con las cosas que te dice tu compañero/a. Responde con **Dudo que…, No creo que…**, etc. ■

MODELO   E1: *Ferran Adrià quema la comida todos los días en su restaurante.*

            E2: *Dudo que Adrià queme la comida todos los días…*

1. Mi hermano construye piscinas durante el verano.
2. Tengo una casa sin espejos.
3. Mis bisabuelos tienen un cuadro de José Clemente Orozco.
4. Mi vecino corta el césped todos los días.
5. Limpio el sótano todos los fines de semana.

B-29 **Mis opiniones** Acabas de comprar una casa vieja que necesita muchas reparaciones. Da por lo menos **cinco** ideas que expresen duda, sentimientos o emociones sobre el proyecto. Túrnense. ■

MODELO   *No sé por dónde empezar. Quizás renueve la cocina. Es una lástima que no conozca un buen contratista. Temo que la renovación sea cara…*

B-24
15. *Estar* + el participio pasado. Repasa *Estar* + el participio pasado en la página 130 y haz las siguientes actividades.

 B-30 **Por favor** Siempre hay algo que hacer. Completen los siguientes pasos. ■

Paso 1   Túrnense para responder de manera positiva a los siguientes mandatos de sus madres.

MODELO   E1: *Por favor, rieguen las flores.*

               E2: *Ya están regadas.*

Por favor,…
1. laven las toallas.
2. enciende la chimenea.
3. reparen las persianas rotas.
4. cubre la almohada con una funda limpia.
5. laven las cacerolas en el fregadero.
6. organicen los comestibles en la despensa.
7. pon el café en la cafetera.
8. guarda la batidora en la alacena.

Paso 2   Ahora cambia las respuestas al **imperfecto.**

MODELO   Ya están regadas.
                Ya estaban regadas.

B-31 **¿Eres competitivo/a?** Túrnense para hacer el papel de una persona que siempre quiere competir con los demás. ■

MODELO   No tengo tiempo para renovar mi cocina.
          Mi cocina está bien renovada.

1. No tengo tiempo para regar las flores.
2. Necesito guardar mis toallas limpias.
3. Tengo que organizar la despensa.
4. Necesito reparar las persianas rotas.
5. Nunca cierro las ventanas cuando llueve.

B-32 **¡Ya soy responsable!** Imagínense que es la primera vez que viven solos y sus hermanos mayores están muy preocupados. ■

Paso 1   Inventen una conversación entre ustedes y sus hermanos mayores.
          ¿Cuáles son las preguntas de los hermanos y cuáles son las respuestas de
          tu compañero/a y tú? Usen **el participio pasado.**

MODELO   E1: *¿Pagaron las facturas de este mes?*

          E2: *Sí, todas las facturas están pagadas.*

Paso 2   Preséntenles la conversación a su profesor/a y a sus compañeros de clase.

• Capítulo 4 •
Relating information about celebrating life events, and elaborating on foods and food preparation

B-25 to B-26

16. Las celebraciones y los eventos de la vida. Repasa **Las celebraciones y los eventos de la vida** en la página 148. Luego, haz la siguiente actividad.

B-33 **Adivina** Piensa en una palabra o expresión del vocabulario de **Las celebraciones y los eventos de la vida.** Tu compañero/a tiene que hacerte preguntas a las que respondes **sí** o **no** para que tu compañero/a adivine la palabra o expresión. Túrnense. ■

MODELO   E1: (la palabra que escogiste es *el Día de las Brujas*)

          E2: *¿Es una celebración?*

          E1: *Sí.*

          E2: *¿Tiene lugar en la primavera?*

          E1: *No.*

          E2: …

17. El pasado perfecto (pluscuamperfecto). Repasa **El pasado perfecto (pluscuamperfecto)** en la página 153. ¿Cómo se forma? Ahora, haz las siguientes actividades.

B-27 to B-28

B-34 ¿Qué había pasado? Describe lo que **había pasado** antes de sacar cada una de las siguientes imágenes en el álbum de fotos. ▪

MODELO   *Los novios ya se habían casado cuando llegamos a la iglesia.*

B-35 Antes de graduarme ¿Qué cosas interesantes habías hecho antes de graduarte de la escuela secundaria? En grupos de seis a ocho estudiantes, túrnense para compartir algunas de las cosas que habían hecho. Tienen que recordar y repetir lo que todas las demás personas dicen. ▪

MODELO   E1: *Soy Joe. Antes de graduarme, había trabajado como carpintero.*

E2: *Soy Julie. Antes de graduarme, había visitado cinco estados de los Estados Unidos y Joe había trabajado como carpintero.*

E3: *Soy Jorge. Antes de graduarme, había estudiado un verano en España, Julie había visitado cinco estados de los Estados Unidos y Joe había trabajado como carpintero.*

B-29 to B-30

18. La comida y la cocina y Más comida. Repasa el vocabulario en la página 159 de **La comida y la cocina** y también el vocabulario de **Más comida** en la página 164. Luego, haz las siguientes actividades.

Workbooklet

B-36 **¿Qué tipo de comida es?**

Paso 1 Organicen las diferentes comidas del vocabulario según las siguientes categorías.

MODELO VERDURAS: *el pepino, la zanahoria…*

CARNES/AVES	PESCADO/ MARISCOS	FRUTAS	VERDURAS	POSTRES

Paso 2 Ahora, añadan otras comidas a las categorías.

Workbooklet

B-37 **Firma aquí** Circula por la clase hasta encontrar a un estudiante que pueda contestar afirmativamente tu pregunta. ■

MODELO trabajar como camarero/a / hace un mes

E1: *¿Hace un mes que trabajas como camarera?*

E2: *Sí, hace un mes y medio que trabajo como camarera.*

E1: *Pues, firma aquí, por favor.*

Sally

1. gustarle comer postres / hace muchos años	2. trabajar como camarero/a / hace un mes	3. ver un programa de cocina / hace una semana
_____	*Sally*	_____
4. comer una comida balanceada con verduras, legumbres y frutas / hace una semana	5. preparar carne a la parrilla / hace tres semanas	6. comer palomitas de maíz en el cine / hace una semana
_____	_____	_____

Workbooklet

B-38 **¿Cuáles son tus comidas favoritas?** Completa los siguientes pasos. ■

Paso 1 Haz una lista de tus comidas favoritas y de cómo las prefieres: crudas, hervidas, asadas, a la parrilla o fritas.

CRUDO/A (*RAW*)	HERVIDO/A (*BOILED*)	ASADO/A (*GRILLED*)	A LA PARRILLA (*GRILLED; BARBECUED*)	FRITO/A (*FRIED*)
zanahorias				camarones

Paso 2 Compara tu lista con las de otros compañeros.

MODELO E1: *¿Cuáles de las comidas prefieres fritas?*

E2: *Prefiero comer los camarones fritos.*

E1: *Yo prefiero comerlos asados.*

B-31

19. El presente perfecto de subjuntivo. Repasa **El presente perfecto de subjuntivo** en la página 168. ¿Cómo se forma? Escribe unas oraciones en español usando **el presente perfecto de subjuntivo** y di lo que significan en inglés. Ahora, haz las siguientes actividades.

B-39 **No te creo** Tienes una amiga que casi nunca dice la verdad. Responde a sus comentarios. Túrnense. ■

no creo	dudo	es imposible	es improbable	no es cierto

MODELO E1: *Cené con Daddy Yankee.*

E2: *Dudo que hayas cenado con él.*

Estrategia

Look at the *modelo* in **B-39.** What past tense is *cené?* If you need to review the preterit, go to pages 47 and 111.

---

1. ¡Me comprometí! Mi novio es Rafael Nadal y me ha dicho que me ama.
2. Cuando estuve en Casa Botín, vi a Leticia Ortiz, la futura reina de España.
3. Acabo de escribir un libro de cocina y una casa editorial muy famosa lo quiere publicar.
4. Me invitaron a cocinar en el programa *Simply Delicioso*.
5. Mis hermanastras abrieron un restaurante nuevo en Acapulco. Está justo en la playa.

B-40 **¿Plantada?** Esta noche, Gloria tiene una cita con una persona que no conoce. Tiene muchas dudas y se arrepiente de (*regrets*) haber aceptado salir con él. Además, dijo que estaría en el restaurante a las seis y ya son las siete. Terminen sus pensamientos usando siempre **el presente perfecto de subjuntivo** y otras palabras apropiadas. Sean creativos. ■

MODELO   Ojalá que él (no perderse)…
Ojalá que él no se haya perdido al venir al restaurante.

1. Espero que (comprarme flores)…
2. Dudo que (querer salir conmigo)…
3. Ojalá que (no llegar a la dirección incorrecta)…
4. Mi amiga insiste en que él (salir con otra mujer)…

B-41 **Ideas, por favor** Den su opinión y sus consejos sobre las siguientes situaciones. Después, compártanlos con otros compañeros de clase. ■

MODELO   E1: *Siempre he querido perder peso y he empezado a comer y beber cosas más saludables como manzanas, lechuga y agua.*

E2: *¡Excelente! Es importante que hayas empezado a comer cosas saludables como frutas y verduras. También es bueno que hayas empezado a beber mucha agua porque llena el estómago.*

1. Quiero preparar una cena elegante para el aniversario de mis padres y empecé con los planes hace dos meses.
2. Vivo en un apartamento muy pequeño y solo tengo una estufa sin horno. Tampoco tengo espacio para un microondas. Decidí mudarme.
3. No sé cocinar y voy a tomar unas clases.
4. Después de pensarlo por solo dos días, mi hermana decidió ser vegetariana y no le gustan las verduras. ¿Qué opinas?

• Capítulo 5 •

Discussing travel, means of transportation, and technology
Connecting sentences and clauses
Depicting something that is uncertain or unknown

B-32

20. Los viajes. Repasa el vocabulario de **Los viajes** en la página 188 y haz las siguientes actividades.

B-42 **¡Juguemos!** Usando el vocabulario de **Los viajes,** jueguen al ahorcado (*Hangman*). ■

MODELO   (E1 escoge la palabra *el paisaje*)

         E1:   __ __   __ __ __ __ __ __ __

         E2:   *¿Hay una* a?

         E1:   *Sí. Hay dos.* __ *A* __ __ __ *A* __ __

> ### Estrategia
> When studying vocabulary, it is good to write the words. Making a list helps you better remember vocabulary and lets you practice their spelling. Study the words from your written list by looking at each English word as a prompt and saying the Spanish word. Check off the words you know well and then concentrate on those you do not know yet.

B-43 **¡Ganamos!** Han ganado un viaje en un crucero en un concurso. Escriban una lista de todos los preparativos que tienen que hacer antes de hacer el viaje, usando el vocabulario de **Los viajes.** ■

21. Viajando por coche. Repasa el vocabulario de **Viajando por coche** en la página 193 y haz las siguientes actividades.

B-33

B-44 **Dibujemos** Escuchen mientras su profesor/a les da las instrucciones para esta actividad. ◼

B-45 **¿Qué pasa?** Describan el dibujo usando el vocabulario de **Viajando por coche.** ◼

22. Los pronombres relativos *que* **y** *quien.* Repasa **Los pronombres relativos** *que* **y** *quien* en la página 196. Haz una lista con los usos de **que** y **quien.** Luego, haz las siguientes actividades.

B-46 **El cuento de Luz** Luz le escribe un email a su amiga Rosario para contarle acerca de sus vacaciones. Descubre qué les pasó a ella y a su familia, llenando los espacios en blanco con **que** o **quien/es.** Túrnense. ■

Hola Rosario:

Mando adjunto algunas fotos (1) _____ saqué durante las vacaciones. Hicimos un crucero (2) _____ costó bastante. Conocimos cinco puertos en cinco días. El guía, (3) _____ se llamaba Gregorio, nos hizo un itinerario muy interesante. Sin embargo, los otros viajeros con (4) _____ viajamos eran muy diferentes que nosotros. Nosotros queríamos ver todos los monumentos (5) _____ pudiéramos ver y ellos solo querían tomar el sol. Decidimos alquilar un coche en Puerto San Miguel para conocer el paisaje. Después de dos horas manejando, nos dimos cuenta que nos habíamos perdido. Le preguntamos a un hombre indígena (6) _____ estaba en el campo. El señor, (7) _____ era muy amable, nos dijo que ¡estábamos solo a cinco minutos del puerto! ¡Qué susto! Pero vimos muchos paisajes.

Besos,
Luz

B-47 **¿Quién puede ser?** Túrnense para dar pistas (*clues*) sobre una persona hasta que tu compañero/a pueda decir quién es. Enfóquense en el uso de **que** y **quien.** ■

MODELO   *Estoy pensando en una persona que tiene barba.*
          Es una persona a quien le gusta mucho la política...

B-35 to B-36

23. Las vacaciones. Repasa el vocabulario de **Las vacaciones** en la página 199 y haz la siguiente actividad.

Workbooklet

B-48 **Entrevista** Completa los siguientes pasos. ■

Paso 1   Crea preguntas para tus compañeros/as.

| 1. Cuando / viajar / ¿normalmente / quedarse / en hoteles de lujo o en hoteles más económicos? ¿Por qué?

E1: _____
E2: _____ | 2. Típicamente ¿en qué / ser / diferente / los hoteles de lujo y los hoteles más económicos?

E1: _____
E2: _____ | 3. ¿Te / gustar / tomar el sol / o / preferir / quedarse / bajo una sombrilla / cuando / estar / en la playa? ¿Por qué?

E1: _____
E2: _____ |
| 4. ¿Siempre / llevar / lentes de sol? ¿Qué marca *(brand)* / preferir? ¿Cuánto / te / costar? ¿Dónde / las / comprar? ¿Por qué / te / gustar?
E1: _____
E2: _____ | 5. ¿Coleccionar / tarjetas postales? ¿Conocer / a alguien que / las / coleccionar?

E1: _____
E2: _____ | 6. ¿De dónde / haber recibido / tarjetas postales? ¿A quiénes / las / haber mandado?

E1: _____
E2: _____ |

Paso 2   Haz una encuesta de tus compañeros/as.

Paso 3   Comunica los resultados a la clase.

Estrategia

Answer in complete sentences when working with your partner. Even though it may seem mechanical at times, using complete sentences leads to increased comfort in speaking Spanish.

B-37

24. La tecnología y la informática. Repasa el vocabulario de **La tecnología y la informática** en la página 204 y haz la siguiente actividad.

Workbooklet

B-49 **La tecnología en mi vida** Juntos hagan un diagrama de Venn sobre la tecnología que usan en su trabajo o en la universidad, la que usan en su tiempo libre y la que usan en ambas situaciones. Compartan su información con otros estudiantes. ■

MODELO

TECNOLOGÍA QUE USO EN MI TRABAJO/ UNIVERSIDAD
el fax

TECNOLOGÍA QUE USO EN MI TRABAJO/ UNIVERSIDAD Y EN MI TIEMPO LIBRE
la computadora

TECNOLOGÍA QUE USO EN MI TIEMPO LIBRE
la cámara digital

B-38

25. El subjuntivo con antecedentes indefinidos o que no existen. Repasa la gramática **El subjuntivo con antecedentes indefinidos o que no existen** en la página 208. Explica qué quiere decir este concepto gramatical. Da algunos ejemplos de oraciones con este uso del subjuntivo. Luego, haz las siguientes actividades.

B-50 **¿Existe?** Amalia y Susana son compañeras de cuarto y hablan sobre una variedad de temas. Formulen sus oraciones o preguntas y túrnense para contestarlas. ■

MODELO   Busco una computadora que (*reconocer*) mi voz.

AMALIA: *Busco una computadora que reconozca mi voz.*

SUSANA: *Yo también busco una computadora que reconozca mi voz y que me llame por teléfono cuando tenga un email importante.*

1. No existen carros que (*ser*) realmente económicos.
2. ¿Hay computadoras que (*escribir*) lo que dice una persona?
3. Busco un teléfono celular que no (*ser*) muy complicado.
4. Necesito una contraseña que nadie (*poder*) copiar.
5. Quiero encontrar una impresora que (*imprimir, copiar y escanear*).
6. ¿Tienes un teléfono que (*mostrar*) películas?

B-51 **A repasar** Terminen las siguientes oraciones, primero, considerando que la(s) cosa(s) **no existe(n) todavía** y luego que **sí existe(n).** ■

MODELO Quiero un teléfono celular que (no existe todavía)…
Quiero un teléfono celular que no sea tan caro.
Quiero el teléfono celular que (existe)…
Quiero el teléfono celular que cuesta veinte dólares —como el que tiene Glynis.

1. Mis padres quieren una computadora que…
2. Mis padres quieren la computadora que…
3. Necesito un teléfono celular que…
4. Necesito el teléfono celular que…
5. Busco una cámara digital que…
6. Compré la cámara digital que…

B-52 **La computadora ideal** Hoy en día, una computadora es mucho más que una computadora —es útil pero también puede ser casi como un juguete. ¿Cuáles son las características y usos más importantes para ti? Describe en **tres** o **cuatro** oraciones la computadora perfecta para ti, usando **el subjuntivo con antecedentes indefinidos o que no existen.** Después, comparte la descripción con tus compañeros. ■

MODELO *Quiero una computadora que tenga teléfono y televisión…*

Estrategia

Concentrate on spelling all words correctly; for example, make sure you put accent marks where they belong with words that take accent marks. If necessary, review the rules regarding accent marks on p. 5.

📖
B-39

26. Las acciones relacionadas con la tecnología. Repasa el vocabulario de **Las acciones relacionadas con la tecnología** en la página 211 y haz las siguientes actividades.

B-53 **¡Tengo la pantalla negra!** Hace dos minutos que acabas de terminar una tesis para tu clase de literatura cuando de repente ¡tu computadora se congela! Llama y pide ayuda técnica y describe en **ocho** pasos lo que hiciste. Incluye por lo menos **cinco** de los siguientes verbos. Túrnense. ■

| apagar | borrar | descargar | funcionar | grabar |
| guardar | imprimir | navegar | prender | quemar |

MODELO *Primero, prendí la computadora. Después…*

B-54 **¿Qué debo hacer?** Túrnense para darle consejos a su amiga Inés. ■

MODELO   INÉS: Quiero mostrarles las fotos de mis vacaciones en Puerto Rico.

USTEDES: *Descarga las fotos y muéstranoslas.*

1. Tengo demasiados mensajes en mi correo electrónico.
2. Mi Blackberry se congeló.
3. Mi computadora funciona mal y tarda mucho en abrir las ventanas nuevas.
4. No me gusta leer los documentos que me mandan en la pantalla.
5. Este programa de computación no hace lo que necesito.
6. Necesito información sobre los cibercafés de Los Ángeles.

B-55 **Nieto/a, ¿qué quiere decir…?** Tus abuelos acaban de comprar su primera computadora y ¡te necesitan! No entienden las instrucciones. Ayúdalos, dando definiciones para los siguientes términos. Túrnense. ■

MODELO   Nieto/a, ¿qué quiere decir *prender?*

Abuelo, *prender* quiere decir encender la computadora.

NIETO/A, ¿QUÉ QUIERE DECIR…?

1. guardar
2. pegar
3. borrar
4. el mirón
5. el servidor

Episodio 6   B-40 to B-41

27. Laberinto peligroso. Lee y luego ve el video, un resumen de los primeros episodios de **Laberinto peligroso**. Después, haz las siguientes actividades.

• **Laberinto peligroso** •
Describing what has happened thus far to the protagonists
Celia, Javier, and Cisco
Hypothesizing about what I think will happen next

 B-56 **¿Quién es quién?** En grupos de cuatro, túrnense para describir quién es y cómo es cada personaje, indicando especialmente qué tipo de relación tiene con los demás personajes. ■

1. Celia   2. Javier   3. Cisco   4. Dr. Huesos

B-57 **¿Qué pasó?** Escribe un resumen de lo que ha pasado en **Laberinto peligroso**. Escoge una de las siguientes opciones para tu resumen. ■

1. Describe a cada personaje.
2. Escribe una síntesis de cada capítulo.

> **Fíjate**
>
> It is important to note that the point of view of the speaker can be critical in choosing between the *preterit* and the *imperfect*. If the speaker views a particular action as *completed*, then the *preterit* is needed. If, for the speaker, the action is *incomplete, in progress, or ongoing*, the *imperfect* is needed.

B-58 **¿Qué ha ocurrido en cada lugar?** Escribe un resumen de lo que ha pasado en cada uno de los lugares o las situaciones importantes de **Laberinto peligroso**. ■

1. La universidad
2. El centro comercial
3. El café
4. El apartamento de Celia
5. La biblioteca
6. La comisaría (el lugar donde trabaja la policía)

B-59   ¿Qué piensas de lo que ha pasado hasta ahora?

Usando **el presente perfecto de subjuntivo,** completa cada reacción de forma lógica y con eventos de los primeros episodios de **Laberinto peligroso.** Túrnense. ■

MODELO   No creo que…
No creo que Celia y Cisco hayan robado los mapas.

1. Me sorprende que…
2. Creo que es una lástima que…
3. Me asusta que…
4. Me gusta que…
5. No me gusta que…
6. Dudo que…

B-60   ¿Qué piensas que va a pasar?   Escribe un párrafo sobre lo que piensas que va a pasar en los próximos episodios de **Laberinto peligroso.** ■

Y por fin, ¿cómo andas?

	Feel confident	Need to review
Having completed this chapter, I now can . . .		
Comunicación		
• describe myself, my family, and others in detail.	☐	☐
• narrate past events.	☐	☐
• indicate something *has* or *had* happened.	☐	☐
• share information about sports and pastimes.	☐	☐
• express feelings, opinions, and reactions.	☐	☐
• suggest group action using *Let's*.	☐	☐
• recommend, suggest, request, or require something of someone	☐	☐
• describe houses and their surroundings.	☐	☐
• express doubt, emotions, and sentiments.	☐	☐
• relate information about celebrating life events, and elaborate on foods and food preparation.	☐	☐
• discuss travel, means of transportation, and technology.	☐	☐
• connect sentences and clauses.	☐	☐
• depict something that is uncertain or unknown.	☐	☐
Laberinto peligroso		
• describe what has happened thus far to the protagonists Celia, Javier and Cisco.	☐	☐
• hypothesize about what I think will happen next.	☐	☐
Comunidades		
• use Spanish in real-life contexts. (SAM)	☐	☐

Estrategia

The *¿Cómo andas?* and *Y por fin, ¿cómo andas?* sections are designed to help you assess your understanding of specific concepts. In *Capítulo Preliminar B*, there is one opportunity for you to reflect on how well you understand the concepts. Beginning with *Capítulo 7*, you will find three opportunities per chapter to stop and reflect on what you have learned. These checks help you become accountable for your own learning and determine what you need to review. Also, use the checklists as a way to communicate with your instructor about any concepts you still need to review. Additionally, you might also use your checklists as a way to study with a peer group or peer tutor. If you need to review a particular concept, more practice is available in MySpanishLab, where you will find online quizzes.

7 Bienvenidos a mi comunidad

¿Qué hay en tu ciudad? Generalmente, en una ciudad hay edificios, iglesias, casas y parques. También hay tiendas donde se venden productos especiales. ¡Exploremos los diferentes lugares de tu comunidad!

PREGUNTAS

1 Explica cómo es tu ciudad o pueblo.

2 ¿Cuáles son algunos edificios que se encuentran en tu ciudad o pueblo?

3 ¿Qué te gusta de tu ciudad o pueblo? ¿Qué quieres cambiar?

OBJETIVOS	CONTENIDOS	
COMUNICACIÓN I		
To describe stores and other places in a city	**1** Some shops and other places in the city	290
To choose between **ser** and **estar**	**Repaso Ser** and **estar** (a second look)	MSL
To express uncertainty in time, place, manner, and purpose	**2** The subjunctive in adverbial clauses	295
To determine setting and purpose when listening	**ESCUCHA:** A television feature story **Estrategia:** Determining setting and purpose	301
To engage in additional communication practice	**Heritage Language**	SAM
COMUNICACIÓN II		
To name items sold in stores	**3** Some items in stores	303
To state what is happening at the moment	**Repaso** The present progressive	MSL
To refer to ongoing actions	**4** Progressive tenses: the imperfect and **andar, continuar, seguir, ir,** and **venir**	307
To converse on the phone and express agreement with the speaker	**¡CONVERSEMOS!** **Estrategias comunicativas:** Conversing on the phone and expressing agreement (Part 1)	312
To use a dictionary effectively when writing	**ESCRIBE:** An op-ed **Estrategia:** Using a dictionary	314
To engage in additional communication practice	**Heritage Language**	SAM
CULTURA		
To examine and compare culturally representative apparel	**NOTAS CULTURALES** La ropa como símbolo cultural	298
To identify some people whose products are sold in stores	**PERFILES** Unos diseñadores y creadores	310
To share information about interesting stores, places, and products found in Chile and Paraguay	**VISTAZO CULTURAL** Algunos lugares y productos en las ciudades de Chile y Paraguay	316
To explore further the chapter's cultural themes	**MÁS CULTURA**	SAM
LABERINTO PELIGROSO		
To distinguish tone and voice of a text, and to consider the meaning of the missing maps and journals	**EPISODIO 7** **Lectura:** ¿Casualidades o conexiones? **Estrategia:** Identifying elements of texts: Tone and voice	318
To hypothesize about Cisco's possible arrest	**Video:** ¡Trazando rutas y conexiones!	320
COMUNIDADES		
To use Spanish in real-life contexts	**Experiential Learning:** Una ciudad hispana **Service Learning:** Una guía de comercios y servicios para nuevos residentes	SAM SAM
LITERATURA		
To recognize poetic devices such as polysyndeton and free verse	**LETRAS** El río (Kirmen Uribe)	See Literary Reader

Comunicación I

¡Anda! Curso elemental,
Capítulo 4. Los lugares,
Apéndice 2.

1 VOCABULARIO

07-01 to 07-04

Algunas tiendas y algunos lugares en la ciudad
Describing stores and other places in a city

la catedral · la fábrica · la fuente · el campo de golf · el consultorio · la mezquita · la farmacia · la ferretería · la zapatería · la tienda de ropa · la carnicería · la juguetería · la pastelería · la panadería · la papelería · la fruteria · la heladería · la tintorería · la pescadería · los servicios

FARMACIA · DOCTOR PÉREZ · TINTORERÍA

Fíjate
Often the suffix *-ería* is used to indicate where something is made or sold. For example, *flores* are sold in a *florería, carne* in a *carnicería,* and *zapatos* in a *zapatería.*

Estrategia
As you acquire more Spanish in each chapter, try to write definitions in Spanish of your new vocabulary words. Learning new vocabulary will become easier the more you practice. Writing definitions in Spanish will also help you use your new vocabulary in sentences.

Para comprar cosas…	To buy things . . .
el/la dependiente/a	store clerk
el dinero en efectivo	cash
el escaparate	store window
la ganga	bargain
la liquidación	clearance sale
el mostrador	counter
la oferta	offer
la rebaja	sale; discount

REPASO

Repaso &
Spanish Tutorial

07-05 to 07-08

Ser y *estar*   Choosing between *ser* and *estar*

For a complete review of **ser** and **estar**, go to MySpanishLab or refer to **Capítulo 4** of *¡Anda! Curso elemental* in Appendix 3 of your textbook. The vocabulary activities that follow incorporate this grammar point. Practicing new vocabulary with a review grammar point helps to strengthen and increase your knowledge of Spanish.

7-1 **¿Qué, quién o dónde?** Alejandro y Carmen conversan sobre su ciudad. Túrnense para crear oraciones de las siguientes palabras, usando siempre **ser** o **estar**. ■

MODELO   dependiente / detrás del mostrador
El dependiente está detrás del mostrador.

1. pastelería / en el centro de la ciudad
2. mi madre / dependienta en una tienda de moda
3. la ferretería / cerca del consultorio
4. el dinero en efectivo / en mi bolso
5. campo de golf / en las afueras / muy grande

¡Anda! Curso intermedio, Capítulo 2. El subjuntivo para expresar pedidos, mandatos y deseos, pág. 91.

 7-2 **¿Dónde están?** Hoy es un día ocupado y hay muchas personas por todas partes de la ciudad. Túrnense para decidir dónde están. ∎

MODELO   Mi novio me dice que me compre un vestido muy elegante pero no muy caro para llevar a la boda de su hermano.

Está en una tienda de ropa elegante.

1. Es imprescindible que Tanya prepare una cena deliciosa porque el jefe de su esposo viene a cenar. Al jefe no le gusta la carne.
2. Hoy es el cumpleaños de la hija de Marisol y Luis y es importante que tengan un pastel delicioso para celebrarlo con ella.
3. Pienso tener una fiesta y mis padres me dicen que compre unas invitaciones muy elegantes.
4. Los nietos de Paula vienen de visita y su esposo le sugiere que organice actividades para entretenerlos (*keep them entertained*).
5. El traje de Felipe está muy sucio y su madre desea que se lo ponga mañana para ir a la catedral.
6. Quiero una tarjeta de crédito nueva que tenga mi foto.

Estrategia

In **7-2**, what tense is *compre* in the *modelo*? What tense is *prepare* in item 1? Also note the following verbs: 2. *tengan*, 3. *compre*, 4. *organice*, 5. *ponga*, 6. *tenga*. Why do you need to use that tense in all of these sentences? If you are uncertain, review page 87 on uses of the *present subjunctive*.

 ¡Anda! Curso intermedio, Capítulo 4. La comida y la cocina, pág. 159; Más comida, pág. 164.

 ¡Anda! Curso elemental, Capítulo 7. La comida, Apéndice 2.

 7-3 **Vamos de compras** Tu compañero/a y tú van de compras. Tienes una lista de las cosas que necesitas comprar, y ahora tienes que decidir a qué lugares tienes que ir para comprarlas. Túrnense. ∎

MODELO   E1: *¿Qué necesitamos comprar primero?*
           E2: *Necesitamos comprar pan para la cena.*
           E1: *¿Dónde está la panadería?*
           E2: *Está enfrente de la frutería…*

Estrategia

¡Anda! Curso intermedio has provided you with recycling references to help guide your continuous review of previously learned material. Make sure to consult the indicated pages if you need to refresh your memory.

pan
medicina
zapatos nuevos para la boda de mi prima
galletas
chuletas de cordero
helado para el cumpleaños de mi suegro
cosas para reparar la casa
sandía y toronjas

Fíjate

Some things you might buy in a hardware store are: *un martillo* (a hammer), *unos clavos* (nails), and *unos tornillos* (screws).

7-4 **Definiciones** Crea definiciones para **cinco** de las palabras o expresiones del vocabulario nuevo, **Algunas tiendas y algunos lugares en la ciudad.** Después, compártelas con un/a compañero/a. ■

MODELO   E1: *Pago con esto cuando no quiero usar ni cheques, ni tarjeta de crédito, ni tarjeta de débito. ¿Qué es?*

              E2: *Es el dinero en efectivo.*

 ¡Anda! Curso elemental, Capítulo 11. Las preposiciones y los pronombres preposicionales, Apéndice 3.

Workbooklet   **7-5** **El mejor de los mejores** En tu opinión, ¿cuáles son los mejores negocios? ■

Paso 1   Llena el cuadro con tus selecciones personales. Para los números 8, 9 y 10, selecciona tres lugares diferentes.

Paso 2   Entrevista a tres compañeros/as para averiguar cuáles son sus preferencias.

MODELO   E1: *¿Cuál es el mejor restaurante?*

              E2: *Para mí, el mejor restaurante es El Caribe Grill. ¿Cuál es el mejor para ti?*

EL/LA MEJOR	YO	E1	E2	E3
1. restaurante			El Caribe Grill	
2. pastelería				
3. juguetería				
4. tienda de ropa				
5. heladería				
6. farmacia				
7. campo de golf				
8. ¿…?				
9. ¿…?				
10. ¿…?				

Paso 3   Comparte las selecciones con el/la profesor/a para saber cuáles son los negocios favoritos de la clase.

7-6 Nuestras preferencias Túrnense para hacerse y contestar las siguientes preguntas. ■

1. Cuando quieres ir de compras, ¿adónde vas? ¿Cómo pagas generalmente?
2. ¿Cuál es tu tienda favorita? ¿Qué tipo de tienda es? ¿Qué fue la última cosa que compraste allí?
3. ¿Qué tiendas tienen los escaparates más interesantes?
4. ¿Tienes una pastelería favorita? ¿Por qué es tan buena?
5. ¿Cuál es la ferretería más conocida de tu pueblo o ciudad? ¿Por qué es tan conocida? ¿Dónde está?
6. ¿Cuáles de tus prendas llevas a una tintorería?
7. ¿Cuáles son algunos de los campos de golf prestigiosos? ¿Dónde está(n)?

¡Anda! Curso intermedio, Capítulo 3. La construcción de casas y sus alrededores, pág. 110.

¡Anda! Curso elemental, Capítulo 4. Los lugares; Capítulo 10. Los medios de transporte; Capítulo 11. El medio ambiente, Apéndice 2.

7-7 Mi pueblo ideal Tienes la gran oportunidad de trabajar en equipo con el famosísimo arquitecto español Rafael Moneo. Van a planear una comunidad nueva, teniendo en cuenta el medio ambiente. ■

Paso 1 Planea la comunidad del futuro, dibujando dónde se encuentran las tiendas y otros lugares de tu ciudad. Describe los materiales que se van y no se van a utilizar.

Paso 2 Preséntale tus planes a un/a compañero/a de clase en por lo menos **doce** oraciones.

Un edificio del arquitecto Moneo

07-09 to 07-12 ¡Hola! Spanish/English Tutorials

El subjuntivo en cláusulas adverbiales (expresando tiempo, manera, lugar e intención)

Expressing uncertainty in time, place, manner, and purpose

You have been practicing the use of the **subjunctive** to express **wishes, doubts, feelings,** and **emotions.** You have also used the subjunctive to talk about **things** and **people** that may or **may not exist.**

Before learning additional occasions to use the subjunctive, let's review the definition of a **clause.** A clause is a group of words that has a **subject** and a **verb** and is used as a part of a sentence. A clause can be **independent / main** (it expresses a complete thought and makes sense on its own) or **dependent / subordinate** (it is not a complete thought and cannot stand alone, nor does it make sense without another part of the sentence).

Tengo que ir al banco después de que salgamos del cine.

Look at the following sentence:

I want to go to the bank . . . (*independent / main clause:* It makes sense by itself)	**. . . after we go to the movies.** (*dependent / subordinate clause:* This is not a complete thought and does not make sense alone without another part of a sentence.)

Dependent clauses begin with words called **conjunctions. Conjunctions** are words that **connect two parts of a sentence.** Conjunctions in English include **that, before, after,** etc.

You will now learn a series of words and phrases that may require the subjunctive when expressing time, manner, place, and/or purpose.

Estrategia

You may remember that an *adverb* describes the time, manner, place, or purpose of an action. It usually answers the questions *how? when? where?* or *why?*

Tengo que ir al banco <u>después</u>.
I have to go to the bank <u>afterward</u>.
(Answering the question *when?*)

1. The **subjunctive** is **always used** after the following phrases (conjunctions):

a menos que	*unless*	**en caso (de) que**	*in case*
antes (de) que	*before*	**para que**	*so that*
con tal (de) que	*provided that*	**sin que**	*without*

Nos veremos en el campo de golf **a menos que** *llueva*.

Te voy a comprar el vestido **con tal (de) que** te lo *pongas* varias veces.

Pasa por la tintorería **en caso (de) que** *esté* listo mi traje.

We'll see each other at the golf course unless it rains.

I am going to buy you the dress provided that you wear it several times.

Stop by the dry cleaners in case my suit is ready.

(continued)

2. The **indicative** is **always used** after these phrases when they are followed by **facts:**

ahora que	*now that*	**ya que**	*since; because*
puesto que	*given that*		

David es muy generoso **ahora que** *tiene* el trabajo de dependiente.

David is very generous now that he has the job as a store clerk.

Puesto que *va a comprar* un carro nuevo, me va a regalar el viejo.

Given that he is buying a new car, he is giving me the old one.

Mi hermano siempre me trae pasteles, **ya que** *trabaja* en una pastelería.

My brother always brings me cakes, since he works in a bakery.

3. With the following phrases, both the **indicative** and the **subjunctive** can be used:

a pesar de que	*in spite of*	**después (de) que**	*after*
aun cuando	*even when*	**en cuanto**	*as soon as*
aunque	*although; even if*	**hasta que**	*until*
cuando	*when*	**luego que**	*as soon as*
de manera que	*so that*	**mientras (que)**	*while*
de modo que	*so that*	**tan pronto como**	*as soon as*

To determine whether the subjunctive or the indicative is needed, one must ask the following question:

From the point of view of the speaker, has the action already occurred?

- 3.1 If the answer is *yes*, the **indicative** is needed.
- 3.2 If the answer is *no* (e.g., the action has yet to occur), the **subjunctive** must be used.
- 3.3 When one of the preceding adverbs of time expresses a **completed** or **habitual** action known to the speaker, it is clear that the action has already taken place, therefore requiring the use of the **indicative.** Compare the following examples.

Vamos a ir a la farmacia **tan pronto como** mi hermano *salga* del consultorio.

We will go to the pharmacy as soon as my brother leaves the doctor's office.

(From the speaker's point of view, the brother has *not* left the doctor's office yet.)

Fuimos a la farmacia **tan pronto como** mi hermano *salió* del consultorio del médico.

We went to the pharmacy as soon as my brother left the doctor's office.

(From the speaker's point of view, *yes*, the brother has left the doctor's office already.)

Piensa trabajar en esa juguetería **aunque** no le *gusten* los niños.

He is thinking about working in that toy store even though he doesn't / may not like children.

Trabajó seis meses en esa juguetería **aunque** no le *gustaban* los niños.

He worked in that toy store for six months although he didn't like children.

- 3.4 In a sentence with **no change of subject,** you should use any of the prepositions **antes de, después de, hasta, para,** and **sin** followed by the *infinitive.*

Necesitamos pasar por el banco **antes de** *salir* de viaje.

We need to go to the bank before leaving on the trip.

Ayer salimos de la tienda **sin** *pagar*.

Yesterday we left the store without paying.

¡Anda! Curso intermedio, Capítulo 2. El subjuntivo, pág. 87.

7-8   Buenas decisiones Cada día tomamos muchas decisiones, aunque no parecen tener mucha importancia. Túrnense para escoger la forma correcta de cada verbo en paréntesis para completar las siguientes oraciones. Después, expliquen por qué escogieron esas formas. ■

1. No quiero ir al consultorio del médico a menos que (tengo, tenga) fiebre.
2. Necesitamos ir a la catedral antes de que el cura (se va, se vaya).
3. Necesitamos pasar por la panadería tan pronto como (salimos, salgamos) de clase.
4. Siempre preferimos hacer compras cuando (hay, haya) buenas ofertas.
5. La dependienta tiene que preparar los escaparates puesto que no (tenemos, tengamos) muchos clientes esta mañana.
6. En cuanto (termina, termine) la tarea, necesito ir a la tintorería para recoger los trajes.

7-9   En nuestra ciudad Todos tienen sus preferencias en sus ciudades. Terminen las siguientes oraciones con **el subjuntivo** o **el indicativo** de los verbos en paréntesis. Túrnense. ■

1. Cuando (yo) _____ (comer) en el Restaurante Río Grande, siempre pido el pescado a la parrilla, y de postre, el pastel de tres leches.
2. Mi esposo y yo pensamos abrir una cuenta en el Banco Central con tal de que nos _____ (ofrecer) un interés alto.
3. Mis amigos van a jugar al golf en el Campo Sur tan pronto como _____ (llegar) de vacaciones a Paraguay.
4. La tienda favorita de tu padre debe de ser la Ferretería Mundo Nuevo ya que él _____ (ser) carpintero.
5. No pienso comprar nada allí hasta que _____ (empezar) la gran liquidación.

7-10   Decisiones… Si estás en Asunción, Paraguay, hay que visitar La Alemana. ¡Es un lugar increíble! Vamos a experimentarla a través de nuestra imaginación. Crea oraciones usando elementos de las dos columnas. Después, compártelas con un/a compañero/a.

MODELO   No puedo hacer un pedido (*place an order*)… a menos que ustedes me (decir) lo que quieren.

No puedo hacer un pedido a menos que ustedes me digan lo que quieren.

LA ALEMANA, S.A.

Confitería • Panadería • Rotisería • Heladería

Nuestras especialidades son:

☞ bollos
☞ pan dulce alemán
☞ tortas

**Del Escudo c/Avda. Brasilia (a 2 cuadras de Avda. Artigas)
· Asunción, Paraguay**

1. _____ Mi mamá va a querer comprar aquellos bollos de dulce de leche…
2. _____ Van a ofrecer dos pasteles nuevos la semana que viene…
3. _____ Mis hermanos siempre están contentos…
4. _____ Podemos organizar la cena…
5. _____ Hoy pienso comprar un pan dulce alemán…
6. _____ Nos encanta el helado…

a. a pesar de que nuestro postre favorito (ser) la torta.
b. a menos que (costar) más de 24,000 PYG.
c. aunque normalmente no (cambiar) la lista de productos hasta finales del mes.
d. tan pronto como ella los (ver).
e. ya que (saber) qué vamos a servir de postre.
f. cuando (tener) una torta de La Alemana en las fiestas de cumpleaños.

NOTAS CULTURALES

La ropa como símbolo cultural

07-13 to 07-14

Cuando vayas a un país diferente, fíjate en la ropa de los escaparates de las tiendas. Muchas veces la ropa refleja la cultura del lugar. Por ejemplo, una prenda típica de los países del Caribe es *la guayabera*. Es una camisa liviana (*lightweight*) de tela fresca como el algodón, que tiene cuatro bolsillos (*pockets*), muchos pliegues (*pleats*) y se lleva fuera de los pantalones. Los hombres la llevan para estar cómodos en el clima caluroso.

Fíjate

The *guayabera* is a comfortable shirt that is elegant in its simplicity. It has several rows of tiny pleats and can have intricate embroidery as well.

En caso de que te encuentres al otro extremo del continente de Sudamérica, es posible que veas una prenda asociada con la cultura paraguaya. Es la tela de *aho po'i,* y se usa igual para camisas de hombre que para blusas de mujer. Significa "ropa liviana" y suele ser de algodón con bordados a mano (*hand embroidery*).

Fíjate

The name of this cloth, *aho po'i,* comes from the indigenous language *guaraní*. Along with Spanish, *guaraní* is an official language of Paraguay.

En el interior del continente, puedes encontrar unas prendas distintivas de la cultura boliviana: la pollera, una falda con muchas capas (*layers*), la manta y el sombrero tipo Borsalino de las cholas bolivianas. Las cholas llevan esta ropa para que la gente las reconozca como indígenas orgullosas de su herencia y seres dignos de respeto.

Fíjate

Las cholas refers to indigenous Bolivian women who have moved to urban areas from the countryside.

Preguntas

1. Describe las prendas mencionadas en la lectura.
2. ¿Cómo reflejan estas prendas sus culturas de origen?
3. ¿Qué prendas son típicas de tu cultura? ¿Por qué son representativas de la cultura, en tu opinión? Compara las prendas representativas de tu cultura con las que se mencionan en la lectura.

7-11 **Excusas, siempre excusas** A Pascal le encanta jugar al golf. Sin embargo, no le gusta viajar a ninguna parte —¡prefiere dormir siempre en su propia cama! Ustedes lo invitan a acompañarlos al campo de golf Las Brisas de Santo Domingo en Chile. Contesten las siguientes preguntas como si fueran (*as if you were*) Pascal. Túrnense. ■

MODELO   E1:   ¿Vas a ir a Chile? El campo de golf es fantástico. (a pesar de que)

E2:   *No voy a ir a Chile a pesar de que el campo de golf sea fantástico.*

1. Es uno de los mejores campos de golf de Latinoamérica. ¿Vienes? (aunque)
2. Hay un hotel magnífico cerca de Las Brisas de Santo Domingo. ¿Quieres quedarte allí? (puesto que)
3. Hay unas tiendas muy buenas también. ¿Quieres ir de compras allí? (ya que)
4. Puedes usar mi tarjeta de crédito. No tienes que preocuparte por el dinero. (aun cuando)
5. ¿Cuándo piensas comprar tu boleto de avión? (para / para que)

7-12 **Un sábado de maratón** Ustedes trabajan como voluntarios para una organización que ayuda a las familias sin casas. El sábado van a comprar regalos para algunas de las familias. ¿Adónde van a ir? ¿Qué van a comprar? ¿Cuándo lo van a hacer y en qué orden? Hagan una lista de las cosas que van a comprar y adonde tienen que ir para comprarlas. Usen las siguientes conjunciones. ■

MODELO   tan pronto como

Tan pronto como nos despertemos, vamos a salir para el centro para comprar los regalos. Primero vamos a ir a la zapatería…

1. después de que
2. en caso de que
3. cuando
4. para que
5. mientras
6. hasta que

7-13 **¿Qué hago?** Joaquín está perdido en el centro de tu ciudad. Está en la esquina de la Calle del Sol y Camino Real. Túrnense para darle indicaciones (*directions*) para llegar a los diferentes lugares de la ciudad usando las siguientes conjunciones y preposiciones. ■

ahora que	en caso de que	para	cuando	después de	ya que

MODELO   ya que / Banco Central

Ya que estás en el parque, dobla a la izquierda en la Calle Ocho. Sigue derecho. El Banco Central está a la izquierda.

Estrategia

When giving directions, it is helpful to use these words, most of which you already know:

a la izquierda	to the left	*enfrente de*	in front of
a la derecha	to the right	*doblar*	to turn
detrás de	behind	*seguir derecho*	to go straight

1. Banco Central / la catedral
2. la catedral / Farmacia Santa Fe
3. Farmacia Santa Fe / Ferretería Gómez
4. Ferretería Gómez / Juguetes somos nosotros
5. Juguetes somos nosotros / Consultorio Doctores Medina

ESCUCHA

07-15 to 07-16

Un reportaje de televisión

Estrategia		
Determining setting and purpose	Identifying the setting (place and time) and understanding the purpose of a message will help you anticipate what you will hear, thus facilitating comprehension. For example, determine where and when an event took place. If dates or hours are not identified, listen for verb tenses. Is the	verb in the present, past, or future tense? To determine the purpose, ask yourself the following questions: Is the speaker selling something? Is the speaker reporting something? Is the message meant to be serious or humorous?

7-14 **Antes de escuchar** Vas a escuchar un reportaje de televisión. Primero, mira la foto. Describe lo que ves en la foto. ¿Qué hace la persona? ¿Cuál crees que sea el tema de este reportaje? ■

7-15 **A escuchar** Lee toda la información de los siguientes pasos. Después, escucha el reportaje. La primera vez que lo escuches, completa el **Paso 1.** Escúchalo otra vez y completa el **Paso 2.** ■

Paso 1 ¿Quiénes son estas personas?

1. _____ Paco
2. _____ Francisco
3. _____ Olga
4. _____ Jorge
5. _____ Yinyo

a. mujer joven de Costa Rica
b. reportero en Puerto Rico
c. hombre mayor, dueño
d. anfitrión (*host*) del programa
e. hombre de los Estados Unidos

Paso 2 Contesta las siguientes preguntas.
1. ¿Dónde toma lugar este reportaje?
2. ¿Cuál es el tema del reportaje?

7-16 **Después de escuchar** Inventa un postre o un helado nuevo para la Heladería de Lares y prepara una descripción para anunciarlo en una entrevista con un reportero. Comparte tu anuncio con un/a compañero/a. ■

¿Cómo andas? I

	Feel confident	Need to review
Having completed **Comunicación I**, I now can . . .		
• describe stores and other places in a city. (p. 290)	☐	☐
• choose between **ser** and **estar.** (MSL)	☐	☐
• express uncertainty in time, place, manner, and purpose. (p. 295)	☐	☐
• examine and compare culturally representative apparel. (p. 298)	☐	☐
• determine setting and purpose when listening. (p. 301)	☐	☐

- Math HW
- Astronomy Quiz

Math HW
Astronomy

Comunicación II

07-17 to 07-19

3 VOCABULARIO

Algunos artículos en las tiendas
Naming items sold in stores

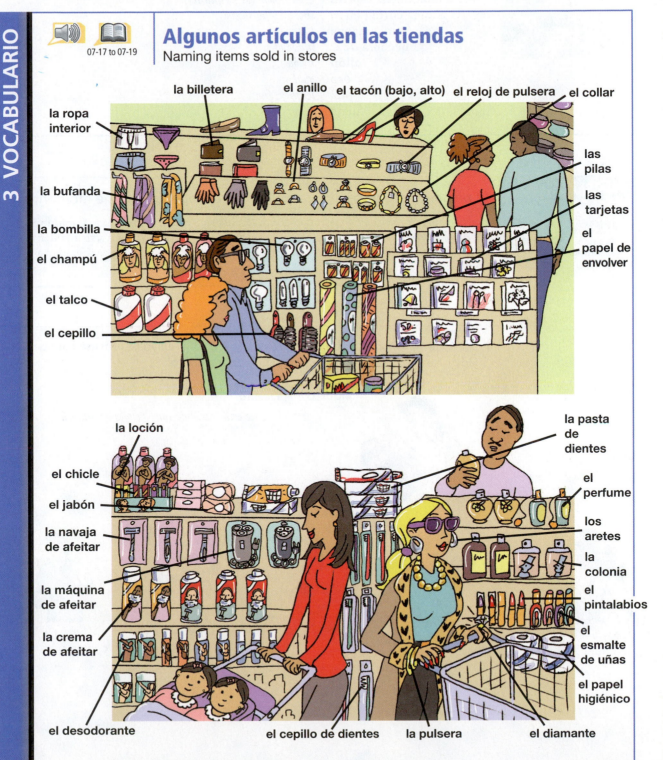

la billetera
el anillo
el tacón (bajo, alto)
el reloj de pulsera
el collar
la ropa interior
las pilas
las tarjetas
la bufanda
el papel de envolver
la bombilla
el champú
el talco
el cepillo

la loción
la pasta de dientes
el chicle
el perfume
el jabón
los aretes
la navaja de afeitar
la colonia
la máquina de afeitar
el pintalabios
la crema de afeitar
el esmalte de uñas
el papel higiénico
el desodorante
el cepillo de dientes
la pulsera
el diamante

(continued)

¡Anda! Curso elemental,
Capítulo 8. Las telas
y los materiales,
Apéndice 2.

Palabras útiles	*Useful words*
apretado/a	*tight*
de buena / mala calidad	*good / poor* (adj.) *quality*
la manga corta / larga	*short / long sleeve*
media manga	*half sleeve*
hecho/a de…	*made of . . .*
nilón	*nylon*
oro	*gold*
piel	*leather; fur*
plata	*silver*

REPASO

¡Hola!

Repaso &
Spanish/English
Tutorials

07-20 to 07-22

El presente progresivo   Stating what is happening at the moment

For a complete review of the present progressive, go to MySpanishLab or refer to **Capítulo 5** of *¡Anda! Curso elemental* in Appendix 3 of your textbook. The vocabulary activities that follow incorporate this grammar point. Practicing new vocabulary with a review grammar point helps to strengthen and increase your knowledge of Spanish.

7-17 **Lo/La conozco bien** Es el fin de semana. Túrnense para describir lo que están haciendo sus amigos en este momento. ■

MODELO   Vicente

Vicente está mirando unos relojes de pulsera.

1. Laura   2. Eva   3. Kyung   4. Silvia   5. Alberto

¡Anda! Curso elemental, Capítulo 8. Las construcciones reflexivas, Apéndice 3.

7-18 **¿Qué está comprando Inés?** Inés está en la tienda Falabella. ■

Paso 1 Describan lo que ven en su bolsa.

Paso 2 Túrnense para explicar para qué necesita cada artículo.

MODELO *Necesita el cepillo de dientes para cepillarse los dientes.*

Paso 3 Creen oraciones en **el presente progresivo.**

MODELO *Inés se está cepillando los dientes.*

7-19 **Joyerías Helmlinger** Lean la página web de esta joyería, y después contesten las siguientes preguntas. ■

JOYERÍAS HELMLINGER

Joyerías Helmlinger, especialistas en el diseño de joyas en Santiago de Chile, cuenta con más de treinta y dos años de experiencia en brindarle joyería fina de la más alta calidad. Tenemos para todos los gustos: diseños clásicos y de vanguardia.

Le anunciamos con orgullo que somos "joyeros de familia" y le ofrecemos una amplia selección de joyas, incluyendo en nuestra línea de productos:

♦ diamantes de alta calidad ♦ anillos de oro (amarillo y blanco)
♦ perlas ♦ anillos de matrimonio
♦ collares ♦ aretes
♦ platería ♦ relojes de pulsera
♦ piedras preciosas: ♦ y mucho más…
  rubíes, zafiros, perlas

Estamos creando continuamente nuevos diseños exclusivos para nuestros clientes que buscan piezas de joyería únicas, fabricadas con materiales de la más alta calidad y con creatividad sin límites.

CONSULTE CON NUESTROS JOYEROS Y DESCUBRA LA DIFERENCIA EN TRADICIÓN Y DISEÑO DE JOYERÍA FINA PARA SATISFACER SUS SUEÑOS.

CALLE PROVIDENCIA 2433 ♦ TELÉFONO: 562-9324776

1. ¿Qué están promocionando en su página web?
2. ¿Qué están haciendo los diseñadores continuamente?
3. ¿Qué calidad de joyería está buscando una persona que compre en Helmlinger?
4. En tu opinión, ¿falta alguna información importante para los posibles clientes?

¡Anda! Curso elemental, Capítulo 3. Los colores;
Capítulo 8. La ropa, Apéndice 2.

7-20   **En la tienda ¡Mucha moda!**   Están en la tienda ¡Mucha
moda! En grupos de tres, describan el dibujo. Cada estudiante debe crear por lo
menos **cuatro** oraciones. ∎

MODELO   *Hay varias personas en una tienda de ropa. Un hombre se está probando un traje de
buena calidad, pero le queda mal…*

7-21   **Una conversación interesante**   Estás en un almacén
tipo Walmart o Target y tu padre/madre/esposo/a te llama al celular. Cuéntale
dónde estás, qué estás haciendo, qué necesitas comprar, etc. Tu compañero/a va
a ser la persona que te llama. Después, túrnense. Usen **el presente progresivo**
cuando puedan. ∎

MODELO   E1:   *¿Marisol?*

          E2:   *Hola papá.*

          E1:   *¿Dónde estás, hija?*

          E2:   *Estoy en la tienda Gran Mundo y están vendiendo todo muy
barato —¡es una liquidación!*

          E1:   *¿Qué estás haciendo allí? Tú no necesitas nada.*

          E2:   *No es verdad, papá. Necesito…*

4 GRAMÁTICA

07-23 to 07-26 · ¡Hola! Spanish Tutorial

Los tiempos progresivos: el imperfecto con *andar, continuar, seguir, ir* y *venir*
Referring to ongoing actions

¿Te estabas maquillando mami...?

You have just reviewed the present progressive. There are other tenses that can be used with the present participle **(-ando / -iendo)**. For example, the **imperfecto progresivo** is similar in usage to the imperfect. It is used to **describe a past action in progress**.

Lo vi cuando **estábamos volviendo** del centro.	*I saw him when we were returning from downtown.*
Chan **estaba mirando** los relojes de pulsera cuando llamaste.	*Chan was looking at the wristwatches when you called.*
¿**Te estabas maquillando** cuando el niño entró?	*Were you putting on your makeup when the boy came in?*
Él **estaba buscando** muebles en el almacén.	*He was looking for furniture at the department store.*

Other verbs can be used with the present participle **(-ando, -iendo)**: **andar, continuar, seguir, ir,** and **venir**. The use of each of these verbs subtly changes the meaning of the progressive.

1. *Andar* **+ present participle** implies that the **action in progress is not occurring in an organized fashion**.

El dependiente nuevo **anda buscando** las prendas por todas partes.	*The new sales clerk is going around looking for the garments all over the place.*

2. *Continuar / seguir* **+ present participle** means to **keep on / to continue doing something**.

Seguimos buscando el anillo que mi madre perdió esta mañana.	*We are still looking for the ring my mother lost this morning.*

3. *Ir* **+ present participle** emphasizes **progress toward a goal**.

Los obreros **van avanzando** en la construcción de nuestra ferretería nueva.	*The workers are making progress on the construction of our new hardware store.*

4. *Venir* **+ present participle** emphasizes the **repeated or uninterrupted nature of an action over a period of time**.

Hace dos años que mis hermanos **vienen haciendo** las mismas cosas molestas.	*For two years my brothers have been doing the same aggravating things.*

5. Note: Remember that in Spanish the **present progressive** is *not* used to **express the future**.

Present progressive: *Están trabajando en la tintorería.*
They are working (right now) at the dry cleaners.

Future: *Van a trabajar en la tintorería.*
They are going to work at the dry cleaners (in the future).

7-22 **De nuevo** Repitan la actividad **7-17**, esta vez usando **el imperfecto progresivo** para describir lo que estaban haciendo esas personas ayer. ■

MODELO   Vicente

Vicente estaba mirando unos relojes de pulsera.

7-23 **Ahora mismo** ¿Qué están haciendo las siguientes personas? Túrnense para crear oraciones usando **andar, continuar, seguir, ir** y **venir.** ■

MODELO   Fabián (es estudiante de arquitectura y ve mucho progreso en un proyecto muy grande)

Fabián va progresando en su proyecto.

1. Maite (tiene mucho que hacer pero necesita terminar de limpiar su apartamento esta noche)
2. Javier y Constanza (son muy trabajadores; estudian todos los días para sus clases y tienen dos exámenes mañana)
3. Mi mejor amigo (desde que lo conocí, me ha ayudado mucho; hace ocho años que lo conozco)
4. Nuestro/a profesor/a de español (le gusta hacer trabajo voluntario y así sirve a la comunidad tanto como a sus estudiantes)
5. Yo (duermo bien siempre y anoche dormí muy bien también)
6. Todos los compañeros de clase (cada día saben más y mejoran mucho)

7-24 **Cuando era niño/a...** ¿Qué hacías cuando ocurrieron los siguientes eventos? Termina las siguientes oraciones usando **el imperfecto progresivo** y después compártelas con un/a compañero/a. ◼

MODELO   tuviste tu primera pesadilla (*nightmare*)
              Estaba durmiendo.

1. conociste a tu mejor amigo/a
2. recibiste el mejor regalo de tu vida
3. llegó Papá Noel por primera vez
4. supiste que ibas a estudiar en la universidad
5. te regalaron tu primera bicicleta
6. te llamó tu primer/a "amigo/a especial"

7-25 **Y ella dijo...** En grupos de cuatro, van a crear oraciones para añadir a las oraciones de sus compañeros. Necesitan usar el vocabulario nuevo del capítulo con **andar, continuar, seguir, ir** y **venir.** Sigan el modelo. ◼

MODELO   E1: *Ando buscando unos aretes de plata.*

          E2: *Ando buscando unos aretes de plata y sigo trabajando muchas horas en el banco.*

          E3: *Ando buscando unos aretes de plata. Sigo trabajando muchas horas en el banco. Y vengo diciendo que los pasteles de La Alemana son los mejores.*

          E4: *...*

PERFILES

07-27 to 07-28

Unos diseñadores y creadores

En el mundo hispano, como en los Estados Unidos, hay tiendas que se especializan en productos específicos. Aquí puedes conocer a las personas que diseñan los productos que compras en estas tiendas.

Paloma Picasso nació en el año 1949 y empezó su carrera de diseñadora temprano, trabajando con joyas. También ha creado una marca de perfume con su nombre. Hoy sigue diseñando una línea de joyas para la joyería Tiffany y Compañía. Su línea tiene anillos, aretes y collares de oro, de plata y con diamantes.

Narciso Rodríguez (n. 1961) empezó a trabajar en las compañías de moda de Donna Karan y Calvin Klein, dedicándose al diseño de *prêt-à-porter* (*ready-to-wear*) femenino para grandes almacenes. Tiene su propia línea de ropa y ha creado una colonia para hombres y un perfume para mujeres. Ha ganado premios como "mejor diseñador" en varias categorías y continúa diseñando ropa y fragancias.

Si estás contemplando comprar unos muebles nuevos que tengan a la vez funcionalidad y un diseño moderno, considera los productos del diseñador **Sami Hayek** (n. 1973). Fundó su negocio de diseño en el año 2003 y se especializa en los muebles. Tiene una lista impresionante de clientes de Hollywood y de negocios importantes.

Preguntas

1. ¿En qué creaciones se especializan estas personas? ¿En qué tipo de tiendas se encuentran sus productos?
2. ¿Cómo se comparan sus productos con los que usas?
3. ¿Qué diseñadores de productos semejantes conoces en los Estados Unidos?

7-26 **Entrevista** ¿Cómo son tus compañeros/as de clase? Túrnense para hacerse y contestar las siguientes preguntas. ■

1. ¿Qué andas buscando que no has encontrado todavía?
2. ¿Qué continúas haciendo que no debes hacer?
3. ¿Qué sigues esperando que ocurra en tu vida o en la vida de tus padres?
4. ¿Qué notas vas sacando este semestre / trimestre?
5. ¿Qué sigues deseando hacer que nunca has hecho?

7-27 **Nos vamos al spa** Sus amigos casi nunca hacen nada especial por sí mismos y cuando lo hacen, sienten que tienen que justificarlo. Los han invitado a ir con ustedes al Spa Corazón Patagonia en Chile por cinco días. Ayúdenles a justificar el viaje, usando formas del **progresivo** en **cinco** oraciones. ■

MODELO *Necesitan venir con nosotros al Spa Corazón Patagonia en Chile.*
Siguen trabajando demasiado y necesitan descansar…

¡CONVERSEMOS!

07-29 to 07-32

Conversando por teléfono	Speaking on the phone	Expresando acuerdo	Expressing agreement
• Aló. / Bueno. / Diga. / Dígame.	*Hello?*	• Eso es. / Así es.	*That's it.*
• ¿Está _____ (en casa)?	*Is _____ there / at home?*	• Cómo no. / Por supuesto. / Claro que sí. / Desde luego.	*Of course.*
• ¿De parte de quién?	*Who shall I say is calling?*	• Exacto. / Exactamente.	*Exactly.*
• Le/Te habla… / Es… / Soy…	*This is . . .*	• (Estoy) de acuerdo.	*Okay, I agree.*
• Lo/La/Te llamo más tarde.	*I will call him/her/you later.*		
• No está. / No se encuentra.	*He/She is not home.*		
• ¿Puedo tomar algún recado?	*May I take a message?*		
• Gracias por haber(me) llamado.	*Thank you for calling (me).*		
• Oiga… / Oye…	*Hey . . .*		
• Mire / Mira…	*Look . . .*		
• ¡No me diga/s!	*You don't say! / No way!*		

Fíjate

Different countries tend to have different ways of answering the phone. For example, *Diga* tends to be used in Spain, and *Bueno* in Mexico. *Aló* is used in various countries.

7-28 **Diálogo** Escucha el diálogo y contesta las siguientes preguntas. ■

1. ¿Quién contestó el teléfono? ¿Qué dijo?
2. ¿Qué le dijo Adriana a la señora que la había llamado?
3. ¿Para qué invitó la mujer a Adriana a Chicago?

¡Anda! Curso elemental, Capítulo 8. La ropa, Apéndice 2.

7-29 **El mercado de los mercados** Saliste de compras al nuevo mercado de pulgas (*flea market*). No puedes creerlo… ¡tienen de todo! Llama a tu mejor amigo/a para decirle todo lo que tienen. Completa los siguientes pasos. Túrnense. ■

Paso 1 Llama a tu amigo/a y otra persona contesta el teléfono. Dile que quieres hablar con tu amigo/a.

Paso 2 Descríbele a tu amigo/a las cosas que ves. (Usa el vocabulario de la página 290, **Algunas tiendas y algunos lugares en la ciudad,** y de la página 303, **Algunos artículos en las tiendas.**)

Paso 3 Tú ofreces comprarle unas cosas a tu amigo/a y él/ella está de acuerdo.

7-30 **Una entrevista** Imagina que para tu trabajo tienes que entrevistar a la persona encargada de las modificaciones de la planificación de tu ciudad. Entrevista a esa persona por teléfono para conocer sus planes para las tiendas y otros lugares de la ciudad. En tu entrevista, incluye las siguientes expresiones: **a menos que, en caso de que, para que, con tal de que** y **aunque.** Túrnense. ◼

7-31 **Canal Véndelotodo** Estás haciendo una gira por el Canal Véndelotodo. Allí hay unas estrellas con sus productos: Joan Rivers con sus collares y "diamantes", Leonardo DiCaprio con unas bombillas "verdes", etc. Llama a un miembro de tu familia para contarle sobre los productos y las personas famosas que ves. Túrnense. ◼

7-32 **El remate** El señor Dineral es un hombre riquísimo y muy reservado. Quiere que vayas a un remate (*auction*) especial y ofrezcas por él (*you bid on his behalf*). Durante el remate, vas a estar comunicándote con él por teléfono. Él te va a decir si quiere ofrecer por un objeto y hasta cuánto quiere gastar. Cuando llegas al remate, te das cuenta que el señor es un poco excéntrico porque el remate es un poco "diferente". Por ejemplo, rematan una botella de esmalte de uñas que era de Kim Kardashian. ◼

Paso 1 Con un/a compañero/a, hagan una lista de las cosas excéntricas que van a rematar.

Paso 2 Creen unos diálogos entre el señor Dineral y tú durante el remate. Acuérdense de que hablan por teléfono porque el señor es muy reservado. Túrnense de papel.

MODELO E1: *¿Aló?*

E2: *Sr. Dineral, le habla _____. Van a rematar una botella de esmalte de uñas de Kim Kardashian.*

E1: *Bueno, ofrece hasta mil dólares…*

7-33 **No lo veo** Normalmente es Rafa quien hace las compras, pero hoy tiene que ir Carmen, puesto que Rafa tiene que quedarse hasta tarde en el trabajo. El problema es que Carmen no puede encontrar nada en la tienda Buena Ganga, así que Carmen tiene que llamar a Rafa para preguntarle dónde se encuentran las cosas en la tienda. ◼

Paso 1 Creen una lista de **diez** cosas que necesitan.

Paso 2 Túrnense, interpretando los papeles de Rafa y Carmen.

ESCRIBE

Un artículo de opinión

07-33 to 07-34

A key skill in writing in Spanish is learning to use the dictionary effectively. Dictionaries have conventions for presenting words, their pronunciations, and their meanings. Abbreviations are used, and there is always an abbreviation key at the beginning of the dictionary that explains them. Familiarize yourself with this key first. Sometimes other explanatory symbols and notes further explain word usage. Pay attention to all of these clues as you select the appropriate word(s) to express your meaning. Then double check by looking up the word in reverse: if you began with English–Spanish, then check the Spanish–English version to verify that you have chosen the correct way to express your intended meaning.

7-34 **Antes de escribir** Vas a escribir un artículo de opinión para el periódico local, expresando tus ideas sobre los pequeños negocios comparados con una mega tienda en tu pueblo. Piensa en tus ideas y opiniones sobre la situación. Luego, organízalas lógicamente y con detalles. ¿Cuáles son algunas palabras de vocabulario que necesitas y que no conoces? Haz una lista de ellas. ■

7-35 **A escribir** Ahora, para escribir tu artículo, completa estos pasos: ■

Paso 1   Primero, usa el vocabulario y las estructuras gramaticales de este capítulo en el artículo. Tu artículo debe consistir en por lo menos **diez** oraciones.

Paso 2   Presenta tu opinión claramente, usando las palabras nuevas del vocabulario en tus oraciones.

7-36 **Después de escribir** Comparte tu artículo con un grupo de compañeros de clase. ¿Entienden ellos tu punto de vista / tu opinión? Explícales las palabras que no entiendan, basándote en tu investigación en el diccionario. ¿Escogiste las palabras apropiadas para expresarte? ■

¿Cómo andas? II

	Feel confident	Need to review
Having completed **Comunicación II**, I now can . . .		
• name items sold in stores. (p. 303)	☐	☐
• state what is happening at the moment. (MSL)	☐	☐
• refer to ongoing actions. (p. 307)	☐	☐
• identify some people whose products are sold in stores. (p. 310)	☐	☐
• converse on the phone and express agreement with the speaker. (p. 312)	☐	☐
• use a dictionary effectively when writing. (p. 314)	☐	☐

Vistazo cultural

07-35 to 07-36

Algunos lugares y productos en las ciudades de Chile y Paraguay

Soy estudiante en la Universidad Gabriela Mistral en Santiago, Chile donde estoy siguiendo un curso de estudios para una licenciatura en la Administración de Empresas. Cuando reciba mi título, espero trabajar en uno de los grandes centros comerciales. Luego, en cuanto tenga la experiencia necesaria, deseo ser gerente del centro.

Danilo Pinilla Frías
estudiante de Administración
de Empresas

Falabella, un importante almacén de Chile

Falabella es una de las compañías más grandes de Chile. Tiene almacenes en Chile, Argentina, Perú y Colombia. Cuando empezó en el año 1889, era una sastrería (*tailor shop*), pero hoy día se vende de todo en sus tiendas.

La Mezquita de Coquimbo, Chile

La población musulmana va creciendo poco a poco en Chile. Hoy día hay más de 3.000 musulmanes en el país. La Mezquita de Coquimbo, también llamada El Centro Mohammed VI para el Diálogo de las Civilizaciones, fue inaugurada el 14 de marzo del año 2007. Su minarete, de 40 metros de altura, es una réplica de la mezquita Kutubuyya de Marrakesch en Marruecos.

El volantín: un juguete muy popular en Chile

¿Qué se puede encontrar en una juguetería? En Chile, tres juguetes muy comunes son el trompo (*top*), los zancos (*stilts*) y el volantín (*kite*). Un pasatiempo popular en Chile es hacer volar volantines. Durante las celebraciones de la independencia chilena, hay competiciones de volantines en todas partes del país.

El arpa paraguaya: instrumento nacional

En Asunción, hay fábricas donde se construyen unos instrumentos de cuerdas típicos y populares de Paraguay: el arpa paraguaya y la guitarra. El arpa paraguaya es apreciada en todas partes del mundo por su sonido distinto al de otros tipos de arpa. El arpa se hace usualmente de maderas locales.

Las cataratas del Iguazú, Paraguay

Cuando veas las cataratas del Iguazú, vas a estar sorprendido por su enormidad. Es un sistema de hasta 275 cataratas distintas en forma de semicírculo, de casi 3.000 metros de ancho y hasta 80 metros de alto. Las cataratas están justo donde se encuentran los tres países de Brasil, Argentina y Paraguay. El nombre de las cataratas viene del idioma guaraní, lengua oficial del Paraguay; significa "agua grande".

Las ruinas de las reducciones jesuitas de Trinidad, Paraguay

Cuando vayas a Paraguay, visita la Santísima Trinidad de Paraná: la mayor de las ruinas de las reducciones jesuitas y designada Patrimonio Cultural de la Humanidad por UNESCO. Trinidad era una ciudad con una plaza principal, fábricas para hacer mercancías (*goods*) y casas individuales donde vivían los indígenas protegidos por los padres jesuitas.

¡Las empanadas son muy ricas!

Una panadería es una tienda donde se vende pan. Por lo tanto, es natural que la tienda donde se venden empanadas se llame *empanadería*. La empanada es un pastel de masa (*dough*) con un relleno (*filling*) de varias cosas: pescado, carne, verduras, queso o realmente lo que a uno le guste.

Preguntas

1. Identifica los lugares de las ciudades mencionadas y determina si hay productos asociados con ellos.
2. ¿Cuáles de estos lugares existen en tu ciudad o pueblo? ¿En qué son semejantes y en qué son diferentes de los lugares indicados en Chile o Paraguay? Si estos lugares no existen en tu ciudad, ¿por qué será?
3. En los capítulos anteriores, has aprendido sobre los productos y las prácticas culturales de otros países (por ejemplo, las procesiones religiosas y las comidas populares de algunos países). Piensa en algunos ejemplos y compáralos con las prácticas y los productos que ves en esta presentación.

Laberinto peligroso

EPISODIO 7

Lectura

Estrategia	Identifying elements of texts: Tone and voice

In addition to understanding what is being said, it is also important to grasp *how* it is being said. **Tone** and **voice** are two important ways of determining *how*. **Tone** is the writer's attitude toward his/her readers and the subject(s). Tone reflects the feelings of the writer. **Voice** allows the reader to perceive a human personality through the language and sentence structure.

Therefore, ask yourself the following questions to determine tone and voice.

1. What language does the author use?
2. Is the passage serious, sarcastic, humorous, or perhaps neutral?
3. What words are used that make you think so?
4. How much of the author's beliefs and opinions are in the piece?
5. Is the author a formal observer, a reporter, or a vested participant in the passage?
6. What are the sentences like? Are they short, or long and descriptive?

Determining tone and voice helps you go beyond the literal meaning of what you read.

7-37 **Antes de leer** En los episodios del **Capítulo 5,** después de decidir empezar a colaborar en sus respectivas investigaciones, Cisco y Celia fueron a la biblioteca para estudiar unos mapas y crónicas. Posteriormente, tuvieron que ir a la comisaría (*police station*) para declarar ante la policía. Antes de empezar a leer el episodio, contesta las siguientes preguntas. ■

1. ¿Qué importancia pueden tener los mapas y las crónicas que Celia y Cisco consultaron en la biblioteca?
2. ¿Por qué tuvieron que declarar Celia y Cisco ante la policía? ¿Crees que son inocentes? ¿Por qué?
3. Muchas veces, para comprender mejor una lectura, es útil identificar la voz y el tono del texto. ¿Cómo eran la voz y el tono de algunos de tus episodios favoritos? ¿Cómo crees que va a ser el tono de este episodio?
4. Lee rápidamente las primeras diez líneas del episodio y describe el tono y la voz de esa parte del texto. Identifica palabras del texto para apoyar tu descripción.

DÍA 40

¿Casualidades o conexiones?

in charge

Cuando llegaron a la casa de Cisco, era ya tarde y estaban agotados. Celia y Cisco habían estado varias horas en la comisaría hablando con el detective encargado° del caso.

Después de declarar ante la policía, estaban realmente preocupados.

—Tú y yo sabemos que somos inocentes, pero no creo que hayamos convencido al detective; creo que durante toda mi declaración estaba dudando de mi palabra. Está claro que somos los sospechosos principales en ese caso. ¡Es fundamental que le hagamos creer en nuestra inocencia! Tenemos que demostrarle que no hemos robado nada, que somos periodistas legítimos, y que estamos realizando una investigación legítima —dijo Celia, un poco agobiada°.

weighed down, feeling down

—Estoy completamente de acuerdo contigo, Celia. Por eso, es más importante ahora que nunca que sigamos investigando para que podamos resolver los dos casos, y para que la policía pueda saber con total seguridad que no somos los culpables —respondió Cisco con firmeza.

—No sé qué nos espera, pero también creo que a pesar de que una persona misteriosa nos haya amenazado, tenemos que continuar tratando de descubrir la verdad —afirmó Celia convencida—. Y tienes razón, Cisco; en caso de que todo esté relacionado, también creo que deberíamos intentar resolver el caso del robo. Antes teníamos bastante trabajo solo con los asuntos de contrabando y las sustancias extraídas de plantas tropicales, y ahora parece que vamos a tener todavía más.

coincidences

—A no ser que estemos viviendo muchas casualidades°, toda nuestra investigación sobre el contrabando de los productos de las selvas tropicales para la guerra biológica tiene que estar relacionada con esos mapas y esa crónica. Es la única explicación lógica —dijo Cisco.

—Pero tenemos que descubrir la verdad sin que nadie se dé cuenta de lo que estamos haciendo. Hasta que el autor de esos crímenes esté en custodia de la policía, sé que tú y yo vamos a estar en peligro. Es imprescindible que sigamos adelante, pero tenemos que hacerlo con muchísimo cuidado —dijo Celia con mucha convicción.

—Es cierto lo que dices. Es evidente que no vamos a poder estar tranquilos hasta que hayamos resuelto todo y sepamos quién es el culpable —respondió Cisco, preocupado.

—Lo sé. Estoy segura de que cuando todo esto haya terminado, voy a necesitar otras vacaciones —respondió Celia, intentando hablar con un tono menos grave y más ligero.

Cisco y Celia se pusieron a estudiar las características del mapa y de la crónica que habían sido robados. Descubrieron que los dos estaban relacionados con una selva tropical en Centroamérica. Había mucho trabajo que hacer, así que decidieron dedicarse cada uno a una tarea distinta. Celia se dedicó a tratar de examinar la zona más de cerca, empleando Google Earth. Con las imágenes de satélite, logró ver el pueblo que aparecía en el mapa robado y que se mencionaba en la crónica. O bien por casualidad o bien por conexión directa entre los dos casos, pudo ver que el pueblo estaba en una zona muy rica en plantas medicinales. Mientras ella estudiaba esas imágenes y otros documentos relevantes, Cisco, por otro lado, andaba buscando información sobre otros mapas y crónicas relacionados con la misma región. Descubrió que en el ámbito internacional, otros mapas y crónicas también habían desaparecido. En la mayoría de los casos, las autoridades no habían sido capaces de descubrir quiénes eran los culpables.

—Aquí hay muchas casualidades. ¿Crees que es posible que haya alguna conexión entre las personas que han robado nuestra biblioteca y todos estos casos internacionales? —Cisco le preguntó a Celia.

—No solo creo que es posible, Cisco, me parece que es muy probable.

7-38 **Después de leer** Contesta las siguientes preguntas. ■

1. ¿Qué preocupaciones tenían Celia y Cisco respecto a sus declaraciones en la comisaría?
2. ¿Por qué pensaban Celia y Cisco que era importante resolver el caso del mapa y la crónica robados?
3. ¿Qué relación había entre su investigación de las selvas tropicales y el mapa y la crónica robados?
4. ¿Por qué podía tener implicaciones internacionales el robo del mapa y de la crónica?
5. ¿Cómo era el tono del episodio?
6. ¿Por qué se titula el episodio << ¿*Casualidades o conexiones?* >>?

Video

07-41 to 07-43

7-39 **Antes del video** En ¿*Casualidades o conexiones?* viste algunas de las preocupaciones de Cisco y Celia que los motivaron a seguir adelante con sus investigaciones. En *¡Trazando rutas y conexiones!* vas a ver cómo avanzan en sus investigaciones. Antes de ver el episodio, contesta las siguientes preguntas. ■

1. ¿Crees que Cisco y Celia realmente son sospechosos en el caso del robo del mapa y de la crónica? ¿Por qué?
2. ¿Qué conexiones crees que pueden haber entre la investigación de Celia y Cisco y el robo de mapas y crónicas?
3. ¿Cómo puede estar relacionado con todo eso el laboratorio donde trabaja Cisco?

Celia, te has traído media tienda.

Las propiedades medicinales de estas plantas pueden ser alteradas si caen en manos de contrabandistas y el resultado puede ser muy peligroso para la sociedad.

Si estas sustancias caen en manos equivocadas, las consecuencias pueden ser muy peligrosas.

Episodio 7

«¡Trazando rutas y conexiones!»

Relájate y disfruta el video.

7-40 **Después del video** Contesta las siguientes preguntas. ■

1. ¿Dónde estaba Celia al principio del episodio y qué hacía?
2. ¿Qué descubrió Cisco en el correo electrónico que recibió antes de comer?
3. ¿Por qué se puso en contacto Celia con agentes federales?
4. ¿Qué descubrió Celia respecto al tráfico de sustancias químicas extraídas de plantas tropicales?
5. ¿Por qué tenía que ir Cisco a declarar otra vez?

LETRAS

07-47 to 07-50

Acabas de terminar otro episodio de **Laberinto peligro.** Explora más lecturas en la colección literaria, **Letras.**

Y por fin, ¿cómo andas?

	Feel confident	Need to review

Having completed this chapter, I now can . . .

Comunicación I

- describe stores and other places in a city. (p. 290) ☐ ☐
- choose between **ser** and **estar.** (MSL) ☐ ☐
- express uncertainty in time, place, manner, and purpose. (p. 295) ☐ ☐
- determine setting and purpose when listening. (p. 301) ☐ ☐

Comunicación II

- name items sold in stores. (p. 303) ☐ ☐
- state what is happening at the moment. (MSL) ☐ ☐
- refer to ongoing actions. (p. 307) ☐ ☐
- converse on the phone and express agreement with the speaker. (p. 312) ☐ ☐
- use a dictionary effectively when writing. (p. 314) ☐ ☐

Cultura

- examine and compare culturally representative apparel. (p. 298) ☐ ☐
- identify some people whose products are sold in stores. (p. 310) ☐ ☐
- share information about interesting stores, places, and products found in Chile and Paraguay. (p. 316) ☐ ☐

Laberinto peligroso

- distinguish tone and voice of a text, and consider the meaning of the missing maps and journals. (p. 318) ☐ ☐
- hypothesize about Cisco's possible arrest. (p. 320) ☐ ☐

Comunidades

- use Spanish in real-life contexts. (SAM) ☐ ☐

Literatura

- recognize poetic devices such as polysyndeton and free verse. (Literary Reader) ☐ ☐

VOCABULARIO ACTIVO 🔊

Algunas tiendas y algunos lugares en la ciudad	Some shops and places in the city
el campo de golf	golf course
la carnicería	butcher shop
la catedral	cathedral
el consultorio	doctor's office
la fábrica	factory
la farmacia	pharmacy
la ferretería	hardware store
la frutería	fruit store
la fuente	fountain
la heladería	ice cream store
la juguetería	toy store
la mezquita	mosque
la panadería	bread store; bakery
la papelería	stationery shop
la pastelería	pastry shop
la pescadería	fish store
los servicios	public restrooms
la tintorería	dry cleaners
la tienda de ropa	clothing store
la zapatería	shoe store

Para comprar cosas...	To buy things . . .
el/la dependiente/a	store clerk
el dinero en efectivo	cash
el escaparate	store window
la ganga	bargain
la liquidación	clearance sale
el mostrador	counter
la oferta	offer
la rebaja	sale; discount

Algunos artículos en las tiendas	Some items in the stores
Artículos generales	*General items*
la bombilla	light bulb
el cepillo	brush
el cepillo de dientes	toothbrush
el champú	shampoo
el chicle	gum
la colonia	cologne
la crema de afeitar	shaving cream
el desodorante	deodorant
el esmalte de uñas	nail polish
el jabón	soap
la loción	lotion
la máquina de afeitar	electric shaver
la navaja de afeitar	razor
el papel de envolver	wrapping paper
el papel higiénico	toilet paper
la pasta de dientes	toothpaste
el perfume	perfume
las pilas	batteries
el pintalabios	lipstick
el talco	talcum powder
las tarjetas	cards; greeting cards

Algunas prendas, ropa y otras cosas	Some garments, clothes, and other things
el anillo	ring
los aretes	earrings
la bufanda	scarf
la billetera	wallet
el collar	necklace
el diamante	diamond
la pulsera	bracelet
el reloj de pulsera	wristwatch
la ropa interior	underwear
el tacón (alto, bajo)	(high, low)heel

Palabras útiles	Useful words
apretado/a	*tight*
de buena / mala calidad	*good / poor (adj.) quality*
la manga corta / larga	*short / long sleeve*
media manga	*half sleeve*
hecho/a de...	*made of . . .*
nilón	*nylon*
oro	*gold*
piel	*leather; fur*
plata	*silver*

8

La vida profesional

¿Qué profesiones te interesan? ¿Prefieres trabajar con otras personas o a solas? ¿En una oficina o en una fábrica o afuera en la naturaleza? Exploremos el mundo del trabajo y la vida profesional.

PREGUNTAS

1 ¿Qué profesiones te interesan? ¿Por qué?

2 ¿Para qué profesión estudias?

3 Para tu profesión futura, ¿hay algo más que necesitas hacer después de terminar tus estudios en la universidad?

Comunicación I

08-01 to 08-02

Algunas profesiones Comparing and contrasting professions

el ama de casa
(el amo de casa)

la comerciante
(el comerciante)

la bombera
(el bombero)

el cajero
(la cajera)

el granjero
(la granjera)

el cartero
(la cartera)

la mujer de
negocios
(el hombre
de negocios)

la secretaria
(el secretario)

la reportera
(el reportero)

el mecánico
(la mecánica)

el peluquero
(la peluquera)

la psicóloga
(el psicólogo)

el veterinario
(la veterinaria)

el político
(la política)

el asistente de vuelo
(la asistente de vuelo)

el maestro
(la maestra)

la pilota
(el piloto)

la dentista
(el dentista)

la abogada
(el abogado)

la escritora
(el escritor)

el contador
(la contadora)

¡Voten!

Palabras útiles	Useful words
el/la agente	*agent*
el/la banquero/a	*banker*
el/la consejero/a	*counselor*
el/la empleado/a	*employee*
el/la gerente/a	*manager*
el/la ingeniero/a (químico/a)	*(chemical) engineer*
el/la jefe/a	*boss*
el/la periodista	*journalist*
el/la propietario/a	*owner; landlord*
el/la supervisor/a	*supervisor*

REPASO

¡Hola!

Repaso &
Spanish/English
Tutorials

08-03 to 08-04

Los adjetivos como sustantivos   Using adjectives as nouns to represent people, places, and things

For a complete review of adjectives used as nouns go to MySpanishLab or refer to **Capítulo 10** of *¡Anda! Curso elemental* in Appendix 3 of your textbook. The vocabulary activities that follow incorporate this grammar point. Practicing new vocabulary with a review grammar point helps to strengthen and increase your knowledge of Spanish.

8-1 Categorías
¿Cuáles de las profesiones y trabajos del vocabulario nuevo requieren, por regla general, título universitario? ¿Cuáles no lo requieren? ∎

Paso 1   Pongan las profesiones y trabajos bajo la categoría apropiada.

MODELO
1. REQUIEREN TÍTULO UNIVERSITARIO

    abogado/a
2. NO REQUIEREN TÍTULO UNIVERSITARIO

    cajero/a

Paso 2   ¿Cuáles requieren un título universitario avanzado?

> ♻ *¡Anda! Curso elemental*, Capítulo Preliminar A. Los adjetivos de nacionalidad, Apendice 2.

8-2 Asociaciones
¿Qué palabras (o personas) se asocian con los siguientes trabajos y profesiones? ∎

Paso 1   Túrnense para hacer asociaciones.

MODELO   la peluquera

pelo, cepillo, peinarse…

1. el banquero
2. la escritora
3. la secretaria
4. el asistente de vuelo
5. la dentista
6. el periodista
7. el abogado
8. el cajero
9. el cartero

Paso 2   Para cada profesión o trabajo de la lista, añadan una nacionalidad. Después, cambien la frase a una con adjetivo que funciona como sustantivo.

MODELO   la peluquera

la peluquera española

la española

8-3 ¿Es verdad?
Decide si las siguientes oraciones, por regla general, son **ciertas** o **falsas**. Si son falsas, corrígelas. Después, compara tus respuestas con las de un/a compañero/a. ∎

MODELO   Un ingeniero químico no necesita un título universitario.

Falso. Un ingeniero químico necesita un título universitario.

1. El veterinario es un doctor de animales.
2. El periodista es también escritor.
3. Un ama de casa trabaja de nueve a cinco.
4. Generalmente, los granjeros no tienen jefes.
5. Los pilotos y los asistentes de vuelo trabajan juntos.
6. No hay ningún requisito para ser bombero/a.

8-4 **Eres asistente** Decidan cómo revisar las siguientes partes de este reporte. Usen **los adjetivos como sustantivos** y una expresión con **lo** (**lo interesante, lo bueno, lo mejor,** etc.), como en el modelo. ■

MODELO   Los carteros trabajan para todos los negocios del edificio. Los carteros nuevos trabajan cuarenta horas por semana y los carteros antiguos trabajan treinta horas por semana.

Lo interesante es que los carteros trabajan para todos los negocios del edificio. Los nuevos trabajan cuarenta horas por semana y los antiguos trabajan treinta horas.

1. Hay cinco contadores en total: dos de ellos tienen más de cinco años de experiencia con la compañía. Los tres contadores nuevos tienen menos de un año de experiencia con nosotros. Además, los tres contadores nuevos tienen títulos avanzados. Finalmente, de los tres contadores nuevos, dos son mujeres y uno es hombre.
2. La compañía emplea cuatro ingenieros químicos. Dos de los ingenieros se graduaron de MIT y dos se graduaron de UCLA. Los dos ingenieros de MIT tienen su doctorado. Los ingenieros de UCLA son nuevos; llevan menos de un año en la compañía. Los ingenieros de UCLA han expresado interés en continuar con sus estudios.

Workbooklet

8-5 **¿A quién conoces que…?** Circula por la clase hasta encontrar a un/a estudiante que pueda contestar afirmativamente cada una de las siguientes preguntas. ■

MODELO   conocer a un/a piloto/a

E1: *Marco, ¿conoces a un piloto?*

E2: *No, no conozco a ningún piloto.*

E1: *Sofía, ¿conoces a un piloto?*

E3: *Sí, mi primo es piloto.*

E1: *Firma aquí, por favor.*

PREGUNTAS	FIRMA
1. conocer a un/a piloto/a	*Sofía*
2. haber trabajado como secretario/a o recepcionista	
3. pensar que el trabajo de escritor es fácil	
4. creer que los abogados ganan más dinero que los veterinarios	
5. tener un pariente que trabaja como contador/a	
6. haber llevado su coche a un/a mecánico/a recientemente	
7. haber trabajado en un negocio que tiene más de veinte empleados	
8. tener un amigo que es propietario/a de un negocio	

¡Anda! Curso intermedio, Capítulo 3. La construcción de casas y sus alrededores, pág. 110; Dentro del hogar, pág. 122; Capítulo 5. Las vacaciones, pág. 199.

8-6 En su opinión

Todos tienen sus opiniones. Discutan las siguientes posibilidades, evitando siempre la repetición. ■

MODELO ¿Cuál es la profesión… ? más / menos interesante

E1: *¿Cuál es la profesión más interesante?*

E2: *Para mí, la más interesante es ingeniero. ¿Y para ti?*

E1: *La más interesante es psicólogo. Para mí, la menos interesante es bombero. ¿Y para ti?*

E2: *Para mí, la menos interesante es granjero.*

¿CUÁL ES LA PROFESIÓN…?

1. más / menos interesante
2. más / menos lucrativa
3. más / menos difícil
4. más / menos fácil
5. que requiere más / menos horas de trabajo
6. que requiere más / menos años de estudios universitarios
7. que requiere más / menos creatividad
8. que mejor sirve a la comunidad

---

2 GRAMÁTICA

08-05 to 08-07 ¡Hola! Spanish/English Tutorials

El futuro Indicating actions in the future

As in English, the **future** can be expressed in several ways. In Spanish so far, you have either used the present tense to indicate that an action will take place in the very near future or used the construction *ir + a + infinitivo* to express **to be going to do something**:

Hablamos (*present*) con el agente esta tarde.

We will speak with the agent this afternoon. / We are speaking to the agent this afternoon.

Vamos a hablar (**ir + a +** infinitivo) con el agente esta tarde.

We are going to speak with the agent this afternoon.

1. The **future** tense can express actions that will occur in the *near or distant future*. The future for regular verbs is formed by **adding the following endings to the infinitive**.

¡Mi hijito Juanito se graduará en menos de trece años!

	hablar	leer	escribir
yo	hablaré	leeré	escribiré
tú	hablarás	leerás	escribirás
Ud.	hablará	leerá	escribirá
él, ella	hablará	leerá	escribirá
nosotros/as	hablaremos	leeremos	escribiremos
vosotros/as	hablaréis	leeréis	escribiréis
Uds.	hablarán	leerán	escribirán
ellos/as	hablarán	leerán	escribirán

Note the following examples:

Hablaremos con el agente mañana.	*We will speak with the agent tomorrow.*
Mi hermano **será** escritor algún día.	*My brother will be a writer someday.*
¿**Sacarás** el título de veterinario?	*Will you receive your veterinary science degree?*
Mercedes y Cristóbal **conocerán** a mi jefa la semana próxima.	*Mercedes and Cristóbal will meet my boss next week.*
Yo **iré** contigo si quieres.	*I'll go with you if you like.*

2. The following are some common irregular verbs in the future. While the **stems are irregular, the endings remain the same as for regular verbs**.

- The following verbs **drop the infinitive vowel**:

haber	habr-	**habré, habrás, habrá…**
poder	podr-	**podré, podrás, podrá…**
querer	querr-	**querré, querrás, querrá…**
saber	sabr-	**sabré, sabrás, sabrá…**

- These verbs **replace the infinitive vowel with -d**:

poner	pondr-	**pondré, pondrás, pondrá…**
salir	saldr-	**saldré, saldrás, saldrá…**
tener	tendr-	**tendré, tendrás, tendrá…**
valer	valdr-	**valdré, valdrás, valdrá…**
venir	vendr-	**vendré, vendrás, vendrá…**

- These verbs have **different irregularities**.

decir	dir-	**diré, dirás, dirá…**
hacer	har-	**haré, harás, hará…**

3. The future can also be used to **indicate probability**. When you wish to express the English idea of ***wonder, might, probably,*** **etc.,** in Spanish you use the future:

¿Dónde **estará** el consejero?	*I wonder where the counselor is / must be.*
¿Qué **querrá** el jefe?	*What do you think the boss wants?*
¿Qué **estaremos** haciendo en quince años?	*(I wonder) What will we be doing in fifteen years?*

8-7 **La corrida** Escuchen mientras su profesor/a les da las instrucciones para este juego. ■

8-8 **Pobres Alberto y Verónica** Alberto y Verónica no consiguieron el trabajo que querían con el Banco Toda Confianza. Hicieron una lista sobre lo que podrán hacer la próxima vez para tener éxito. Usando los verbos de la lista, completen la conversación entre ellos con los verbos en **el futuro.** Túrnense. ■

contestar	escuchar	hablar	investigar
llamar	llevar	poder	ponerse
preguntar	tener	traer	salir

MODELO   traer

Traeré cartas de referencia —decidió Alberto.

1. Yo _____ con personas que trabajan allí para entender mejor las responsabilidades del puesto (*position*) —comentó Verónica.
2. _____ la página web para obtener más información sobre el negocio —se dijeron Alberto y Verónica.
3. Los dos no _____ jeans para la entrevista. _____ unos trajes elegantes.
4. ¿_____ temprano para poder llegar a tiempo? —le preguntó Verónica a Alberto.
5. Verónica no les _____ sobre el salario en la primera entrevista.
6. No los _____ al día siguiente para preguntarles si han tomado una decisión. _____ más paciencia —dijo Alberto. Y papá, ¿_____ ir conmigo? —le preguntó Alberto.

8-9 **¿Y mañana?** Combinen los elementos de las columnas A, B y C, y escriban oraciones para describir qué harán estas personas mañana. ■

MODELO   el mecánico   reparar   el camión de mi amigo

El mecánico reparará el camión de mi amigo.

COLUMNA A	COLUMNA B	COLUMNA C
el ingeniero	dar	las muelas del juicio (*wisdom teeth*) a mi hermano
los carteros	empezar	para Europa en un avión grande
la dentista	escribir	el camión de mi amigo
el mecánico	poner	las cartas en el buzón
los periodistas	reparar	un reportaje sobre las elecciones
la consejera	sacar	consejos a todos los empleados
los pilotos	salir	con la construcción de la autopista
la política	venir	a la reunión para explicar el aumento de impuestos

¡Anda! Curso intermedio, Capítulo 2. Deportes, pág. 72, Pasatiempos y deportes, pág. 86; Capítulo 3. La construcción de casas y sus alrededores, pág. 110, Dentro del hogar, pág. 122; Capítulo 4. Las celebraciones y los eventos de la vida, pág. 148; Capítulo 5. Los viajes, pág. 188.

8-10 En quince años
¿Cómo será tu vida en quince años? Completa los siguientes pasos. ■

Paso 1   Haz y luego contesta las siguientes preguntas con un/a compañero/a. Túrnense.

MODELO   ¿Qué trabajo / tener / tú? / Descríbelo.

E1:   *¿Qué trabajo tendrás en quince años?*

E2:   *Tendré un trabajo en Cleveland. Seré veterinaria. Trabajaré con los animales y…*

1. ¿Qué trabajo / tener / tú? / Descríbelo.
2. ¿Dónde / vivir / tú? / ¿Dónde / vivir / tus amigos?
3. ¿Cómo / ser / tu casa o apartamento?
4. ¿Estar / tú / casado/a? / ¿Tener / tú / hijos?
5. ¿Cómo / pasar / tu familia y tú / su tiempo libre?
6. ¿Adónde / ir / ustedes / de vacaciones?
7. ¿En qué / gastar / ustedes / el dinero?
8. ¿Cómo / servir / tú / a la comunidad?

Paso 2   En grupos de cuatro, compartan sus ideas sobre el futuro de su compañero/a. Usen sus respuestas a las ocho preguntas anteriores.

MODELO   E1:   *Marsha tendrá un trabajo en Cleveland. Será veterinaria. Trabajará con los animales todos los días. Vivirá en una casa con su esposo…*

8-11 **¿Qué será?** Digan qué harán las siguientes personas el año que viene. ■

MODELO   tu madre

Mi madre empezará un trabajo nuevo en un banco cerca de su casa.

1. su(s) hermano(s)
2. sus mejores amigos
3. su profesor/a de español
4. el presidente de los Estados Unidos
5. su(s) padre(s)
6. los estudiantes de la clase de español
7. su(s) equipo(s) de deporte(s) favorito(s)
8. su(s) conjunto(s) musical(es) favorito(s)

8-12 **El año 2030** ¿Cómo será el mundo en el año 2030? ■

Paso 1   Escribe **cinco** preguntas sobre el futuro.

MODELO   *¿Cómo cambiarán los medios de transporte?*

Paso 2   Circula por la clase para hacerles esas preguntas a tus compañeros/as.
Deben incluir más detalles en sus respuestas.

MODELO   E1: *¿Cómo cambiarán los medios de transporte?*

     E2: *Los carros serán eléctricos y los aviones usarán una gasolina sintética.
Viajaremos mucho por tren, que también usará un tipo de gasolina sintética...*

3 VOCABULARIO

Más profesiones Exploring additional professions

08-08 to 08-10

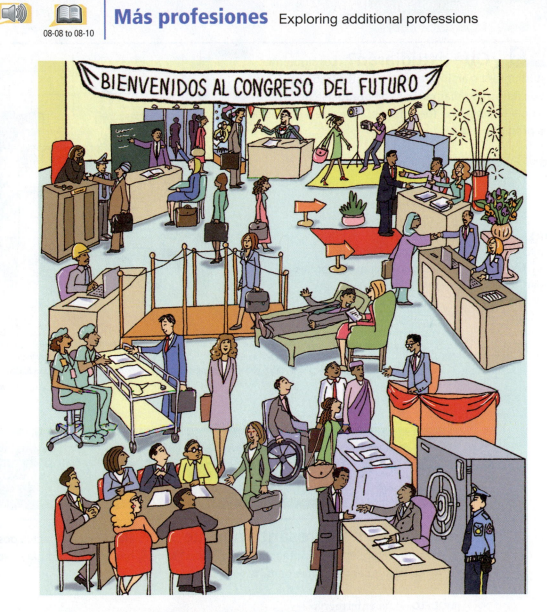

BIENVENIDOS AL CONGRESO DEL FUTURO

la administración de hoteles	*hotel management*
la banca	*banking*
las ciencias políticas	*political science*
el comercio / los negocios	*business*
la enfermería	*nursing*
la ingeniería	*engineering*
la justicia criminal	*criminal justice*
el mercadeo	*marketing*
la pedagogía	*teaching*
la psicología	*psychology*
la publicidad	*advertising*
las ventas (por teléfono)	*(telemarketing) sales*

♻ *¡Anda! Curso elemental,* Capítulo 2. Las materias y las especialidades, Apéndice 2.

8-13 ¿Qué estudiarán?

Los siguientes estudiantes están interesados en estos trabajos. ¿Qué necesitarán estudiar después de graduarse de la escuela secundaria? Túrnense para hacerse y contestar las preguntas. ■

MODELO   Víctor   médico

    E1: *¿Qué estudiará Víctor?*

    E2: *Víctor estudiará medicina.*

1. Daniel   enfermero
2. Caridad   gerente de un banco
3. Niko y Cristina   administración de hoteles
4. Esteban   ingeniero
5. Lola y Ana Lisa   psicólogas
6. Jorge Luis   hombre de negocios
7. Graciela   mujer policía
8. Julio y Mauricio   maestros
9. Tú   ¿…?

Estrategia

Recycling previously learned vocabulary and grammar is extremely important in language learning. Therefore, combined with your new vocabulary words, employ as many previously learned vocabulary words as you can from *Las materias y las especialidades,* in *Capítulo 2* of Appendix 2.

♻ *¡Anda! Curso intermedio,* Capítulo 3. La construcción de casas y sus alrededores, pág. 110, Dentro del hogar, pág. 122; Capítulo 5. Los viajes, pág. 188, Las vacaciones, pág. 199; Capítulo 7. Algunas tiendas y algunos lugares en la ciudad, pág. 290, Algunos artículos en las tiendas, pág. 303.

♻ *¡Anda! Curso elemental,* Capítulo 2. Las materias y las especialidades; Capítulo 4. Servicios a la comunidad; Capítulo 8. La ropa; Capítulo 10. Los medios de transporte, El viaje; Capítulo 11. La política, Apéndice 2.

8-14 Es interesante porque…

¿Cuáles son los aspectos positivos e interesantes de las siguientes profesiones? Juntos, hagan una lista para cada una de las siguientes profesiones. ■

MODELO   la enfermería

Es interesante porque siempre trabajas con la gente. Puedes ayudar a las personas enfermas y a sus familias. Eres un factor importante en el mejoramiento del paciente.

1. la pedagogía
2. la gerencia de hotel
3. la publicidad
4. la justicia criminal
5. las ciencias políticas
6. la moda
7. la ingeniería
8. la banca

♻ *¡Anda! Curso intermedio*, Capítulo 5. El subjuntivo con
antecedentes indefinidos o que no existen, pág. 208

🍦🍦 **8-15** **Tenemos puestos** Terminen cada una de las siguientes oraciones
con una carrera o profesión del vocabulario nuevo y con una descripción breve de la
persona ideal para el puesto. No repitan las respuestas. Túrnense. ■

MODELO　Queremos _____ que _____ (saber)…
Queremos una secretaria que sepa hablar español.

1. Buscamos un/a _____ que _____ (poder)…
2. Necesitamos un/a _____ que _____ (saber)…
3. Queremos un/a _____ que _____ (ser)…
4. Esperamos encontrar unos/as _____ que no _____ (ser)…
5. Deseamos un/a _____ que _____ (hacer)…

🍦🍦 **8-16** **Algunos hispanos muy influyentes**

Paso 1　Lean la siguiente información sobre estos hispanos importantes.

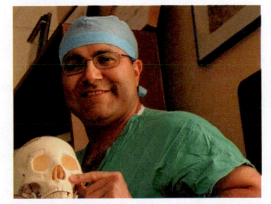

Sara Martínez Tucker (n. 1955) es originalmente de
Laredo, Texas. Se graduó con honores de la Universidad de
Texas–Austin con un título en periodismo. Fue reportera para el
periódico *San Antonio Express* antes de volver a UT para sacar
la maestría en comercio. Ha servido como Subsecretaria de
Educación del Departamento de Educación estadounidense y
como directora del Hispanic Scholarship Fund.

Alfredo Quiñones Hinojosa (n. 1968) es de Mexicali, México y cruzó
la frontera de los Estados Unidos con diecinueve años y menos de $5.00 en
el bolsillo. Fue trabajador migratorio cuando empezó a tomar cursos en Delta
Community College. Después, se matriculó en UC–Berkeley donde decidió
estudiar medicina. Se graduó cum laude de la Facultad de Medicina de
Harvard, y ahora "Doctor Q" es neurocirujano, profesor y director del programa
de cirugía de tumores cerebrales de Johns Hopkins.

Paso 2　Crea **cinco** preguntas sobre las carreras de estos dos hispanos y pregúntaselas a tu compañero/a.
Usa **el futuro.**

Paso 3　Ahora, piensa en tu futuro profesional. Escribe una descripción sobre lo que harás.

08-11 to 08-13 ¡Hola! Spanish/English Tutorials

El condicional   Discussing what would happen or what would be under certain conditions

...y podría dejar de trabajar y viajaría por el mundo...

To express an **action dependent upon another action,** you use the **conditional.** The **conditional** is used:

1. to explain what a person *would do* in a given situation.
2. to soften requests.
3. to refer to a past event that is future to another past event.

A. It is formed similarly to the future; that is, the **infinitive is the stem.** The following endings are attached to the infinitive:

	preparar	comer	vivir
yo	prepararía	comería	viviría
tú	prepararías	comerías	vivirías
Ud.	prepararía	comería	viviría
él, ella	prepararía	comería	viviría
nosotros/as	prepararíamos	comeríamos	viviríamos
vosotros/as	prepararíais	comeríais	viviríais
Uds.	prepararían	comerían	vivirían
ellos/as	prepararían	comerían	vivirían

Note the following sentences:

1) —Con un millón de dólares, yo **dejaría** de trabajar y **viajaría** por el mundo —¡dos veces!

   —Ah, ¿sí? Yo me **compraría** una casa en la playa.

2) ¿**Podrías** llamar al jefe, Violeta?

   ¿**Querría** decirme dónde está la oficina del contador?

3) Creíamos que **habría** menos publicidad para los puestos nuevos.

   Le dijimos al gerente que lo **llamaríamos** aquella tarde.

With a million dollars, I would stop working and travel around the world—twice!

Oh, yeah? I would buy myself a house on the beach.

Could you call the boss, Violeta?

Would you tell me where the accountant's office is?

We thought there would be less advertising for the new positions.

We told the manager that we would call him that afternoon.

Fíjate

The word "would" does not always translate as the conditional. Remember that when *would* means "used to," as in "When I was a child I would (used to) wake up early every Saturday to watch cartoons," the imperfect tense is needed.

B. The irregular conditional stems are the same as the irregular future tense stems. The following verbs **drop the infinitive vowel**:

haber	habr-	**habría, habrías, habría...**
poder	podr-	**podría, podrías, podría...**
querer	querr-	**querría, querrías, querría...**
saber	sabr-	**sabría, sabrías, sabría...**

These verbs **replace the infinitive vowel with -d**:

poner	pondr-	**pondría, pondrías, pondría...**
salir	saldr-	**saldría, saldrías, saldría...**
tener	tendr-	**tendría, tendrías, tendría...**
valer	valdr-	**valdría, valdrías, valdría...**
venir	vendr-	**vendría, vendrías, vendría...**

These verbs have **different irregularities**:

decir	dir-	**diría, dirías, diría...**
hacer	har-	**haría, harías, haría...**

C. Just as there is the future of probability, there is also the **conditional of probability**. It is used to make a **guess about the past and is often translated as** *wonder*.

¿**Estaría** el reportero en la reunión con ellos?	*I wonder whether the reporter was in the meeting with them.*
¿A qué hora **llegaría** la secretaria ayer?	*I wonder what time the secretary arrived yesterday.*
Sería a las ocho y media, como siempre.	*It would have been at 8:30, like always.*

8-17 Cambios Cambien las formas del futuro al **condicional.** ■

MODELO   estudiaremos

estudiaríamos

1. (yo) saldré
2. mis profesores irán
3. tú estudiarás
4. el atleta jugará
5. los estudiantes podrán
6. tú y yo pediremos
7. mis mejores amigos vendrán
8. mi familia comerá

8-18 **Aquellos años** ¿Qué harían (o no harían) si ustedes pudieran (*if you could*) volver a vivir los últimos cinco años? Compartan por lo menos **seis** ideas. ■

MODELO   estudiar

Estudiaríamos más horas al día y durante los fines de semana también.

ALGUNAS IDEAS:		
tomar cursos	salir con los amigos	trabajar / buscar un trabajo
ir de viaje	comprar / vender algo	(no) hacer algo
estudiar	ser activo	visitar a alguien o algún lugar

8-19 **Los planes de Fernanda** Fernanda quiere ser secretaria. Expliquen lo que ella haría, sola y con sus colegas, en ese puesto. ■

MODELO   contestar el teléfono cuando la recepcionista no está

Contestaría el teléfono cuando la recepcionista no está.

1. archivar documentos
2. escribir informes (reportes) con su jefa
3. hacer publicidad
4. asistir a reuniones para tomar apuntes
5. atender a los clientes con la recepcionista
6. traducir para los clientes que hablan español
7. coordinar las citas de la jefa

8-20 **¿Qué pasó?** Lucía ha perdido su trabajo. Escriban **seis** posibles causas de su pérdida de trabajo. Después, comparen sus razones con las de otros compañeros. ∎

MODELO   *Llegaría tarde al trabajo.*

NOTAS CULTURALES

La etiqueta del negocio hispano

08-14 to 08-15

Para tener éxito en el ambiente de los negocios hispanos, es recomendable seguir una etiqueta basada en las normas culturales apropiadas. Claro que hay diferencias entre los diferentes países y aun entre las compañías dentro del mismo país. En general, existen unas reglas (*rules*) que te servirán muy bien de guía al navegar por el mundo de los negocios hispanos.

1. Los títulos son muy importantes. Usarlos es un signo de respeto; serás admirado si haces el esfuerzo de emplearlos.

2. Es mejor ser formal: en el lenguaje (*usted* en vez de *tú*), en la ropa (un traje o un vestido conservador y elegante) y en la deferencia que muestras a tus colegas.

3. Una reunión de negocios empezará con una conversación personal para que los participantes te conozcan mejor. Un intento de comenzar inmediatamente con el tema principal del negocio (a la manera estadounidense), eliminando este gesto personal, sería muy mal visto y podría arruinar el negocio desde el principio.

Seguir estas normas no te asegurará el éxito, pero sí te dará ciertas ventajas en el mundo hispano de los negocios.

Preguntas

1. ¿Por qué es buena idea seguir esta etiqueta de negocios?
2. ¿Cómo reflejan estas reglas la cultura hispana en particular?
3. Haz una comparación de estas reglas con las normas estadounidenses de los negocios. ¿Qué reglas serían las más difíciles para ti? ¿Cuáles serían las más fáciles? ¿Por qué?

¡Anda! Curso intermedio, Capítulo 5. Los viajes, pág. 188; Viajando por coche, pág. 193; Las vacaciones, pág. 199.

¡Anda! Curso elemental, Capítulo 10. Los medios de transporte, pág. 374; El viaje, pág. 388, Apéndice 2.

8-21 Unas vacaciones ideales

Estás ya pensando en las vacaciones de verano. Explícale a tu compañero/a cómo serían tus vacaciones ideales. ■

Estrategia

Remember that in Spanish the word for "vacation" is always plural: *unas vacaciones.*

MODELO   *Para mis vacaciones ideales, yo iría a Cancún. Me quedaría en el Hotel Palacio de la Luna…*

8-22 ¡La lotería!

Compras un billete de la lotería de dos millones de dólares. En grupos de tres, compartan lo que harían con ese dinero. Pueden usar estas preguntas como guía: ¿Qué harías si ganaras (*if you won*)? ¿Seguirías trabajando? ¿Cómo cambiaría tu vida? ¿Qué harías con tanto dinero? ¿Qué comprarías? ■

ESCUCHA

08-16 to 08-17

Una conversación entre colegas

Estrategia	When you listen to	was said. To repeat or share
Repeating / paraphrasing what you hear	a conversation, an announcement, a podcast, etc., you usually do not need to remember exactly what	that information, you would generally *paraphrase* what you heard—that is, retell it using different words or phrases.

8-23 **Antes de escuchar** Emilio y Alicia son los propietarios de un negocio de importación. Acaban de empezar el negocio y necesitan contratar a más empleados. Haz una lista de los diferentes puestos que una compañía como esa necesitaría al empezar. ■

8-24 **A escuchar**

Paso 1 Escucha la conversación entre Alicia y Emilio para averiguar el tema.

Paso 2 Escucha otra vez, concentrándote en:

1. lo que dice Alicia sobre su trabajo.
2. la idea que tiene Emilio.
3. cómo responde Alicia a su idea.

Paso 3 Parafrasea su conversación en **tres** oraciones.

8-25 **Después de escuchar** Compara tu paráfrasis con las de otros compañeros y juntos decidan cuáles serían las características más importantes para empleados en este momento. ■

¿Cómo andas? I

	Feel confident	Need to review
Having completed **Comunicación I,** I now can . . .		
• compare and contrast professions. (p. 326)	☐	☐
• use adjectives as nouns to represent people, places, and things. (MSL)	☐	☐
• indicate actions in the future. (p. 330)	☐	☐
• explore additional professions. (p. 335)	☐	☐
• discuss what would happen or what would be under certain conditions. (p. 338)	☐	☐
• state proper etiquette for doing business in a Hispanic setting. (p. 341)	☐	☐
• repeat or paraphrase what I hear. (p. 343)	☐	☐

Comunicación II

08-18 to 08-19

Una entrevista
Considering different aspects of the business world

la formación

el horario

el aspirante

la aspirante

el currículum (vitae) (C.V.)

Palabras útiles	Useful words		
los beneficios	benefits	la meta	goal
el bono	bonus	el negocio	business
la carta de presentación	cover letter	el personal	personnel
la carta de recomendación	letter of recommendation	el puesto	job; position
la destreza	skill	el salario / el sueldo	salary
la empresa	corporation; business	la solicitud	application (form)
la jornada completa / parcial	full-time / part-time workday	el trabajo	job

Verbos	Verbs
ascender (e → ie)	to advance; to be promoted; to promote
contratar	to hire
entrenar	to train
entrevistar	to interview
negociar	to negotiate
publicitar	to advertise; to publicize
renunciar (a)	to resign; to quit
solicitar	to apply for (a job); to solicit
tener experiencia	to have experience

REPASO

¡Hola!
Repaso &
Spanish/English
Tutorials
08-20 to 08-22

Los adjetivos demostrativos   Pointing out people, places, or things

For a complete review of demonstrative adjectives, go to MySpanishLab or refer to **Capítulo 5** of *¡Anda! Curso elemental* in Appendix 3 of your textbook. The vocabulary activities that follow incorporate this grammar point. Practicing new vocabulary with a review grammar point helps to strengthen and increase your knowledge of Spanish.

8-26 **Todo un proceso** Su compañía tiene un puesto nuevo que sería perfecto para su amigo Roberto. Roberto está muy interesado y quiere que le den más información sobre el proceso de empleo en su compañía. Juntos, pongan las siguientes frases en orden para ayudar a su amigo. ∎

a. _____ anunciar ese puesto
b. _____ contratar a ese empleado nuevo
c. _____ solicitar ese trabajo
d. _____ renunciar a ese trabajo

e. _____ ascender en esa empresa
f. _____ entrevistar para ese puesto
g. _____ negociar ese sueldo

8-27 **Amigo/a, tienes razón** Tu amigo/a te da su opinión y tú respondes con una opinión similar. Cambia la forma de **este/a** a **ese/a** y añade (*add*) la palabra **también**. Después, compara tus oraciones con las de un/a compañero/a. ∎

MODELO   TU AMIGO/A: Este currículum es muy interesante.

          TÚ: *Sí, y ese currículum es interesante también.*

1. Esta carta de presentación es excepcional.
2. Estos sueldos son muy altos para una empresa tan pequeña.
3. Este puesto en la escuela secundaria tiene un salario más alto que el puesto en la universidad.
4. Estas cartas de recomendación son muy buenas.
5. Estos trabajos son de jornada completa.
6. Esta oficina es impresionante.

¡Anda! Curso elemental, Capítulo 7.
El pretérito, Apéndice 2.

8-28 **El puesto perfecto para Francisca**
Completen la historia que Francisca le cuenta a Sonia con los verbos
apropiados en **el pretérito** o **el infinitivo.** ■

ascender	contratar	publicitar	renunciar (a)	solicitar	ver

¡Hola, Sonia! Sabes que ya soy contadora titulada, pero llevo semanas
buscando un trabajo. Acabo de (1) _____ un puesto en el negocio
Sedano que es perfecto para mí. Según una amiga mía, dos de los empleados
con más experiencia (2) _____ sus puestos y la empresa empezó
a (3) _____ esos trabajos solo hace una semana. Después de ver
el anuncio, fue muy fácil (4) _____ uno de los trabajos porque no
requerían nada más que dos cartas de recomendación y el currículum.

(UNA SEMANA DESPUÉS)
Había tres jefes en la entrevista. Me gustaron esos jefes y me parece que
a ellos les gusté también. Creo que me van a (5) _____. Tienen
un programa de formación muy bueno para las personas que quieren
(6) _____ rápidamente. Además, el sueldo, los beneficios… ¡todo es fantástico!

SUPERMERCADO
SEDANO

1,99   3/21,00

5,99   7,99

9,99   8/1,99

Workbooklet

8-29 **Todos los puestos no son iguales** Hablen de los trabajos que aparecen
en los anuncios. ■

1. ¿Cuál es el más interesante? ¿Por qué?
2. ¿Cuál es el menos interesante? ¿Por qué?
3. ¿Cuáles serían los mejores puestos para
   ustedes? Expliquen.

Puestos Internacionales
Puesto:	Gerente Regional de Sucursales – Monterrey, México
Nombre de empresa:	Sol y sombra
Autorización para trabajar:	Autorizado/a para trabajar en México
Tipo de puesto:	Permanente, jornada completa
Compensación:	********
Beneficios:	Seguro médico
	Vacaciones pagadas
Viajes:	25%–50%
Idiomas:	Inglés – fluido
	Español – lengua materna
Estudios mínimos:	Título universitario
Años de experiencia mínimo:	6
CVs aceptados en:	Inglés
	Español
Carta de presentación:	No requerida
Descripción breve:	• Asistir y entrenar al personal de las sucursales
	• Crear un ambiente que conduzca al logro del crecimiento en ventas a través de un enfoque de excelencia en el servicio al cliente

Puestos Internacionales
Puesto:	Enfermeros/as (4 puestos)
Nombre de empresa:	TodaSalud
Autorización para trabajar:	Autorizado/a para trabajar en España (Madrid)
Tipo de puesto:	Jornada parcial
Compensación:	********
Viajes:	Zona Capital y Corredor del Henares
Idiomas:	Español – fluido
Estudios mínimos:	Título universitario, Enfermería
Años de experiencia mínimo:	********
CVs aceptados en:	Español
Carta de presentación:	********
Descripción breve:	Empresa líder en el sector de servicios sociales necesita enfermeros/as para MADRID CAPITAL Y CORREDOR DEL HENARES para trabajar a JORNADA PARCIAL (lunes a viernes de 8:30–14:30 y/o 16:30–20:30). Contrato estable de larga duración.

08-23 to 08-25

El futuro perfecto
Denoting what will have happened

Like the **presente perfecto,** the **futuro perfecto** is formed with **haber + past participle.** In this case, the **future** of **haber** is used. This tense is the equivalent of *will have _____-ed* in English.

No te preocupes, Carlos. Habrás ascendido en menos de dos meses.

	solicitar	ascender	invertir
yo	habr**é** solicitado	habr**é** ascendido	habr**é** invertido
tú	habr**ás** solicitado	habr**ás** ascendido	habr**ás** invertido
Ud.	habr**á** solicitado	habr**á** ascendido	habr**á** invertido
él, ella	habr**á** solicitado	habr**á** ascendido	habr**á** invertido
nosotros/as	habr**emos** solicitado	habr**emos** ascendido	habr**emos** invertido
vosotros/as	habr**éis** solicitado	habr**éis** ascendido	habr**éis** invertido
Uds.	habr**án** solicitado	habr**án** ascendido	habr**án** invertido
ellos/as	habr**án** solicitado	habr**án** ascendido	habr**án** invertido

- The irregular past participles are the same as for the other perfect tenses.

abrir	**abierto**	morir	**muerto**	romper	**roto**
decir	**dicho**	poner	**puesto**	ver	**visto**
escribir	**escrito**	resolver	**resuelto**	volver	**vuelto**
hacer	**hecho**				

- The **futuro perfecto** expresses an action that *will have occurred* or *will be completed by an anticipated time in the future.*

Habrás ascendido en menos de dos meses.
You will have advanced in less than two months.

Habré conseguido mis metas antes de graduarme.
I will have reached my goals before I graduate.

Habrán publicitado la conferencia para finales de junio.
They will have publicized the conference by the end of June.

8-30 **Cambios** ¿Qué habrán hecho estas personas para el año que viene? Cambien las formas del **presente perfecto** al **futuro perfecto** para averiguarlo. ■

MODELO Noé ha solicitado el trabajo.

Para el año que viene, Noé habrá solicitado el trabajo.

1. El abogado ha ascendido.
2. Los agentes han llegado a un acuerdo.
3. La ingeniera ha terminado el proyecto.
4. Mi contadora y yo hemos hecho algunos cambios en mis finanzas.
5. El gerente ha escrito un reporte sobre la huelga.
6. Yo he puesto más dinero en el banco.

8-31 **El círculo** En grupos de cinco o seis, túrnense para decir algo que habrán hecho para la semana que viene. Hay que recordar y repetir lo que acaban de decir las otras personas. Sigan hasta que cada estudiante haya dicho **dos** oraciones. ■

MODELO CORINA: *Habré terminado la novela para mi clase de inglés.*

ESTEBAN: *Corina habrá terminado la novela para su clase de inglés y yo habré hecho la tarea de español.*

CARMELA: *Corina habrá terminado la novela para su clase de inglés, Esteban habrá hecho la tarea de español y yo habré limpiado todo mi apartamento…*

8-32 **Las profesiones de mis amigos** Piensa en cinco amigos o parientes de tu edad, más o menos, y di qué trabajos habrán conseguido para el año 2020. Después, comparte tu lista con un/a compañero/a. ■

Vocabulario útil	
ser	*to be*
hacerse	*to become*
conseguir un puesto de…	*to get a job / position as . . .*

MODELO *Ignacio habrá conseguido un puesto de gerente en un hotel de lujo.*

8-33 **Todo es un proceso** Piensen en las siguientes profesiones y para cada una, expliquen lo que habrá hecho una persona para llegar a tener éxito en su profesión. ■

MODELO   el maestro

Un maestro habrá estudiado y sacado un título en pedagogía. También habrá observado a maestros con experiencia y habrá dado clases de práctica…

1. el reportero
2. la dentista
3. el abogado
4. la veterinaria
5. el profesor
6. la mujer de negocios

> ♻ *¡Anda! Curso intermedio,* Capítulo 2. Deportes, pág. 72; Pasatiempos y deportes, pág. 86; Capítulo 3. La construcción de casas y sus alrededores, pág. 110; Dentro del hogar, pág. 122; Capítulo 4. Las celebraciones y los eventos de la vida, pág. 148; Capítulo 5. Los viajes, pág. 188; Capítulo 7. Artículos en las tiendas, pág. 303.

8-34 **Para finales del mes y del año** Escribe una lista de por lo menos **seis** deportes, pasatiempos o cosas que habrás hecho para finales del mes. Luego, escribe otra lista de por lo menos **seis** cosas que habrás comprado o recibido como regalo para finales del año. Comparte tus listas con un/a compañero/a. ■

MODELO   E1: *¿Qué habrás hecho como deporte o pasatiempo para finales del mes?*

E2: *Habré practicado yoga. También, mi padre y yo habremos hecho trabajo de carpintería…*

E1: *¿Qué habrás comprado o recibido como regalo para finales del año?*

E2: *Habré comprado una computadora nueva, un traje, unos libros…*

8-35 **El consejero de Daniel** Daniel está hablando con su consejero de trabajo. El consejero sabe que Daniel no es una persona muy organizada y además hace todo a última hora. Él le da unas fechas límites (*deadlines*) dentro de las dos semanas próximas y Daniel responde si puede o no. Desarrollen la situación en unas **ocho** a **diez** oraciones de diálogo y representen la escena para sus compañeros/as de clase. ■

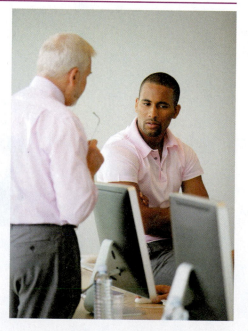

MODELO   CONSEJERO: *Hola, Daniel. ¿Has solicitado ese puesto que te interesaba tanto?*

DANIEL: *No, todavía no. He tenido mucho que hacer recientemente.*

CONSEJERO: *Pues, mira. Para el viernes ¿habrás terminado con la carta de presentación?…*

08-26 to 08-28

El mundo de los negocios
Conveying business concepts

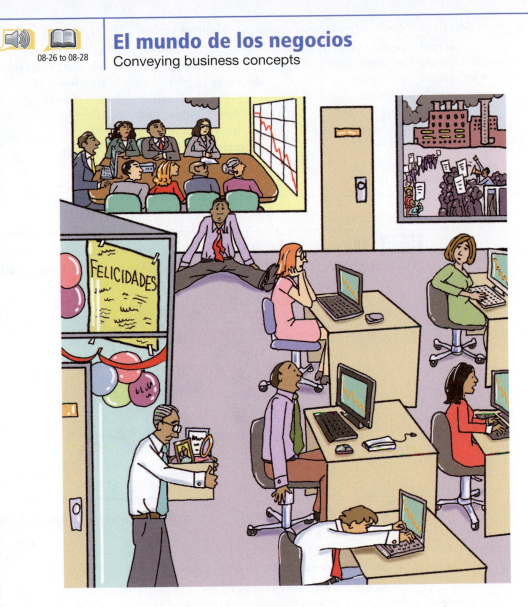

Palabras útiles	*Useful words*
el acuerdo	*agreement*
la adquisición	*acquisition*
la agencia	*agency*
el ahorro	*savings*
la bancarrota	*bankruptcy*
la bolsa	*stock market*
la jubilación	*retirement*
la junta	*commission; board; committee*
el lucro	*profit*
la venta	*sale*
el/la vocero/a	*spokesperson*

Algunos adjetivos	*Some adjectives*
actual	*current; present*
administrativo/a	*administrative*
ejecutivo/a	*executive*
financiero/a	*financial*
laboral	*work-related*
profesional	*professional*
sin fines de lucro	*nonprofit*

Algunos verbos	*Some verbs*
ahorrar	*to save*
apropiarse	*to take over; to appropriate*
despedir (e → i → i)	*to fire (from a job)*
fabricar	*to manufacture*
hacer publicidad	*to advertise*
hacer una huelga	*to strike*
invertir (e → ie → i)	*to invest*
jubilarse	*to retire*

 8-36 **Mímica** Hagan mímica en grupos de cuatro con el vocabulario nuevo. Sigan jugando hasta que cada estudiante represente tres palabras nuevas diferentes. ■

 8-37 **Frases fracturadas** Usen las siguientes palabras para crear oraciones lógicas. ■

MODELO   acuerdo / comerciante / salvar / huelga

            El acuerdo entre los comerciantes nos salvó de la huelga.

1. reportero / decir / hacer huelga / reunión inmediata / propietarios
2. junta / mandar / comerciantes / dejar de comprar / productos / fabricar / papel
3. problemas laborales / empezar / adquisición / agencia nueva / jubilación / presidente
4. venta / agencia / ser necesaria / más de un año / lucro

8-38 **En nuestra opinión** Discutan las siguientes oraciones para determinar si están de acuerdo. ■

1. Es muy difícil ahorrar dinero.
2. La gente se declara en bancarrota por varias razones.
3. El mercadeo es la parte más importante de un negocio.
4. Las personas deben jubilarse antes de cumplir los setenta años.
5. Invertir en la bolsa es perder dinero.

♻ *¡Anda! Curso intermedio*, Capítulo 4. El presente perfecto de subjuntivo, pág. 168.

 Workbooklet

8-39 **La búsqueda** Busca a alguien que tenga experiencia o que conozca a alguien que haya tenido experiencia con cada situación indicada. ■

MODELO   jubilarse

TÚ: *¿Conoces a alguien que se haya jubilado?*

MANNY: *Sí, mi abuelo acaba de jubilarse.*

SITUACIÓN O EXPERIENCIA	PERSONA
1. jubilarse	el abuelo de Manny
2. participar en una huelga	
3. trabajar con una compañía sin fines de lucro	
4. saber negociar muy bien	
5. ahorrar la mitad de su sueldo	
6. servir en una junta de la universidad o del gobierno local	
7. ser periodista o reportero	
8. perder mucho dinero en la bolsa	

8 GRAMÁTICA

08-29 to 08-31   ¡Hola! Spanish/English Tutorials

El condicional perfecto
Referring to what would have happened

Habría ahorrado dinero, pero encontré este carro fantástico y…

The **condicional perfecto** is used to express an action that *would have or should have occurred under certain conditions but did not.* The English equivalent of this tense is *would have _____-ed / should have _____-ed.* The **condicional perfecto** is formed as follows:

	ahorrar	ascender	invertir
yo	habría ahorrado	habría ascendido	habría invertido
tú	habrías ahorrado	habrías ascendido	habrías invertido
Ud.	habría ahorrado	habría ascendido	habría invertido
él, ella	habría ahorrado	habría ascendido	habría invertido
nosotros/as	habríamos ahorrado	habríamos ascendido	habríamos invertido
vosotros/as	habríais ahorrado	habríais ascendido	habríais invertido
Uds.	habrían ahorrado	habrían ascendido	habrían invertido
ellos/as	habrían ahorrado	habrían ascendido	habrían invertido

Note: This tense is formed similarly to the future perfect. Review the following sentences.

Con mejor información, **habríamos apropiado** suficiente dinero.

With better information, we would have appropriated sufficient money / funds.

¿**Habrías invertido** más dinero en la bolsa el año pasado?

Would you have invested more money in the stock market last year?

Mi padre **habría ascendido** al puesto de ejecutivo financiero, pero se jubiló muy joven.

My father would have advanced to the position of financial executive, but he retired very young.

8-40 **Dos años después** Cambien los verbos del **condicional** al **condicional perfecto** para expresar lo que estas personas habrían hecho. ■

MODELO   Mayra invertiría más dinero en la bolsa.

Mayra habría invertido más dinero en la bolsa.

1. Daniel y yo ahorraríamos más dinero.
2. Papá, tú te jubilarías mucho más joven.
3. Su negocio produciría más productos "verdes".
4. Mi hermano compraría algunos de los negocios de la competencia.
5. Esos empleados harían una huelga bajo aquellas circunstancias.
6. Yo les daría más tiempo y dinero a las organizaciones sin fines de lucro.
7. El contador se lo diría todo al propietario antes de la bancarrota.

8-41 **Un cambio de planes** Fernanda no consiguió el trabajo de secretaria y entonces decidió estudiar mercadeo. Expliquen lo que ella habría hecho como secretaria si hubiera conseguido el trabajo. ■

MODELO   contestar el teléfono cuando la recepcionista no estaba
          Habría contestado el teléfono cuando la recepcionista no estaba.

1. archivar documentos
2. escribir informes con su jefa
3. hacer publicidad
4. asistir a reuniones para tomar apuntes
5. atender a los clientes con la recepcionista
6. traducir para los clientes que hablan español
7. coordinar las citas de la jefa

8-42 **Con más...** Siempre necesitamos más, ¿verdad? Terminen las siguientes oraciones de manera lógica, siguiendo el modelo. ■

MODELO   Con más ventas el negocio…
          Con más ventas el negocio no habría despedido a tantos empleados.

1. Con más tiempo nosotros…
2. Con más dinero mis padres…
3. Con más apoyo (*support*) yo…
4. Con más experiencia mi amigo…
5. Con más beneficios la empresa…
6. Con más solicitudes los aspirantes…

8-43 **Teléfono** Escuchen mientras su profesor/a les da las instrucciones para este juego, conocido en inglés como *Gossip*. ■

8-44 **La aspirante ideal** La mujer que Emilio encontró para trabajar como asistente personal de Alicia sólo duró tres semanas — Alicia la despidió. Ayúdenle a Alicia a explicar cómo habría sido la asistente personal ideal (lo opuesto de esa mujer). Digan por lo menos **ocho** características y destrezas que debería haber tenido. ■

MODELO   *La asistente ideal habría sido muy simpática y positiva. Esa mujer era antipática y muy negativa. La aspirante ideal habría llegado a tiempo al trabajo y esa mujer siempre llegaba tarde…*

PERFILES

08-32 to 08-33

El trabajo y los negocios

Aquí tenemos ejemplos de personas que han tenido éxito en sus profesiones.

László Bíró (1899–1985) debería haber sido un periodista muy frustrado con sus implementos de escribir. Por eso, trabajando con su hermano, un químico, inventó el bolígrafo, llamado *la birome* en Argentina, su país de adopción. El "boli" fue el precursor del famoso bolígrafo *Bic*.

Carlos Slim Helú (n. 1940), un ingeniero muy astuto en el mundo de los negocios, es un billonario mexicano que hizo su fortuna en la industria de telecomunicaciones. Ha sido el número uno en la lista de Forbes en los años 2010 y 2011. Tal vez continuará en esta posición por muchos años más.

Ana Patricia Botín (n. 1960) es nativa de Santander, España, y viene de una familia de banqueros. En el año 2011, fue nombrada Presidenta Ejecutiva del banco Santander UK. En el año 2010, fue designada número 38 entre las mujeres más poderosas del mundo en la lista de Forbes. ¿Quién sabe? Tal vez para el año 2015, habrá subido al puesto número uno.

Preguntas

1. ¿Qué profesiones tienen estas personas?
2. ¿Por qué han tenido éxito en sus trabajos?
3. Compara las carreras indicadas aquí y las carreras presentadas en las secciones de *Perfiles* en los capítulos anteriores.

8-45 **Lo que habría hecho...** Algo muy difícil —necesitas imaginar que tienes ochenta años y estás recordando unos momentos y eventos de tu vida. Completa los siguientes pasos. ◼

Paso 1 Imagina lo que podrías decir en cada caso.

MODELO Con más tiempo   viajar

Con más tiempo, habría viajado a más países del mundo.

1. viajar
2. hacer
3. trabajar
4. escribir

5. decir
6. comer
7. ¿... ?
8. ¿... ?

Paso 2 Comparte tus reflexiones con un/a compañero/a.

MODELO E1: *Con más tiempo, habría viajado a muchos más países del mundo. ¿Y tú?*

E2: *Yo habría viajado a África para trabajar. ¿Qué habrías hecho tú?*

E1: *Yo habría adoptado a un niño...*

Paso 3 Ahora, hablen de las cosas que ya habrán hecho para aquel entonces (*by then*).

MODELO *Yo habré trabajado treinta años como propietario de un negocio de construcción de casas. Habré construido más de dos mil casas "verdes". Mi esposa y yo habremos estado casados por cincuenta años y habremos tenido tres hijos...*

¡CONVERSEMOS!

08-34 to 08-35

ESTRATEGIAS COMUNICATIVAS **Expressing good wishes, regret, comfort, or sympathy**

Whether in the world of work or on a personal basis, we sometimes need to congratulate or give condolences. As in English, there are different expressions for different occasions.

Para felicitar a alguien
- ¡Felicidades! / ¡Lo/La felicito! / ¡Enhorabuena!
- ¡Qué maravilloso / extraordinario / estupendo!
- ¡Sensacional! / ¡Fenomenal! / ¡Bueno!

Expressing good wishes
Congratulations!
How marvelous / extraordinary / stupendous!
Sensational! / Phenomenal! / Good!

Para expresar pesar / consuelo o simpatía
- Lo siento.
- ¡Qué pena / lástima!
- ¡Ánimo!
- Esto pasará pronto.
- No se/te preocupe/s.
- Tranquilo.
- Mis más sinceras condolencias.
- Mi más sentido pésame.

Expressing regret / sympathy
I'm sorry.
What a shame / pity!
Cheer up! / Hang in there!
This will soon pass.
Don't worry.
Relax. / Calm down.
My most heartfelt condolences.
You have my sympathy.

8-46 **Diálogo** Escucha el diálogo y contesta las siguientes preguntas. ■

1. ¿Qué pasó con Lalo y cómo reaccionó Roberto?
2. ¿Qué otras expresiones habría podido decirle Roberto a Lalo al final?

8-47 **¿Qué hago?** Hace unos años, había un programa original de la televisión norteamericana que se llamaba *What's My Line?* En grupos de cuatro, uno de ustedes va a seleccionar una carrera, un puesto o una profesión sin compartirlo con sus compañeros. Los otros tres tienen que adivinar (*guess*) lo que escogiste y te hacen preguntas que requieren una respuesta de **sí** o **no**. Respondan con sus expresiones nuevas. Túrnense. ■

MODELO   E1: (seleccionó administración de hoteles)

E2: *¿Trabajarás en una oficina?*

E1: *A veces sí, a veces no. Ánimo.*

E3: *¿Tendrás una jornada larga?*

E1: *Sí. Lo felicito. Otra pregunta…*

Estrategia

Remember that *el futuro* can express probability (*wonder, might, probably*).

8-48 **¿Qué será?** ¿Cómo será el futuro? Crea **ocho** oraciones con **ocho** verbos diferentes con tus predicciones del futuro para ti, tu familia y el mundo en general. Tu compañero/a tiene que reaccionar a tus predicciones. Usen **el futuro** o **el futuro perfecto.** Túrnense. ■

MODELO   E1: *Me casaré dentro de cinco años.*
              E2: *¡La felicito!*
              E2: *Mi hermano habrá perdido su puesto.*
              E1: *Lo siento. ¡Ánimo!…*

Estrategia

Consult p. 330 to review how to form the *future* and p. 348 for the *future perfect.*

8-49 **Situaciones de la vida** En nuestras vidas, encontraremos todo tipo de situaciones… unas felices y otras tristes. Creen diálogos / conversaciones y hagan los papeles para las siguientes situaciones. Cada conversación debe tener por lo menos **cinco** oraciones. ■

Una conversación con un/a colega (*colleague*) que acaba de…

1. jubilarse.
2. recibir un bono.
3. renunciar a su puesto.
4. ascender en la corporación.
5. ser despedido/a de su puesto.
6. recibir la noticia de que alguien muy querido ha muerto.

8-50 **Una presentación formal** Hay muchas compañías con problemas financieros. Te invitaron a hacer una presentación sobre cómo evitar la inminente bancarrota de la Corporación X. Crea una presentación (con PowerPoint si quieres) para decirle a la junta qué habrías hecho (**el condicional perfecto**) en su lugar y lo que harías (**el condicional**) para arreglar la situación. Di por lo menos **diez** oraciones incluyendo expresiones de consuelo. ■

8-51 **¡Éxito!** Solicitaron un puesto y los invitaron a entrevistarse. Creen un diálogo sobre una entrevista incluyendo la siguiente información. Uno/a de ustedes hace el papel del jefe / de la jefa y el/la otro/a es el/la aspirante. ■

Paso 1   Después de saludarse, su entrevista debe incluir por lo menos **diez** oraciones para cada uno de ustedes. El/La aspirante debe usar **el futuro** para decir lo que hará en el puesto. El/La jefe/a puede usar **el condicional** para preguntar lo que haría el/la aspirante en ciertas situaciones.

Paso 2   Al final, el/la jefe/a le ofrecerá al/a la aspirante el puesto, y el/la aspirante reaccionará de manera apropiada.

Estrategia

Use the following words in your interview: *los beneficios, el bono, la carta de recomendación, el currículum, las destrezas, el horario, la jornada, la meta,* and *tener experiencia.*

Estrategia

Remember that when addressing an employer, you would use *usted*, not *tú*.

ESCRIBE

08-36 to 08-37

Una carta de solicitud

Estrategia

Greetings and closings in letters

Business and personal letters employ certain conventional phrases for beginnings and endings. Business letters often have additional stock phrases used to indicate purpose, request information, and refer to enclosures.

CARTA COMERCIAL	BUSINESS LETTER
Saludos	*Greetings*
(Muy) Estimado/a señor/a García:	*Dear Mr./Mrs. García:*
Muy señor/a mío/a:	*Dear Sir/Madam:*
A quien corresponda:	*To Whom It May Concern:*
Despedidas	*Closings*
(Muy) Atentamente,	*Sincerely,*
Cordialmente,	*Cordially,*
CARTA PERSONAL	PERSONAL LETTER
Saludos	*Greetings*
Querido/a Raúl/Pilar:	*Dear Raúl/Pilar,*
Despedidas	*Closings*
Un (fuerte) abrazo,	*A (big) hug,*
Con cariño,	*With love,*

8-52 **Antes de escribir** Escribirás una carta de solicitud para obtener una entrevista con una compañía que tiene un trabajo que te interesa. Antes de escribirla, haz una lista de las cualificaciones que tienes para el trabajo. ◼

8-53 **A escribir** Escribe tu carta de solicitud. Asegúrate de incluir: ◼

- un saludo apropiado.
- una oración introductoria que presente el propósito de la carta.
- tus cualificaciones para el trabajo (incluye tu educación y tus habilidades).
- lo que vas a adjuntar (si es apropiado; por ejemplo, un C.V.).
- una despedida apropiada.

8-54 **Después de escribir** Revisa tu carta una vez más para corregir los errores de gramática, vocabulario y ortografía. Ese tipo de errores asegurará que tu carta no tenga el éxito que esperas. ◼

¿Cómo andas? II

	Feel confident	Need to review
Having completed **Comunicación II,** I now can . . .		
• consider different aspects of the business world. (p. 345)	☐	☐
• point out people, places, or things. (MSL)	☐	☐
• denote what will have happened. (p. 348)	☐	☐
• convey business concepts. (p. 351)	☐	☐
• refer to what would have happened. (p. 354)	☐	☐
• identify some people with interesting professions. (p. 356)	☐	☐
• express good wishes or sympathy. (p. 358)	☐	☐
• employ appropriate salutations and closings in letters. (p. 360)	☐	☐

Vistazo cultural

AL • VISTAZO CULTURAL • VISTAZO CULTURAL • VISTAZO CULTURAL • VISTAZO CULTURAL • VISTAZO CULTURAL • VISTAZO CULTURAL • VIST

08-38 to 08-39

Algunos negocios y profesiones en Argentina y Uruguay

Habría terminado con mis estudios después de sacar la licenciatura en Economía, pero me interesan los negocios y las finanzas para el beneficio de la empresa y de la sociedad. Por lo tanto, decidí continuar mi educación y para el año que viene habré terminado mi título posgrado en el programa de Costos y Gestión Empresarial en la Universidad Nacional de Rosario.

Adriana Baronio Ruíz, estudiante de posgrado en Gestión Empresarial

El gaucho: símbolo cultural de La Pampa

El gaucho es muy conocido como el vaquero (*cowboy*) de Argentina y Uruguay. Se encuentra en la Pampa y otros lugares rurales, trabajando con el ganado vacuno (de vacas). Por eso, su caballo le resulta indispensable; se dice que un gaucho sin caballo sería como un hombre sin piernas.

El tango: una profesión y una pasión

El tango es otro símbolo cultural claramente asociado con Argentina y con su mejor conocido cantante de tangos, Carlos Gardel. Bailar el tango requiere una atención y una devoción total. Así que la profesión del bailador / instructor de tango es más que un trabajo: es una pasión compartida con el pueblo argentino.

Los alfajores: el sabor argentino

El alfajor es un dulce tradicional cuyo nombre viene del árabe. Son dos galletas rellenas (*filled*) de dulce de leche (sabor a caramelo) y cubiertas de chocolate. La empresa de Alfajores Havanna en Mar del Plata empezó a producirlo en el año 1948; luego esta confección llegaría a ser un símbolo de lo argentino en todo el mundo.

El mate: el símbolo del Cono Sur

El mate es el receptáculo para el consumo de yerba mate, "la bebida nacional" de Uruguay y Argentina. Los mates pueden ser sencillos o muy elaborados, según el gusto del artista que los hace. Tradicionalmente, se hacen de una calabaza, pero pueden ser de otros materiales también.

La industria de vinos

La viticultura (producción de vino) argentina es una industria muy fuerte. Argentina es el quinto país del mundo en la producción de vinos, con la mayoría de la cultivación de las uvas en la provincia de Mendoza. Esta industria ha ayudado mucho al mejoramiento de la economía del país.

Pedro Sevcec es un reportero mundial

Pedro Sevcec (n. 1950), originalmente de Uruguay, es reportero de televisión. Trabaja para America TeVe, una estación de Florida, y empezó su propio programa en el año 2011. Es también un periodista quien con treinta años de experiencia ha ganado muchos premios, incluso varios premios *Emmy* por su reportaje de las noticias. El uruguayo ha entrevistado a muchos presidentes y líderes mundiales durante su carrera profesional.

Aeromás es un negocio uruguayo

Aeromás es un negocio de transporte aéreo privado basado en Montevideo, Uruguay; inició sus operaciones en el año 1983. Se puede contratar Aeromás para transportar correo y carga (*cargo*). Hay vuelos para viajeros en aeronaves ejecutivas con asistentes de vuelo. La empresa también ofrece el servicio de entrenamiento de pilotos.

Preguntas

1. ¿Cuáles de las profesiones y los negocios te interesan? ¿Por qué?
2. ¿Cuáles de las profesiones mencionadas se pueden convertir en un negocio propio? ¿Cómo?
3. ¿Existen profesiones o negocios que son culturalmente estadounidenses? Explica.

Laberinto peligroso

EPISODIO 8

Lectura

Estrategia **Checking comprehension and determining / adjusting reading rate**

Good readers adjust their reading rates depending on their purpose for reading and the nature of the text. When reading for pleasure, one tends to read faster. When reading for memory and comprehension for later recall, one tends to read more slowly. In the latter case, readers concentrate more and reread passages to ensure comprehension. They check their hypotheses, confirm or reject them, and move forward or back in the text accordingly.

8-55 **Antes de leer** En los episodios del **Capítulo 7,** vimos cómo se complicaban los casos que Celia y Cisco están investigando. Antes de empezar a leer este episodio, completa los siguientes pasos. ■

1. ¿Qué pasó en la comisaría al final del último episodio?
2. Dependiendo del tipo de texto que estás leyendo y también de lo que necesitas comprender de ese texto, a veces es mejor leer más rápido y otras veces es mejor leer más lentamente. Por ejemplo, para las partes del texto que contienen información conocida, es mejor leer rápidamente; para las partes del texto que contienen nueva información, es recomendable leer más lentamente. Lee rápida y superficialmente el texto, buscando información repetida que ya has visto en episodios anteriores y también buscando datos nuevos. Marca las partes del texto que repitan información con una "r" y marca las partes nuevas con una estrella (*). Después de mirar todo el texto, lee las partes con "r" más rápidamente y las partes con estrella (*) con más cuidado.
3. Mientras lees, es útil hacerte preguntas básicas sobre los personajes, el lugar, el tiempo y la acción. ¿Qué preguntas te harías mientras lees? Aquí tienes algunas preguntas sobre los personajes para empezar. Escribe otras sobre el tiempo, el lugar y la acción del episodio.

PERSONAJE(S)	¿Qué personajes aparecen en el episodio? ¿Qué hace(n)? ¿Cómo se siente(n)?
LUGAR	
TIEMPO	
ACCIÓN	

Complicaciones en el caso

que vienen
información

Mientras investigaban el caso del mapa y de la crónica desaparecidos, Celia y Cisco descubrieron información relacionada con el tráfico de drogas procedentes° de las selvas tropicales. También encontraron datos° sobre la venta ilegal de

*objetos religiosos
sagrados /
de la época antes
de la llegada de
Cristóbal Colón a
América*

reliquias° que habían sido robadas de tumbas precolombinas°. Seguían trabajando en casa de Cisco, buscando más información y leyendo artículos. Los dos habrían seguido leyendo en silencio, pero Cisco ya no podía concentrarse; estaba furioso por lo que iba descubriendo.

—No puedo creer que la gente haya podido estar traficando con todos estos materiales durante tanto tiempo —exclamó Cisco, indignado—. Según este artículo de un antropólogo forense, ¡ha sido un problema desde hace muchísimos años! ¿Cómo es posible que las autoridades no hayan podido controlar la situación? ¡Con toda la tecnología que tienen! ¡Yo ya habría resuelto el caso hace mucho tiempo!

—Lo sé, es una verdadera vergüenza, Cisco —respondió Celia, más calmada—. Pero supongo que también habrás visto que todos los casos son internacionales. Ese es el mayor problema.

—¿Y? —dijo Cisco, impaciente.

—Realmente, no es tan sencillo resolverlos —contestó Celia, intentando comprender la actitud de Cisco—. Se requiere cooperación, colaboración y acuerdos entre los gobiernos de diferentes países. Si a eso también añadimos la inestabilidad política que ha caracterizado la historia de muchos países en Latinoamérica, pues, deberías poder comprender un poco mejor lo complicado que realmente es este tipo de asunto. Me imagino que en muchos momentos nuestros agentes habrán tenido las manos atadas°. ¿Qué harías tú en esa situación?

tied

—No sé, pero haría algo. No me quedaría allí sentado, viendo cómo estos criminales trafican con materiales peligrosos y con artefactos tan importantes. No descansaría hasta encontrarlos. Actuaría para resolver el problema.

—Está bien. ¿Y ahora qué? ¿Quieres que sigamos discutiendo sobre lo que no han podido hacer las autoridades, o quieres que intentemos resolver los casos?

—Obviamente tendremos que seguir trabajando hasta que encontremos a los culpables. ¿Has aprendido algo útil en ese artículo que estás leyendo? —preguntó Cisco, más tranquilo.

—Algo, sí. Es de un criminólogo. Describe el perfil de algunos de los posibles clientes interesados en comprar este tipo de materiales —respondió Celia.

—Interesante. ¿Crees que los datos nos ayudarán con la investigación? —preguntó Cisco.

—Sirven para confirmar algunas de nuestras sospechas. Por ejemplo, afirma que el mercado más activo para el tráfico de las sustancias extraídas de las plantas es el del bioterrorismo. También habla sobre el mercado internacional para los artefactos precolombinos y otras antigüedades. Establece una relación muy fuerte con el mundo del arte —explicó Celia.

source

—Pues, si eso es cierto, yo tengo una fuente° que creo que nos podría ayudar. Es un investigador muy conocido y su especialidad es los crímenes relacionados con el comercio ilegal de obras de arte. Lo llamaré ahora mismo —dijo Cisco mientras marcaba el número de teléfono.

Mientras esperaba con el teléfono en mano, alguien llamó a la puerta. Abrió la puerta pensando que era Javier; si no, no la habría abierto. Cuando vio que no era Javier, sino la policía, Cisco estaba sorprendido. Después de ver que Cisco discutía con los agentes, Celia estaba horrorizada cuando oyó a Cisco gritarles:

—¿Estoy arrestado?

8-56 Después de leer Contesta las siguientes preguntas. ■

1. ¿Dónde estaban Celia y Cisco durante la lectura?
2. ¿Qué estaban haciendo al principio de la lectura?
3. ¿Qué descubrió Cisco en el artículo que leyó? ¿Cuál era la especialidad del autor del artículo?
4. ¿Qué descubrió Celia en el artículo que leyó? ¿Cuál era la especialidad del autor del artículo?
5. ¿Cómo se sintió Cisco al principio de la lectura? ¿Por qué?
6. ¿Cómo se sintió Celia al final de la lectura? ¿Por qué?

Video

08-43 to 08-44

8-57 Antes del video Antes de ver el episodio ¿*Estoy arrestado?* contesta las siguientes preguntas. ■

1. ¿Cómo terminó la lectura *Complicaciones en el caso*?
2. ¿Dónde piensas que va a tener lugar el episodio del video?
3. ¿Qué piensas que va a ocurrir en el episodio del video?

¿Debería saber las causas por las que han cerrado el laboratorio?

¿Por qué estará tan interesada en mi vida?

Mi madre es gerente de una empresa.

«¿*Estoy arrestado?*»

Episodio 8

Relájate y disfruta el video.

8-58 Después del video Después de ver el episodio, contesta las siguientes preguntas. ■

1. ¿Dónde estaba Cisco al principio del episodio? ¿Qué hacía?
2. ¿Cómo les podría ayudar con el caso la fuente de Cisco?
3. ¿Qué personas aparecieron en las fotos que miraban Cisco y Celia?
4. ¿Quién llamó a Cisco al final del episodio?
5. ¿Adónde tuvo que ir Cisco al final del episodio?

LETRAS

08-48 to 08-50

Acabas de terminar otro episodio de **Laberinto peligroso.** Explora más lecturas en la colección literaria, **Letras.**

Y por fin, ¿cómo andas?

	Feel confident	Need to review
Having completed this chapter, I now can . . .		

Comunicación I

	Feel confident	Need to review
• compare and contrast professions. (p. 326)	☐	☐
• use adjectives as nouns to represent people, places, and things. (MSL)	☐	☐
• indicate actions in the future. (p. 330)	☐	☐
• explore additional professions. (p. 335)	☐	☐
• discuss what would happen or what would be under certain conditions. (p. 338)	☐	☐
• repeat or paraphrase what I hear. (p. 343)	☐	☐

Comunicación II

	Feel confident	Need to review
• consider different aspects of the business world. (p. 345)	☐	☐
• point out people, places, or things. (MSL)	☐	☐
• denote what will have happened. (p. 348)	☐	☐
• convey business concepts. (p. 351)	☐	☐
• refer to what would have happened. (p. 354)	☐	☐
• express good wishes or sympathy. (p. 358)	☐	☐
• employ appropriate salutations and closings in letters. (p. 360)	☐	☐

Cultura

	Feel confident	Need to review
• state proper etiquette for doing business in a Hispanic setting. (p. 341)	☐	☐
• identify some people with interesting professions. (p. 356)	☐	☐
• share information about professions and the world of business in Argentina and Uruguay. (p. 362)	☐	☐

Laberinto peligroso

	Feel confident	Need to review
• adjust reading rate, and determine why the police visit Cisco. (p. 364)	☐	☐
• hypothesize about Cisco's mysterious phone call. (p. 366)	☐	☐

Comunidades

	Feel confident	Need to review
• use Spanish in real-life contexts. (SAM)	☐	☐

Literatura

	Feel confident	Need to review
• recognize satire and irony as literary devices. (Literary Reader)	☐	☐

Algunas profesiones — Some professions

el/la abogado/a	lawyer
el/la agente	agent
el amo/a de casa	homemaker
el/la asistente de vuelo	flight attendant
el/la banquero/a	banker
el/la bombero/a	firefighter
el/la cajero/a	cashier
el/la cartero/a	mail carrier
el/la comerciante	shopkeeper; merchant
el/la consejero/a	counselor
el/la contador/a	accountant
el/la dentista	dentist
el/la escritor/a	writer/author
el/la ingeniero/a (químico/a)	(chemical) engineer
el/la granjero/a	farmer
el hombre/la mujer de negocios	businessman/woman
el/la maestro/a	teacher
el/la mecánico/a	mechanic
el/la peluquero/a	hair stylist
el/la periodista	journalist
el/la piloto/a	pilot
el/la político/a	politician
el/la psicólogo/a	psychologist
el/la reportero/a	reporter
el/la secretario/a	secretary
el/la veterinario/a	veterinarian

Palabras útiles — Useful words

el/la empleado/a	employee
el/la gerente/a	manager
el/la jefe/a	boss
el/la propietario/a	owner; landlord
el/la supervisor/a	supervisor

Más profesiones — More professions

la administración de hoteles	hotel management
la banca	banking
las ciencias políticas	political science
el comercio / los negocios	business
la enfermería	nursing
la ingeniería	engineering
la justicia criminal	criminal justice
el mercadeo	marketing
la pedagogía	teaching
la psicología	psychology
la publicidad	advertising
las ventas (por teléfono)	(telemarketing) sales

Una entrevista — An interview

el/la aspirante	applicant
los beneficios	benefits
el bono	bonus
la carta de presentación	cover letter
la carta de recomendación	letter of recommendation
el currículum (vitae) (C.V.)	résumé
la destreza	skill
la empresa	corporation; business
la formación	training; education
el horario	schedule; timetable
la jornada completa / parcial	full-time / part-time workday
la meta	goal
el negocio	business
el personal	personnel
el puesto	job; position
el salario / el sueldo	salary
la solicitud	application form
el trabajo	job

El mundo de negocios — *The business world*

Spanish	English
el acuerdo	*agreement*
la adquisición	*acquisition*
la agencia	*agency*
el ahorro	*savings*
la bancarrota	*bankruptcy*
la bolsa	*stock market*
la jubilación	*retirement*
la junta	*commission; board; committee*
el lucro	*profit*
la venta	*sale*
el/la vocero/a	*spokesperson*

Algunos verbos — *Some verbs*

Spanish	English
ascender (e → ie)	*to advance; to be promoted; to promote*
contratar	*to hire*
entrenar	*to train*
entrevistar	*to interview*
negociar	*to negotiate*
publicitar	*to advertise; to publicize*
renunciar (a)	*to resign; to quit*
solicitar	*to apply for; to solicit*
tener experiencia	*to have experience*

Algunos adjetivos — *Some adjectives*

Spanish	English
actual	*current; present*
administrativo/a	*administrative*
ejecutivo/a	*executive*
financiero/a	*financial*
laboral	*work-related*
profesional	*professional*
sin fines de lucro	*nonprofit*

Algunos verbos — *Some verbs*

Spanish	English
ahorrar	*to save*
apropiarse	*to take over; to appropriate*
despedir (e → i → i)	*to fire (from a job)*
fabricar	*to manufacture*
hacer publicidad	*to advertise*
hacer una huelga	*to strike*
invertir (e → ie → i)	*to invest*
jubilarse	*to retire*

9

La expresión artística

Hay muchos tipos de arte: la música, el teatro, el cine, el baile, los cuadros que encontramos en un museo y la literatura, para nombrar algunos. La expresión artística dentro del mundo hispanohablante es muy rica y variada: hay algo para todos los gustos. ¿Qué es arte para ti?

PREGUNTAS

1 ¿Cómo se llaman unos artistas que conoces?

2 ¿Cómo determinas si algo es "arte"?

3 ¿Qué talento artístico tienes?

Comunicación I

El arte visual Exploring the visual arts

09-01 to 09-03

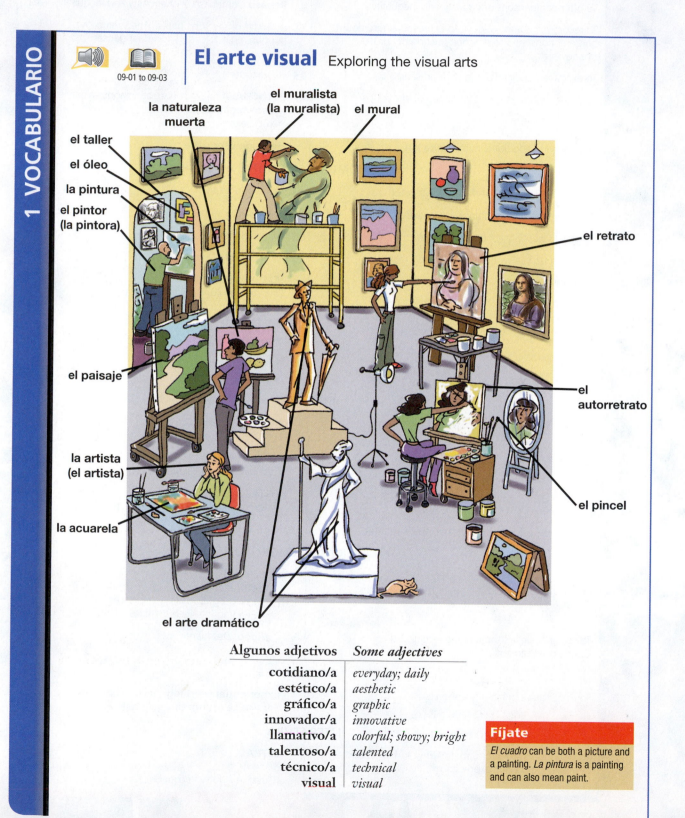

el muralista (la muralista)

el mural

la naturaleza muerta

el taller

el óleo

la pintura

el pintor (la pintora)

el retrato

el paisaje

el autorretrato

la artista (el artista)

el pincel

la acuarela

el arte dramático

Algunos adjetivos	Some adjectives
cotidiano/a	*everyday; daily*
estético/a	*aesthetic*
gráfico/a	*graphic*
innovador/a	*innovative*
llamativo/a	*colorful; showy; bright*
talentoso/a	*talented*
técnico/a	*technical*
visual	*visual*

Fíjate

El cuadro can be both a picture and a painting. *La pintura* is a painting and can also mean paint.

Algunas palabras útiles	*Some useful words*		Algunos verbos	*Some verbs*
el dibujo	*drawing*		crear	*to create*
el diseño	*design*		dibujar	*to draw*
el grabado	*etching*		encargarle (a alguien)	*to commission (someone)*
la imagen	*image*		esculpir	*to sculpt*
el lienzo	*canvas*		exhibir	*to exhibit*
el motivo	*motif; theme*		hacer a mano	*to make by hand*
la obra maestra	*masterpiece*		reflejar	*to reflect*
el tema	*theme; subject*		representar	*to represent*
el valor	*value*			

REPASO

*Repaso &
Spanish/English
Tutorials*   09-04 to 09-06

Las comparaciones de igualdad y desigualdad
Offering comparisons of equality and inequality

For a complete review of comparisons of equality and inequality, go to MySpanishLab or refer to **Capítulo 10** of *¡Anda! Curso elemental* in Appendix 3 of your textbook. The vocabulary activities that appear in your textbook incorporate this grammar point. Practicing new vocabulary with a review grammar point helps to strengthen and increase your knowledge of Spanish.

9-1 **Definiciones** ¿Qué saben del mundo artístico? Túrnense para dar sus respuestas. ■

MODELO   el lugar donde el artista produce su arte
taller

1. el mejor cuadro de un artista; el cuadro insuperable (*unsurpassable*)
2. una pintura mucho más grande que un cuadro normal
3. un cuadro que representa a una persona
4. una pintura de frutas o verduras, por ejemplo
5. un tipo de pintura que pones en un lienzo
6. un cuadro que representa al pintor mismo

9-2 **El juego de tres pistas** Escuchen mientras su profesor/a les da las instrucciones de esta actividad. ■

MODELO   taller
PISTA 1: *lugar*
PISTA 2: *artista*
PISTA 3: *trabajar*

¡Anda! Curso intermedio, Capítulo 8. Los adjetivos demostrativos, pág. 346.

9-3 **Creaciones** Combinen elementos de las columnas A, B, C y D para crear oraciones usando **más… que, menos… que, tan… como** y **tanto/a/os/as… como.** ■

MODELO Aquella artista más… creativo/a que…
Aquella artista es más creativa que los otros artistas que conozco.

COLUMNA A	COLUMNA B	COLUMNA C	COLUMNA D
Ese cuadro	más	llamativo/a	que…
Aquel artista	menos	innovador/a	como…
Estas pinturas	tan	gráfico/a	
Estos diseños	tanto/a/os/as	creativo/a	
Esta muralista		talentoso/a	
Aquellos grabados		estético/a	
		técnico/a	

¡Anda! Curso intermedio, Capítulo 1. Algunos verbos como *gustar*, pág. 39.

9-4 **Nuestras opiniones** Imagina que tu compañero/a y tú van a un museo y que están en una exposición. Combinen las siguientes frases de las dos columnas para crear **seis** oraciones sobre su experiencia. Túrnense. ■

MODELO Me interesa mucho más el arte dramático… que la pintura.
Me interesa mucho más el arte dramático que la pintura.

1. _____ Me interesa el proceso de crear los grabados…
2. _____ El dibujo de Picasso que les encanta a mis padres…
3. _____ El diseño del mural que más me gusta…
4. _____ Me fascina la combinación de materiales de ese artista…
5. _____ Nos faltan unos grabados…
6. _____ No les quedan más de cinco autorretratos…

a. es tan interesante como sus pinturas.
b. mejores que esos para la exhibición en diciembre.
c. mucho más que aquellas combinaciones.
d. de Frida Kahlo en aquel museo.
e. tanto como el proceso de pintar cuadros.
f. es tan crítico como la creación de las imágenes.

9-5 **¿Qué opinas?** Circula por la clase haciendo y contestando las siguientes preguntas. Llena el cuadro con tus resultados. ■

Workbooklet

PREGUNTA	E1	E2	E3	E4	E5
1. ¿Te gustan más las pinturas al óleo o a la acuarela?					
2. ¿Cuáles son más impresionantes: los murales o los cuadros de tamaño normal?					
3. ¿Crees que sea tan fácil esculpir como dibujar?					
4. En tu opinión, ¿quién es el artista vivo con más talento? ¿Quién es el mejor artista muerto?					
5. ¿Te interesan los autorretratos y retratos tanto como las pinturas de naturaleza muerta?					
6. ¿Tienes la habilidad de pintar o dibujar un autorretrato?					

09-07 to 09-11

¡Hola!
Spanish/
English
Tutorials

Repaso del subjuntivo: El subjuntivo en cláusulas sustantivas, adjetivales y adverbiales

Recommending and suggesting, expressing volition, doubt, and emotions, and describing uncertainty or the unknown

2 GRAMÁTICA

- The **indicative** mood *states or inquires about facts,* that is, **what happened, what is happening, or what will happen.**
- The **subjunctive** mood is used to *express doubt, uncertainty, influence, opinion, feelings, hope, wishes,* or *desires* about events that are happening or might be happening now, have happened or might have happened in the past, or may happen in the future.

The following is a review of the uses of the subjunctive. To review the formation of the present subjunctive, refer to page 87; for a review of the present perfect subjunctive forms, see page 168.

No creo que sepan apreciar mi arte.

1. El subjuntivo en cláusulas sustantivas

The **subjunctive** is used to express **volition** and **will, feelings** and **emotions, doubt, uncertainty,** and **probability** in the following ways:

1.1. To recommend or request

Te recomiendo que **vayas** a la exhibición de arte dramático esta tarde en el Museo de Arte Vivo.

I recommend (that) you go to the performing arts exhibit at the Arte Vivo Museum this afternoon.

Nos piden que **compremos** unos grabados de unos edificios de la universidad.

They are requesting that we buy some etchings of some university buildings.

1.2. To express wishes

Deseo que mis estudiantes **conozcan** el arte de Velázquez.

I want (desire) my students to be familiar with Velázquez's art.

Espero que **podamos** ir a España este verano para visitar sus museos.

I hope (that) we can go to Spain this summer to visit the museums there.

1.3. To report on other's requests, recommendations, or wishes

José y Gregorio **quieren** que sus padres los **lleven** al Museo del Prado este verano.

José and Gregorio want their parents to take them to the Prado Museum this summer.

Mis abuelos **nos exigen** que **vayamos** a la orquesta sinfónica.

My grandparents are demanding that we go to the symphony.

(continued)

- **Some verbs** used to express **requests, recommendations,** and **wishes** are:

aconsejar	*to recommend; to advise*	**preferir (e → ie → i)**	*to prefer*
desear	*to wish*	**prohibir**	*to prohibit*
esperar	*to hope*	**proponer**	*to suggest; to recommend*
exigir	*to demand*	**querer (e → ie)**	*to want; to wish*
insistir (en)	*to insist*	**recomendar (e → ie)**	*to recommend*
necesitar	*to need*	**rogar (o → ue)**	*to beg*
pedir (e → i → i)	*to ask (for); to request*	**sugerir (e → ie → i)**	*to suggest*

- The following are some common impersonal expressions that also express **requests, recommendations, wishes,** and **desires**:

Es importante que	*It's important that*	**Es necesario que**	*It's necessary that*
Es mejor que	*It's better that*	**Es preferible que**	*It's preferable that*

1.4. To express feelings and emotions

Nos gusta que **quieras** pintar un mural en este lado del edificio.

We like that you want to paint a mural on this side of the building.

Temo que no **podamos** comprar el cuadro —es muy caro.

I'm afraid we won't be able to buy the painting—it is very expensive.

- Verbs and phrases expressing **feelings** and **emotions** include:

alegrarse de	*to be happy about*
avergonzarse de (o → ue)	*to feel (to be) ashamed of*
Es bueno / malo	*to be good / bad*
Es una lástima	*to be a shame*
gustar	*to like*
sentir (e → ie → i)	*to regret*
temer / tener miedo (de)	*to be afraid (of)*

> **Estrategia**
>
> Remember that if there is no subject change, the infinitive is required—not the subjunctive.
>
> *Quiero hacer unos dibujos de los niños este fin de semana.*
>
> *Espero crear unos grabados interesantes de esas escenas.*

1.5. To communicate doubts and probability

Marco **no cree** que ellos **sepan** apreciar su arte.

Marco does not believe that they know how to appreciate his art.

Es probable que **podamos** terminar de renovar el taller para septiembre.

It's likely that we can finish renovating the art studio by September.

- Verbs and expressions expressing **doubts** and **probability** include:

dudar	*to doubt*
Es dudoso	*to be doubtful*
Es probable	*to be probable*
no creer	*not to believe; not to think*
no estar seguro (de)	*to be uncertain (of)*
no pensar	*not to think*

> **Estrategia**
>
> Remember that when there is no doubt, uncertainty, or disbelief about an action or event, the subject appears certain of the facts, and an emotion is not being expressed, the *indicative* is used.
>
> No dudo *que Luis va a pintar el mural.*
>
> Creo *que Silvia va al teatro hoy.*
>
> Me alegra *saber la verdad.*

¡Explícalo tú!

Having studied the preceding examples of the **subjunctive,** answer the following questions to complete your review:

1. How many verbs are in each sentence?
2. Which verb in the sentence is *not* in the **subjunctive**?
3. Which verb is in the **subjunctive**?
4. Is there a different subject for each verb?
5. What word joins the two distinct parts of the sentence?
6. State a rule for the use of the **subjunctive** to express **volition** and **will, feelings** and **emotions, doubt, uncertainty,** and **probability.**

✔ Check your answers to the preceding questions in **Appendix 1**.

2. El **subjuntivo** con antecedentes indefinidos o que no existen

2.1. The **subjunctive** is also used to express the possibility that **something or someone is uncertain or nonexistent**:

Busco un artista que **pueda** pintar unos retratos de mis hijos por un precio razonable.

I am looking for an artist who can paint some portraits of my children for a reasonable price.

¿En esta exhibición **hay algún** paisaje que no **sea** impresionista?

Is there a landscape in this exhibit that is not impressionistic?

No **conocemos** a nadie que **sepa** esculpir tan bien como tu hermano Eduardo.

We don't know anyone who knows how to sculpt as well as your brother Eduardo.

¡Explícalo tú!

Having read the previous examples,

1. What kinds of verbs tell you that there is a possibility that something or someone is uncertain or nonexistent?
2. If you know that something or someone exists, do you use the **indicative** or the **subjunctive**?

✔ Check your answers to the preceding questions in **Appendix 1**.

3. El **subjuntivo** en cláusulas adverbiales

There are connecting words (*conjunctions*) that **may** or **may not** require the use of the **subjunctive**.

Fíjate

Adverbial clauses describe actions and are introduced by adverbial conjunctions.

3.1. The **subjunctive** is *always* used after the following conjunctions:

a menos que, antes (de) que, con tal (de) que, en caso (de) que, para que, and **sin que.**

Nos veremos en el concierto **a menos que llueva.**

We'll see each other at the concert unless it rains.

Voy a ese museo primero **con tal (de) que haya** una exhibición nueva.

I am going to that museum first provided that there is a new exhibit.

Pasa por la galería **en caso (de) que esté** Felipe.

Stop by the gallery in case Felipe is there.

(continued)

3.2. The indicative is *always* used after the following conjunctions:

ahora que, puesto que, and ya que

David es muy generoso **ahora que es** un artista muy famoso.

David is very generous now that he is a famous artist.

No piensan encargarle un retrato al óleo **puesto que prefieren** los retratos de fotografía.

They are not planning on commissioning an oil portrait from him, given that they prefer photographic portraits.

3.3. With the following conjunctions, either the indicative or the subjunctive can be used.

aun cuando	cuando	después (de) que	luego que
aunque	de manera que	en cuanto	mientras que
a pesar de que	de modo que	hasta que	tan pronto como

3.4. To determine which is needed, ask the question: From the point of view of the speaker, has the action already occurred?

a. If the action **has occurred**, the **indicative** is needed.
b. If the action **has yet to occur**, the **subjunctive** must be used.

<u>Vamos a ir</u> a ver los murales **tan pronto como leguen** mis hermanos.

We will go see the murals as soon as my siblings arrive.

<u>Piensa hacer</u> los juguetes a mano **aunque** no **tenga** tiempo.

He is thinking about making the toys by hand even though he may not have the time.

<u>Siempre le compran</u> acuarelas **aunque cuestan** bastante dinero.

They always buy her watercolors although they are quite expensive.

3.5. In a sentence with no change of subject, the prepositions **antes de, después de,** and **hasta** are followed by the **infinitive.**

<u>Necesitamos pasar</u> por el taller **antes de salir** de viaje.

We need to pass by the art studio before we go on our trip.

¡Explícalo tú!

Having studied the previous examples, answer the following questions to complete your review:

1. Which conjunctions **always** use the **subjunctive**?
2. Which conjunctions **never** use the **subjunctive**?
3. Which conjunctions **sometimes** use the **subjunctive**?
4. What question do you ask yourself with these types of conjunctions?

✔ Check your answers to the preceding questions in **Appendix 1.**

9-6 **Fernando Botero** Fernando Botero (n. 1932) es un artista colombiano y nos está dando consejos sobre cómo apreciar el arte. Usen los siguientes verbos en **el subjuntivo** para crear sus recomendaciones. ■

aconsejar	proponer	recomendar
ser bueno	ser importante	sugerir

MODELO   reconocer desde el principio que no les van a gustar todas las obras
Les recomiendo que reconozcan desde el principio que no les van a gustar todas las obras.

1. observar la obra desde varias distancias
2. observar la obra desde varios ángulos
3. determinar cómo está hecha la obra
4. estudiar el uso de los colores

5. reflexionar sobre el motivo del artista
6. ser crítico del tema y de la técnica
7. dejar que les hable la obra

9-7 **La profesora de arte** La profesora Romero les da consejos a sus estudiantes nuevos. Completen las siguientes oraciones con las formas apropiadas de los verbos en **el subjuntivo.** ■

MODELO   recomendar estudiar mucho
Les recomiendo que estudien mucho.

1. ser necesario trabajar duro
2. sugerir hacer muchas investigaciones
3. ser obligatorio no copiar
4. aconsejar expresar su creatividad por diferentes medios
5. esperar sentir amor y entrega en lo que hacen

9-8 **La Galería de los Serrano** La familia Serrano tiene una galería de arte en Barcelona. Descubre un poco sobre la familia al crear oraciones con **el subjuntivo.** Después, compara tus oraciones con las de un/a compañero/a. ■

MODELO   Los Serrano / esperar / los nuevos artistas / querer exhibir / obras / galería
Los Serrano esperan que los nuevos artistas quieran exhibir sus obras en la galería.

1. El Sr. Serrano / buscar / empleado / hablar inglés / entender / arte moderno
2. La Sra. Serrano / querer / hacer viaje / Buenos Aires / antes de que / (ellos) abrir / próxima exhibición
3. Los hijos Serrano / trabajar / galería / en cuanto / cumplir dieciocho años
4. Los Sres. Serrano / preferir / los hijos / estudiar mucho / y sacar título / comercio
5. Sin embargo, una hija / desear / estudiar / arte / para que / padres / poder vender / cuadros

9-9 **El retrato** Joaquín se prepara para pintar el retrato de su amigo Teo. Terminen la siguiente descripción con las formas apropiadas de los siguientes verbos. Tienen que decidir en cada caso si necesitan usar **el subjuntivo, el infinitivo** o **el indicativo.** ∎

decidir	estar	hacer	pintar	poder
reflejar	sentarse	ser	ser	quedar

Teo quiere que yo le (1) _____ un retrato. Primero, necesitamos (2) _____ si voy a hacer el cuadro al óleo, a la acuarela o si sería mejor un dibujo. Teo se decide por un retrato al óleo. Entonces, tengo que buscar un lienzo que (3) _____ del tamaño perfecto. Después, preparo la pintura y busco mis pinceles nuevos. Cuando todo (4) _____ preparado, determinamos la composición del cuadro y decidimos si queremos (5) _____ el retrato de perfil o de frente. Creo que estamos de acuerdo en que es preferible que (6) _____ de frente. Ahora, ¿lo queremos de medio cuerpo, de cuerpo entero o de cara nada más? Lo voy a hacer de medio cuerpo, así que le digo a Teo que (7) _____ para que yo (8) _____ empezar. Quiero que el retrato (9) _____ la personalidad de mi amigo —eso es lo más difícil de todo. Entonces, lo más crítico va a ser los ojos. Es necesario que (10) _____ perfectos.

9-10 **El arte y tú** ¿Qué opinan del arte? Usa las siguientes preguntas para compartir tus ideas sobre el arte con un/a compañero/a. ∎

1. ¿Recomiendas que se pinten murales en las paredes y muros de los edificios en pueblos y ciudades? Explica.
2. Si quieres comprar un cuadro, ¿es importante que sea al óleo o puede ser a la acuarela u otra cosa?
3. ¿Es importante reconocer y entender el tema de un cuadro para poder apreciarlo?
4. ¿Qué medio artístico escogerías para un retrato tuyo: la fotografía, la escultura, el dibujo o la pintura?
5. ¿Quiénes son tus artistas favoritos y cuáles son tus cuadros favoritos? ¿Por qué?

> **Estrategia**
>
> When you are requesting, recommending, suggesting, etc., that someone do something, the indirect object is present in the sentence. Verbs that commonly require the indirect object are: *aconsejar, exigir, pedir, recomendar, rogar, sugerir, prohibir,* and *proponer.*
>
> *Yo te recomiendo que vayas a ver esa exhibición.*
>
> *Yo (les) recomiendo a mis padres que visiten el Museo Guggenheim en Bilbao, España.*

Workbooklet

9-11 **Consejos** Siempre tenemos deseos y consejos para los demás. Expresen sus deseos y consejos para las siguientes personas. ∎

MODELO   A los Serrano / Les recomendamos que…

Les recomendamos que busquen unos cuadros de artistas nuevos para exhibir en una sala aparte.

A LOS PROPIETARIOS (*OWNERS*) DE UNA GALERÍA DE ARTE	A UN JOVEN QUE DESEA SER ARTISTA	A UN GRUPO DE ARTISTAS RECIÉN ESTABLECIDOS
1. Les recomendamos que…	1. Esperamos que…	1. Es importante que…
2. Es necesario que…	2. Siempre le exigimos que…	2. Le aconsejamos que…
3. Sugerimos que…	3. No es importante que…	3. Esperamos que…
4. ¿Creen que…?	4. Le proponemos que…	4. No dudamos que…

3 VOCABULARIO

09-12 to 09-14

La artesanía
Examining handicrafts and their artisans

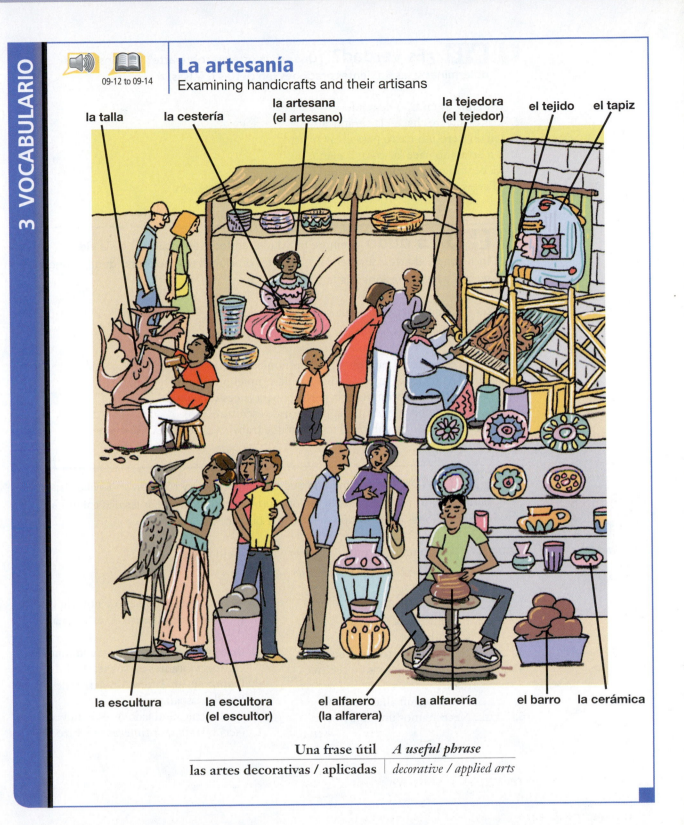

la talla

la cestería

la artesana
(el artesano)

la tejedora
(el tejedor)

el tejido

el tapiz

la escultura

la escultora
(el escultor)

el alfarero
(la alfarera)

la alfarería

el barro

la cerámica

Una frase útil	A useful phrase
las artes decorativas / aplicadas	decorative / applied arts

9-12 ¿Es verdad? ¿Qué saben ustedes sobre arte? Túrnense para determinar si las siguientes oraciones son **ciertas** o **falsas**. ■

1. Un tapiz es un tipo de tejido.
2. Los escultores hacen la cerámica.
3. Un alfarero usa barro para crear su arte.
4. Un artesano hace las cosas a mano.
5. La cerámica es un tipo de alfarería.
6. El artesano con su cestería es como el tejedor con su tejido.

9-13 Lo dudo Siempre hay dudas en todos los aspectos de la vida, incluyendo el arte. Cambien las siguientes oraciones para expresar duda, usando los verbos y las expresiones de la página 376. ■

MODELO   Hay muchos artesanos en ese pueblo. (yo)

Dudo que haya muchos artesanos en ese pueblo.

1. El barro es perfecto para ese tipo de cerámica. (nosotros)
2. La alfarería de esas mujeres indígenas tiene mucho valor. (tú)
3. Estas plantas producen materia perfecta para la cestería. (ellas)
4. Ella sabe esculpir mejor que su profesor de escultura. (yo)
5. Van a exponer en su galería el tejido en que trabaja esa tejedora. (Victor y yo)

9-14 Más arte Imagina que tu compañero/a y tú están en Sevilla, España, para comprar arte típico de la región. Túrnense para combinar las dos columnas y crear oraciones sobre el tipo de arte que buscan. ■

MODELO   Busco un tapiz que…   (ser) del estilo indígena

Busco un tapiz que sea del estilo indígena.

1. _____ Busco un tejedor que…
2. _____ Encontré una escultura de Chillida que…
3. _____ ¿Hay algún artesano que…?
4. _____ Tengo unos platos de cerámica que…
5. _____ No existe un alfarero que…
6. _____ Necesitamos un tapiz que…

a. (saber) crear algo bello y útil a la vez.
b. (querer) usar el barro de esta zona del país.
c. (hacer) diseños modernos con muchos colores vibrantes en sus tejidos.
d. (comprar) en Triana, un barrio de Sevilla, España.
e. (poder colgar) al lado de este muy antiguo.
f. (ser) una de las primeras que hizo.

Fíjate

In **9-14,** decide whether you need to use the subjunctive or the indicative in each of the sentences.

Fíjate

Eduardo Chillida (n. 1924) is a famous Spanish sculptor.

09-15 to 09-16

NOTAS CULTURALES

El Museo del Oro en Bogotá, Colombia

Para todo turista en Bogotá, Colombia, es recomendable que visite el Museo del Oro del Banco de la República; es una joya para el mundo del arte. Abrió a principios del año 1968 y ganó el Premio Nacional de Arquitectura. Fue renovado entre los años 2004–2008 para tener una nueva apariencia; es un museo con exhibiciones, servicios y tecnología del siglo XXI. La renovación fue motivada por un deseo de considerar todos los objetos del museo con una perspectiva nueva y comprensiva. Es importante que los artefactos se exhiban dentro de su contexto histórico, pero con una conexión con el presente. De esta manera, se espera que tengan más sentido para los visitantes de hoy en día.

El Museo del Oro es único: tiene más de 33.000 objetos de artesanía y orfebrería (*crafting of precious metals*) representativos del período precolombino en sus colecciones. Los diseños y las imágenes de los artefactos son verdaderamente impresionantes y muestran una técnica muy avanzada para la época.

Preguntas

1. ¿Qué contiene el museo que lo hace único?
2. ¿Por qué se considera arte el contenido de este museo?
3. ¿Cómo se compara este museo con los que conoces?

9-15 **Decisiones** Hagan los papeles de representantes de un museo pequeño de su pueblo o ciudad. Están encargados de comprar una obra nueva para el museo y tienen que decidir cuál de las tres obras van a escoger. ¿Cuál prefefieren? Expliquen por qué. ∎

9-16 **La cerámica de Perú** Investiga la cerámica de Perú en el Internet. Después, preparen un anuncio comercial para promocionar y vender esta cerámica en los Estados Unidos. Deben usar por lo menos **seis** oraciones en **el subjuntivo.** ■

ESCUCHA

09-17 to 09-18

Una conversación entre familia de un concierto

Estrategia

Making inferences from what you hear

Sometimes when you are speaking with others, your listener may not interpret your message the way you meant it. Or, you may not express yourself exactly as you had wished. If these situations occur, the listener may *infer* (or *deduce*) a meaning different from what you intended. For example, if someone invites you to a concert and you hesitate before answering, he/she may infer that you do not really want to go. If, however, you say "I have to work," he/she will most likely think that you would like to go but have a schedule conflict.

9-17 **Antes de escuchar** A David y a su hermano Martín les encantaría ir al concierto de su grupo favorito, Maná. Su madre, sin embargo, piensa que necesitan pasar más tiempo con la familia y deben asistir a eventos culturales. Ella les propone varias ideas. ¿Crees que a los jóvenes les van a interesar? ■

9-18 **A escuchar** Completa los siguientes pasos. ■

Paso 1 Escucha la primera vez para captar la idea general de la conversación.

Paso 2 Lee las siguientes preguntas y escucha por segunda vez, ahora enfocándote en la información que necesitas para contestarlas.

1. ¿Qué deducen David y Martín que su mamá quiere que hagan?
2. ¿Qué piensas que va a pasar?

9-19 **Después de escuchar** Descríbele a un/a compañero/a una conversación que tuviste recientemente en la que tú o la persona con quien estabas hablando no dijo exactamente lo que estaba pensando. ¿Qué dedujiste? ¿Qué era realmente lo que quería decir? ■

¿Cómo andas? I

	Feel confident	Need to review

Having completed **Comunicación I**, I now can . . .

- explore the visual arts. (p. 372) ☐ ☐
- offer comparisons of equality and inequality. (MSL) ☐ ☐
- recommend and suggest, express volition, doubt, and emotions, and describe uncertainty or the unknown. (p. 375) ☐ ☐
- examine handicrafts and their artisans. (p. 381) ☐ ☐
- share information about a pre-Columbian art museum. (p. 383) ☐ ☐
- draw inferences about what I hear. (p. 384) ☐ ☐

Comunicación II

¡Anda! Curso elemental, Capítulo 5.
El mundo de la música, Apéndice 2.

4 VOCABULARIO

09-19 to 09-22

La música y el teatro
Observing the world of music and theater

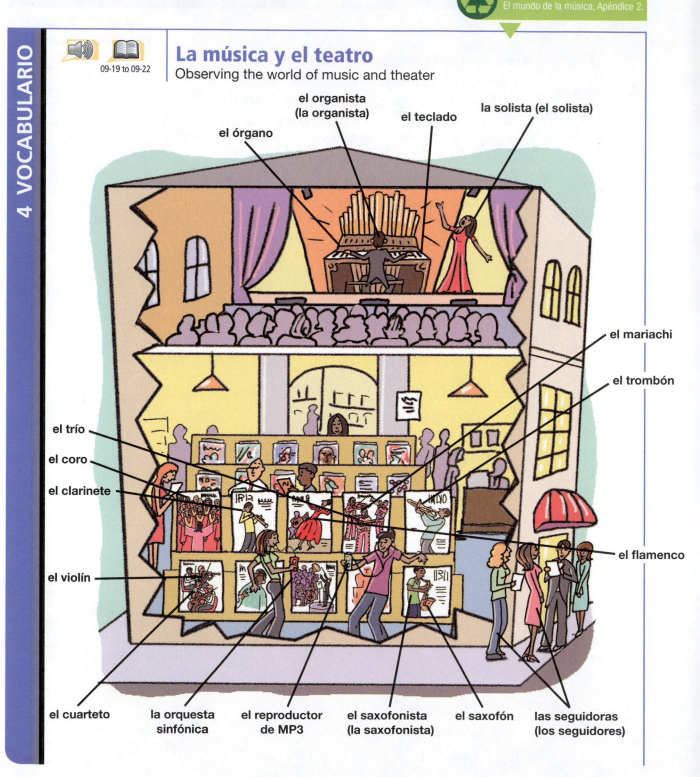

el organista
(la organista)

el teclado

la solista (el solista)

el órgano

el mariachi

el trombón

el trío

el coro

el clarinete

el flamenco

el violín

el cuarteto

la orquesta sinfónica

el reproductor de MP3

el saxofonista (la saxofonista)

el saxofón

las seguidoras (los seguidores)

el ballet

la diva

el vestuario

el escenario

La música	
Algunas palabras útiles	*Some useful words*
el/la compositor/a	*composer*
las cuerdas	*strings; string instruments*
el espectáculo	*show*
los instrumentos de metal	*brass instruments*
los instrumentos de viento / de madera	*woodwinds; wood instruments*
el merengue	*merengue*
la música alternativa	*alternative music*
la música popular	*popular music*
la pieza musical	*musical piece*

El teatro	
Algunas palabras útiles	*Some useful words*
la comedia	*comedy*
la danza	*dance*
el decorado	*set*
el/la director/a de escena	*stage manager*
el drama	*drama*
el/la dramaturgo/a	*playwright*
la función	*show; production*
el miedo de salir a escena	*stage fright*
la obra de teatro	*play*
la tragedia	*tragedy*

REPASO

¡Hola!
Repaso &
Spanish/English
Tutorials

09-23 to 09-24

El superlativo   Classifying people and things in the extreme

For a complete review of the superlative, go to MySpanishLab or refer to **Capítulo 10** of *¡Anda! Curso elemental* in Appendix 3 of your textbook. The vocabulary activities that appear in your textbook incorporate this grammar point. Practicing new vocabulary with a review grammar point helps to strengthen and increase your knowledge of Spanish.

 9-20 **La mímica** En grupos de cinco o seis, hagan mímica (*charades*) para practicar el vocabulario nuevo. ■

Paso 1   Cada estudiante debe representar por lo menos **tres** palabras o expresiones nuevas.

Paso 2   Elijan las **dos** mejores representaciones del grupo para presentárselas a todos y expliquen por qué fueron las mejores.

9-21 **El/La mejor director/a de escena** Hagan una lista de las responsabilidades de un/a buen/a director/a de escena. Después, decidan cuáles son las responsabilidades más importantes y cuáles son las menos importantes para el éxito de una obra de teatro. ■

Vocabulario útil	
inspeccionar	*to inspect*
planear	*to plan*
organizar	*to organize*

MODELO   Tiene que inspeccionar el decorado.

♻ *¡Anda! Curso elemental,*
Capítulo 5. El mundo de la
música, Apéndice 2.

👫 **9-22** **Los instrumentos de orquesta** Miren la foto de la orquesta sinfónica e intenten nombrar todos los instrumentos que conozcan. Después, creen oraciones usando **el superlativo** para describir los instrumentos. ◼

MODELO *La flauta es el instrumento más pequeño de la orquesta sinfónica.*

📖
Workbooklet

👥 **9-23** **Los mejores de los mejores** ¿Quiénes son los mejores de los mejores? Circulen por la clase para preguntarles a sus compañeros sobre sus gustos y preferencias. ◼

MODELO E1: *¿Quién tiene la mejor voz de hombre?*
E2: *Plácido Domingo tiene la mejor voz. ¿Qué opinas tú?*

PREGUNTA	E1	E2	E3
1. la mejor voz de hombre			
2. la mejor voz de mujer			
3. el grupo musical más popular de los Estados Unidos			
4. el grupo musical más popular del mundo			
5. la compañía de ballet más conocida de los Estados Unidos			
6. el/la mejor dramaturgo/a			
7. la obra de teatro más interesante que has visto			
8. el/la violinista / pianista / guitarrista, etc., más conocido/a del mundo			

9-24 **Personalmente** Por fin, tienen un poco de dinero para ir a un concierto, al cine o al teatro. Completen los siguientes pasos. ■

FESTIVAL DE ARTE

MÚSICA
viernes 10
Orquesta Sinfónica Nacional

Beethoven y Mozart
Teatro Nacional 22 h

domingo 12
Arturo Sandoval

La Rivera 22.45 y 0.45 h

viernes 17
Eddie Palmieri

El Congreso 22.45 y 0.45 h

CINE, BAILE y TEATRO
sábado 11
Romeo y Julieta

Director: Mikhail Baryshnikov
Interpretación: Julio Bocca y Julie Kent
Teatro Colón 21 h

Paso 1   Decide adónde quieres ir y explícale a tu compañero/a por qué.

Paso 2   Ahora, túrnense para hacerse y contestar las siguientes preguntas.

1. ¿Te consideras músico/a, escritor/a, artista, etc.? ¿Cuáles son tus habilidades al respecto?
2. ¿Qué instrumentos tocas? ¿Tocas bien o mal?
3. ¿Has participado en un ballet o en una obra de teatro? ¿Cuál fue tu papel (*role*)? ¿Había decorado y vestuario?
4. ¿Has ido a muchos conciertos? ¿Cuál es el mejor al que has asistido?
5. ¿Has asistido a una orquesta sinfónica? ¿Qué tocaron?
6. ¿Qué música y bailes conoces del mundo hispano? ¿De qué países son? ¿Te gustan?

9-25 **Una buena filántropa** La Sra. de las Morenas quiere donar dos millones de dólares a tu universidad, expresamente para las artes. La universidad ha identificado varias posibilidades y ustedes, como consejeros de la Sra. de las Morenas, tienen que ayudarla a tomar su decisión. En grupos de tres, conversen para identificar las mejores recomendaciones finales. Preparen su presentación, usando **el subjuntivo, las comparaciones de igualdad y desigualdad** y **el superlativo** cuando sea posible. ■

POSIBLES PROYECTOS:

1. empezar un programa para los estudiantes de colegio donde los estudiantes universitarios de arte les den clases por las tardes
2. crear fondos permanentes para que los profesores de arte puedan hacer investigaciones en otras partes del mundo
3. establecer una escuela de ballet y baile moderno con fondos suficientes para atraer de profesor/a a un/a bailarín/bailarina conocido/a
4. establecer un teatro-laboratorio para los estudiantes de drama
5. dirigir al coro en una gira anual por diferentes partes del mundo durante diez años

5 GRAMÁTICA

09-25 to 09-27 *¡Hola!* Spanish/English Tutorials

Cláusulas condicionales de *si* (Parte 1)
Discussing possible actions in the present and future

A **si** (*if*) clause states ***a condition that must be met in order for something else to happen***. These are *if . . . then . . .* statements.

- The verb in the **if / si clause** states the condition for something to happen. This condition is likely to take place. The verb in the *then* clause describes what could happen.
- Use this "formula" when expressing *if / then* statements in which the verb following **si** is in the **present indicative.** Note the sequence:

Si no te portas bien, tendrás que pasar la tarde en tu cuarto.

> **Si** (*If*) + **present indicative** + (*then*) **present indicative**

Fíjate

The *then* clause is known in grammatical terms as a *resultant clause*.

Si quieres, podemos escuchar el *Concierto de Aranjuez* de Joaquín Rodrigo.

If you would like, we can listen to Concierto de Aranjuez, *by Joaquín Rodrigo.*

Si quieres ir a la orquesta sinfónica esta noche, te **llevo.**

If you would like to go to the symphony tonight, I will take you.

> **Si** (*If*) + **present indicative** + (*then*) **future**

Si vas al teatro después, **iré** contigo.

If you go to the theater afterwards, I will go with you.

Si el conjunto no **toca** música popular, **buscaremos** otro club.

If the band doesn't play popular music, we'll find another club.

> **Si** (*If*) + **present indicative** + (*then*) **command**

Si tienes ganas de escuchar y bailar flamenco, **vete** al bar La Trocha.

If you feel like listening to and dancing flamenco, go to the bar La Trocha.

Si te gustan las comedias, **cómprate** entradas para ese teatro.

If you like comedies, buy tickets for that theater.

9-26 **Muy probable** ¿Cuántas oraciones lógicas puedes formar en cuatro minutos, combinando elementos de las columnas A y B? Crea todas las oraciones que puedas y después compáralas con las de un/a compañero/a. ■

MODELO *Si quieres escuchar música alternativa, no vengas a mi casa.*

Estrategia

Remember that in the *then* (resultant) clause, it is possible to use the *present indicative, the future tense,* or a *command.*

COLUMNA A

Si querer escuchar música alternativa…
Si tocar el merengue…
Si tener un clarinete…
Si gustar el baile flamenco…
Si no tener cuerdas nuevas…
Si no venir al espectáculo…

COLUMNA B

no poder usar esa guitarra española
bailar contigo
no venir a mi casa
tocar en la orquesta
tomar lecciones con Silvia
perder el show de los mariachis de Guadalajara

9-27 **Fher** Fher es un músico muy conocido y muy popular del grupo Maná. Con un/a compañero/a, termina el siguiente párrafo con las formas correctas de los verbos apropiados para conocerlo. ■

Fíjate

To learn more about this famous rock band and to hear some of their music, research them on the Internet. (Suggested keywords: *Maná, música*)

enojarse		estar	ganar	levantarse	llegar
llevarse (bien / mal)		perder	poder	prepararse	tener

Hola, amigos. Me llamo José Fernando Emilio Olvera Sierra y soy originalmente de Puebla, México. Mis amigos me llaman Fher. Soy guitarrista, compositor y cantante principal del grupo Maná. Recientemente, hemos estado trabajando mucho —tanto en la música como en nuestra fundación Selva Negra y en otras cosas parecidas. Bueno, ustedes me preguntaron sobre un día normal para mí…

Si (1) _____ temprano, (2) _____ tiempo para leer el periódico antes de salir para el estudio. No me gusta andar corto de tiempo porque si (3) _____ tarde al ensayo, los otros miembros del grupo (4) _____ conmigo. Si no (5) _____ bien, (6) _____ tiempo y energía. Si no (7) _____ ensayar bien porque estamos frustrados o preocupados, no (8) _____ bien para nuestra representación en los Premios Grammy Latinos. Aparte de la canción que vamos a representar, nos han nominado para cuatro premios. Y como ustedes pueden imaginar, si (9) _____ uno, (10) _____ muy contentos. Si ustedes tienen más preguntas vayan a mi página de Facebook.

9-28 **La otra parte** Aquí tienen los posibles resultados, o sea, la otra mitad de las oraciones con **si**. Inventen la parte que falta. ■

MODELO …voy al museo.

Si hay una exhibición de arte precolombino, voy al museo.

1. …iremos al teatro.
2. …compro un reproductor de MP3.
3. …vete sola al espectáculo.
4. …aprende a tocar el teclado.

5. …serás el solista.
6. …entrevistamos a la diva.
7. …no llegaré a tiempo a la función.
8. …pídele una audición.

9-29 Siempre la oposición

Catrina siempre se opone a lo que sus padres le dicen.
Respondan a las sugerencias de los padres como si
fueran Catrina, usando siempre el vocabulario de
La música y el teatro. ■

MODELO LOS PADRES: Si tienes tiempo, puedes limpiar
tu cuarto.

CATRINA: *Si tengo tiempo, tocaré el órgano.*

1. Si puedes llegar temprano, vamos al cine.
2. Si terminas de leer el drama, podrás escribir el ensayo
   para la clase de inglés.
3. Si quieres comprar unas cuerdas nuevas para la guitarra
   vieja, vete a la tienda Música Central.
4. Si tienes miedo de salir a escena, debes ensayar delante
   del espejo.
5. Si ensayas más, serás mejor música.
6. Si quitas esa música fuerte, podrás oír lo que te estoy diciendo.

♻ ¡Anda! *Curso elemental*, Capítulo 5. El
mundo de la música, Apéndice 2.

9-30 Mi media naranja (*My soul mate*) Escuchen mientras su profesor/a les da las

instrucciones de esta actividad. ¡Diviértanse! ■

9-31 Si lo hacemos... Ya has estado en esta clase de español por muchas semanas, pero

¿conoces bien a tu compañero/a? ¿Cómo crees que tu compañero/a va a contestar las siguientes preguntas?
Túrnense para hacérselas, adivinar las respuestas y ¡aprender la verdad! ■

MODELO E1: *Si estás seleccionando música para una fiesta en tu casa, ¿qué tipo*
de música escoges? Creo que dirás que escoges el rock.

E2: *Tienes razón. Para una fiesta en mi casa, siempre escojo el rock.*

E2: *Para la pregunta número dos…*

1. Si estás seleccionando música para una fiesta en tu casa, ¿qué tipo de música escoges?
2. Si tus amigos y tú quieren ir a un concierto, ¿qué tipo de concierto prefieren —de música clásica,
   rock, pop, rap, etc.?
3. Si tus padres te compran un reproductor de MP3 nuevo, ¿qué marca y modelo prefieres?
4. Si decido ir al teatro este fin de semana, ¿qué obra debo ver?
5. Si salen con sus amigos el sábado, ¿a dónde irán?
6. Si tienes tiempo libre esta noche, ¿qué piensas hacer?

¡Anda! Curso elemental, Capítulo 5.
El mundo del cine, Apéndice 2.

6 VOCABULARIO

09-28 to 09-30

El cine y la televisión
Delving into the world of cinema and television

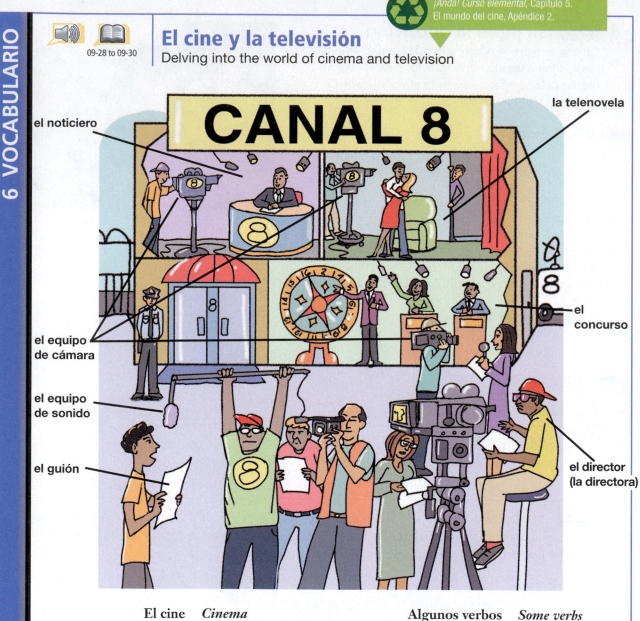

- el noticiero
- el equipo de cámara
- el equipo de sonido
- el guión
- la telenovela
- el concurso
- el director (la directora)

CANAL 8

El cine	Cinema
el/la cinematógrafo/a	cinematographer
el cortometraje	short (film)
los dibujos animados	cartoons
el/la guionista	scriptwriter; screenwriter
el montaje	staging; editing
¡Silencio! ¡Se rueda!	Quiet everybody (on the set)! Action!
los subtítulos	subtitles

La televisión	Television
el canal	channel
el/la televidente	television viewer

Algunos verbos	Some verbs
actuar	to act
aplaudir	to applaud
componer	to compose
editar	to edit
filmar	to film
hacer el papel	to play the role
improvisar	to improvise
informar	to inform; to tell
representar	to perform
rodar (en exteriores)	to film (on location)

9-32 **Las diferencias** Durante las próximas vacaciones, consiguieron trabajos como guías en los estudios de 20th Century Fox. Túrnense para practicar lo que les dirán a los turistas cuando expliquen las diferencias entre las siguientes palabras. ■

MODELO   ensayar / representar

Ensayar es prepararse para representar un papel a través de mucha práctica.

1. el cortometraje / los dibujos animados
2. la telenovela / la televidente
3. improvisar / representar
4. el montaje / el guión
5. rodar / editar
6. el cinematógrafo / la directora

¡Anda! Curso elemental, Capítulo 5.
Hay que + infinitivo, Apéndice 3.

9-33 **Todo relacionado** Son los productores de una película. Pon en orden lo que tiene que ocurrir para que la película salga bien. ■

_____ Hay que seleccionar los actores, el equipo de cámara, el equipo de sonido, etc.
_____ Hay que preparar el montaje.
_____ Hay que montar el decorado.
_____ Un guionista identifica un tema o una historia para desarrollar o adaptar para el cine.
_____ Hay que rodar.
_____ Hay que hacerle publicidad a la película.
_____ El guionista o su agente les manda el guión a muchos directores de cine.
_____ Los actores tienen que ensayar mucho.
_____ Hay que identificar un buen guión.

9-34 **Lo conocido** ¿Qué personas, títulos u otras cosas asocian ustedes con cada una de las siguientes palabras? Compara tus ideas con las de un/a compañero/a. ■

MODELO   el noticiero que les gusta más

Noticiero Telemundo

1. un cortometraje
2. una película reciente de dibujos animados
3. un/a director/a famoso/a
4. un guión más interesante que la novela en la cual se basa
5. el canal más popular entre tus amigos
6. el concurso más aburrido
7. una película con subtítulos
8. una telenovela

9-35 **Profesiones sobresalientes** Elige una de las siguientes profesiones y escribe un párrafo de las cualidades, habilidades u otros requisitos para tener éxito en esa profesión. Después, en grupos de cuatro, compartan sus listas. ■

MODELO *Es necesario que un músico o una música ensayen mucho. Es importante que tenga un buen instrumento. También es importante tener paciencia.*

1.

2.

3.

4.

5.

6.

PERFILES

09-31 to 09-32

El arte como expresión personal

El artista necesita expresarse mediante la forma más apropiada para sí mismo. Estas tres personas han logrado sus expresiones artísticas y personales, cada una de forma muy distinta.

Uno de los directores del cine mexicano más conocidos es **Alejandro González Iñárritu** (n. 1963). Ha trabajado con muchos de los actores más famosos del cine y ha dirigido varias películas excelentes como *Amores perros, Babel* y *Biutiful,* que ganaron premios internacionales. Recibió el premio al Mejor Director en el Festival de Cine de Cannes en el año 2006.

Si sabes algo del ballet, conocerás a **Julio Bocca** (n. 1967), quien es, sin duda, el bailarín argentino más famoso del mundo. Después de veinte años con el American Ballet Theatre, volvió a su país nativo en el año 2006 para trabajar con su propia compañía, el Ballet Argentino. Ya no baila profesionalmente pero continúa siendo el director de la compañía.

No hay guitarrista que simbolice más la música flamenca que **Paco de Lucía** (n. 1947). Este músico andaluz también ha experimentado con otros estilos como el jazz, e inclusive incorporó el cajón, instrumento afroperuano, en sus composiciones flamencas. Si quieres conocer la música flamenca, escucha a este maestro del arte.

Preguntas

1. ¿Cómo se expresan artísticamente estas personas?
2. Si piensas en estas formas de expresión artística, ¿qué otros artistas conoces o puedes nombrar?
3. Considerando todas las formas de arte, en tu opinión, ¿quién es el/la artista más importante de tu época? Si piensas en todas las épocas, ¿quién será el más importante en tu opinión? ¿Qué tipo(s) de arte representa? ¿Por qué opinas así?

Workbooklet

9-36 **Los mejores y los peores** Escribe tus selecciones para las siguientes categorías y después, en grupos de tres, compartan la información. ■

	YO	ESTUDIANTE 1	ESTUDIANTE 2
mejor / peor artista			
mejor / peor grupo musical			
mejor / peor cantante			
mejor / peor canción			
mejor / peor programa de la televisión			
mejor / peor concurso de la televisión			
mejor / peor noticiero			

¡CONVERSEMOS!

09-33 to 09-34

 9-37 **Diálogo** Escucha la conversación entre Mariela y José Luis y contesta las siguientes preguntas. ■

1. Según la conversación, ¿a quién le gustan las artes modernas? ¿A quién le gustan las artes antiguas?
2. En realidad, ¿qué quería decirle Mariela a José Luis y qué quería decirle José Luis a Mariela?

9-38 **Parecidos** Dicen que por cada diez personas encontrarás diez opiniones diferentes. Sin embargo, existen semejanzas también. ■

Paso 1   Busca a un/a compañero/a que tenga los mismos gustos que tú en uno de los cuatro temas que siguen: el arte, la música, el teatro o el cine/ la televisión. Crea **cinco** preguntas y entrevista a **cinco** compañero/as para encontrar el/la compañero/a más parecido/a a ti.

MODELO   E1:   *¿Te gustan las tragedias? Es decir, ¿te gustan las obras de Shakespeare?*

E2:   *Sí, me gustan, pero no todas. O sea, no me gustan las tragedias modernas sino…*

Paso 2   Hagan un reportaje oral en el que comparen sus semejanzas. Cada uno debe expresar sus ideas en por lo menos **ocho** oraciones.

9-39 **Meter la pata** ¿Cuántas veces has dicho algo que alguien interpretó mal? O, ¿cuántas veces has dicho algo que no debías? Creen diálogos de las siguientes situaciones donde metiste la pata (*put your foot in your mouth*). ◼

a. criticaste la música de tu mejor amigo/a
b. insististe en ir a una película y el guión fue horrible y todo el mundo gastó mucho dinero
c. visitaste a un/a amigo/a y criticaste su alfarería. Resulta que era de su madre.
d. ¿…? (tu propia situación donde metiste la pata)

9-40 **¿Qué dirían?** Claro que hay excepciones, pero es posible predecir las opiniones de. Creen diálogos entre las siguientes personas sobre los temas de la lista. Cada diálogo debe tener por lo menos **doce** oraciones, usando expresiones de clarificación y de circunlocución: oraciones usando **el subjuntivo** y oraciones con *si* + presente. ◼

a. los dibujos animados de Disney o Pixar
b. el director mexicano Alejandro González Iñárritu
c. el bailarín Julio Bocca
d. la música de Paco de Lucía

e. el Museo del Oro de Bogotá en Colombia, y un museo en los Estados Unidos que conozcan
f. la música alternativa
g. ¿…? (un tema que seleccionen)

9-41 **Y el premio va a…** Casi todos han visto los programas de premios como los Óscar, los Grammy, los Tony y los Premios Grammy Latinos. Ahora les toca a ustedes crear unos premios y aceptarlos. ◼

Paso 1 Creen unos premios para las siguientes situaciones. Hay que describir a los candidatos y explicar por qué merecen el premio.

a. un premio a la mejor pintura, cerámica, escultura o el mejor tejido
b. la mejor grabación de la música X
c. el/la mejor cinematógrafo/a, director/a, guionista, o el mejor vestuario o la mejor producción de teatro (danza, comedia, tragedia, etc.)

Paso 2 Acepten los premios con un discurso (*speech*).

9-42 **¡Silencio! ¡Se rueda!** Por fin les toca a ustedes. Hagan los papeles de las siguientes personas para crear su propio **Laberinto peligroso**: el/la cinematógrafo/a, el/la director/a, el/la guionista. También planeen el vestuario y el decorado. Finalmente, ¿hay una diva en su presentación? Si hay, ¿quién es? ¡Diviértanse! ◼

09-35 to 09-36

Un cuento corto

Estrategia	The purpose of an introduction is to draw the reader in and focus his/her attention on your topic or theme. A good introduction engages the reader's attention, identifies the subject, and often sets the tone for the writing piece.	A strong conclusion should underscore your main points in a nonfiction piece or the theme in a fictional work, maintain the reader's interest, and even motivate the reader to continue to learn about the topic or find out what happens next if it is fiction.
Introductions and conclusions in writing		

9-43 **Antes de escribir** Vas a escribir un cuento corto que describa una escena de una obra de arte —digamos una pintura. (Tu profesor/a te dará opciones para la obra si no tienes un cuadro favorito.) Mira el cuadro, piensa en dos o tres ideas principales de tu cuento que describan lo que ocurre en la obra. Piensa también en una oración introductoria que capte la atención del lector. Luego, considera una oración que resuma y subraye (*underscores*) tus ideas principales. ■

9-44 **A escribir** Ahora que tienes tus ideas organizadas, escribe tu cuento, prestando atención a la introducción y a la conclusión sobre todo. Asegúrate de que en el cuento: ■

- hayas empezado con una introducción que llame la atención del lector.
- hayas descrito lo que pasa en la pintura u otra obra de arte.
- hayas terminado con una conclusión que resuma el cuento y que mantenga el interés del lector.

9-45 **Después de escribir** Comparte tu cuento y una imagen de la obra de arte sobre la cual escribiste con dos compañeros. ■

¿Cómo andas? II

Having completed **Comunicación II,** I now can …

	Feel confident	Need to review
• observe the world of music and theater. (p. 386)	☐	☐
• classify people and things in the extreme. (MSL)	☐	☐
• discuss possible actions in the present and future. (p. 391)	☐	☐
• delve into the world of cinema and television. (p. 394)	☐	☐
• identify different artistic and expressive talents. (p. 397)	☐	☐
• practice and use circumlocution. (p. 398)	☐	☐
• create strong introductions and conclusions in writing. (p. 400)	☐	☐

Vistazo cultural

09-37 to 09-38

El arte de Perú, Bolivia y Ecuador

Soy estudiante del Instituto de Música Contemporánea (IMC) de la Universidad San Francisco de Quito en Ecuador. El instituto está relacionado con la prestigiosa universidad Berklee College of Music de Boston y es una de las mejores escuelas de música en Sudamérica. Si consigo mi licenciatura en Producción Musical y Sonido este año, pronto espero encontrar trabajo como productor musical para discos.

Nicolás Zambrano Vera, estudiante de música y sonido

El cajón, instrumento peruano

No hay instrumento de percusión más asociado con Perú que el cajón. Es probable que el cajón date de los tiempos coloniales, cuando los esclavos africanos lo empleaban para representar y reproducir la música de su herencia africana. Hoy en día, este instrumento folklórico forma parte indispensable de la música afroperuana.

Susana Baca, cantante peruana

La cantante Susana Baca (n. 1944) es la mejor promotora de la música afroperuana hoy en día. Ella fundó el Centro Experimental de Música Negro Continuo en Lima para estudiar e investigar las raíces de la música negra en Perú. En el año 2011 fue nombrada Ministra de Cultura del Perú, la primera persona de raza negra en servir en el gabinete del gobierno peruano.

Mario Vargas Llosa, autor peruano

Lee una de las novelas de Mario Vargas Llosa (n. 1936), como *La casa verde* o *Conversación en la catedral,* si quieres entender algo de la cultura peruana. Es un escritor y novelista de talento enorme; ganó el Premio Nobel de Literatura en el año 2010. Es también dramaturgo, cuentista y político: se presentó como candidato para la presidencia de Perú en el año 1990.

Música folklórica boliviana

Si quieres conocer la música folklórica de los países andinos, escucha algunas canciones interpretadas por el grupo boliviano Los Kjarkas. Fundado en el año 1965, este grupo es uno de los mejores representantes de la música boliviana. Tocan instrumentos folklóricos típicos y cantan en español y en quechua.

Artesanía de Otavalo, Ecuador

Ecuador es famoso por sus productos de artesanía, sobre todo en la provincia de Imbabura. Si deseas escoger entre una gran variedad de arte, debes ir al mercado de Otavalo. Allí encontrarás tejidos y tapices de colores y diseños bonitos, figuras de talla de madera bien elaboradas y mucho más.

Carla Ortiz, actriz boliviana

Desde niña, la boliviana Carla Ortiz (n. 1976) quería ser actriz. Empezó como modelo y luego pasó al campo de la televisión. Se mudó a México, donde ha aparecido en muchas telenovelas. Actualmente, vive en Los Ángeles, donde sigue apareciendo en la televisión. También actuó en la película *Los Andes no creen en Dios* (2007).

Oswaldo Guayasamín, pintor ecuatoriano

Oswaldo Guayasamín (1919–1999), de Ecuador, fue principalmente pintor, pero también diseñaba joyería y hacía objetos de artesanía de metal y de madera. Si examinas sus pinturas, verás reflejada una preocupación por el sufrimiento del ser humano y la denuncia de la miseria que las personas tienen que aguantar en la vida.

Preguntas

1. ¿Qué formas artísticas se mencionan aquí? ¿Cuál vistazo te interesa más y por qué?
2. Identifica varias relaciones entre los artistas mencionados en este capítulo.
3. Piensa en los *Vistazos culturales* anteriores e identifica unas conexiones entre ellos y el arte que has estudiado en este capítulo. (E.g., **Capítulo 4:** los diseños de las alfombras de flores de la Semana Santa o las máscaras de Guatemala)

Laberinto peligroso

EPISODIO 9

Lectura

09-41

9-46 **Antes de leer** En los episodios del **Capítulo 8,** viste cómo la situación de Cisco se vuelve más peligrosa. Antes de empezar a leer este episodio, contesta las siguientes preguntas. ■

1. ¿Qué pasó al final del último episodio? ¿Dónde estaba Cisco? ¿Por qué estaba allí?
2. ¿Qué piensas que le habrá pasado a Cisco?
3. Basándote en el título de la lectura del **Capítulo 9,** ¿quién crees que protagoniza este episodio? ¿Por qué?
4. Muchas veces, para realmente comprender un texto es necesario que prestes tanta atención a lo que dice el texto implícitamente (no abiertamente) como a lo que dice explícitamente (abiertamente); es decir, es necesario leer entre líneas. Por ejemplo, en los episodios anteriores, la narración no ha hablado muy abiertamente sobre la relación entre los diferentes protagonistas, pero sí ha sugerido algo al respecto. Basándote en los episodios que has visto hasta el momento, ¿qué has deducido sobre la relación entre Celia y Cisco? Cuando contestes las preguntas de *Después de leer,* vas a tener más oportunidades para leer en concreto entre líneas en este episodio.

DÍA 44 *Sola y preocupada*

Celia tenía ganas de ver la comedia que se había estrenado en el teatro. Según los críticos, era la mejor obra de la temporada. Había pensado en ir sola, pero mientras esperaba a comprar su entrada cambió de idea. Pensó, "Aunque no me importa ir sola, prefiero que otra persona venga conmigo. Quizás invite a Javier o a Cisco. Dudo que a Javier le guste el teatro tanto como a Cisco. Javier prefiere el cine". Inmediatamente decidió llamar a Cisco para ver si le gustaría acompañarla a la función. Cuando no contestó el teléfono de casa, intentó llamarlo a su teléfono celular. Tampoco lo contestó. Celia se dijo, "¡Qué extraño que haya salido sin el celular! Nunca va a ninguna parte sin ese teléfono. ¿Por qué no ha contestado? ¿Qué estará haciendo?".

Cuando salió del teatro, Celia no tenía muchas ganas de ir a casa para trabajar. Estaba un poco preocupada por Cisco. Se dijo, "Si me preocupo, entonces seguramente está perfectamente bien, tomando café con alguna de sus numerosas amigas. Pero si no me preocupo, entonces será que algo le ha pasado y necesita ayuda". Se dio cuenta de la futilidad de sus pensamientos y se dijo "¡Celia, contrólate! ¡No es bueno que pienses en esas cosas!". Tenía que trabajar en la investigación, pero no tenía ganas de hacerlo. Después de reflexionar un poco, tomó una decisión. "Voy a llamar a Javier; quizá él quiera ir al cine. Si me dice que sí, iremos al cine. Si me dice que no, entonces me iré a casa para seguir trabajando". Lo llamó y él tampoco contestó el teléfono. "¿Estarán juntos Cisco y Javier?" se preguntó Celia.

Al llegar a casa, Celia se puso a trabajar inmediatamente. Después de empezar a leer un artículo interesante, empezó a sentirse más motivada. La información que había encontrado Cisco sobre el tráfico de artefactos precolombinos los había llevado a investigar más sobre el arte de diferentes grupos indígenas. Lo más llamativo de lo que descubría era la variedad de la artesanía de las culturas. Trabajaban en la alfarería, la cestería y la cerámica; creaban tapices, tejidos, esculturas de barro y figuras y objetos tallados en madera. Había todavía más diversidad en los temas de sus obras: en algunas representaban paisajes, otras eran retratos. En algunos dibujos y esculturas se centraban más en plantas y animales, mientras que en otras obras creaban diseños con figuras abstractas. Muchas obras reflejaban la vida cotidiana de la gente.

Aunque le fascinaba lo que aprendía sobre la artesanía de los indígenas, pronto se dio cuenta de que esos datos no eran tan importantes como otros. Por eso, se puso a leer artículos sobre las sustancias extraídas de las plantas. Lo que le pareció más llamativo de esos documentos eran las numerosas referencias al Dr. Huesos y su trabajo con las plantas. Por lo visto, era uno de los máximos expertos en el tema de las sustancias venenosas que se encuentran en las selvas tropicales. El artículo más reciente indicaba que el profesor había desaparecido durante un viaje a una selva en Guatemala, justo antes de la erupción de un volcán. Mientras Celia buscaba más información sobre el Dr. Huesos, alguien llamó a la puerta. Celia se levantó para ver quién era. Vio que era el hombre misterioso del café. Lo que no sabía era que el hombre llevaba un cuchillo.

9-47 **Después de leer** Contesta las siguientes preguntas. ∎

1. Según el texto, ¿por qué decidió Celia llamar a Cisco en lugar de Javier?
2. ¿Por qué crees que Celia llamó a Cisco? ¿Por qué crees eso?
3. Según el texto, ¿cómo se sentía Celia cuando no pudo hablar con Cisco?
4. ¿Cómo piensas tú que se sentía? ¿Por qué piensas eso?
5. Según el texto, ¿por qué llamó a Javier?
6. ¿Por qué crees que llamó a Javier? ¿Por qué crees eso?
7. ¿Por qué volvió Celia a su casa en lugar de ir al cine?
8. Según el texto, ¿qué tipo de arte hacían los indígenas en Latinoamérica?
9. ¿Qué le pasó al Dr. Huesos en Guatemala?
10. ¿Qué ocurrió al final del episodio?

Video

09-42 to 09-43

9-48 **Antes del video** Antes de ver el episodio del video, *Desaparecidos,* contesta las siguientes preguntas. ■

1. ¿Quién fue a la casa de Celia al final de la lectura? ¿Por qué crees que fue a su casa?
2. ¿Qué crees que le pasó al Dr. Huesos? ¿Por qué?
3. Basándote en el título del video, describe qué crees que va a pasar en el video.

Han encontrado el cadáver de un hombre en Guatemala. Según las autoridades podría ser el cuerpo del Dr. Huesos.

¿Cómo? ¿Asesinado?

Si hubiera venido, habría dejado (*would have left*) una clave, ¿no?

Episodio 9

«*Desaparecidos*»

Relájate y disfruta el video.

9-49 **Después del video** Contesta las siguientes preguntas. ■

1. ¿Qué ocurrió con el hombre misterioso en este episodio?
2. ¿Quiénes entraron en casa de Celia? ¿Por qué entraron en su casa?
3. Según Javier, ¿qué le pasó al Dr. Huesos en Guatemala?
4. ¿Qué encontró Celia en la casa de Cisco?
5. ¿Qué hay en el museo?
6. ¿Qué es necesario que haga Celia si quiere que Cisco esté bien?
7. ¿Qué pasará si Celia intenta contactar a los detectives?

09-47 to 09-50

LETRAS

Acabas de terminar otro episodio de **Laberinto peligroso.** Explora más lecturas en la colección literaria, **Letras.**

Y por fin, ¿cómo andas?

	Feel confident	Need to review
Having completed this chapter, I now can . . .		

Comunicación I

- explore the visual arts. (p. 372) ☐ ☐
- offer comparisons of equality and inequality. (MSL) ☐ ☐
- recommend and suggest, express volition, doubt, and emotions, and describe uncertainty or the unknown. (p. 375) ☐ ☐
- examine handicrafts and their artisans. (p. 381) ☐ ☐
- draw inferences about what I hear. (p. 384) ☐ ☐

Comunicación II

- observe the world of music and theater. (p. 386) ☐ ☐
- classify people and things in the extreme. (MSL) ☐ ☐
- discuss possible actions in the present and future. (p. 391) ☐ ☐
- delve into the world of cinema and television. (p. 398) ☐ ☐
- practice and use circumlocution. (p. 400) ☐ ☐
- create strong introductions and conclusions in writing. (p. 400) ☐ ☐

Cultura

- share information about a pre-Columbian art museum. (p. 383) ☐ ☐
- identify different artistic and expressive talents. (p. 397) ☐ ☐
- investigate the art, artists, and artisans of Peru, Bolivia, and Ecuador. (p. 402) ☐ ☐

Laberinto peligroso

- derive inferences when reading, and hypothesize about Dr. Huesos and the ominous man outside Celia's door. (p. 404) ☐ ☐
- consider Celia's threatening e-mail and Cisco's predicament. (p. 406) ☐ ☐

Comunidades

- use Spanish in real-life contexts. (SAM) ☐ ☐

Literatura

- distinguish anaphora, metonymy, and synecdoche as vehicles of poetic expression. (Literary Reader) ☐ ☐

El arte visual — *Visual arts*

la acuarela	*watercolor*
el arte dramático	*performance art*
el/la artista	*artist*
el autorretrato	*self-portrait*
el dibujo	*drawing*
el diseño	*design*
el grabado	*etching*
la imagen	*image*
el lienzo	*canvas*
el motivo	*motif; theme*
el mural	*mural*
el/la muralista	*muralist*
la naturaleza muerta	*still life*
la obra maestra	*masterpiece*
el óleo	*oil painting*
el paisaje	*landscape*
el pincel	*paintbrush*
el/la pintor/a	*painter*
la pintura	*painting*
el retrato	*portrait*
el taller	*workshop; studio*
el tema	*theme; subject*
el valor	*value*

Algunos adjetivos — *Some adjectives*

cotidiano/a	*everyday; daily*
estético/a	*aesthetic*
gráfico/a	*graphic*
innovador/a	*innovative*
llamativo/a	*colorful; showy; bright*
talentoso/a	*talented*
técnico/a	*technical*
visual	*visual*

Algunos verbos — *Some verbs*

crear	*to create*
dibujar	*to draw*
encargarle (a alguien)	*to commission (someone)*
esculpir	*to sculpt*
exhibir	*to exhibit*
hacer a mano	*to make by hand*
reflejar	*to reflect*
representar	*to represent*

La artesanía — *Arts and crafts*

la alfarería	*pottery; pottery making*
el/la alfarero/a	*potter*
las artes decorativas / aplicadas	*decorative / applied arts*
el/la artesano/a	*artisan*
el barro	*clay*
la cerámica	*ceramics*
la cestería	*basket weaving; basketry*
el/la escultor/a	*sculptor*
la escultura	*sculpture*
la talla	*wood sculpture; carving*
el tapiz	*tapestry*
el/la tejedor/a	*weaver*
el tejido	*weaving*

El mundo de la música y del teatro	The world of music and theater

La música	Music
el clarinete	clarinet
el/la compositor/a	composer
el coro	choir
el cuarteto	quartet
las cuerdas	strings; string instruments
el espectáculo	show
el flamenco	flamenco
los instrumentos de metal	brass instruments
los instrumentos de viento / de madera	woodwinds; wood instruments
el mariachi	mariachi
el merengue	merengue
la música alternativa	alternative music
la música popular	popular music
el/la organista	organist
el órgano	organ
la orquesta sinfónica	symphony orchestra
la pieza musical	musical piece
el reproductor de MP3	MP3 player
el saxofón	saxophone
el/la saxofonista	saxophonist
los/las seguidores/as	fans; groupies; followers
el/la solista	soloist
el teclado	keyboard
el trío	trio
el trombón	trombone
el violín	violín

El teatro	Theater
el ballet	ballet
la comedia	comedy
la danza	dance
el decorado	set
el/la director/a de escena	stage manager
la diva	diva
el drama	drama
el/la dramaturgo/a	playwright
el escenario	stage
la función	show; production
el miedo de salir a escena	stage fright
la obra de teatro	play
la tragedia	tragedy
el vestuario	costume; wardrobe; dressing room

El mundo del cine y la televisión	The world of cinema and television

El cine	Cinema
el/la cinematógrafo/a	cinematographer
el cortometraje	short (film)
los dibujos animados	cartoons
el/la director/a	director
el equipo de cámara / sonido	camera / sound crew
el guión	script
el/la guionista	scriptwriter; screenwriter
el montaje	staging; editing
¡Silencio!	Quiet everybody (on the set)!
¡Se rueda!	Action!
los subtítulos	subtitles

La televisión	Television
el canal	channel
el concurso	game show; pageant
el noticiero	news program
la telenovela	soap opera
el/la televidente	television viewer

Algunos verbos	Some verbs
actuar	to act
aplaudir	to applaud
componer	to compose
editar	to edit
filmar	to film
hacer el papel	to play the role
improvisar	to rehearse; to improvise
informar	to inform; to tell
representar	to perform
rodar (en exteriores)	to film (on location)

el violín
el trombón
el saxofón

los seguidores

10

Un planeta para todos

Con más población y contaminación, la calidad de vida se reduce para todo ser vivo en el planeta, tanto para las personas como para los animales y las plantas. Cuidar de la naturaleza y los recursos que tiene la Tierra no es una opción: es una necesidad.

PREGUNTAS

1 ¿Qué tipo(s) de contaminación existe(n) en tu comunidad?

2 ¿Cuáles son algunos de los peligros de la contaminación del medio ambiente?

3 ¿Qué haces para contribuir a la contaminación? ¿Y para reducirla o disminuirla?

Comunicación I

¡Anda! Curso elemental, Capítulo 11.
El medio ambiente, Apéndice 2.

1 VOCABULARIO

10-01 to 10-03

El medio ambiente   Describing the environment

el hábitat · la deforestación · la sequía · la erosión · la sobrepoblación

el insecticida

el pesticida

el fertilizante

el esmog

el humo

el envase

el contaminante

Algunas palabras útiles	*Some useful words*	el efecto invernadero	*greenhouse effect*
los animales en peligro de extinción	*endangered species*	la escasez	*scarcity*
el clima	*climate*	la infraestructura	*infrastructure*
el combustible	*fuel*	la naturaleza	*nature*
el consumo	*consumption*	el peligro	*danger*
el daño	*harm*	el riesgo	*risk*
el desperdicio	*waste*	la sustancia	*substance*
el ecosistema	*ecosystem*		

Algunos verbos	*Some verbs*
amenazar	*to threaten*
conservar	*to conserve*
cosechar	*to harvest*
dañar	*to damage; to harm*
desaparecer	*to disappear*
descongelar	*to thaw*
desperdiciar	*to waste*
destruir	*to destroy*
fabricar	*to make; to produce*
hacer ruido	*to make noise*
mejorar	*to improve*
preservar	*to preserve*
prevenir	*to prevent*
reducir	*to reduce*
reemplazar	*to replace*
rescatar	*to rescue*
sobrevivir	*to survive*
sostener	*to sustain*

Algunos adjetivos	*Some adjectives*
árido/a	*arid; dry*
biodegradable	*biodegradable*
climático/a	*climatic*
ecológico/a	*ecological*
exterminado/a	*exterminated*
renovable	*renewable*
tóxico/a	*poisonous*

Estrategia

When discussing *El medio ambiente*, include previously learned vocabulary that connects with this theme. For example, in *¡Anda! Curso elemental* you learned *el daño, el efecto invernadero,* and *la naturaleza.* For more review vocabulary on the environment, go to Appendix 3, *Capítulo 11.*

REPASO

¡Hola!
Repaso &
Spanish/English
Tutorials

10-04 to 10-06

Las preposiciones y los pronombres preposicionales
Indicating purpose, time, and location

For a complete review of prepositions and prepositional pronouns, go to MySpanishLab or refer to **Capítulo 11** of *¡Anda! Curso elemental* in Appendix 3 of your textbook. The vocabulary activities that follow incorporate this grammar point. Practicing new vocabulary with a review grammar point helps to strengthen and increase your knowledge of Spanish.

10-1 **Definiciones** Completa los siguientes pasos. ■

Paso 1 Aquí tienen las definiciones. ¿Cuáles son las palabras? Túrnense.

MODELO todo lo que nos rodea (*surrounds us*) y que debemos cuidar para mantenerlo limpio
el medio ambiente

Estrategia

Remember that *la tierra* means "land" or "soil," whereas *la Tierra* refers to the planet Earth.

1. la falta o insuficiencia de algo, por ejemplo el agua o la energía
2. una sustancia química tóxica que echamos encima de las plantas para controlar los insectos
3. la falta de agua en la Tierra
4. tener demasiadas personas viviendo dentro de un área de la Tierra
5. preparar con anticipación lo necesario para evitar algo
6. liberar de peligro o daño
7. tener la posibilidad de hacer algo de nuevo, o de volverlo a su estado original
8. elementos o servicios que son necesarios para la creación y buen funcionamiento de una organización

Paso 2 Ahora di las preposiciones que hay en cada definición. Túrnense.

10-2 **Nuestros problemas** Delia y Fabián acaban de participar en el Día Mundial del Medio Ambiente. Lean la conversación entre ellos y completen los siguientes pasos. ■

Paso 1   Subrayen todas **las preposiciones.**

DELIA: Fabián, ¿qué opinas de los problemas del medio ambiente?

FABIÁN: Bueno, creo que el crecimiento tan rápido de la población humana y el desarrollo tecnológico están produciendo un deterioro cada vez más acelerado en la calidad del medio ambiente y en su capacidad de sostener vida.

DELIA: Sí, estoy totalmente de acuerdo. Además, según los expertos, el dióxido de carbono atmosférico se ha incrementado un treinta por ciento en los últimos doscientos cincuenta años. El problema es que eso puede impedir que la radiación de onda larga escape al espacio exterior. Parece que producimos más calor mientras que es menos el que puede escapar.

FABIÁN: Sí, y ya sé a donde vas —la temperatura global de la Tierra está subiendo. Yo creo que el cambio climático es la cuestión crítica de nuestra época. Entonces las organizaciones nacionales e internacionales tienen que exigir que las empresas y las comunidades busquen la manera de reducir las emisiones de gases de invernadero.

DELIA: Y para que esto sea realidad, hay que buscar maneras de reducir emisiones de carbono. Todo eso va a requerir un gran mejoramiento en la eficiencia energética y en las fuentes alternativas de energía.

FABIÁN: Claro, y no te olvides de los bosques, los ríos y los océanos —el consumo tiene que ser ecológico para poder proteger y conservar la belleza que tenemos en nuestro mundo.

Paso 2   Túrnense para contestar las siguientes preguntas.

1. Según Fabián, ¿qué está causando el deterioro en la calidad del medio ambiente?
2. Según Delia, ¿cuánto ha aumentado el nivel de dióxido de carbono en los dos últimos siglos?
3. ¿Cuál puede ser el efecto de ese aumento en el dióxido de carbono?
4. ¿Qué necesitan hacer tanto los países como la comunidad global para combatir eso y para proteger nuestro mundo?

10-3 **Así es** Busquen la pareja más lógica para cada frase y creen **ocho** oraciones completas. ■

1. _____ Alguien bota el envase en el río y…
2. _____ El consumo de la energía para mantener el nivel de vida…
3. _____ Según las cifras (*figures*), los Estados Unidos desperdicia más…
4. _____ Antes de destruir todos los bosques…
5. _____ El mundo se está calentando hasta el punto de…
6. _____ Para reducir el consumo de petróleo…
7. _____ Sin preservar los recursos naturales…
8. _____ Después de dañar tanto a la Madre Tierra…

a. que cualquier otro país del planeta.
b. descongelar los polos norte y sur.
c. es impresionante ver cómo nos sigue sosteniendo.
d. el mundo será muy diferente para las generaciones del futuro.
e. es un gran desperdicio.
f. tenemos que usar los coches de gasolina mucho menos que ahora.
g. necesitamos un mejor plan para reforestar.
h. termina en el mar.

Workbooklet

10-4 **Encuesta** ¿Eres "verde"? Completa los siguientes pasos para averiguarlo. ◼

Paso 1 Indica con qué frecuencia haces las siguientes acciones.

	NUNCA	A VECES	CASI SIEMPRE	SIEMPRE
1. Hablar con mis amigos y parientes para animarlos a reciclar.				
2. No importarme pagar más por los productos que son orgánicos y/o biodegradables.				
3. Reciclar todo el papel que uso.				
4. Reciclar todos los envases posibles de vidrio, plástico, cartón y lata.				
5. No pensar comprar nada que dañe el ecosistema, incluso los pañales (*diapers*).				
6. Conducir menos para conservar energía y reducir la contaminación del aire.				
7. Conducir más lento y menos agresivamente para conservar energía.				
8. Leer el periódico y las revistas en el Internet.				
9. Buscar artículos y programas de televisión para poder aprender más sobre la ecología.				
10. Preocuparme por el agotamiento (*depletion*) de los recursos naturales.				

Paso 2 Crea preguntas y házselas a por lo menos **cinco** compañeros/as de clase. Escribe sus respuestas.

MODELO E1: *¿Hablas con tus amigos y parientes para animarlos a reciclar?*

E2: *Sí, les hablo a veces.*

Paso 3 En grupos de cuatro o cinco, discutan sus respuestas y creen gráficas que representen sus resultados.

hablar con amigos

pagar más por los productos orgánicos

10-5 **La Selva Negra** En el **Capítulo 9,** hablamos de Maná. ¿Sabían que la fundación ecológica La Selva Negra es el brazo social de este grupo de rock? Vayan al Internet para ver artículos y fotos de algunos de sus proyectos dedicados a la protección y preservación del medio ambiente. Después, preparen una presentación de por lo menos **quince** oraciones sobre uno de los proyectos. ■

Fíjate

Suggested keyword for your Internet search include: *Selva negra, Maná, conservación,* and *fundación.*

¡Anda! Curso elemental, Capítulo 11. El medio ambiente, Apéndice 2.

10-6 **Debate** Formen equipos para debatir las posibles causas y soluciones a los siguientes problemas. ■

PROBLEMAS:

1.

la sobrepoblación de algunos países del mundo

2.

la deforestación

Estrategia

For some useful phrases to express agreement or disagreement, consult the *¡Conversemos!* section of this chapter on p. 440.

3.

el alto consumo de petróleo

4.

la dependencia de la energía de combustibles fósiles

---

2 GRAMÁTICA

10-07 to 10-09   ¡Hola! Spanish Tutorial

El imperfecto de subjuntivo
Specifying prior recommendations, wants, doubts, and emotions

You already have learned and practiced when to use the subjunctive versus the indicative. You have been using the present and present perfect subjunctive. Now we will explore the past subjunctive, or **el imperfecto de subjuntivo.**

1. The **imperfect subjunctive** is used to refer to **past events that can include those that were incomplete, hypothetical, unreal, or indefinite.** It is used to express **past wishes, doubts,** and **suggestions.**

Para el artista era importante que se reciclara.

El granjero dudaba que la deforestación **pudiera** causar tanta erosión.

The farmer doubted that deforestation could cause so much erosion.

Los televidentes pidieron que **hubiera** más programas de temas ecológicos.

The television viewers requested that there be more programs about ecological topics.

2. The **imperfect subjunctive** is also used to make **polite requests or statements** using **querer, poder,** and **deber.**

Quisiera saber cómo este pueblo piensa rescatarse.

I would like to know how this town is planning to save itself.

¿**Pudieras** recomendarme un insecticida menos tóxico?

Could you recommend a less toxic insecticide?

Debieras ir a la conferencia sobre el medio ambiente.

You should go to the conference on the environment.

3. You may use the **imperfect subjunctive** with **ojalá** when it means *I wish.*

Ojalá que **pudiéramos** rescatar los animales que casi están en peligro de extinción.

I wish we could rescue the animals that are on the verge of extinction.

4. The **imperfect subjunctive** of regular and irregular verbs is formed by:

a. **taking the third-person plural of the preterit,**
b. **dropping the –ron ending,**
c. **adding the following endings:**

		conservar	**sostener**	**sobrevivir**
		(conserva~~ron~~)	(sostuvie~~ron~~)	(sobrevivie~~ron~~)
yo	**-ra**	conservara	sostuviera	sobreviviera
tú	**-ras**	conservaras	sostuvieras	sobrevivieras
Ud.	**-ra**	conservara	sostuviera	sobreviviera
él, ella	**-ra**	conservara	sostuviera	sobreviviera
nosotros/as	**-ramos**	conserváramos	sostuviéramos	sobreviviéramos
vosotros/as	**-rais**	conservarais	sostuvierais	sobrevivierais
Uds.	**-ran**	conservaran	sostuvieran	sobrevivieran
ellos/as	**-ran**	conservaran	sostuvieran	sobrevivieran

Note: A **written accent** is required on the ***final vowel of the stem*** in the **nosotros** form (first person plural).

10-7 **La corrida** Escuchen mientras su profesor/a les explica la actividad. Van a jugar este juego rápido para practicar las formas del **imperfecto de subjuntivo.** ■

♻ *¡Anda! Curso elemental*, Capítulo 11. El medio ambiente; La política, Apéndice 2.

10-8 **¿Qué más?** Acaban de ver un documental en la televisión sobre la protección del medio ambiente donde hablaron muchos expertos y personas oficiales del gobierno. Terminen las siguientes oraciones usando siempre **el imperfecto de subjuntivo.** ■

MODELO   El alcalde nos exigió que… (reducir)

El alcalde nos exigió que redujéramos la cantidad de basura que producíamos.

1. Los expertos esperaban que la gente… (saber)
2. Era imprescindible que yo… (no destruir)
3. El gobierno deseaba que los estados… (no utilizar)
4. Los oficiales nos sugirieron que… (prevenir)
5. Un experto buscaba un oficial que… (poder apoyar)
6. Nos mandó que… (evitar)

♻ *¡Anda! Curso intermedio*, Capítulo 9. Repaso del subjuntivo, pág. 375.

♻ *¡Anda! Curso elemental*, Capítulo 11. El medio ambiente; La política, Apéndice 2.

10-9 **Mis deseos** ¿Cuáles son sus deseos o recomendaciones acerca del medio ambiente? Expresen sus recomendaciones usando **el imperfecto de subjuntivo.** ■

MODELO   E1: la deforestación

E2: *¡Ojalá que pudiéramos plantar dos árboles por cada uno que cortamos!*

> **Estrategia**
>
> Remember that *ojalá* signals the use of the subjunctive. Also remember that the use of *que* is optional.
>
> *Ojalá (que) pudiera convencerlos.*   I wish (that) I could convince them.

1.

la escasez de agua

2.

el esmog

3.

la lluvia tóxica

4.

los animales en peligro de extinción

5.

el efecto invernadero

6.

el desperdicio

10-10 **En el pasado** ¿Qué hacía la gente en el pasado para proteger el medio ambiente? Túrnense para hacerse y contestar las preguntas sobre sus acciones usando **el imperfecto de subjuntivo**. ■

MODELO   conservar el agua

E1: *¿Qué hacían para conservar el agua?*

E2: *Era importante que las duchas fueran cortas y que no se usara mucha agua en el jardín
        para regar el césped y las plantas…*

1. conservar la gasolina
2. reducir la basura
3. evitar el uso de contaminantes

4. proteger la tierra
5. proteger los animales salvajes /
   desplazados (*displaced*)

> ♻ *¡Anda! Curso elemental*, Capítulo 11.
> El medio ambiente, Apéndice 2.

10-11 **Por favor** Hay personas que tienen excusa tras excusa para no hacer nada para sostener o ayudar a proteger el medio ambiente. Tienen también unos amigos que son creativos en las excusas que tienen para no ayudarlos. Usen **el imperfecto de subjuntivo** para pedirles favores a sus amigos. ■

MODELO   cosechar el maíz

E1: *Tomás, hoy mi padre empieza a cosechar el maíz.
        ¿Pudieras ayudarnos?*

E2: *Me gustaría ayudarlos, pero tengo que llevar a mi
        abuelo al médico.*

1. trabajar en el centro de reciclaje
2. reemplazar las bombillas en todos los edificios de la universidad
3. llevar todas las sustancias químicas tóxicas a un vertedero especial
4. reforestar el bosque detrás de la universidad
5. rescatar unos animales desplazados

 ¡Anda! Curso elemental, Capítulo 10. Los medios de transporte; Capítulo 11. El medio ambiente; La política, Apéndice 2.

 ¡Anda! Curso intermedio, Capítulo 7. Algunos artículos en las tiendas, pág. 303; Capítulo 9. Repaso del subjuntivo, pág. 375.

10-12 **Un futuro mejor** Imagina que dentro de veinte años estás hablando con tus padres sobre "aquellos tiempos" cuando el planeta estaba en más peligro y la sociedad tenía más problemas. ■

Paso 1   Escribe por lo menos **ocho** comentarios sobre lo que hacías para mejorar el medio ambiente. Necesitas usar **el imperfecto de subjuntivo** en cada oración.

MODELO   E1: *Papá, en aquel entonces* (back then) *tú querías que compráramos un coche muy
                pequeño que usara menos gasolina. En casa, nos exigías que… En el jardín…*

Paso 2   Comparte tus comentarios con un/a compañero/a. Túrnense.

3 GRAMÁTICA

10-10 to 10-12   ¡Hola! Spanish Tutorial

El pasado perfecto de subjuntivo
Discussing actions completed before others in the past

The **past perfect subjunctive** (also known as the *pluperfect subjunctive*) is used under the same conditions as the **present perfect** subjunctive (haya -ado / -ido, hayas -ado / -ido, etc.), but it is used to refer to **an event prior to another past event.** This includes **events that were doubted or that one wished had already occurred.**

¡No había nadie que hubiera reciclado más que mis padres!

Sentíamos que el gobierno **hubiera dejado** que cortaran tantos árboles.	*We were sorry that the government had allowed them to cut so many trees.*
Esperaba que mis padres ya **hubieran reciclado** sus latas.	*I hoped that my parents had already recycled their cans.*
Dudaba que ya **hubieran comprado** los productos biodegradables.	*He doubted that they had already bought the biodegradable products.*

Note: The first verb in each of the sample sentences is in the **imperfect** (**Sentíamos, Esperaba,** and **Dudaba**). Those first verbs are in the **main clause**, which is also known as the *independent clause*.

• The **pasado perfecto de subjuntivo is formed in the following manner:**

    imperfect subjunctive form of *haber* + participio pasado (-ado /-ido)

yo	**hubiera**	
tú	**hubieras**	
Ud.	**hubiera**	
él, ella	**hubiera**	**dañado**
nosotros/as	**hubiéramos**	**sostenido**
vosotros/as	**hubierais**	**sobrevivido**
Uds.	**hubieran**	
ellos/as	**hubieran**	

10-13 **El pasado** ¿Cómo se sentían en el pasado? Cambien las siguientes oraciones usando **el pasado perfecto de subjuntivo.** ■

MODELO   Dudo que algunos de nuestros compañeros hayan pensado en la cantidad de basura que producen.

Dudaba que algunos de nuestros compañeros hubieran pensado en la cantidad de basura que producían.

1. Dudo que nuestros vecinos hayan reciclado tanto como nosotros.
2. No puedo creer que el presidente de la universidad no haya apoyado los esfuerzos de nuestra organización "campus verde".
3. Me molesta que nuestros compañeros hayan puesto tantos periódicos en la basura.
4. Nos alegra que la universidad haya dejado de usar sustancias químicas tóxicas para la limpieza de los edificios.
5. No creemos que hayan cambiado los pesticidas por unos biodegradables.

¡Anda! Curso elemental,
Capítulo 11. El medio
ambiente, Apéndice 2.

10-14 **Tiempo y modo** Expresen sus opiniones sobre el medio ambiente usando **el pasado perfecto de subjuntivo.** ■

MODELO   es bueno / rescatar / el oso panda…

Era bueno que hubiera rescatado el oso panda…

1. (yo) sentir / dañar / ese bosque
2. ser dudoso / sobrevivir / animales
3. ser importante / sostener / infraestructura
4. (nosotros) no creer / amenazar / dueños de la fábrica
5. ser lástima / destruir / cosecha

¡Anda! Curso elemental, Capítulo 11.
El medio ambiente, Apéndice 2.

10-15 **En el centro de reciclaje** Ayer se presentaron varios voluntarios, pero pasaron el día charlando y mucho se quedó sin hacer (*a lot was left undone*). Ahora ustedes y sus amigos tienen que hacerlo todo. Cambien los verbos del pasado perfecto de indicativo al **pasado perfecto de subjuntivo.** ■

MODELO   Cuando llegamos al centro:

No habían hecho nada del trabajo del día anterior. (molestarnos)

Cuando llegamos al centro, nos molestó que no hubieran hecho nada del trabajo del día anterior.

Cuando llegamos al centro:

1. No habían separado los periódicos. (molestarnos)
2. Habían dejado muchas cajas de plástico en la entrada. (sorprenderme)
3. Alguien había escrito "latas" en el recipiente general para el aluminio. (frustrarnos)
4. El director del centro nos dijo que había buscado otras personas para ayudar en el futuro. (alegrarnos)
5. No había venido nadie que pudiera levantar una caja enorme de vidrio. (extrañarme)

Reciclaje

10-16 **El verano pasado** Imaginen que los siguientes eventos ocurrieron el verano pasado. Túrnense para explicar cómo hubieran reaccionado usando **el pasado perfecto de subjuntivo.** ■

MODELO   ir de vacaciones a Venezuela (yo / ellos)

      E1:   *Me encantó que hubieran ido de vacaciones a Venezuela.*

1. recibir un coche nuevo de sus padres (yo / Mariela)
2. romper con tu novio/a (nosotros / tú)
3. ganar $5.000 en la lotería (Jorge / Gustavo y Rafi)
4. casarse con la prima de Tami (a ellos / tú)
5. romperse la pierna (yo / Víctor)
6. perder su bolso (Cecilia / Amalia)

NOTAS CULTURALES

Amigos del Medio Ambiente

10-13 to 10-14

Amigos del Medio Ambiente

Nuestra historia

En el año 1973, unos individuos con conciencia ambiental quisieron fundar una organización sin fines de lucro que intentara mejorar el medio ambiente. Si estos individuos no hubieran tenido esta visión hacia el futuro, hoy no existiría Amigos del Medio Ambiente (AMA), que tanto ha progresado en esta área.

Nuestra misión

Amigos del Medio Ambiente se dedica a la preservación del medio ambiente mediante la reducción del desperdicio y la contaminación con la promoción de programas que favorezcan la reducción de toda acción que dañe el ecosistema.

Nuestros principios y acciones

🍃 Desarrollamos programas para reducir los efectos dañinos de la deforestación, la erosión, el efecto invernadero y los resultados del uso de los insecticidas y los pesticidas.

🍃 Trabajamos con los políticos para implementar unas leyes que protejan el medio ambiente y su flora y fauna.

🍃 Proponemos acciones para limpiar el aire y mejorar la calidad del agua de que tanto dependemos.

🍃 Insistimos en la educación para sostener los recursos naturales a fin de cambiar los hábitos de consumo del ser humano.

🍃 Reconocemos los derechos de las especies animales como seres no humanos y les brindamos respeto a su vida y su dignidad.

Preguntas

1. ¿Cuándo fue fundada esta organización y quiénes la crearon?
2. Explica su misión en tus propias palabras. ¿Cómo cumplen con esta misión?
3. ¿Con qué organizaciones de los Estados Unidos puedes comparar *Amigos del Medio Ambiente*? ¿En qué son semejantes y en qué son diferentes? ¿Qué opinas tú de este tipo de organizaciones?

10-17 **Lo que hubiera hecho** Entrevista a tu compañero/a para averiguar todo lo que él/ella esperaba que el gobierno hubiera hecho en los últimos veinte años para conservar el medio ambiente. Usen **el pasado perfecto de subjuntivo.** Túrnense. ■

MODELO   *Esperaba que ya hubiera programas de reciclaje en las escuelas primarias…*

10-18 **Un año académico en Latinoamérica** Imaginen que acaban de volver de un año académico en un país latinoamericano. Hagan comentarios sobre **ocho** aspectos (inventados) del año y lo que hubieran hecho antes de viajar a Latinoamérica. Usen **el pasado perfecto de subjuntivo.** ■

MODELO   *No pensaba que hubiera sido posible quedarme un año completo lejos de mi casa…*

ESCUCHA

Un comentario de radio

10-15 to 10-16

Estrategia	If you are listening to a political commentary, a news broadcast, or some other type of public announcement, your listening is often guided by your personal interest as well as your own opinions and feelings regarding the topic. When you know	something about a topic, your background knowledge will help you understand and remember more of what you hear. The degree to which you need to attend to a message depends on what you are listening to and who is delivering it.
Listening in different contexts		

10-19 **Antes de escuchar** ¿Has visto o escuchado anuncios sobre el medio ambiente? ¿Cuáles eran sus mensajes? ¿Qué recomendaban? ■

10-20 **A escuchar** Vas a escuchar un anuncio de la radio sobre el medio ambiente, dirigido a los jóvenes ecuatorianos. Completa los siguientes pasos. ■

Paso 1   Escucha la primera vez para captar la idea general del anuncio.

Paso 2   Escucha de nuevo, esta vez enfocándote en la información necesaria para contestar las siguientes preguntas.

1. Según el joven, ¿cuál es la primera cosa que debemos hacer en nuestras propias casas para proteger el medio ambiente?
2. ¿Qué debemos tener en cuenta cuando usamos productos, por ejemplo para la limpieza?
3. ¿Cómo podemos reutilizar los envases?

10-21 **Después de escuchar** Escribe tu propio anuncio para los jóvenes de tu pueblo o ciudad sobre un aspecto del medio ambiente que te interese. Después, compártelo con tus compañeros de clase. ■

¿Cómo andas? I

	Feel confident	Need to review
Having completed **Comunicación I,** I now can . . .		
• describe the environment. (p. 412)	☐	☐
• indicate purpose, time, and location. (MSL)	☐	☐
• specify prior recommendations, wants, doubts, and emotions. (p. 416)	☐	☐
• discuss actions completed before others in the past. (p. 420)	☐	☐
• share information about an environmental protection foundation. (p. 422)	☐	☐
• distinguish different contexts. (p. 423)	☐	☐

Comunicación II

¡Anda! Curso elemental, Capítulo 9.
Los animales, Apéndice 2.

10-17 to 10-18

4 VOCABULARIO

Algunos animales Identifying a variety of animals

- el puma
- el tigre
- la paloma
- la abeja
- el dinosaurio
- la mariposa
- el murciélago
- la jirafa
- el mono
- el venado
- el gorila
- el rinoceronte
- la cabra
- el pato
- la iguana
- el manatí
- el pulpo
- el loro
- el picaflor
- el camello
- el zorro
- la ardilla
- el gallo
- el saltamontes
- el pingüino
- la foca
- la ballena
- el tiburón
- el lobo
- la tortuga
- el cangrejo
- la oveja

REPASO

¡Hola!
Repaso &
Spanish/English
Tutorials

10-19 to 10-20

El uso del infinitivo después de las preposiciones
Communicating agency, purpose, and source

For a complete review of the use of infinitives after prepositions, go to MySpanishLab or refer to **Capítulo 11** of *¡Anda! Curso elemental* in Appendix 3 of your textbook. The vocabulary activities that follow incorporate this grammar point. Practicing new vocabulary with a review grammar point helps to strengthen and increase your knowledge of Spanish.

Workbooklet

10-22 Categorías Organiza los animales del vocabulario según las siguientes categorías: **insecto, reptil, mamífero, ave** y **pez.** Después, compara tus listas con las de un/a compañero/a. ■

INSECTO	REPTIL	MAMÍFERO	AVE	PEZ
la abeja			el loro	

Workbooklet

¡Anda! Curso elemental,
Capítulo 11. Los
animales, Apéndice 2.

10-23 Los hábitats Están organizando un nuevo museo de historia natural en su pueblo o ciudad y quieren que ayuden con la organización de los animales para seis hábitats. Túrnense para indicar el hábitat de cada animal de la lista. **¡OJO!** Hay animales que pertenecen a más de un hábitat. ■

LA GRANJA	EL BOSQUE	EL OCÉANO	LA SELVA	EL DESIERTO	LA LLANURA

1. la oveja
2. el rinoceronte
3. la cabra
4. el tigre
5. el cangrejo
6. el venado
7. la mariposa
8. la ardilla
9. la foca
10. el gallo
11. el gorila
12. el camello
13. la iguana
14. el lobo
15. el pulpo

¡Anda! *Curso intermedio*, Capítulo 8. El condicional, pág. 338.

 ¡Anda! *Curso elemental*, Capítulo 11. Los animales, Apéndice 2.

10-24 **¿Qué harían?** Hoy en día está muy de moda viajar a donde puedes interactuar con animales "exóticos". Expliquen a dónde irían o qué harían para poder hacer las siguientes cosas. ■

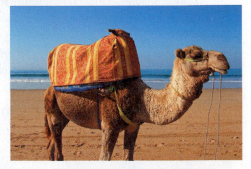

MODELO   para montar en camello

Para montar en camello, tendría que ir al desierto del Sahara, por ejemplo, y buscar a alguien que tenga camellos.

1.

para atraer los picaflores

2.

para ver una jirafa

3.

para observar las ballenas

4.

para evitar una serpiente peligrosa

5.

para aprender más sobre los gorilas

10-25 **¿Qué significan para ti?** Para muchas culturas, incluso para muchas personas, los animales son utilizados como símbolos. Juntos escojan **seis** animales que puedan ser sus símbolos. ■

MODELO

la paloma
La paloma blanca es un símbolo de la paz.

10-26 **Cadenas** En grupos de cinco, van a crear oraciones sobre animales, usando siempre **el infinitivo después de las preposiciones.** Un/a compañero/a empieza con una oración y cada uno/a tiene que añadir una oración sobre el mismo animal. ■

MODELO   E1: *Acabo de ver una paloma en el jardín de mi casa.*

          E2: *Después de ver la paloma, saqué una foto.*

          E3: *Antes de ver la paloma, estaba leyendo.*

          E4: *Para ver una paloma, yo necesito ir al parque.*

          E5: *Entre ver una paloma y ver un picaflor, prefiero el picaflor.*

1.

2.

3.

4.

5.

6.

7.

8.

9.

♻ *¡Anda! Curso intermedio*, Capítulo 1. El presente perfecto de indicativo, pág. 49; Capítulo 4. El pretérito y el imperfecto, pág. 149; Capítulo 5. El pretérito y el imperfecto (cont.), pág. 205.

10-27 **Búsqueda** Circula por la clase buscando personas que hayan hecho las siguientes cosas. Si la persona lo ha hecho, debe firmar y explicar dónde y cuándo lo hizo. ■

Workbooklet

MODELO   ¿Quién… intentar comunicarse con un gorila?

E1:   *¿Has intentado comunicarte con un gorila?*

E2:   *Sí, cuando tenía diez años fui con mis padres al parque zoológico y me fascinaron los gorilas. Intenté comunicarme con gestos (gestures).*

E1:   *Pues, firma aquí…*

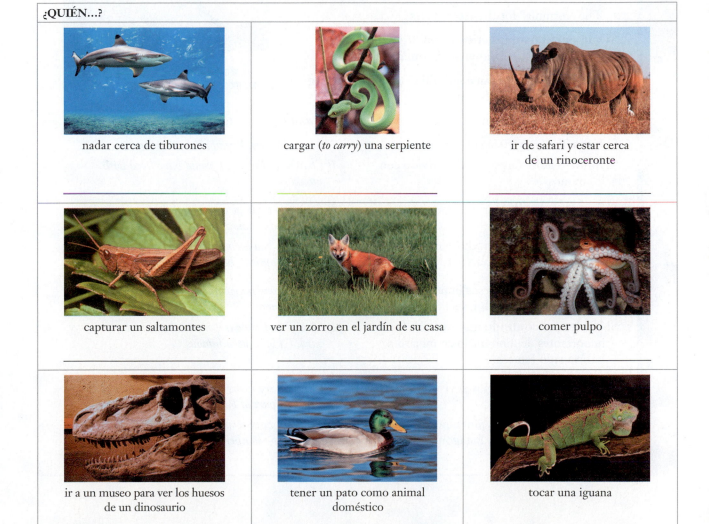

¿QUIÉN…?

nadar cerca de tiburones

cargar (*to carry*) una serpiente

ir de safari y estar cerca de un rinoceronte

capturar un saltamontes

ver un zorro en el jardín de su casa

comer pulpo

ir a un museo para ver los huesos de un dinosaurio

tener un pato como animal doméstico

tocar una iguana

5 GRAMÁTICA

Si hubiera sido Tarzán, habría vivido
con los monos.

10-21 to 10-23 ¡Hola! Spanish/English Tutorials

Cláusulas de *si* (Parte 2)
Conveying hypothetical or contrary-to-fact information

In **Capítulo 9,** you learned about **si clauses** with the **present indicative.** You will remember that the "formula" for sentence formation is:

Si + present indicative + (then)   present indicative
                          + (then)   future
                          + (then)   command

You can also use **si clauses** to express **hypothetical and contrary-to-fact information.**

- The "formula" for these sentences is:

Si + imperfect subjunctive + conditional
Si + past perfect subjunctive + conditional perfect

Note: The **si clause** can come either at the **beginning or at the end of a sentence.**

Note the following examples that express *hypothetical and contrary-to-fact information*:

Si fuera Tarzán, **viviría** con los monos.	*If I were Tarzan, I would live with monkeys.*
Si hubiera sido Tarzán, **habría vivido** con los monos.	*If I had been Tarzan, I would have lived with monkeys.*
Si Fernando pudiera ir de safari, no **cazaría**; **sacaría** muchas fotos.	*If Fernando could go on a safari, he would not hunt; he would take many photos.*
Si Fernando hubiera podido ir de safari, no **habría cazado**; **habría sacado** muchas fotos.	*If Fernando had been able to go on a safari, he would not have hunted; he would have taken many photos.*
Si encontrara unos huesos importantes de dinosaurio en mi jardín, **sería** famosa.	*If I found some important dinosaur bones in my yard, I'd be famous.*
Si hubiera encontrado unos huesos importantes de dinosaurio en mi jardín, **habría sido** famosa.	*If I had found some important dinosaur bones in my yard, I'd have been famous.*
Verían muchos pingüinos **si vivieran** en el sur de la Patagonia.	*They would see many penguins if they lived in the southern part of Patagonia.*
Habrían visto muchos pingüinos **si hubieran vivido** en el sur de la Patagonia.	*They would have seen many penguins if they had lived in the southern part of Patagonia.*

10-28 **¡Ay —los animales!** Posiblemente ¿qué les pasaría? Túrnense para determinarlo combinando los elementos de las dos columnas. ■

1. _____ Nos preguntaríamos si fue vampiro…
2. _____ Veríamos muchas iguanas…
3. _____ Podríamos críar patos…
4. _____ Montaríamos en camello…
5. _____ No necesitaríamos cortar el cesped tanto…
6. _____ Tendríamos una buena comida…

a. si compráramos unas cabras.
b. si viviéramos en un lago.
c. si quisiéramos cocinar el pulpo.
d. si estuviéramos en Cancún.
e. si nos mordiera un murciélago.
f. si tuviéramos que cruzar el desierto del Sahara.

10-29 **Teléfono** Escuchen mientras su profesor/a les da las instrucciones para este juego. ■

*¡Anda! Curso elemental,
Capítulo 11. Los
animales, Apéndice 2.*

10-30 **Si pudiera** Completen los siguientes pasos.

Paso 1   ¿Cómo terminarían las siguientes oraciones? Túrnense.

MODELO   Si hubiera una culebra venenosa en mi casa…

*Si hubiera una culebra venenosa en mi casa, saldría inmediatamente
y gritaría "¡socorro!"* (help!).

1. Si pudiera hacer un safari fotográfico…
2. Si viera en persona un animal salvaje…
3. Si tuviera una granja de ovejas…
4. Si estuviera en el desierto de Atacama…
5. Si quisiera proteger las tortugas…
6. Si hubiera muchos saltamontes en mi jardín…

Paso 2   Comparen sus reacciones. ¿Harían lo mismo o tendrían reacciones diferentes?

10-31 **La otra mitad** Es interesante considerar qué provocaría alguna solución u otra. Túrnense y terminen las siguientes oraciones con **cláusulas de *si***. ■

MODELO   …no nadaría en el mar por mucho tiempo.

Si viera tiburones cerca de la playa, no nadaría en el mar por mucho tiempo.

1. …iría a África.
2. …me compraría unas cabras.
3. …llamaría al 911 para que me llevaran al hospital inmediatamente.
4. …tendría los hábitats más naturales posibles para todos los animales.
5. …compraría unos patos.

10-32 **El círculo** Escuchen mientras su profesor/a les da las instrucciones para este juego. ■

MODELO	E1:	*Si no quisiera estudiar español…* (tira la pelota)
	E2:	(toma la pelota) *no estaría en esta clase.* (tira la pelota)
	E3:	(toma la pelota) *Si estuviera en Colombia…* (tira la pelota)
	E4:	(toma la pelota) *¡iría a la playa ahora mismo!* (tira la pelota)…

10-33 **La conferencia** Completen los siguientes pasos. ■

Paso 1 Tu compañero/a y tú fueron a una conferencia sobre el medio ambiente el fin de semana pasado. Escriban **cinco** oraciones de lo que podría ocurrir si realmente quisiéramos dedicarnos a preservar el medio ambiente. Usen siempre **cláusulas de *si*.**

Paso 2 Compartan sus oraciones con otros compañeros y juntos elijan las **tres** mejores oraciones para compartirlas con el/la profesor/a.

MODELO *Si dejáramos de desperdiciar tanto, habría menos basura. Si camináramos más y condujéramos menos…*

6 VOCABULARIO

10-24 to 10-26

Algunos términos geográficos
Illustrating geographic features

10-34 **Lugares famosos** ¿Pueden nombrar algunos lugares conocidos para cada término geográfico? Después, digan dónde se encuentran esos lugares. ∎

MODELO   bahías

la bahía de Campeche, la bahía Biscayne (bahía Vizcaína)…

La bahía de Campeche está en la costa este de México, cerca del Yucatán.

La bahía de Biscayne está en el sur de Florida…

1. ríos
2. sierras

3. valles
4. cataratas

5. desiertos
6. islas

7. mares
8. volcanes

♻ *¡Anda! Curso intermedio*, Capítulo 1. Algunos verbos como *gustar*; pág. 39; Capítulo 2. Deportes, pág. 72; Pasatiempos y deportes, pág. 86.

♻ *¡Anda! Curso elemental*, Capítulo 2. Los deportes y los pasatiempos; Capítulo 11. Los animales, Apéndice 2.

10-35 **Los deportes y los pasatiempos**

¿Qué deportes y pasatiempos pueden disfrutar en los siguientes lugares? Usen **gustar** y algunos **verbos como gustar**. ∎

MODELO   en el lago

E1:   *¿Qué te gusta hacer en el lago?*

E2:   *Me encanta nadar, pescar y esquiar en el lago. ¿Y a ti?*

E1:   *Me gusta pasear en barco de vela.*

1. en las montañas
2. en la playa
3. en el río

4. en el bosque
5. en el océano / mar

♻ *¡Anda! Curso elemental*, Capítulo 11. El medio ambiente, Apéndice 2.

10-36 **Tres pistas** Escoge **cuatro** palabras del vocabulario nuevo y escribe **tres** pistas para cada una. Las pistas deben empezar por lo más general e ir hasta lo más específico. Después, en grupos de cuatro, van a darles las pistas a sus compañeros para que ellos averigüen las palabras. ∎

MODELO   el desierto

PISTA 1:   *No hay ni muchos animales ni muchas plantas.*

PISTA 2:   *Hace mucho calor.*

PISTA 3:   *Es un lugar de mucha sequía.*

¡Anda! Curso elemental,
Capítulo 11. El medio
ambiente; Los animales,
Apéndice 2.

10-37 **¿Qué harías?** Acaban de ver un documental que trata del medio ambiente y los inspiró. Expliquen qué harían para mejorar el medio ambiente en los siguientes lugares o situaciones. Usen **cláusulas de *si*.** ■

MODELO   el arrecife

E1: *¿Qué harías para proteger los arrecifes?*

E2: *Si fuera posible, prohibiría que los barcos se acercaran y mandaría que no botaran basura. ¿Y tú? ¿Qué harías?*

1. el río
2. la playa
3. la selva
4. el bosque
5. con dos millones de dólares
6. ser el/la director/a de una fundación para proteger el medio ambiente

Workbooklet

10-38 **Preguntas** ¿Son semejantes o diferentes las experiencias y opiniones de tus compañeros de clase? Completa los siguientes pasos para averiguarlo. ■

Paso 1   Crea preguntas para tus compañeros.

MODELO   *Si pudieras navegar por cualquier río, ¿cuál sería? ¿Por qué?*

1. Si / poder navegar / por cualquier río / ¿cuál / ser? / ¿Por qué? _____ _____	5. ¿Cuáles / ser / algunos países / que / tener / volcanes activos? ¿Ver (*Have you seen*) / tú / un volcán en persona? _____ _____
2. Si /estar / ahora mismo en la playa / ¿con quién(es) / te gustar / estar? _____ _____	6. ¿Nadar (*have you swum*) / tú / alrededor de una catarata? Si / poder visitar / tú / unas cataratas famosas / ¿cuáles / visitar? _____ _____
3. ¿Cuáles / ser / las mejores playas? (pueden ser de los Estados Unidos o de cualquier parte del mundo) _____ _____	7. Si / poder / tú /¿dónde / bucear o hacer snorkel? _____ _____
4. ¿Vivir / tú / cerca de un bosque? / ¿Caminar / tú / por un bosque de vez en cuando? / ¿Ver (*have you seen*) / tú / algunos animales allí? _____ _____	8. ¿Cuál / ser / el lugar más interesante / que / conocer / tú? / ¿Por qué / ser / tan interesante? _____ _____

Paso 2   Haz una encuesta de tus compañeros.

Paso 3   Comparte tus resultados con un/a compañero/a.

10-27 to 10-29

La secuencia de los tiempos verbales
Sequencing temporal events

You have learned and have been practicing a number of tenses over the course of your Spanish studies. What follows is a synthesis and summary of what tenses go together to express certain conditions in the subjunctive.

No hay nadie que haya desperdiciado tanto como mis tíos.

USING THE SUBJUNCTIVE

1. When the verb in the main clause is in the *present indicative, present perfect indicative,* or *future indicative,* or is *a command,* the **present** or **present perfect subjunctive** is generally used in the subordinate clause.

MAIN CLAUSE	SUBORDINATE CLAUSE
present indicative, present perfect indicative, future indicative, or *command*	*present subjunctive* or *present perfect subjunctive*

1.1. The **present subjunctive** is used when the action of the subordinate clause occurs *at the same time* as the action in the main clause *or after* it:

MAIN CLAUSE   SUBORDINATE CLAUSE

Insistimos en que nuestros compañeros **empiecen** a reciclar el papel.
We insist that our classmates begin to recycle paper.

No **hay** nadie que **desperdicie** tanto como mi tío.
There is no one who wastes as much as my uncle.

1.2. The **present perfect subjunctive** is used when the action of the **subordinate clause** occurs *before* the action in the **main clause**:

MAIN CLAUSE   SUBORDINATE CLAUSE

Esperamos que todos nuestros compañeros **hayan empezado** a reciclar el papel.
We hope that all our classmates have begun to recycle paper.

No **hay** nadie que **haya desperdiciado** tanto como mis tíos.
There is no one who has wasted as much as my aunt and uncle.

2. When the verb in the **main clause** is in the *preterit, imperfect,* or *conditional indicative,* the *imperfect subjunctive* or the *past perfect subjunctive* form is generally used in the **subordinate clause**.

MAIN CLAUSE	SUBORDINATE CLAUSE
preterit, imperfect, or *conditional indicative*	*imperfect subjunctive* or *past perfect subjunctive*

MAIN CLAUSE   SUBORDINATE CLAUSE

Roberto **insistió** en que **fuéramos** al volcán.
Roberto insisted that we go to the volcano.

Pediría que **viajáramos** con él cada semana.
He would ask that we travel with him each week.

(continued)

2.1. The *imperfect* **subjunctive** is used when the action of the **subordinate clause** occurs at the *same time* as the action in the **main clause** or *after* it:

MAIN CLAUSE   SUBORDINATE CLAUSE

Insistíamos en que todos nuestros compañeros **reciclaran** el papel.
We insisted that all our classmates recycle paper.

No **había** nadie que **desperdiciara** tanto como mi tío.
There was no one who wasted as much as my uncle.

2.2. The *past perfect* **subjunctive** is used when the action of the subordinate clause occurs *before* the action in the **main clause**:

MAIN CLAUSE   SUBORDINATE CLAUSE

Esperábamos que todos nuestros compañeros **hubieran empezado** a reciclar el papel.
We hoped that all our classmates had begun to recycle paper.

No **había** nadie que **hubiera desperdiciado** tanto como mi tío.
There was no one who had wasted as much as my uncle.

10-39 **Reportaje** ¿Cómo se puede proteger las tortugas de mar? Completen los siguientes pasos. ■

Paso 1   Subrayen **una** vez el verbo de la cláusula principal y **dos** veces el verbo de la cláusula subordinada de cada oración.

1. Es bueno que protejan a las tortugas de mar.
2. Me sugirieron que redujera la comida que yo les daba a las tortugas.
3. Ella no quiso ir a la playa hasta que hubieran salido las tortugas.
4. Queremos que el pueblo deje de tocar los huevos de las tortugas.
5. No encontré a nadie que hubiera estado en la orilla cuando salieron las tortugas de los huevos.
6. Volveremos a casa en cuanto se hayan metido todas en el agua.

Paso 2   Indiquen si la acción de la cláusula subordinada ocurre **antes de (A), después de (D)** o **al mismo tiempo (MT)** que la acción de la cláusula principal.

10-40 **Formas** La práctica hace al maestro. Túrnense para completar los siguientes pasos. ∎

Paso 1 Completen las siguientes oraciones con las formas correctas de los verbos en paréntesis.

1. Su novio quería que le (comprar) unos patos para el lago que está delante de su casa.
2. No creía que el clima (cambiar) tanto.
3. Nos habría gustado que ellos (dejar) de cortar los árboles del pantano.
4. Los políticos exigen que la gente (reforestar) ese lugar cuanto antes.
5. Ellos vendrán a vernos tan pronto como nosotros (llegar) del trabajo.
6. Buscamos a alguien que (querer) ir a la sierra con nosotros.

Paso 2 Indiquen si la acción de la cláusula subordinada ocurre **antes de (A)**, **después de (D)** o **al mismo tiempo (MT)** que la acción de la cláusula principal.

10-41 **A terminar** ¿Cómo terminarían las siguientes oraciones? Usen una forma apropiada del **subjuntivo** y el **vocabulario** de este capítulo. ∎

1. Dicen que no van a reemplazar los métodos antiguos de producción hasta que…
2. Para la próxima presentación, el/la profesor/a quiere que…
3. Después de ver la cantidad de basura, yo dudaba que…
4. Cuando mi papá vio el zorro, temía que…
5. Insistimos en que…
6. Ojalá que…

¡Anda! Curso elemental, Capítulo 11. El medio ambiente, Apéndice 2.

10-42 **Soluciones** Piensen en los factores que afectan al mundo de los animales. ¿Qué se podría hacer para solucionar algunos problemas y para evitar problemas en el futuro? Túrnense para discutir los siguientes problemas y usen **el subjuntivo** cuando sea posible. ∎

POSIBLES PROBLEMAS:

1. el trato (*treatment*) de los animales en algunos parques zoológicos
2. la reducción de los bosques (y así del hábitat de muchos animales)
3. los problemas con los insectos
4. el trato de los animales que se crían (*raise*) para comer
5. los animales en peligro de extinción

MODELO *Es importante que los parques zoológicos sean lo más naturales posible.*
Es necesario que los animales tengan suficiente espacio para moverse bien.
En el pasado, no era tan crítico que…

PERFILES

10-30 to 10-31

Algunas personas con una conciencia ambiental

A propósito o no, el ser humano ha contribuido mucho a la destrucción del medio ambiente. Estas tres personas admirables han dedicado sus vidas al combate de los problemas ambientales.

El Parque Nacional Madidi no existiría si no fuera por la determinación de **Rosa María Ruiz,** una activista ecológica boliviana. Por medio de su trabajo, se protege esta vasta área que incluye una geografía muy variada: desde la cordillera de los Andes hasta los valles de la selva tropical amazónica.

Si no hubiera tenido un gran interés y destreza en la cetrería (*falconry*), tal vez **Félix Rodríguez de la Fuente** (1928–1980) no habría llegado a ser el conservacionista español más conocido del siglo XX. Colaboró en una serie de programas de televisión y documentales muy populares sobre el tema de la preservación de la fauna y del medio ambiente.

Tal vez no se habría investigado el peligro que causan los clorofluorocarbonos (CFC) en la capa de ozono si a **Mario José Molina Henríquez** (n. 1943 México, D.F.) no le hubiera interesado tanto la química de joven. Descubrió que estos gases dañan la estratosfera. En el año 1995, recibió el Premio Nobel con otros dos científicos por sus investigaciones.

Preguntas

1. ¿Cómo han contribuido estas personas a la concienciación del público sobre el estado del medio ambiente?
2. ¿Qué piensas de la crisis del medio ambiente?
3. ¿Qué puedes hacer para mejorar el medio ambiente?

10-43 **Conversación** Ya es hora de conocer mejor a tus compañeros de clase. Completa los siguientes pasos. ■

Paso 1 Contesta las siguientes preguntas con un/a compañero/a de clase. Túrnense.

1. Si pudieras vivir en cualquier lugar, ¿preferirías vivir en la sierra, la llanura, la costa u otro lugar? ¿Por qué? ¿Cómo sería el lugar perfecto para ti?
2. ¿Vivirías en un lugar donde pudiera ocurrir un desastre natural?
3. ¿Es importante que tu vida sea como la de tus padres? Explica.
4. ¿Cómo sería la vida perfecta para ti?
5. Si tu trabajo te mandara a otro país, ¿adónde te gustaría ir? Explica.
6. Cuando eras chico/a, ¿había algo que tus padres siempre querían que hicieras?
7. ¿Crees que haya más interés en el medio ambiente entre los jóvenes o las personas mayores?
8. ¿Quiénes tienen la responsabilidad de proteger el medio ambiente?

Paso 2 Selecciona **dos** de las preguntas y házselas a **diez** compañeros/as de clase.

10-44 **El Parque Nacional Madidi** Investiguen el maravilloso Parque Nacional Madidi que se encuentra en Bolivia. Escriban **seis** oraciones que representen diferentes ejemplos de las secuencias de tiempos. Después compartan sus oraciones con un/a compañero/a. ■

Fíjate

Suggested keywords for your Internet search include: *El Parque Madidi*, *Bolivia*, and *conservación*.

MODELO *El Parque Nacional Madidi no existiría si no fuera por Rosa María Ruiz.*
Esperamos que ella continúe sus esfuerzos como…

¡CONVERSEMOS!

10-32 to 10-34

ESTRATEGIAS COMUNICATIVAS Expressing agreement, disagreement, or surprise

When conversing, you have many occasions to express agreement, disagreement, or surprise about what you hear or read. What follows are useful expressions for you to use.

Para expresar acuerdo	To express agreement
• Absolutamente.	*Absolutely.*
• Claro que sí. / Por supuesto. / ¡Cómo no! / Desde luego.	*Of course.*
• Está bien.	*Okay. / It's all right.*
• (Estoy) de acuerdo.	*I agree. / Okay.*
• Eso es. / Así es.	*That's it.*
• Es verdad. / Es cierto.	*It's true.*
• Exacto. / Exactamente.	*Exactly.*
• No hay duda. / No cabe duda.	*There's no doubt. / Without a doubt.*
• No hay más remedio.	*There's no other way / solution.*
• Precisamente. / Efectivamente.	*Precisely.*
• Sin duda.	*Without a doubt. / No doubt.*
• Te digo. / Ya lo creo.	*I'm telling you… / I'll say.*

Para expresar desacuerdo	To express disagreement
• Al contrario.	*On / To the contrary.*
• Claro que no.	*Of course not.*
• De ninguna manera.	*No way.*
• En mi vida.	*Never in my life.*
• Me estás tomando el pelo.	*You're kidding me / pulling my leg.*
• Nada de eso.	*Of course not.*
• ¡Ni lo sueñes!	*Don't even think about it!*
• No estoy de acuerdo.	*I don't agree.*
• No puede ser.	*It can't be.*
• ¡Qué va!	*No way!*

Para expresar sorpresa	To express surprise
• ¡Imagínate! / ¡Figúrate!	*Imagine!*
• ¡No me digas!	*You don't say!*

10-45 **Diálogo** Rosario acaba de recibir una llamada y quiere compartirla con su esposo, Marco. Escucha la conversación entre Rosario y Marco y contesta las siguientes preguntas. ■

1. ¿Está Marco de acuerdo con lo que Rosario le dice? ¿Cómo lo sabes?
2. Al final, ¿cómo se expresa Marco?

10-46 **Una entrevista** ¡Qué suerte! Tienes la oportunidad de entrevistar a Al Gore, a Leonardo DiCaprio o a Rosa María Ruiz, tres personas que se han dedicado a asuntos "verdes". Completa los siguientes pasos. ■

Paso 1 Crea preguntas para hacerles.

Paso 2 Hagan los papeles del/de la entrevistador/a y el/la medio ambientalista. Túrnense.

Estrategia

Remember that you can use the imperfect subjunctive to soften requests. You may wish to use them when formulating your questions or comments for your interviews.

10-47 **Tiempo para jugar** Pónganse en grupos de tres.
Una persona sale del grupo y los otros dos estudiantes escogen un animal.
Su compañero/a regresa al grupo y hace preguntas para adivinar el
animal. Túrnense. ■

MODELO   (el picaflor)

        E1: *¿Es un mamífero?*

        E2: *No.*

        E1: *¿Es un pájaro?*

        E3: *Así es…*

10-48 **Si pudieras ser…** Es hora de ser creativos. Hablen de
los siguientes temas. ■

1. Si pudieras ser cualquier animal, ¿cuál serías y por qué?
2. ¿Qué animal es el menos entendido y por qué?
3. ¿Qué animal es el más inteligente y por qué?
4. ¿Cuál es el animal que menos te gustaría encontrar?
5. ¿Cuál es el animal que más te gustaría ver en su hábitat natural?

10-49 **Un ecotour** ¿Tienes ganas de conocer los arrecifes de Puerto Rico, la catarata más alta del
mundo en Venezuela o el desierto de Atacama en Chile? Con un/a compañero/a, completen los siguientes
pasos para planear un ecotour virtual. ■

Paso 1   Escojan un lugar. Mientras deciden el lugar, usen las expresiones comunicativas
            nuevas para mostrar si están de acuerdo o no.

Paso 2   Sugieran ideas de lo que la gente podría hacer para proteger y conservar el lugar para
            futuras generaciones.

10-50 **¡Eres el/la jefe/a!** Imagina que eres o el/la alcalde/sa de tu
pueblo o ciudad, o el/la gobernador/a de tu estado, ¡o aun el/la presidente/a del
país! Haz una presentación o un discurso para convencer a un grupo de ciudadanos
(*citizens*) de la importancia de conservar el medio ambiente. Incluye por lo menos
quince oraciones. Por lo menos **dos** de las oraciones deben usar **el imperfecto de
subjuntivo** y por lo menos **dos** deben usar **cláusulas de *si*.** Tu compañero/a va a añadir
comentarios cuando está de acuerdo o no lo está con lo que dices. Túrnense. ■

ESCRIBE

Un ensayo convincente

10-35 to 10-36

Estrategia		
More on linking sentences	In **Capítulo 2,** you learned how to use linking words to connect simple sentences, making them into more complex expressions of	thought. The linking words below represent a progression toward an even more sophisticated connection of ideas.

Más palabras nexo	***Additional linking words***
además	*besides*
mientras	*while*
no obstante	*notwithstanding*
por eso	*for this reason*
por otro lado	*on the other hand*
sin embargo	*nevertheless*
sino	*but rather*

10-51 **Antes de escribir** Vas a escribir un ensayo en el cual tratas de convencer a tu comunidad de que participe en un proyecto para mejorar el medio ambiente. ■

1. Primero, piensa en el proyecto "verde" que quieres proponer. Concibe una explicación sencilla pero informativa de ello.
2. Después, haz una lista de los beneficios que este proyecto les dará a las personas de la comunidad. También enumera las desventajas para el medio ambiente si el proyecto no logra completarse.

10-52 **A escribir** Usa lo que has aprendido sobre la escritura de los capítulos anteriores (por ejemplo: emplea una introducción y una conclusión). Menciona por lo menos **tres** beneficios y **tres** desventajas que se puedan relacionar con el proyecto. Tu ensayo debe consistir de **cuatro** o **cinco** párrafos. Usa por lo menos **tres cláusulas de** *si* **condicionales.** ■

10-53 **Después de escribir** Lee tu ensayo a la clase. Luego, solicita voluntarios para trabajar en el proyecto. Así verás si has logrado persuadir a los compañeros de clase o no. ■

¿Cómo andas? II

	Feel confident	Need to review
Having completed **Comunicación II,** I now can . . .		
• identify a variety of animals. (p. 425)	☐	☐
• communicate agency, purpose, and source. (MSL)	☐	☐
• convey hypothetical or contrary-to-fact information. (p. 430)	☐	☐
• illustrate geographic features. (p. 432)	☐	☐
• sequence temporal events. (p. 435)	☐	☐
• name three Hispanic environmental activists. (p. 438)	☐	☐
• express agreement, disagreement, and surprise. (p. 440)	☐	☐
• link sentences when writing to be more cohesive, persuasive, and clear. (p. 442)	☐	☐

Vistazo cultural

AL • VISTAZO CULTURAL • VISTAZO CULTURAL • VISTAZO CULTURAL • VISTAZO CULTURAL • VISTAZO CULTURAL • VISTAZO CULTURAL • VISTA

María Luisa Briceño Bolívar,
estudiante doctoral de
Ecología Tropical

10-37 to 10-38

La naturaleza y la geografía de Colombia y Venezuela

Para mí, no hay nada más importante que preservar la naturaleza de mi país. Para lograr esto, estoy cursando un doctorado en Ecología Tropical aquí en el Instituto de Ciencias Ambientales y Ecológicas de la Facultad de Ciencias en la Universidad de los Andes (ULA) de Mérida, Venezuela.

Un *tepuy* de Venezuela
El Monte Roraima es el mejor conocido y el más alto de los tepuyes del Parque Nacional Canaima. Es una meseta de unos 2.800 metros de altura, difícil de escalar. Por este aislamiento, los tepuyes son valorados por las especies de vegetación endémicas que existen en sus zonas más altas.

El Parque Nacional Archipiélago Los Roques, Venezuela
Si Los Roques no hubiera sido creado en el año1972 para proteger el ecosistema marino, tal vez el archipiélago no tendría hoy día los arrecifes mejor conservados del Caribe. El archipiélago contiene unas cincuenta islas diferentes. Sus playas de arena blanca atraen mucho turismo; también es un refugio para muchas especies de fauna.

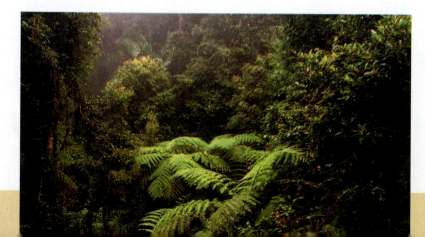

Misión árbol: Un país petrolero implementa una política "verde"
Tal vez si no se implementara la iniciativa Misión árbol, Venezuela continuaría sufriendo de una tasa (*rate*) alta de deforestación. El objetivo es crear en la población venezolana una conciencia ambiental sobre la importancia en mantener un equilibrio ecológico y animarla a que contribuya al uso sostenible de los bosques.

El Día sin Carro

Un día cada febrero se denomina el "Día sin Carro" en Bogotá, Colombia. Si no fuera por el sistema extensivo de movilidad alternativa (las ciclorrutas), sería difícil circular durante El Día sin Carro. No obstante, los ciudadanos votaron para continuar con esta tradición, y Bogotá cuenta con la mayor participación del mundo latinoamericano.

ProAves y los pájaros de Colombia

Si pudiera proteger todas las especies de pájaros en peligro de extinción, ProAves lo haría. Esta fundación colombiana se dedica a estudiar las aves y a conservar su hábitat en la naturaleza. Colombia tiene el número más alto de especies de aves en el mundo.

La Feria de las Flores

Si no fuera por la industria de floricultura en Colombia, posiblemente no tendrías rosas para el Día de la Madre o de San Valentín. Colombia es el segundo país del mundo en la exportación de flores, detrás de Holanda. En Medellín, cada año se celebra La Feria de las Flores.

El manatí amazónico

Colombia tiene una gran biodiversidad de fauna. Entre las muchas especies que existen en los ecosistemas colombianos se encuentra el manatí amazónico, el más pequeño de todos los manatís. Se encuentra en los ríos de la parte sureste de Colombia, y figura en la lista de animales en peligro de extinción.

Preguntas

1. Identifica los vistazos que representan un esfuerzo para proteger el medio ambiente. ¿Qué opinas de estas acciones?
2. ¿Por qué es importante considerar la interrelación entre todos los factores del medio ambiente? ¿Qué pasaría si no consideráramos estos factores?
3. Considera los otros países que has estudiado. ¿Qué hacen (o no hacen) para promover la protección del medio ambiente?

EPISODIO 10

Laberinto peligroso

10-41

Lectura

Estrategia · **Identifying characteristics of different text types**

Different texts have different characteristics, and recognizing these at the outset will help your comprehension. For example, the characteristics of a poem are different from those of a newspaper article, which are in turn different from the instructions for putting together a multimedia entertainment center. Academic texts exhibit different characteristics from literary texts; reading for information differs from reading for pleasure. Recognition of these differences provides you, the reader, with aids for comprehension.

10-54 **Antes de leer** Piensa en los episodios de *Laberinto peligroso* que has visto hasta el momento. ■

a. Pensando en la estrategia de identificar los diferentes tipos de discursos, ¿qué tipo de discurso ha tenido la mayoría de los episodios? ¿Diferentes secciones con subtítulos? ¿Diálogo? ¿Narración?
b. ¿Qué tipo de vocabulario han tenido? ¿Técnico? ¿Coloquial? ¿Formal?
c. Mira rápidamente el episodio e identifica los diferentes tipos de discurso que tiene. ¿Tiene diferentes secciones con subtítulos? ¿Tiene diálogo? ¿Tiene narración? ¿Qué es lo que predomina?
d. ¿Qué tipo de texto es *Laberinto peligroso*? ¿Cómo se distingue este episodio de los anteriores?

En los episodios de este capítulo, vas a ver cómo reacciona Celia ante la situación tan difícil en la que se encuentra. Antes de empezar a trabajar con la lectura, contesta las siguientes preguntas.

1. ¿Cuáles son algunos de los problemas importantes que has tenido que solucionar? ¿Y tu familia y tus amigos?
2. ¿Cuáles son los problemas que tu familia te puede ayudar a resolver? ¿Qué problemas prefieres que tus amigos te ayuden a solucionar? ¿Y un profesional, como un médico, un psicólogo, la policía, un abogado, etc.?
3. ¿Hay problemas que prefieres resolver tú solo/a? Si contestas sí, ¿cuáles son? Si no, ¿por qué no?
4. ¿Cuáles son las ventajas de compartir tus problemas con otras personas?
5. ¿Por qué crees que a veces la gente decide no compartir sus problemas y trata de resolverlos sin la ayuda de otras personas?
6. ¿Crees que es importante que la gente busque la ayuda de su familia, sus amigos y/o algún profesional cuando está en una situación difícil? ¿Por qué?

En peligro de extinción

Después de ver la amenaza de la mujer que le había escrito, Celia estaba muy nerviosa. Era más importante que nunca que resolviera los casos. La vida de Cisco dependía de ella. Se preguntó, si todavía fuera un agente federal, ¿qué haría? Casi de inmediato le vino la respuesta: no habría tenido otra opción que hablarlo con sus compañeros. Siempre trabajaban en equipo. Siempre tomaban las decisiones en equipo. Sin embargo, le parecía muy evidente que el caso actual era delicado; sabía que tenía que tener mucho cuidado. Todavía no quería que las autoridades supieran más sobre la desaparición de Cisco porque, por la seguridad de su amigo, no era nada recomendable que se involucraran° más. Sabía que no iban a mejorar nada y que era posible que crearan más riesgos° para Cisco y para ella también. Tenía mucho miedo de que su amigo estuviera en muchísimo peligro: la mujer le había dicho claramente que si llamaba a la policía, lo iba a matar. Y si ella no había podido hablar con él, ¿cómo podía estar segura de que no le habían hecho daño ya? Quizás incluso lo hubieran matado. Y si Cisco estaba bien y ella seguía las instrucciones de la mujer, ¿realmente iba a poder salvarle la vida? Por su experiencia como agente federal sabía exactamente cuáles eran los riesgos: era posible que, incluso después de seguir todas sus indicaciones, la mujer lo matara. También era posible que esa mujer tuviera planes de matarla a ella, si al final Celia decidiera ir al museo sola esa noche. No obstante, pasara lo que pasara, tenía muy claro que había que hacer todo lo posible por rescatar° a Cisco. Su amigo era listo, fuerte y duro; había sobrevivido muchas situaciones difíciles. Hasta que Celia no tuviera pruebas° convincentes de lo contrario, era importante que creyera firmemente que él estaba bien.

Agobiada° y confundida, decidió llamar a una amiga con la que antes había trabajado en el FBI, pero que ya no era agente sino que trabajaba en el departamento de fraude de una compañía internacional. Buscó el número de teléfono de su amiga y la llamó. Saltó el mensaje de su buzón de voz y Celia le dejó un mensaje pidiéndole que le devolviera la llamada lo antes posible y diciéndole que era urgente que hablara con ella sobre un asunto importante.

Mientras esperaba a que su amiga la llamara, se dio cuenta de que era preferible que se mantuviera ocupada con algo, que se distrajera de alguna manera. Decidió repasar las últimas búsquedas que Cisco y ella habían realizado. Era evidente que habían descubierto algo importante; si no hubieran encontrado nada, nadie estaría amenazándolos. Celia encontró un informe confidencial que había leído Cisco: se trataba de las sustancias medicinales de las plantas tropicales. El informe indicaba que, usando una sustancia extraída de unas plantas tropicales, se había desarrollado un antídoto muy fuerte con múltiples aplicaciones. La sustancia servía como antídoto contra la viruela°, y también eliminaba los efectos tóxicos de otras sustancias que algunos grupos terroristas estaban manipulando para usar como armas biológicas. Un grave problema era que la deforestación estaba amenazando esas plantas.

La tensión que sentía Celia en esos momentos se hizo muy evidente cuando, de pronto, sonó el teléfono, y se asustó. Lo contestó y era su amiga, la ex agente federal. Después de contarle todo lo que había pasado, su amiga le dijo que llamara inmediatamente a la policía, que no había otra opción. Celia le dio las gracias por la ayuda y colgó el teléfono.

got involved
risks

rescue

proof

Overwhelmed

smallpox

10-55 **Después de leer** Contesta las siguientes preguntas. ■

1. ¿Por qué le parecía tan urgente a Celia resolver los casos?
2. ¿Por qué no quería Celia enseñarles el mensaje de correo electrónico que había recibido a los detectives?
3. ¿Qué habría hecho si todavía hubiera sido una agente federal?
4. ¿Cuáles eran algunos de los riesgos que Celia tenía que tener en cuenta antes de actuar?
5. ¿A quién decidió pedirle ayuda con su situación?
6. ¿Qué información encontró cuando leyó el informe confidencial que había leído Cisco?
7. ¿Por qué se asustó cuando sonó el teléfono?
8. ¿Qué consejo recibió Celia durante su conversación telefónica?
9. ¿A qué se refiere el título del episodio?

▶❙❙ Video

10-56 **Antes del video** Antes de empezar a trabajar con el episodio del video, *¡Alto! ¡Tire el arma!*, contesta las siguientes preguntas. ■

10-42 to 10-43

1. ¿Crees que Celia va a seguir el consejo que recibió durante su conversación telefónica? ¿Por qué?
2. ¿Crees que Celia va a ir al museo sola o crees que va a pedir que la ayude otra persona? ¿Por qué? Si crees que va a pedir la ayuda de otra persona, ¿a quién se la va a pedir? ¿Por qué?
3. Basándote en el título del video, ¿qué crees que va a pasar en este episodio?

¡Alto! ¡Policía! ¡Arriba las manos! ¡Tire el arma!

Me convenció que desactivara el sistema de seguridad y sacara unos mapas.

¿Qué relación tiene todo esto con la desaparición de Cisco?

Episodio 10

«¡Alto! ¡Tire el arma!»

Relájate y disfruta el video.

10-57 **Después del video** Contesta las siguientes preguntas. ■

1. Al final, ¿fue Celia al museo sola o buscó la ayuda de otra(s) persona(s)?
2. ¿Quién robó los mapas y las crónicas de la biblioteca? ¿Por qué los robó?
3. ¿Quién había amenazado a Cisco y a Celia? ¿Por qué los había amenazado?
4. ¿Quién era el Señor A. Menaza? ¿Por qué quería hacerles daño a Cisco y a Celia?
5. ¿Cómo concluyó el episodio?

448

LETRAS

10-47 to 10-50

Acabas de terminar otro episodio de **Laberinto peligroso.** Explora más lecturas en la colección literaria, **Letras.**

Y por fin, ¿cómo andas?

	Feel confident	Need to review

Having completed this chapter, I now can . . .

Comunicación I

- describe the environment. (p. 412) ☐ ☐
- indicate purpose, time, and location. (MSL) ☐ ☐
- specify prior recommendations, wants, doubts, and emotions. (p. 416) ☐ ☐
- discuss actions completed before others in the past. (p. 420) ☐ ☐
- distinguish different contexts. (p. 423) ☐ ☐

Comunicación II

- identify a variety of animals. (p. 425) ☐ ☐
- communicate agency, purpose, and source. (MSL) ☐ ☐
- convey hypothetical or contrary-to-fact information. (p. 430) ☐ ☐
- illustrate geographic features. (p. 432) ☐ ☐
- sequence temporal events. (p. 435) ☐ ☐
- express agreement, disagreement, or surprise. (p. 440) ☐ ☐
- link sentences when writing to be more cohesive, persuasive, and clear. (p. 442) ☐ ☐

Cultura

- share information about an environmental protection foundation. (p. 422) ☐ ☐
- name three Hispanic environmental activists. (p. 438) ☐ ☐
- compare and contrast conservation initiatives in Colombia and Venezuela. (p. 444) ☐ ☐

Laberinto peligroso

- recognize and identify characteristics of different text types and discover what Celia does next. (p. 446) ☐ ☐
- find out what happened to Cisco. (p. 448) ☐ ☐

Comunidades

- use Spanish in real-life contexts. (SAM) ☐ ☐

Literatura

- retell a fable and state the moral. (Literary Reader) ☐ ☐

VOCABULARIO ACTIVO 🔊

El medio ambiente	The environment
los animales en peligro de extinción	endangered species
el clima	climate
el combustible	fuel
el consumo	consumption
el contaminante	contaminant
el daño	harm
la deforestación	deforestation
el desperdicio	waste
el ecosistema	ecosystem
el efecto invernadero	greenhouse effect
el envase	package; container
la erosión	erosion
la escasez	scarcity
el esmog	smog
el fertilizante	fertilizer
el hábitat	habitat
el humo	smoke
la infraestructura	infrastructure
el insecticida	insecticide
la naturaleza	nature
el peligro	danger
el pesticida	pesticide
el riesgo	risk
la sequía	drought
la sobrepoblación	overpopulation
la sustancia	substance

Algunos verbos	Some verbs
amenazar	to threaten
conservar	to conserve
cosechar	to harvest
dañar	to damage; to harm
desaparecer	to disappear
descongelar	to thaw
desperdiciar	to waste
destruir	to destroy
fabricar	to make; to produce
hacer ruido	to make noise
mejorar	to improve
preservar	to preserve
prevenir	to prevent
reducir	to reduce
reemplazar	to replace
rescatar	to rescue
sobrevivir	to survive
sostener	to sustain

Algunos adjetivos	Some adjectives
árido/a	arid; dry
biodegradable	biodegradable
climático/a	climatic
ecológico/a	ecological
exterminado/a	exterminated
renovable	renewable
tóxico/a	poisonous

Algunos animales	Some animals
la abeja	bee
la ardilla	squirrel
la ballena	whale
la cabra	goat
el camello	camel
el cangrejo	crab
el dinosaurio	dinosaur
la foca	seal
el gallo	rooster
el gorila	gorilla
la iguana	iguana
la jirafa	giraffe
el lobo	wolf
el loro	parrot
el manatí	manatee
la mariposa	butterfly
el mono	monkey
el murciélago	bat
la oveja	sheep
la paloma	pigeon; dove
el pato	duck
el picaflor	hummingbird
el pingüino	penguin
el pulpo	octopus
el puma	puma
el rinoceronte	rhinoceros
el saltamontes	grasshopper
el tiburón	shark
el tigre	tiger
la tortuga	turtle
el venado	deer
el zorro	fox

Algunos términos geográficos	Some geographical terms
el arrecife	coral reef
el arroyo	stream
la bahía	bay
la catarata	waterfall
el desierto	desert
la isla	island
la llanura	plain
el mar	sea
el pantano	marsh
la playa	beach
el río	river
la sierra	mountain range
el valle	valley
el volcán	volcano

Hay que cuidarnos

Es muy importante cuidarse mucho para sentirse bien y no enfermarse. La buena salud es muy importante para el cuerpo entero: el aspecto físico, mental y emocional. Todos estos factores contribuyen a que tengamos una vida de buena calidad. ¡Así que hay que cuidarnos bien!

PREGUNTAS

1 ¿Qué es necesario hacer para sentirse bien?

2 ¿Cuáles son las diferentes dimensiones de la salud?

3 ¿Qué haces para cuidarte?

Comunicación I

¡Anda! Curso intermedio, Capítulo 1. El aspecto físico y la personalidad, pág. 34.

¡Anda! Curso elemental, Capítulo 9. El cuerpo humano, Apéndice 2.

1 VOCABULARIO

11-01 to 11-02

El cuerpo humano Describing different parts of the body

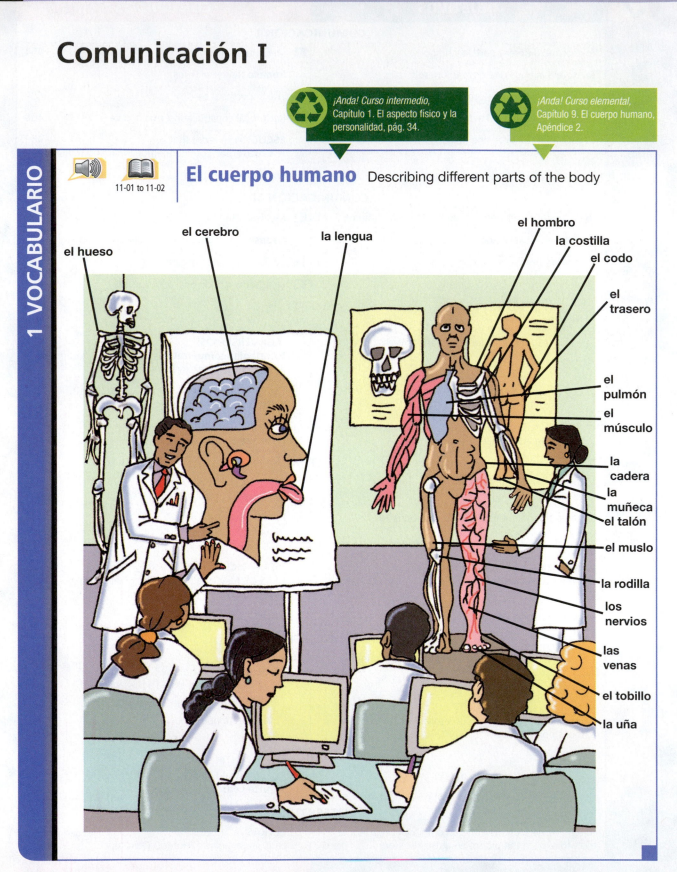

el hueso

el cerebro

la lengua

el hombro

la costilla

el codo

el trasero

el pulmón

el músculo

la cadera

la muñeca

el talón

el muslo

la rodilla

los nervios

las venas

el tobillo

la uña

REPASO

¡Hola!

Repaso &
Spanish/English
Tutorials

11-03 to 11-05

Los verbos reflexivos   Expressing actions one does to oneself

For a complete review of reflexive verbs, go to MySpanishLab or refer to **Capítulo 8** of *¡Anda!*
Curso elemental in Appendix 3 of your textbook. The vocabulary activities that follow
incorporate this grammar point. Practicing new vocabulary with a review grammar point helps
to strengthen and increase your knowledge of Spanish.

♻ *¡Anda! Curso intermedio*, Capítulo 1. El aspecto
físico y la personalidad, pág. 34.

♻ *¡Anda! Curso elemental*, Capítulo 9.
El cuerpo humano, Apéndice 2.

11-1   **¿Qué parte?** Decidan con qué categorías se asocia cada una de las
siguientes palabras. ■

CATEGORÍAS		
la cabeza	la pierna y el pie	el cuerpo (parte interior, no visible)
la cara	el brazo y la mano	el cuerpo (parte exterior, visible)

MODELO   la lengua

la cara / la cabeza / el cuerpo (parte interior, no visible)

1. los pulmones
2. las venas
3. la piel
4. el talón
5. el cerebro
6. la muñeca
7. las uñas
8. la rodilla

9. las costillas
10. el codo
11. los hombros
12. el muslo
13. las mejillas
14. el hueso
15. los labios
16. la frente

♻ *¡Anda! Curso elemental*, Capítulo 9.
El cuerpo humano, Apéndice 2.

11-2   **La parte necesaria** Para cada una de las siguientes acciones,
túrnense para determinar con qué partes del cuerpo se puede asociar. ■

MODELO   levantarse

las piernas y los pies

1. maquillarse
2. olvidarse
3. sentarse
4. peinarse
5. afeitarse
6. ducharse

¡Anda! Curso elemental,
Capítulo 1. Los
adjetivos descriptivos;
Capítulo 9. El cuerpo
humano, Apéndice 2.

11-3 **Escucha bien** Tu profesor/a te va a describir a una
"persona". Necesitas dibujar exactamente lo que él/ella te dice. Después,
compara tu dibujo con el de un/a compañero/a. ■

Vocabulario útil			
ancho/a	*wide*	**fuerte**	*strong*
corto/a	*short*	**largo/a**	*long*

11-4 **Procesos naturales** Están en una clase de anatomía. Describan
los procesos que se asocian con las siguientes acciones. ■

MODELO   sentarse

*Hay que doblar las piernas y ponerse en
una silla.*

1. acostarse
2. correr
3. caerse

4. bañarse
5. levantarse

Vocabulario útil	
doblar	*to bend*
estirarse	*to stretch*
meterse	*to get into*

11-5 **¿Qué le pasa?** Alberto está en la oficina de sus doctores para un
exámen físico anual. Se queja de algunos síntomas a los doctores. Túrnense utilizando
el vocabulario nuevo para dar sus opiniones. ■

MODELO   ALBERTO: Me duele la pierna.

E1 (DOCTOR/A 1):   *Quizás sean los nervios o las venas en la pierna.*

E2 (DOCTOR/A 2):   *Quizás sea un músculo.*

1. Me duele la pierna.
2. No puedo caminar mucho.
3. No respiro muy bien.

4. Tengo problemas cuando juego al béisbol.
5. Me caí en el hielo.

¡Anda! Curso intermedio, Capítulo 1. El aspecto
físico y la personalidad, pág. 34.

¡Anda! Curso elemental, Capítulo 9.
El cuerpo humano, Apéndice 2.

11-6 **Seminario de la salud** Imagina que tu compañero/a y tú
asistieron a un taller (*workshop*) sobre el cuerpo. Digan lo que aprendieron, usando
el vocabulario nuevo y el vocabulario que aprendieron en capítulos anteriores.
Pueden hacer dibujos si quieren. ■

Estrategia

Include reflexive verbs
and new vocabulary
in your questions. See
how many of the new
vocabulary words you
can use.

MODELO   E1: *Aprendí que las cejas y las pestañas son para proteger los ojos.*

E2: *Sí. Hablando de la cara, también es necesario proteger las mejillas y la frente con
crema cuando tomas el sol.*

E1: *…*

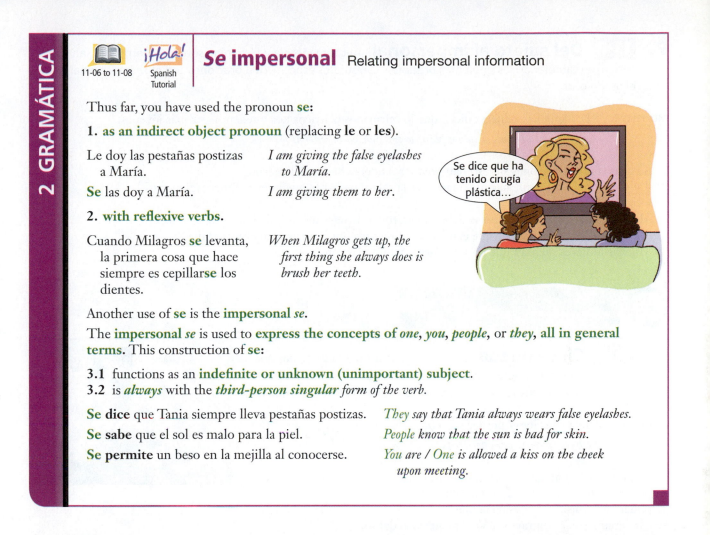

2 GRAMÁTICA

11-06 to 11-08 · ¡Hola! Spanish Tutorial

Se impersonal Relating impersonal information

Thus far, you have used the pronoun **se**:

1. as an indirect object pronoun (replacing **le** or **les**).

Le doy las pestañas postizas a María.
I am giving the false eyelashes to María.

Se las doy a María.
I am giving them to her.

2. with reflexive verbs.

Cuando Milagros **se** levanta, la primera cosa que hace siempre es cepillar**se** los dientes.
When Milagros gets up, the first thing she always does is brush her teeth.

Se dice que ha tenido cirugía plástica…

Another use of **se** is the **impersonal** *se*.

The **impersonal** *se* is used to **express the concepts of *one*, *you*, *people*, or *they*, all in general terms.** This construction of **se**:

3.1 functions as an **indefinite or unknown (unimportant) subject**.
3.2 is *always* with the ***third-person singular*** form of the verb.

Se dice que Tania siempre lleva pestañas postizas.
They say that Tania always wears false eyelashes.

Se sabe que el sol es malo para la piel.
People know that the sun is bad for skin.

Se permite un beso en la mejilla al conocerse.
You are / One is allowed a kiss on the cheek upon meeting.

11-7 **Chismes** ¡Cómo habla la gente! Cambien las siguientes oraciones impersonales que usan la tercera persona plural a oraciones con **el *se* impersonal**. ■

MODELO Dicen que esa actriz tiene las caderas muy anchas.
Se dice que esa actriz tiene las caderas muy anchas.

1. Dicen que los tacones altos pueden dañar los tobillos y las rodillas.
2. No permiten beber alcohol en este restaurante.
3. No hacen suficiente ejercicio en la escuela.
4. Creen que los nervios se tranquilizan con el ejercicio diario.
5. Dicen que hacer yoga alivia el estrés.

Estrategia

The third-person plural of the verb can also be used to express impersonal subjects ("they"):

Dicen que Tania siempre lleva pestañas postizas. — They say that Tania always wears false eyelashes.
Permiten un beso en la mejilla al conocerse. — They allow a kiss on the cheek upon meeting.

11-8 **Del sujeto al impersonal** Tu compañero/a y tú hablan sobre el cuerpo y la salud. Túrnense, cambiando las siguientes oraciones con sujetos específicos a oraciones con **el *se* impersonal**, según el modelo. ■

MODELO   E1: Aquellas mujeres dicen que los cirujanos plásticos nos pueden hacer más jóvenes.

          E2: *Se dice que los cirujanos plásticos nos pueden hacer más jóvenes.*

1. A veces algunas personas subestiman (*underestimate*) la fuerza del cuerpo.
2. Todo el mundo sabe que hay que mantener la salud mediante una buena alimentación y ejercicio.
3. Mucha gente entiende que no se debe fumar, tomar drogas ilícitas, ni abusar del alcohol.
4. Algunos reconocen que hay que cepillarse los dientes por lo menos dos veces al día.
5. Muchas mujeres piensan que las uñas largas y pintadas son elegantes.

> ♻ *¡Anda! Curso elemental*, Capítulo 11. Las preposiciones y los pronombres preposicionales, Apéndice 3.

11-9 **Sí, se puede** La familia Sánchez habla de temas que leen en el periódico, y los Sánchez siempre tienen una solución para los demás. Digan sus soluciones, usando siempre **el *se* impersonal.** ■

MODELO   hacer ejercicio / perder peso (*to lose weight*)
          Se hace ejercicio para perder peso.

1. no permitir fumar / malo para pulmones
2. poder ver huesos / en una radiografía
3. poder ver venas / a través de la piel
4. usar crema solar con rayos UVA / protegerse del sol
5. comprar crema / evitar arrugas de la frente

11-10 **Lo que se sabe** Seguramente has visto en las revistas artículos y encuestas que te preguntan sobre lo que sabes de la salud. Con un/a compañero/a, completen las siguientes oraciones para mostrar lo que se sabe sobre la buena salud. Túrnense. ■

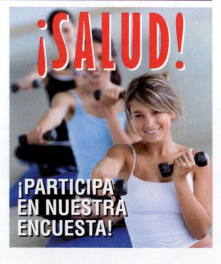

MODELO   Para mantener un peso saludable, se tiene que…
          Para mantener un peso saludable, se tiene que comer menos, alimentarse bien, hacer ejercicio y descansar.

1. Se necesita hacer por lo menos treinta minutos de actividad física moderada por lo menos cinco días a la semana. Se dice que cinco actividades buenas para el corazón, los pulmones y los músculos son…
2. Si se dedica a tener una rutina de ejercicio sin fallar, se necesita…
3. Si uno se quiere divertir, debe…
4. Si se ha estado inactivo/a durante mucho tiempo, se recomienda…
5. Se dice que las personas activas…

11-11 ¿Qué nos recomiendan? Miren el cartel sobre la buena salud y digan **ocho** recomendaciones que encuentren allí, usando **el subjuntivo** y el *se* impersonal. ∎

¡Anda! Curso intermedio, Capítulo 2. El subjuntivo para expresar pedidos, mandatos y deseos, pág. 91.

Vocabulario útil

Recomienda que…
Es imprescindible (*essential*) que…
Es importante que…
Es necesario que…

Mi pirámide
PASOS HACIA UNA SALUD MEJOR

AGUA
DIARIAMENTE

Haga ejercicio casi todos los días 30 minutos

Recomendación diaria para cada grupo de alimentos

ACEITE GRASAS AZÚCAR OCASIONALMENTE

GRANOS	VERDURAS	FRUTAS	PRODUCTOS LÁCTEOS	CARNES Y FRIJOLES
7 onzas	3 tazas	2 tazas	3 tazas	6 onzas
Consuma la mitad en granos integrales	**Varíe las verduras**	**Enfóquese en las frutas**	**Coma alimentos ricos en calcio**	**Escoja proteínas bajas en grasas**
Trate de consumir por lo menos **3 onzas y media** de granos integrales cada día	Intente alcanzar estas cantidades cada semana: **Verduras verdes -** 3 tazas **Verduras con almidón -** 6 tazas **Otras verduras -** 7 tazas	Coma frutas variadas No tome mucha cantidad de jugo de frutas	Al escoger leche, yogur o queso, opte por productos bajos en contenido graso	Escoja carnes y aves de bajo contenido graso o magras Varíe su rutina de proteínas; coma más pescado, frijoles, guisantes, nueces y semillas

Encuentre un equilibrio entre la alimentación y la actividad física Manténgase físicamente activo por lo menos durante 30 minutos la mayoría de los días de la semana	**Conozca los límites de las grasas, los azúcares y el sodio** Su dosis de aceites es **6 cucharaditas por día** Límite las grasas sólidas y azúcares - **a 290 calorías por día**

MODELO   *Es importante que se beba leche diariamente.*

 ¡Anda! Curso intermedio, Capítulo 2. Deportes, pág. 72; Pasatiempos y deportes, pág. 86.

¡Anda! Curso elemental, Capítulo 2. Los deportes y los pasatiempos, Apéndice 2.

Workbooklet

11-12 Un/a entrenador/a personal Conseguiste el puesto de entrenador/a personal en el gimnasio Vida Nueva. Con un/a compañero/a, hagan los papeles del/de la entrenador/a y su cliente. Túrnense. ∎

MODELO   E1 (CLIENTE):   *¿Cómo se hace más fuerte el corazón?*
E2 (ENTRENADOR/A):   *Se hace más fuerte el corazón haciendo actividades como correr o nadar.*

1. ¿Cómo / hacer / más fuerte / el corazón? _____	2. ¿Cómo / deber / proteger / los oídos / cuando / nadar? _____	3. ¿Cómo / perder peso? _____
4. ¿Cuáles / ser / los ejercicios que / hacer / para aumentar los músculos? _____	5. ¿Cuántas veces al día / deber / comer? _____	6. ¿Cómo / quemar / más calorías al día? _____

3 GRAMÁTICA

11-09 to 11-11 ¡Hola! Spanish Tutorial

Las construcciones recíprocas: *nos* y *se*
Designating reciprocal actions

The plural reflexive pronouns **nos** and **se** can be used to express **reciprocal actions**, conveyed in English by *each other* or *one another*.

Nosotros **nos habíamos comunicado** por email todos los días.	*We had communicated with each other every day by e-mail.*
Ellos **se llamaban** cada noche antes de acostarse.	*They called / used to call one another each night before they went to bed.*
Los novios **van a verse** de nuevo este verano en Santo Domingo.	*The sweethearts are going to see each other again this summer in Santo Domingo.*

¡Se miran y es el amor a primera vista!

1. It is possible to have a sentence in which the pronoun can be interpreted as *either reciprocal or reflexive.* You must rely on context for the exact meaning.

Fabiola y Beltrán **se están mirando** en el espejo.

> *Fabiola and Beltrán are looking at **each other** in the mirror.*
>
> OR
>
> *Fabiola and Beltrán are looking **at themselves** in the mirror.*

2. When the context is not clear, the reciprocal can be clarified by the phrase **(el) uno a(l) otro** or **(los) unos a (los) otros.** Note that masculine forms are used unless both subjects are feminine, in which case it would be **(la) una a (la) otra** or **(las) unas a (las) otras.**

Fabiola y Beltrán se están mirando **(el) uno a(l) otro.**   *Fabiola and Beltrán are looking at each other.*

11-13 **El uno al otro** Miren los dibujos y describan lo que están haciendo las personas. ■

MODELO

Se hablan.

Vocabulario útil	
abrazar	*to hug*
besar	*to kiss*
despedir (e → i → i)	*to say good-bye*
saludar	*to greet; to say hello*

1.   2.   3.   4. (¿a las 6?) (sí, en tu casa)   5.

Workbooklet

11-14 La reciprocidad y los amigos ¿Cómo se comportan tus amigos y tú? Completa los siguientes pasos. ■

Paso 1 Indica qué cosas tus amigos y tú hacen juntos y con qué frecuencia.

ACCIONES RECÍPROCAS	FRECUENCIA	LAS RESPUESTAS DE TU COMPAÑERO/A
visitarse unos a otros	todos los días	cada semana
prestarse dinero		
ayudarse con los estudios		
hablar sobre sus problemas		
criticarse unos a otros		
felicitarse por sus éxitos		

Paso 2 Hazle las preguntas a un/a compañero/a para ver si hace las mismas cosas con sus amigos.

MODELO E1: *¿Se visitan tus amigos y tú?*

E2: *Sí, mis amigos de la universidad y yo nos visitamos.*

E1: *¿Con qué frecuencia?*

E2: *Nos visitamos cada semana. En cambio, con los amigos de mi pueblo nos visitamos una vez cada dos meses. ¿Y tú? ¿Se visitan tus amigos y tú?*

11-15 ¿Con quiénes? ¿Con quiénes generalmente hacen las siguientes cosas? Comparen sus respuestas. ■

MODELO decirse la verdad siempre

E1: *Mi hermano y yo siempre nos decimos la verdad. ¿Y tú?*

E2: *Mis padres y yo siempre nos decimos la verdad. No tengo hermanos.*

1. decirse secretos
2. mandarse mensajes de texto muchas veces al día
3. comunicarse por Skype u otro programa parecido
4. verse en el gimnasio
5. ayudarse con los problemas
6. hacerse favores

11-16 Con su profesor/a

¿Cuáles son algunas acciones recíprocas entre ustedes y su profesor/a de español? Hagan una lista de por lo menos **seis** cosas. ■

MODELO

1. *Nos saludamos al entrar a la sala de clase.*

11-17 La reciprocidad y la familia En sus familias, ¿se llevan bien el uno con el otro? ■

Paso 1 Con un/a compañero/a, usando los siguientes verbos, túrnense para hablar de lo que ocurre entre ustedes y sus parientes. Deben decir por lo menos **cuatro acciones recíprocas** cada uno.

apoyar	criticar	entender	querer
ayudar	dar consejos	gritar	regalar
comunicar	decir mentiras / la verdad	pelear	respetar

MODELO *Mis primos y yo siempre nos apoyamos. Mis hermanos y yo nos criticamos mucho…*

Paso 2 Ahora, compartan sus respuestas con sus compañeros.

MODELO *Teri y sus primos siempre se apoyan, pero ella y sus hermanos se critican mucho…*

NOTAS CULTURALES

La medicina tradicional o alternativa

11-12 to 11-13

Según la Organización Mundial de la Salud (OMS), el ochenta por ciento de la población mundial utiliza alguna forma de medicina tradicional regularmente. Por supuesto, la gente en los países hispanos tiene acceso a la atención médica y a diferentes expertos en el campo de la salud. Hay oficinas de consulta y hospitales con todo el equipo moderno para tratar cualquier problema que se presente. Además, hay farmacias de turno que están abiertas las veinticuatro horas del día, ofreciendo las medicinas necesarias.

Pero en muchos de estos países hay también una fuerte tradición de medicina alternativa. Las personas, particularmente en las zonas rurales de Latinoamérica, suelen emplear remedios caseros (*home remedies*), o tradicionales, en vez de buscar el consejo y la ayuda de los profesionales médicos, que a veces no se encuentran en estos lugares lejanos. En los mercados al aire libre se vende todo tipo de hierbas para curar cualquier dolor, enfermedad o condición dañina (*harmful*) para la salud.

Se debe mencionar también el curanderismo, otra tradición muy arraigada (*rooted*) en la cultura hispana. Los curanderos suelen emplear las hierbas, el masaje y a veces los rituales para curar a sus pacientes física y espiritualmente.

Preguntas

1. ¿Qué tipos de cuidado de salud se mencionan aquí? ¿Con cuáles tienes experiencia?
2. ¿Quiénes usan formas alternativas de medicina? ¿Por qué crees que se usan?
3. ¿Qué tipos de remedios caseros o tradicionales conoces? ¿Qué opinas de la medicina alternativa?

Workbooklet

11-18 **¿Cómo las contestan?**

Después de un semestre entero juntos, se conocen bien, ¿no? Pues, ya veremos. Completa los siguientes pasos. ■

Paso 1 Contesta las siguientes preguntas como si fueras tu compañero/a.

Paso 2 Hazle las preguntas a tu compañero/a para saber las respuestas correctas. ¿Se conocen bien?

PREGUNTA	¿CÓMO CONTESTARÍA TU COMPAÑERO/A?	LA RESPUESTA CORRECTA SEGÚN TU COMPAÑERO/A
1. ¿Se hablan en persona tu mejor amigo/a y tú todas las noches?		
2. ¿Se compran regalos a menudo tus parientes? Explica.		
3. ¿Se ven todos los días tus amigos y tú? Cuando se ven, ¿qué hacen?		
4. ¿Se comunican con frecuencia tus padres, hermanos u otros parientes y tú? ¿Cuáles son los modos de comunicación más comunes para ustedes?		
5. En su tiempo libre, ¿dónde se encuentran tus amigos y tú?		
6. ¿Se dejan mensajes en Facebook o se mandan mensajes de texto tus compañeros/as y tú?		
7. ¿Cómo se saludan tus amigos y tú cuando se ven?		
8. ¿Se conocen tus padres y tus amigos de la universidad?		

ESCUCHA

11-14 to 11-15

Un informe de radio

Estrategia

Commenting on what you heard

Sometimes it is not enough to just understand what you have heard. You may need to use the information you have just learned in some way in a real-world setting. For example, you may need to respond to something you have heard by taking some sort of action. Or you may want to make a comment to someone about what you have heard. Beyond simply reporting the facts, you also react by adding your own comments.

(continued)

11-19   Antes de escuchar

Vas a escuchar un informe de radio.
Primero completa los siguientes pasos. ■

Paso 1   Mira la foto. Describe lo que ves en la foto.

Paso 2   Contesta las siguientes preguntas.

1. ¿Estás preocupado/a por tu salud?
2. ¿Sigues una dieta especial?
3. ¿Haces ejercicio?
4. ¿Tienes un entrenamiento (*training*) físico especial?

11-20   A escuchar   Completa los siguientes pasos. ■

Paso 1   Escucha el informe y contesta las siguientes preguntas.

1. ¿Cuál es el tema del informe?
2. Según el informe, ¿cuáles son los tres puntos más importantes para perder peso?

Paso 2   Escucha el informe otra vez y apunta (*jot down*) **cuatro** comentarios sobre el informe.

11-21   Después de escuchar   Comparte tus comentarios en grupos de

tres o cuatro estudiantes. ¿Con quiénes estás de acuerdo? ¿Con quiénes de tu grupo no estás de acuerdo y por qué? ■

¿Cómo andas? I

	Feel confident	Need to review
Having completed **Comunicación I,** I now can . . .		
• describe different parts of the body. (p. 454)	☐	☐
• express actions one does to oneself. (MSL)	☐	☐
• relate impersonal information. (p. 457)	☐	☐
• designate reciprocal actions. (p. 460)	☐	☐
• explore methods of health care and treatment. (p. 462)	☐	☐
• comment on what I hear. (p. 463)	☐	☐

Comunicación II

♻ *¡Anda! Curso elemental.* Capítulo 9. Algunas enfermedades y tratamientos médicos, Apéndice 2.

4 VOCABULARIO

🔊 📖
11-16 to 11-17

La atención médica
Discussing ailments and mentioning possible treatments

las gotas para los ojos · operar · tomar la presión · tomar el pulso

el paciente (la paciente)

la radiografía

el cabestrillo

las muletas

la camilla

sacar sangre

el termómetro

tomar la temperatura

Algunas palabras útiles	*Some useful words*
las alergias	*allergies*
el antihistamínico	*antihistamine*
la cura	*cure*
la dosis	*dosage*
el/la drogadicto/a	*drug addict*
la enfermedad	*illness*
el examen físico	*physical exam*
los medicamentos	*medicines*
la penicilina	*penicillin*
las pruebas médicas	*medical tests*

el resultado	*result*
el síntoma	*symptom*
el tratamiento	*treatment*
la vacuna	*vaccination*

Algunos verbos y expresiones útiles	*Some verbs and useful expressions*
enyesar	*to put a cast on*
fracturar(se)	*to break; to fracture*
hacer gárgaras	*to gargle*
respirar	*to breathe*

REPASO

¡Hola!

Repaso &
Spanish/English
Tutorials

11-18 to 11-20

Las expresiones afirmativas y negativas
Making affirmative and negative statements

For a complete review of affirmative and negative expressions, go to MySpanishLab or refer to **Capítulo 4** of *¡Anda! Curso elemental* in Appendix 3 of your textbook. The vocabulary activities that follow incorporate this grammar point. Practicing new vocabulary with a review grammar point helps to strengthen and increase your knowledge of Spanish.

11-22 **Nunca va** Elijan la palabra o expresión que no va con las otras y expliquen por qué. Túrnense y traten de usar **expresiones afirmativas o negativas.** ■

MODELO las pruebas médicas, los síntomas, el tratamiento, la vacuna

E1: *"La vacuna" no va con las otras palabras. Nunca se usa una vacuna como tratamiento.*

E2: *Estoy de acuerdo. Las otras palabras tienen una progresión. Si alguien tiene unos síntomas, va al consultorio para realizar pruebas médicas y luego sigue un tratamiento.*

Fíjate

Note that *realizar* (to carry out) is a false cognate and does not have the same meaning as *darse cuenta*.

1. la penicilina, el antihistamínico, la camilla, la vacuna
2. respirar, sacar sangre, tomar la presión, tomar el pulso
3. la radiografía, las pruebas médicas, la cura, el examen físico
4. operar, el tratamiento, los medicamentos, el drogadicto

11-23 **Están equivocados** Samuel y Rosario siempre dicen que no hay ningún beneficio en hacer ejercicio regularmente. Corrijan sus comentarios usando **expresiones afirmativas.** ■

MODELO Jamás ayuda a tratar la depresión.
Hacer ejercicio siempre ayuda a tratar la depresión.

1. No disminuye ningún riesgo de tener una enfermedad grave.
2. No reduce ningún efecto del envejecimiento (*aging*).
3. No aumenta nada la energía.
4. Nunca te ayuda a dormir mejor.
5. No alivia ni el estrés ni la ansiedad.
6. No ayuda nada a mantener los tendones y los ligamentos flexibles.

11-24 **No, mil veces no** Gabriela siempre responde negativamente a todo. Túrnense para contestar como Gabriela contestaría. ■

MODELO   ¿Usas muletas a veces?

No, nunca uso muletas. / No, no uso muletas nunca.

1. Entre la gente famosa, ¿conoces a alguien que sea drogadicto?
2. ¿Conoces a alguien que tenga una enfermedad grave?
3. ¿La enfermera siempre te toma la presión o el pulso?
4. ¿Necesitas alguna vacuna para el viaje?
5. ¿Siempre te duele algo?
6. Cada vez que vas al médico, ¿te hacen pruebas médicas?
7. ¿Alguien te opera mañana?
8. ¿Te han enyesado alguna parte del cuerpo?

11-25 **Haciendo preguntas** ¿Cuántas preguntas pueden crear? Completen los siguientes pasos. ■

Paso 1   Formen oraciones interrogativas con los elementos de las tres columnas más otras palabras necesarias.

MODELO   algunos   síntomas   el cáncer

¿Cuáles son algunos síntomas del cáncer?

COLUMNA 1	COLUMNA 2	COLUMNA 3
alguien	cura	el cáncer
alguno/a/os/as	resultados	el hueso del pie
siempre	síntomas	aquella enfermedad
alguna vez	fracturarse	las pruebas médicas
a veces	ocurrir	la máquina de radiografía
algo	sacar sangre	ser alérgico al medicamento
o… o	estar mal la dosis	tomar la presión

Paso 2   Ahora contesten las preguntas que crearon.

MODELO   E1: *¿Cuáles son algunos síntomas del cáncer?*

E2: *Algunos síntomas incluyen el cansancio, perder peso…*

¡Anda! Curso elemental, Capítulo 9. Algunas enfermedades y tratamientos médicos, Apéndice 2.

11-26 Un examen físico muy completo

Piensen en ocasiones en que fueron al médico para un examen físico y completen los siguientes pasos. ■

Paso 1 Hagan una lista de las acciones del/de la médico/a durante un examen físico muy completo.

MODELO 1. preguntarle al paciente si tiene algunos problemas físicos

2. sacarle sangre...

Paso 2 Piensen en los exámenes físicos que han tenido ustedes. Digan si los/las médicos/as les han hecho estas cosas **siempre, a veces** o **nunca.**

MODELO E1: *Siempre me preguntan si tengo algún problema físico. ¿Y tú?*

E2: *A veces me preguntan si tengo problemas. ¿A ti siempre te miran el oído?…*

Workbooklet

11-27 Encuentra a alguien que… Circula por

la clase para averiguar la frecuencia con que se han encontrado en las siguientes situaciones. Entrevista a tus compañeros/as. Luego, comparte los resultados con otros compañeros/as de clase. ■

MODELO fracturarse una pierna

E1: *¿Te fracturaste una pierna alguna vez?*

E2: *Sí, una vez me fracturé una pierna cuando tenía diez años.*

E1: *Firma aquí, por favor.*

Estrategia

Remember that when completing signature search activities like **11-27**, it is important to move quickly around the room, trying to get as many different signatures as possible while asking and answering all questions in Spanish.

Estrategia

You may wish to report the results of your survey in the form of pie charts or bar graphs.

	NUNCA	UNA VEZ	MÁS DE UNA VEZ	SIEMPRE
1. fracturarse un brazo o una pierna		Maribel		
2. hacer gárgaras				
3. tomar penicilina para una infección				
4. usar un termómetro cuando tiene fiebre				
5. tener alergias				
6. ponerse gotas en los ojos				
7. sacarse una radiografía				
8. tomar muchos medicamentos				
9. respirar de manera profunda				

5 GRAMÁTICA

11-21 to 11-23 ¡Hola! Spanish Tutorial

El *se* inocente (*Se* for unplanned occurrences)
Indicating unplanned occurrences

The **passive *se*** is used with certain verbs to indicate something *unplanned*, *unexpected*, and *no one's fault*.

- In this use of **se:**

1. **Se** is invariable.
2. The indirect object pronoun refers to the person the action "happens to."
3. The subject (which comes at or toward the end of the sentence) and verb agree.
4. Optional nouns or pronouns can be used for clarification.

- The "formula" for this use of **se** is:

Al médico se le perdieron los papeles.

(**Optional noun or pronoun**) + *se* + **Indirect Object Pronoun** + **Verb** + **Subject** + (**rest of sentence**)

Note the following color-coded examples.

A Hortensia se le rompieron los lentes.	*Hortensia broke her glasses.*
Se me olvidaron las gotas para las alergias.	*I forgot the drops for my allergies.*
Se les quedó el dinero para pagar la factura del hospital en casa.	*They left the money to pay the hospital bill at home.*

- The following verbs frequently use this construction with **se:**

acabar	caer	escapar	ir	ocurrir	olvidar	perder	quedar	romper

Note: With the **se** of unplanned occurrences, a definite (**el, la, los, las**) or indefinite (**un, unos, una, unas**) article is used *instead of* a possessive adjective (**mi/s, tu/s, etc.**), which is used in English.

¿Se te cayeron *las* muletas?	*Did **your** crutches fall?*
¿Se te ocurre *un* tratamiento?	*Does **a** treatment occur to you?*
Se me olvidó *el* termómetro.	*I forgot **my** thermometer.*
Se les perdieron *las* radiografías.	*They lost **their** X-rays.*

You may remember a similar usage of definite articles with body parts or clothing from **Capítulo 3.**

Se le rompieron *los brazos* en el accidente.	*He broke **his** arms in the accident.*
Se puso *el suéter* porque tenía frío.	*She put on **her** sweater because she was cold.*

¡Anda! Curso elemental, Capítulo 7.
El pretérito, Apéndice 3.

¡Anda! Curso intermedio, Capítulo 3.
El pretérito, pág. 111.

11-28 ¿Qué les pasó? Miren los dibujos y descríbanlos, usando las siguientes palabras y **el *se* inocente.** ■

| acabar | caer | escapar | olvidar | perder | romper |

MODELO   *A Sonia se le olvidaron los lentes.*

Sonia

1. Esteban

2. Lucía y Beto

3. Sra. García

4. Mateo

5. Lola

11-29 Un día muy malo para el Dr. Gómez Lean sobre lo que le pasó ayer al Dr. Gómez y completen los pasos que siguen. ■

Ayer fue uno de los peores días que el Dr. Gómez, un médico nuevo del Hospital Universitario Virgen del Rocío en Sevilla, España, ha tenido jamás. Desde el primer momento, todo fue de mal en peor (*from bad to worse*). Para empezar se le olvidó poner el despertador y se levantó tarde. Tenía que estar en el hospital muy temprano porque iba a operar a un paciente a las siete. Salió de casa a eso de las siete menos cuarto. De camino al hospital, el coche se quedó parado porque se le acabó la gasolina. Llamó a *Mondial Assistance* y por fin lo rescataron (*they saved him*).

  Cuando llegó al hospital, todo el mundo lo estaba esperando. ¡Qué vergüenza! No se le había ocurrido llamar a nadie para decirle lo que le había pasado y todos estaban muy preocupados. Les pidió perdón a todos y por fin entraron en la sala de operaciones. Cuando estaban a punto de empezar, se dieron cuenta de que se les habían perdido las radiografías. Buscaban por todas partes cuando una enfermera las encontró debajo de la bandeja (*tray*) de los instrumentos. ¿Qué más le podía ocurrir al médico joven? Pues, siempre puede haber algo peor… Al recoger las radiografías, la enfermera le dio a la bandeja con el codo y ¡se le cayeron todos los instrumentos al suelo! Con tres horas de retraso (*delay*), empezaron la operación. Menos mal que eso les salió bien. El resto del día fue más o menos normal hasta el momento de irse el doctor a casa. Se cayó en el estacionamiento y se le rompió el tobillo. ¿Lo puedes creer?

Paso 1   Subrayen los usos del **se** inocente.

Paso 2   Sin volver a mirar el pasaje, traten de recordar todo lo que le pasó al Dr. Gómez aquel día. Túrnense para hacer una lista de todas las acciones imprevistas (*unforeseen*).

Paso 3   Revisen la lista para confirmar el orden cronológico. ¿Cuántas acciones imprevistas encontraron?

Fíjate

Mondial Assistance is an international road assistance company similar to AAA in the United States.

11-30 **¿Cómo responde el Dr. Gómez?** El jefe del Dr. Gómez recibe una queja (*complaint*) y lo llama para enterarse de lo que realmente ocurrió. Contesten como si fueran el Dr. Gómez. Túrnense. ■

MODELO   ¿Por qué no me llamaste? (olvidar)
Lo siento. Se me olvidó llamarte.

1. ¿Por qué no llegaste a tiempo? (quedar)
2. ¿Por qué tuviste que llamar a la asistencia en carretera *Mondial Assistance*? (acabar)
3. ¿Por qué estaban preocupados todos tus compañeros? (olvidar)
4. ¿Por qué no pudieron empezar la operación en seguida? (perder / caer)
5. ¿Por qué no puedes trabajar mañana? (romper)

11-31 **Leo** Nuestro amigo Leo siempre está entre el hospital y la casa; creemos que es hipocondríaco. Terminen sus oraciones, usando siempre **el *se* inocente**. Túrnense. ■

MODELO   Vamos a la farmacia porque (acabar)…
Vamos a la farmacia porque se me acabaron los medicamentos.

1. Me tienen que hacer de nuevo todas las pruebas porque (perder)…
2. La enfermera me pidió perdón porque (olvidar)…
3. Hoy estoy horrible de las alergias porque (quedar)…
4. No puedo tomarme la temperatura porque (caer)…
5. Mi médico tiene que hablar con unos especialistas porque no (ocurrir)…

Workbooklet

¡Anda! Curso intermedio, Capítulo 1. El presente perfecto de indicativo, pág. 49.

11-32 **¿Qué nos ocurre?** Circula por la clase para encontrar a compañeros a quienes les han ocurrido las siguientes acciones imprevistas. Hay que usar **el presente perfecto** en las preguntas y es importante elaborar tus respuestas. ■

MODELO   ocurrir una solución a un problema grande

TÚ: *¿Se te ha ocurrido una solución a un problema grande?*

MARTA: *Sí, se me ha ocurrido una solución a un problema grande. Tuve un accidente de carro y me costó mucho dinero reparar el carro. Se me ocurrió que sería una buena idea vender el coche y comprar uno más barato.*

ACCIÓN IMPREVISTA	COMPAÑERO/A
ocurrir una solución a un problema grande	Marta
romper una pierna	
perder las llaves	
quedar el coche sin gasolina en la autopista	
olvidar pagar una factura importante	
caer los libros en un charco (*puddle*)	
acabar el dinero antes de terminar el semestre	

11-33 **¿Y qué más?** Revisen la lista de acciones imprevistas de la actividad **11-32** y luego hagan su propia lista de **cuatro** acciones imprevistas que se les ocurrieron a ustedes que no aparecen en la lista. Después, túrnense para explicar lo que les ocurrió (qué, cuándo, con quiénes, cuál fue el resultado, etc.) con otros compañeros de clase. ■

 ¡Anda! Curso elemental. Capítulo 9. Algunas enfermedades y tratamientos médicos, Apéndice 2.

11-24 to 11-26

Algunos síntomas, condiciones y enfermedades
Identifying symptoms, conditions, and illnesses

Estrategia

Note how many of the words in this list are cognates. You may want to master these words first and then add those that are unfamiliar to you.

Algunas palabras útiles	*Some useful words*
el alcoholismo	*alcoholism*
la apendicitis	*appendicitis*
la artritis	*arthritis*
el ataque al corazón	*heart attack*
la bronquitis	*bronchitis*
el cáncer	*cancer*
la depresión	*depression*
la diabetes	*diabetes*
el dolor de cabeza	*headache*
la drogadicción	*drug addiction*
los escalofríos	*chills*
la hipertensión	*high blood pressure*
la inflamación	*inflammation*
la jaqueca	*migraine; severe headache*
el mareo / los mareos	*dizziness*
la mononucleosis	*mononucleosis*
las náuseas	*nausea*

la obesidad	*obesity*
las paperas	*mumps*
la presión alta / baja	*high / low (blood) pressure*
la quemadura	*burn*
el sarampión	*measles*
el SIDA	*AIDS*
la varicela	*chicken pox*

Algunos verbos útiles	*Some useful verbs*
dejar de fumar cigarrillos	*to quit smoking cigarettes*
desmayarse	*to faint*
hincharse	*to swell*
perder peso	*to lose weight*
torcerse	*to sprain*
vomitar	*to vomit*

11-34 **Algunos síntomas** Un amigo te habla de algunos síntomas. ¿Cuáles son las posibles enfermedades que corresponden? ■

MODELO ¡Qué dolor! No puedo ni pensar ni concentrarme en nada. La luz me molesta y también el ruido…

Posiblemente tienes un dolor de cabeza.

1. No me vacunaron y ahora me están saliendo unas manchitas rojas. También tengo fiebre…
2. Tengo dolores de estómago muy fuertes —tan fuertes que vomito a causa del dolor…
3. Me duele el pecho y cuando toso, tengo una tos profunda…
4. Me duelen las articulaciones (*joints*) de los dedos de la mano y las tengo hinchadas e inflamadas…
5. Siento un dolor fuerte de pecho que se extiende también por el hombro y el brazo izquierdo. Estoy sudando y tengo mareo…
6. Estaba corriendo por el parque y pisé una piedra bastante grande. Me caí y al caerme, escuché un ruido como "pop" y sentí dolor. Tengo el tobillo hinchado…

¡*Anda! Curso elemental*, Capítulo 9.
Algunas enfermedades y tratamientos
médicos, Apéndice 2.

11-35 **Una condición común** ¿Han tenido fascitis plantar,
o conocen a alguien que haya sufrido de esta irritación del pie? ■

Paso 1 Lean la descripción sobre esta enfermedad.

TODO MÉDICO

La fascitis plantar es una de las causas más comunes del dolor en la parte trasera del talón, del arco o de ambas áreas. La faja plantar es un ligamento grueso y fibroso en la parte trasera del pie que tiene muy poco estiramiento o flexibilidad. Este ligamento se une al talón y se estira a lo largo del pie hasta la bola. Los dolores causados por la fascitis plantar son bastante comunes en adultos, generalmente a partir de los veinte años, y en atletas.

sin zapatos

absorb shock

heals

Las dos indicaciones más comunes de esa condición son el dolor al caminar, sobre todo al levantarse, y la inflamación (que puede causar que esa parte del pie se hinche). Algunas posibles causas incluyen: aumento de peso; aumento repentino de actividades físicas que involucran movimientos forzados, golpes o mala técnica (como correr, tenis, fútbol y básquetbol); caminar descalzo°; tener una pierna más corta que la otra; estar de pie muchas horas a largo plazo; y usar zapatos que no soportan el arco, no amortiguan° bien o que no son lo suficientemente flexibles.

Como tratamiento, las recomendaciones incluyen:
• descansar el pie, o sea, hacer menos ejercicio que implique poner peso en esa parte del pie
• levantar el pie para reducir la hinchazón
• aplicar hielo en el talón y el arco por unos veinte minutos tres veces al día

• utilizar plantilla ortopédica en el zapato que amortigüe el talón
• estirar el pie con ejercicios específicos para aumentar la flexibilidad del plantar
• evitar ir descalzo

El tiempo que tarda en recuperarse de la fascitis plantar depende de las actividades o problemas que la causaron. Pueden pasar semanas o hasta meses de recuperación antes de que la fascitis plantar se sane° por completo. En casos más problemáticos, se recomiendan medicamentos antiinflamatorios y/o posibles inyecciones de esteroides.

Fíjate

Hinchazón and the verb *hincharse* are from the same word family. What do you think *hinchazón* means?

Paso 2 Escriban **cinco** quejas que una persona que sufra de esa condición pueda tener.

MODELO *No puedo llevar zapatos con tacones porque me duele demasiado el pie.*

Paso 3 Escriban **tres** quejas o síntomas que una persona pueda tener para **dos** de las siguientes condiciones o enfermedades:

la depresión   la hipertensión   la diabetes

♻ *¡Anda! Curso elemental*, Capítulo 9. Algunas enfermedades y tratamientos médicos, Apéndice 2.

📖 Workbooklet

👥 **11-36** **¿Adónde se va cuando…?** ¿Adónde se va para curarse o buscar tratamiento para las siguientes condiciones? ■

Estrategia

Personalize the list with two additional medical conditions.

Paso 1 Pon una equis (**X**) en la(s) columna(s) apropiada(s).

CONDICIÓN	A LA CAMA	A LA FARMACIA	AL CONSULTORIO DEL MÉDICO	AL HOSPITAL	A LA SALA DE URGENCIAS
1. una jaqueca	X	X			
2. inflamación de un dedo a causa de una herida					
3. un ataque al corazón					
4. la bronquitis					
5. los mareos y las náuseas					
6. una quemadura grave de la cara					
7. el sarampión					
8. los escalofríos					
9. un dolor de espalda					
10. ¿…?					
11. ¿…?					

Paso 2 Comparte tus resultados con un/a compañero/a.

MODELO la jaqueca

E1: *Cuando se tiene jaqueca, primero se va a la farmacia y después a la cama para descansar.*

E2: *Estoy de acuerdo. Cuando tengo jaqueca, también voy primero a la farmacia y luego a la cama para descansar.*

♻ *¡Anda! Curso elemental*, Capítulo 9. Algunas enfermedades y tratamientos médicos, Apéndice 2.

♻ *¡Anda! Curso intermedio*, Capítulo 8. El condicional, pág. 338; Capítulo 10. Cláusulas de *si* (Parte 2), pág. 430.

👥 **11-37** **¿Que harían?** En grupos de cuatro, hablen de lo que ustedes harían en las siguientes situaciones. ■

Fíjate

In *Capítulo 4* you learned the verb *hervir* (e → ie → i). Therefore, what is *agua hirviente*?

MODELO romperse el brazo

E1: *¿Qué harían si se les rompiera el brazo?*

E2: *Iría a la sala de urgencias.*

E3: *Yo también, pero primero llamaría a alguien para que me ayudara. Le diría que me pusiera un cabestrillo.*

E4: *Yo no. Un cabestrillo puede causar más daño, ¿no? Querría ir rápidamente a una clínica o al hospital y tomaría algo para el dolor.*

1. tener náuseas y estar vomitando
2. toser mucho y no poder respirar bien
3. quemarse con agua hirviente

4. torcerse la rodilla
5. tener fiebre alta, escalofríos y dolores en todo el cuerpo

¡Anda! Curso elemental, Capítulo 9. Algunas enfermedades y tratamientos médicos, Apéndice 2.

11-38 **¿Somos sanos?** Van a hablar de las condiciones y enfermedades que han tenido. Entrevístense usando las siguientes preguntas como guía, y creen **cinco** preguntas adicionales. ■

1. ¿Cuáles son las enfermedades que tuviste de niño/a?, ¿de adolescente?, ¿de mayor?
2. ¿Cuáles fueron los tratamientos que te dieron para esas enfermedades?
3. ¿Cuántas veces has sido paciente en un hospital?
4. ¿Cuántas veces has estado en una sala de urgencias?
5. ¿Cuántas veces al año sueles ir al médico?

7 GRAMÁTICA

11-27 to 11-28 — Spanish Tutorial — ¡Hola!

La voz pasiva
Relating what is or was caused by someone or something

Just as English does, Spanish has both the *active* and *passive voice*. Let's look at the construction in English first.

A. In an **active voice sentence,** the *subject does the acting* expressed by the verb, and the *direct object receives the action*:

> **subject (doer) + verb + object (recipient)**

> Tina **took** the medicine.   *Tina **tomó** la medicina.*

B. A **passive voice sentence** is the reverse of the active voice. That is, the *subject receives the action* and the *doer is expressed with a prepositional phrase* (**by + doer**):

Se fuman muchos cigarrillos en este país.

> **subject (recipient) + to be (*ser*) + past participle + preposition + doer**

> The medicine **was taken** by Tina.   *La medicina **fue tomada** por Tina.*

- As you can see, the passive voice construction in Spanish is similar to the English passive construction. The difference is that Spanish has **two ways** of expressing the **passive voice:**
  1. **Passive with ser,** as in the examples above, and
  2. **Passive *se*.**

C. The **passive *se*** is related to the **impersonal *se*** (see p. 457 of this chapter). In the **passive *se*** construction:

- **se** is considered an unchanging part of the verb.
- the *thing* being acted upon becomes the subject of the sentence.
- the *thing* will always necessitate either a *third person singular* or *plural verb*.

The formula for the **passive** *se* is:

> **Se + third-person singular or plural verb + the *thing* being acted upon**

Se mandó dinero a los enfermos.

Money was sent to the sick people.

Se compraron muchos medicamentos para curarlos.

A lot of medicine was purchased to cure them.

D. What follows is an explanation of when you should use the **passive** with **ser** and when you should use **passive** *se*.

1. When the **passive** with **ser** is used, the doer of the action is usually either stated in the sentence, introduced by the preposition **por,** or strongly implied through context.
2. The **passive** with **ser** is not as commonly used in spoken Spanish as the **passive** *se*. **Passive** with **ser** is more common in writing, generally used to vary style.
3. When the *doer is unknown or unimportant* to the message, the **passive** *se* should be used.
4. In general, when the *doer is known,* the **active voice** is used in Spanish rather than the **passive** with **ser**.

Study the following examples.

1. The **passive** with **ser:**

   El pulso **fue tomado** por la enfermera.
   La presión **fue tomada** por el médico.
   Los resultados **fueron escritos** por la cirujana.
   Las recetas **fueron escritas** por el neurólogo.

   The pulse was taken by the nurse.
   The blood pressure was taken by the doctor.
   The results were written by the surgeon.
   The prescriptions were written by the neurologist.

2. The **passive** *se:*

   Se tomó el pulso.
   Se tomó la presión.
   Se escribieron los resultados.
   Se escribieron las recetas.

   The pulse was taken.
   The blood pressure was taken.
   The results were written.
   The prescriptions were written.

¡Explícalo tú!

1. What are the nouns (*people, places, or things*) in the sample sentences of the **passive** with **ser**?
2. In the **passive** with **ser** sentences,
   a. what form (person: e.g., first, second, third) of each verb is used?
   b. what determines whether each verb is singular or plural?
   c. with what does each past participle (**-ado / -ido**) agree?
3. With the **passive** *se* sentences, do you still have the same subjects and objects as in the **passive** with **ser**?
4. What form of the verb is used with the **passive** *se*? What determines whether that form is singular or plural?
5. Is the doer clear in the **passive** *se* sentences?

✔ Check your answers to the preceding questions in **Appendix 1.**

¡Anda! Curso elemental, Capítulo 7.
El pretérito, Apéndice 3.

11-39 **Práctica** Rogelio y Yolanda escucharon a escondidas (*eavesdropped*) una conversación entre una pareja en el café. Repitan lo que oyeron usando **el *ser* pasivo**. ∎

MODELO   Los mareos (causar) principalmente por el dolor.
          Dijeron que los mareos fueron causados principalmente por el dolor.

1. La inflamación (descubrir) por su médico.
2. Ayer las pruebas médicas (hacer) por esas enfermeras.
3. El drogadicto (detener) por la policía después de robar el banco.
4. El primer artículo sobre el SIDA, aún no nombrado, (escribir) por Michael Gottlieb en el año 1981.
5. En aquellos tiempos, mis grandes dolores de cabeza (causar) por mis hijos.

> **Fíjate**
>
> *El SIDA* is the Spanish acronym for AIDS. It stands for *el síndrome de inmunodeficiencia adquirida.*

11-40 **Más práctica** Imagina que entrevistaste a un médico de tu universidad y te explicó algunos de los casos de ayer. Crea las respuestas del médico con oraciones del ***se* pasivo**. Usa las formas apropiadas del **pretérito** de los infinitivos. Después, comparte tus oraciones con un/a compañero/a. ∎

MODELO   curar la enfermedad con una combinación de dieta y medicamentos
          Se curó la enfermedad con una combinación de dieta y medicamentos.

1. descubrir la mononucleosis en un examen médico
2. tratar la bronquitis con antibióticos
3. sacar la radiografía para saber si el tobillo estaba roto o torcido
4. sacar sangre porque no podían identificar el problema
5. enyesar la pierna hasta la rodilla

11-41 **Los beneficios** Dicen que los ejercicios de resistencia son tan importantes como los ejercicios aeróbicos. ¿Cuáles son los beneficios de hacer este tipo de ejercicio? Creen una oración con **el *se* pasivo** para cada beneficio mencionado. Túrnense. ∎

MODELO   perder peso
          Al hacer ejercicios de resistencia, se pierde peso.

1. aumentar la masa muscular
2. fortalecer los huesos
3. quemar grasa
4. aumentar la fuerza
5. mejorar la coordinación
6. perder peso

> **Estrategia**
>
> Take advantage of activities like **11-41** to challenge yourself to go beyond simple answers, providing as much pertinent information as you can.

Workbooklet

11-42 **En el hospital** Siempre hay reglas para todos los lugares públicos. Generalmente, ¿qué cosas se pueden hacer y qué cosas no se pueden hacer en un hospital? ▪

Hospital de la Santa Creu i de Sant Pau, Barcelona, España

Estrategia

For *Paso 1*, you will use the passive *se*.

Paso 1 Hagan dos listas: una de las cosas que se hacen y otra de las cosas que no se hacen en un hospital.

MODELO

<u>SE</u> HACE(N)

Se comen las verduras.

Se escriben los resultados todos los días.

<u>NO SE</u> HACE(N)

No se fuman cigarrillos.

Paso 2 Creen letreros para algunas acciones de las listas.

MODELO

Se permite comer en la cafetería.

No se permite fumar en el hospital.

Estrategia

For *Paso 2*, you will use the impersonal *se*. To review the impersonal *se*, go to page 457.

11-43 **Un hospital lleno de sonrisas** Miren el anuncio del Hospital Universitario Virgen del Rocío, y después contesten las siguientes preguntas. ■

Hospital Universitario Virgen del Rocío

Un hospital lleno de sonrisas

Desde el primer momento en que usted entra a nuestro hospital, notará una gran diferencia. Recibirá la atención personal que usted merece de profesionales dedicados a cambiar vidas y apasionados por este compromiso. Creemos que un equipo contento y satisfecho resulta en pacientes contentos y satisfechos. Para nosotros, curar significa mucho más que tratar con medicamentos —tratamos al ser completo.

Hospital Universitario Virgen del Rocío

Ubicado en el corazón de Sevilla, usted nos puede encontrar en la Avenida Manuel Siurot s/n, SEVILLA.

Teléfonos: Centralita 955 012000
Atención al usuario 955 012125
Fax 955 013473

MODELO   ¿Qué se nota desde el primer momento?

Se nota una gran diferencia entre este hospital y los otros.

1. ¿Qué se recibe desde el primer momento?
2. ¿Cómo se describe a los profesionales del hospital?
3. ¿Cómo se trata a los pacientes?
4. ¿Dónde se encuentra el hospital?
5. ¿Cómo se pone en contacto con el hospital?

¡Anda! Curso intermedio, Capítulo 5. El subjuntivo con antecedentes indefinidos o que no existen, pág. 208.

11-44 **Quiero ir a un hospital que…** Imagínense que ustedes o uno de sus parientes tienen que ingresar (*to be admitted*) en el hospital. ¿Cuáles son sus consideraciones al escoger el mejor hospital? Creen **seis** oraciones y usen **el subjuntivo** y **el** *se* **pasivo.** ■

MODELO   *Buscamos un hospital en que se encuentren médicos excelentes.*

PERFILES

11-29 to 11-30

Algunas personas innovadoras en el campo de la medicina

Con la posibilidad de contagiarse de tantas enfermedades, es difícil cuidarse por completo. Cuando uno se enferma, es bueno recibir tratamiento médico. Estas tres personas han encontrado las curas para algunas enfermedades serias.

El doctor colombiano **José Ignacio Barraquer** (1916–1998) se conoce como "el padre de la cirugía refractiva". Diseñó varios instrumentos para la cirugía de la córnea. Sus estudios e inventos fueron los precursores del procedimiento *Lasik* que se usa hoy en día. La "k" se deriva de su procedimiento *keratomileusis.*

El Premio Nobel de Fisiología y Medicina del año 1980 fue otorgado al **Doctor Baruj Benacerraf** (n. 1920) y dos colegas por su trabajo sobre la estructura de las superficies (*surfaces*) celulares que son genéticamente determinadas y que afectan las reacciones inmunológicas. El patólogo nació en Venezuela y es de herencia judeo-española.

El **Doctor René Favaloro** (1923–2000) fue cirujano e inventor de un procedimiento fenomenal. En el año 1962, viajó a la Clínica Cleveland donde se especializó en cirugía torácica y cardiovascular. En el año 1967, realizó con éxito la técnica del *bypass* vascular. En el año 1971, volvió a su país natal de Argentina para trabajar.

Preguntas

1. ¿Cómo han contribuido estas personas al campo de la medicina?
2. ¿Qué son otros cambios en el campo de la medicina que fueron inventados para nuestro beneficio (*benefit*)?
3. En el **Capítulo 10,** aprendiste sobre varios individuos que han hecho una contribución positiva al planeta en el campo del medio ambiente. ¿Cómo se comparan los hechos (*deeds*) de esas personas con las que se presentan aquí?

¡CONVERSEMOS!

 11-31 to 11-33

ESTRATEGIAS COMUNICATIVAS Pausing, suggesting an alternative, and expressing disbelief

There are times when communicating that you need to pause and take time to compose your thoughts. On still other occasions you may need to suggest an alternative or express disbelief.

Use these new expressions with the others you have learned in *¡Anda! Curso intermedio* to initiate and maintain conversations on a wide variety of topics!

Pausas / *Pauses*
- **A ver...** — *Let's see . . .*
- **Bueno...** — *Well . . . / Okay . . .*
- **Este...** — *Well . . . / Um . . .*
- **La verdad es que...** — *The truth is . . .*
- **O sea...** — *That is . . . .*
- **Pues...** — *Um . . . / Well . . .*
- **Sabes...** — *You know . . .*

Para sugerir una alternativa / *To suggest an alternative*
- **¿No crees / creen que...?** — *Don't you think that . . . ?*
- **Propongo que...** — *I propose that . . .*
- **Sería mejor...** — *It would be better to . . .*

- **Recomiendo que...** — *I recommend that . . .*
- **Sugiero que...** — *I suggest that . . .*

Para expresar incredulidad / *To express disbelief*
- **¿De veras?** — *Really?*
- **¿En serio?** — *Seriously?*
- **Lo dudo.** — *I doubt it.*
- **¡No me diga(s)!** — *You don't say! / No way!*
- **No lo creo.** — *I don't believe it. / I don't think so.*
- **¡No puede ser!** — *It can't be!*
- **Parece mentira.** — *It's hard to believe.*

11-45 **Diálogo** Gregorio llegó a la casa de su amigo y se encontró con una sorpresa. ¡Carlos había tenido un accidente! Escucha para descubrir qué pasó y contesta las siguientes preguntas. ■

1. ¿Quién usa más pausas, Gregorio o Carlos? ¿Por qué?
2. ¿Cuáles son algunas de las expresiones que Gregorio utiliza para expresar su incredulidad?

Fíjate
You can find the full-size version of this medical form in the Workbooklet.

♻ *¡Anda! Curso elemental*, Capítulo 9. Algunas enfermedades y tratamientos. Apéndice 2.

Workbooklet

11-46 **Doctor, me duele...** Hagan los papeles de un/a médico/a y un/a paciente. ■

Paso 1 Si haces el papel del/de la paciente, completa el formulario y haz una lista de tus síntomas.

Paso 2 Si haces el papel del/de la médico/a, haz una lista de tus preguntas.

Paso 3 Al final, el/la médico/a debe darle al/a la paciente sus conclusiones y recomendar un tratamiento usando por lo menos **ocho** oraciones.

HOSPITAL GENERAL DE MÉXICO

Por favor complete este formulario con la mayor precisión posible. Toda la siguiente información es confidencial y será utilizada en caso de emergencia. Escriba legiblemente, por favor.

NOMBRE _____
DIRECCIÓN _____

1. ¿Está bajo tratamiento por alguna enfermedad? Explique.
_____
2. ¿Toma algún tipo de medicamento? _____
3. ¿Qué medicinas toma? _____

CONDICIONES MÉDICAS
Indique cualquier enfermedad que haya tenido en el pasado, poniendo la fecha en que comenzó.

___ alergias	___ cáncer	___ mononucleosis
___ apendicitis	___ diabetes	___ náuseas
___ artritis	___ glaucoma	___ presión alta / baja
___ ataque cardíaco	___ jaqueca	___ sarampión
___ bronquitis	___ mareos	___ varicela

¿Ha tenido otra condición que no se menciona aquí?
_____

11-47 **Investigaciones criminales** Son científicos forenses como en el programa de televisión *CSI*. Investiguen los siguientes casos y creen diálogos entre ustedes para hacer hipótesis sobre los siguientes casos. ■

a. el cuerpo de un adolescente masculino encontrado en el parque principal debajo de un árbol
b. el cuerpo de un anciano encontrado en su casa
c. los cuerpos de una mujer y un hombre en el arrecife
d. el cuerpo de una mujer en un valle cerca del desierto

11-48 **Las radiografías** Un médico de otra ciudad quiere consultar con ustedes sobre los siguientes casos. Miren las radiografías y creen un diálogo sobre las posibles condiciones o enfermedades y los tratamientos necesarios. ■

 ¡Anda! Curso elemental, Capítulo 11.
Los animales. Apéndice 2.

11-49 **Los animales nos necesitan también**
Imaginen que trabajan en una oficina veterinaria con animales domésticos o en el campo con animales salvajes. Hagan los papeles de los veterinarios para determinar las enfermedades de los animales. ■

Fíjate

What follows are useful words that are specific to animals.

el ala	*wing*
la cola	*tail*
la garra	*claw*
la pata	*foot; paw*
el pico	*beak*

11-50 **Médicos sin fronteras** Fundada en el año 1971, *Médicos sin fronteras* es una organización humanitaria que provee ayuda a más de setenta países de todo el mundo. Vayan al Internet para investigarla y comuniquen lo que encuentren. Escriban por lo menos **ocho** oraciones sobre lo que aprendan. ■

Fíjate

Suggested keywords for your Internet search include: *médicos sin fronteras* and *organización médica humanitaria*.

ESCRIBE

11-34 to 11-35

Un guión de cortometraje

11-51 Antes de escribir Vas a escribir un guión para un cortometraje.
El tema es la atención médica. ■

1. Primero, decide el tema sobre la atención médica y el propósito (*purpose*) del video.
2. Entonces, piensa en el público objetivo del video, o sea ¿será el público otros estudiantes de tu universidad o el público en general?
3. Después, organiza tus ideas y haz una lista de los detalles que quieres precisar.

11-52 A escribir Al escribir tu guión, considera lo siguiente: ■

1. Piensa en las otras estrategias de escritura de los capítulos anteriores como "conectando tus oraciones".
2. Emplea la gramática y el vocabulario que has aprendido no solo en este capítulo, sino también durante este semestre y los anteriores.
3. Considera usar un "editor" de tu clase (*peer editor*).

Sample Peer-Editing Guide / Worksheet

I. Clarity of expression
1. What is the main idea (purpose) of the narration and who is the audience? State it in your own words; then verify with the author.

   _____
   _____

2. My favorite part is:

   _____
   _____

3. Something I do not understand:

   _____
   _____

II. Grammar and punctuation
The peer editor should check for the following:
1. Agreement
   _____ subject / verb agreement
   _____ noun / adjective agreement
2. _____ Usage of the preterit and the imperfect, where appropriate
3. _____ Usage of subjunctive, where appropriate
4. _____ Spelling and accent marks

11-53 Después de escribir Preséntale tu guión a la clase. Si hay tiempo, improvisa y rueda tu cortometraje. ■

¿Cómo andas? II

	Feel confident	Need to review
Having completed **Comunicación II,** I now can . . .		
• discuss ailments and mention possible treatments. (p. 465)	☐	☐
• make affirmative and negative statements. (MSL)	☐	☐
• indicate unplanned occurrences. (p. 469)	☐	☐
• identify symptoms, conditions, and illnesses. (p. 472)	☐	☐
• relate what is or was caused by someone or something. (p. 476)	☐	☐
• name three famous Hispanic physicians. (p. 481)	☐	☐
• pause, suggest an alternative, and express disbelief. (p. 482)	☐	☐
• determine audience and purpose for writing. (p. 484)	☐	☐

Vistazo cultural

AL • VISTAZO CULTURAL • VISTAZO CULTURAL • VISTAZO CULTURAL • VISTAZO CULTURAL • VISTAZO CULTURAL • VISTAZO CULTURAL • VIST

11-36 to 11-37

La medicina y la salud en Cuba, Puerto Rico y la República Dominicana

Obtuve mi bachillerato en Educación Física para Educación Especial y Elemental en la Universidad de Puerto Rico, en el Recinto de Bayamón. Trabajo en una escuela de niños con necesidades especiales y los ayudo a superar las limitaciones físicas. De noche trabajo como entrenadora personal; creo que es muy importante para todos mantenerse en buena forma.

Lic. Blanca Berríos Aledo,
maestra de educación física
para educación especial

Cirujano general puertorriqueño

Richard Carmona nació en el Harlem hispano de Nueva York en el año 1949 de familia puertorriqueña. Fue designado Cirujano General de los Estados Unidos por el Presidente Bush y sirvió en ese puesto hasta el año 2006. Su abuela lo inspiró cuando le dijo que nunca es tarde para mejorar la salud.

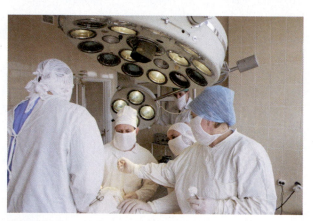

El cuidado médico cubano

El cuidado médico cubano tiene fama de ser gratis y de alta calidad; existen hospitales con personal de buena formación y de costos muy bajos. Pero hay personas que dicen que esta asistencia médica de buena reputación no está disponible para los cubanos, sino que sólo es para los extranjeros.

Un médico y científico cubano

El Doctor Carlos Juan Finlay (1833–1915) fue un médico y científico cubano. Se le atribuye el descubrimiento de que el mosquito era el agente transmisor de la enfermedad de la fiebre amarilla. Sus teorías engendraron una controversia médica que duró veinte años hasta que sus ideas fueron comprobadas por un equipo de médicos estadounidenses.

Puerto Rico: un líder en la industria farmacéutica

Desde el año 1957, cuando se abrió la primera fábrica farmacéutica, Puerto Rico ha sido un líder mundial en la industria que fabrica y prepara productos químicos medicinales. Todas las compañías principales de esta industria mantienen plantas en la isla y se aprovechan del sistema favorable de impuestos e incentivos ofrecidos.

Medicinas herbales y tradiciones dominicanas

El uso de las medicinas herbales y tradicionales prevalece en la República Dominicana, como en otros países hispanohablantes, sobre todo en las áreas rurales donde la gente no tiene acceso ni a la tecnología ni a los servicios modernos de la medicina. Se dice que el conocimiento dominicano de estas medicinas se parece al de los indígenas.

Cundeamor: un remedio casero dominicano

Cundeamor es una planta trepadora (*climbing*) cuyo fruto tiene la apariencia de un pequeño pepino arrugado con verrugas (*warts*). Se usa de remedio casero para tratar la diabetes, la hipertensión y la colitis. En aplicación externa, se emplea en el tratamiento de las erupciones de la piel y para la limpieza de la cara, en forma de sauna facial.

Anamú: planta medicinal

Anamú es una planta herbácea perenne tropical que se usa para los tratamientos médicos en Cuba, Puerto Rico y la República Dominicana, entre otros países. Tiene fuerte olor a ajo y se le atribuyen propiedades que ayudan con la inflamación, el dolor de cabeza y hasta con los tumores causados por el cáncer.

Preguntas

1. Identifica los vistazos que representan la medicina tradicional y los que representan la medicina alternativa. ¿En qué son semejantes y en qué son diferentes?
2. ¿Cómo se considera la medicina alternativa entre las personas que conoces? ¿Cuál es tu opinión sobre los tratamientos alternativos o tradicionales?
3. ¿Por qué es importante considerar el cuerpo entero cuando se trata de curar una enfermedad? ¿Cuáles son las dimensiones que hay que tratar?

Laberinto peligroso

EPISODIO 11

Lectura

When reading critically, you need to assess a passage for clarity of presentation, credibility of evidence offered, and logic of examples. Questions to ask yourself may be:

1. Are you persuaded and/or convinced by the author's point of view?
2. Are all sides of an issue represented?
3. If all sides are not represented, do you agree or disagree with the side presented?

Situations arise when you are asked to respond and give your opinion. To help you respond and give your opinion, try the following technique. Underline the portions of the passage with which you agree or disagree, then state why. Give additional supporting details if possible.

11-54 Antes de leer Todavía hay muchas preguntas para las que no tenemos respuestas. Antes de empezar a leer el texto, completa los siguientes pasos. ■

1. Piensa en algunas preguntas de las que todavía no sabes la respuesta o en algunos asuntos de la narrativa que no se han resuelto todavía. Escribe todas las preguntas y los asuntos que puedas.
2. Compara tus preguntas y asuntos con los de uno/a de tus compañeros/as de clase.
3. Con tu compañero/a, habla sobre las posibles respuestas y soluciones a las preguntas que han escrito.
4. Leer de forma analítica requiere que prestes mucha atención a la credibilidad y la lógica de un texto. Piensa en las posibles respuestas de las que has hablado con tu compañero/a. Hablen sobre la credibilidad y la lógica de las ideas que han compartido.
5. Mientras lees el texto, presta atención a las ideas y opiniones presentadas y apunta en una columna las ideas con las que estás de acuerdo y en otra, las ideas con las que no estás de acuerdo. Intenta justificar tus propias perspectivas de forma lógica y convincente.

ESTOY DE ACUERDO		NO ESTOY DE ACUERDO	
IDEA / OPINIÓN	MI JUSTIFICACIÓN	IDEA / OPINIÓN	MI JUSTIFICACIÓN

¿Caso cerrado?

Los detectives que habían trabajado duro en la investigación sobre los mapas y la crónica desaparecidos se alegraron de que por fin se hubiera resuelto ese caso. Sin embargo, después de terminar con las entrevistas con todas las personas involucradas en la investigación, se dieron cuenta de que todavía había muchas preguntas para las que todavía no tenían ninguna respuesta. Empezaron a preguntarse si en algún momento realmente iban a saber toda la verdad sobre el asunto. Aunque realmente querían descubrir toda esa verdad, por las características del caso, dudaban mucho de que fuera posible.

El detective Ramos estaba preocupado por todo lo que la Srta. Cortez le había contado sobre cómo se había sentido tan enferma. Estaba convencido de que ella había sido envenenada. Era la única forma de explicar las náuseas que había sufrido, y el hecho de que se había desmayado. También podía servir para explicar los mensajes amenazantes que le habían enviado. Sabía que era posible que hubieran sido episodios aislados°, sin ninguna conexión ni importancia. Pero si eso fuera cierto, serían muchas casualidades°, y los detectives no pueden permitirse el lujo° de creer en las casualidades. Todo tiene que tener su explicación y su lógica.

isolated
coincidences
luxury

Al detective también le preocupaba la situación del Dr. Huesos. ¿Era suyo el cuerpo que habían encontrado en Guatemala cerca del volcán? Y si no era su cuerpo, ¿dónde estaba el Dr. Huesos? ¿Por qué había desaparecido? Y ¿quién era el muerto? Le molestaba no poder saber nada con seguridad hasta que llegaran los resultados de los análisis de ADN.

Otro interrogante que le quedaba tenía que ver con el laboratorio donde había trabajado Cisco. ¿Por qué lo habían cerrado tan abruptamente? ¿Tenía alguna relación el Sr. A. Menaza con ese lugar? Pensaba que tenía que haber una relación directa, pero nadie había podido establecer esa relación. Y la pregunta fundamental de todo el caso: ¿dónde estaba ese hombre? No iba a poder considerar el caso realmente cerrado hasta que las autoridades lo encontraran y lo detuvieran. Quería dedicar todo su esfuerzo a eso, pero sabía que no iba a ser posible. Aunque no sabía exactamente dónde estaba, era evidente que ya no estaba en la ciudad, quizá ni siquiera estuviera en el país. Estuviera donde estuviera, el Sr. A. Menaza ya era un problema para otras personas inocentes, para otros detectives. El detective Ramos sabía que en algún momento ese hombre iba a cometer un error y que iba a acabar en la cárcel°. Sólo esperaba que eso ocurriera antes de que Menaza tuviera la oportunidad de llevar a cabo sus planes de violencia y destrucción.

jail

Finalmente, el detective —quizá por pura curiosidad o quizá por la compasión y empatía que habían inspirado en él— se preguntó también por los destinos de las diferentes personas que había conocido, especialmente la bibliotecaria y aquellos dos periodistas. ¿Cuánto tiempo tendría que pasar la pobre bibliotecaria en la cárcel? ¿Habrá aprendido esa mujer tan ingenua° de sus graves errores? ¿Qué pasaría con esos periodistas tan audaces y tan buenos investigadores? ¿Se darían cuenta por fin de que se quieren?

naive

11-41 to 11-43

11-55 Después de leer Contesta las siguientes preguntas. ■

1. ¿Qué pensaba el detective Ramos que le pasaba a Celia en la conferencia y en el café?
2. ¿Quién creía el detective Ramos que le mandó los mensajes misteriosos a Celia?
3. ¿Quién creía el detective Ramos que fue la persona que murió en Guatemala?
4. ¿Pensaba el detective Ramos que había alguna relación entre el Sr. A. Menaza y el laboratorio?
5. Para el detective Ramos, ¿cuál era la pregunta más importante del caso?
6. ¿Cuáles eran las otras preguntas que se hacía el detective?

Video

11-56 Antes del video En la lectura de este capítulo, has empezado a explorar algunos de los asuntos de *Laberinto peligroso* que no se han resuelto. En el video, vas a ver la resolución de esos asuntos. Antes de ver el video, contesta las siguientes preguntas. ■

1. ¿Crees que Celia fue envenenada o crees que fueron episodios aislados? ¿Por qué?
2. ¿Quién crees que le mandó a Celia los mensajes misteriosos? ¿Por qué?
3. ¿Qué crees que pasó con el Dr. Huesos? ¿Crees que se murió en Guatemala? ¿Por qué?
4. ¿Crees que el Sr. A. Menaza tenía algo que ver con el laboratorio donde trabajaba Cisco? ¿Por qué?
5. ¿Dónde crees que está el Sr. A. Menaza? ¿Qué crees que está haciendo?
6. ¿Qué crees que va a pasar entre Celia y Cisco en el futuro? ¿Por qué?

¿Envenenaron a Celia durante la recepción?

¿Por qué razón llevaba el Sr. A. Menaza un cuchillo el primer día de clases?

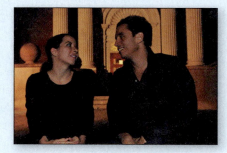

¿Creen ustedes que Cisco y Celia están enamorados y van a comenzar una relación?

Episodio 11

«Atando cabos»

Relájate y disfruta el video.

11-57 Después del video Contesta las siguientes preguntas. ■

1. ¿Cuál fue la causa de la náusea y el desmayo de Celia?
2. ¿Quién puso el mensaje misterioso en el bolso de Celia?
3. ¿Qué pasó con el cuerpo que se descubrió en Guatemala y con el Dr. Huesos?
4. ¿Por qué llevaba el Sr. A. Menaza un cuchillo?
5. ¿Qué relación tenía el Sr. A. Menaza con el laboratorio?
6. ¿Qué pasó con la bibliotecaria?
7. ¿Qué pasó entre Celia y Cisco?
8. ¿Dónde está el Sr. A. Menaza?

LETRAS

Acabas de terminar otro episodio de **Laberinto peligroso.** Explora más lecturas en la colección literaria, **Letras.**

11-47 to 11-50

Y por fin, ¿cómo andas?

Having completed this chapter, I now can . . .

	Feel confident	Need to review
Comunicación I		
• describe different parts of the body. (p. 454)	☐	☐
• express actions one does to oneself. (MSL)	☐	☐
• relate impersonal information. (p. 457)	☐	☐
• designate reciprocal actions. (p. 460)	☐	☐
• comment on what I hear. (p. 463)	☐	☐
Comunicación II		
• discuss ailments and mention possible treatments. (p. 465)	☐	☐
• make affirmative and negative statements. (MSL)	☐	☐
• indicate unplanned occurrences. (p. 469)	☐	☐
• identify symptoms, conditions, and illnesses. (p. 472)	☐	☐
• relate what is or was caused by someone or something. (p. 476)	☐	☐
• pause, suggest an alternative, and express disbelief. (p. 482)	☐	☐
• determine audience and purpose for writing. (p. 484)	☐	☐
Cultura		
• explore methods of health care and treatment. (p. 462)	☐	☐
• name three famous Hispanic physicians. (p. 481)	☐	☐
• investigate health care topics in Cuba, Puerto Rico, and the Dominican Republic. (p. 486)	☐	☐
Laberinto peligroso		
• assess a passage, respond and give my opinion, and hypothesize about unresolved issues. (p. 488)	☐	☐
• discover the answers to unresolved issues from the author's point of view. (p. 490)	☐	☐
Comunidades		
• use Spanish in real-life contexts. (SAM)	☐	☐
Literatura		
• employ dénouement and an omniscient narrator as tools to explain the plot of an authentic story. (Literary Reader)	☐	☐

VOCABULARIO ACTIVO 🔊

La cara	The face
la lengua	tongue

El cuerpo humano	The human body
la cadera	hip
el cerebro	brain
el codo	elbow
la costilla	rib
el hombro	shoulder
el hueso	bone
la muñeca	wrist
el músculo	muscle
el muslo	thigh
los nervios	nerves
el pulmón	lung
la rodilla	knee
el talón	heel
el tobillo	ankle
el trasero	buttocks
la uña	nail
las venas	veins

La atención médica	Medical attention
el antihistamínico	antihistamine
el cabestrillo	sling
la camilla	stretcher
la cura	cure
la dosis	dosage
las gotas para los ojos	eyedrops
las muletas	crutches
el/la paciente	patient
la penicilina	penicillin
la radiografía	X-ray
el resultado	result
el síntoma	symptom
el termómetro	thermometer
la vacuna	vaccination

Algunos verbos y expresiones útiles	Some useful verbs and expressions
enyesar	to put a cast on
fracturar(se)	to break; to fracture
hacer gárgaras	to gargle
operar	to operate
respirar	to breathe
sacar sangre	to draw blood
tomar la presión	to take someone's blood pressure
tomar el pulso	to take someone's pulse
tomar la temperatura	to check someone's temperature

Algunas palabras útiles	Some useful words
las alergias	allergies
el/la drogadicto/a	drug addict
la enfermedad	illness
el examen físico	physical exam
los medicamentos	medicines
las pruebas médicas	medical tests
el tratamiento	treatment

Algunos verbos útiles	Some useful verbs
dejar de fumar cigarrillos	to quit smoking cigarettes
desmayarse	to faint
hincharse	to swell
perder peso	to lose weight
torcerse	to sprain
vomitar	to vomit

Algunos síntomas, condiciones y enfermedades	Some symptoms, conditions, and illnesses
el alcoholismo	alcoholism
la apendicitis	appendicitis
la artritis	arthritis
el ataque al corazón	heart attack
la bronquitis	bronchitis
el cáncer	cancer
la depresión	depression
la diabetes	diabetes
el dolor de cabeza	headache
la drogadicción	drug addiction
los escalofríos	chills
la hipertensión	high blood pressure
la inflamación	inflammation
la jaqueca	migraine; severe headache
el mareo / los mareos	dizziness
la mononucleosis	mononucleosis
las náuseas	nausea
la obesidad	obesity
las paperas	mumps
la presión alta / baja	high / low (blood) pressure
la quemadura	burn
el sarampión	measles
el SIDA	AIDS
la varicela	chicken pox

12

Y por fin, ¡lo sé!

This final chapter is designed for you to see just how much Spanish you have acquired thus far. The *major points* of **Capítulos 7–11** are recycled here, and no new vocabulary is presented.

All learners are different in terms of what they have mastered and what they still need to practice. Therefore, take the time with this chapter to determine what you feel confident with and what you personally need to work on. And remember, language learning is a process. Like any skill, learning Spanish requires practice, review of the basics, and then more practice!

Before we begin revisiting the important grammar concepts, go to the end of each chapter, to the **Vocabulario activo** summary sections, and review the vocabulary that you have learned. Doing so now will help you successfully and creatively complete the following recycling activities. Continue to consult the **Vocabulario activo** summary pages frequently as you progress through this chapter.

OBJETIVOS

COMUNICACIÓN

To articulate on topics such as shopping and commerce, professions and the world of business, visual and performing arts, the environment and its impact on animals and their habitats, and health-related issues

To convey ideas about what is or has been going on

To share information about what will take place or what will have taken place

To relate what would take place or what would have taken place

To express wishes, wants, hopes, desires, and opinions on a variety of topics

To make cause and effect statements

To engage in additional communication practice (SAM)

CULTURA

To share information about Chile, Paraguay, Argentina, Uruguay, Peru, Bolivia, Ecuador, Venezuela, Colombia, Cuba, Puerto Rico, and the Dominican Republic

To compare and contrast the countries and people you learned about in **Capítulos 7–11**

To explore further the chapter's cultural themes (SAM)

LABERINTO PELIGROSO

To review and create with **Laberinto peligroso**

COMUNIDADES

To use Spanish in real-life contexts (SAM)

LITERATURA

To review and reflect about the selections in **Letras**

Organizing Your Review

Successful language learners use certain processes for reviewing a world language. What follows are tips to help you organize your review. There is no one correct way to study, but these are some strategies that will best utilize your time and energy.

1 Reviewing Strategies

1. Make a list of the *major* topics you have studied and need to review, dividing them into categories: *vocabulary, grammar,* and *culture.* These are the topics on which you need to focus the majority of your time and energy. *Note:* The two-page chapter openers for each chapter can help you determine the major topics.

2. Allocate a minimum of an hour each day over a period of days to review. Budget the majority of your time for the major topics. After beginning with the major grammar and vocabulary topics, review the secondary/supporting grammar topics and the culture. Cramming the night before an exam is *not* an effective way to review and retain information.

3. Many educational researchers suggest that you start your personal review with the most recent chapter or, for this review, with **Capítulo 11.** The most recent chapter is the freshest in your mind, so you tend to remember the concepts better, and you will experience quick success in your review. Go over all the chapters and concepts *before* you begin the activities in **Capítulo 12.** Your personal review will give you an overview before you begin to follow this chapter's organized approach to putting it all together.

4. Spend the largest amount of time on concepts in which you determine *you* need to improve. Revisit the self-assessment tools **Y por fin, ¿cómo andas?** in each chapter to see how you rated yourself. Those tools are designed to help you become good at self-assessing what *you* need to work on the most.

2 Reviewing Grammar

1. When reviewing grammar, begin with the *major* points. In intermediate Spanish, the major points are the *present* and *imperfect subjunctive* and their uses. Yes, you have had other grammar points over the course of this semester and your previous Spanish studies that merit attention, such as the *future* and *conditional,* but the subjunctive is where you should focus the majority of your attention. Once you feel confident using the subjunctive, then proceed with the additional grammar points and review them. These would include not only the new grammar such as the *future* and *conditional* tenses, but also the **Repaso** grammar points such as the *preterit* and the *imperfect.*

2. Good ways to review include redoing activities in your textbook, redoing activities in the Student Activities Manual, and (re)doing activities on MySpanishLab.

3 Reviewing Vocabulary

When studying vocabulary, there is a variety of techniques that you will find useful.

1. It is helpful to group words thematically. Use the drawings from each vocabulary presentation to create sentences, using all of the vocabulary words possible.
2. Attempt to define words in Spanish.
3. For some vocabulary, it may be most helpful to look at the English word, and then say or write the word in Spanish.
4. Make a special list of words that are difficult for you to remember, writing them in a small notebook. Pull out the notebook every time you have a few minutes (between classes, waiting in line at the grocery store, etc.) to review the words.
5. The **Vocabulario activo** summary pages at the end of each chapter will help you organize the most important words of each chapter.
6. Saying vocabulary (which includes verbs) out loud helps you retain the words better and incorporate them into your personal active vocabulary.

4 Overall Review Techniques

1. Get together with someone with whom you can practice speaking Spanish. It is always good to structure your oral practice. One way of doing this is to take the drawings from each vocabulary presentation in *¡Anda! Curso intermedio* and say as many things as you can about each picture. Have a friendly challenge to see who can make more complete sentences or create the longest story about the pictures. You can also structure the practice by creating solely *subjunctive* sentences, for example, or expressing *if / then* ideas as you speak. This practice will help you build your confidence and practice stringing sentences together to speak in paragraphs.

2. Yes, it is important for you to know "mechanical" pieces of information such as verb endings for tenses. *But it is much more important* for you to be able to take those mechanical pieces of information and put them all together, communicating in a meaningful and creative way in your speaking and writing on the themes of **Capítulos 7–11**. Also remember that **Capítulos 7–11** are built upon previous knowledge that you acquired in the beginning chapters of *¡Anda! Curso intermedio.*

3. Learning a language is like learning any other skill, such as playing a musical instrument, playing a sport, cooking, or doing a craft. It takes practice to perfect such a skill. For example, musicians may spend hours and hours practicing scales or arpeggios. We also learn from our mistakes. For example, golfers analyze their swings and baseball pitchers analyze their pitches when they are not satisfied with their performance. Learning Spanish is the same. You will need to practice the basics—such as using the subjunctive correctly—in context. Repeat activities in the Student Activities Manual or on MySpanishLab, or create dialogues in your head or with a friend: consciously use the new structures or vocabulary. You will also need to analyze your personal errors so that you can learn from them in an attempt not to repeat the same mistakes.

4. You are on the road to success when you can demonstrate that you can speak and write in paragraphs that express the present, past, and future tenses. Along with expressing ideas in the three major time frames, it is important to demonstrate the richness of your vocabulary, employing a wide variety of verbs and other types of words. Keep up the good work!

Comunicación

Capítulo 7

Capítulo 7.

¡Anda! Curso intermedio, Capítulo 7. Algunas tiendas y algunos lugares en la ciudad, pág. 290; *Ser* y *estar*, pág. 291; El subjuntivo en cláusulas adverbiales, pág. 295.

¡Anda! Curso elemental, Capítulo 4. Los lugares, Apéndice 2; Capítulo 11. Las preposiciones y los pronombres preposicionales, Apéndice 3.

12-01 to 12-06

Estrategia

Before beginning each activity, make sure that you have carefully reviewed the identified recycled concepts so that you are able to move seamlessly through the activities as you put it all together.

12-1 **Turistas** Unas familias bolivianas de Rurrenabaque llegaron a su ciudad para pasar unas semanas. Organicen una gira por su pueblo/ciudad para orientarlos, mostrándoles por lo menos **diez** tiendas y lugares y cómo llegar allí. Completen los siguientes pasos. ■

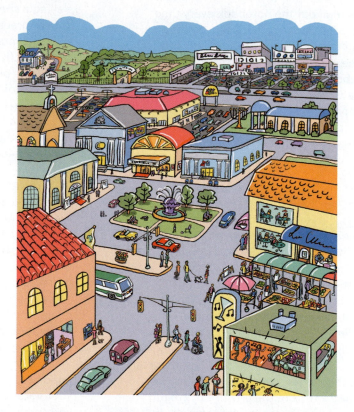

Estrategia

Before beginning **12-1**, you may wish to make yourself a chart of the conjunctions (*connecting words*) that use the subjunctive, the ones that do not, and the ones that use the subjunctive sometimes, depending on the circumstance. Put this chart in a handy place where you can access it to study.

Paso 1   Hagan un mapa con las tiendas y los lugares. Si no existe un lugar, por ejemplo, si no hay una pescadería, recomiéndenles otro lugar donde se puede comprar pescado.

Paso 2   Repasen las conjunciones que se usan con **el subjuntivo** (por ejemplo: **a menos que, antes de que,** etc.) o que no se usan con el subjuntivo (por ejemplo: **ahora que, puesto que,** etc.) o que dependen del contexto (por ejemplo: **a pesar de que, hasta que, tan pronto como**). Hagan una lista de las tres categorías de conjunciones. Si necesitan ayuda, consulten la página 295.

Estrategia

Another way to approach **12-1** is to do *Paso 3* as if you were talking on the phone. That way, you can practice your communicative strategies from p. 312.

Paso 3   Describan las tiendas o lugares, cómo se llega allí y qué cosas se encuentran en cada tienda. Usen por lo menos **ocho** de las conjunciones. Túrnense.

¡Anda! Curso intermedio, Capítulo 7. Algunos artículos en las tiendas, pág. 303; Los tiempos progresivos, pág. 307.

¡Anda! Curso elemental, Capítulo 4. Los lugares, Apéndice 2; Capítulo 5. Los pronombres de complemento directo, Apéndice 3.

12-2 **Túrnense** La visita de las familias de la actividad **12-1** fue un éxito. Para agradecerles su atención, ellos los invitaron a su ciudad, Rurrenabaque, o "Rurre", como la llaman los residentes. Como ustedes van a quedarse unas semanas, necesitan comprar unas cosas. Usen el mapa que les dieron y completen los siguientes pasos. ■

Estrategia

You may wish to review the *Estrategias comunicativas* for giving directions, in *Capítulo 4*, on p. 174.

Estrategia

Organize your thoughts in chronological order and use transitions in your paragraphs. Consider words such as *primero, segundo, tercero, luego, después,* and *finalmente.*

Paso 1 Hagan una lista de las cosas que necesitan o que quieren comprar.

Paso 2 Pregúntenles a sus anfitriones dónde pueden comprar cada cosa. Pueden empezar sus preguntas con "Ando buscando"…

Paso 3 Túrnense haciendo los papeles del/de la turista norteamericano/a y del/de la anfitrión/anfitriona boliviano/a. Si haces el papel del/de la boliviano/a, dile a tu compañero/a cómo se llega a cada tienda o lugar, usando el mapa de Rurre.

Estrategia

Focus on being creative with **12-2,** thinking of as many instances as possible in which you could use the *subjunctive,* as well as using the richest possible vocabulary.

MODELO E1 (TURISTA): *Ando buscando unas pilas. Las necesito para que funcione mi despertador. ¿Dónde puedo comprarlas?*

E2 (ANFITRIONA): *Las tienen en la ferretería. Hay una ferretería en…*

¡Anda! Curso intermedio, Capítulo 3. La construcción de casas y sus alrededores, pág. 110; Dentro del hogar: la sala, la cocina y el dormitorio, pág. 122.; Capítulo 7. Algunos artículos en las tiendas, pág. 303.

¡Anda! Curso elemental, Capítulo 4. Los lugares, Apéndice 2.

12-3 **Una ciudad verde** Es importante vivir una vida "verde" para proteger el planeta, no solo para nosotros sino también para las futuras generaciones. Si pudieras planear la ciudad ideal de una manera "verde", ¿cómo sería? También piensa en las cosas que usamos diariamente o que queremos como lujo (*luxury*). ¿Cómo forman parte de un mundo "verde"? Completa los siguientes pasos. ■

Paso 1 Planea tu ciudad "verde". Dibuja dónde se encuentran los edificios y los lugares. Haz un cartel o una presentación de PowerPoint describiendo tu ciudad.

Paso 2 Describe la construcción de las casas y de los edificios.

Paso 3 ¿Qué cosas tienen o no tienen las familias que viven en tu comunidad? Por ejemplo, ¿se usan las bombillas "verdes"?

Paso 4 Comparte tu presentación con tus compañeros.

♻ *¡Anda! Curso elemental,* Capítulo 3. La casa: Los muebles y otros objetos de la casa; Capítulo 8. La ropa, Apéndice 2.

♻ *¡Anda! Curso intermedio,* Capítulo 3. Dentro del hogar: la sala, la cocina y el dormitorio, pág. 122; Capítulo 7. El subjuntivo en cláusulas adverbiales, pág. 295, Los tiempos progresivos, pág. 307.

12-4 **¿Eres diseñador/a?** Sami Hayek (el hermano de la actriz Salma Hayek) es un diseñador mexicano de muebles y otras cosas para la casa. Parte de su misión es respetar el medio ambiente con su modo de empaquetar su mercancía.

Otro diseñador / arquitecto mexicano es Marco Aldaco. Su arquitectura es de estilo caribeño con edificios elegantes que incorporan elementos como las palapas. Diseña muebles y murales también.

Manolo Blahnik es aún otro diseñador famoso. Es español (nació en las Islas Canarias) y diseña zapatos, esmaltes de uñas para Estée Lauder y otros productos. Hay muchos otros diseñadores famosos como Carolina Herrera (ropa / moda) y Paloma Picasso (joyas). ■

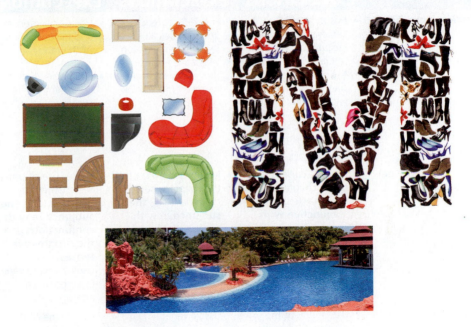

Completa los siguientes pasos.

Paso 1   Escoge a uno de los diseñadores famosos con quien te gustaría trabajar.

Paso 2   Escribe un perfil personal donde te presentes. Explica quién eres, qué trabajo estás haciendo, qué cosas son importantes para ti, etc. Debes incluir por lo menos **diez** oraciones. Piensa en los usos del **subjuntivo** y **los tiempos progresivos.**

Paso 3   Prepara una presentación oral diciendo por qué mereces trabajar con el/la diseñador/a. También presenta algunas de tus ideas para crear productos nuevos. Debes incluir por lo menos **diez** oraciones. De nuevo, ten en cuenta los usos del **subjuntivo** y **los tiempos progresivos.**

Paso 4   Comparte tu perfil y tu presentación oral con un/a compañero/a.

Estrategia

In this chapter you will encounter a variety of rubrics to self-assess how well you are doing. Using them will help you track your progress.

All aspects of our lives benefit from self-reflection and self-assessment. Learning Spanish is an aspect of our academic and future professional lives that benefits greatly from just such a self-assessment. Also coming into play is the fact that, as college students, you are personally being held accountable for your learning and are expected to take ownership for your performance. Having said that, we instructors can assist you greatly by letting you know what we expect of you. It will help you determine how well you are doing with the recycling of **Capítulo 7.** This rubric is meant first and foremost for you to use as a self-assessment, but you also can use it to peer-assess. Your instructor may use the rubric to assess your progress as well.

Rúbrica

Estrategia

You and your instructor can use this rubric to assess your progress for **12-1** through **12-4.**

	3 EXCEEDS EXPECTATIONS	**2 MEETS EXPECTATIONS**	**1 APPROACHES EXPECTATIONS**	**0 DOES NOT MEET EXPECTATIONS**
Duración y precisión	• Has at least 10 sentences and includes all the required information. • May have errors, but they do not interfere with communication.	• Has 7–9 sentences and includes all the required information. • May have errors, but they rarely interfere with communication.	• Has 4–7 sentences and includes some of the required information. • Has errors that interfere with communication.	• Supplies fewer sentences and little of the required information in *Approaches Expectations.* • If communicating at all, has frequent errors that make communication limited or impossible.
Gramática nueva del *Capítulo 7*	• Makes excellent use of the chapter's new grammar (e.g., **the subjunctive with conjunctions** and **the progressive tenses**). • Uses a wide variety of verbs when appropriate.	• Makes good use of the chapter's new grammar (e.g., **the subjunctive with conjunctions** and **the progressive tenses**). • Uses a variety of verbs when appropriate.	• Makes use of some the chapter's new grammar (e.g., **the subjunctive with conjunctions** and **the progressive tenses**). • Uses a limited variety of verbs when appropriate.	• Uses little, if any, of the chapter's new grammar (e.g., **the subjunctive with conjunctions** and **the progressive tenses**). • Uses few, if any, of the chapter's verbs.
Vocabulario nuevo del *Capítulo 7*	• Uses many of the new vocabulary words (e.g., **stores** and **places**).	• Uses a variety of the new vocabulary words (e.g., **stores** and **places**).	• Uses some of the new vocabulary words (e.g., **stores** and **places**).	• Uses few, if any, new vocabulary words (e.g., **stores** and **places**).
Gramática y vocabulario de repaso/reciclaje del *Capítulo 7*	• Does an excellent job using recycled grammar and vocabulary to support what is being said. • Uses a wide array of review verbs. • Uses review vocabulary, but focuses predominantly on new vocabulary.	• Does a good job using recycled grammar and vocabulary to support what is being said. • Uses an array of review verbs. • Uses some review vocabulary, but focuses predominantly on new vocabulary.	• Does an average job using recycled grammar and vocabulary to support what is being said. • Uses some review verbs. • Uses mostly review vocabulary and some new vocabulary.	• If speaking at all, relies almost completely on vocabulary from beginning Spanish course. • Verbs are almost solely in the present tense. • Vocabulary is almost solely review vocabulary.
Esfuerzo	• Clearly the student made his/her best effort.	• The student made a good effort.	• The student made an effort.	• Little or no effort went into the activity.

2-07 to 12-12

Capítulo 8

Capítulo 8.

♲ *¡Anda! Curso intermedio*, Capítulo 3. La construcción de casas y sus alrededores, pág. 110; Capítulo 8. Algunas profesiones, pág. 326; Más profesiones. pág. 335; El futuro. pág. 330.

🍦🍦 **12-5** **¿Qué harán?** ¿Puedes ver el futuro? Imagina que tienes una bola de cristal y puedes ver el futuro. En las siguientes imágenes, imagina una profesión o trabajo que cada persona hará y dale pistas a tu compañero/a para que lo adivine. Usa **el futuro.** Túrnense. ◼

1.

2.

3. yo

MODELO   E1: *Esta niña trabajará con las manos. Cuidará a la gente.*
Ella también trabajará con personas enfermas. ¿Qué imagen es y qué será?

E2: *Es la foto de la niña en los pantalones grises. Será una doctora…*

Workbooklet

12-6 **Mi recomendación sería...** Tienes la oportunidad de trabajar como consejero profesional. Tienes clientes que quieren empezar sus carreras profesionales y otros que quieren cambiar de profesión. ▪

¡Anda! Curso intermedio, Capítulo 2. El subjuntivo para expresar pedidos, mandatos y deseos, pág. 91; Capítulo 8. Algunas profesiones, pág. 326; Más profesiones, pág. 335; El condicional, pág. 338.

Paso 1 Para poder hacer tus recomendaciones, hazle las preguntas de este cuestionario a tu "cliente".

MODELO E1: *¿Es necesario que trabajes con las manos?*

E2: *No, detesto trabajar con las manos. Quiero trabajar en una oficina…*

PREGUNTA: ¿ES NECESARIO QUE…?	ME ENCANTA	ME MOLESTA	ME DA IGUAL (*IT'S ALL THE SAME TO ME*)
trabajar con las manos			
trabajar con la gente			
trabajar solo/a			
escribir			
usar tecnología			
viajar			
ser el/la jefe/a			
hacer experimentos científicos			
arreglar cosas			
trabajar con animales			
estar al aire libre			
estar en una oficina			
tener una rutina			

Paso 2 Haz tus recomendaciones basadas en las respuestas de tu "cliente". Usa **el condicional** en tus recomendaciones.

MODELO *Veo que escribiste que te molesta trabajar con las manos. Entonces no sería buena idea considerar los trabajos de mecánico o granjero…*

Estrategia

Make sure you review the formation of the conditional on p. 338 before doing *Paso 2* of **12-6** and **12-7**.

¡Anda! Curso elemental, Capítulo 3. Los muebles y otros objetos de la casa; Capítulo 7. La comida; Capítulo 8. La ropa; Capítulo 11. Los medios de transporte, Apéndice 2.

¡Anda! Curso intermedio, Capítulo 3. Dentro del hogar: la sala, la cocina y el dormitorio, pág. 122; Capítulo 4. La comida y la cocina, pág. 159; Capítulo 5. Viajando por coche, pág. 193; La tecnología y la informática, pág. 204; Capítulo 7. Algunos artículos en las tiendas, pág. 303; El condicional, pág. 338.

12-7 ¿Qué o quién serías? Quizás hayas ido a una fiesta donde han jugado *Si pudieras ser cualquier persona o cosa, ¿quién o qué serías y por qué?* Juega con un/a compañero/a. Usa por lo menos **seis** razones en tu descripción. Usa **el condicional.** Túrnense y diviértanse. ∎

Si fuera…

1. un tipo de zapato

4. un medio de transporte

2. un aparato eléctrico

5. una comida

MODELO *Si fuera un zapato, sería un zapato con tacón alto. El tacón tendría diamantes, y la piel sería fina y suave. Caminaría en los hoteles de lujo…*

3. un mueble

¡Anda! Curso intermedio, Capítulo 8. Una entrevista, pág. 345; El mundo de los negocios, pág. 351; El futuro perfecto, pág. 348.

12-8 **¿Qué habrás hecho?** Es el año 2020. ¿Qué habrán hecho tus amigos y tú profesionalmente? Dile a tu compañero/a **ocho** cosas que habrán hecho. ◼

MODELO *Habré solicitado un trabajo y me habré entrevistado para varios puestos. Me habrán contratado en una compañía buena. Mis amigos habrán hecho lo mismo; algunos se habrán mudado a otros estados…*

Estrategia

What do *Habré solicitado* and *se habrán mudado* mean in the *modelo*? What is the rule for forming *I, you, they, etc., will have _____ed*?

¡Anda! Curso intermedio, Capítulo 3. La construcción de casas y sus alrededores, pág. 110; Dentro del hogar: la sala, la cocina y el dormitorio, pág. 122.

¡Anda! Curso elemental, Capítulo 3. La casa; Los muebles y otros objetos de la casa; Los colores, Apéndice 2.

12-9 **Si hubieran tenido más…** ¡Esta casa necesita mucho trabajo! Si las personas que vivían allí hubieran tenido más dinero y más tiempo, ¿qué habrían hecho? Descríbesela a un/a compañero/a en por lo menos **diez** oraciones, incluyendo todos los detalles posibles (muebles, colores, etc.). Túrnense. ◼

Si hubiera(n) tenido más dinero y tiempo…

MODELO *Si aquella familia hubiera tenido más tiempo, habría renovado la cocina. Probablemente, las personas habrían pintado la cocina de color amarillo…*

Rúbrica

Estrategia

You and your instructor can use this rubric to assess your progress for **12-5** through **12-9**.

	3 EXCEEDS EXPECTATIONS	2 MEETS EXPECTATIONS	1 APPROACHES EXPECTATIONS	0 DOES NOT MEET EXPECTATIONS
Duración y precisión	• Has at least 8 sentences and includes all the required information. • May have errors, but they do not interfere with communication.	• Has 5–7 sentences and includes all the required information. • May have errors, but they rarely interfere with communication.	• Has 4 sentences and includes some of the required information. • Has errors that interfere with communication.	• Supplies fewer sentences and little of the required information in *Approaches Expectations*. • If communicating at all, has frequent errors that make communication limited or impossible.
Gramática nueva del *Capítulo 8*	• Makes excellent use of the chapter's new grammar (e.g., **the future, conditional, future perfect,** and **conditional perfect**). • Uses a wide variety of verbs when appropriate.	• Makes good use of the chapter's new grammar (e.g., **the future, conditional, future perfect,** and **conditional perfect**). • Uses a variety of verbs when appropriate.	• Makes use of some the chapter's new grammar (e.g., **the future, conditional, future perfect**, and **conditional perfect**). • Uses a limited variety of verbs when appropriate.	• Uses little, if any, of the chapter's new grammar (e.g., **the future, conditional, future perfect,** and **conditional perfect).** • Uses few, if any, of the chapter's verbs.
Vocabulario nuevo del *Capítulo 8*	• Uses many of the new vocabulary words (e.g., **professions** and **the business world**).	• Uses a variety of the new vocabulary words (e.g., **professions** and **the business world**).	• Uses some of the new vocabulary words (e.g., **professions** and **the business world**).	• Uses few, if any, new vocabulary words (e.g., **professions** and **the business world**).
Gramática y vocabulario de repaso/reciclaje del *Capítulo 8*	• Does an excellent job using recycled grammar and vocabulary to support what is being said. • Uses a wide array of review verbs. • Uses review vocabulary, but focuses predominantly on new vocabulary.	• Does a good job using recycled grammar and vocabulary to support what is being said. • Uses an array of review verbs. • Uses some review vocabulary, but focuses predominantly on new vocabulary.	• Does an average job using recycled grammar and vocabulary to support what is being said. • Uses some review verbs. • Uses mostly review vocabulary and some new vocabulary.	• If speaking at all, relies almost completely on vocabulary and grammar from beginning Spanish course. • Verbs are almost solely in the present tense. • Vocabulary is almost solely review vocabulary.
Esfuerzo	• Clearly the student made his/her best effort.	• The student made a good effort.	• The student made an effort.	• Little or no effort went into the activity.

📖 Capítulo 9

Capítulo 9.

12-13 to 12-18

♻️ *¡Anda! Curso intermedio*, Capítulo 3. El subjuntivo para expresar sentimientos, emociones y dudas, pág. 126; Capítulo 9. El arte visual, pág. 372; La artesanía, pág. 381.

12-10 **Es posible que...** Los artistas trabajan en un mundo muy creativo. Imaginen cómo son sus vidas. Creen **ocho** oraciones sobre las posibilidades de sus vidas. Usen **el subjuntivo.** Túrnense. ◼

MODELO   E1:   *Es posible que el alfarero use un barro local.*

          E2:   *El artista no quiere que llueva para poder pintar un paisaje.*

♻️ *¡Anda! Curso intermedio*, Capítulo 9. El arte visual, pág. 372; La artesanía, pág. 381.

Estrategia

Before beginning **12-11**, review the vocabulary on pp. 372 and 381 in *Capítulo 9*, and incorporate as many of the words as possible in your responses.

12-11 **El arte nos inspira** Dicen que el famoso artista mexicano Diego Rivera dijo: *Sueño mucho. Pinto más cuando no estoy pintando. Está en el subconsciente.* Completen los siguientes pasos para ver cómo el arte ocupa una parte importante de nuestras vidas. ◼

Paso 1   Selecciona a un artista visual o de la artesanía. Puedes seleccionar entre los siguientes artistas:

Diego Velázquez	Oswaldo Guayasamín	José Clemente Orozco
Pablo Picasso	Carmen Lomas Garza	Fernando Botero
Frida Kahlo	Diego Rivera	Manuel Jiménez

Fíjate

Manuel Jiménez is a Mexican wood carver of *alebrijes*.

Paso 2   Describe una de sus obras de arte. Utiliza por lo menos **catorce** oraciones, usando **el subjuntivo.**

Paso 3   Habla sobre tu artista con un/a compañero/a. Incluye en tu informe una foto del/de la artista y una foto de una de sus obras de arte.

Estrategia

You and your partner may wish to structure **12-11** as a conversation between two of the artists. Or you could have a conversation with one of the artists, in which either you or your partner plays the role of the artist.

¡Anda! Curso intermedio, Capítulo 9.
La música y el teatro, pág. 386.

 ¡Anda! Curso elemental, Capítulo 5.
El mundo de la música, Apéndice 2.

12-12 ¡Adivinanza! Piensa en
algunas personas o en cosas asociadas con la
música o el teatro. Crea pistas para que tu
compañero/a pueda adivinar quién o qué es. ▪

MODELO E1: *Es un instrumento que se oye en
muchos tipos de música. No es un
instrumento de cuerdas sino de metal.
Si quieres escuchar este instrumento,
puedes comprar un CD del Trío Pancho
o un CD de la orquesta sinfónica de
Cleveland o de Nueva York. ¿Qué
instrumento es?*

E2: *¿Será la trompeta?*

E1: *¡Correcto!*

¡Anda! Curso intermedio, Capítulo 9. El cine y la
televisión, pág. 386; Cláusulas de *si,* pág. 391.

¡Anda! Curso elemental, Capítulo 5.
El mundo del cine, Apéndice 2.

12-13 ¿Supiste lo que pasó?
¿Te gustan las películas o prefieres la televisión? ▪

Paso 1 Descríbele detalladamente a un/a
compañero/a una película o un programa
de televisión que hayas visto últimamente
o que te gustaría ver porque dicen que es
bueno/a. Usa **el vocabulario del mundo
del cine y de la televisión,** usando por
lo menos **diez** oraciones y **las cláusulas
de *si* en el presente.**

Paso 2 Explícale a la clase lo que te dijo tu
compañero/a.

Estrategia

It is rare that a person remembers *everything* he or she hears! It
is important that you feel comfortable asking someone to repeat
information or requesting clarification.

Rúbrica

Estrategia

You and your instructor can use this rubric to assess your progress for **12-10** through **12-13**.

	3 EXCEEDS EXPECTATIONS	2 MEETS EXPECTATIONS	1 APPROACHES EXPECTATIONS	0 DOES NOT MEET EXPECTATIONS
Duración y precisión	• Has at least 8 sentences and includes all the required information. • May have errors, but they do not interfere with communication.	• Has 5–7 sentences and includes all the required information. • May have errors, but they rarely interfere with communication.	• Has 4 sentences and includes some of the required information. • Has errors that interfere with communication.	• Supplies fewer sentences and little of the required information in *Approaches Expectations*. • If communicating at all, has frequent errors that make communication limited or impossible.
Gramática nueva del *Capítulo 9*	• Makes excellent use of the chapter's new grammar (e.g., **the subjunctive** and *si* **clauses**). • Uses a wide variety of verbs when appropriate.	• Makes good use of the chapter's new grammar (e.g., **the subjunctive** and *si* **clauses**). • Uses a variety of verbs when appropriate.	• Makes use of some the chapter's new grammar (e.g., **the subjunctive** and *si* **clauses**). • Uses a limited variety of verbs when appropriate.	• Uses little, if any, of the chapter's new grammar (e.g., **the subjunctive** and *si* **clauses**). • Uses few, if any, of the chapter's verbs.
Vocabulario nuevo del *Capítulo 9*	• Uses many of the new vocabulary words (e.g., **art, handicrafts, music, television,** and **cinema**).	• Uses a variety of the new vocabulary words (e.g., **art, handicrafts, music, television,** and **cinema**).	• Uses some of the new vocabulary words (e.g., **art, handicrafts, music, television,** and **cinema**).	• Uses few, if any, new vocabulary words (e.g., **art, handicrafts, music, television,** and **cinema**).
Gramática y vocabulario de repaso/reciclaje del *Capítulo 9*	• Does an excellent job using recycled grammar and vocabulary to support what is being said. • Uses a wide array of review verbs. • Uses review vocabulary, but focuses predominantly on new vocabulary.	• Does a good job using recycled grammar and vocabulary to support what is being said. • Uses an array of review verbs. • Uses some review vocabulary, but focuses predominantly on new vocabulary.	• Does an average job using recycled grammar and vocabulary to support what is being said. • Uses some review verbs. • Uses mostly review vocabulary and some new vocabulary.	• If speaking at all, relies almost completely on vocabulary and grammar from beginning Spanish course. • Verbs are almost solely in the present tense. • Vocabulary is almost solely review vocabulary.
Esfuerzo	• Clearly the student made his/her best effort.	• The student made a good effort.	• The student made an effort.	• Little or no effort went into the activity.

Capítulo 10

12-19 to 12-23

Capítulo 10.

♻ *¡Anda! Curso intermedio,* Capítulo 10. El medio ambiente, pag. 412; El imperfecto de subjuntivo, pág. 416; El pluscuamperfecto de subjuntivo, pág. 420; Algunos animales, pag. 425; Algunos términos geográficos, pág. 432.

♻ *¡Anda! Curso elemental,* Capítulo 11. E1 medio ambiente, Apéndice 2.

12-14 ## Reportando… Imagina que eres un/a periodista como Celia, Cisco o Javier de **Laberinto peligroso** y que escribiste uno de los siguientes artículos sobre el medio ambiente. ▪

Paso 1 Escoge uno de los temas y cuéntale a tu compañero/a lo que reportaste en el artículo. Usa **el imperfecto de subjuntivo** o **el pluscuamperfecto de subjuntivo** cuando sea apropiado. Túrnense.

Paso 2 Ahora escojan juntos otro tema / artículo. En el mundo de las noticias, los detalles siempre son importantes. ¿Quién de ustedes dos puede decir más oraciones sobre el tema? De nuevo, usa **el imperfecto** o **el pluscuamperfecto de subjuntivo** cuando sea apropiado.

Estrategia

You may wish to review the imperfect subjunctive on p. 416 and the pluperfect subjunctive on p. 420 to assist you with **12-14** and **12-15**.

♻ *¡Anda! Curso intermedio,* Capítulo 10. El medio ambiente, pag. 412; El imperfecto de subjuntivo, pág. 416; El pluscuamperfecto de subjuntivo, pág. 420; Algunos animales, pag. 425; Algunos términos geográficos, pág. 432.

♻ *¡Anda! Curso elemental,* Capítulo 11. Los animales; E1 medio ambiente, Apéndice 2.

12-15 ## Un cortometraje Creen un cortometraje sobre el mundo de los animales y cómo les afectan los cambios del medio ambiente. Completen los siguientes pasos. ▪

Paso 1 Escojan entre **cinco** y **ocho** animales.

Paso 2 Investiguen cómo han cambiado sus hábitats a causa de los cambios del medio ambiente.

Paso 3 Incluyan por lo menos **dos** oraciones que empiecen con **Si hubieran hecho / conservado / no destruido…**

Paso 4 Su cortometraje debe tener por lo menos **quince** oraciones.

Rúbrica

Estrategia

You and your instructor can use this rubric to assess your progress for **12-16** through **12-18**.

	3 EXCEEDS EXPECTATIONS	2 MEETS EXPECTATIONS	1 APPROACHES EXPECTATIONS	0 DOES NOT MEET EXPECTATIONS
Duración y precisión	• Has at least 12 sentences and includes all the required information. • May have errors, but they do not interfere with communication.	• Has 8–11 sentences and includes all the required information. • May have errors, but they rarely interfere with communication.	• Has 5–7 sentences and includes some of the required information. • Has errors that interfere with communication.	• Supplies fewer sentences and little of the required information in *Approaches Expectation*. • If communicating at all, has frequent errors that make communication limited or impossible.
Gramática nueva del *Capítulo 10*	• Makes excellent use of the chapter's new grammar (e.g., **the past subjunctive, the past perfect subjunctive,** *si* **clauses,** and **the sequence of tenses**). • Uses a wide variety of verbs when appropriate.	• Makes good use of the chapter's new grammar (e.g., **the past subjunctive, the past perfect subjunctive,** *si* **clauses,** and **the sequence of tenses**). • Uses a variety of verbs when appropriate.	• Makes use of some the chapter's new grammar (e.g., **the past subjunctive, the past perfect subjunctive,** *si* **clauses,** and **the sequence of tenses**). • Uses a limited variety of verbs when appropriate.	• Uses little, if any, of the chapter's new grammar (e.g., **the past subjunctive, the past perfect subjunctive,** *si* **clauses,** and **the sequence of tenses**). • Uses few, if any, of the chapter's verbs.
Vocabulario nuevo del *Capítulo 10*	• Uses many of the new vocabulary words (e.g., **the environment, animals,** and **geographic terms**).	• Uses a variety of the new vocabulary words (e.g., **the environment, animals,** and **geographic terms**).	• Uses some of the new vocabulary words (e.g., **the environment, animals,** and **geographic terms**).	• Uses few, if any, of the new vocabulary (e.g., **the environment, animals,** and **geographic terms**).
Gramática y vocabulario de repaso/reciclaje del *Capítulo 10*	• Does an excellent job using recycled grammar and vocabulary to support what is being said. • Uses a wide array of review verbs. • Uses review vocabulary, but focuses predominantly on new vocabulary.	• Does a good job using recycled grammar and vocabulary to support what is being said. • Uses an array of review verbs. • Uses some review vocabulary, but focuses predominantly on new vocabulary.	• Does an average job using recycled grammar and vocabulary to support what is being said. • Uses some review verbs. • Uses mostly review vocabulary and some new vocabulary.	• If speaking at all, relies almost completely on vocabulary and grammar from beginning Spanish course. • Verbs are almost solely in the present tense. • Vocabulary is almost solely review vocabulary.
Esfuerzo	• Clearly the student made his/her best effort.	• The student made a good effort.	• The student made an effort.	• Little or no effort went into the activity.

Capítulo 11

12-24 to 12-30

 ¡Anda! Curso intermedio, Capítulo 11. El cuerpo humano, pag. 454; La atención médica, pág. 465; El *se* inocente, pág. 469.

¡Anda! Curso elemental, Capítulo 9. El cuerpo humano; Algunas enfermedades y tratamientos médicos, Apéndice 2.

12-16 **Ayudándolos** El 2 de mayo del año 2008, después de 9.000 años de silencio, el volcán Chaitén de Chile hizo erupción de una manera a la vez espectacular y peligrosa. La Oficina Nacional de Emergencia (ONE) anunció que había granjeros y animales en peligro. Si hubieras estado allí, ¿qué habrías hecho para ayudarlos? ■

Paso 1 Como parte del equipo médico, haz una lista de las partes del cuerpo que habrías examinado.

Paso 2 Después de hacer tu lista de las partes del cuerpo que habrían necesitado atención, ¿qué habrías hecho? Dile a tu compañero/a por lo menos **doce** oraciones sobre lo que se habría podido hacer. Usa **se** cuando sea necesario. Túrnense.

 ¡Anda! Curso intermedio, Capítulo 11. La atención médica, pág. 465; Algunos síntomas, condiciones y enfermedades, pág. 472.

¡Anda! Curso elemental, Capítulo 9. Algunas enfermedades y tratamientos médicos, Apéndice 2.

12-17 **Nuestras prioridades**
Por todo el mundo se encuentran dificultades a la hora de establecer prioridades en la salud pública. Con recursos económicos limitados, los políticos y otros profesionales tratan de establecer cuáles deben ser sus prioridades. ■

Paso 1 Con un/a compañero/a, pongan la lista de enfermedades de la página 472 en su orden de prioridad.

Paso 2 Justifiquen sus decisiones.

Paso 3 ¿Fue difícil hacer la lista de prioridades? ¿Por qué? Comparen su lista con las de otros estudiantes.

¡Anda! Curso intermedio, Capítulo 11. La atención médica, pág. 465; Algunos síntomas, condiciones y enfermedades, pág. 472, El *se* inocente, pág. 469; La voz pasiva, pág. 476.

¡Anda! Curso elemental, Capítulo 9. Algunas enfermedades y tratamientos médicos, Apéndice 2.

Workbooklet

12-18 **Un lema *(slogan)* para todo** El mercadeo y los políticos nos bombardean con lemas. Ahora te toca a ti. Completa los siguientes pasos. ■

¡Hagamos ejercicio!

Se hacen más fuertes los pulmones y los músculos con sólo treinta minutos de ejercicio diario.

Paso 1 Crea **cinco** lemas para la salud, usando **se** y **la voz pasiva**.

Paso 2 Comparte tus lemas con tres compañeros.

Paso 3 Seleccionen los **tres** mejores lemas de tu grupo para compartir con sus compañeros.

Rúbrica

	3 EXCEEDS EXPECTATIONS	**2 MEETS EXPECTATIONS**	**1 APPROACHES EXPECTATIONS**	**0 DOES NOT MEET EXPECTATIONS**
Duración y precisión	• Has at least 8 sentences and includes all the required information. • May have errors, but they do not interfere with communication.	• Has 5–7 sentences and includes all the required information. • May have errors, but they rarely interfere with communication.	• Has 4 sentences and includes some of the required information. • Has errors that interfere with communication.	• Supplies fewer sentences and little of the required information in *Approaches Expectations*. • If communicating at all, has frequent errors that make communication limited or impossible.
Gramática nueva del *Capítulo 11*	• Makes excellent use of the chapter's new grammar (e.g., **the impersonal *se*, reciprocal constructions,** and **the passive voice).** • Uses a wide variety of verbs when appropriate.	• Makes good use of the chapter's new grammar (e.g., **the impersonal *se*, reciprocal constructions,** and **the passive voice).** • Uses a variety of verbs when appropriate.	• Makes use of some the chapter's new grammar (e.g., **the impersonal *se*, reciprocal constructions,** and **the passive voice).** • Uses a limited variety of verbs when appropriate.	• Uses little, if any, of the chapter's new grammar (e.g., **the impersonal *se*, reciprocal constructions,** and **the passive voice).** • Uses few, if any, of the chapter's verbs.

(continued)

	3 **EXCEEDS EXPECTATIONS**	2 **MEETS EXPECTATIONS**	1 **APPROACHES EXPECTATIONS**	0 **DOES NOT MEET EXPECTATIONS**
Vocabulario nuevo del *Capítulo 11*	• Uses many of the new vocabulary words (e.g., **the human body** and **health**).	• Uses a variety of the new vocabulary words (e.g., **the human body** and **health**).	• Uses some of the new vocabulary words (e.g., **the human body** and **health**).	• Uses few, if any, new vocabulary words (e.g., **the human body** and **health**).
Gramática y vocabulario de repaso/reciclaje del *Capítulo 11*	• Does an excellent job using recycled grammar and vocabulary to support what is being said. • Uses a wide array of review verbs. • Uses review vocabulary, but focuses predominantly on new vocabulary.	• Does a good job using recycled grammar and vocabulary to support what is being said. • Uses an array of review verbs. • Uses some review vocabulary, but focuses predominantly on new vocabulary.	• Does an average job using recycled grammar and vocabulary to support what is being said. • Uses some review verbs. • Uses mostly review vocabulary and some new vocabulary.	• If speaking at all, relies almost completely on vocabulary and grammar from beginning Spanish course. • Verbs are almost solely in the present tense. • Vocabulary is almost solely review vocabulary.
Esfuerzo	• Clearly the student made his/her best effort.	• The student made a good effort.	• The student made an effort.	• Little or no effort went into the activity.

Un poco de todo

12-31 to 12-36

12-19 **Nuestro medio ambiente y aun más** ¡Son famosos! Descubrieron que tu compañero/a y tú son expertos en uno de los siguientes temas y los invitaron a presentar sus investigaciones en un programa de PBS. ■

Paso 1 Creen juntos un reportaje para la televisión sobre uno de los siguientes temas:

1. el medio ambiente, los animales y el mundo "verde"
2. cómo prepararse para la jubilación
3. la salud y cómo cuidarse
4. el arte, la música, el cine y la televisión

Paso 2 Preséntenles su reportaje a sus compañeros de clase.

Episodio 12

12-20 **¡Mentiras!** Escribe **diez** oraciones falsas sobre **Laberinto peligroso.** Tu compañero/a tiene que corregirlas. Dale un punto por cada oración que haya corregido. ¿Quién gana? ■

12-21 **Descripciones** Piensa en las características físicas y las personalidades de los personajes de **Laberinto peligroso** y completa los siguientes pasos. ■

Paso 1 Escribe descripciones de los personajes de **Laberinto peligroso.** Cada descripción debe tener por lo menos **diez** oraciones.

Paso 2 Comparte tus descripciones con unos compañeros para que adivinen de qué personajes se tratan.

Paso 3 Ahora comparte tus descripciones con compañeros de otros grupos. ¿Pueden adivinar quiénes son?

12-22 **Tus propios laberintos peligrosos** ¡Ahora te toca a ti! Puedes seleccionar entre las siguientes actividades basadas en **Laberinto peligroso.** ■

1. Imagina que eres como Oprah o Cristina y que tienes la oportunidad de entrevistar a los actores de **Laberinto peligroso.** Prepara la entrevista con un/a compañero/a.
2. Escribe tu propia versión reducida de **Laberinto peligroso.** ¿Termina igual que el original? Compara tu versión con la de un/a compañero/a.
3. Escribe y filma **Laberinto peligroso II.** Al final, ¿qué pasa con el Sr. A. Menaza y con la bibliotecaria? Preséntale tu película a la clase.

Cultura

Workbooklet

12-23 **¿Sabías que…?** Completa los siguientes pasos. ■

Paso 1 Escribe **una** o **dos** cosas interesantes que no sabías antes pero que aprendiste sobre cada uno de los siguientes países.

CHILE	PARAGUAY	ARGENTINA	URUGUAY
1.	1.	1.	1.
2.	2.	2.	2.

PERÚ	BOLIVIA	ECUADOR	COLOMBIA
1.	1.	1.	1.
2.	2.	2.	2.

VENEZUELA	CUBA	PUERTO RICO	LA REPÚBLICA DOMINICANA
1.	1.	1.	1.
2.	2.	2.	2.

Paso 2 Compara la información con el lugar donde tú vives, el estado o el país. ¿En qué son semejantes y en qué son diferentes?

12-24 **Los símbolos nacionales** Escoge **tres** países distintos. Luego escoge un símbolo que represente cada uno de los tres países. Describe los símbolos que has escogido para cada nación y habla de cómo y por qué son representativos de los países. Después, haz una comparación entre los países y sus símbolos. ■

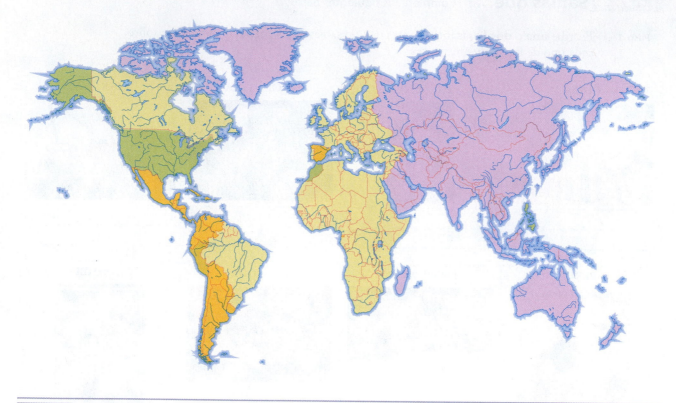

12-25 **¿El ecoturismo o una expedición científica?** ¡Qué suerte! Recibiste la distinción de ser el/la mejor estudiante de español y puedes elegir entre un viaje de ecoturismo o una expedición antropológica en Latinoamérica. ■

Paso 1   Piensa en lo que aprendiste de cada país y decide adónde quieres ir para divertirte e investigar más.

Paso 2   Describe el lugar específico que vas a visitar y explica por qué, cómo, cuándo, etc. Si hay dos países con lugares semejantes, compáralos e indica por qué seleccionaste uno en particular.

Paso 3   Selecciona a algunas personas de aquel país a quienes te gustaría conocer. Si están muertos, ¿por qué te habría gustado conocerlos?

12-26 **¿Qué más quieres saber?** Has conocido un poco a algunas personas distinguidas de los países que estudiamos en los capítulos anteriores. ¿Qué más quieres saber de ellos? Escribe por lo menos **diez** preguntas que quieres hacerles. Si se han muerto, ¿qué te habría gustado preguntarles? Usa **el subjuntivo** y **la gramática** de este semestre. ■

CAPÍTULO 7	CAPÍTULO 8	CAPÍTULO 9	CAPÍTULO 10	CAPÍTULO 11
Paloma Picasso	László Bíró	Julio Bocca	Rosa María Ruiz	Dr. José Barraquer
Narciso Rodríguez	Ana Patricia Botín	Paco de Lucía	Félix Rodríguez de la Fuente	Dr. Baruj Benacerraff
Sami Hayek	Carlos Slim	Alejandro González Iñárritu	Mario José Molina Henríquez	Dr. René Favaloro

12-27 **Querido/a autor/a** Escríbele una carta a uno de los autores de las selecciones de **Letras.** Dile lo que más te gusta de su obra y lo que no te gusta o lo que no entiendes muy bien. Compara su obra literaria con la de otro/a autor/a que leíste. ■

Y por fin, ¿cómo andas?

	Feel confident	Need to review
Having completed this chapter, I now can . . .		
Comunicación		
• articulate on topics such as shopping and commerce, professions and the world of business, visual and performing arts, the environment and its impact on animals and their habitats, and health-related issues.	☐	☐
• convey ideas about what is or has been going on.	☐	☐
• share information about what will take place or what will have taken place.	☐	☐
• relate what would take place or what would have taken place.	☐	☐
• express wishes, wants, hopes, desires, and opinions on a variety of topics.	☐	☐
• make cause and effect statements.	☐	☐
Cultura		
• share information about Chile, Paraguay, Argentina, Uruguay, Peru, Bolivia, Ecuador, Venezuela, Colombia, Cuba, Puerto Rico, and the Dominican Republic.	☐	☐
• compare and contrast the countries and people I learned about in **Capítulos 7–11.**	☐	☐
Laberinto peligroso		
• review and create with **Laberinto peligroso.**	☐	☐
Comunidades		
• use Spanish in real-life contexts (SAM).	☐	☐
Literatura		
• review and reflect about the selections of **Letras.**	☐	☐

Appendix 1

Answers to ¡Explícalo tú! (Inductive Grammar Answers)

Capítulo Preliminar A

8. Los verbos con cambio de raíz

1. What is a rule that you can make regarding all four groups (e → ie, e → i, o → ue, and u → ue) of stem-changing verbs and their forms?

   Nosotros / vosotros **look like the infinitive. All the other forms have a spelling change.**

2. With what group of stem-changing verbs would you place each of the following verbs?

demostrar	o → ue	encerrar	e → ie
devolver	o → ue	perseguir	e → i

10. Un repaso de *ser* y *estar*

Compare the following sentences and answer the questions below.

   Su hermano **es** simpático.
   Su hermano **está** enfermo.

1. Why do you use a form of **ser** in the first sentence?
   It is a characteristic that remains relatively constant.

2. Why do you use a form of **estar** in the second sentence?
   It describes a physical condition that can change.

11. El verbo *gustar*

1. To say you like or dislike one thing, what form of **gustar** do you use?
   gusta

2. To say you like or dislike more than one thing, what form of **gustar** do you use?
   gustan

3. Which words in the examples mean *I?* **(me)** *You?* **(te)** *He/She?* **(le)** *You (all)?* **(les/os)** *They?* **(les)** *We?* **(nos)**

4. If a verb is needed after **gusta / gustan,** what form of the verb do you use?
   You use the infinitive form of the verb.

Capítulo 2

2. Los mandatos de *nosotros/as*

1. Where are object pronouns placed when used with affirmative commands?
   They follow, and are attached to, the commands.

2. Where are object pronouns placed when used with negative commands?
   They precede the commands.

3. When do you need to add a written accent mark?
   Add a written accent mark when pronunciation would change without it.

4. El subjuntivo para expresar pedidos, mandatos y deseos

1. In **Part A,** how many verbs are in each sample sentence?
   There are two verbs in each sentence.

2. Which verb is in the present indicative: the verb in blue or the one in red?
   The verb in blue is in the present indicative.

3. Which verb is in the present subjunctive: the verb in blue or the one in red?
   The verb in red is in the present subjunctive.

4. Is there a different subject for each verb?
   yes

5. What word joins the two distinct parts of the sentence?
   the conjunction *que*

6. State a rule for the use of the subjunctive in the sentences from **Part A.**
   The present subjunctive is used when the verb in the present indicative requests or suggests something. There must be a change of subject also.

7. State a rule for the sentences in **Part B.**
   If the subject does not change, the infinitive is used.

Capítulo 3

4. El subjuntivo para expresar sentimientos, emociones y dudas

1. In which part of the sentence do you place the verb that expresses feelings, emotions, or doubts: to the right or to the left of **que**?
   to the left

2. Where do you put the subjunctive form of the verb: to the right or to the left of **que**?
   to the right

3. What word joins the two parts of the sentence?
   the conjunction *que*

4. When you have only one subject/group of people and you are expressing **feelings, emotions, doubt,** or **probability,** do you use a subjunctive sentence?
   No, the infinitive is used.

5. *Estar* + el participio pasado

Based on the examples above, what rule can you state with regard to what determines the endings of the past participles (**-ado / -ido**) when used as adjectives?
When used as an adjective, the past participle must agree in number and gender with the noun it modifies.

Capítulo 4

2. El pasado perfecto (pluscuamperfecto)

1. How do you form the past perfect tense?
   It is formed with the imperfect tense of *haber* **and the past participle.**

2. How does the form compare with the present perfect tense (**he hablado, has comido, han ido,** etc.)?
   It is similar, but *haber* **must be in the imperfect (a past) tense.**

3. To make the sentence negative in the past perfect, where does the word *no* go?
   It goes before / in front of the form of *haber*.

4. Which verbs have irregular past participles?
   several verbs: e.g., abrir, decir, escribir, hacer, morir, poner, volver, ver

5. El presente perfecto de subjuntivo

1. How is the present perfect subjunctive formed?
   It is formed with the present subjunctive of *haber* **and the past participle.**

2. When is it used?
   It is used when the subjunctive mood is needed in a sentence.

Capítulo 9

2. Repaso del subjuntivo: El subjuntivo en cláusulas sustantivas, adjetivales y adverbiales

El subjuntivo en cláusulas sustantivas
Having studied the preceding examples of the subjunctive, answer the following questions to complete your review:

1. How many verbs are in each sentence?
   two

2. Which verb in the sentence is *not* in the **subjunctive**?
   the one in the main clause / before (to the left of) *que*

3. Which verb is in the **subjunctive**?
   the verb in the subordinate clause / after (to the right of) *que*

4. Is there a different subject for each verb?
   yes

5. What word joins the two distinct parts of the sentence?
   que

6. State a rule for the use of the subjunctive to express **volition** and **will, feelings** and **emotions, doubt, uncertainty,** and **probability.**
   When the verb in the main clause expresses doubt, uncertainty, influence, opinion, feelings, hope, wishes, or desires and there is a change of subject, the verb in the second (subordinate) clause must be in the subjunctive.

El subjuntivo con antecedentes indefinidos o que no existen

1. What kinds of verbs tell you that there is a possibility that something or someone is uncertain or nonexistent?
   verbs such as *buscar, no conocer,* **and** *dudar*

2. If you know that something or someone exists, do you use the indicative or the subjunctive?
   If the person, place, or thing being talked about exists in the mind of the speaker, then the indicative is used. If not, the subjunctive is needed.

El subjuntivo en cláusulas adverbiales
Having studied the previous examples, answer the following questions to complete your review:

1. Which conjunctions **always** use the subjunctive?
   The *subjunctive* is always used after these conjunctions: *a menos que, en caso (de) que, antes (de) que, para que, con tal (de) que,* **and** *sin que.* **After** *aunque, a pesar de que, cuando, en cuanto, tan pronto como,* **and** *después que,* **you use the subjunctive if the action has not yet occurred.**

2. Which conjunctions **never** use the subjunctive?
   The indicative is always used after these conjunctions: *ahora que, puesto que,* **and** *ya que.*

3. Which conjunctions **sometimes** use the subjunctive?
   Aunque, a pesar de que, cuando, en cuanto, tan pronto como, **and** *después que* **sometimes use the subjunctive.**

4. What question do you ask yourself with these types of conjunctions?
   With these conjunctions, you must ask yourself whether the action has already occurred. If so, the indicative is used; if not, the subjunctive is used. Always use the indicative after *ahora que, puesto que,* **and** *ya que.* **Always use the subjunctive after** *a menos que, en caso (de) que, antes (de) que, para que, con tal (de) que,* **and** *sin que.*

Capítulo 11

7. La voz pasiva

1. What are the nouns (*people, places, or things*) in the sample sentences of **passive** with **ser**?
   a. **el pulso (subject), la enfermera (object of preposition)**
   b. **la presión (subject), el médico (object of preposition)**
   c. **los resultados (subject), la cirujana (object of preposition)**
   d. **las recetas (subject), el neurólogo (object of preposition)**

2. In the **passive** with **ser** sentences,
   a. what form (person: e.g., first, second, third) of each verb is used?
      3rd person
   b. what determines whether each verb is singular or plural?
      the subject
   c. with what does each past participle (**-ado / -ido**) agree?
      the subject

3. With the **passive** *se* sentences, do you still have the same subjects and objects as in the **passive** with **ser**?
   no, only subjects (recipients)

4. What form of the verb is used with the **passive** *se*? What determines whether that form is singular or plural?
   third person; must agree with the subject

5. Is the doer clear in the **passive** *se* sentences?
   no

Appendix 2

Vocabulary from *¡Anda! Curso elemental*

Capítulo Preliminar A de *¡Anda! Curso elemental*

Los saludos *Greetings*

Bastante bien. *Just fine.*
Bien, gracias. *Fine, thanks.*
Buenos días. *Good morning.*
Buenas noches. *Good evening.; Good night.*
Buenas tardes. *Good afternoon.*
¿Cómo está usted? *How are you?* (formal)
¿Cómo estás? *How are you?* (familiar)
¡Hola! *Hi!; Hello!*
Más o menos. *So-so.*
Muy bien. *Really well.*
¿Qué tal? *How's it going?*
Regular. *Okay.*
¿Y tú? *And you?* (familiar)
¿Y usted? *And you?* (formal)

Las despedidas *Farewells*

Adiós. *Good-bye.*
Chao. *Bye.*
Hasta luego. *See you later.*
Hasta mañana. *See you tomorrow.*
Hasta pronto. *See you soon.*

Las presentaciones *Introductions*

¿Cómo te llamas? *What is your name?* (familiar)
¿Cómo se llama usted? *What is your name?* (formal)
Encantado/a. *Pleased to meet you.*
Igualmente. *Likewise.*
Me llamo… *My name is . . .*
Mucho gusto. *Nice to meet you.*
Quiero presentarte a… *I would like to introduce you to . . .* (familiar)
Quiero presentarle a… *I would like to introduce you to . . .* (formal)
Soy… *I am . . .*

Expresiones útiles para la clase *Useful classroom expressions*

Preguntas y respuestas *Questions and answers*

¿Cómo? *What?; How?*
¿Cómo se dice… en español? *How do you say . . . in Spanish?*
¿Cómo se escribe… en español? *How do you write . . . in Spanish?*
Lo sé. *I know.*
No. *No.*
No comprendo. *I don't understand.*
No lo sé. *I don't know.*
Sí. *Yes.*
¿Qué es esto? *What is this?*
¿Qué significa? *What does it mean?*
¿Quién? *Who?*

Expresiones de cortesía *Polite expressions*

De nada. *You're welcome.*
Gracias. *Thank you.*
Por favor. *Please.*

Mandatos para la clase *Classroom instructions (commands)*

Abra(n) el libro en la página… *Open your book to page . . .*
Cierre(n) el/los libro/s. *Close your book/s.*
Conteste(n). *Answer.*
Escriba(n). *Write.*
Escuche(n). *Listen.*
Lea(n). *Read.*
Repita(n). *Repeat.*
Vaya(n) a la pizarra. *Go to the board.*

Las nacionalidades *Nationalities*

alemán/alemana *German*
canadiense *Canadian*
chino/a *Chinese*
cubano/a *Cuban*
español/a *Spanish*
estadounidense (norteamericano/a) *American*
francés/francesa *French*
inglés/inglesa *English*
japonés/japonesa *Japanese*
mexicano/a *Mexican*
nigeriano/a *Nigerian*
puertorriqueño/a *Puerto Rican*

Los números 0–30 *Numbers 0–30*

cero *0*
uno *1*
dos *2*
tres *3*
cuatro *4*
cinco *5*
seis *6*
siete *7*
ocho *8*
nueve *9*
diez *10*
once *11*
doce *12*
trece *13*
catorce *14*
quince *15*
dieciséis *16*
diecisiete *17*
dieciocho *18*
diecinueve *19*
veinte *20*
veintiuno *21*
veintidós *22*
veintitrés *23*
veinticuatro *24*
veinticinco *25*
veintiséis *26*
veintisiete *27*
veintiocho *28*
veintinueve *29*
treinta *30*

La hora *Telling time*

A la… / A las… *At . . . o'clock.*
¿A qué hora… ? *At what time . . . ?*
… de la mañana *. . . in the morning*
… de la noche *. . . in the evening*
… de la tarde *. . . in the afternoon, early evening*
¿Cuál es la fecha de hoy? *What is today's date?*
Es la… / Son las… *It's . . . o'clock.*
Hoy es… *Today is . . .*
Mañana es… *Tomorrow is . . .*
la medianoche *midnight*
el mediodía *noon*
¿Qué día es hoy? *What day is today?*
¿Qué hora es? *What time is it?*
y cinco *five minutes after the hour*

Los días de la semana   Days of the week

lunes *Monday*
martes *Tuesday*
miércoles *Wednesday*
jueves *Thursday*
viernes *Friday*
sábado *Saturday*
domingo *Sunday*

Los meses del año   Months of the year

enero *January*
febrero *February*
marzo *March*
abril *April*
mayo *May*
junio *June*
julio *July*
agosto *August*
septiembre *September*
octubre *October*
noviembre *November*
diciembre *December*

Las estaciones   Seasons

el invierno *winter*
la primavera *spring*
el otoño *autumn; fall*
el verano *summer*

Expresiones del tiempo   Weather expressions

Está nublado. *It's cloudy.*
Hace buen tiempo. *The weather is nice.*
Hace calor. *It's hot.*
Hace frío. *It's cold.*
Hace mal tiempo. *The weather is bad.*
Hace sol. *It's sunny.*
Hace viento. *It's windy.*
Llueve. *It's raining.*
la lluvia *rain*
Nieva. *It's snowing.*
la nieve *snow*
la nube *cloud*
¿Qué tiempo hace? *What's the weather like?*
el sol *sun*
la temperatura *temperature*
el viento *wind*

Algunos verbos   Some verbs

gustar *to like*
ser *to be*

Capítulo 1 de ¡Anda! Curso elemental

La familia   Family

el/la abuelo/a *grandfather/grandmother*
los abuelos *grandparents*
el/la esposo/a *husband/wife*
el/la hermano/a *brother/sister*
los hermanos *brothers and sisters; siblings*
el/la hijo/a *son/daughter*
los hijos *sons and daughters; children*
la madrastra *stepmother*
la madre / la mamá *mother / mom*
el/la nieto/a *grandson/grandaughter*
el padrastro *stepfather*
el padre / el papá *father / dad*
los padres *parents*
el/la primo/a *cousin*
los primos *cousins*
el/la tío/a *uncle/aunt*
los tíos *aunts and uncles*

La gente   People

el/la amigo/a *friend*
el/la chico/a *boy/girl*
el hombre *man*
el/la joven *young man/young woman*
el/la muchacho/a *boy/girl*
la mujer *woman*
el/la niño/a *little boy/little girl*
el/la novio/a *boyfriend/girlfriend*
el señor (Sr.) *man; gentleman; Mr.*
la señora (Sra.) *woman; lady; Mrs.*
la señorita (Srta.) *young woman; Miss*

Los adjetivos   Adjectives
**La personalidad y otros rasgos
    Personality and other characteristics**

aburrido/a *boring*
antipático/a *unpleasant*
bueno/a *good*
cómico/a *funny; comical*
inteligente *intelligent*
interesante *interesting*
malo/a *bad*
paciente *patient*
perezoso/a *lazy*
pobre *poor*
responsable *responsible*
rico/a *rich*
simpático/a *nice*
tonto/a *silly; dumb*
trabajador/a *hard-working*

Las características físicas   Physical characteristics

alto/a *tall*
bajo/a *short*
bonito/a *pretty*
débil *weak*
delgado/a *thin*
feo/a *ugly*
fuerte *strong*
gordo/a *fat*
grande *big; large*
guapo/a *handsome/pretty*
joven *young*
mayor *old*
pequeño/a *small*

Los números 31–100   Numbers 31–100

treinta y uno *31*
treinta y dos *32*
treinta y tres *33*
treinta y cuatro *34*
treinta y cinco *35*
treinta y seis *36*
treinta y siete *37*
treinta y ocho *38*
treinta y nueve *39*
cuarenta *40*
cuarenta y uno *41*
cincuenta *50*
cincuenta y uno *51*
sesenta *60*
setenta *70*
ochenta *80*
noventa *90*
cien *100*

Un verbo   A verb

tener *to have*

Otras palabras útiles   Other useful words

muy *very*
(un) poco *(a) little*

Vocabulario útil   Useful vocabulary

más *plus*
menos *minus*
son *equals*
por ciento *percent*
por *times; by*
dividido por *divided by*

Las materias y las especialidades
Subjects and majors

la administración de empresas *business*
la arquitectura *architecture*
el arte *art*
la biología *biology*
las ciencias (*pl.*) *science*
el derecho *law*
los idiomas (*pl.*) *languages*
la informática *computer science*
la literatura *literature*
las matemáticas (*pl.*) *mathematics*
la medicina *medicine*
la música *music*
la pedagogía *education*
el periodismo *journalism*
la psicología *psychology*
el semestre *semester*

En la sala de clase   In the classroom

los apuntes (*pl.*) *notes*
el bolígrafo *ballpoint pen*
el borrador *eraser*
el/la compañero/a de clase *classmate*
la composición *composition*
el cuaderno *notebook*
el escritorio *desk*
el/la estudiante *student*
el examen *exam*
el lápiz *pencil*
el libro *book*
el mapa *map*
la mesa *table*
la mochila *book bag; knapsack*
el papel *paper*
la pared *wall*
la pizarra *chalkboard*
el/la profesor/a *professor*
la puerta *door*
la sala de clase *classroom*
la silla *chair*
la tarea *homework*
la tiza *chalk*
la ventana *window*

Los verbos   Verbs

abrir *to open*
aprender *to learn*
comer *to eat*
comprar *to buy*
comprender *to understand*
contestar *to answer*
correr *to run*
creer *to believe*
enseñar *to teach; to show*
escribir *to write*
esperar *to wait for; to hope*
estar *to be*
estudiar *to study*
hablar *to speak*

leer *to read*
llegar *to arrive*
necesitar *to need*
preguntar *to ask (a question)*
preparar *to prepare; to get ready*
recibir *to receive*
regresar *to return*
terminar *to finish; to end*
tomar *to take; to drink*
trabajar *to work*
usar *to use*
vivir *to live*

Las palabras interrogativas
Interrogative words

¿Adónde? *To where?*
¿Cómo? *How?*
¿Cuál? *Which (one)?*
¿Cuáles? *Which (ones)?*
¿Cuándo? *When?*
¿Cuánto/a? *How much?*
¿Cuántos/as? *How many?*
¿Dónde? *Where?*
¿Por qué? *Why?*
¿Qué? *What?*
¿Quién? *Who?*
¿Quiénes? *Who?*

Los números 100–1.000   Numbers 100–1,000

cien *100*
ciento uno *101*
ciento dos *102*
ciento dieciséis *116*
ciento veinte *120*
doscientos *200*
doscientos uno *201*
trescientos *300*
cuatrocientos *400*
quinientos *500*
seiscientos *600*
setecientos *700*
ochocientos *800*
novecientos *900*
mil *1,000*

Los lugares   Places

el apartamento *apartment*
la biblioteca *library*
la cafetería *cafeteria*
el centro estudiantil *student center; student union*
el cuarto *room*
el edificio *building*
el estadio *stadium*
el gimnasio *gymnasium*
el laboratorio *laboratory*
la librería *bookstore*
la residencia estudiantil *dormitory*
la tienda *store*

La residencia   The dorm

la calculadora *calculator*
el/la compañero/a de cuarto *roommate*
la computadora *computer*
el despertador *alarm clock*
el dinero *money*
el disco compacto (el CD) *compact disk*
el DVD *DVD*
el horario (de clases) *schedule (of classes)*
el radio/la radio *radio*
el reloj *clock; watch*
el reproductor de CD/DVD *CD/DVD player*
la televisión *television*

Los deportes y los pasatiempos
Sports and pastimes

bailar *to dance*
caminar *to walk*
el equipo *team*
escuchar música *to listen to music*
hacer ejercicio *to exercise*
ir de compras *to go shopping*
jugar al básquetbol *to play basketball*
jugar al béisbol *to play baseball*
jugar al fútbol *to play soccer*
jugar al fútbol americano *to play football*
jugar al golf *to play golf*
jugar al tenis *to play tennis*
montar en bicicleta *to ride a bike*
nadar *to swim*
patinar *to skate*
la pelota *ball*
tocar un instrumento *to play an instrument*
tomar el sol *to sunbathe*
ver la televisión *to watch television*

Otras palabras útiles   Other useful words

a menudo *often*
a veces *sometimes; from time to time*
difícil *difficult*
fácil *easy*
hay *there is; there are*
nunca *never*
pero *but*
también *too; also*
y *and*

Emociones y estados   Emotions and states of being

aburrido/a *bored (with estar)*
cansado/a *tired*
contento/a *content; happy*
enfermo/a *ill; sick*
enojado/a *angry*
feliz *happy*
nervioso/a *upset; nervous*
preocupado/a *worried*
triste *sad*

La casa   *The house*

el altillo *attic*
el balcón *balcony*
el baño *bathroom*
la cocina *kitchen*
el comedor *dining room*
el cuarto *room*
el dormitorio *bedroom*
la escalera *staircase*
el garaje *garage*
el jardín *garden*
la oficina *office*
el piso *floor; story*
la planta baja *ground floor*
el primer piso *second floor*
la sala *living room*
el segundo piso *third floor*
el sótano *basement*
el suelo *floor*
el techo *roof*
el tercer piso *fourth floor*

Los verbos   *Verbs*

conocer *to be acquainted with*
dar *to give*
decir *to say; to tell*
hacer *to do; to make*
oír *to hear*
poder *to be able to*
poner *to put; to place*
querer *to want; to love*
salir *to leave; to go out*
traer *to bring*
venir *to come*
ver *to see*

Los muebles y otros objetos de la casa   *Furniture and other objects in the house*

La sala y el comedor   *The living room and dining room*

la alfombra *rug; carpet*
el estante *bookcase*
la lámpara *lamp*
el sillón *armchair*
el sofá *sofa*

La cocina   *The kitchen*

la estufa *stove*
el lavaplatos *dishwasher*
el microondas *microwave*
el refrigerador *refrigerator*

El baño   *The bathroom*

la bañera *bathtub*
el bidet *bidet*
la ducha *shower*
el inodoro *toilet*
el lavabo *sink*

El dormitorio   *The bedroom*

la almohada *pillow*
la cama *bed*
la colcha *bedspread; comforter*
la manta *blanket*
las sábanas *sheets*
el tocador *dresser*

Otras palabras útiles en la casa   *Other useful words in the house*

amueblado/a *furnished*
el armario *armoire; closet; cabinet*
la cosa *thing*
el cuadro *picture; painting*
el mueble *piece of furniture*
los muebles *furniture*
el objeto *object*

Los quehaceres de la casa   *Household chores*

arreglar *to straighten up; to fix*
ayudar *to help*
cocinar, preparar la comida *to cook*
guardar *to put away; to keep*
hacer la cama *to make the bed*
lavar los platos *to wash dishes*
limpiar *to clean*
pasar la aspiradora *to vacuum*
poner la mesa *to set the table*
sacar la basura *to take out the garbage*
sacudir los muebles *to dust*

Los colores   *Colors*

amarillo *yellow*
anaranjado *orange*
azul *blue*
beige *beige*
blanco *white*
gris *gray*
marrón *brown*
morado *purple*
negro *black*
rojo *red*
rosado *pink*
verde *green*

Expresiones con *tener*   *Expressions with tener*

tener... años *to be . . . years old*
tener calor *to be hot*
tener cuidado *to be careful*
tener éxito *to be successful*
tener frío *to be cold*
tener ganas de + *(infinitive) to feel like + (verb)*
tener hambre *to be hungry*
tener miedo *to be afraid*
tener prisa *to be in a hurry*
tener que + *(infinitive) to have to + (verb)*
tener razón *to be right*
tener sed *to be thirsty*
tener sueño *to be sleepy*
tener suerte *to be lucky*
tener vergüenza *to be embarrassed*

Los números 1.000– 100.000.000   *Numbers 1,000–100,000,000*

mil *1,000*
mil uno *1,001*
mil diez *1,010*
dos mil *2,000*
treinta mil *30,000*
cien mil *100,000*
cuatrocientos mil *400,000*
un millón *1,000,000*
dos millones *2,000,000*
cien millones *100,000,000*

Otras palabras útiles   *Other useful words*

a la derecha (de) *to the right (of)*
a la izquierda (de) *to the left (of)*
al lado (de) *beside*
a menudo *often*
a veces *sometimes*
antiguo/a *old*
la calle *street*
el campo *country*
la ciudad *city*
contemporáneo/a *contemporary*
desordenado/a *messy*
encima (de) *on top (of)*
humilde *humble*
limpio/a *clean*
moderno/a *modern*
nuevo/a *new*
la ropa *clothes; clothing*
siempre *always*
sucio/a *dirty*
tradicional *traditional*
viejo/a *old*

Los lugares *Places*

el almacén *department store*
el banco *bank*
el bar; el club *bar; club*
el café *cafe*
el cajero automático *ATM machine*
el centro *downtown*
el centro comercial *mall; business / shop-ping district*
el cibercafé *Internet café*
el cine *movie theater*
la iglesia *church*
el mercado *market*
el museo *museum*
la oficina de correos; correos *post office*
el parque *park*
la plaza *town square*
el pueblo *town; village*
el restaurante *restaurant*
el supermercado *supermarket*
el teatro *theater*
el templo *temple*

Algunos verbos *Some verbs*

buscar *to look for*
estar de acuerdo *to agree*
mandar una carta *to send / mail a letter*

Otras palabras útiles *Other useful words*

la ciudad *city*
la cuenta *bill; account*
detrás (de) *behind*
enfrente (de) *in front (of)*
el/la mejor *the best*
la película *movie; film*
el/la peor *the worst*

Servicios a la comunidad *Community service*

apoyar a un/a candidato/a *to support a candidate*

ayudar a las personas mayores / los mayores *to help elderly people*
circular una petición *to circulate a petition*
dar un paseo *to go for a walk*
deber *ought to; should*
hacer artesanía *to make arts and crafts*
hacer una hoguera *to light a campfire*
ir de camping *to go camping*
ir de excursión *to take a short trip*
llevar a alguien al médico *to take someone to the doctor*
montar una tienda de campaña *to put up a tent*
organizar *to organize*
participar en una campaña política *to participate in a political campaign*
repartir comidas *to hand out / deliver food*
trabajar como consejero/a *to work as a counselor*
trabajar en un campamento de niños *to work in a summer camp*
trabajar como voluntario/a en la residencia de ancianos *to volunteer at a nursing home*
trabajar en política *to work in politics*
viajar en canoa *to canoe*

Otras palabras útiles *Other useful words*

el deber *obligation; duty*
el voluntariado *volunteerism*

¿Qué tienen que hacer? *What do they have to do?*
(Verbos con cambio de raíz) *(Stem-changing verbs)*

almorzar (ue) *to have lunch*
cerrar (ie) *to close*
comenzar (ie) *to begin*
costar (ue) *to cost*
demostrar (ue) *to demonstrate*
devolver (ue) *to return (an object)*
dormir (ue) *to sleep*

empezar (ie) *to begin*
encerrar (ie) *to enclose*
encontrar (ue) *to find*
entender (ie) *to understand*
jugar (ue) *to play*
mentir (ie) *to lie*
morir (ue) *to die*
mostrar (ue) *to show*
pedir (i) *to ask for*
pensar (ie) *to think*
perder (ie) *to lose; to waste*
perseguir (i) *to chase*
preferir (ie) *to prefer*
recomendar (ie) *to recommend*
recordar (ue) *to remember*
repetir (i) *to repeat*
seguir (i) *to follow; to continue (doing something)*
servir (i) *to serve*
volver (ue) *to return*

Otros verbos *Other verbs*

ir *to go*
saber *to know*

Expresiones afirmativas y negativas *Affirmative and negative expressions*

a veces *sometimes*
algo *something; anything*
alguien *someone*
algún *some; any*
alguno/a/os/as *some; any*
jamás *never; not ever* (emphatic)
nada *nothing*
nadie *no one; nobody*
ni… ni *neither . . . nor*
ningún *none*
ninguno/a/os/as *none*
nunca *never*
o… o *either . . . or*
siempre *always*

El mundo de la música *The world of music*

el/la artista *artist*
la batería *drums*
el/la baterista *drummer*
el/la cantante *singer*
el concierto *concert*
el conjunto *group; band*
el/la empresario/a *agent; manager*
la gira *tour*
las grabaciones *recordings*

la guitarra *guitar*
el/la guitarrista *guitarist*
el/la músico/a *musician*
la música *music*
la orquesta *orchestra*
el/la pianista *pianist*
el piano *piano*
el tambor *drum*
el/la tamborista *drummer*
la trompeta *trumpet*
el/la trompetista *trumpet player*

Algunos géneros musicales *Some musical genres*

el jazz *jazz*
la música clásica *classical music*
la música folklórica *folk music*
la música popular *pop music*
la música rap *rap music*
la ópera *opera*
el rock *rock*
la salsa *salsa*

Algunas características Some characteristics

apasionado/a *passionate*
cuidadoso/a *careful*
fino/a *fine; delicate*
lento/a *slow*
suave *smooth*

Algunos verbos Some verbs

dar un concierto *to give / perform a concert*
ensayar *to practice / rehearse*
grabar *to record*
hacer una gira *to tour*
sacar un CD *to release a CD*
tocar *to play (a musical instrument)*

Otras palabras útiles Other useful words

el/la aficionado/a *fan*
la fama *fame*
el género *genre*
la habilidad *ability; skill*
la letra *lyrics*
el ritmo *rhythm*
la voz *voice*

El mundo del cine The world of cinema

el actor *actor*
la actriz *actress*
el documental *documentary*
la entrada *ticket*
la estrella *star*
la pantalla *screen*
una película... *a ... film; movie*
   de acción *action*
   de ciencia ficción *science fiction*
   dramática *drama*
   de guerra *war*
   de humor *funny; comedy*
   de misterio *mystery*
   musical *musical*
   romántica *romantic*
   de terror *horror*

Otras palabras útiles Other useful words

el estreno *opening*
la película *film; movie*
una película... *a ... movie*
   aburrida *boring*
   animada *animated*
   conmovedora *moving*
   creativa *creative*
   emocionante *moving*

entretenida *entertaining*
épica *epic*
espantosa *scary*
estupenda *stupendous*
imaginativa *imaginative*
impresionante *impressive*
pésima *heavy; depressing*
sorprendente *surprising*
trágica *tragic*

Algunos verbos Some verbs

estrenar una película *to release a film / movie*
presentar una película *to show a film / movie*

Los números ordinales Ordinal numbers

primer, primero/a *first*
segundo/a *second*
tercer, tercero/a *third*
cuarto/a *fourth*
quinto/a *fifth*
sexto/a *sixth*
séptimo/a *seventh*
octavo/a *eighth*
noveno/a *ninth*
décimo/a *tenth*

Capítulo 7 de ¡Anda! Curso elemental

Las carnes y las aves Meat and poultry

las aves *poultry*
el bistec *steak*
la carne *meat*
la hamburguesa *hamburger*
el jamón *ham*
el perro caliente *hot dog*
el pollo *chicken*

El pescado y los mariscos Fish and seafood

el atún *tuna*
los camarones (*pl.*) *shrimp*
el pescado *fish*

Las frutas Fruit

la banana *banana*
el limón *lemon*
la manzana *apple*
el melón *melon*
la naranja *orange*
la pera *pear*
el tomate *tomato*

Las verduras Vegetables

la cebolla *onion*
el chile *chili pepper*
la ensalada *salad*
los frijoles (*pl.*) *beans*
la lechuga *lettuce*
el maíz *corn*
la papa / la patata *potato*
las papas fritas (*pl.*) *french fries; potato chips*
la verdura *vegetable*

Los postres Desserts

los dulces *candy; sweets*
las galletas *cookies; crackers*
el helado *ice cream*
el pastel *pastry; pie*
el postre *dessert*
la torta *cake*

Las bebidas Beverages

el agua (con hielo) *water (with ice)*
el café *coffee*
la cerveza *beer*
el jugo *juice*
la leche *milk*

el refresco *soft drink*
el té (helado / caliente) *tea (iced / hot)*
el vino *wine*

Más comidas More foods

el arroz *rice*
el cereal *cereal*
el huevo *egg*
el pan *bread*
el queso *cheese*
la sopa *soup*
la tostada *toast*

Las comidas Meals

el almuerzo *lunch*
la cena *dinner*
la comida *food; meal*
el desayuno *breakfast*
la merienda *snack*

Verbos Verbs

almorzar (ue) *to have lunch*
andar *to walk*
beber *to drink*
cocinar *to cook*

conducir *to drive*
cenar *to have dinner*
desayunar *to have breakfast*
merendar *to have a snack*

Los condimentos y las especias *Condiments and spices*

el aceite *oil*
el azúcar *sugar*
la mantequilla *butter*
la mayonesa *mayonnaise*
la mermelada *jam; marmalade*
la mostaza *mustard*
la pimienta *pepper*
la sal *salt*
la salsa de tomate *ketchup*
el vinagre *vinegar*

Algunos términos de cocina *Cooking terms*

a la parrilla *grilled*
al horno *baked*
asado/a *roasted; grilled*
bien cocido/a *well done*
bien hecho/a *well cooked*
caliente *hot (temperature)*
cocido/a *boiled; baked*

crudo/a *rare; raw*
duro/a *hard-boiled*
fresco/a *fresh*
frito/a *fried*
helado/a *iced*
hervido/a *boiled*
picante *spicy*
poco hecho/a *rare*
término medio *medium*

En el restaurante *In the restaurant*

el/la camarero/a *waiter/waitress*
el/la cliente/a *customer; client*
el/la cocinero/a *cook*
la cuchara *soup spoon; tablespoon*
la cucharita *teaspoon*
el cuchillo *knife*
la especialidad de la casa *specialty of the house*
el mantel *tablecloth*
el menú *menu*
el plato *plate; dish*
la propina *tip*
la servilleta *napkin*
la tarjeta de crédito *credit card*
la tarjeta de débito *debit card*
la taza *cup*

el tenedor *fork*
el vaso *glass*

Verbos *Verbs*

pagar *to pay*
pedir *to order*
reservar una mesa *to reserve a table*

Otras palabras útiles *Other useful words*

anoche *last night*
anteayer *the day before yesterday*
el año pasado *last year*
ayer *yesterday*
barato/a *cheap*
¡Buen provecho! *Enjoy your meal!*
caro/a *expensive*
cerca (de) *near*
debajo (de) *under; underneath*
encima (de) *on top (of); above*
el fin de semana pasado *last weekend*
el… (jueves) pasado *last . . . (Thursday)*
La cuenta, por favor. *The check, please.*
la semana pasada *last week*
más tarde que *later than*
más temprano que *earlier than*

Capítulo 8 de *¡Anda! Curso elemental*

La ropa *Clothing*

el abrigo *overcoat*
la bata *robe*
la blusa *blouse*
el bolso *purse*
las botas (*pl.*) *boots*
los calcetines (*pl.*) *socks*
la camisa *shirt*
la camiseta *T-shirt*
la chaqueta *jacket*
el cinturón *belt*
el conjunto *outfit*
la corbata *tie*
la falda *skirt*
la gorra *cap*
los guantes *gloves*
el impermeable *raincoat*
los jeans (*pl.*) *jeans*
las medias (*pl.*) *stockings; hose*
la moda *fashion*
los pantalones (*pl.*) *pants*
los pantalones cortos (*pl.*) *shorts*
el paraguas *umbrella*
el pijama *pajamas*
las prendas *articles of clothing*
la ropa interior *underwear*
las sandalias (*pl.*) *sandals*
el sombrero *hat*

la sudadera *sweatshirt*
el suéter *sweater*
los tenis (*pl.*) *tennis shoes*
el traje *suit*
el traje de baño *swimsuit; bathing suit*
el vestido *dress*
las zapatillas (*pl.*) *slippers*
los zapatos (*pl.*) *shoes*

Algunos verbos *Some verbs*

llevar *to wear; to take; to carry*
prestar *to loan; to lend*

Algunos verbos como *gustar* *Verbs similar to* gustar

encantar *to love; delight*
fascinar *to fascinate*
hacer falta *to need; to be lacking*
importar *to matter; to be important*
molestar *to bother*

Las telas y los materiales *Fabrics and materials*

el algodón *cotton*
el cuero *leather*
la lana *wool*
el poliéster *polyester*

la seda *silk*
la tela *fabric*

Algunos adjetivos *Some adjectives*

ancho/a *wide*
atrevido/a *daring*
claro/a *light (colored)*
cómodo/a *comfortable*
corto/a *short*
de cuadros *checked*
de lunares *polka-dotted*
de rayas *striped*
elegante *elegant*
estampado/a *print; with a design or pattern*
estrecho/a *narrow; tight*
formal *formal*
incómodo/a *uncomfortable*
informal *casual*
largo/a *long*
liso/a *solid-colored*
oscuro/a *dark*

Otra palabra útil *A useful word*

el/la modelo *model*

Un verbo *A verb*

quedar bien / mal *to fit well / poorly*

Algunos verbos reflexivos *Some reflexive verbs*

acordarse de (o → ue) *to remember*
acostarse (o → ue) *to go to bed*
afeitarse *to shave*
arreglarse *to get ready*
bañarse *to bathe*
callarse *to get / keep quiet*
cepillarse (el pelo, los dientes) *to brush (one's hair, teeth)*

despertarse (e → ie) *to wake up; to awaken*
divertirse (e → ie → i) *to enjoy oneself; to have fun*
dormirse (o → ue → u) *to fall asleep*
ducharse *to shower*
irse *to go away; to leave*
lavarse *to wash oneself*
levantarse *to get up; to stand up*
llamarse *to be called*
maquillarse *to put on makeup*

peinarse *to comb one's hair*
ponerse (la ropa) *to put on (one's clothes)*
ponerse (nervioso/a) *to get (nervous)*
quedarse *to stay; to remain*
quitarse (la ropa) *to take off (one's clothes)*
reunirse *to get together; to meet*
secarse *to dry off*
sentarse (e → ie) *to sit down*
sentirse (e → ie → i) *to feel*
vestirse (e → i → i) *to get dressed*

Capítulo 9 de *¡Anda! Curso elemental*

El cuerpo humano *The human body*

la boca *mouth*
el brazo *arm*
la cabeza *head*
la cara *face*
la cintura *waist*
el corazón *heart*
el cuello *neck*
el cuerpo *body*
el dedo (de la mano) *finger*
el dedo (del pie) *toe*
el diente *tooth*
la espalda *back*
el estómago *stomach*
la garganta *throat*
la mano *hand*
la nariz *nose*
el oído *inner ear*
el ojo *eye*
la oreja *ear*
el pecho *chest*
el pelo *hair*
el pie *foot*
la pierna *leg*

Algunos verbos *Some verbs*

doler (ue) *to hurt*
estar enfermo/a *to be sick*
estar sano/a; saludable *to be healthy*
ser alérgico/a (a) *to be allergic (to)*

Otras palabras útiles *Other useful words*

la salud *health*
la sangre *blood*

Algunas enfermedades y tratamientos médicos *Illnesses and medical treatments*

el antiácido *antacid*
el antibiótico *antibiotic*
la aspirina *aspirin*
el catarro / el resfriado *cold*
la curita *adhesive bandage*
el/la doctor/a *doctor*
el dolor *pain*
el/la enfermero/a *nurse*
el estornudo *sneeze*
el examen físico *physical exam*
la farmacia *pharmacy*
la fiebre *fever*
la gripe *flu*
la herida *wound; injury*
el hospital *hospital*
la inyección *shot*
el jarabe *cough syrup*
el/la médico/a *doctor*
la náusea *nausea*
las pastillas *pills*
la receta *prescription*
la sala de urgencias *emergency room*
la tos *cough*
la venda / el vendaje *bandage*

Algunos verbos *Some verbs*

acabar de + (infinitive) *to have just finished + (something)*
caer(se) *to fall down*
cortar(se) *to cut (oneself)*
curar(se) *to cure; to be cured*
enfermar(se) *to get sick*
estornudar *to sneeze*
evitar *to avoid*
guardar cama *to stay in bed*
lastimar(se) *to get hurt*
mejorar(se) *to improve; get better*
ocurrir *to occur*
quemar(se) *to burn; to get burned*
romper(se) *to break*
tener…
    alergia (a) *to be allergic (to)*
    (un) catarro, resfriado *to have a cold*
    (la/una) gripe *to have the flu*
    una infección *to have an infection*
    tos *to have a cough*
    un virus *to have a virus*
tener dolor de… *to have a . . .*
    cabeza *headache*
    espalda *backache*
    estómago *stomachache*
    garganta *sore throat*
toser *to cough*
tratar de *to try to*
vendar(se) *to bandage (oneself); to dress (a wound)*

Capítulo 10 de *¡Anda! Curso elemental*

El transporte *Transportation*

el autobús *bus*
el avión *airplane*
la bicicleta *bicycle*
el camión *truck*
el carro/el coche *car*
el metro *subway*
la moto(cicleta) *motorcycle*

el taxi *taxi*
el tren *train*

Otras palabras útiles *Other useful words*

la autopista *highway; freeway*
el boleto *ticket*
la calle *street*

la cola *line (of people)*
el estacionamiento *parking*
la gasolinera *gas station*
la licencia (de conducir) *driver's license*
la multa *traffic ticket; fine*
la parada *bus stop*
el peatón *pedestrian*
el/la policía *policeman*

el ruido *noise*
el semáforo *auto repair shop*
el taller mecánico *traffic light*
el tráfico *traffic*

Algunas partes de un vehículo *Parts of a vehicle*

el aire acondicionado *air conditioning*
el baúl *trunk*
la calefacción *heat*
el limpiaparabrisas *windshield wiper*
la llanta *tire*
la llave *key*
el motor *motor; engine*
el parabrisas *windshield*
el tanque *gas tank*
el volante *steering wheel*

Algunos verbos útiles *Some useful verbs*

arreglar / hacer la maleta *to pack a suitcase*
bajar (de) *to get down (from); to get off (of)*
cambiar *to change*
caminar, ir a pie *to walk; to go on foot*

dejar *to leave*
doblar *to turn*
entrar *to enter*
estacionar *to park*
funcionar *to work; to function*
ir de vacaciones *to go on vacation*
ir de viaje *to go on a trip*
irse del hotel *to leave the hotel; to check out*
llenar *to fill*
manejar / conducir *to drive*
prestar *to loan; to lend*
registrarse (en el hotel) *to check in*
revisar *to check; to overhaul*
sacar la licencia *to get a driver's license*
subir (a) *to go up; to get on*
viajar *to travel*
visitar *to visit*
volar (o → ue) *to fly; to fly away*

El viaje *The trip*

el aeropuerto *airport*
la agencia de viajes *travel agency*
el/la agente de viajes *travel agent*
el barco *boat*

el boleto de ida y vuelta *round-trip ticket*
la estación (de tren, de autobús) *(train, bus) station*
el extranjero *abroad*
la maleta *suitcase*
el pasaporte *passport*
la reserva *reservation*
el sello *postage stamp*
la tarjeta postal *postcard*
las vacaciones *vacation*
los viajeros *travelers*
el vuelo *flight*

El hotel *The hotel*

el botones *bellman*
el cuarto doble *double room*
el cuarto individual *single room*
la recepción *front desk*

Algunos lugares *Some places*

el lago *lake*
las montañas *mountains*
el parque de atracciones *theme park*
la playa *beach*

Capítulo 11 de ¡Anda! Curso elemental

Algunos animales *Some animals*

el caballo *horse*
el cerdo *pig*
el conejo *rabbit*
el elefante *elephant*
la gallina *chicken; hen*
el gato *cat*
la hormiga *ant*
el insecto *insect*
el león *lion*
la mosca *fly*
el mosquito *mosquito*
el oso *bear*
el pájaro / el ave *bird*
el perro *dog*
el pez (*pl.*, los peces) *fish*
la rana *frog*
la rata *rat*
el ratón *mouse*
la serpiente *snake*
el toro *bull*
la vaca *cow*

Algunos verbos *Some verbs*

cuidar *to take care of*
preocuparse (por) *to worry about; to concern oneself with*

Las cuestiones políticas *Political issues*

el bienestar *well-being; welfare*

la defensa *defense*
la delincuencia *crime*
el desempleo *unemployment*
la deuda (externa) *(foreign) debt*
el impuesto *tax*
la inflación *inflation*

Otras palabras útiles *Other useful words*

los animales domésticos *domesticated animals; pets*
los animales en peligro de extinción *endangered species*
los animales salvajes *wild animals*
el árbol *tree*
el bosque *forest*
la cueva *cave*
la finca *farm*
la granja *farm*
el hoyo *hole*
el lago *lake*
la montaña *mountain*
el océano *ocean*
peligroso/a *dangerous*
el río *river*
la selva *jungle*

El medio ambiente *The environment*

el aluminio *aluminum*
la botella *bottle*

la caja (de cartón) *(cardboard) box*
la contaminación *pollution*
el derrame de petróleo *oil spill*
el huracán *hurricane*
el incendio *fire*
la inundación *flood*
la lata *can*
el papel *paper*
el periódico *newspaper*
el plástico *plastic*
el terremoto *earthquake*
la tormenta *storm*
el tornado *tornado*
el tsunami *tsunami*
el vidrio *glass*

Algunos verbos *Some verbs*

apoyar *to support*
botar *to throw away*
combatir *to fight; to combat*
contaminar *to pollute*
cuidar *to take care of*
elegir *to elect*
estar en huelga *to be on strike*
evitar *to avoid*
hacer daño *to (do) damage; to harm*
llevar a cabo *to carry out*
luchar *to fight; to combat*
matar *to kill*
meterse en política *to get involved in politics*
plantar *to plant*

proteger *to protect*
reciclar *to recycle*
reforestar *to reforest*
reutilizar *to reuse*
resolver (o → ue) *to resolve*
sembrar (e → ie) *to sow*
votar *to vote*

La política *Politics*

el alcalde/la alcaldesa *mayor*
el/la candidato/a *candidate*
el/la dictador/a *dictator*
el/la diputado/a *deputy; representative*
el/la gobernador/a *governor*
la guerra *war*
la huelga *strike*
el/la juez/a *judge*
el juicio *jury*
el/la presidente/a *president*
el rey/la reina *king/queen*
el/la senador/a *senator*

Las preposiciones *Prepositions*

a *to; at*
a la derecha de *to the right of*
a la izquierda de *to the left of*
acerca de *about*
(a)fuera de *outside of*
al lado de *next to*
antes de *before (time / space)*
cerca de *near*
con *with*

de *of; from; about*
debajo de *under; underneath*
delante de *in front of*
dentro de *inside of*
desde *from*
después de *after*
detrás de *behind*
en *in*
encima de *on top of*
enfrente de *across from; facing*
entre *among; between*
hasta *until*
lejos de *far from*
para *for; in order to*
por *for; through; by; because of*
según *according to*
sin *without*
sobre *over; about*

Las administraciones y los regímenes *Administrations and regimes*

el congreso *congress*
la corte *court*
la democracia *democracy*
la dictadura *dictatorship*
el estado *state*
el gobierno *government*
la ley *law*
la monarquía *monarchy*
la presidencia *presidency*
la provincia *province*

la región *region*
el senado *senate*

Las elecciones *Elections*

la campaña *campaign*
el discurso *speech*
la encuesta *survey; poll*
el partido político *political party*
el voto *vote*

Otras palabras útiles *Other useful words*

el aire *air*
la basura *garbage*
la calidad *quality*
la capa de ozono *ozone layer*
el cielo *sky; heaven*
el desastre *disaster*
la destrucción *destruction*
la ecología *ecology*
el efecto invernadero *global warming*
la lluvia ácida *acid rain*
la naturaleza *nature*
el planeta *planet*
puro/a *pure*
el recurso natural *natural resource*
la selva tropical *jungle; (tropical) rain forest*
la Tierra *Earth*
la tierra *land; soil*
la tragedia *tragedy*
el vertedero *dump*
vivo/a *alive; living*

Appendix 3

Grammar from *¡Anda! Curso elemental*

El alfabeto

The Spanish alphabet is quite similar to the English alphabet except in the ways the letters are pronounced. Learning the proper pronunciation of the individual letters in Spanish will help you pronounce new words and phrases.

Letter	Letter Name	Examples
a	a	adiós
b	be	buenos
c	ce	clase
d	de	día
e	e	español
f	efe	por favor
g	ge	luego
h	hache	hola
i	i	señorita
j	jota	julio
k	ka	kilómetro
l	ele	luego
m	eme	madre
n	ene	noche
ñ	eñe	mañana
o	o	cómo
p	pe	por favor
q	cu	qué
r	ere	señora
s	ese	saludos
t	te	tarde
u	u	usted
v	uve	nueve
w	doble ve o uve doble	Washington
x	equis	examen
y	ye o i griega	yo
z	zeta	pizarra

Los pronombres personales

The chart below lists the subject pronouns in Spanish and their equivalents in English. As you will note, Spanish has several equivalents for *you.*

yo	*I*	**nosotros/as**	*we*
tú	*you* (fam.)	**vosotros/as**	*you* (pl., Spain)
usted	*you* (form.)	**ustedes**	*you* (pl.)
él	*he*	**ellos**	*they* (masc.)
ella	*she*	**ellas**	*they* (fem.)

Generally speaking, **tú** (you, singular) is used for people with whom you are on a first-name basis, such as family members and friends.

Usted, abbreviated **Ud.,** is used with people you do not know well, or with people with whom you are not on a first-name basis. **Usted** is also used with older people, or with those to whom you want to show respect.

Spanish shows gender more clearly than English. **Nosotros** and **ellos** are used to refer to either all males or to a mixed group of males and females. **Nosotras** and **ellas** refer to an all-female group.

El verbo *ser*

You have already learned the subject pronouns in Spanish. It is time to put them together with a verb. First, consider the verb *to be* in English. The *to* form of a verb, as in *to be* or *to see* is called an *infinitive*. Note that *to be* has different forms for different subjects.

		to be		
I	**am**		we	**are**
you	**are**		you (all)	**are**
he, she, it	**is**		they	**are**

Verbs in Spanish also have different forms for different subjects.

			ser (*to be*)			
	Singular			**Plural**		
yo	**soy**	*I am*	nosotros/as	**somos**	*we are*
tú	**eres**	*you are*	vosotros/as	**sois**	*you are*
Ud.	**es**	*you are*	Uds.	**son**	*you are*
él, ella	**es**	*he/she is*	ellos/as	**son**	*they are*

- In Spanish, subject pronouns are not required, but rather used for clarification or emphasis. Pronouns are indicated by the verb ending. For example:

  Soy means *I am*.

  Es means either *he is*, *she is*, or *you* (formal) *are*.

- If you are using a subject pronoun, it will appear first, followed by the form of the verb that corresponds to the subject pronoun, and then the rest of the sentence, as in the examples:

  Yo **soy** Mark.   **Soy** Mark.

  Él **es** inteligente.   **Es** inteligente.

Capítulo 1 de ¡Anda! Curso elemental

El verbo *tener*

In **Capítulo Preliminar A** you learned the present tense of **ser**. Another very common verb in Spanish is **tener** (*to have*). The present tense forms of the verb **tener** follow.

tener (*to have*)				
Singular		**Plural**		
yo	**tengo** *I have*	nosotros/as	**tenemos** *we have*
tú	**tienes** *you have*	vosotros/as	**tenéis** *you have*
Ud.	**tiene** *you have*	Uds.	**tienen** *you all have*
él, ella	**tiene** *he/she has*	ellos/as	**tienen** *they have*

Sustantivos singulares y plurales

To pluralize singular nouns and adjectives in Spanish, follow these simple guidelines.

1. If the word ends in a vowel, add **-s**.

   hermana → hermana**s**   abuelo → abuelo**s**

   día → día**s**   mi → mi**s**

2. If the word ends in a consonant, add **-es**.

   mes → mes**es**   ciudad → ciudad**es**

   televisión → televisiones   joven → jóven**es**

3. If the word ends in a **-z**, change the **z** to **c**, and add **-es**.

   lápiz → lápi**ces**   feliz → feli**ces**

El masculino y el femenino

In Spanish, all nouns (people, places, and things) have a gender; they are either masculine or feminine. Use the following rules to help you determine the gender of nouns. If a noun does not belong to any of the following categories, you must memorize the gender as you learn that noun.

1. Most words ending in **-a** are feminine.

   la hermana, la hija, la mamá, la tía

   *Some exceptions: **el día, el papá,** and words of Greek origin ending in **-ma**, such as **el problema** and **el programa.**

2. Most words ending in **-o** are masculine.

   el abuelo, el hermano, el hijo, el nieto

   *Some exceptions: **la foto** (*photo*), **la mano** (*hand*), **la moto** (*motorcycle*)

   *Note: **la foto** and **la moto** are shortened forms for **la fotografía** and **la motocicleta.**

3. Words ending in **-ción** and **-sión** are feminine.

   la discusión, la recepción, la televisión

   *Note: The suffix **-ción** is equivalent to the English *-tion*.

4. Words ending in **-dad** or **-tad** are feminine.

   la ciudad (*city*)**, la libertad, la universidad**

   *Note: these suffixes are equivalent to the English *-ty*.

As you learned in **Capítulo Preliminar A,** words that look alike and have the same meaning in both English and Spanish, such as **discusión** and **universidad,** are known as *cognates*. Use them to help you decipher meaning and to form words.

Los artículos definidos e indefinidos

Like English, Spanish has two kinds of articles, definite and indefinite. The definite article in English is *the*; the indefinite articles are *a*, *an*, and *some*.

In Spanish, articles and other adjectives mirror the gender (masculine or feminine) and number (singular or plural) of the nouns to which they refer. For example, an article referring to a singular masculine noun must also be singular and masculine. Note the forms of the articles in the following charts.

Los artículos definidos			
el hermano	*the brother*	**los** hermanos	*the brothers / the brothers and sisters*
la hermana	*the sister*	**las** hermanas	*the sisters*

Los artículos indefinidos			
un hermano	*a / one brother*	**unos** hermanos	*some brothers / some brothers and sisters*
una hermana	*a / one sister*	**unas** hermanas	*some sisters*

A15

1. **Definite articles** are used to refer to **the** person, place, or thing.

2. **Indefinite articles** are used to refer to **a** or **some** person, place, or thing.

Adriana es **la** hermana de Eduardo y **los** abuelos de él se llaman Carmen y Manuel.	*Adriana is Eduardo's sister, and his grandparents' names are Carmen and Manuel.*
Jorge tiene **una** tía y **unos** tíos.	*Jorge has an aunt and some uncles.*

Los adjetivos posesivos

You have already used the possessive adjective **mi** (*my*). Other forms of possessive adjectives are also useful in conversation.

Look at the following chart to see how to personalize talk about your family (*our* dad, *his* sister, *our* cousins, etc.) using possessive adjectives.

Los adjetivos posesivos

mi, mis	*my*	nuestro/a/os/as	*our*
tu, tus	*your*	vuestro/a/os/as	*your*
su, sus	*your*	su, sus	*your*
su, sus	*his, her, its*	su, sus	*their*

Note:

1. Possessive adjectives agree in form with the person, place, or thing possessed, *not with the possessor.*

2. Possessive adjectives agree in number (singular or plural), and in addition, **nuestro** and **vuestro** indicate gender (masculine or feminine).

3. The possessive adjectives **tu/tus** (*your*) refer to someone with whom you are familiar and/or on a first name basis. **Su/sus** (*your*) is used when you are referring to people to whom you refer with *usted* and *ustedes*, that is, more formally and perhaps not on a first-name basis. **Su/sus** (*your* plural or *their*) is used when referring to individuals whom you are addressing with *ustedes* or when expressing possession with *ellos* and *ellas*.

mi hermano	*my brother*	**mis** hermanos	*my brothers / siblings*
tu primo	*your cousin*	**tus** primos	*your cousins*
su tía	*her/his/your/ their aunt*	**sus** tías	*her/his/your/their aunts*
nuestra familia	*our family*	**nuestras** familias	*our families*
vuestra mamá	*your mom*	**vuestras** mamás	*your moms*
su hija	*your/their daughter*	**sus** hijas	*your* (plural)/ *their daughters*

Eduardo tiene una novia.	*Eduardo has a girlfriend.*
Su novia se llama Julia.	*His girlfriend's name is Julia.*
Nuestros padres tienen dos amigos.	*Our parents have two friends.*
Sus amigos son Jorge y Marta.	*Their friends are Jorge and Marta.*

Los adjetivos descriptivos

Descriptive adjectives are words that describe people, places, and things.

1. In English, adjectives usually come before the words they describe (e.g., **the** *red* **car**), but in Spanish, they usually follow the word (e.g., **el coche** *rojo*).

2. Adjectives in Spanish agree with the nouns they modify in number (singular or plural) and in gender (masculine or feminine).

Carlos es un **chico** simpátic**o**.	*Carlos is a nice boy.*
Adela es una **chica** simpátic**a**.	*Adela is a nice girl.*
Carlos y Adela son (unos) **chicos** simpátic**os**.	*Carlos and Adela are (some) nice children.*

3. A descriptive adjective can also follow the verb **ser** directly. When it does, it still agrees with the noun to which it refers, which is the subject in this case.

Carlos es simpátic**o**.	*Carlos is nice.*
Adela es simpátic**a**.	*Adela is nice.*
Carlos y Adela son simpátic**os**.	*Carlos and Adela are nice.*

Las características físicas, la personalidad y otros rasgos

La personalidad	*Personality*		
aburrido/a	*boring*	**interesante**	*interesting*
alto/a	*tall*	**joven**	*young*
antipático/a	*unpleasant*	**malo/a**	*bad*
bajo/a	*short*	**mayor**	*old*
bueno/a	*good*	**paciente**	*patient*
cómico/a	*funny; comical*	**perezoso/a**	*lazy*
débil	*weak*	**pobre**	*poor*
delgado/a	*thin*	**responsable**	*responsible*
fuerte	*strong*	**rico/a**	*rich*
gordo/a	*fat*	**simpático/a**	*nice*
guapo/a	*handsome/pretty*	**tonto/a**	*silly; dumb*
inteligente	*intelligent*	**trabajador/a**	*hard-working*

Las características físicas	*Physical characteristics*
bonito/a	*pretty*
feo/a	*ugly*
grande	*big; large*
pequeño/a	*small*

Otras palabras útiles	*Other useful words*
muy	*very*
(un) poco	*(a) little*

Capítulo 2 de ¡Anda! Curso elemental

Presente indicativo de verbos regulares

Spanish has three groups of verbs which are categorized by the ending of the infinitive. Remember that an infinitive is expressed in English by the word *to: to have*, *to be*, and *to speak* are all infinitive forms of English verbs. Spanish infinitives end in **-ar, -er,** or **-ir.**

Verbos que terminan en *-ar*

comprar	*to buy*	**preguntar**	*to ask (a question)*
contestar	*to answer*	**preparar**	*to prepare; to get ready*
enseñar	*to teach; to show*	**regresar**	*to return*
esperar	*to wait for; to hope*	**terminar**	*to finish; to end*
estudiar	*to study*	**tomar**	*to take; to drink*
hablar	*to speak*	**trabajar**	*to work*
llegar	*to arrive*	**usar**	*to use*
necesitar	*to need*		

Verbos que terminan en *-er*

aprender	*to learn*	**correr**	*to run*
comer	*to eat*	**creer**	*to believe*
comprender	*to understand*	**leer**	*to read*

Verbos que terminan en *-ir*

abrir	*to open*	**recibir**	*to receive*
escribir	*to write*	**vivir**	*to live*

To talk about daily or ongoing activities or actions, you need to use the present tense. You can also use the present tense to express future events.

Mario **lee** en la biblioteca.	*Mario reads in the library.* / *Mario is reading in the library.*
Mario **lee** en la biblioteca mañana.	*Mario will read in the library tomorrow.*

To form the present indicative, drop the **-ar, -er,** or **-ir** ending from the infinitive, and add the appropriate ending. The endings are highlighted in the following chart. Follow this simple pattern with all regular verbs.

	hablar (*to speak*)	comer (*to eat*)	vivir (*to live*)
yo	habl**o**	com**o**	viv**o**
tú	habl**as**	com**es**	viv**es**
Ud.	habl**a**	com**e**	viv**e**
él, ella	habl**a**	com**e**	viv**e**
nosotros/as	habl**amos**	com**emos**	viv**imos**
vosotros/as	habl**áis**	com**éis**	viv**ís**
Uds.	habl**an**	com**en**	viv**en**
ellos/as	habl**an**	com**en**	viv**en**

La formación de preguntas y las palabras interrogativas

Asking yes/no questions

Yes/no questions in Spanish are formed in two different ways:

a. Adding question marks to the statement.

> Antonio habla español. → ¿Antonio habla español?
>
> *Antonio speaks Spanish.* *Does Antonio speak Spanish?* or *Antonio speaks Spanish?*

As in English, your voice goes up at the end of the sentence. Remember that written Spanish has an upside-down question mark at the beginning of a question.

b. Inverting the order of the subject and the verb.

> Antonio habla español. → ¿Habla Antonio español?
>
> SUBJECT + VERB   VERB + SUBJECT
>
> *Antonio speaks Spanish.* *Does Antonio speak Spanish?*

Answering yes/no questions

Answering questions is also like English.

¿Habla Antonio español?	*Does Antonio speak Spanish?*
Sí, habla español.	*Yes, he speaks Spanish.*
No, no habla español.	*No, he does not speak Spanish.*

Notice that in the negative response to the question above, both English and Spanish have two negative words.

Information questions

Information questions begin with interrogative words. Study the list of question words below and remember, accents are used on all interrogative words and also on exclamatory words: **¡Qué bueno!** (*That's great!*)

Las palabras interrogativas

¿Qué?	What?	**¿Qué** idioma habla Antonio?	*What language does Antonio speak?*
¿Por qué?	Why?	**¿Por qué** no trabaja Antonio?	*Why doesn't Antonio work?*
¿Cómo?	How?	**¿Cómo** está Antonio?	*How is Antonio?*
¿Cuándo?	When?	**¿Cuándo** es la clase?	*When is the class?*
¿Adónde?	To where?	**¿Adónde** va Antonio?	*(To) Where is Antonio going?*
¿Dónde?	Where?	**¿Dónde** vive Antonio?	*Where does Antonio live?*
¿De dónde?	From where?	**¿De dónde** regresa Antonio?	*Where is Antonio coming back from?*
¿Cuánto/a?	How much?	**¿Cuánto** estudia Antonio para la clase?	*How much does Antonio study for the class?*
¿Cuántos/as?	How many?	**¿Cuántos** idiomas habla Antonio?	*How many languages does he speak?*
¿Cuál?	Which (one)?	**¿Cuál** es su clase favorita?	*Which is his favorite class?*
¿Cuáles?	Which (ones)?	**¿Cuáles** son sus clases favoritas?	*Which are his favorite classes?*
¿Quién?	Who?	**¿Quién** habla cinco idomas?	*Who speaks five languages?*
¿Quiénes?	Who? (pl.)	**¿Quiénes** hablan cinco idiomas?	*Who speaks five languages?*

Note that, although it is not always necessary, when the subject is included in the sentence it follows the verb.

El verbo estar

Another verb that expresses *to be* in Spanish is **estar.** Like **tener** and **ser, estar** is not a regular verb; that is, you cannot simply drop the infinitive ending and add the usual **-ar** endings.

estar (*to be*)

Singular		Plural	
yo	**estoy**	nosotros/as	**estamos**
tú	**estás**	vosotros/as	**estáis**
Ud.	**está**	Uds.	**están**
él, ella	**está**	ellos/as	**están**

Ser and **estar** are not interchangeable because they are used differently. Two uses of **estar** are:

1. To describe the location of someone or something.

   Manuel **está** en la sala de clase. — *Manuel is in the classroom.*

   Nuestros padres **están** en México. — *Our parents are in Mexico.*

2. To describe how someone is feeling or to express a change from the norm.

   Estoy bien. ¿Y tú? — *I'm fine. And you?*

   Estamos tristes hoy. — *We are sad today. (Normally we are upbeat and happy.)*

Capítulo 3 de ¡*Anda! Curso elemental*

Algunos verbos irregulares

Look at the present tense forms of the following verbs. In the first group, note that they all follow the same patterns that you learned in **Capítulo 2** to form the present tense of regular verbs, *except* in the **yo** form.

Group 1

	conocer (*to be acquainted with*)	dar (*to give*)	hacer (*to do; to make*)	poner (*to put; to place*)
yo	cono**zco**	doy	ha**go**	pon**go**
tú	conoces	das	haces	pones
Ud.	conoce	da	hace	pone
él, ella	conoce	da	hace	pone
nosotros/as	conocemos	damos	hacemos	ponemos
vosotros/as	conocéis	dais	hacéis	ponéis
Uds.	conocen	dan	hacen	ponen
ellos/as	conocen	dan	hacen	ponen

	salir (*to leave; to go out*)	traer (*to bring*)	ver (*to see*)
yo	sal**go**	trai**go**	veo
tú	sales	traes	ves
Ud.	sale	trae	ve
él, ella	sale	trae	ve
nosotros/as	salimos	traemos	vemos
vosotros/as	salís	traéis	veis
Uds.	salen	traen	ven
ellos/as	salen	traen	ven

Group 2

In the second group, note that **venir** is formed similarly to **tener.**

venir (*to come*)	
yo	ven**go**
tú	vienes
Ud.	viene
él, ella	viene
nosotros/as	venimos
vosotros/as	venís
Uds.	vienen
ellos/as	vienen

Group 3

In the third group of verbs, note that all of the verb forms have a spelling change except in the **nosotros** and **vosotros** forms.

	decir (*to say; to tell*)	oír (*to hear*)
yo	di**go**	oi**go**
tú	dices	oyes
Ud.	dice	oye
él, ella	dice	oye
nosotros/as	decimos	oímos
vosotros/as	decís	oís
Uds.	dicen	oyen
ellos/as	dicen	oyen

	poder (*to be able to*)	querer (*to want; to love*)
yo	puedo	quiero
tú	puedes	quieres
Ud.	puede	quiere
él, ella	puede	quiere
nosotros/as	podemos	queremos
vosotros/as	podéis	queréis
Uds.	pueden	quieren
ellos/as	pueden	quieren

Algunas expresiones con *tener*

The verb **tener,** besides meaning *to have,* is used in a variety of expressions.

tener… años	*to be . . . years old*
tener calor	*to be hot*
tener cuidado	*to be careful*
tener éxito	*to be successful*
tener frío	*to be cold*
tener ganas de + (*infinitive*)	*to feel like + (verb)*
tener hambre	*to be hungry*
tener miedo	*to be afraid*
tener prisa	*to be in a hurry*
tener que + (*infinitive*)	*to have to + (verb)*
tener razón	*to be right*
tener sed	*to be thirsty*
tener sueño	*to be sleepy*
tener suerte	*to be lucky*
tener vergüenza	*to be embarrassed*

—Mamá, **tengo hambre.** ¿Cuándo comemos?

Mom, I'm hungry. When are we eating?

—**Tienes suerte,** hijo. Salimos para el restaurante Tío Tapas en diez minutos.

You are lucky, son. We are leaving for Tío Tapas Restaurant in ten minutes.

Hay

In **Capítulo 2,** you became familiar with **hay** when you described your classroom. To say *there is* or *there are* in Spanish you use **hay.** The irregular form **hay** comes from the verb **haber.**

Hay un baño en mi casa.

There is one bathroom in my house.

Hay cuatro dormitorios también.

There are also four bedrooms.

—¿**Hay** tres baños en tu casa?

Are there three bathrooms in your house?

—No, no **hay** tres baños.

No, there aren't three bathrooms.

Saber y conocer

In **Capítulo 3,** you learned that **conocer** means *to know.* Another verb, **saber,** also expresses *to know.*

saber (*to know*)			
Singular		**Plural**	
yo	**sé**	nosotros/as	**sabemos**
tú	**sabes**	vosotros/as	**sabéis**
Ud.	**sabe**	Uds.	**saben**
él, ella	**sabe**	ellos/as	**saben**

The verbs are not interchangeable. Note when to use each.

Conocer

- Use **conocer** to express *being familiar or acquainted with people, places, and things.*

Ellos **conocen** los mejores restaurantes de la ciudad.	*They know the best restaurants in the city.*
Yo **conozco** a tu hermano, pero no muy bien.	*I know your brother, but not very well.*

Note:

1. When expressing that *a person* is known, you must use the personal "a." For example, *Conozco **a** tu hermano…*

2. When **a** is followed by **el, a + el = al.** For example, **Conozco *al* señor (a + el señor)…**

Saber

- Use **saber** to express *knowing facts, pieces of information,* or *how to do something.*

¿Qué **sabes** sobre la música de Guatemala?	*What do you know about Guatemalan music?*
Yo **sé** tocar la guitarra.	*I know how to play the guitar.*

Los verbos con cambio de raíz

In **Capítulo 3,** you learned a variety of common verbs that are irregular. Two of those verbs were **querer** and **poder,** which are irregular due to some changes in their stems. Look at the following verb groups.

Change e → ie			
cerrar (*to close*)			
Singular		**Plural**	
yo	cierro	nosotros/as	cerramos
tú	cierras	vosotros/as	cerráis
Ud.	cierra	Uds.	cierran
él, ella	cierra	ellos/as	cierran

Other verbs like **cerrar** (e → ie) are:

comenzar	*to begin*	**pensar**	*to think*
empezar	*to begin*	**perder**	*to lose; to waste*
entender	*to understand*	**preferir**	*to prefer*
mentir	*to lie*	**recomendar**	*to recommend*

Change e → i			
pedir (*to ask for*)			
Singular		**Plural**	
yo	pido	nosotros/as	pedimos
tú	pides	vosotros/as	pedís
Ud.	pide	Uds.	piden
él, ella	pide	ellos/as	piden

Other verbs like **pedir** (e → i) are:

repetir	*to repeat*
seguir*	*to follow; to continue (doing something)*
servir	*to serve*

*Note: The **yo** form of **seguir** is **sigo.**

Change o → ue			
encontrar (*to find*)			
Singular		**Plural**	
yo	encuentro	nosotros/as	encontramos
tú	encuentras	vosotros/as	encontráis
Ud.	encuentra	Uds.	encuentran
él, ella	encuentra	ellos/as	encuentran

Other verbs like **encontrar** (o → ue) are:

almorzar	*to have lunch*	**mostrar**	*to show*
costar	*to cost*	**recordar**	*to remember*
dormir	*to sleep*	**volver**	*to return*
morir	*to die*		

Change u → ue			
jugar (*to play*)			
Singular		**Plural**	
yo	juego	nosotros/as	jugamos
tú	juegas	vosotros/as	jugáis
Ud.	juega	Uds.	juegan
él, ella	juega	ellos/as	juegan

El verbo *ir*

Another important verb in Spanish is **ir.** Note its irregular present tense forms.

ir (*to go*)			
Singular		**Plural**	
yo	**voy**	nosotros/as	**vamos**
tú	**vas**	vosotros/as	**vais**
Ud.	**va**	Uds.	**van**
él, ella	**va**	ellos/as	**van**

Voy al parque. ¿**Van** ustedes también?	*I'm going to the park. Are you all going too?*
No, no **vamos** ahora. Preferimos **ir** más tarde.	*No, we're not going now. We prefer to go later.*

Ir + a + infinitivo

You can use a present tense form of **ir** + **a** + an infinitive to talk about actions that will take place in the future.

Voy a mandar esta carta. ¿Quieres ir?	*I'm going to mail this letter. Do you want to come?*
Sí. Luego, ¿**vas a almorzar?**	*Yes. Then, are you going to have lunch?*
Sí, **vamos a comer** comida guatemalteca.	*Yes, we are going to eat Guatemalan food.*
¡Perfecto! Ya sé que **voy a pedir** unos tamales.	*Perfect! I already know that I am going to order some tamales.*
Pero, primero, ¡**vamos a ir** al banco!	*But first we are going to go to the bank!*

Las expresiones afirmativas y negativas

In the previous chapters, you have seen and used a number of the affirmative and negative expressions listed below. Study the list, and learn the ones that are new to you.

Expresiones afirmativas		Expresiones negativas	
a veces	sometimes	**jamás**	never; not ever (emphatic)
algo	something; anything	**nada**	nothing
alguien	someone	**nadie**	no one; nobody
algún	some; any	**ningún**	none
alguno/a/ os/as	some; any	**ninguno/a/ os/as**	none
siempre	always	**nunca**	never
o... o	either . . . or	**ni... ni**	neither . . . nor

Look at the following sentences, paying special attention to the position of the negative words, and answer the questions that follow.

—¿Quién llama?	*Who is calling?*
—**Nadie** llama. (**No** llama **nadie.**)	*No one is calling.*
—¿Vas al gimnasio todos los días?	*Do you go to the gym every day?*
—No, **nunca** voy. (No, **no** voy **nunca.**)	*No, I never go.*

Algún and ningún

1. Forms of **algún** and **ningún** need to agree in gender and number with the nouns they modify.

2. **Alguno** and **ninguno** are shortened to **algún** and **ningún** when they are followed by *masculine, singular nouns.*

3. When no noun follows, use **alguno** or **ninguno** when referring to masculine, singular nouns.

4. The plural form **ningunos** is rarely used.

Study the following sentences.

MARÍA:	¿Tienes **alguna** clase fácil este semestre?
JUAN:	No, no tengo **ninguna.** ¡Y **ningún** profesor es simpático!
MARÍA:	Vaya, ¿y puedes hacer **algún** cambio?
JUAN:	No, no puedo hacer **ninguno.** (No, no puedo tomar **ningún** otro curso.)

Un repaso de ser y estar

You have learned two Spanish verbs that mean *to be* in English. These verbs, **ser** and **estar,** are contrasted below.

SER
Ser is used:

- **To describe physical or personality characteristics that remain relatively constant**

Gregorio **es** inteligente.	*Gregorio is intelligent.*
Yanina **es** guapa.	*Yanina is pretty.*
Su tienda de campaña **es** amarilla.	*Their tent is yellow.*
Las casas **son** grandes.	*The houses are large.*

- **To explain what or who someone or something is**

El Dr. Suárez **es** profesor de literatura.	*Dr. Suárez is a literature professor.*
Marisol **es** mi hermana.	*Marisol is my sister.*

- **To tell time, or to tell when or where an event takes place**

¿Qué hora **es**?	*What time is it?*
Son las ocho.	*It's eight o'clock.*
Mi clase de español **es** a las ocho y **es** en Peabody Hall.	*My Spanish class is at eight o'clock and is in Peabody Hall.*

- **To tell where someone is from and to express nationality**

Somos de Honduras.	*We are from Honduras.*
Somos hondureños.	*We are Honduran.*
Ellos **son** de Guatemala.	*They are from Guatemala.*
Son guatemaltecos.	*They are Guatemalan.*

ESTAR

Estar is used:

- **To describe physical or personality characteristics that can change, or to indicate a change in condition**

  María **está** enferma hoy.   *María is sick today.*

  Jorge y Julia **están** tristes.   *Jorge and Julia are sad.*

  La cocina **está** sucia.   *The kitchen is dirty.*

- **To describe the location of people or places**

  El museo **está** en la calle Quiroga.   *The museum is on Quiroga Street.*

  Estamos en el centro comercial.   *We're at the mall.*

  ¿Dónde **estás** tú?   *Where are you?*

Capítulo 5 de ¡Anda! Curso elemental

Los adjetivos demostrativos

When you want to point out a specific person, place, thing, or idea, you use a *demonstrative adjective*. In Spanish, they are:

Demonstrative adjectives	Meaning	From the perspective of the speaker, it refers to . . .
este, esta, estos, estas	*this, these*	something nearby
ese, esa, esos, esas	*that, those over there*	something farther away
aquel, aquella, aquellos, aquellas	*that, those (way) over there*	something even farther away in distance and/or time . . . perhaps not even visible

Since forms of **este, ese,** and **aquel** are adjectives, they must agree in gender and number with the nouns they modify. Note the following examples.

Este conjunto es fantástico.   *This group is fantastic.*

Esta cantante es fenomenal.   *This singer is phenomenal.*

Estos conjuntos son fantásticos.   *These groups are fantastic.*

Estas cantantes son fenomenales.   *These singers are phenomenal.*

Ese conjunto es fantástico.   *That group is fantastic.*

Esa cantante es fenomenal.   *That singer is phenomenal.*

Esos conjuntos son fantásticos.   *Those groups are fantastic.*

Esas cantantes son fenomenales.   *Those singers are phenomenal.*

Aquel conjunto es fantástico.   *That group (over there) is fantastic.*

Aquella cantante es fenomenal.   *That singer (over there) is phenomenal.*

Aquellos conjuntos son fantásticos.   *Those groups (over there) are fantastic.*

Aquellas cantantes son fenomenales.   *Those singers (over there) are phenomenal.*

Los pronombres demostrativos

Demonstrative pronouns take the place of nouns. They are identical in form and meaning to demonstrative adjectives.

Masculino	Femenino	*Meaning*
este	esta	*this one*
estos	estas	*these*
ese	esa	*that one*
esos	esas	*those*
aquel	aquella	*that one (way over there / not visible)*
aquellos	aquellas	*those (way over there / not visible)*

A demonstrative pronoun must agree in gender and number with the noun it replaces. Observe how demonstrative adjectives and demonstrative pronouns are used in the following sentences.

Yo quiero comprar **este CD,** pero mi hermana quiere comprar **ese.**   *I want to buy this CD, but my sister wants to buy that one.*

—¿Te gusta **esa guitarra**?   *Do you like that guitar?*

—No, a mí me gusta **esta.**   *No, I like this one.*

Estos instrumentos son interesantes, pero prefiero tocar **esos.**   *These instruments are interesting, but I prefer to play those.*

En **esta** calle hay varios cines. ¿Quieres ir a **aquel**?   *There are several movie theaters on this street. Do you want to go to that one over there?*

Los adverbios

An adverb usually describes a verb and answers the question "how." Many Spanish adverbs end in **-mente,** which is equivalent to the English *-ly*. These Spanish adverbs are formed as follows:

1. Add **-mente** to the *feminine singular* form of an *adjective*.

ADJETIVOS		ADVERBIOS
Masculino	**Femenino**	
rápido	→ *rápida* + -mente	→ **rápidamente**
lento	→ *lenta* + -mente	→ **lentamente**
tranquilo	→ *tranquila* + -mente	→ **tranquilamente**

2. If an *adjective* ends in a *consonant* or in **-e,** simply add **-mente.**

ADJETIVOS		ADVERBIOS
Masculino	**Femenino**	
fácil →	fácil + -mente →	**fácilmente**
suave →	suave + -mente →	**suavemente**

Note: If an adjective has a written accent, it is retained when **-mente** is added.

El presente progresivo

So far you have been learning and using the present tense to communicate ideas. If you want to emphasize that an action is occurring at the moment and is in progress, you can use the *present progressive* tense.

The English present progressive is made up of a form of the verb *to be + present participle (-ing)*. Look at the following sentences and formulate a rule for creating the present progressive in Spanish. Use the following questions to guide you.

—¿Qué *estás* **haciendo**?	*What are you doing?*
—*Estoy* **ensayando.**	*I'm rehearsing.*
—¿*Está* **escuchando** música tu hermano?	*Is your brother listening to music?*
—No, *está* **tocando** la guitarra.	*No, he is playing the guitar.*
—¿*Están* **viendo** ustedes la televisión?	*Are you watching television?*
—No, les *estamos* **escribiendo** una carta a nuestros padres.	*No, we are writing a letter to our parents.*

Note: The following are some verbs that have irregular forms in this tense.

creer	creyendo	perseguir	persiguiendo
leer	leyendo	repetir	repitiendo
ir	yendo	seguir	siguiendo
decir	diciendo	servir	sirviendo
mentir	mintiendo	dormir	durmiendo
pedir	pidiendo	morir	muriendo
preferir	prefiriendo		

Los números ordinales

An ordinal number indicates position in a series or order. The first ten ordinal numbers in Spanish are listed below. Ordinal numbers above *décimo* are rarely used.

primer, primero/a	*first*
segundo/a	*second*
tercer, tercero/a	*third*
cuarto/a	*fourth*
quinto/a	*fifth*
sexto/a	*sixth*
séptimo/a	*seventh*
octavo/a	*eighth*
noveno/a	*ninth*
décimo/a	*tenth*

1. Ordinal numbers are adjectives and agree in number and gender with the nouns they modify. They usually *precede* nouns.

el **cuarto** año	*the fourth year*
la **octava** sinfonía	*the eighth symphony*

2. Before masculine, singular nouns, **primero** and **tercero** are shortened to **primer** and **tercer.**

el **primer** concierto	*the first concert*
el **tercer** curso de español	*the third Spanish course*

3. After *décimo*, a cardinal number is used and *follows* the noun.

el piso **catorce**

Hay que + infinitivo

So far when you have wanted to talk about what someone should do, needs to do, or has to do, you have used the expressions **debe, necesita,** or **tiene que.** The expression **hay que** + *infinitive* is another way to communicate responsibility, obligation, or the importance of something. **Hay que** + *infinitive* means:

It is necessary to . . .
You must . . .
One must / should . . .

Para ser un músico bueno **hay que** ensayar mucho.	*To be a good musician it is necessary to rehearse a lot.*
Hay que terminar nuestro trabajo antes de ir al cine.	*We must finish our work before we go to the movie theater.*
Hay que ver la nueva película de Almodóvar.	*You must see the new Almodóvar film.*

Los pronombres de complemento directo y la "a" personal

Direct objects receive the action of the verb and answer the questions *What?* or *Whom?* Note the following examples.

A: I need to do *what?*

B: You need to buy *the concert tickets* by Monday.

A: Yes, I do need to buy *them.*

A: I have to call *whom?*

B: You have to call *your agent.*

A: Yes, I do have to call *him.*

Note the following examples of *direct objects* in Spanish.

María toca **dos instrumentos** muy bien.	*María plays two instruments very well.*
Sacamos **un CD** el primero de septiembre.	*We are releasing a CD the first of September.*
¿Tienes **las entradas**?	*Do you have the tickets?*
No conozco a **Benicio del Toro.**	*I do not know Benicio del Toro.*
Siempre veo a **Selena Gómez** en la televisión.	*I always see Selena Gómez on television.*

Note: In **Capítulo 4,** you learned that to express knowing a person, you put **a** after the verb (**conocer + a** + person). Now that you have learned about direct objects, a more global way of stating the rule is: When direct objects refer to *people*, you must use the personal "**a.**" Review the following examples.

People	Things
¡Veo a *Cameron Díaz*!	¡Veo *el coche* de Cameron Díaz!
Hay que ver a *mis padres*.	Hay que ver *la película*.
¿A qué *actores* conoces?	¿Qué *ciudades* conoces?

As in English, we can replace direct objects nouns with *direct object pronouns.*

María **los** toca muy bien.	*María plays them very well.*
Lo sacamos el primero de septiembre.	*We are releasing it the first of September.*
¿**Las** tienes?	*Do you have them?*
No **lo** conozco.	*I do not know him.*
Siempre **la** veo en la televisión.	*I always see her on television.*

In Spanish, direct object pronouns *agree in gender and number with the nouns they replace.* The following chart lists the direct object pronouns.

Singular		Plural	
me	*me*	**nos**	*us*
te	*you*	**os**	*you all*
lo, la	*you*	**los, las**	*you all*
lo, la	*him, her, it*	**los, las**	*them*

Placement of direct object pronouns

Direct object pronouns are:

1. Placed before verbs.

2. Attached to *infinitives* or to *present participles* (**-ando, -iendo**).

¿Tienes los discos compactos?	→ Sí, **los** tengo.
Tengo que traer los instrumentos.	→ **Los** tengo que traer. / Tengo que traer**los.**
Tiene que llevar su guitarra.	→ **La** tiene que llevar. / Tiene que llevar**la.**

—¿Por qué estás escribiendo una canción para tu madre?

—**La** estoy escribiendo porque es su cumpleaños. / Estoy escribiéndo**la** porque es su cumpleaños.

Capítulo 7 de ¡Anda! Curso elemental

El pretérito (Parte I)

Up to this point, you have been expressing ideas or actions that take place in the present and future. To talk about something you did or something that occurred in the past, you can use the **pretérito** (*preterit*).

Los verbos regulares

Note the endings for regular verbs in the **pretérito** below.

	-ar: comprar	-er: comer	-ir: vivir
yo	compré	comí	viví
tú	compraste	comiste	viviste
Ud.	compró	comió	vivió
él/ella	compró	comió	vivió

	-ar: comprar	-er: comer	-ir: vivir
nosotros/as	compramos	comimos	vivimos
vosotros/as	comprasteis	comisteis	vivisteis
Uds.	compraron	comieron	vivieron
ellos/as	compraron	comieron	vivieron

—¿Dónde está el vino que **compré** ayer?	*Where is the wine that I bought yesterday?*
—Mis primos **bebieron** la botella entera anoche.	*My cousins drank the whole bottle last night.*
—¿Ah, sí? ¿**Comieron** ustedes en casa?	*Really? Did you all eat at home?*
—No, **comimos** en un restaurante chino. ¡**Terminaron** el vino antes de salir a cenar!	*No, we ate at a Chinese restaurant. They finished the wine before we went out to dinner!*

El pretérito (Parte II)

Several verbs have small spelling changes in the preterit. Look at the following charts.

tocar (c → qu)		empezar (z → c)	
yo	to**qu**é	yo	empe**c**é
tú	tocaste	tú	empezaste
Ud.	tocó	Ud.	empezó
él/ella	tocó	él/ella	empezó
nosotros/as	tocamos	nosotros/as	empezamos
vosotros/as	tocasteis	vosotros/as	empezasteis
Uds.	tocaron	Uds.	empezaron
ellos/as	tocaron	ellos/as	empezaron
*(**sacar** and **buscar** have the same spelling change)		*(**comenzar** and **organizar** have the same spelling change)	

jugar (g → gu)		leer (i → y)	
yo	ju**gu**é	yo	leí
tú	jugaste	tú	leíste
Ud.	jugó	Ud.	le**y**ó
él/ella	jugó	él/ella	le**y**ó
nosotros/as	jugamos	nosotros/as	leímos
vosotros/as	jugasteis	vosotros/as	leísteis
Uds.	jugaron	Uds.	le**y**eron
ellos/as	jugaron	ellos/as	le**y**eron
*(**llegar** has the same spelling change)		*(**creer** and **oír** have the same spelling change)	

—**Toqué** la guitarra con el conjunto de mariachis en un restaurante mexicano anoche. / *I played the guitar with a mariachi band at a Mexican restaurant last night.*

—¿A qué hora **empezaste**? / *At what time did you begin?*

—**Empecé** a las nueve. / *I began at nine.*

—¿**Jugaron** tus hermanos al béisbol hoy? / *Did your brothers play baseball today?*

—No, **leyeron** un libro de recetas porque van a cocinar una cena especial para nuestros padres. / *No, they read a recipe book because they are going to cook a special dinner for our parents.*

Some things to remember:

1. With verbs that end in **-car**, the **c** changes to **qu** in the **yo** form to preserve the sound of the hard **c** of the infinitive.

2. With verbs that end in **-zar**, the **z** changes to **c** before **e**.

3. With verbs that end in **-gar**, the **g** changes to **gu** to preserve the sound of the hard **g** (**g** before **e** or **i** sounds like the **j** sound in Spanish).

4. For **leer**, **creer**, and **oír**, change the **i** to **y** in the third-person singular and plural.

Algunos verbos irregulares en el pretérito

In the first **Comunicación** you learned about verbs that are regular in the **pretérito** and others that have spelling changes. The following verbs are *irregular* in the **pretérito**; they follow patterns of their own. Study the verb charts to determine the similarities and differences among the forms.

	andar (*to walk*)	estar	tener
yo	and**uve**	est**uve**	t**uve**
tú	and**uviste**	est**uviste**	t**uviste**
Ud.	and**uvo**	est**uvo**	t**uvo**
él/ella	and**uvo**	est**uvo**	t**uvo**
nosotros/as	and**uvimos**	est**uvimos**	t**uvimos**
vosotros/as	and**uvisteis**	est**uvisteis**	t**uvisteis**
Uds.	and**uvieron**	est**uvieron**	t**uvieron**
ellos/as	and**uvieron**	est**uvieron**	t**uvieron**

—El lunes pasado llegamos a Santiago y **anduvimos** mucho por la ciudad. / *Last Monday we arrived in Santiago and walked a lot throughout the city.*

—¿**Estuvieron** en un restaurante o bar interesante? / *Were you all in an interesting restaurant or bar?*

—Sí, **tuvimos** muy buena suerte y comimos en el mejor restaurante de la ciudad. / *Yes, we were very lucky and we ate at the best restaurant in the city.*

	conducir (*to drive*)	traer	decir
yo	condu**je**	tra**je**	di**je**
tú	condu**jiste**	tra**jiste**	di**jiste**
Ud.	condu**jo**	tra**jo**	di**jo**
él/ella	condu**jo**	tra**jo**	di**jo**
nosotros/as	condu**jimos**	tra**jimos**	di**jimos**
vosotros/as	condu**jisteis**	tra**jisteis**	di**jisteis**
Uds.	condu**jeron**	tra**jeron**	di**jeron**
ellos/as	condu**jeron**	tra**jeron**	di**jeron**

—¿**Condujiste** de Santiago a Valparaiso? / *Did you drive from Santiago to Valparaiso?*

—No pude conducir porque no **traje** mi licencia. / *I couldn't drive because I didn't bring my driver's license.*

—¿Qué te **dijeron** en la agencia Avis? / *What did they tell you at the Avis (car rental) agency?*

	ir	ser
yo	fui	fui
tú	fuiste	fuiste
Ud.	fue	fue
él/ella	fue	fue
nosotros/as	fuimos	fuimos
vosotros/as	fuisteis	fuisteis
Uds.	fueron	fueron
ellos/as	fueron	fueron

—¿Cómo **fue** el viaje a Chile? *How was the trip to Chile?*

—¡Fue increíble! Después de Valparaiso **fuimos** a Patagonia. *It was incredible! After Valparaiso, we went to Patagonia.*

—Mi madre **vino** con nosotros y ella misma **pudo** darles los regalos. *My mother came with us and she was able to give them the gifts herself.*

—¿Qué **hiciste** después de visitar a la familia de Carlos? *What did you do after visiting Carlos's family?*

	dar	ver	venir
yo	di	vi	vine
tú	diste	viste	viniste
Ud.	dio	vio	vino
él/ella	dio	vio	vino
nosotros/as	dimos	vimos	vinimos
vosotros/as	disteis	visteis	vinisteis
Uds.	dieron	vieron	vinieron
ellos/as	dieron	vieron	vinieron

	hacer	querer
yo	hice	quise
tú	hiciste	quisiste
Ud.	hizo	quiso
él/ella	hizo	quiso
nosotros/as	hicimos	quisimos
vosotros/as	hicisteis	quisisteis
Uds.	hicieron	quisieron
ellos/as	hicieron	quisieron

	poder	poner	saber
yo	pude	puse	supe
tú	pudiste	pusiste	supiste
Ud.	pudo	puso	supo
él/ella	pudo	puso	supo
nosotros/as	pudimos	pusimos	supimos
vosotros/as	pudisteis	pusisteis	supisteis
Uds.	pudieron	pusieron	supieron
ellos/as	pudieron	pusieron	supieron

—En Santiago **vimos** a mucha gente de la familia de Carlos. *In Santiago we saw a lot of people in Carlos's family.*

—Sí, ¿y les **diste** los regalos que tu familia mandó? *Yes, and did you give them the gifts your family sent?*

Verbos con cambio de raíz

The next group of verbs also follows its own pattern. In these stem-changing verbs, the first letters next to the infinitives, listed in parentheses, represent the present-tense spelling changes; the last letters indicate the spelling changes in the **él** and **ellos** forms of the **pretérito**.

	dormir (o → ue → u)	pedir (e → i → i)	preferir (e → ie → i)
yo	dormí	pedí	preferí
tú	dormiste	pediste	preferiste
Ud.	durmió	pidió	prefirió
él/ella	durmió	pidió	prefirió
nosotros/as	dormimos	pedimos	preferimos
vosotros/as	dormisteis	pedisteis	preferisteis
Uds.	durmieron	pidieron	prefirieron
ellos/as	durmieron	pidieron	prefirieron

—Cuando fuiste al restaurante en Valparaíso, ¿qué **pediste**? *What did you order when you went to the restaurant in Valparaíso?*

—**Pedí** carne de res, pero mi madre **prefirió** pescado. Y después de comer mi madre **durmió** la siesta. *I ordered beef, but my mother preferred fish. And after eating, my mother took a nap.*

Capítulo 8 de ¡Anda! Curso elemental

Los pronombres de complemento indirecto

The **indirect object** indicates *to whom* or *for whom* an action is done. Note these examples:

A: My mom bought this dress *for whom*?

B: She bought this dress *for you*.

A: Yes, she bought *me* this dress.

Review the chart of the indirect object pronouns and their English equivalents:

Los pronombres de complemento indirecto

me	*to / for me*
te	*to / for you*
le	*to / for you* (Ud.)
le	*to / for him, her*
nos	*to / for us*
os	*to / for you all* (vosotros)
les	*to / for you all* (Uds.)
les	*to / for them*

Some things to remember:

1. Like direct object pronouns, indirect object pronouns *precede* verb forms and can also be *attached to infinitives and present participles* (**-ando, -iendo**).

¿**Me** quieres dar la chaqueta?	*Do you want to give me the jacket?*
¿Quieres dar**me** la chaqueta?	
¿**Me** vas a dar la chaqueta?	*Are you going to give me the jacket?*
¿Vas a dar**me** la chaqueta?	
¿**Me** estás dando la chaqueta?	*Are you giving me the jacket?*
¿Estás dándo**me** la chaqueta?	
Manolo **te** puede comprar la gorra en la tienda.	*Manolo can buy you the hat at the store.*
Manolo puede comprar**te** la gorra en la tienda.	
Su hermano **le** va a regalar una camiseta.	*Her brother is going to give her a T-shirt.*
Su hermano va a regalar**le** una camiseta.	

2. To clarify or emphasize the indirect object, a prepositional phrase (**a** + *prepositional pronoun*) can be added, as in the following sentences. Clarification of **le** and **les** is especially important since they can refer to different people (*him, her, you, them, you all*).

Le presto el abrigo **a él** pero no **le** presto nada **a ella.**	*I'm loaning him my coat, but I'm not loaning her anything.* (clarification)
¿**Me** preguntas **a mí**?	*Are you asking me?* (emphasis)

3. It is common for Spanish speakers to include both an indirect object noun and pronoun in the same sentence, especially when the third person form is used. This is most often done to clarify or emphasize something.

Gustar y verbos como gustar

As you already know, the verb **gustar** is used to express likes and dislikes. **Gustar** functions differently from other verbs you have studied so far.

- The person, thing, or idea that is liked is the *subject* (S) of the sentence.
- The person who likes the other person, thing, or idea is the *indirect object* (IO).

(A mí)	**me**	gusta el traje.	<u>I</u> like the suit.
(A ti)	**te**	gusta el traje.	<u>You</u> like the suit.
(A Ud.)	**le**	gusta el traje.	<u>You</u> like the suit.
(A él)	**le**	gusta el traje.	<u>He</u> likes the suit.
(A ella)	**le**	gusta el traje.	<u>She</u> likes the suit.
(A nosotros/as)	**nos**	gusta el traje.	<u>We</u> like the suit.
(A vosotros/as)	**os**	gusta el traje.	<u>You (all)</u> like the suit.
(A Uds.)	**les**	gusta el traje.	<u>You (all)</u> like the suit.
(A ellos/as)	**les**	gusta el traje.	<u>They</u> like the suit.

Note the following:

1. The construction **a** + *pronoun* (**a mí, a ti, a él,** etc.) or **a** + *noun* is optional most of the time. It is used for clarification or emphasis. Clarification of **le gusta** and **les gusta** is especially important since the indirect object pronouns **le** and **les** can refer to different people (*him, her, you, them, you all*).

A él le gusta llevar ropa cómoda. (clarification)	*He likes to wear comfortable clothes.*
A Ana le gusta llevar pantalones cortos. (clarification)	*Ana likes to wear shorts.*
Me gustan esos pantalones largos.	*I like those long pants.*
A mí me gustan más esos cortos (emphasis).	*I like those short ones even more.*

2. Use the plural form **gustan** when what is liked (the subject of the sentence) is plural.

Me gusta **el traje.**	→	Me gusta**n los trajes.**
I like the suit.		*I like the suits.*

3. To express the idea that one likes *to do* something, **gustar** is followed by an infinitive. In that case you always use the singular **gusta,** even when you use more than one infinitive in the sentence:

Me gusta ir de compras por la mañana.	*I like to go shopping in the morning.*
A Pepe **le gusta leer** revistas de moda y **llevar** ropa atrevida.	*Pepe likes to read fashion magazines and wear daring clothing.*
Nos gusta llevar zapatos cómodos cuando hacemos ejercicio.	*We like to wear comfortable shoes when we exercise.*

The verbs listed below function like **gustar:**

encantar	*to love; to like very much*
fascinar	*to fascinate*
hacer falta	*to need; to be lacking*
importar	*to matter; to be important*
molestar	*to bother*

Me encanta ir de compras.	*I love to go shopping. (I like shopping very much.)*
A Doug y a David **les fascina** la tienda de ropa Rugby.	*The Rugby clothing store fascinates (is fascinating to) Doug and David.*

¿**Te hace falta** dinero para comprar el vestido?

Do you need (are you lacking) money to buy the dress?

A Juan **le importa** el precio de la ropa, no la moda.

The price of the clothing, not the style, matters (is important) to Juan.

Nos molestan las personas que llevan sandalias en invierno.

People who wear sandals in the winter bother us.

Los pronombres de complemento directo e indirecto usados juntos

You have worked with two types of object pronouns, direct and indirect. Now, note how they are used together in the same sentence.

Paula **nos** está devolviendo **las botas**. → Paula **nos las** está devolviendo.

Paula is giving us back the boots. → *Paula is giving them back to us.*

Ella nunca **nos** presta **sus zapatos**. → Ella nunca **nos los** presta.

She never loans us her shoes. → *She never loans them to us.*

Paula **me** pide **el bolso** ahora. → Paula **me lo** pide ahora.

Paula is asking me for my purse now. → *Paula is asking me for it now.*

Mi novio **me** compró **una blusa blanca**. → Mi novio **me la** compró.

My boyfriend bought me a white blouse. → *My boyfriend bought it for me.*

¡**OJO!** A change occurs when you use **le** or **les** along with a direct object pronoun that begins with **l**: (**lo, la, los, las**): **le** or **les** changes to **se**.

le → se

Paula **le** pide **el bolso a mi hermana**. → Paula **se lo** pide.

Paula is asking my sister for her purse. → *Paula is asking her for it.*

Su novio no **le** compró **una chaqueta**. → Su novio no **se la** compró.

Her boyfriend did not buy her a jacket. → *Her boyfriend did not buy it for her.*

Su novio **le** va a comprar **un traje**. → Su novio **se lo** va a comprar.

Her boyfriend is going to buy her a suit. → *Her boyfriend is going to buy it for her.*

les → se

Paula **les** devuelve **las botas a ellas**. → Paula **se las** devuelve.

Paula is returning the boots to her. → *Paula is returning them to her.*

Yo **le** presto **mis zapatos a mi hermana**. → Yo **se los** presto.

I am loaning my shoes to my sister. → *I am loaning them to her.*

Paula nunca **les** presta **sus cosas**. → Paula nunca **se las** presta.

Paula never loans her things to them. → *Paula never loans them to them.*

Direct and indirect object pronouns may also be attached to infinitives and present participles. Note that when one is attached, an accent is placed over the final vowel of the infinitive and the next-to-last vowel of the participle.

¿Aquel abrigo? Mi madre **me lo** va a comprar.

¿Aquel abrigo? Mi madre va a comprár**melo**.

That coat over there? My mother is going to buy it for me.

Me lo está comprando ahora.

Está comprándo**melo** ahora.

She is buying it for me now.

Las construcciones reflexivas

Los verbos reflexivos

When the subject both performs and receives the action of the verb, a reflexive verb and pronoun are used.

Reflexive pronouns			
Yo	me	divierto	en las fiestas.
Tú	te	diviertes	en las fiestas.
Usted	se	divierte	en las fiestas.
Él / Ella	se	divierte	en las fiestas.
Nosotros	nos	divertimos	en las fiestas.
Vosotros	os	divertís	en las fiestas.
Ustedes	se	divierten	en las fiestas.
Ellos / Ellas	se	divierten	en las fiestas.

Reflexive pronouns follow the same rules for position as other object pronouns. Reflexive pronouns:

1. precede conjugated verbs.

2. can be attached to *infinitives* and *present participles* (**-ando, -iendo**).

Te vas a dormir.

Vas a dormir**te**.

You are falling asleep.

¿**Se** van a dormir esta noche?

¿Van a dormir**se** esta noche?

Are they going to fall asleep tonight?

¿**Se** están durmiendo?

¿Están durmiéndo**se**?

Are you all falling asleep?

Algunos verbos reflexivos	
acordarse de (o → ue)	*to remember*
arreglarse	*to get ready*
callarse	*to get / keep quiet*
divertirse (e → ie → i)	*to enjoy oneself; to have fun*
irse	*to go away; to leave*
lavarse	*to wash oneself*
levantarse	*to get up; to stand up*
llamarse	*to be called*
ponerse (la ropa)	*to put on (one's clothes)*
ponerse (nervioso/ a)	*to get (nervous)*
probarse (o → ue) la ropa	*to try on clothing*
quedarse	*to stay; to remain*
quitarse (la ropa)	*to take off (one's clothes)*
reunirse	*to get together; to meet*
secarse	*to dry off*
sentarse (e → ie)	*to sit down*
sentirse (e → ie → i)	*to feel*

Note: To identify all of the previous verbs as *reflexive*, the infinitives end in **-se**.

El imperfecto

In **Capítulo 7** you learned how to express certain ideas and notions that happened in the past with the preterit. Spanish has another past tense, **el imperfecto,** that *expresses habitual or ongoing past actions, provides descriptions,* or *describes conditions.*

	-ar: hablar	-er: comer	-ir: vivir
yo	habl**aba**	com**ía**	viv**ía**
tú	habl**abas**	com**ías**	viv**ías**
Ud.	habl**aba**	com**ía**	viv**ía**
él/ella	habl**aba**	com**ía**	viv**ía**
nosotros/as	habl**ábamos**	com**íamos**	viv**íamos**
vosotros/as	habl**abais**	com**íais**	viv**íais**
Uds.	habl**aban**	com**ían**	viv**ían**
ellos/as	habl**aban**	com**ían**	viv**ían**

There are only *three irregular verbs* in the imperfect: **ir, ser,** and **ver.**

	ir	ser	ver
yo	iba	era	veía
tú	ibas	eras	veías
Ud.	iba	era	veía
él/ella	iba	era	veía
nosotros/as	íbamos	éramos	veíamos
vosotros/as	ibais	erais	veíais
Uds.	iban	eran	veían
ellos/as	iban	eran	veían

The imperfect is used to:

1. **provide background information, set the stage, or express a condition that existed**

Llovía mucho.	*It was raining a lot.*
Era una noche oscura y nublada.	*It was a dark and cloudy night.*
La mujer **llevaba** un vestido largo y elegante.	*The woman was wearing a long, elegant dress.*
Estábamos en el segundo año de la universidad.	*We were in our second year of college.*
Adriana **estaba** enferma y no **quería** levantarse.	*Adriana was ill and didn't want to get up / get out of bed.*

2. **describe habitual or often repeated actions**

Íbamos al centro comercial todos los viernes. Nos **divertíamos** mucho.	*We went (used to go) to the mall / shopping district every Friday. We had a lot of fun.*
Cuando **era** pequeño, LeBron **jugaba** al básquetbol por lo menos dos horas al día.	*When he was little, LeBron played (used to play) basketball for at least two hours a day.*
Mis padres siempre **se vestían muy bien** los domingos para ir a la iglesia.	*My parents always dressed very well on Sundays to go to church.*

Some words or expressions for describing habitual and repeated actions are:

a menudo	*often*
casi siempre	*almost always*
frecuentemente	*frequently*
generalmente	*generally*
mientras	*while*
muchas veces	*many times*
mucho	*a lot*
normalmente	*normally*
siempre	*always*
todos los días	*every day*

3. **express *was* or *were* + *-ing***

¿Dormías?	*Were you sleeping?*
Me duchaba cuando Juan llamó.	*I was showering when Juan called.*
Alberto **leía** mientras Alicia **escuchaba** música.	*Alberto was reading while Alicia was listening to music.*

4. **tell time in the past**

Era la una y yo todavía **estudiaba.**	*It was 1:00 and I was still studying.*
Eran las siete y media y los niños **se dormían.**	*It was 7:30 and the children were falling asleep.*

Un resumen de los pronombres de complemento directo e indirecto y reflexivos

You have already learned the forms, functions, and positioning of the *direct* and *indirect object pronouns*, as well as the *reflexive pronouns*. The following is a review:

LOS PRONOMBRES DE COMPLEMENTO **DIRECTO**	LOS PRONOMBRES DE COMPLEMENTO **INDIRECTO**	LOS PRONOMBRES **REFLEXIVOS**
Direct object pronouns tell *what* or *who* receives the action of the verb. They replace direct object nouns and are used to avoid repetition.	Indirect object pronouns tell *to whom* or *for whom* something is done or given.	Reflexive pronouns indicate that the *subject* of a sentence or clause *receives the action of the verb*.
me *me*	**me** *to / for me*	**me** *myself*
te *you*	**te** *to / for you*	**te** *yourself*
lo, la *you*	**le (se)** *to / for you*	**se** *yourself*
lo, la *him/her/it*	**le (se)** *to / for him/ her*	**se** *himself/herself*
nos *us*	**nos** *to / for us*	**nos** *ourselves*
os *you (all)*	**os** *to / for you (all)*	**os** *yourselves*
los, las *you (all)*	**les (se)** *to / for you (all)*	**se** *yourselves*
los, las *them/you*	**les (se)** *to / for them/ you*	**se** *themselves/ yourselves*
Compré la medicina ayer. **La** compré en la Farmacia Fénix. Tengo que dár**sela** a mi hijo.	**Le** compré la medicina ayer. **Le** voy a dar la medicina esta noche.	**Me** cepillo los dientes tres veces al día.
I bought the medicine yesterday. I bought it it at Fénix Pharmacy. I have to give it to my son.	*I bought him the medicine yesterday. I am going to give him the medicine tonight.*	*I brush my teeth three times a day.*

Remember the following guidelines on position and sequence:

Position

■ Object pronouns and reflexive pronouns come **before** the verb.

El doctor Sánchez **le** dio una inyección a David. — *Dr. Sánchez gave David a shot.*

Después **se** sintió aliviado. — *Then he felt relieved.*

■ Object pronouns and reflexive pronouns can also be placed before or be attached to the end of:

a. **infinitives**

La enfermera **me** va a llamar.

La enfermera va a llamar**me**. — *The nurse is going to call me.*

Después **se** va a ir a su casa.

Después va a ir**se** a su casa. — *Then she is going to go home.*

b. **present participles** (*-ando, -endo,* and *-iendo*)

La está tomando ahora.

Está tomándo**la** ahora. — *He is taking it now.*

Se está poniendo nervioso.

Está poniéndo**se** nervioso. — *He is getting nervous.*

Sequence

■ When a direct (DO) and indirect object (IO) pronoun are used together, **the indirect object precedes the direct object.**

■ If both the direct and the indirect object pronoun begin with the letter "*l*" the indirect object pronoun changes from **le** or **les** to **se,** as in the following example.

Quiero mandar la carta al director ahora.

DO	IO
la	le (se)

IO	DO
se	la

I want to send the letter to the director now.

DO	IO

Se la quiero mandar ahora mismo.
Quiero mandár**sela** ahora mismo. — *I want to send it to him right now.*

¡Qué! y ¡cuánto!

So far you have used **qué** and **cuánto** as interrogative words, but these words can also be used in exclamatory sentences.

—Felipe, **¡qué** fiebre tienes! — *Felipe, what a fever you have!*

—María, **¡cuánto** estornudas! — *María, you are sneezing so much!*

—Mi cabeza, **¡qué** dolor! — *My head—what pain!*

—**Cuánto** lo siento. — *I'm so sorry. (How sorry I am.)*

—**¡Qué** susto! ¡Se cortó el dedo! — *What a scare! He cut his finger!*

—Se ve muy mal. **¡Qué** feo! — *It looks really bad. How awful! (It looks awful/ugly.)*

—**¡Qué** doctor! Le salvó la vida. — *What a doctor! He saved his life.*

—**Cuánto** se lo agradezco. — *I'm so thankful. (How grateful I am.)*

Note that in the examples above, **cuánto** accompanies *verbs* and is masculine and singular. When **cuánto** accompanies *nouns* it must agree with them in gender and number:

—**¡Cuántas** recetas y todavía estoy tosiendo! — *So many prescriptions and I am still coughing!*

—Sí, y **¡cuántos** estudiantes con la misma cosa! — *Yes, and so many students with the same thing!*

El pretérito y el imperfecto

In **Capítulos 7** and **8** you learned about two aspects of the past tense in Spanish, **el pretérito** and **el imperfecto,** which are not interchangeable. Their uses are contrasted below.

The preterit is used:	The imperfect is used:
1. To relate an event or occurrence that refers to *one specific time in the past*	**1.** To express *habitual* or often *repeated actions*
■ **Fuimos** a Cuzco el año pasado. *We went to Cuzco last year.* ■ **Comimos** en el restaurante El Sol y **nos gustó** mucho. *We ate at El Sol restaurant and liked it a lot.*	■ **Íbamos** a Cuzco todos los veranos. *We used to go to Cuzco every summer.* ■ **Comíamos** en el restaurante El Sol todos los lunes. *We used to eat at El Sol Restaurant every Monday.*
2. To relate an act *begun or completed in the past*	**2.** To express *was / were + -ing*
■ **Empezó** a llover. *It started to rain.* ■ **Comenzaron** los juegos. *The games began.* ■ La gira **terminó.** *The tour ended.*	■ **Llovía** sin parar. *It rained without stopping.* ■ **Comenzaban** los juegos cuando llegamos. *The games were beginning when we arrived.* ■ La gira **transcurría** sin ningún problema. *The tour continued without any problems.*
3. To relate a *sequence of events or actions*, each completed and moving the narrative along toward its conclusion	**3.** To provide *background* information, set the stage, or express a pre-existing condition
■ **Llegamos** en avión, **recogimos** las maletas y **fuimos** al hotel. *We arrived by plane, picked up our luggage, and went to the hotel.* ■ Al día siguiente **decidimos** ir a Machu Picchu. *The next day we decided to go to Machu Picchu.* ■ **Vimos** muchos ejemplos de la magnífica arquitectura incaica. Después **anduvimos** un poco por el camino de los incas. **Nos divertimos** mucho. *We saw many examples of the magnificent Incan architecture. Afterward we walked a bit on the Incan road. We had a great time.*	■ **Era** un día oscuro. **Llovía** de vez en cuando. *It was a dark day and it rained once in a while.* ■ Los turistas **llevaban** pantalones cortos y lentes de sol. *The tourists were wearing shorts and sunglasses.* ■ El camino **era** estrecho y **había** muchos turistas. *The path was narrow and there were many tourists.*
4. To relate an action that took place within a specified or *specific amount* (segment) *of time*	**4.** To *tell time* in the past
Caminé (por) dos horas. *I walked for two hours.* **Hablamos** (por) cinco minutos. *We talked for five minutes.* **Contemplaron** el templo un rato. *They contemplated the temple for a while.* **Viví** en Ecuador (por) seis años. *I lived in Ecuador for six years.*	**Era** la una. *It was 1:00.* **Eran** las tres y media. *It was 3:30.* **Era** muy tarde. *It was very late.* **Era** la medianoche. *It was midnight.*
	5. To describe physical and emotional states or characteristics
	Después del viaje **queríamos** descansar. Yo **tenía** dolor de cabeza y no **me sentía** muy bien. *After the trip we wanted to rest. I had a headache and did not feel well.*

WORDS AND EXPRESSIONS THAT COMMONLY SIGNAL:

Preterit	Imperfect
anoche	a menudo
anteayer	cada semana / mes / año
ayer	con frecuencia
de repente (*suddenly*)	de vez en cuando (*once in a while*)
el fin de semana pasado	mientras
el mes pasado	muchas veces
el lunes pasado / el martes pasado, etc.	frecuentemente
esta mañana	todos los lunes / martes, etc.
una vez, dos veces, etc.	todas las semanas
	todos los días / meses / años
	siempre

Note: The **pretérito** and the **imperfecto** can be used in the same sentence.

Veían la televisión cuando **sonó** el teléfono.　　*They were watching television when the phone rang.*

In the preceding sentence, an action was going on (**veían**) when it was interrupted by another action (**sonó el teléfono**).

Expresiones con *hacer*

The verb **hacer** means *to do* or *to make*. You have also used **hacer** in idiomatic expressions dealing with weather.

There are some additional special constructions with **hacer** that deal with time. **Hace** is used:

1. **to discuss an action that began in the past but is still going on in the present.**

> **hace** + *period of time* + **que** + *verb in present tense*

Hace cuatro días **que** tengo la gripe.	*I've had the flu for four days (and still have it).*
Hace dos años **que** soy enfermera.	*I've been a nurse for two years.*

2. **to ask how long something has been going on.**

> **cuánto (tiempo)** + **hace** + **que** + *verb in present tense*

¿Cuántos años **hace que** estudias medicina?	*How many years have you been studying medicine?*
¿Cuánto tiempo **hace que** estudias medicina?	*How long have you been studying medicine?*
¿Cuántos meses **hace que** tu abuela guarda cama?	*How many months has your grandmother been staying in bed?*
¿Cuánto tiempo **hace que** tu abuela guarda cama?	*How long has your grandmother been staying in bed?*

3. **in the preterit to tell how long ago something happened.**

> **hace** + *period of time* + **que** + *verb in preterit*

Hace cuatro años **que** empecé a estudiar medicina.	*I began to study medicine four years ago.*
Hace seis años **que** me mudé aquí para estudiar.	*I moved here six years ago to study.*

or

> *verb in the preterit* + **hace** + *period of time*

Empecé a estudiar medicina **hace** cuatro años.	*I began to study medicine four years ago.*
Me mudé aquí **hace** seis años.	*I moved here six years ago.*

Note that in this construction **hace** can either precede or follow the rest of the sentence. When it follows, **que** is not used.

4. **to ask how long ago something happened.**

> **cuánto (tiempo)** + **hace** + **que** + *verb in preterit*

¿Cuánto tiempo **hace que** empezaste a estudiar medicina?	*How long ago did you begin to study medicine?*
¿Cuánto tiempo **hace que** te enfermaste?	*How long ago did you get sick?*

Los mandatos informales

When you need to give orders, advise, or ask people to do something, you use commands. If you are addressing a friend or someone you normally address as **tú**, you use informal commands. You have been responding to **tú** commands since the beginning of *¡Anda! Curso elemental*: **escucha, escribe, abre tu libro en la página…,** etc.

1. **The affirmative *tú* command form is the same as the *él, ella, Ud.* form of the present tense of the verb:**

Infinitive	Present tense	Affirmative *tú* command
llen**ar**	él, ella, Ud. llen**a**	llen**a**
le**er**	él, ella, Ud. le**e**	le**e**
ped**ir**	él, ella, Ud. pid**e**	pid**e**

Llen**a** el tanque.	*Fill the tank.*
Dobl**a** a la derecha.	*Turn to the right.*
Conduc**e** con cuidado.	*Drive carefully.*
Pid**e** permiso.	*Ask permission.*

There are eight common verbs that have irregular affirmative *tú* commands:

decir	→	**di**	ir	→	**ve**
hacer	→	**haz**	poner	→	**pon**
salir	→	**sal**	tener	→	**ten**
ser	→	**sé**	venir	→	**ven**

Sé respetuoso con los peatones.	*Be respectful of pedestrians.*
Ten cuidado al conducir.	*Be careful when driving.*
Ven al aeropuerto con tu pasaporte.	*Come to the airport with your passport.*
Pon las llaves en la mesa.	*Put the keys on the table.*

2. **To form the negative *tú* (informal) commands:**

   1. Take the **yo** form of the present tense of the verb.
   2. Drop the **-o** ending.
   3. Add **-es** for **-ar** verbs, and add **-as** for **-er** and **-ir** verbs.

Infinitive	Present tense		Negative *tú* command
llen**ar**	yo llen**ø**	+ es	no llen**es**
le**er**	yo le**ø**	+ as	no le**as**
ped**ir**	yo pid**ø**	+ as	no pid**as**

No llen**es** el tanque.	*Don't fill the tank.*
No dobl**es** a la derecha.	*Don't turn to the right.*

No conduz**cas** muy rápido.	*Don't drive very fast.*
No pid**as** permiso.	*Don't ask permission.*

Verbs ending in **-car, -gar,** and **-zar** have spelling changes in the negative **tú** command. These spelling changes are needed to preserve the sounds of the infinitive endings.

Infinitive	Present tense		Negative *tú* command
sa**car**	yo sa**cø**	**c → qu**	no sa**ques**
lle**gar**	yo lle**gø**	**g → gu**	no lle**gues**
empe**zar**	yo empie**zø**	**z → c**	no empie**ces**

3. **Object and reflexive pronouns are used with *tú* commands in the following ways:**

   a. They are *attached* to the ends of *affirmative* commands. When a command is made up of more than two syllables after the pronoun(s) is / are attached, a written accent mark is placed over the stressed vowel.

Se pinchó una llanta. **¡Cámbiamela!**	*I've got a flat tire. Change it for me!*
Tu bicicleta no funciona. **Revísala.**	*Your bike does not work. Check it.*
Me gusta tu coche. **Préstamelo.**	*I like your car. Loan it to me.*
Llegamos tarde. **¡Estaciónate,** por favor!	*We are late. Park, please!*

   b. They are placed *before negative* **tú** commands.

No se nos pinchó una llanta.	*We don't have a flat tire.*
¡No **me la** cambies!	*Don't change it for me!*
Tu bicicleta funciona.	*Your bicycle works.*
No **la** revises.	*Don't check it.*
No me gusta tu coche.	*I don't like your car.*
No **me lo** prestes.	*Don't loan it to me.*
Llegamos tarde.	*We are late.*
No **te** estaciones aquí, por favor.	*Do not park here, please.*

Los mandatos formales

When you need to influence others by making a request, giving advice, giving instructions, or giving orders to people you normally treat as **Ud.** or **Uds.,** you are going to use a different set of commands: **formal** commands. The forms of these commands are similar to the negative **tú** command forms.

1. **To form the *Ud.* and *Uds.* commands:**

   1. Take the **yo** form of the present tense of the verb.
   2. Drop the **-o** ending.
   3. Add **-e(n)** for **-ar** verbs, and add **-a(n)** for **-er** and **-ir** verbs.

Infinitive	Present tense		*Ud.* commands	*Uds.* commands
limpiar	yo limpiø	+ e(n)	(no) limpie	(no) limpien
leer	yo leø	+ a(n)	(no) lea	(no) lean
pedir	yo pidø	+ a(n)	(no) pida	(no) pidan

Llene el tanque. **Llénelo.**	*Fill up the tank. Fill it.*
No limpie el parabrisas. **No lo limpie.**	*Don't clean the windshield. Don't clean it.*
Conduzca el camión para su tío. **Condúzcalo.**	*Drive the truck for your uncle. Drive it.*
No ponga esa gasolina cara en el coche.	*Don't put that expensive gasoline in the car.*
No la ponga en el coche.	*Don't put it in the car.*
Traiga su licencia. **Tráigala.**	*Bring your license. Bring it.*
No busquen sus llaves. **No las busquen.**	*Don't look for your keys. Don't look for them.*

2. **Verbs ending in *-car*, *-gar*, and *-zar* have spelling changes in the *Ud.* and *Uds.* commands.** These spelling changes are needed to preserve the sounds of the infinitive endings.

Infinitive	Present tense		*Ud/Uds.* commands
sacar	yo sacø	c → qu	saque(n)
llegar	yo llegø	g → gu	llegue(n)
empezar	yo empiezø	z → c	empiece(n)

3. **These verbs also have irregular forms for the *Ud.* / *Uds.* commands:**

dar	**dé(n)**	ir	**vaya(n)**	ser	**sea(n)**
estar	**esté(n)**	saber	**sepa(n)**		

Finally, compare the forms of the *tú* and *Ud.* / *Uds.* commands:

	Tú commands		*Ud.* / *Uds.* commands	
	Affirmative	**Negative**	**Affirmative**	**Negative**
hablar	habla	no hables	hable(n)	no hable(n)
comer	come	no comas	coma(n)	no coma(n)
pedir	pide	no pidas	pida(n)	no pida(n)

Otras formas del posesivo

In **Capítulo 1,** you learned how to say *my, your, his, ours,* etc. (**mi/s, tu/s, su/s, nuestro/a/os/as, vuestro/a/os/as, su/s**). In Spanish you can also show possession with the long (or stressed) forms, the equivalents of the English *of mine, of yours, of his, of hers, of ours,* and *of theirs.*

Singular		Plural		
Masculine	**Feminine**	**Masculine**	**Feminine**	
mío	mía	míos	mías	*mine*
tuyo	tuya	tuyos	tuyas	*yours (fam.)*
suyo	suya	suyos	suyas	*his, hers, yours (for.), theirs (form.)*
nuestro	nuestra	nuestros	nuestras	*ours*
vuestro	vuestra	vuestros	vuestras	*yours (fam.)*

Mi coche funciona bien.	**El coche mío** funciona bien.	**El mío** funciona bien.
Nuestros boletos cuestan mucho.	**Los boletos nuestros** cuestan mucho.	**Los nuestros** cuestan mucho.
¿Dónde están **tus** llaves?	¿Dónde están **las llaves tuyas?**	¿Dónde están **las tuyas?**
Su multa es de $100.	**La multa suya** es de $100.	**La suya** es de $100.

Note that the third-person forms (**suyo/a/os/as**) can have more than one meaning. To avoid confusion, you can use:

article + noun + de + subject pronoun:

el coche suyo
$\left\{ \begin{array}{l} \text{el coche de él/ella} \\ \text{el coche de Ud.} \\ \text{el coche de ellos/ellas} \\ \text{el coche de Uds.} \end{array} \right.$

El comparativo y el superlativo

El comparativo

Just as English does, Spanish uses comparisons to specify which of two people, places, or things has a lesser, equal, or greater degree of a particular quality.

1. **The formula for comparing unequal things follows the same pattern as in English:**

   más + *adjective / adverb / noun* + **que**   *more . . . than*

   menos + *adjective / adverb / noun* + **que**   *less . . . than*

El Hotel Hilton es **más** caro **que** el Motel 6.	*The Hilton is **more** expensive **than** Motel 6.*
El Motel 6 hace reservas **más** rápidamente **que** el Hotel Hilton.	*Motel 6 makes reservations **faster than** the Hilton.*
En esta ciudad hay **menos** hoteles **que** moteles.	*In this city there are **fewer** hotels **than** motels.*

■ When comparing numbers, **de** is used instead of **que:**

El Hilton de Bogotá tiene **más de** doscientos cuartos.	*The Bogotá Hilton has **more than** two hundred rooms.*

2. **The formula for comparing two or more *equal* things also follows the same pattern as in English:**

tan + *adjective / adverb* + **como**   *as . . . as*

tanto(a/os/as) + *noun* + **como**   *as much / many . . . as*

La agencia de viajes Mundotur es **tan** conocida **como** Meliá.	*The Mundotur travel agency is **as** well known **as** Meliá.*
Estos vuelos son **tan** caros **como** esos.	*These flights are **as** expensive **as** those.*
Mi coche va **tan** rápido **como** un Ferrari.	*My car is **as** fast **as** a Ferrari.*
No tengo **tantas** maletas **como** tú.	*I don't have **as many** suitcases **as** you (do).*
No hay **tanto** tráfico **como** ayer.	*There isn't **as much** traffic **as** yesterday.*

El superlativo

1. **To compare three or more people or things, use the superlative. The formula for expressing the superlative is:**

el, la, los, las (*noun*) + **más / menos** + *adjective* (+ **de**)

La agencia de viajes Viking es **la** agencia **más** popular **de** nuestro pueblo.	*The Viking Travel Agency is the most popular (travel) agency in our town.*
—¿Es el aeropuerto Hartsfield de Atlanta **el** aeropuerto **más** concurrido **de** los Estados Unidos?	*Is Atlanta's Hartsfield Airport the busiest airport in the United States?*
—Sí, ¡y el aeropuerto de mi ciudad es **el menos** concurrido!	*Yes, and my city's airport is the least busy!*

2. **The following adjectives have irregular comparative and superlative forms.**

		Comparative		Superlative	
bueno/a	*good*	**mejor**	*better*	**el/la mejor**	*the best*
malo/a	*bad*	**peor**	*worse*	**el/la peor**	*the worst*
grande	*big*	**mayor**	*bigger*	**el/la mayor**	*the biggest*
pequeño/a	*small*	**menor**	*smaller*	**el/la menor**	*the smallest*
joven	*young*	**menor**	*younger*	**el/la menor**	*the youngest*
viejo/a	*old*	**mayor**	*older*	**el/la mayor**	*the eldest*

Comparative:

Mi clase de español es **mejor que** mis otras clases.	*My Spanish class is better than my other classes.*

Superlative:

Mi clase de español es **la mejor de** mis clases.	*My Spanish class is the best (one) of my classes.*

Capítulo 11 de ¡Anda! Curso elemental

In Spanish, *tenses* such as the present, past, and future are grouped under two different moods, the **indicative** mood and the **subjunctive** mood.

Up to this point you have studied tenses grouped under the *indicative* mood (with the exception of commands) to report what happened, is happening, or will happen. The *subjunctive* mood, on the other hand, is used to express doubt, insecurity, influence, opinion, feelings, hope, wishes, or desires that can be happening now, have happened in the past, or will happen in the future. In this chapter you will learn the present tense of the *subjunctive mood*.

Present subjunctive

To form the subjunctive, take the **yo** form of the present indicative, drop the final **-o,** and add the following endings.

Present indicative	*yo* form		Present subjunctive
estudiar	estudiø	+ e	**estudie**
comer	comø	+ a	**coma**
vivir	vivø	+ a	**viva**

	estudiar	comer	vivir
yo	estudie	coma	viva
tú	estudies	comas	vivas
Ud.	estudie	coma	viva
él, ella	estudie	coma	viva
nosotros/as	estudiemos	comamos	vivamos
vosotros/as	estudiéis	comáis	viváis
Uds.	estudien	coman	vivan
ellos/as	estudien	coman	vivan

Irregular forms

■ Verbs with irregular **yo** forms maintain this irregularity in all forms of the present subjunctive. Note the following examples.

	conocer	hacer	poner	venir
yo	conozca	haga	ponga	venga
tú	conozcas	hagas	pongas	vengas
Ud.	conozca	haga	ponga	venga
él, ella	conozca	haga	ponga	venga

	conocer	hacer	poner	venir
nosotros/as	cono**zc**amos	ha**g**amos	pon**g**amos	ven**g**amos
vosotros/as	cono**zc**áis	ha**g**áis	pon**g**áis	ven**g**áis
Uds.	cono**zc**an	ha**g**an	pon**g**an	ven**g**an
ellos/as	cono**zc**an	ha**g**an	pon**g**an	ven**g**an

■ Verbs ending in **-car**, **-gar**, and **-zar** have spelling changes in all present subjunctive forms, in order to maintain the sounds of the infinitives.

		Present indicative	Present subjunctive
buscar	c → qu	**yo** bus**c**ø	bus**qu**e
pagar	g → gu	**yo** pa**g**ø	pa**gu**e
empezar	z → c	**yo** empie**z**ø	empie**c**e

	buscar	pagar	empezar
yo	bus**qu**e	pa**gu**e	empie**c**e
tú	bus**qu**es	pa**gu**es	empie**c**es
Ud.	bus**qu**e	pa**gu**e	empie**c**e
él, ella	bus**qu**e	pa**gu**e	empie**c**e
nosotros/as	bus**qu**emos	pa**gu**emos	empe**c**emos
vosotros/as	bus**qu**éis	pa**gu**éis	empe**c**éis
Uds.	bus**qu**en	pa**gu**en	empie**c**en
ellos/as	bus**qu**en	pa**gu**en	empie**c**en

Stem-changing verbs

In the present subjunctive, stem-changing **-ar** and **-er** verbs make the same vowel changes that they do in the present indicative: **e → ie** and **o → ue**.

	pensar (e → ie)	poder (o → ue)
yo	p**ie**nse	p**ue**da
tú	p**ie**nses	p**ue**das
Ud.	p**ie**nse	p**ue**da
él, ella	p**ie**nse	p**ue**da
nosotros/as	pensemos	podamos
vosotros/as	penséis	podáis
Uds.	p**ie**nsen	p**ue**dan
ellos/as	p**ie**nsen	p**ue**dan

The pattern is different with the **-ir** stem-changing verbs. In addition to their usual changes of **e → ie**, **e → i**, and **o → ue**, in the **nosotros** and **vosotros** forms the stem vowels change **ie → i** and **ue → u**.

	sentir (e → ie, i)	dormir (o → ue, u)
yo	s**ie**nta	d**ue**rma
tú	s**ie**ntas	d**ue**rmas
Ud.	s**ie**nta	d**ue**rma
él, ella	s**ie**nta	d**ue**rma
nosotros/as	s**i**ntamos	d**u**rmamos
vosotros/as	s**i**ntáis	d**u**rmáis
Uds.	s**ie**ntan	d**ue**rman
ellos/as	s**ie**ntan	d**ue**rman

The **e → i** stem-changing verbs keep the change in all forms.

	pedir (e → i, i)
yo	p**i**da
tú	p**i**das
Ud.	p**i**da
él, ella	p**i**da
nosotros/as	p**i**damos
vosotros/as	p**i**dáis
Uds.	p**i**dan
ellos/as	p**i**dan

Irregular verbs in the present subjunctive

■ The following verbs are irregular in the subjunctive.

	dar	estar	saber	ser	ir
yo	dé	esté	sepa	sea	vaya
tú	des	estés	sepas	seas	vayas
Ud.	dé	esté	sepa	sea	vaya
él, ella	dé	esté	sepa	sea	vaya
nosotros/as	demos	estemos	sepamos	seamos	vayamos
vosotros/as	deis	estéis	sepáis	seáis	vayáis
Uds.	den	estén	sepan	sean	vayan
ellos/as	den	estén	sepan	sean	vayan

Dar has written accents on the first- and third-person singular forms (**dé**) to distinguish them from the preposition **de**. All forms of **estar**, except the **nosotros** form, have written accents in the present subjunctive.

Using the subjunctive

One of the uses of the subjunctive is with fixed expressions that communicate opinion, doubt, probability, and wishes. They are always followed by the subjunctive.

Opinion

Es bueno / malo / mejor que…	*It's good / bad / better that . . .*
Es importante que…	*It's important that . . .*
Es increíble que…	*It's incredible that . . .*
Es una lástima que…	*It's a pity that . . .*
Es necesario que…	*It's necessary that . . .*
Es preferible que…	*It's preferable that . . .*
Es raro que…	*It's rare that . . .*

Doubt and probability

Es dudoso que…	*It's doubtful that . . .*
Es imposible que…	*It's impossible that . . .*
Es improbable que…	*It's unlikely that . . .*
Es posible que…	*It's possible that . . .*
Es probable que…	*It's likely that . . .*

Wishes and hopes

Ojalá (que)…

Let's hope that . . . / Hopefully . . .

Es necesario que protejamos los animales en peligro de extinción.

It's necessary that we protect endangered species.

Es una lástima que algunas personas no quieran reciclar el plástico, el vidrio, el aluminio y el papel.

It's a shame that some people don't want to recycle plastic, glass, aluminum, and paper.

Ojalá (que) haya menos destrucción del medio ambiente en el futuro.

Let's hope that there is less destruction of the environment in the future.

Por y para

As you have seen, Spanish has two main words to express *for*: **por** and **para.** They have distinct uses and are not interchangeable.

POR is used to express:	PARA is used to express:
1. Duration of time (*during, for*) El presidente ocupa la presidencia (**por**) cuatro años consecutivos. *The president holds the presidency for four consecutive years.* El alcalde habló (**por**) más de media hora. *The mayor spoke for more than a half hour.*	**1. Point in time or a deadline** (*for, by*) Es dudoso que todos los problemas se solucionen **para** el final de su presidencia. *It is doubtful that all the problems will be solved by the end of her presidency.* Es importante que bajemos los impuestos **para** el próximo año. *It is important that we lower taxes by next year.*
2. Movement or location (*through, along, past, around*) Los candidatos van **por** la calle hablando con la gente. *The candidates are going through the streets talking with the people.* El rey saluda **por** la ventana. *The king is waving through the window.*	**2. Destination** (*for*) La reina sale hoy **para** Puerto Rico. *The queen leaves for Puerto Rico today.* Los diputados se fueron **para** el Capitolio. *The representatives left for the Capitol.*
3. Motive (*on account of, because of, for*) Decidimos meternos en política **por** nuestros hijos. Queremos asegurarles un futuro mejor. *We decided to get involved in politics because of our children. We want to assure them a better future.* En resumen, nos dijeron que hay que reciclar **por** el futuro de nuestro planeta. *In short, they told us that we must recycle for the future of our planet.*	**3. Recipients or intended person or persons** (*for*) Mi hermano escribe discursos **para** la gobernadora. *My brother writes speeches for the governor.* Necesitamos un avión **para** el dictador. *We need a plane for the dictator.*
4. Exchange (*in exchange for*) Gracias **por** su ayuda, señora Presidenta. *Thank you for your help, Madam President.* Limpiaron el vertedero **por** diez mil dólares. *They cleaned the dump for ten thousand dollars.*	**4. Comparison** (*for*) **Para** un hombre que sabe tanto de la política, no tiene ni idea sobre la delincuencia de nuestras calles. *For a man who knows so much about politics, he has no idea about the crime on our streets.* La tasa de desempleo es bastante baja **para** un país en desarrollo. *The unemployment rate is quite low for a developing country.*

POR is used to express:	PARA is used to express:
5. Means (*by*)	**5. Purpose or goal** (*to, in order to*)
Los diputados discutieron los resultados de las elecciones **por** teléfono.	**Para** recibir más votos, la candidata necesita proponer soluciones **para** los problemas con la deuda externa.
The representatives argued about the election results over the phone.	*(In order) To receive more votes, the candidate needs to propose solutions to the problems with foreign debt.*
¿Los reyes van a viajar **por** barco o **por** avión?	Hay que luchar contra la contaminacón **para** proteger el medio ambiente.
Are the king and queen going to travel by ship or by plane?	*One needs to fight pollution to protect the environment.*

Las preposiciones y los pronombres preposicionales

Besides the prepositions **por** and **para,** there is a variety of useful prepositions and prepositional phrases, many of which you have already been using throughout *¡Anda! Curso elemental.* Study the following list to review the ones you already know and to acquaint yourself with those that may be new to you.

a	*to; at*
a la derecha de	*to the right of*
a la izquierda de	*to the left of*
acerca de	*about*
(a)fuera de	*outside of*
al lado de	*next to*
antes de	*before (time / space)*
cerca de	*near*
con	*with*
de	*of; from; about*
debajo de	*under; underneath*
delante de	*in front of*
dentro de	*inside of*
desde	*from*
después de	*after*
detrás de	*behind*
en	*in*
encima de	*on top of*
enfrente de	*across from; facing*
entre	*among; between*
hasta	*until*
lejos de	*far from*
para	*for; in order to*
por	*for; through; by; because of*
según	*according to*
sin	*without*
sobre	*over; about*

El centro de reciclaje está **a la derecha del** supermercado.	*The recycling center is to the right of the supermarket.*
La alcadesa va a hablar **acerca de** los problemas que tenemos con la protección del cocodrilo cubano.	*The mayor is going to speak about the problems we are having with the protection of the Cuban crocodile.*
Vimos un montón de plástico **encima del** papel.	*We saw a mountain of plastic on top of the paper.*
Quieren sembrar flores **enfrente del** vertedero.	*They want to plant flowers in front of the dump.*
El proyecto no puede tener éxito **sin** el apoyo del gobierno local.	*The project cannot be successful without the support of the local government.*

Los pronombres preposicionales

Study the list of pronouns that are used following prepositions.

mí	*me*	**nosotros/as**	*us*
ti	*you*	**vosotros/as**	*you*
usted	*you*	**ustedes**	*you*
él	*him*	**ellos**	*them*
ella	*her*	**ellas**	*them*

Para mí, es muy importante resolver el problema de la lluvia ácida.	*For me, it's really important to solve the problem of acid rain.*
¿Qué candidato está sentado **enfrente de ti**?	*Which candidate is seated in front of you?*
Se fueron de la huelga **sin nosotros.**	*They left the strike without us.*
Trabajamos **con ellos** para proteger el medio ambiente.	*We work with them to protect the environment.*

*Note that **con** has two special forms:

1. con + mí = **conmigo**

—¿Vienes **conmigo** al discurso?

Are you coming with me to listen to the speech?

2. con + ti = **contigo** *with you*

—Sí, voy **contigo.**

Yes, I'm going with you.

El infinitivo después de preposiciones

In Spanish, if you need to use a verb immediately after a preposition, it must always be in the **infinitive** form. Study the following examples:

Antes de reciclar las latas debes limpiarlas.

Before recycling the cans, you should clean them.

Después de pisar la hormiga la niña empezó a llorar.

After stepping on the ant, the little girl began to cry.

Es fácil decidir **entre reciclar** y **botar.**

It is easy to decide between recycling and throwing away.

Necesitamos trabajar con personas de todos los países **para proteger** mejor la Tierra.

We need to work with people from all countries in order to better protect the Earth.

Ganaste el premio **por estar** tan interesado en el medio ambiente.

You won the prize for being so interested in the environment.

No podemos vivir **sin trabajar** juntos.

We cannot live without working together.

Verb Charts

Regular Verbs: Simple Tenses

Infinitive / Present Participle / Past Participle	Indicative					Subjunctive		Imperative
	Present	Imperfect	Preterit	Future	Conditional	Present	Imperfect	Commands
hablar hablando hablado	hablo hablas habla hablamos habláis hablan	hablaba hablabas hablaba hablábamos hablabais hablaban	hablé hablaste habló hablamos hablasteis hablaron	hablaré hablarás hablará hablaremos hablaréis hablarán	hablaría hablarías hablaría hablaríamos hablaríais hablarían	hable hables hable hablemos habléis hablen	hablara hablaras hablara habláramos hablarais hablaran	habla (tú), no hables hable (usted) hablemos hablad (vosotros), no habléis hablen (Uds.)
comer comiendo comido	como comes come comemos coméis comen	comía comías comía comíamos comíais comían	comí comiste comió comimos comisteis comieron	comeré comerás comerá comeremos comeréis comerán	comería comerías comería comeríamos comeríais comerían	coma comas coma comamos comáis coman	comiera comieras comiera comiéramos comierais comieran	come (tú), no comas coma (usted) comamos comed (vosotros), no comáis coman (Uds.)
vivir viviendo vivido	vivo vives vive vivimos vivís viven	vivía vivías vivía vivíamos vivíais vivían	viví viviste vivió vivimos vivisteis vivieron	viviré vivirás vivirá viviremos viviréis vivirán	viviría vivirías viviría viviríamos viviríais vivirían	viva vivas viva vivamos viváis vivan	viviera vivieras viviera viviéramos vivierais vivieran	vive (tú), no vivas viva (usted) vivamos vivid (vosotros), no viváis vivan (Uds.)

Regular Verbs: Perfect Tenses

Indicative											Subjunctive		
Present Perfect		Past Perfect		Preterit Perfect		Future Perfect		Conditional Perfect			Present Perfect		Past Perfect
he	hablado	había	hablado	hube	hablado	habré	hablado	habría		hablado	haya	hablado	hubiera	hablado
has	comido	habías	comido	hubiste	comido	habrás	comido	habrías		comido	hayas	comido	hubieras	comido
ha	vivido	había	vivido	hubo	vivido	habrá	vivido	habría		vivido	haya	vivido	hubiera	vivido
hemos		habíamos		hubimos		habremos		habríamos			hayamos		hubiéramos
habéis		habíais		hubisteis		habréis		habríais			hayáis		hubierais
han		habían		hubieron		habrán		habrían			hayan		hubieran

Irregular Verbs

Infinitive / Present Participle / Past Participle	Indicative					Subjunctive		Imperative
	Present	Imperfect	Preterit	Future	Conditional	Present	Imperfect	Commands
andar andando andado	ando andas anda andamos andáis andan	andaba andabas andaba andábamos andabais andaban	anduve anduviste anduvo anduvimos anduvisteis anduvieron	andaré andarás andará andaremos andaréis andarán	andaría andarías andaría andaríamos andaríais andarían	ande andes ande andemos andéis anden	anduviera anduvieras anduviera anduviéramos anduvierais anduvieran	anda (tú), no andes ande (usted) andemos andad (vosotros), no andéis anden (Uds.)
caer cayendo caído	caigo caes cae caemos caéis caen	caía caías caía caíamos caíais caían	caí caíste cayó caímos caísteis cayeron	caeré caerás caerá caeremos caeréis caerán	caería caerías caería caeríamos caeríais caerían	caiga caigas caiga caigamos caigáis caigan	cayera cayeras cayera cayéramos cayerais cayeran	cae (tú), no caigas caiga (usted) caigamos caed (vosotros), no caigáis caigan (Uds.)
dar dando dado	doy das da damos dais dan	daba dabas daba dábamos dabais daban	di diste dio dimos disteis dieron	daré darás dará daremos daréis darán	daría darías daría daríamos daríais darían	dé des dé demos deis den	diera dieras diera diéramos dierais dieran	da (tú), no des dé (usted) demos dad (vosotros), no deis den (Uds.)
decir diciendo dicho	digo dices dice decimos decís dicen	decía decías decía decíamos decíais decían	dije dijiste dijo dijimos dijisteis dijeron	diré dirás dirá diremos diréis dirán	diría dirías diría diríamos diríais dirían	diga digas diga digamos digáis digan	dijera dijeras dijera dijéramos dijerais dijeran	di (tú), no digas diga (usted) digamos decid (vosotros), no digáis digan (Uds.)

Irregular Verbs (continued)

Infinitive / Present Participle / Past Participle	Indicative					Subjunctive		Imperative
	Present	Imperfect	Preterit	Future	Conditional	Present	Imperfect	Commands
estar estando estado	estoy estás está estamos estáis están	estaba estabas estaba estábamos estabais estaban	estuve estuviste estuvo estuvimos estuvisteis estuvieron	estaré estarás estará estaremos estaréis estarán	estaría estarías estaría estaríamos estaríais estarían	esté estés esté estemos estéis estén	estuviera estuvieras estuviera estuviéramos estuvierais estuvieran	está (tú), no estés esté (usted) estemos estad (vosotros), no estéis estén (Uds.)
haber habiendo habido	he has ha hemos habéis han	había habías había habíamos habíais habían	hube hubiste hubo hubimos hubisteis hubieron	habré habrás habrá habremos habréis habrán	habría habrías habría habríamos habríais habrían	haya hayas haya hayamos hayáis hayan	hubiera hubieras hubiera hubiéramos hubierais hubieran	
hacer haciendo hecho	hago haces hace hacemos hacéis hacen	hacía hacías hacía hacíamos hacíais hacían	hice hiciste hizo hicimos hicisteis hicieron	haré harás hará haremos haréis harán	haría harías haría haríamos haríais harían	haga hagas haga hagamos hagáis hagan	hiciera hicieras hiciera hiciéramos hicierais hicieran	haz (tú), no hagas haga (usted) hagamos haced (vosotros), no hagáis hagan (Uds.)
ir yendo ido	voy vas va vamos vais van	iba ibas iba íbamos ibais iban	fui fuiste fue fuimos fuisteis fueron	iré irás irá iremos iréis irán	iría irías iría iríamos iríais irían	vaya vayas vaya vayamos vayáis vayan	fuera fueras fuera fuéramos fuerais fueran	ve (tú), no vayas vaya (usted) vamos, no vayamos id (vosotros), no vayáis vayan (Uds.)
oír oyendo oído	oigo oyes oye oímos oís oyen	oía oías oía oíamos oíais oían	oí oíste oyó oímos oísteis oyeron	oiré oirás oirá oiremos oiréis oirán	oiría oirías oiría oiríamos oiríais oirían	oiga oigas oiga oigamos oigáis oigan	oyera oyeras oyera oyéramos oyerais oyeran	oye (tú), no oigas oiga (usted) oigamos oíd (vosotros), no oigáis oigan (Uds.)

Irregular Verbs (continued)

Infinitive / Present Participle / Past Participle	Indicative Present	Indicative Imperfect	Indicative Preterit	Indicative Future	Indicative Conditional	Subjunctive Present	Subjunctive Imperfect	Imperative Commands
poder pudiendo podido	puedo puedes puede podemos podéis pueden	podía podías podía podíamos podíais podían	pude pudiste pudo pudimos pudisteis pudieron	podré podrás podrá podremos podréis podrán	podría podrías podría podríamos podríais podrían	pueda puedas pueda podamos podáis puedan	pudiera pudieras pudiera pudiéramos pudierais pudieran	
poner poniendo puesto	pongo pones pone ponemos ponéis ponen	ponía ponías ponía poníamos poníais ponían	puse pusiste puso pusimos pusisteis pusieron	pondré pondrás pondrá pondremos pondréis pondrán	pondría pondrías pondría pondríamos pondríais pondrían	ponga pongas ponga pongamos pongáis pongan	pusiera pusieras pusiera pusiéramos pusierais pusieran	pon (tú), no pongas ponga (usted) pongamos poned (vosotros), no pongáis pongan (Uds.)
querer queriendo querido	quiero quieres quiere queremos queréis quieren	quería querías quería queríamos queríais querían	quise quisiste quiso quisimos quisisteis quisieron	querré querrás querrá querremos querréis querrán	querría querrías querría querríamos querríais querrían	quiera quieras quiera queramos queráis quieran	quisiera quisieras quisiera quisiéramos quisierais quisieran	quiere (tú), no quieras quiera (usted) queramos quered (vosotros), no queráis quieran (Uds.)
saber sabiendo sabido	sé sabes sabe sabemos sabéis saben	sabía sabías sabía sabíamos sabíais sabian	supe supiste supo supimos supisteis supieron	sabré sabrás sabrá sabremos sabréis sabrán	sabría sabrías sabría sabríamos sabríais sabrían	sepa sepas sepa sepamos sepáis sepan	supiera supieras supiera supiéramos supierais supieran	sabe (tú), no sepas sepa (usted) sepamos sabed (vosotros), no sepáis sepan (Uds.)
salir saliendo salido	salgo sales sale salimos salís salen	salía salías salía salíamos salíais salían	salí saliste salió salimos salisteis salieron	saldré saldrás saldrá saldremos saldréis saldrán	saldría saldrías saldría saldríamos saldríais saldrían	salga salgas salga salgamos salgáis salgan	saliera salieras saliera saliéramos salierais salieran	sal (tú), no salgas salga (usted) salgamos salid (vosotros), no salgáis salgan (Uds.)

Irregular Verbs (continued)

Infinitive Present Participle Past Participle	Indicative						Subjunctive		Imperative
	Present	Imperfect	Preterit	Future	Conditional	Present	Present	Imperfect	Commands
ser siendo sido	soy eres es somos sois son	era eras era éramos erais eran	fui fuiste fue fuimos fuisteis fueron	seré serás será seremos seréis serán	sería serías sería seríamos seríais serían	sea seas sea seamos seáis sean	fuera fueras fuera fuéramos fuerais fueran	sé (tú), no seas sea (usted) seamos sed (vosotros), no seáis sean (Uds.)
tener teniendo tenido	tengo tienes tiene tenemos tenéis tienen	tenía tenías tenía teníamos teníais tenían	tuve tuviste tuvo tuvimos tuvisteis tuvieron	tendré tendrás tendrá tendremos tendréis tendrán	tendría tendrías tendría tendríamos tendríais tendrían	tenga tengas tenga tengamos tengáis tengan	tuviera tuvieras tuviera tuviéramos tuvierais tuvieran	ten (tú), no tengas tenga (usted) tengamos tened (vosotros), no tengáis tengan (Uds.)
traer trayendo traído	traigo traes trae traemos traéis traen	traía traías traía traíamos traíais traían	traje trajiste trajo trajimos trajisteis trajeron	traeré traerás traerá traeremos traeréis traerán	traería traerías traería traeríamos traeríais traerían	traiga traigas traiga traigamos traigáis traigan	trajera trajeras trajera trajéramos trajerais trajeran	trae (tú), no traigas traiga (usted) traigamos traed (vosotros), no traigáis traigan (Uds.)
venir viniendo venido	vengo vienes viene venimos venís vienen	venía venías venía veníamos veníais venían	vine viniste vino vinimos vinisteis vinieron	vendré vendrás vendrá vendremos vendréis vendrán	vendría vendrías vendría vendríamos vendríais vendrían	venga vengas venga vengamos vengáis vengan	viniera vinieras viniera viniéramos vinierais vinieran	ven (tú), no vengas venga (usted) vengamos venid (vosotros), no vengáis vengan (Uds.)
ver viendo visto	veo ves ve vemos veis ven	veía veías veía veíamos veíais veían	vi viste vio vimos visteis vieron	veré verás verá veremos veréis verán	vería verías vería veríamos veríais verían	vea veas vea veamos veáis vean	viera vieras viera viéramos vierais vieran	ve (tú), no veas vea (usted) veamos ved (vosotros), no veáis vean (Uds.)

Stem-Changing and Orthographic-Changing Verbs

Infinitive Present Participle Past Participle	Indicative					Subjunctive		Imperative
	Present	Imperfect	Preterit	Future	Conditional	Present	Imperfect	Commands
almorzar (ue) (c) almorzando almorzado	almuerzo almuerzas almuerza almorzamos almorzáis almuerzan	almorzaba almorzabas almorzaba almorzábamos almorzabais almorzaban	almorcé almorzaste almorzó almorzamos almorzasteis almorzaron	almorzaré almorzarás almorzará almorzaremos almorzaréis almorzarán	almorzaría almorzarías almorzaría almorzaríamos almorzaríais almorzarían	almuerce almuerces almuerce almorcemos almorcéis almuercen	almorzara almorzaras almorzara almorzáramos almorzarais almorzaran	almuerza (tú), no almuerces almuerce (usted) almorcemos almorzad (vosotros), no almorcéis almuercen (Uds.)
buscar (qu) buscando buscado	busco buscas busca buscamos buscáis buscan	buscaba buscabas buscaba buscábamos buscabais buscaban	busqué buscaste buscó buscamos buscasteis buscaron	buscaré buscarás buscará buscaremos buscaréis buscarán	buscaría buscarías buscaría buscaríamos buscaríais buscarían	busque busques busque busquemos busquéis busquen	buscara buscaras buscara buscáramos buscarais buscaran	busca (tú), no busques busque (usted) busquemos buscad (vosotros), no busquéis busquen (Uds.)
corregir (i, i) (j) corrigiendo corregido	corrijo corriges corrige corregimos corregís corrigen	corregía corregías corregía corregíamos corregíais corregían	corregí corregiste corrigió corregimos corregisteis corrigieron	corregiré corregirás corregirá corregiremos corregiréis corregirán	corregiría corregirías corregiría corregiríamos corregiríais corregirían	corrija corrijas corrija corrijamos corrijáis corrijan	corrigiera corrigieras corrigiera corrigiéramos corrigierais corrigieran	corrige (tú), no corrijas corrija (usted) corrijamos corregid (vosotros), no corrijáis corrijan (Uds.)
dormir (ue, u) durmiendo dormido	duermo duermes duerme dormimos dormís duermen	dormía dormías dormía dormíamos dormíais dormían	dormí dormiste durmió dormimos dormisteis durmieron	dormiré dormirás dormirá dormiremos dormiréis dormirán	dormiría dormirías dormiría dormiríamos dormiríais dormirían	duerma duermas duerma durmamos durmáis duerman	durmiera durmieras durmiera durmiéramos durmierais durmieran	duerme (tú), no duermas duerma (usted) durmamos dormid (vosotros), no durmáis duerman (Uds.)
incluir (y) incluyendo incluido	incluyo incluyes incluye incluimos incluís incluyen	incluía incluías incluía incluíamos incluíais incluían	incluí incluiste incluyó incluimos incluisteis incluyeron	incluiré incluirás incluirá incluiremos incluiréis incluirán	incluiría incluirías incluiría incluiríamos incluiríais incluirían	incluya incluyas incluya incluyamos incluyáis incluyan	incluyera incluyeras incluyera incluyéramos incluyerais incluyeran	incluye (tú), no incluyas incluya (usted) incluyamos incluid (vosotros), no incluyáis incluyan (Uds.)

Infinitive Present Participle Past Participle	Indicative					Subjunctive		Imperative
	Present	Imperfect	Preterit	Future	Conditional	Present	Imperfect	Commands
llegar (gu) llegando llegado	llego llegas llega llegamos llegáis llegan	llegaba llegabas llegaba llegábamos llegabais llegaban	llegué llegaste llegó llegamos llegasteis llegaron	llegaré llegarás llegará llegaremos llegaréis llegarán	llegaría llegarías llegaría llegaríamos llegaríais llegarían	llegue llegues llegue lleguemos lleguéis lleguen	llegara llegaras llegara llegáramos llegarais llegaran	llega (tú), no llegues llegue (usted) lleguemos llegad (vosotros), no lleguéis lleguen (Uds.)
pedir (i, i) pidiendo pedido	pido pides pide pedimos pedís piden	pedía pedías pedía pedíamos pedíais pedían	pedí pediste pidió pedimos pedisteis pidieron	pediré pedirás pedirá pediremos pediréis pedirán	pediría pedirías pediría pediríamos pediríais pedirían	pida pidas pida pidamos pidáis pidan	pidiera pidieras pidiera pidiéramos pidierais pidieran	pide (tú), no pidas pida (usted) pidamos pedid (vosotros), no pidáis pidan (Uds.)
pensar (ie) pensando pensado	pienso piensas piensa pensamos pensáis piensan	pensaba pensabas pensaba pensábamos pensabais pensaban	pensé pensaste pensó pensamos pensasteis pensaron	pensaré pensarás pensará pensaremos pensaréis pensarán	pensaría pensarías pensaría pensaríamos pensaríais pensarían	piense pienses piense pensemos penséis piensen	pensara pensaras pensara pensáramos pensarais pensaran	piensa (tú), no pienses piense (usted) pensemos pensad (vosotros), no penséis piensen (Uds.)
producir (zc) (j) produciendo producido	produzco produces produce producimos producís producen	producía producías producía producíamos producíais producían	produje produjiste produjo produjimos produjisteis produjeron	produciré producirás producirá produciremos produciréis producirán	produciría producirías produciría produciríamos produciríais producirían	produzca produzcas produzca produzcamos produzcáis produzcan	produjera produjeras produjera produjéramos produjerais produjeran	produce (tú), no produzcas produzca (usted) produzcamos producid (vosotros), no produzcáis produzcan (Uds.)
reír (i, i) riendo reído	río ríes ríe reímos reís ríen	reía reías reía reíamos reíais reían	reí reíste rio reímos reísteis rieron	reiré reirás reirá reiremos reiréis reirán	reiría reirías reiría reiríamos reiríais reirían	ría rías ría riamos riáis rían	riera rieras riera riéramos rierais rieran	ríe (tú), no rías ría (usted) riamos reíd (vosotros), no riáis rían (Uds.)

Stem-Changing and Orthographic-Changing Verbs (continued)

Infinitive Present Participle Past Participle	Indicative					Subjunctive		Imperative
	Present	Imperfect	Preterit	Future	Conditional	Present	Imperfect	Commands
seguir (i, i) (ga) siguiendo seguido	sigo sigues sigue seguimos seguís siguen	seguía seguías seguía seguíamos seguíais seguían	seguí seguiste siguió seguimos seguisteis siguieron	seguiré seguirás seguirá seguiremos seguiréis seguirán	seguiría seguirías seguiría seguiríamos seguiríais seguirían	siga sigas siga sigamos sigáis sigan	siguiera siguieras siguiera siguiéramos siguierais siguieran	sigue (tú), no sigas siga (usted) sigamos seguid (vosotros), no sigáis sigan (Uds.)
sentir (ie, i) sintiendo sentido	siento sientes siente sentimos sentís sienten	sentía sentías sentía sentíamos sentíais sentían	sentí sentiste sintió sentimos sentisteis sintieron	sentiré sentirás sentirá sentiremos sentiréis sentirán	sentiría sentirías sentiría sentiríamos sentiríais sentirían	sienta sientas sienta sintamos sintáis sientan	sintiera sintieras sintiera sintiéramos sintierais sintieran	siente (tú), no sientas sienta (usted) sintamos sentid (vosotros), no sintáis sientan (Uds.)
volver (ue) volviendo vuelto	vuelvo vuelves vuelve volvemos volvéis vuelven	volvía volvías volvía volvíamos volvíais volvían	volví volviste volvió volvimos volvisteis volvieron	volveré volverás volverá volveremos volveréis volverán	volvería volverías volvería volveríamos volveríais volverían	vuelva vuelvas vuelva volvamos volváis vuelvan	volviera volvieras volviera volviéramos volvierais volvieran	vuelve (tú), no vuelvas vuelva (usted) volvamos volved (vosotros), no volváis vuelvan (Uds.)

Appendix 5

Spanish–English Glossary

A

a bordo on board (5)
a causa de because of (5)
a continuación following (2)
a la derecha de to the right of (7)
a la izquierda de to the left of (7)
a la parrilla grilled; barbecued (4, PB)
a menos que unless (7)
a menudo often (PA)
a pesar de que in spite of (7)
a propósito by the way (4)
A quién corresponda To whom it may concern (8)
a veces sometimes (11)
A ver... Let's see . . . (11)
abeja, la bee (10)
abogado/a, el/la lawyer (8)
abrazar to hug (2, 11)
Abrazos Hugs (8)
abrir to open (PA, 1)
Absolutamente. Absolutely. (10)
abuelo/a, el/la grandfather / grandmother (PA)
acá here (1)
aceituna, la olive (4)
acelerador, el accelerator; gas pedal (5)
aceptar una invitación to accept an invitation (3)
acera, la sidewalk (3)
aclarar to clarify (5)
acogedor/a cozy (4)
aconsejar to recommend; to advise; to counsel (1, 2, 4, 9)
acordarse (o → ue) de to remember (PA)
actual current; present (8)
actualizar to update (5)
actuar to act (8, 9)
acuarela, la watercolor (4, 9)
acuerdo, el compromise; agreement (2, 8, 10)
además besides (10)
adentro inside (3)
adivinar to guess (PA, 1, 8)
adjunto/a attached (PB)
administración de hoteles, la hotel management (8)
administrativo/a administrative (8)
adobe, el adobe (3)
adolescencia, la adolescence (1)
adquisición, la acquisition (8)
aduana, la customs (5)
afeitarse to shave (11)
aficionado/a, el/la fan (1, 2, 4)
afirmativamente affirmatively (1)
afueras, las outskirts (7)
agencia de viajes, la travel agency (6)
agencia, la agency (8)

agente, el/la agent (8)
agobiado/a weighed down; feeling down; overwhelmed (7, 10)
agotado/a exhausted (1)
agotamiento, el depletion (10)
agradable agreeable; pleasant (1)
agradecido/a grateful (3)
agua corriente, el running water (3)
agua dulce, el fresh water (5)
aguacate, el avocado (4)
aguantar to tolerate (9)
ahijado/a, el/la godson / daughter (1)
ahora que now that (7)
ahorrar to save (8)
ahorro, el savings (8)
aire acondicionado, el air conditioning (3)
aislado/a isolated (11)
aislamiento, el isolation (10)
ajo, el garlic (4)
ajustarse to fit (3)
al aire libre in the open air (2)
Al contrario. On / To the contrary. (10)
al final at the end (4)
Al llegar a..., doble/n... When you get to . . . , turn . . . (4)
al principio at first; first; in the beginning (3, 4)
alacena, la cupboard (3)
alcoba, la room (3)
alcoholismo, el alcoholism (11)
alegrarse (de) to be happy (about) (3, 9)
alegre happy; cheerful (1)
alergia, la allergy (11)
alfarería, la pottery; pottery making (9)
alfarero/a, el/la potter (9)
alfombra, la rug (4)
algodón, el cotton (7)
alma, el soul (2)
almohada, la pillow (3)
almorzar (ue) to have lunch (PA)
Aló. Hello. (7)
alquilar to rent (3)
alquilar un coche to rent a car (5)
alquiler, el rent (3)
alrededores, los surroundings (3)
altar, el altar (4)
altura, la height (5)
aludir to allude (4, 7)
amo/a de casa, el homemaker (8)
amable nice (1)
ámbito, el space (7)
ambos/as both (PB)
amenaza, la threat (10)
amenazar to threaten (10)
amortiguar to absorb shock (11)
amplio/a ample (3)
anaranjado/a orange (4)
ancho/a wide (11)
anciano/a elderly (1)

andar to walk (1)
anfitrión / anfitriona, el/la host / hostess (7, 12)
anillo, el ring (7)
animal, el animal (10)
animales en peligro de extinción, los endangered species (10)
animar to encourage (2)
¡Ánimo! Cheer up!; Hang in there! (8)
aniversario de boda, el wedding anniversary (4)
antes (de) que before (*time / space*) (4, 7)
antihistamínico, el antihistamine (11)
antorcha, la torch (4)
anuncio, el advertisement (PA)
añadir to add (PA, 3, 4, 8)
aparato, el apparatus (5)
apariencia, la appearance (1)
apendicitis, la appendicitis (11)
apio, el celery (4)
aplaudir to applaud (9)
aplicado/a applied (5)
apoyo, el support (1)
apreciar to appreciate (5)
aprender to learn (PA)
apretado/a tight (7)
apropiado/a appropriate (2)
apropiarse to take over; to appropriate (8)
apuntar jot down (11)
aquel entonces back then (10)
árbitro/a, el/la referee; umpire (2)
archivo, el file (5)
archivo adjunto, el attachment (5)
ardilla, la squirrel (10)
arena, la sand (5)
aretes, los earrings (7)
árido/a arid; dry (10)
arpa, el harp (7)
arquitecto/a, el/la architect (3)
arrancar to boot up; to start up (5)
arrecife, el coral reef (10)
arreglar to straighten up; to fix (1, 8)
arreglo, el arrangement (5)
arrepentirse de (ie, i) to regret (4, PB)
arriba above; up (5)
arroba, la at (in an e-mail address / message); @ (5)
arroyo, el stream (10)
arruinar to ruin (8)
arte dramático, el performance art (9)
arte visual, el visual arts (9)
artes aplicadas, las applied arts (9)
artes decorativas, las decorative arts (9)
artes marciales, las martial arts (2)
artesanía, la arts and crafts (9)
artesano/a, el/la artisan (9)
articulación, la joint (11)
artículo, el item; article (7)
artista, el/la artist (9)

artritis, la arthritis (**11**)
asado/a grilled (**4**, PB)
asar to roast; to broil (**4**)
ascender (e → ie) to advance; to be promoted; to promote (**8**)
aserrín, el sawdust (**4**)
Así es. That's it. (**7, 10**)
así thus (**2**)
asistente de vuelo, el/la flight attendant (**8**)
asistir a to attend (**5**)
aspecto físico, el physical appearance (**1**)
aspirante, el/la applicant (**8**)
asqueado/a disgusted (**1**)
asustado/a frightened (**1**)
atado/a tied (**8**)
ataque al corazón, el heart attack (**11**)
atasco, el traffic jam (**5**)
atención médica, la medical attention (**11**)
Atentamente Sincerely (**8**)
atleta, el/la athlete (**2**)
atlético/a athletic (**2**)
atletismo, el track and field (**2**)
atraer to attract (**10**)
aun cuando even when (**7**)
aunque although; even if (**7**)
austral southern (**5**)
autopista, la turnpike; highway; freeway (**5**)
autorretrato, el self-portrait (**9**)
ave, el (*f.*) bird (**5**)
avergonzado/a embarrassed; ashamed (**1**)
avergonzarse (o → ue) de to feel / be ashamed of (**3, 9**)
averiguar to find out (PA)
aves, las poultry; birds (**4**)
ayuda, la help (**3**)
ayudar to help (**5**)
azulejos, los ceramic tiles (**3**)

B

bahía, la bay (**10**)
bailar to dance (PA)
baile, el dance (**4**)
bajar de to get off (**2**)
ballena, la whale (**10**)
ballet, el ballet (**9**)
banca, la banking (**8**)
bancarrota, la bankruptcy (**8**)
bandeja, la tray (**11**)
banquero/a, el/la banker (**8**)
banquito, el little stool (**4**)
barba, la beard (**1**)
barbacoa, la barbecue (**3**)
barra, la slash (*in a URL*); / (**5**)
barrer to sweep (**4**)
barrio, el neighborhood (**2, 3**)
barro, el clay (**9**)
bastón de esquí, el ski pole (**2**)
bate, el bat (**2**)
batido, el milkshake (**4**)
batidora, la handheld beater; mixer; blender (**3**)
batir to beat (**4**)
bautizo, el baptism (**4**)
bebé, el baby (**4**)
beber to drink (PA)
beneficios, los benefits (**8, 11**)
beneficioso/a beneficial (**5**)
besar to kiss (**11**)

besito, el little kiss (**2**)
beso, el kiss (**4**)
bibliotecario/a, el/la librarian (**5**)
bien hecho/a well done (**5**)
bienes, los goods (**7**)
bienes raíces, los real estate (**3**)
bigote, el moustache (**1**)
billetera, la wallet (**7**)
biodegradable biodegradable (**10**)
bisabuelo/a, el/la great-grandfather / great-grandmother (**1**)
boca, la (car) horn (**5**)
boda, la wedding (**3, 4**)
bolsa, la stock market (**8**)
bolsillo, el pocket (**7**)
bolso, el handbag (**7**)
bombero/a, el/la firefighter (**8**)
bombilla, la lightbulb (**7**)
bombón, el sweet; candy (**4**)
bono, el bonus (**8**)
bordado a mano, el hand embroidered (**7**)
borrar to delete; to erase (**5**)
botana, la snack (**4**)
boxear to box (**2**)
brisa, la breeze (**4**)
broma, la joke (**3, 4**)
bromear to joke around (**5**)
bronquitis, la bronchitis (**11**)
bruscamente brusquely (**4**)
bucear to scuba dive (**2**)
buceo, el diving (**2**)
¡Bueno! Good! (**8**)
Bueno. Hello? (**7**)
Bueno... Well . . . ; OK . . . (**11**)
Buenas. Hello. (**1**)
bufanda, la scarf (**7**)
búsqueda, la search (**2**)
buzón, el mailbox (**8**)

C

cabestrillo, el sling (**11**)
cabeza, la head (**1**)
cabra, la goat (**10**)
cacerola, la saucepan (**3**)
cada each (PA)
cadáver, el corpse (**9**)
cadena (de televisión), la (television) network (PA)
cadera, la hip (**11**)
caer bien / mal to like / dislike someone (**1**)
cafetera, la coffeemaker (**3**)
caída, la fall (**3**)
caimán, el alligator (**5**)
cajero/a, el/la cashier (**8**)
calabaza, la squash; pumpkin (**4**)
calavera, la skull (**4**)
calentar (e → ie) to heat (**3, 4**)
calidad, la quality (**5**)
calificación, la qualification; score (**8, 11**)
callado/a quiet (**1**)
callarse to become quiet; to keep quiet (PA)
caluroso/a hot (**7**)
calvo/a bald (**1**)
cámara, la camera (**5**)
cámara digital, la digital camera (**5**)
cámara web, la web camera (**5**)
camarero/a, el/la maid (**5**)

camarones, los shrimp (**4**)
camello, el camel (**10**)
camilla, la stretcher (**11**)
caminata, la long walk (**1**)
camino, el route; path; dirt road (**5**)
camioneta, la van; station wagon; small truck (**5**)
campeón, el champion (male) (**2**)
campeona, la champion (female) (**2**)
campeonato, el championship (**2**)
campo, el field (**2**)
campo de golf, el golf course (**7**)
canal, el canal (**5**); channel (**5, 9**)
canas, las gray hair (**1**)
cáncer, el cancer (**11**)
cancha, la court (sports) (**2**)
cangrejo, el crab (**4, 10**)
cantante, el/la singer (PA)
cantar to sing (PA)
caña de azucar, la sugar cane (**5**)
capa, la layer (**7**)
cara, la face (**1, 11**)
características notables, las notable characteristics (**1**)
características personales, las personal characteristics (**1**)
cárcel, la prison (**11**)
carga, la cargo (**8**)
cargar to carry (**10**)
carne, la meat (**4**)
carne de cerdo, la pork (**4**)
carne de cordero, la lamb (**4**)
carne de res, la beef (**4**)
carne molida, la ground beef (**4**)
carnicería, la butcher shop (**7**)
caro/a expensive (**2**)
carpintero/a, el/la carpenter (**3**)
carrera, la race (**2**)
carretera, la highway (**5**)
carta, la menu (**4**)
carta de presentación, la cover letter (**8**)
carta de recomendación, la letter of recommendation (**8**)
carta personal, la personal letter (**8**)
cartel, el poster (**12**)
cartero/a, el/la mail carrier (**8**)
casa de tus sueños, la dream house (PB)
casado/a married (**1**)
casarse to marry; to get married (**1**)
casco, el helmet (**2**)
casi almost (**5**)
castaño/a brunette; brown (**1**)
castillo, el castle (**2**)
casualidad, la coincidence (**5, 7, 11**)
catarata, la waterfall (**10**)
catedral, la cathedral (**7**)
cazar to go hunting (**2**)
ceja, la eyebrow (**1, 11**)
celebración, la celebration (**4**)
celebrar to celebrate (**4**)
celoso/a jealous (**1**)
cemento, el cement (**3**)
cenar to have dinner (**3**)
cepillo, el brush (**7**)
cepillo de dientes, el toothbrush (**7**)
cerámica, la ceramics (**9**)
cerca, la fence (**3**)
cerca de near (**10**)
cercano/a close by (**5**)

cerebro, el brain (**11**)
ceremonia de premiación, la awards ceremony (**1**)
cereza, la cherry (**4**)
cerrar (ie) to close (PA)
césped, el grass; lawn (**3**)
cesta, la basket; shopping basket (**2**)
cestería, la basket weaving; basketry (**9**)
cetrería, la falconry (**10**)
champú, el shampoo (**7**)
Chao. Bye. (**1**)
charco, el puddle (**11**)
charla, la talk (PB)
chicle, el gum (**7**)
chimenea, la fireplace; chimney (**3**)
chistoso/a funny (**1**)
chófer, el/la chauffeur; driver (**5**)
chuleta, la chop (**4**)
cicatriz, la scar (**1**)
ciencias (políticas), las (political) science (**8**)
ciertas cosas, certain things (**5**)
ciervo, el deer (**10**)
cifra, la figure; number (**10**)
cifrar to encrypt (**5**)
cine, el cinema; films; movies (**9**)
cinematógrafo/a, el/la cinematographer (**9**)
cinturón de seguridad, el seat belt (**5**)
ciruela, la plum (**4**)
cita, la date (**4**)
ciudadano/a, el/la citizen (**10**)
clarinete, el clarinet (**9**)
¡Claro! Sure!; Of course! (**1, 3**)
Claro que no. Of course not. (**10**)
Claro que sí. Of course. (**3, 7, 10**)
clavadismo, el cliff diving (**2**)
clave, la clue (**9**)
clavo, el nail (**7**)
clima, el climate (**10**)
climático/a climatic (**10**)
coche, el car (**5**)
cocina, la kitchen (**3**)
cocinar to cook (PA)
codo, el elbow (**11**)
col, la cabbage (**4**)
colaborador/a, el/la collaborator (**4**)
coleccionar to collect (**2**)
coleccionar tarjetas de béisbol to collect baseball cards (**2**)
colega, el/la colleague (**1, 8**)
colgar (o → ue) to hang (**3**)
coliflor, la cauliflower (**4**)
collar, el necklace (**7**)
colonia, la cologne (**7**)
combustible, el fuel (**10**)
comedia, la comedy (**9**)
comentar en un blog to post to a blog (**2**)
comenzar (ie) to begin (PA)
comer to eat (PA)
comerciante, el/la shopkeeper; merchant (**8**)
comercio, el business (**8**)
comida, la food (**4**)
comisaría, la police station (PB, 7)
¿Cómo? What? (**2**)
¿Cómo amaneció usted / amaneciste? How are you this morning? (**1**)
¿Cómo andas? How are you doing? (PA)
Cómo no. Of course. (**7, 10**)
¿Cómo voy / llego a...? How do I go / get to . . . ? (**4**)

comparar con to compare with (**3**)
compartir to share (PA, 1)
compatible compatible (**5**)
competencia, la competition (**2**)
competición, la competition (**2**)
competir (e → i → i) to compete (**2**)
competitivo/a competitive (**2**)
cómplice, el/la accomplice (**5**)
componer to repair; to fix an object (**3**); to compose (**9**)
comportamiento, el behavior (**4**)
comportarse to behave (**11**)
compositor/a, el/la composer (**9**)
comprar to buy (PA)
comprender to understand (PA)
comprobar (o → ue) to check; to confirm (**11**)
compromiso, el engagement (**4**)
computador/computadora, el/la computer (**5**)
común common (**4**)
Con cariño With love (**8**)
¡Con mucho gusto! It would be a pleasure! (**3**)
Con permiso. With your permission; Excuse me. (**2**)
con tal (de) que provided that (**7**)
concordancia, la agreement (**5, 7**)
concurso, el game show; pageant; contest (**5, 9**)
condición, la condition (**11**)
conectado online (**5**)
conectar to connect (**5**)
confundido/a confused (**1**)
congelar to freeze; to crash (**5**)
conocer to be acquainted with (PA)
conocido/a acquaintance; known (**1**)
conseguir (i) to get (PA)
conseguir un puesto de... to get a job / position as . . . (**8**)
consejero/a, el/la counselor (**1, 8**)
conservar to conserve (**10**)
construir to construct (**3**)
consuelo, el sympathy (**8**)
consultorio, el doctor's office (**7**)
consumo, el consumption (**10**)
contador/a, el/la accountant (**8**)
contaminante, el contaminant (**10**)
contar (ue) to tell; to count on (**1**)
contener (ie) to contain (**5**)
contestar to answer (PA)
contigo with you (**2**)
contraseña, la password (**5**)
contratar to hire (**8**)
contratista, el/la contractor (**3**)
controvertido/a controversial (**3**)
copa, la goblet; wine glass (**3**)
Cordialmente Cordially (**8**)
coro, el choir (**9**)
corregir (i) to correct (PA)
correo de voz, el voicemail (**5**)
correo electrónico, el e-mail (**4, 5**)
correr to run (PA)
cortar to cut (**5**)
cortar el césped to cut the grass (**3**)
corto/a short (**11**)
cortometraje, el short (film) (**9**)
cosechar to harvest (**10**)
coser to sew (**2**)
costar (ue) to cost (PA)
costilla, la rib (**11**)

cotidiano/a everyday; daily (**9**)
crear to create (PA, **9**)
creencia, la belief (**4**)
creer to believe (PA)
crema de afeitar, la shaving cream (**7**)
criar to raise (**10**)
crónica, la chronicle (**5**)
crucero, el cruise ship (**5**)
crudo/a raw (**4**, PB)
cruzar to cross (**5**)
cuadra, la city block (**1, 3**)
cuadro, el square (PA)
cuando when (**2, 7**)
cuarteto, el quartet (**9**)
cuarto, el room (**3**); one quarter (PB)
cubierto/a covered (**8**)
cubrir to cover (**3, 4**)
cuchillo, el knife (**1**)
cuentista, el/la short-story writer (**9**)
cuerdas, las strings; string instruments (**7, 9**)
cuerpo humano, el human body (**11**)
cueva, la cave (**3**)
cuidado, el care (**2**)
Cuídese. / Cuídate. Take care. (**1**)
culpa, la blame (**4**)
culpable guilty (**7**)
cumpleaños, el birthday (**1, 4**)
cumplir... años to have a birthday; to turn . . . years old (**4**)
cuñado/a, el/la brother-in-law / sister-in-law (**1**)
cura, el priest (**4**)
cura, la cure (**11**)
curativo/a curative (**3**)
currículum (vitae) (C.V.), el résumé (**8**)
curso, el class (**3**)
cursor, el cursor (**5**)

D

danza, la dance (**9**)
dañar to damage; to harm (**10**)
dañino/a harmful (**11**)
daño, el harm (**10**)
dar to give (PA)
dar a luz to give birth (**4**)
darse prisa to hurry (PA)
datos, los data (**5**); information (**8**)
de buena / mala calidad good / poor quality (**7**)
de mal en peor from bad to worse (**11**)
de manera que so that (**7**)
de modo que so that (**7**)
De ninguna manera. No way. (**10**)
de nuevo again (**1**)
¿De parte de quién? Who shall I say is calling? (**7**)
de repente all of a sudden (**5**)
¿De veras? Really? (**11**)
deber (+ inf.) should; must (PA)
decir to say; to tell (PA, **1**, PB)
declarar to testify (**7**)
declive, el decline (**10**)
decorado, el set (**9**)
decorar to decorate (**2**)
decreto, el decree (**4**)
deforestación, la deforestation (**10**)
dejar de to stop; to cease (**2, 8**)
dejar de fumar cigarrillos to quit smoking cigarettes (**11**)

delantero forward (soccer) (2)
demasiado/a/os/as too much / many (1)
demostrar (ue) to demonstrate (PA)
dentista, el/la dentist (8)
dependiente/a, el/la store clerk (7)
deportes, los sports (2)
deportista sporty; sports-loving person (2)
deportivo/a sports-related (2)
depresión, la depression (11)
deprimido/a depressed (1)
derretir (e → i → i) to melt (4)
desacuerdo, el disagreement (10)
desafío, el challenge (2)
desaparecer to disappear (10)
desaparición, la disappearance (2)
desastre, el disaster (10)
descalzo/a barefoot (11)
descanso, el rest (1)
descargar to download (5)
desconectado/a offline (5)
descongelar to thaw (10)
desconocido/a unknown (5)
describir to describe (PA)
descubrir to discover (1)
Desde luego. Of course. (7, 10)
deseado/a desired (5)
desear to wish (2, 9)
desenchufar to unplug (5)
deseo, el wish (2)
desfile, el parade (4)
deshacer to undo (5)
desierto, el desert (10)
desmayarse to faint (3, 11)
desodorante, el deodorant (7)
desorganizado/a disorganized (1)
despedida, la farewell (1); closing
  (*of a letter*) (8)
despedir (e → i → i) to fire (from a job) (8)
despedirse (e → i → i) to say goodbye
  (1, 11)
despensa, la pantry (3)
desperdiciar to waste (10)
desperdicio/desperdicios, el/los waste;
  waste products (5, 10)
despistado/a absentminded;
  scatterbrained (1)
desplazado/a displaced (10)
después (de) (que) afterward; after (4, 7, 10)
destacar(se) to stand out (3)
destreza, la skill (8)
destruir to destroy (10)
detalle, el detail (3)
detener (ie) to detain (11)
detrás de behind (7, 10)
deuda, la debt (2)
devolver (ue) to return (an object) (PA)
Día de la Independencia, el Independence
  Day (4)
Día de la Madre, el Mother's Day (4)
Día de las Brujas, el Halloween (4)
Día de los Muertos, el Day of the Dead (4)
Día de San Valentín, el Valentine's Day (4)
Día del Padre, el Father's Day (4)
diabetes, la diabetes (11)
diablo, el devil (5)
diálogo, el dialogue (1)
diamante, el diamond (7)
dibujar to draw (PA, 9)
dibujo, el drawing (PA, 9)

dibujos animados, los cartoons (9)
dientes de juicio, los wisdom teeth (8)
Diga. / Dígame. Hello? (7)
digital digital (5)
digitalizar to digitalize (5)
dinero en efectivo, el cash (7)
dinosaurio, el dinosaur (10)
dirección, la address (5)
director/a, el/la director (9)
director/a de escena, el/la stage
  manager (9)
discapacitado/a physically / psychologically
  handicapped (1)
disco duro, el hard drive (5)
discordia, la discord (3)
Disculpa. / Discúlpame. Excuse me.
  (*fam.*) (2)
disculparse to apologize (2)
Disculpe. / Discúlpeme. Excuse me.
  (*form.*) (2)
Disculpen. / Discúlpenme. Excuse me.
  (*form. pl.*) (2)
discurso, el speech (9)
discutir to argue; to discuss (4)
diseñador/a, el/la designer (3)
diseño, el design (9)
disfrazarse to wear a costume; to disguise
  oneself (4)
disfrutar to enjoy (2)
disminuir to diminish (11)
distraerse to get distracted (4)
diva, la diva (9)
divertirse (e → ie → i) to enjoy oneself; to
  have fun (PA)
divorciado/a divorced (1)
divorciarse to divorce; to get divorced (1)
doblar to turn (7)
doblarse to bend (11)
Doble/n a la derecha / izquierda. Turn
  right / left. (4)
dolor de cabeza, el headache (11)
dona, la donut (4)
dormir (ue, u) to sleep (PA)
dormitorio, el bedroom (3)
dosis, la dosage (11)
drama, el drama (9)
dramaturgo/a, el/la playwright (9)
drogadicto/a, el/la drug addict (11)
ducharse to shower (11)
duda, la doubt (3)
dudar to doubt (3, 9)
dueño/a, el/la owner (3)
dulce sweet (3)
dulces, los candies (4)
durazno, el peach (4)

E

ecológico/a ecological (10)
ecosistema, el ecosystem (10)
edad, la age (1)
editar to edit (9)
educado/a polite (1)
Efectivamente. Precisely. (10)
efecto invernadero, el greenhouse effect (10)
egoísta selfish (1)
ejecutivo/a, el/la executive (8)
electricista, el/la electrician (3)
elote, el ear of corn (4)

email, el e-mail (5)
embarazada pregnant (1)
embarazo, el pregnancy (4)
emoción, la excitement (2)
emocionante exciting (5)
empaquetar to pack up (12)
empate, el tie (game) (2)
empezar (ie) to begin (PA)
empleado/a, el/la employee (8)
emplear to use; to employ (7, 8)
empleo, el job (1)
empresa, la a corporation; business (8)
En absoluto. Absolutely. (1, 10)
en aquel entonces back then (10)
en caso (de) que in case (7)
en cuanto as soon as (7)
En mi vida. Never in my life. (10)
En otras palabras... In other words . . . (9)
en seguida immediately (after) (4)
¿En serio? Seriously? (11)
enamorado/a in love (1)
enamorarse (de) to fall in love (with) (4)
encantar to love; to like very much (1)
encargado/a in charge (7)
encargarle (a alguien) to commission
  (someone) (9)
encerrar (ie) to enclose (PA)
enchufar to plug in (5)
enchufe, el plug (5)
encima in addition (3)
encima de on top of (5, 10)
encontrar (ue) to find (PA)
encuesta, la survey (11)
enfermedad, la illness (11)
enfermería, la nursing (8)
enfocarse (en) to focus (on) (PB)
enfoque, el focus (4)
enfrente (de) in front (of); across from;
  facing (3)
engañar to deceive (4)
engendrar to generate (11)
¡Enhorabuena! Congratulations! (8)
enlace, el link (5)
enseñar to teach; to show (PA)
entender (ie) to understand (PA)
entonces then; next (4)
entre sí among themselves (1)
entrenador/a, el/la coach; trainer (1, 2)
entrenamiento, el training (11)
entrenar to train (2, 8)
entretener (ie) to entertain (7)
entrevista, la interview (PA, 8)
entrevistar to interview (2, PB, 8)
envase, el package; container (10)
envejecer to grow old; to age (1)
envejecimiento, el aging (11)
enyesar to put a cast on (11)
equipaje, el luggage (5)
equipo, el team (2)
equipo de cámara / sonido, el camera /
  sound crew (9)
equipo deportivo, el sporting equipment (2)
equivocado/a wrong (5)
erosión, la erosion (10)
Es... This is . . . (7)
es bueno / malo it's good / bad (9)
Es cierto. It's true. (10)
Es decir... That's to say . . . (9)
Es dudoso to be doubtful (9)

Es importante que... It is important that . . . (2, 9, **11**)

Es imprescindible que... It is essential that . . . (**11**)

Es mejor que... It's better that / than . . . (2, 9)

Es necesario que... It's necessary that . . . (2, 9, **11**)

Es preferible que... It's preferable that . . . (2, 9)

es probable it's probable (9)

Es que... It's that . . . ; The fact is that . . . (9)

es una lástima it's a shame (9)

Es verdad. It's true. (PA, 10)

escalar to climb (2)

escalofríos, los chills (**11**)

escanear to scan (5)

escáner, el scanner (5)

escaparate, el store window (7)

escasez, la scarcity (10)

escenario, el stage (9)

escoger to choose (PA)

escolar school (*adj.*) (2)

esconder to hide (3)

escribir to write (PA, **1**)

escuela secundaria, la high school (1)

esculpir to sculpt (9)

escultor/a, el/la sculptor (9)

escultura, la sculpture (9)

esfuerzo, el effort (6)

esmalte de uñas, el nail polish (7)

esmog, el smog (10)

Eso es. That's it. (7, 10)

espárragos, los asparagus (4)

especialidad, la specialty (7)

espectáculo, el show (9)

espejito, el little mirror (1)

espejo, el mirror (3)

espejo retrovisor, el rearview mirror (5)

esperar to wait for; to hope (PA, 2, 9)

espinacas, las spinach (4)

esqueleto, el skeleton (4)

esquiar to ski (2)

esquina, la corner (4)

¿Está ____ (en casa)? Is ____ there? / at home? (7)

Está bien. Okay; It's alright. (10)

establecer to establish (9)

estación, la station (4)

estacionamiento, el parking lot (11)

estadio, el stadium (2)

estado, el state (PA)

estanque, el pond (3)

estante, el shelf (2)

estar to be (PA, 7)

estar comprometido/a to be engaged (4)

estar embarazada to be pregnant (4)

este, el east (5)

Este... Well . . . ; Um . . . (11)

estético/a aesthetic (9)

estilo, el style (1)

Estimado/a señor/a... Dear Mr. / Mrs . . . (8)

estirarse to stretch (11)

Esto pasará pronto. This will soon pass. (8)

Estoy de acuerdo. Okay; I agree. (7, 10)

Estoy perdido/a. I'm lost. (4)

estrella, la star (4)

estrenar to show for the first time (1)

estrés, el stress (2)

estudiar to study (PA)

estufa, la stove (4)

etapas de la vida, las stages of life (1)

etiqueta, la etiquette (8)

evento de la vida, el life event (4)

evitar to avoid (8)

Exactamente. Exactly. (7, 10)

Exacto. Exactly. (7, 10)

examen físico, el physical exam (11)

excursionista, el/la hiker (2)

exhibir to exhibit (9)

exigente demanding (3)

exigir to demand (2, 9)

existente existing (3)

explicación, la explanation (6)

exterminado/a exterminated (10)

extraer to extract (3)

extranjero, el abroad (5)

extraterrestre otherworldly (5)

extrovertido/a extroverted (1)

F

fábrica, la factory (7)

fabricar to manufacture; to make; to produce (8, 10)

factura (mensual), la (monthly) bill (3)

fallar to fail (11)

faltar to need; to lack (1)

fama, la fame (3)

familia, la family (PA, **1**)

farmacia, la pharmacy (7)

faro, el headlight (5)

fascinar to fascinate (1)

fecha, la date (4)

fecha límite, la deadline (8)

¡Felicidades! Congratulations! (8)

felicitar to express good wishes (8)

¡Fenomenal! Phenomenal! (5, 8)

ferretería, la hardware store (7)

fertilizante, el fertilizer (10)

festejar to celebrate (6)

fiebre, la fever (7)

¡Figúrate! Imagine! (10)

fijarse en to pay attention to (4)

filmar to film (9)

finalmente finally (4)

financiero/a financial (8)

fingir to pretend (5)

firmar (los documentos) to sign (papers) (PA, 5)

firmeza, la firmness (7)

flamenco, el flamenco (9)

flan, el caramel custard (4)

flojo/a lazy (1)

florero, el vase (3)

flotante floating (2)

foca, la seal (10)

fondos, los funds (9)

formación, la education; training (5, 8)

¡Formidable! Super! (5)

foto, la photo (PA)

fracturar(se) to break; to fracture (11)

fregadero, el kitchen sink (3)

freír (e → i → i) to fry (4)

frenesí, el frenzy (6)

frenos, los braces (1); brakes (5)

frente, la forehead (1, 11)

fresa, la strawberry (4)

frito/a fried (4, PB)

frontera, la border (5)

fruta, la fruit (4)

frutería, la fruit store (7)

fuego, el fire (3)

fuego (lento, mediano, alto), el (low, medium, high) heat (4)

fuente, la fountain (7); source (8)

fuerte strong (11)

función, la show; production (9)

funda (de almohada), la pillowcase (3)

furioso/a furious (1)

G

gallo, el rooster (10)

ganado de vacuno / vacas, el cattle (8)

ganar to win (9)

ganar la vida to earn a living (2)

ganga, la bargain (7)

gastador/a extravagant; wasteful (1)

gastar to spend; to wear out; to waste (2, 3)

gaucho, el cowboy (8)

gemelos, los twins (1)

generoso/a generous (1)

geográfico/a geographical (10)

gerencia de hotel, la hotel management (8)

gerente/a, el/la manager (4, 8)

gesto, el gesture (8, 10)

gira, la tour (5)

gobierno, el government (3)

gorila, el gorilla (10)

gotas para los ojos, las eyedrops (11)

grabado, el etching (9)

Gracias por haber(me) llamado. Thank you for calling (me). (7)

graduación, la graduation (4)

gráfico/a graphic (9)

granjero/a, el/la farmer (8)

gratis free (2)

grosero/a rude (1)

guardar to put away; to keep; to save; to file (3, 5)

guardia de seguridad, el/la security guard (5)

guía, el/la guide (5)

guiar to guide (5)

guión, el script (9)

guionista, el/la scriptwriter; screenwriter (9)

guisado, el stew (4)

guisantes, los peas (4)

gustar to like (3, 9)

Gusto en verlo/la/te. Nice to see you. (1)

gustos, los likes (1)

H

hábil capable (3)

habitación, la room (3)

habitar to live in (3)

hábitat, el habitat (10)

hablar to speak (PA)

hacer to do; to make (PA, **1**)

hacer a mano to make by hand (9)

hacer artesanía to do crafts (2)

hacer clic to click (5)

hacer el papel to play the role (3, 9)

hacer falta to need; to be lacking (**1**)
hacer gárgaras to gargle (**11**)
hacer jogging to jog (**2**)
hacer la conexión to log on (**5**)
hacer mímica to play charades (PA, 9)
hacer pilates to do Pilates (**2**)
hacer publicidad to advertise (**8**)
hacer ruido to make noise (**10**)
hacer surf to surf (**2**)
hacer trabajo de carpintería to do woodworking (**2**)
hacer un crucero to go on a cruise (**5**)
hacer un pedido to place an order (**7**)
hacer una huelga to strike; to go on strike (**8**)
hacer volar un volantín to fly a kite (**7**)
hacer yoga to do yoga (**2**)
hacerse to become (**8**)
harina, la flour (**4**)
harto/a fed up (**1**)
hasta (que) until (**7**)
Hasta la próxima. Till the next time. (**1**)
hecho, el deed (**11**)
hecho de nilón made of nylon (**7**)
hecho de oro made of gold (**7**)
hecho de piel made of leather / fur (**7**)
hecho de plata made of silver (**7**)
hectárea, la 2.471 acres (**4**)
heladería, la ice-cream store (**7**)
herencia, la heritage; inheritance (PA, **1**)
hermanastro/a, el/la stepbrother / stepsister (**1**)
hermano/a, el/la brother / sister (PA)
herramienta, la tool (**3**)
hervido/a boiled (**4**, PB)
hervir (e → ie → i) to boil (**4**)
hierba, la grass (**3**); herb (**11**)
hijastro/a, el/la stepson / stepdaughter (**1**)
hijo/a, el/la son / daughter (PA)
hijo/a único/a, el/la only child (**1**)
hincharse to swell (**11**)
hipertensión, la high blood pressure (**11**)
hipoteca, la mortgage (**3**)
historia, la story (**4**)
hogar, el home (**3**)
hombre de negocios, el businessman (**8**)
hombro, el shoulder (**11**)
honesto/a honest (**1**)
hongos, los mushrooms (**4**)
honradez, la honesty; integrity (**4**)
horario, el schedule; timetable (**1**, **8**)
horno, el oven (**3**)
hotel de lujo, el luxury hotel (**5**)
huelga, la strike (**8**)
hueso, el bone (**10**, **11**)
huésped, el/la guest (**2**, **5**)
humilde humble (**4**)
humo, el smoke (**10**)

I

icono, el icon (**5**)
igual same (**1**)
iguana, la iguana (**10**)
imagen, la image (**5**, **9**)
¡Imagínate! Imagine! (**10**)
importar to matter; to be important (**1**)
imprescindible essential (**7**)
impresora, la printer (**5**)
imprevisto/a unforeseen (**11**)
imprimir to print (**5**)

improvisar to improvise (**9**)
incluso including (**5**)
incómodo/a uncomfortable (**5**)
incredulidad, la disbelief (**11**)
indicaciones, las directions (**4**, **7**)
indicar to indicate (PA)
indignado/a indignant (**4**)
infanta, la daughter of a king of Spain (**1**)
inflamación, la inflammation (**11**)
informar to inform, to tell (**9**)
informática, la computer science (**5**)
informe, el report (**3**)
infraestructura, la infrastructure (**10**)
ingeniería, la engineering (**3**, **8**)
ingeniero/a (químico/a), el/la (chemical) engineer (**8**)
ingenuo/a naive (**11**)
ingrediente, el ingredient (**4**)
ingresar to be admitted (**11**)
inminente imminent (**8**)
innovador/a innovative (**9**)
inolvidable unforgettable (**1**)
insecticida, el insecticide (**10**)
insinuante flirtatious (**1**)
insistir (en) to insist (**2**, **9**)
inspeccionar to inspect (**9**)
instrumentos de metal, los brass instruments (**9**)
instrumentos de viento / madera, los wood instruments; woodwinds (**9**)
insuperable unsurpassable (**9**)
intentar to try (**5**)
intento, el intention (**3**)
intercambiar to exchange (**5**)
intercambio, el exchange (**5**)
interesar to interest (**1**)
Internet, el Internet (**5**)
introvertido/a introverted (**1**)
invertir (e → ie → i) to invest (**8**)
invitado/a, el/la guest (**4**, **5**)
invitar a alguien to extend an invitation; to invite someone (**3**)
involucrarse to get involved (**10**)
ir to go (PA)
ir de camping to go camping (**2**)
irse to go away; to leave (PA)
isla, la island (**10**)
itinerario, el itinerary (**5**)

J

jabón, el soap (**7**)
jamás never; not ever (emphatic) (**2**, **11**)
jaqueca, la migraine; severe headache (**11**)
jardín, el garden (**3**)
jardinería, la gardening (**3**)
jardinero/a, el/la gardener (**3**)
jarra, la pitcher (**3**)
jefe/a, el/la boss (**8**)
jirafa, la giraffe (**10**)
jornada completa / parcial, la full-time / part-time workday (**8**)
joven, el/la young person (**9**)
joyas, las jewelery (**7**)
joyería, la jewelery store (**4**)
jubilación, la retirement (**1**, **8**)
jubilarse to retire (**8**)
jugar (o → ue) to play (PA)
jugar a las cartas to play cards (**2**)

jugar a las damas to play checkers (**2**)
jugar a videojuegos to play video games (**2**)
jugar al ajedrez to play chess (**2**)
jugar al boliche to bowl (**2**)
jugar al hockey (sobre hielo; sobre hierba) to play hockey (ice; field) (**2**)
jugar al horcado to play hangman (PB)
jugar al póquer to play poker (**2**)
jugar al voleibol to play volleyball (**2**)
juguete, el toy (**1**, **5**)
juguetería, la toy store (**7**)
junta, la commission; board; committee (**8**)
junto/a together (PA)
justicia criminal, la criminal justice (**8**)
justo/a just; right (**4**)
juventud, la youth (**1**)

K

karting, el go-kart racing (**5**)
kilogramo, el kilogram (2.2 pounds) (**4**)

L

La verdad es que... The truth is . . . (**11**)
laberinto, el labyrinth (**1**)
labio, el lip (**1**, **11**)
laboral work-related (**8**)
ladrillo, el brick (**3**)
ladrón/ladrona, el/la thief (**5**)
lago, el lake (**5**)
langosta, la lobster (**4**)
largo/a long (**11**)
Lástima pero... It's a shame / pity but . . . (**3**)
lavadora, la washing machine (**3**)
lavarse to wash oneself (PA)
¡Le / Te felicito! Congratulations! (**8**)
Le / Te habla... This is . . . (**7**)
¿Le / Te importa? Do you mind? (**5**)
¿Le / Te importa (si...)? Do you mind (if . . .)? (**5**)
¿Le / Te parece bien? Do you like the suggestion? (**5**)
leer to read (PA)
lema, el slogan (**3**)
lengua, la language (PA); tongue (**11**)
lentes de sol, los sunglasses (**5**)
letra, la letter (**1**)
letras, las letters (*literature*) (**1**)
letrero, el sign (**11**)
levantar pesas to lift weights (**2**)
levantarse to get up; to stand up (PA)
ley, la law (**5**)
libertad, la freedom (**2**)
lienzo, el canvas (**9**)
ligero/a light (**2**)
limusina, la limousine (**5**)
liquidación, la clearance sale (**7**)
liviano/a lightweight (**7**)
llamada, la phone call (**2**)
llamarse to be called; to be named (PA)
llamativo/a striking; colorful; showy; bright (**3**, **9**)
llanura, la plain (**10**)
llegar to arrive (PA)
Lo dudo. I doubt it. (**11**)
Lo / La / Te llamo más tarde. I will call you later. (**7**)
lo malo the bad thing (**8**)

lo mejor the best thing (8)
lo mismo the same thing (8)
lo peor the worst thing (8)
(Lo que) quiero decir... (What) I mean . . . (9)
Lo siento. I'm sorry. (8)
Lo siento, pero no puedo esta vez / en esta ocasión. Tengo otro compromiso. I'm sorry, but I can't this time. I have another commitment. / I have other plans. (3) (8)
lobo, el wolf (10)
loción, la lotion (7)
loro, el parrot (10)
lucir to show; to display (7)
lucro, el profit (8)
luego then; next (4)
luego que as soon as (7)
lugar, el place (7)
lujo, el luxury (2, 11)
luna de miel, la honeymoon (4)
lunar, el beauty mark; mole (1)

M

madera, la wood (3)
madrina, la godmother (1)
maestría, la masters (degree) (8)
maestro/a, el/la teacher (8)
maleducado/a impolite; rude (1)
malo/a bad (9)
maltratar to abuse (1)
malvado/a evil (4)
mamá, la mom (PA)
mamífero, el mammal (10)
manatí, el manatee (10)
manchita, la little spot (11)
manga corta, la short sleeve (7)
manga larga, la long sleeve (7)
mango, el mango (4)
manguera, la garden hose (3)
mano, la hand (PA)
mantener (ie) to maintain (PA, 2)
mantequilla, la butter (4)
mapa, el map (5)
maquillarse to put on makeup (PA)
máquina de afeitar, la electric shaver / razor (7)
máquina de fax, la fax machine (5)
mar, el sea (10)
marca, la brand (5, PB)
marcar to mark (8)
mareo/mareos, el/los dizziness (11)
mariachi, el mariachi (9)
marido, el husband (1)
mariposa, la butterfly (10)
mariscos, los seafood (4)
marrón brown (4)
martillo, el hammer (7)
más que nunca more than ever (4)
más tarde later (4)
masa, la dough (7)
máscara, la mask (2)
materia, la material; subject (9)
materiales de la casa, los housing materials (3)
mayoría, la majority (2)
Me da igual. It's all the same to me. (12)
Me da mucha pena pero... I'm really sorry but . . . (3)

Me estás tomando el pelo. You're kidding me / pulling my leg. (10)
¿Me podría/n decir cómo se llegar a...? Could you (all) tell me how to get to . . .? (4)
mecánico/a, el/la mechanic (8)
media manga half sleeve (7)
media naranja, la soul mate (9)
medicamento, el medicine (11)
medio, el middle (1)
medio ambiente, el environment (5, 10)
medios, los means (9)
mejilla, la cheek (1, 11)
mejor better (PA, 9)
mejor, el/la the best (PA, 9)
mejoramiento, el improvement (3)
mejorar to improve (2, 10)
menospreciar to underestimate (11)
mensaje de texto, el text message (5)
mente, la mind (4)
mentir (ie, i) to lie (PA)
mentira, la lie (2)
mentón, el chin (1)
mercadeo, el marketing (8)
mercado, el market (4)
mercado de pulgas, el flea market (7)
merengue, el merengue (9)
meta, la goal (3, 8)
metano, el methane (5)
meter la pata to put your foot in your mouth (9)
meterse to get in(to) (11)
mezcla, la mixture (1)
mezclar to mix (4)
mezquita, la mosque (7)
mi/s my (PA)
Mi más sentido pésame. You have my sympathy. (8)
miedo de salir en escena, el stage fright (9)
miel, la honey (4)
mientras (que) while (PA, 7, 10)
mío/a/os/as mine (PA)
Mire… / Mira… Look . . . (7)
mirón, el lurker (5)
Mis más sinceras condolencias. My most heartfelt condolences. (8)
mismo/a oneself (2)
mitad, la half (PB)
mito, el myth (2)
moda, la fashion (3, 8)
molestar to bother (1)
molesto/a annoyed (4)
mono, el monkey (10)
mononucleosis, la mononucleosis (11)
montaje, el staging; editing (9)
montar to assemble (9)
montar a caballo to go horseback riding (2)
monumento nacional, el national monument; monument of national importance (5)
moreno/a black (hair) (1)
morir (ue, u) to die (PA, 1)
mortero, el mortar (3)
mostrador, el counter(top) (3, 7)
mostrar (ue) to show (PA)
motivo, el motif; theme (9)
moto, la motorcycle (PA)
mudarse to move (3)
muela de juicio, la wisdom tooth (8)
muerte, la death (1)

mujer, la wife (1)
mujer de negocios, la businesswoman (8)
muletas, las crutches (11)
multitarea, la multitasking (5)
mundial (*adj.*) world (2)
muñeca, la wrist (11)
mural, el mural (9)
muralista, el/la muralist (9)
murciélago, el bat (10)
muro, el wall (*around a house*) (3)
músculo, el muscle (11)
música, la music (9)
música alternativa, la alternative music (9)
música popular, la popular music (9)
muslo, el thigh (11)
musulmán/musulmana Muslim (7)
Muy atentamente Sincerely (8)
(Muy) Buenos / Buenas. Good morning / afternoon. (1)
Muy estimado/a señor/a... Dear Mr. / Mrs. . . . (8)
Muy señor/a mío/a... Dear Sir / Madam . . . (8)

N

nacer to be born (1)
nacimiento, el birth (1, 4)
Nada de eso. Of course not. (10)
narcomanía, la drug addiction (11)
naturaleza, la nature (10)
naturaleza muerta, la still life (9)
náuseas, las nausea (11)
navaja de afeitar, la razor (7)
navegador, el browser (5)
navegador personal, el GPS; navigation system (5)
navegar to navigate; to surf (5)
Navidad, la Christmas (4)
necesitar to need (PA, 2, 9)
negar (ie) to deny (3)
negociar to negotiate (8)
negocio/negocios, el/los business (PB, 8)
nervio, el nerve (11)
¡Ni lo sueñes! Don't even think about it! (10)
nieto/a, el/la grandson / granddaughter (1)
nilón nylon (7)
niñez, la childhood (1)
nivel, el level (2, 4)
No cabe duda. There's no doubt; Without a doubt. (10)
¿No cree(s)(n) que...? Don't you think that . . . ? (11)
no creer not to believe; not to think (3, 9)
No es verdad. It's not true. (PA)
No está. He / She is not home. (7)
no estar seguro (de) to be uncertain (3, 9)
No estoy de acuerdo. I don't agree. (10)
no hay de qué you're welcome (2)
No hay duda. There's no doubt; Without a doubt. (10)
No hay más remedio. There's no other way / solution. (10)
No lo creo. I don't believe it; I don't think so. (11)
¡No me diga/s! You don't say!; No way! (5, 7, 10, 11)
no obstante notwithstanding (10)

no pensar (e → ie) not to think (3, 9)
¡No puede ser! This / It can't be! (5, 10, 11)
No se encuentra. He / She is not home. (7)
No se / te preocupe/s. Don't worry. (8)
noreste northeast (5)
noroeste northwest (5)
norte, el north (5)
Nos / Me encantaría (pero)... We / I would love to (but) . . . (3)
Nos vemos. See you. (1)
noticiero, el news program (9)
novato, el rookie (2)
novato/novata, el/la novice, beginner (2)
noviazgo, el engagement; courtship (4)
novio/a, el/la boyfriend /girlfriend; groom / bride (4)
nuera, la daughter-in-law (1)
nuestro/a/os/as our/s (PA)

O

o or (2)
O sea... That is . . . (9, 11)
obesidad, la obesity (11)
obra, la work (3)
obra de teatro, la play (9)
obra maestra, la masterpiece (9)
obrero/a, el/la worker (3)
obtener (e → ie) to obtain (PA)
ocultar to hide (3)
ocupar to occupy (2)
oeste, el west (5)
oferta, la (special) offer (5, 7)
oficina de turismo, la tourism office (5)
ofrecer to bid (7)
oído, el inner ear (11)
Oiga... Hey . . . (*form.*) (7)
oír to hear (PA)
ojalá (que) I hope so (2)
óleo, el oil painting (9)
olla, la pot (3)
onda, la wave (10)
operar to operate (11)
opuesto/a opposite (1)
oración, la sentence (PA)
ordenador, el computer (5)
orfebrería, la crafting of precious metals (9)
organista, el/la organist (9)
organizado/a organized (1)
organizar to organize (9)
órgano, el organ (9)
orgullo, el pride (5)
orgulloso/a proud (1)
oscuro/a dark (3)
oveja, la sheep (10)
Oye... Hey . . . (*fam.*) (7)

P

paciente, el/la patient (11)
padrino, el godfather (1)
página principal, inicial, de hogar, la homepage (5)
país, el country (PA)
paisaje, el countryside (5); landscape (9)
palo (de golf; de hockey), el golf club; hockey stick (2)
paloma, la pigeon; dove (10)
palomitas de maíz, las popcorn (4)

pan dulce, el sweet roll (4)
panadería, la bread store; bakery (7)
panqueque, el pancake (4)
pantalla, la screen (2, 5)
pantano, el marsh (10)
pañal, el diaper (10)
papaya, la papaya (4)
papel, el paper; role (5, 9)
papel de envolver, el wrapping paper (7)
papel higiénico, el toilet paper (7)
papelería, la stationery shop (7)
papelito, el little piece of paper (PA)
paperas, las mumps (11)
paquete, el package (5)
par, el pair (2)
para for; in order to (5)
para aquel entonces by then (8)
para que so that (7)
parachoques, el bumper (5)
parada, la (bus) stop (2)
parador, el inn (3)
paráfrasis, la loose interpretation (8)
paraíso, el paradise (2)
Parece mentira. It's hard to believe. (11)
parecer to seem; to appear (1)
pareja, la couple; partner (1)
pariente/a, el/la relative (1)
párrafo, el paragraph (1)
partido, el game (2)
pasado, el past (3)
pasar to pass (2)
pasatiempos, los pastimes (2)
Pascua, la Easter (4)
pasear en barco (de vela) to sail (2)
paseo, el promenade (1)
pasillo, el hall (3)
paso, el step; stage (PA)
paso de peatones, el crosswalk (5)
pasta de dientes, la toothpaste (7)
pastelería, la pastry shop (7)
patinar en monopatín to skateboard (2)
patines, los skates (2)
pato, el duck (10)
patrocinador/a, el/la patron (9)
pavo, el turkey (4)
paz, la peace (10)
pecas, las freckles (1)
pedagogía, la teaching (8)
pedazo, el piece (4)
pedido, el request; order (2, 5)
pedir (e → i → i) to ask (for); to request (PA, 2, 9)
pedir clarificación to ask for clarification (2)
pegar to hit (1); to paste (5)
peinarse to comb one's hair (11)
pelar to peel (4)
pelear(se) to fight (2, 4)
peligro, el danger (2, 10)
peligroso/a dangerous (1)
pelirrojo/a red-haired (1)
pelo, el hair (1)
pelo canoso, el gray hair (1)
pelo corto, el short hair (1)
pelo lacio, el straight hair (1)
pelo largo, el long hair (1)
pelo rizado, el curly hair (1)
pelota, la ball (PA, 2)
peluca, la wig (1)

peluquero/a, el/la hair stylist (8)
penicilina, la penicillin (11)
pensar (ie) to think (PA)
peor worse (9)
peor, el/la the worst (9)
pepino, el cucumber (4)
perder (e → ie) to lose (PA)
perder (e → ie) peso to lose weight (11)
perderse (e → ie) to get lost (5)
Perdón. / Perdóname. Pardon. (*fam.*) (2)
Perdón, ¿sabe/n usted / ustedes llegar al...? Pardon, do you (all) know how to get to . . . ? (4)
Perdóneme. Pardon. (*form.*) (2)
perfil, el profile (1)
perforación del cuerpo, la body piercing (1)
perfume, el perfume (7)
periodista, el/la journalist (8)
pero but (2)
perseguir (i) to chase (PA)
persianas, las blinds (3)
personal, el personnel (8)
personalidad, la personality (1)
pesadilla, la nightmare (7)
pesado/a dull; tedious (1)
pesar, el regret; sorrow (8)
pesas, las weights (2)
pescadería, la fish store (7)
pescado, el fish (4)
pescar to fish (2)
pestañas, las eyelashes (1, 11)
pesticida, el pesticide (10)
picaflor, el hummingbird (10)
piedra, la stone (3)
piel, la skin (1, 11); fur; leather (7)
pieza musical, la musical piece (9)
pila, la battery (7)
pilates, el Pilates (2)
piloto/a, el/la pilot (8)
piloto/a de carreras, el/la race car driver (5)
pimiento, el pepper (4)
pincel, el paintbrush (9)
pingüino, el penguin (5, 10)
pintado/a painted (5)
pintalabios, el lipstick (7)
pintar to paint (2, 3)
pintor/a, el/la painter (9)
pintura, la painting (9)
piña, la pineapple (4)
pirámide, la pyramid (1)
pisar to step on (2)
piscina, la swimming pool (3)
piso, el apartment (4)
pista, la track; rink (2); clue (5, PB)
planear to plan (9)
plátano, el plantain (4)
platillo, el saucer (3)
plato, el main dish (4)
plato hondo, el bowl (3)
playa, la beach (10)
plomero/a, el/la plumber (3)
poder (ue) to be able to (PA)
poder, el power (PA)
poderoso/a powerful (1)
político/a, el/la politician (8)
poner to put; to place (PA, 1)
ponerse (la ropa) to put on (one's clothes) (PA)
ponerse (nervioso/a) to become (nervous) (PA)

ponerse de acuerdo to agree; to reach an agreement (2, **3**)

por for; through; by; because of (**5**)

por ciento percent (PB)

por ejemplo for example (3)

por eso for this reason (5, 10)

por favor please (5)

por fin finally; in the end (PA, 4, 5)

por lo menos at least (PA, 5)

por lo tanto therefore (5)

por lo visto apparently (5)

por medio de by means of (10)

por otro lado on the other hand (10)

por suerte luckily (PA)

¡Por supuesto! Sure!; Of course! (3, 5, 7, 10)

por último last (in a list) (4)

porque because (2)

portada, la entrance (4)

portarse bien to behave well (1)

portarse mal to misbehave (1)

portero/a, el/la doorman (5)

postre, el dessert (4)

practicar artes marciales, las to do martial arts (2)

practicar ciclismo, el to go cycling (2)

practicar esquí acuático, el to go waterskiing (2)

practicar lucha libre, la to wrestle (2)

Precisamente. Precisely. (10)

precisar to say exactly; to specify (11)

predecir (i) to predict (1)

preferir (e → ie → i) to prefer (PA, 2, 9)

preguntar to ask (a question) (PA)

premio, el prize (1)

prenda, la garment (7)

prender to start (5)

preparar to prepare; to get ready (PA)

preparativos, los preparations (PB)

preservar to preserve (10)

presión alta / baja, la high / low (blood) pressure (11)

préstamo, el loan (3)

presumido/a conceited; arrogant (1)

presupuesto, el budget (3)

prevenir (e → ie) to prevent (10)

primer día / mes, el the first day / month (4)

primera comunión, la First Communion (4)

primero at first; first; in the beginning (4)

primito/a, el/la little cousin (2)

primo/a, el/la cousin (PA)

princesa, la princess (1)

príncipe, el prince (1)

probar (ue) to try (1)

procedente coming (8)

procedimiento, el procedure (11)

profesión, la profession (8)

profesional professional (8)

programa de computación, el software (5)

prohibir to prohibit (2, 9)

pronóstico del tiempo, el weather report (2)

pronto soon (4)

propiedad, la property (3)

propietario/a, el/la owner; landlord (8)

propina, la tip (3)

propio/a own (PA)

proponer to suggest; to recommend (2, 9)

Propongo que... I propose that . . . (11)

propósito, el purpose (11)

proyecto, el project (3)

prueba, la proof (10)

prueba médica, la medical test (11)

psicología, la psychology (8)

psicólogo/a, el/la psychologist (8)

publicidad, la advertising (8)

publicitar to advertise; to publicize (8)

¿Puede/n usted / ustedes decirme dónde está...? Can you tell me where . . . is? (4)

¿Puedo tomar algún recado? Can I take a message? (7)

puerto, el port (5)

pues well; since (2)

Pues... Um . . . ; Well . . . (11)

puesto, el job; position (8)

puesto que given that (7)

pulmón, el lung (11)

pulpo, el octopus (10)

pulsar el botón derecho to right-click (5)

pulsera, la bracelet (7)

puma, el puma (10)

punto, el dot (*in a URL*) (5)

Q

que that; who; which; whom (2, 5)

¡Qué barbaridad! How awful! (5)

¡Qué bueno! Good! (5)

¿Qué dice/s? What do you say? (5)

¿Qué dijiste / dijo? What did you say? (2)

¡Qué emoción! How exciting!; How cool! (5)

¡Qué estupendo! How stupendous! (8)

¡Qué extraordinario! How extraordinary! (8)

(Qué) Gusto en verlo/la/te! How nice to see you! (1)

¿Qué hay de nuevo? What's new? (1)

¿Qué le / te parece? What do you think (about the idea)? (5)

Que le / te vaya bien. Take care. (1)

¡Qué maravilloso! How marvelous! (8)

¿Qué me cuentas? What do you say?; What's up? (1)

¿Qué opina/s? What do you think? (5)

¡Qué pena / lástima! What a pity / shame! (5, 8)

¿Qué quiere decir...? What does . . . mean? (2)

¿Qué significa...? What does . . . mean? (2)

¿Qué tal amaneció usted / amaneciste? How are you this morning? (1)

¡Qué va! No way! (10)

quedar to have something left (1)

quedarse to stay; to remain (PA)

quedarse sin hacer to be left undone (10)

queja, la complaint (11)

quemadura, la burn (11)

quemar to burn (1)

querer (e → ie) to want; to love; to wish (PA, 2, 9)

Querido/a... Dear . . . (8)

quien(es) that; who (2); whom (5)

quinceañera, la fifteenth birthday celebration (4)

Quisiera invitarte/le/les... I would like to invite you (all) . . . (3)

quitarse (la ropa) to take off (one's clothes) (PA)

quizás maybe (2)

R

radiografía, la X-ray (11)

raíces, las roots (1)

rapidez, la speed (5)

raqueta, la racket (2)

raro/a strange (1)

rato, el little while (3)

ratón, el mouse (5)

razón, la reason (PA)

real royal (1)

rebaja, la sale; discount (7)

recalentar (ie) to reheat (4)

recámara, la room (3)

recepcionista, el/la receptionist (5)

receptáculo, el receptacle (8)

receta, la recipe (4)

rechazar una invitación to decline an invitation (3)

recibir to receive (PA)

recién recently (PB)

recoger to pick up (1)

recomendar (e → ie) to recommend (PA, 2, 9)

Recomiendo que... I recommend that . . . (11)

reconocer to recognize; to admit (PA)

recordar (o → ue) to remember; to remind (PA, **1**)

recorrido, el trip (5)

recreativo/a recreational (2)

recuerdo, el souvenir (5)

reducir to reduce (10)

reemplazar to replace (10)

reflejar to reflect (9)

reflexionar to reflect (1)

regalar to give (3)

regalo, el present (4)

regar (e → ie) las flores to water the flowers (3)

regla, la rule (8)

regresar to return (PA)

reina, la queen (1)

reiniciar to reboot (5)

reino, el kingdom (1)

reliquia, la relic (8)

relleno, el filling (4, 7)

relleno/a filled (8)

reloj de pulsera, el wristwatch (7)

remar to row (2)

remate, el auction; sale (7)

remedio casero, el home remedy (11)

remo, el rowing (2)

remodelar to remodel; to renovate (3)

renovable renewable (10)

renovar (o → ue) to remodel; to renovate; to renew (3, 5)

renunciar (a) to resign; to quit (8)

reñir (i) to scold (1)

reparar to repair (3)

repasar to review (5)

repaso, el review (PA)

repetir (i) to repeat (PA)

Repite/a, por favor. Repeat, please. (2)

reportaje, el report (1)

reportero/a, el/la reporter (8)

representar to represent; to perform (9)

reproductor de MP3, el MP3 player (5, 9)

requerir (ie) to require (10)

requisito, el requirement (8)

rescatar to rescue (10, 11)

resolver (ue) to solve (1)

respirar to breathe (11)

responder to respond (5)
respuesta, la answer (1)
restaurar to restore (5)
resultado, el result; score (**2, 11**)
resumen, el summary (1)
retraso, el delay (11)
retrato, el portrait (**9**)
reunirse to get together; to meet (PA)
revista, la magazine (3)
revolver (o → ue) to stir (**4**)
rey, el king (1)
riesgo, el risk (**10**)
rinoceronte, el rhinoceros (**10**)
río, el river (**10**)
rivalidad, la rivalry (2)
robar to rob (5)
robo, el robbery (5)
rodar (o → ue) (en exteriores) to film (on location) (**9**)
rodear to surround (10)
rodilla, la knee (**11**)
rogar (o → ue) to beg (2, 9)
romper to break (**1**)
ropa, la clothing (7)
ropa interior, la underwear (**7**)
rosado/a pink (4)
rubio/a blond (**1**)
ruido, el noise (2)
ruinas, las ruins (3)
ruleta, la roulette (PA)

S

saber to know (3)
Sabes... You know . . . (11)
sabotear to hack (**5**)
sacar to obtain (3)
sacar fotos to take pictures / photos (**5**)
sacar la mala hierba to weed (3)
sacar la sangre to draw blood (**11**)
sala, la living room (**3**)
salario, el salary (**8**)
salchicha, la sausage (**4**)
salir (con) to leave (PA); to go out (with) (**4**)
salón, el living room (1)
saltamontes, el grasshopper (**10**)
saludar to greet; to say hello (1, **11**)
saludo, el greeting (**1,** 8)
Saludos a (nombre) / todos por su / tu casa. Say hi to (name) / everyone at home. (1)
salvaje wild (10)
salvar to save (10)
sanarse to heal (11)
sandía, la watermelon (**4**)
santo/a, el/la saint (4)
sarampión, el measles (**11**)
sardina, la sardine (**4**)
sartén, la skillet; frying pan (**3**)
sastrería, la tailor shop (7)
saxofón, el saxophone (**9**)
saxofonista, el/la saxophonist (**9**)
¡Se rueda! Action! (**9**)
secadora, la dryer (**3**)
secretario/a, el/la secretary (**8**)
seguidores/as, los/las fans; groupies; followers (**9**)
seguir (i) to follow; to continue (doing something) (PA)

seguir derecho to go straight (7)
según according to (PA, 1, 10)
seguridad, la confidence (5)
seguro del coche, el car insurance (5)
selva nubosa, la cloud forest (5)
semejanza, la similarity (3, 6)
seminario, el seminar (1)
sencillo/a modest; simple (**1,** 3, PB)
sendero, el path (4)
¡Sensacional! Sensational! (8)
sensible sensitive (**1**)
sentarse (e → ie) to sit down (PA)
sentido, el sense (2)
sentir (e → ie → i) to regret (3, 9)
sentirse (e → ie → i) to feel (PA)
separarse to separate; to get separated (**1**)
sequía, la drought (**10**)
ser to be (PA, **7, 8**)
ser buena gente to be a good person (1)
ser bueno / malo to be good / bad (3, 9)
ser dudoso to be doubtful (3, 9)
ser humano, el human being (5)
ser mala gente to be a bad person (1)
ser probable to be probable (3, 9)
ser una lástima to be a shame (3, 9)
Sería mejor... It would be better to . . . (11)
serie, la series (4)
serio/a serious (**1**)
servicio, el room service (**5**)
servicios, los public restrooms (**7**)
servidor, el server (**5**)
servir (e → i) to serve (PA)
si if (PA, 9)
SIDA, el AIDS (**11**)
sierra, la mountain range (**10**)
Siga/n derecho / todo recto. Go straight. (4)
siglo, el century (6)
significado, el meaning (1)
significar to mean (6)
signo, el sign (8)
siguiente following (PA)
¡Silencio! Quiet everybody (on the set)! (**9**)
simpatía, la sympathy (**8**)
Sin duda. Without a doubt.; No doubt. (10)
sin embargo nevertheless (**10**)
sin fines de lucro nonprofit (**8**)
sin que without (**7**)
sinfónica, la symphony orchestra (**9**)
sino but rather (**10**)
síntoma, el symptom (**11**)
sobre, el envelope (**5**)
sobre todo above all (3)
sobrepoblación, la overpopulation (**10**)
sobrevivir to survive (**10**)
sobrino/a, el/la nephew / niece (**1**)
¡Socorro! Help! (10)
soler (ue) to be accustomed to (4)
solicitar to apply for (a job); to solicit (8)
solicitud, la application form (8)
solista, el/la soloist (9)
soltero/a single (not married) (**1**)
soltero/a, el/la single man; single woman; bachelor(ette) (1)
sombra, la shadow (6)
sombrilla, la umbrella (5)
sonar (ue) to seem familiar; to sound (2, 5)
sonido, el sound (7)
sonreír (i) to smile (5)
sonrisa, la smile (2)

soñar (ue) to dream (4)
sopera, la soup bowl (**3**)
sorprendido/a surprised (**1**)
sorpresa, la surprise (10)
sostener (ie) to sustain (**10**)
sótano, el basement (**3**)
Soy... This is . . . (7)
su/s his / her / its / your (*form.*) / their (PA)
suavemente smoothly (2)
subtítulos, los subtitles (**9**)
suceso, el event (1)
suegro/a, el/la father-in-law / mother-in-law (**1**)
sueldo, el salary (**8**)
suelo, el ground (1)
sueño, el dream (3, 6)
sufrimiento, el suffering (5)
sufrir to suffer (2)
sugerir (e → ie → i) to suggest (2, **3,** 9)
sugerir una alternativa to suggest an alternative (**11**)
Sugiero que... I suggest that . . . (11)
superficie, la surface (11)
supervisor/a, el/la supervisor (**8**)
supuestamente allegedly (3)
sur, el south (1, **5**)
sureste southeast (5)
suroeste southwest (5)
sustancia, la substance (**10**)
sustantivo, el noun (PA)
susto, el scare (PB)
suyo/a/os/as his / hers / yours (*form.*) / theirs (PA)

T

tabla de surf, la surfboard (**2**)
tacaño/a cheap (**1**)
tacón (alto, bajo), el heel (high, low) (**7**)
talco, el talcum powder (**7**)
talentoso/a talented (**9**)
talla, la wood sculpture; carving (**9**)
taller, el workshop; studio (**9, 11**)
talón, el heel (*of the foot*) (**11**)
tamaño, el size (**2**)
tampoco nor; neither (PA)
tan... como as . . . as (9)
tan pronto como as soon as (**7**)
tanto/a/os/as... como as much / many . . . as (9)
tapiz, el tapestry (**9**)
tarjeta, la card; greeting card (**7**)
tarjeta de crédito, la credit card (7)
tasa, la rate (10)
tatuaje, el tattoo (**1**)
Te digo... I'm telling you . . . (10)
teatro, el theater (**9**)
teclado, el keyboard (**5, 9**)
técnico/a technical (**9**)
tecnología, la technology (**5**)
tejedor/a, el/la weaver (**9**)
tejer to knit (2)
tejido, el weaving (**9**)
tela, la fabric (7)
telefonista, el/la telephone operator (**5**)
teléfono celular, el cell phone (**5**)
teléfono de ayuda, el help line (6)
telenovela, la soap opera (4, **9**)
televidente, el/la television viewer (**9**)

televisión, la television (**9**)
tema, el subject; theme (1)
temer to be afraid (of) (3, 9)
temporada, la a while; a period of time (1)
tener (ie) to have (PA)
tener éxito to be successful (2)
tener experiencia to have experience (**8**)
tener miedo (de) to be afraid (of) (3, 9)
tener que ver (con) to have to do with (3, 4)
tener una cita to have a date (**4**)
teñido/a dyed (hair) (**1**)
teñirse (i) el pelo to dye one's hair (1)
terco/a stubborn (**1**)
terminar to finish; to end (PA)
término de la cocina, el cooking term (**4**)
termómetro, el thermometer (**11**)
ternera, la veal (**4**)
terreno, el terrain; land; field (2)
tertulia, la social gathering (3)
tesis, la thesis (PB)
tiburón, el shark (**10**)
tienda, la shop; store (**7**)
tienda de ropa, la clothing store (**7**)
Tierra, la Earth (10)
tierra, la land (10)
tigre, el tiger (**10**)
tímido/a shy (**1**)
tintorería, la dry cleaners (**7**)
tío/tía, el/la uncle / aunt (PA)
tirar to throw (PA, 1, 3)
tirar un platillo volador to throw a frisbee; to play frisbee (**2**)
titulado/a, el/la graduate (**8**)
título, el title, degree (1, 7)
toalla, la towel (**3**)
tobillo, el ankle (**11**)
tocador, el dresser (3)
tocar (un instrumento) to play (an instrument) (**9**)
tocino, el bacon (**4**)
tomar to take; to drink (PA)
tomar apuntes to take notes (**8**)
tomar el pulso to take someone's pulse (**11**)
tomar la presión to take someone's blood pressure (**11**)
tomar la temperatura to check someone's temperature (**11**)
Tome/n un taxi / autobus. Take a taxi / bus. (4)
tono de voz, el tone of voice (1)
torcerse (ue) to sprain (**11**)
torneo, el tournament (2)
tornillo, el screw (7)
toronja, la grapefruit (**4**)

tortuga, la turtle (**10**)
toser to cough (11)
tóxico/a poisonous (**10**)
trabajar to work (PA)
trabajar en el jardín to garden (2)
trabajo, el job (**8**)
traducir to translate (8)
traer to bring (PA)
tragedia, la tragedy (9)
tranquilo/a calm (3)
Tranquilo. Relax.; Calm down. (8)
transmisión, la transmission (5)
transporte, el transportation (5)
trasero, el buttocks (**11**)
traslado, el transfer (5)
tratamiento, el treatment (10, **11**)
tratar to treat (4)
trato, el treatment (10)
trenza, la braid (1)
trepador/a climbing (11)
trío, el trio (9)
trombón, el trombone (9)
trompo, el top (toy) (7)
tu/s your (*fam.*) (PA)
turnarse to take turns (PA)
tuyo/a/os/as yours (*fam.*) (PA)

U

ubicarse to be located (4)
último/a last (1)
Un (fuerte) abrazo A (big) hug (8)
uña, la nail (**11**)
usar to use (PA)
utilizar to use; to utilize (1)

V

vacaciones, las vacations (5, 8)
vacuna, la vaccination (**11**)
valle, el valley (**10**)
valor, el value (**9**)
vaquero, el cowboy (8)
varicela, la chicken pox (**11**)
Vaya/n derecho / todo recto. Go straight. (4)
vecino/a, el/la neighbor (3)
vehículo utilitario deportivo, el sport utility vehicle (*SUV*) (**5**)
vejez, la old age (**9**)
vela, la candle (3)
velocidad, la speed (5)
vena, la vein (11)
venado, el deer (10)
vendedor/a, el/la seller; vendor (2)

venenoso/a poisonous (9)
venir (ie) to come (PA)
venta, la sale (6, **8**)
ventanilla, la ticket window (2)
ventas (por teléfono), las (telemarketing) sales (**8**)
ver to see (PA, **1**)
verdadero/a true (PB)
verdura, la vegetable (**4**)
vergüenza, la shame (**8**)
verruga, la wart (11)
verso, el line; verse (4)
vertedero, el garbage dump (10)
verter (e → ie) to pour (**4**)
vestuario, el costume; wardrobe; dressing room (9)
veterinario/a, el/la veterinarian (**8**)
vez, la time (2)
viajar por to tour (**5**)
viajes, los travel; trips (**5**)
viejo/a old (**9**)
violín, el violin (**9**)
viruela, la smallpox (10)
vistazo, el look; glance (1)
visual visual (9)
viticultura, la winegrowing (8)
viudo/a, el/la widower / widow (**1**)
vivir to live (PA)
vocero/a, el/la spokesperson (**8**)
volantín, el kite (7)
volcán, el volcano (**10**)
volver (o → ue) to return (PA, **1**)
vomitar to vomit (**11**)
vuelo, el flight (5)
vuelta, la race (2)
vuestro/a/os/as your/s (*fam. pl. Spain*) (PA)

Y

y and (2)
Ya lo creo. I'll say. (10)
¡Ya no lo aguanto! I can't take it any more! (5)
ya que since; because (7)
yerno, el son-in-law (**1**)
yeso, el plaster (3)
yoga, el yoga (2)

Z

zanahoria, la carrot (**4**)
zancos, los stilts (7)
zapatería, la shoe store (**7**)
zorro, el fox (**10**)

Appendix 6

English–Spanish Glossary

A

A (big) hug Un (fuerte) abrazo (8)
able to, to be poder (o → ue) (PA)
above arriba (5)
above all sobre todo (3)
abroad el extranjero (5)
absentminded despistado/a (1)
Absolutely. Absolutamente.; En absoluto. (1, 10)
absorb shock, to amortiguar (11)
abuse, to maltratar (1)
accelerator el acelerador (5)
accept an invitation, to aceptar una invitación (3)
accomplice el/la cómplice (5)
according to según (PA, 1, 10)
accountant el/la contador/a (8)
accustomed to, to be soler (ue) (4)
acquaintance conocido/a (1)
acquainted with, to be conocer (PA)
acquisition la adquisición (8)
across from enfrente (de) (3)
act, to actuar (8, 9)
Action! ¡Se rueda! (9)
add, to añadir (PA, 3, 4, 8)
address la dirección (5)
administrative administrativo/a (8)
admit, to reconocer (PA)
admitted, to be ingresar (11)
adobe el adobe (3)
adolescence la adolescencia (1)
advance, to ascender (e → ie) (8)
advertise, to hacer publicidad; publicitar (8)
advertisement el anuncio (PA)
advertising la publicidad (8)
advise, to aconsejar (1, 2, 4, 9)
aesthetic estético/a (9)
affirmatively afirmativamente (1)
afraid (of), to be temer; tener miedo (de) (3, 9)
after después (de) (que) (4, 7, 10)
afterward después (de) (que) (4, 7, 10)
again de nuevo (1)
age la edad (1)
age, to envejecer (1)
agency la agencia (8)
agent el/la agente (8)
aging el envejecimiento (11)
agree, to ponerse de acuerdo (2, 3)
agreeable agradable (1)
agreement el acuerdo; la concordancia (2, 5, 7, 8, 10)
AIDS el SIDA (11)
air conditioning el aire acondicionado (3)
alcoholism el alcoholismo (11)
all of a sudden de repente (5)
allegedly supuestamente (3)
allergy la alergia (11)
alligator el caimán (5)
allude, to aludir (4, 7)
almost casi (5)
altar el altar (4)

alternative music la música alternativa (9)
although aunque (7)
among themselves entre sí (1)
ample amplio/a (3)
and y (2)
animal el animal (10)
ankle el tobillo (11)
annoyed molesto/a (4)
answer la respuesta (1)
answer, to contestar (PA)
antihistamine el antihistamínico (11)
apartment el piso (4)
apologize, to disculparse (2)
apparatus el aparato (5)
apparently por lo visto (5)
appear, to parecer (1)
appearance la apariencia (1)
appendicitis la apendicitis (11)
applaud, to aplaudir (9)
applicant el/la aspirante (8)
application form la solicitud (8)
applied aplicado/a (5)
applied arts las artes aplicadas (9)
apply for (a job), to solicitar (8)
appreciate, to apreciar (5)
appropriate apropiado/a (2)
appropriate, to apropiarse (8)
architect el/la arquitecto/a (3)
argue, to discutir (4)
arid árido/a (10)
arrangement el arreglo (5)
arrive, to llegar (PA)
arrogant presumido/a (1)
arthritis la artritis (11)
article el artículo (7)
artisan el/la artesano/a (9)
artist el/la artista (9)
arts and crafts la artesanía (9)
as . . . as tan... como (9)
as much / many . . . as tanto/a/os/as... como (9)
as soon as en cuanto; luego que; tan pronto como (7)
ashamed avergonzado/a (1)
ask (a question), to preguntar (PA)
ask (for), to pedir (e → i → i) (PA, 2, 9)
ask for clarification, to pedir clarificación (5)
asparagus los espárragos (4)
assemble, to montar (9)
at (*in an e-mail address / message*), @ la arroba (5)
at first primero
at least por lo menos (PA, 5)
athlete el/la atleta (2)
athletic atlético/a (2)
attached adjunto/a (PB)
attachment el archivo adjunto (5)
attend, to asistir a (5)
attract, to atraer (10)
auction el remate (7)
aunt la tía (PA)
author el/la escritor/a (8)

avocado el aguacate (4)
avoid, to evitar (8)
awards ceremony la ceremonia de premiación (1)

B

baby el bebé (4)
bachelorette la soltera (1)
back then aquel entonces; en aquel entonces (10)
bacon el tocino (4)
bad malo/a (9)
bad, to be ser malo (3, 9)
bad person, to be a ser mala gente (1)
bad thing, the lo malo (8)
bakery la panadería (7)
bald calvo/a (1)
ball la pelota (PA, 2)
ballet el ballet (9)
banker el/la banquero/a (8)
banking la banca (8)
bankruptcy la bancarrota (8)
baptism el bautizo (4)
barbecue la barbacoa (3)
barbecued a la parrilla (4, PB)
barefoot descalzo/a (11)
bargain la ganga (7)
basement el sótano (3)
basket la cesta (2)
basket weaving la cestería (9)
basketry la cestería (9)
bat el bate (2); el murciélago (10)
battery la pila (7)
bay la bahía (10)
be, to estar; ser (PA, 7, 8)
be a good person, to ser buena gente (1)
be ashamed of, to avergonzarse (o → ue) de (3, 9)
be lacking, to hacer falta (1)
beach la playa (10)
beard la barba (1)
beat, to batir (4)
beauty mark el lunar (1)
because porque (2); ya que (7)
because of a causa de (5); por (5)
become hacerse (8)
become (nervous), to ponerse (nervioso/a) (PA)
become quiet, to callarse (PA)
bedroom el dormitorio (3)
bee la abeja (10)
beef la carne de res (4)
before (*time / space*) antes (de) que (4, 7)
beg, to rogar (o → ue) (2, 9)
begin, to comenzar (e → ie); empezar (e → ie) (PA)
beginner el/la novato/novata (2)
behave, to comportarse (11)
behave well, to portarse bien (1)
behavior el comportamiento (4)
behind detrás de (7, 10)
belief la creencia (4)

believe, to creer (PA)
bend, to doblarse (**11**)
beneficial beneficioso/a (**5**)
benefits los beneficios (**8**, **11**)
besides además (**10**)
best, the el/la mejor (PA, 9)
best thing, the lo mejor (**8**)
better mejor (PA, 9)
bid, to ofrecer (**7**)
bill (*monthly*) la factura (mensual) (**3**)
biodegradable biodegradable (**10**)
bird/s el ave (*f.*) (**5**); las aves (**4**)
birth el nacimiento (**1**, **4**)
birth, to give dar a luz (**4**)
birthday el cumpleaños (**1**, **4**)
birthday, to have a cumplir... años (**4**)
black (*hair*) moreno/a (**1**)
blame la culpa (**4**)
blender la batidora (**3**)
blinds las persianas (**3**)
block (*city*) la cuadra (**1**, **3**)
blond rubio/a (**1**)
board la junta (**8**)
body piercing la perforación del cuerpo (**1**)
boil, to hervir (e → ie → i) (**4**)
boiled hervido/a (**4**, PB)
bone el hueso (**10**, **11**)
bonus el bono (**8**)
boot up, to arrancar (**5**)
border la frontera (**5**)
born, to be nacer (**1**)
boss el/la jefe/a (**8**)
both ambos/as (PB)
bother, to molestar (**1**)
bowl el plato hondo (**3**)
bowl, to jugar al boliche (**2**)
box, to boxear (**2**)
boyfriend el novio (**4**)
bracelet la pulsera (**7**)
braces los frenos (**1**)
braid la trenza (**1**)
brain el cerebro (**11**)
brakes los frenos (**5**)
brand la marca (**5**, PB)
brass instruments los instrumentos de
    metal (**9**)
bread store la panadería (**7**)
break, to romper (**1**); fracturar(se) (**11**)
breathe, to respirar (**11**)
breeze la brisa (**4**)
brick el ladrillo (**3**)
bride la novia (**4**)
bright llamativo/a (**3**, **9**)
bring, to traer (PA)
broil, to asar (**4**)
bronchitis la bronquitis (**11**)
brother-in-law el/la cuñado/a (**1**)
brown castaño/a (**1**); marrón (**4**)
browser el navegador (**5**)
brunette castaño/a (**1**)
brush el cepillo (**7**)
brusquely bruscamente (**4**)
budget el presupuesto (**3**)
bumper el parachoques (**5**)
burn la quemadura (**11**)
burn, to quemar (**3**)
(bus) stop la parada (**2**)
business el comercio; la empresa; el/los
    negocio/negocios (PB; **8**)
businessman el hombre de negocios (**8**)
businesswoman la mujer de negocios (**8**)
but pero (**2**)
but rather sino (**10**)

butcher shop la carnicería (**7**)
butter la mantequilla (**4**)
butterfly la mariposa (**10**)
buttocks el trasero (**11**)
buy, to comprar (PA)
by por (**5**)
by means of por medio de (**10**)
by the way a propósito (**4**)
by then para aquel entonces (**8**)
Bye. Chao. (**1**)

C

cabbage la col (**4**)
called, to be llamarse (PA)
calm tranquilo/a (**3**)
Calm down. Tranquilo. (**8**)
camel el camello (**10**)
camera la cámara (**5**)
camera / sound crew el equipo de cámara /
    sonido (**9**)
Can I take a message? ¿Puedo tomar algún
    recado? (**7**)
Can you tell me where . . . is? ¿Puede/n
    usted / ustedes decirme dónde está...? (**4**)
canal el canal (**5**, **9**)
cancer el cáncer (**11**)
candies los dulces (**4**)
candle la vela (**3**)
candy el bombón (**4**)
canvas el lienzo (**9**)
capable hábil (**3**)
car el coche (**5**)
(car) horn la bocina (**5**)
car insurance el seguro del coche (**5**)
caramel custard el flan (**4**)
card la tarjeta (**7**)
care el cuidado (**2**)
cargo la carga (**10**)
carpenter el/la carpintero/a (**3**)
carrot la zanahoria (**4**)
carry, to cargar (**10**)
cartoons los dibujos animados (**9**)
carving la talla (**9**)
cash el dinero en efectivo (**7**)
cashier el/la cajero/a (**8**)
castle el castillo (**2**)
cathedral la catedral (**7**)
cattle el ganado de vacuno / vacas (**8**)
cauliflower la coliflor (**4**)
cave la cueva (**3**)
cease, to dejar de (**2**, **8**)
celebrate, to celebrar (**4**); festejar (**6**)
celebration la celebración (**4**)
celery el apio (**4**)
cell phone el teléfono celular (**5**)
cement el cemento (**3**)
century el siglo (**6**)
ceramic tiles los azulejos (**3**)
ceramics la cerámica (**9**)
certain things ciertas cosas (**5**)
challenge el desafío (**2**)
champion (*female*) la campeona (**2**)
champion (*male*) el campeón (**2**)
championship el campeonato (**2**)
channel el canal (**5**, **9**)
chase, to perseguir (e → i) (PA)
chauffeur el/la chófer (**5**)
cheap tacaño/a (**1**)
check, to comprobar (o → ue) (**11**)
check someone's temperature, to tomar
    la temperatura (**11**)
cheek la mejilla (**1**, **11**)

Cheer up! ¡Ánimo! (**8**)
cheerful alegre (**1**)
(chemical) engineer el/la ingeniero/a
    (químico/a) (**8**)
cherry la cereza (**4**)
chicken pox la varicela (**11**)
childhood la niñez (**1**)
chills los escalofríos (**11**)
chimney la chimenea (**3**)
chin el mentón (**1**)
choir el coro (**9**)
choose, to escoger (PA)
chop la chuleta (**4**)
Christmas la Navidad (**4**)
chronicle la crónica (**5**)
cinema el cine (**9**)
cinematographer el/la cinematógrafo/a (**9**)
citizen el/la ciudadano/a (**10**)
clarify, to aclarar (**5**)
clarinet el clarinete (**9**)
class el curso (**3**)
clay el barro (**9**)
clearance sale la liquidación (**7**)
click, to hacer clic (**5**)
cliff diving el clavadismo (**2**)
climate el clima (**10**)
climatic climático/a (**10**)
climb, to escalar (**2**)
climbing trepador/a (**11**)
close, to cerrar (e → ie) (PA)
close by cercano/a (**5**)
closing (*of a letter*) la despedida (**8**)
clothing la ropa (**7**)
clothing store la tienda de ropa (**7**)
cloud forest la selva nubosa (**5**)
clue la clave (**9**); la pista (**5**, PB)
coach el/la entrenador/a (**1**, **2**)
coffeemaker la cafetera (**3**)
coincidence la casualidad (**5**, **7**, **11**)
collaborator el/la colaborador/a (**4**)
colleague el/la colega (**1**, **8**)
collect, to coleccionar (**2**)
collect baseball cards, to coleccionar
    tarjetas de béisbol (**2**)
cologne la colonia (**7**)
colorful llamativo/a (**3**, **9**)
comb one's hair, to peinarse (**11**)
come, to venir (e → ie) (PA)
comedy la comedia (**9**)
coming procedente (**8**)
commission la junta (**8**)
commission (someone), to encargarle
    (a alguien) (**9**)
committee la junta (**8**)
common común (**4**)
compare with, to comparar con (**3**)
compatible compatible (**5**)
compete, to competir (e → i → i) (**2**)
competition la competencia; la
    competición (**2**)
competitive competitivo/a (**2**)
complaint la queja (**11**)
compose, to componer (**9**)
composer el/la compositor/a (**9**)
compromise el acuerdo (**2**, **8**, **10**)
computer el/la computador/computadora;
    el ordenador (**5**)
computer science la informática (**5**)
conceited presumido/a (**1**)
condition la condición (**11**)
confidence la seguridad (**5**)
confirm, to comprobar (o → ue) (**11**)
confused confundido/a (**1**)

Congratulations! ¡Enhorabuena!; ¡Felicidades!; ¡Le / Te felicito! (8)
connect, to conectar (5)
conserve, to conservar (10)
construct, to construir (3)
consumption el consumo (10)
contain, to contener (e → ie) (PA)
container el envase (10)
contaminant el contaminante (10)
contest el concurso (5, 9)
continue (doing something), to seguir (e → i) (PA)
contractor el/la contratista (3)
controversial controvertido/a (3)
cook, to cocinar (PA)
cooking term el término de la cocina (4)
coral reef el arrecife (10)
Cordially Cordialmente (8)
corner la esquina (4)
corporation la empresa (8)
corpse el cadáver (9)
correct, to corregir (e → i) (PA)
cost, to costar (o → ue) (PA)
costume el vestuario (9)
costume, to wear a disfrazarse (4)
cotton el algodón (7)
cough, to toser (11)
Could you (all) tell me how to get to . . . ? ¿Me podría/n decir cómo se llega a...? (4)
counsel, to aconsejar (1, 2, 4, 9)
counselor el/la consejero/a (1, 8)
count on, to contar (o → ue) (1)
counter(top) el mostrador (3, 7)
country el país (PA)
countryside el paisaje (5)
couple la pareja (1)
court (sports) la cancha (2)
courtship el noviazgo (4)
cousin el/la primo/a (PA)
cousin (little) el/la primito/a (2)
cover, to cubrir (3, 4)
cover letter la carta de presentación (8)
covered cubierto/a (8)
cowboy el gaucho; el vaquero (8)
cozy acogedor/a (4)
crab el cangrejo (4, 10)
crafting of precious metals la orfebrería (9)
crafts, to do hacer artesanía (2)
crash, to congelar (5)
create, to crear (PA, 9)
credit card la tarjeta de crédito (7)
criminal justice la justicia criminal (8)
cross, to cruzar (5)
crosswalk el paso de peatones (5)
cruise ship el crucero (5)
crutches las muletas (11)
cucumber el pepino (4)
cupboard la alacena (3)
curative curativo/a (3)
cure la cura (11)
curly hair el pelo rizado (1)
current actual (8)
cursor el cursor (5)
customs la aduana (5)
cut, to cortar (5)
cut the grass, to cortar el césped (3)

D

daily cotidiano/a (9)
damage, to dañar (10)
dance el baile (4); la danza (9)
dance, to bailar (PA)

danger el peligro (2, 10)
dangerous peligroso/a (1)
dark oscuro/a (1)
data los datos (5)
date la cita; la fecha (4)
daughter la hija (PA)
daughter of a king of Spain la infanta (1)
daughter-in-law la nuera (1)
Day of the Dead el Día de los Muertos (4)
deadline la fecha límite (8)
Dear . . . Querido/a... (8)
Dear Madam . . . Muy señora mía... (8)
Dear Mr. / Mrs. . . . Estimado/a señor/a... (8)
Dear Mr. . . . Muy estimado señor... (8)
Dear Mrs. . . . Muy estimada señora... (8)
Dear Sir . . . Muy señor mío... (8)
death la muerte (1)
debt la deuda (2)
deceive, to engañar (4)
decline el declive (10)
decline an invitation, to rechazar una invitación (3)
decorate, to decorar (2)
decorative arts las artes decorativas (9)
decree el decreto (11)
deed el hecho (11)
deer el ciervo (10); el venado (10)
deforestation la deforestación (10)
degree el título (1, 7)
delay el retraso (11)
delete, to borrar (5)
demand, to exigir (2, 9)
demanding exigente (3)
demonstrate, to demostrar (ue) (PA)
dentist el/la dentista (8)
deny, to negar (ie) (3)
deodorant el desodorante (7)
depletion el agotamiento (10)
depressed deprimido/a (1)
depression la depresión (11)
describe, to describir (PA)
desert el desierto (10)
design el diseño (9)
designer el/la diseñador/a (3)
desired deseado/a (5)
dessert el postre (4)
destroy, to destruir (10)
detail el detalle (3)
detain, to detener (e → ie) (11)
devil el diablo (5)
diabetes la diabetes (11)
dialogue el diálogo (1)
diamond el diamante (7)
diaper el pañal (10)
die, to morir (o → ue → u) (PA, 1)
digital digital (5)
digital camera la cámara digital (5)
digitalize, to digitalizar (5)
diminish, to disminuir (11)
dinner, to have cenar (3)
dinosaur el dinosaurio (10)
directions las indicaciones (4, 7)
director el/la director/a (9)
dirt road el camino (5)
disagreement el desacuerdo (10)
disappear, to desaparecer (10)
disappearance la desaparición (2)
disaster el desastre (10)
disbelief la incredulidad (11)
discord la discordia (3)
discount la rebaja (7)
discover, to descubrir (1)
discuss, to discutir (4)

disguise oneself, to disfrazarse (4)
disgusted asqueado/a (1)
dislike someone, to caer mal (1)
disorganized desorganizado/a (1)
displaced desplazado/a (10)
display, to lucir (7)
distracted, to get distraerse (4)
diva la diva (9)
diving el buceo (2)
divorce, to divorciarse (1)
divorced divorciado/a (1)
divorced, to get divorciarse (1)
dizziness el/los mareo/mareos (11)
do, to hacer (PA, 1)
Do you like the suggestion? ¿Le / Te parece bien? (5)
Do you mind? ¿Le / Te importa? (5)
Do you mind (if . . .)? ¿Le / Te importa (si...)? (5)
doctor's office el consultorio (7)
Don't even think about it! ¡Ni lo sueñes! (10)
Don't worry. No se / te preocupe/s. (8)
Don't you think that . . . ? ¿No cree(s)(n) que...? (11)
donut la dona (4)
doorman el/la portero/a (5)
dosage la dosis (11)
dot (in a URL) el punto (5)
doubt la duda (3)
doubt, to dudar (3, 9)
doubtful, to be ser dudoso (3, 9)
dough la masa (7)
dove la paloma (10)
download, to descargar (5)
drama el drama (9)
draw, to dibujar (PA, 9)
draw blood, to sacar la sangre (11)
drawing el dibujo (PA, 9)
dream el sueño (3, 6)
dream, to soñar (o → ue) (4)
dream house la casa de tus sueños (PB)
dresser el tocador (3)
dressing room el vestuario (9)
drink, to beber; tomar (PA)
driver el/la chófer (5)
drought la sequía (10)
drug addict el/la drogadicto/a (11)
drug addiction la narcomanía (11)
dry árido/a (10)
dry cleaners la tintorería (7)
dryer la secadora (3)
duck el pato (10)
dull pesado/a (1)
dye one's hair, to teñirse (e → i) el pelo (1)
dyed (hair) teñido/a (1)

E

each cada (PA)
ear (inner) el oído (11)
ear of corn el elote (4)
earn a living, to ganar la vida (2)
earrings los aretes (7)
Earth la Tierra (10)
east el este (5)
Easter la Pascua (4)
eat, to comer (PA)
ecological ecológico/a (10)
ecosystem el ecosistema (10)
edit, to editar (9)
education la formación (5, 8)
effort el esfuerzo (6)

elbow el codo (**11**)
elderly anciano/a (**1**)
electric razor / shaver la máquina de afeitar (**7**)
electrician el/la electricista (**3**)
e-mail el correo electrónico (4, 5); el e-mail (**5**)
embarrassed avergonzado/a (**1**)
employ, to emplear (7, 8)
employee el/la empleado/a (**8**)
enclose, to encerrar (e → ie) (PA)
encourage, to animar (2)
encrypt, to cifrar (**5**)
end, to terminar (PA)
end, at the al final (4)
end, in the por fin (PA, 4, 5)
endangered species los animales en peligro
   de extinción (**10**)
engaged, to be estar comprometido/a (**4**)
engagement el compromiso (4); el noviazgo (4)
engineering la ingeniería (3, **8**)
enjoy, to disfrutar (2)
enjoy oneself, to divertirse (e → ie → i) (PA)
entertain, to entretener (e → ie) (7)
entrance la portada (4)
envelope el sobre (**5**)
environment el medio ambiente (5, **10**)
erase, to borrar (**5**)
erosion la erosión (**10**)
essential imprescindible (7)
establish, to establecer (9)
etching el grabado (9)
etiquette la etiqueta (8)
even if aunque (7)
even when aun cuando (7)
event el suceso (1)
everyday cotidiano/a (**9**)
evil malvado/a (4)
Exactly. Exactamente.; Exacto. (7, 10)
exchange el intercambio (5)
exchange, to intercambiar (5)
excitement la emoción (2)
exciting emocionante (5)
Excuse me. (*fam.*); (*form. pl.*); (*form.*)
   Con permiso.; Disculpa. / Discúlpame.;
   Disculpen. / Discúlpenme.; Disculpe. /
   Discúlpeme. (2)
executive el/la ejecutivo/a (**8**)
exhausted agotado/a (**1**)
exhibit, to exhibir (9)
existing existente (3)
expensive caro/a (2)
experience, to have tener experiencia (8)
explanation la explicación (6)
express good wishes, to felicitar (8)
extend an invitation, to invitar a alguien (3)
exterminated exterminado/a (**10**)
extract, to extraer (3)
extravagant gastador/a (**1**)
extroverted extrovertido/a (**1**)
eyebrow la ceja (1, **11**)
eyedrops las gotas para los ojos (**11**)
eyelashes las pestañas (1, **11**)

F

fabric la tela (7)
face la cara (1, **11**)
facing enfrente (de) (3)
factory la fábrica (7)
fail, to fallar (11)
faint, to desmayarse (3, **11**)
falconry la cetrería (10)
fall la caída (3)
fall in love (with), to enamorarse (de) (4)

fame la fama (3)
family la familia (PA, **1**)
fan/s el/la aficionado/a (1, 2, 4); los/las
   seguidores/as (**9**)
farewell la despedida (**1**)
farmer el/la granjero/a (**8**)
fascinate, to fascinar (1)
fashion la moda (3, 8)
father-in-law el suegro (**1**)
Father's Day el Día del Padre (4)
fax machine la máquina de fax (**5**)
fed up harto/a (**1**)
feel, to sentirse (e → ie → i) (PA)
feel ashamed of, to avergonzarse (o → ue)
   de (3, 9)
feeling down agobiado/a (7, 10)
fence la cerca (3)
fertilizer el fertilizante (**10**)
fever la fiebre (7)
field el campo (2); el terreno (2)
fifteenth birthday celebration la
   quinceañera (**4**)
fight, to pelear(se) (2, 4)
figure la cifra (10)
file el archivo (5)
file, to guardar (3, **5**)
filled relleno/a (8)
filling el relleno (4, 7)
film, to; film (on location), to filmar; rodar
   (o → ue) (en exteriores) (9)
films el cine (**9**)
finally finalmente (4); por fin (PA, 4, 5)
financial financiero/a (**8**)
find, to encontrar (o → ue) (PA)
find out, to averiguar (PA)
finish, to terminar (PA)
fire el fuego (3)
fire (*from a job*), to despedir (e → i → i) (**8**)
firefighter el/la bombero/a (**8**)
fireplace la chimenea (3)
firmness la firmeza (7)
first al principio; primero (3, 4)
first, at al principio (3, 4)
First Communion la primera comunión (4)
first day / month, the el primer día /
   mes (4)
fish el pescado (4)
fish, to pescar (2)
fish store la pescadería (7)
fit, to ajustarse (3)
fix, to arreglar (1, 8)
fix an object, to componer (3)
flamenco el flamenco (**9**)
flea market el mercado de pulgas (7)
flight el vuelo (5)
flight attendant el/la asistente de vuelo (**8**)
flirtatious insinuante (1)
floating flotante (2)
flour la harina (4)
fly a kite, to hacer volar un volantín (7)
focus el enfoque (4)
focus (on), to enfocarse (en) (PB)
follow, to seguir (e → i) (PA)
followers los/las seguidores/as (**9**)
following a continuación (2); siguiente (PA)
food la comida (4)
for para; por (5)
for example por ejemplo (3)
for this reason por eso (5, **10**)
forehead la frente (1, **11**)
forward (*soccer*) delantero (2)
fountain la fuente (7)
fox el zorro (**10**)

fracture, to fracturar(se) (**11**)
freckles las pecas (**1**)
free gratis (2)
freedom la libertad (2)
freeway la autopista (5)
freeze, to congelar (**5**)
frenzy el frenesí (6)
fresh water el agua dulce (5)
fried frito/a (4, PB)
frightened asustado/a (**1**)
from bad to worse de mal en peor (11)
front (of), in enfrente (de) (3)
fruit la fruta (4)
fruit store la frutería (7)
fry, to freír (e → i → i) (**4**)
frying pan la sartén (3)
fuel el combustible (**10**)
full-time workday la jornada completa (**8**)
fun, to have divertirse (e → ie → i) (PA)
funds los fondos (9)
funny chistoso/a (**1**)
fur; fur, made of la piel; hecho de piel (7)
furious furioso/a (**1**)

G

game el partido (2)
game show el concurso (5, **9**)
garbage dump el vertedero (10)
garden el jardín (3)
garden, to trabajar en el jardín (2)
garden hose la manguera (3)
gardener el/la jardinero/a (3)
gardening la jardinería (3)
gargle, to hacer gárgaras (**11**)
garlic el ajo (4)
garment la prenda (7)
gas pedal el acelerador (5)
generate, to engendrar (11)
generous generoso/a (**1**)
geographical geográfico/a (**10**)
gesture el gesto (8, 10)
get, to conseguir (PA)
get a job, to; get a position as . . . ,
   to conseguir un puesto de... (**8**)
get in(to), to meterse (**11**)
get involved, to involucrarse (10)
get lost, to perderse (e → ie) (5)
get off, to bajar de (2)
get ready, to preparar (PA)
get up, to levantarse (PA)
giraffe la jirafa (**10**)
girlfriend la novia (4)
give, to dar (PA); regalar (3)
given that puesto que (7)
glance el vistazo (1)
go, to ir (PA)
go away, to irse (PA)
go camping, to ir de camping (2)
go cycling, to practicar ciclismo (2)
go on a cruise, to hacer un crucero (5)
go on strike, to hacer una huelga (8)
go out (with), to salir (con) (4)
go straight, to seguir derecho (7)
Go straight. Siga/n derecho / todo recto.;
   Vaya/n derecho / todo recto. (4)
go waterskiing, to practicar esquí
   acuático (2)
goal la meta (3, **8**)
goat la cabra (**10**)
goblet la copa (3)
goddaughter la ahijada (**1**)
godfather el padrino (**1**)

godmother la madrina (**1**)
godson el ahijado (**1**)
go-kart racing el karting (**5**)
gold, made of hecho de oro (**7**)
golf club el palo de golf (**2**)
golf course el campo de golf (**7**)
Good! ¡Bueno! (**8**); ¡Qué bueno! (**5**)
good, to be ser bueno (**3**, **9**)
Good afternoon. (Muy) Buenos / Buenas. (**1**)
Good morning. (Muy) Buenos / Buenas. (**1**)
good quality de buena calidad (**7**)
goods los bienes (**7**)
gorilla el gorila (**4**)
government el gobierno (**3**)
GPS el navegador personal (**5**)
graduate el/la titulado/a (**8**)
graduation la graduación (**4**)
granddaughter la nieta (**1**)
grandfather el abuelo (**PA**)
grandmother la abuela (**PA**)
grandson el nieto (**1**)
grapefruit la toronja (**4**)
graphic gráfico/a (**9**)
grass el césped (**3**); la hierba (**3**)
grasshopper el saltamontes (**10**)
grateful agradecido/a (**3**)
gray hair las canas; el pelo canoso (**1**)
great-grandfather el bisabuelo (**1**)
great-grandmother la bisabuela (**1**)
greenhouse effect el efecto invernadero (**10**)
greet, to saludar (**1**, **11**)
greeting el saludo (**1**, **8**)
greeting card la tarjeta (**7**)
grilled a la parrilla; asado/a (**4**, **PB**)
groom el novio (**4**)
ground el suelo (**1**)
ground beef la carne molida (**4**)
groupies los/las seguidores/as (**9**)
grow old, to envejecer (**1**)
guess, to adivinar (**PA**, **1**, **8**)
guest el/la huésped; el/la invitado/a (**2**, **4**, **5**)
guide el/la guía (**5**)
guide, to guiar (**4**)
guilty culpable (**7**)
gum el chicle (**7**)

H

habitat el hábitat (**10**)
hack, to sabotear (**5**)
hair el pelo (**1**)
hairstylist el/la peluquero/a (**8**)
half la mitad (**PB**)
half sleeve media manga (**7**)
hall el pasillo (**3**)
Halloween el Día de las Brujas (**4**)
hammer el martillo (**7**)
hand la mano (**PA**)
hand embroidery el bordado a mano (**7**)
handbag el bolso (**7**)
handheld beater la batidora (**3**)
hang, to colgar (o → ue) (**3**)
Hang in there! ¡Ánimo! (**8**)
happy alegre (**1**)
happy (about), to be alegrarse (de) (**3**, **9**)
hard drive el disco duro (**5**)
hardware store la ferretería (**7**)
harm el daño (**10**)
harm, to dañar (**10**)
harmful dañino/a (**11**)
harp el arpa (**7**)
harvest, to cosechar (**10**)
have, to tener (e → ie) (**PA**)

have a date, to tener una cita (**4**)
have to do with, to tener que ver (con) (**3**, **4**)
He / She is not home. No está.; No se encuentra. (**7**)
head la cabeza (**1**)
headache el dolor de cabeza (**11**)
headlight el faro (**5**)
heal, to sanarse (**11**)
hear, to oír (**PA**)
heart attack el ataque al corazón (**11**)
heat (low, medium, high) el fuego (lento, mediano, alto) (**4**)
heat, to calentar (e → ie) (**3**, **4**)
hectare (2.471 acres) la hectárea (**4**)
heel (high, low) el tacón (alto, bajo) (**7**)
heel (of the foot) el talón (**11**)
height la altura (**5**)
Hello. Aló. (**7**)
Hello? Bueno.; Diga. / Dígame. (**7**)
helmet el casco (**2**)
help la ayuda (**3**)
Help! ¡Socorro! (**10**)
help, to ayudar (**5**)
helpline el teléfono de ayuda (**6**)
her su (**PA**)
herb la hierba (**11**)
here acá (**1**)
heritage la herencia (**PA**, **1**)
hers suya (**PA**)
Hey . . . (fam.) Oye... (**7**)
Hey . . . (form.) Oiga... (**7**)
hide, to esconder; ocultar (**3**)
high / low (blood) pressure la presión alta / baja (**11**)
high blood pressure la hipertensión (**11**)
high school la escuela secundaria (**1**)
highway la autopista (**5**); la carretera (**5**)
hiker el/la excursionista (**2**)
hip la cadera (**11**)
hire, to contratar (**8**)
his su; suyo (**PA**)
hit, to pegar (**1**)
hockey stick el palo de hockey (**2**)
home el hogar (**3**)
home remedy el remedio casero (**11**)
homemaker el amo/a de casa (**8**)
homepage la página principal / inicial / de hogar (**5**)
honest honesto/a (**1**)
honesty la honradez (**4**)
honey la miel (**4**)
honeymoon la luna de miel (**4**)
hope, to esperar (**PA**, **2**, **9**)
horseback riding, to go montar a caballo (**2**)
host el anfitrión (**7**, **12**)
hostess la anfitriona (**7**, **12**)
hot caluroso/a (**4**)
hotel management la administración de hoteles; la gerencia de hotel (**8**)
housing materials los materiales de la casa (**3**)
How are you doing? ¿Cómo andas? (**PA**)
How are you this morning? ¿Cómo amaneció usted / amaneciste?; ¿Qué tal amaneció usted / amaneciste? (**1**)
How awful! ¡Qué barbaridad! (**5**)
How cool! ¡Qué emoción! (**5**)
How do I go / get to . . . ? ¿Cómo voy / llego a...? (**4**)
How exciting! ¡Qué emoción! (**5**)
How extraordinary! ¡Qué extraordinario! (**8**)
How marvelous! ¡Qué maravilloso! (**8**)
How nice to see you! (Qué) Gusto en verlo/la/te! (**1**)

How stupendous! ¡Qué estupendo! (**8**)
hug, to abrazar (**2**, **11**)
Hugs Abrazos (**8**)
human being el ser humano (**5**)
human body el cuerpo humano (**11**)
humble humilde (**4**)
hummingbird el picaflor (**10**)
hunting, to go cazar (**2**)
hurry, to darse prisa (**PA**)
husband el marido (**1**)

I

I agree. Estoy de acuerdo. (**7**, **10**)
I can't take it any more! ¡Ya no lo aguanto! (**5**)
I don't agree. No estoy de acuerdo. (**10**)
I don't believe it No lo creo. (**11**)
I don't think so. No lo creo. (**11**)
I doubt it. Lo dudo. (**11**)
I hope so ojalá (que) (**2**)
I propose that . . . Propongo que... (**11**)
I recommend that . . . Recomiendo que... (**11**)
I suggest that . . . Sugiero que... (**11**)
I will call you later. Lo / La / Te llamo más tarde. (**7**)
I would like to invite you (all) . . . Quisiera invitarte/le/les... (**3**)
I would love to (but) . . . Me encantaría (pero)... (**3**)
I'll say. Ya lo creo. (**10**)
I'm lost. Estoy perdido/a. (**4**)
I'm really sorry but . . . Me da mucha pena pero... (**3**)
I'm sorry. Lo siento. (**8**)
I'm sorry, but I can't this time. I have another commitment. / I have other plans. Lo siento pero no puedo esta vez / en esta ocasión. Tengo otro compromiso. (**3**, **8**)
I'm telling you . . . Te digo... (**10**)
ice-cream store la heladería (**7**)
icon el icono (**5**)
if si (**PA**, **9**)
iguana la iguana (**10**)
illness la enfermedad (**11**)
image la imagen (**5**, **9**)
Imagine! ¡Figúrate! (**10**); ¡Imagínate! (**10**)
immediately (after) en seguida (**4**)
imminent inminente (**8**)
impolite maleducado/a (**1**)
important, to be importar (**1**)
improve, to mejorar (**2**, **10**)
improvement el mejoramiento (**3**)
improvise, to improvisar (**9**)
in addition encima (**3**)
in case en caso (de) que (**7**)
in charge encargado/a (**7**)
in love enamorado/a (**1**)
in order to para (**5**)
In other words . . . En otras palabras... (**9**)
in spite of a pesar de que (**7**)
in the beginning al principio (**3**, **4**)
in the open air al aire libre (**2**)
including incluso (**5**)
Independence Day el Día de la Independencia (**4**)
indicate, to indicar (**PA**)
indignant indignado/a (**4**)
inflammation la inflamación (**11**)
inform, to informar (**9**)
information los datos (**8**)
infrastructure la infraestructura (**10**)
ingredient el ingrediente (**4**)

inheritance la herencia (PA, **1**)
inn el parador (3)
innovative innovador/a (**9**)
insecticide el insecticida (**10**)
inside adentro (3)
insist, to insistir (en) (2, 9)
inspect, to inspeccionar (**9**)
integrity la honradez (4)
intention el intento (3)
interest, to interesar (**1**)
Internet el Internet (**5**)
interview la entrevista (PA, **8**)
interview, to entrevistar (2, PB, **8**)
introverted introvertido/a (**1**)
invest, to invertir (e → ie → i) (**8**)
invite someone, to invitar a alguien (3)
Is __ there? / at home? ¿Está _____ (en casa)? (7)
island la isla (**10**)
isolated aislado/a (**11**)
isolation el aislamiento (**10**)
It can't be! ¡No puede ser! (5, 10, 11)
It is essential that . . . Es imprescindible que... (**11**)
It is important that . . . Es importante que... (2, 9, **11**)
It would be a pleasure! ¡Con mucho gusto! (3)
It would be better to . . . Sería mejor... (11)
It's a shame / pity but . . . Lástima pero... (3)
It's all the same to me. Me da igual. (12)
It's alright. Está bien. (10)
It's better that / than . . . Es mejor que... (2, 9)
It's hard to believe. Parece mentira. (11)
It's necessary that . . . Es necesario que... (2, 9, **11**)
It's not true. No es verdad. (PA)
It's preferable that . . . Es preferible que... (2, 9)
It's that . . . Es que... (9)
It's true. Es cierto.; Es verdad. (PA, 10)
item el artículo (7)
itinerary el itinerario (**5**)
its su (PA)

J

jealous celoso/a (**1**)
jewelery las joyas (7)
jewelery store la joyería (4)
job el empleo (**1**); el puesto; el trabajo (**8**)
jog, to hacer jogging (**2**)
joint la articulación (11)
joke la broma (3, 4)
joke around, to bromear (5)
jot down apuntar (11)
journalist el/la periodista (**8**)
just justo/a (4)

K

keep, to guardar (3, **5**)
keep quiet, to callarse (PA)
keyboard el teclado (**5, 9**)
kilogram (*2.2 pounds*) el kilogramo (4)
king el rey (1)
kingdom el reino (1)
kiss; kiss (*little*) el beso (4); el besito (2)
kiss, to besar (**11**)
kitchen la cocina (3)
kitchen sink el fregadero (3)
kite el volantín (7)
knee la rodilla (**11**)

knife el cuchillo (1)
knit, to tejer (**2**)
know, to saber (3)
known conocido/a (1)

L

labyrinth el laberinto (1)
lack, to faltar (**1**)
lake el lago (**5**)
lamb la carne de cordero (**4**)
land el terreno (2); la tierra (10)
landlord el/la propietario/a (**8**)
landscape el paisaje (**9**)
language la lengua (PA)
last último/a (1)
last (in a list) por último (4)
later más tarde (4)
law la ley (5)
lawn el césped (**3**)
lawyer el/la abogado/a (**8**)
layer la capa (7)
lazy flojo/a (**1**)
learn, to aprender (PA)
leather la piel (7)
leather, made of hecho de piel (7)
leave, to irse; salir (con) (PA)
left undone, to be quedarse sin hacer (10)
Let's see . . . A ver... (**11**)
letter la letra (PA)
letter of recommendation la carta de recomendación (**8**)
letters (*literature*) las letras (1)
level el nivel (2, **4**)
librarian el/la bibliotecario/a (**5**)
lie la mentira (2)
lie, to mentir (e → ie → i) (PA)
life event el evento de la vida (4)
lift weights levantar pesas (**2**)
light ligero/a (4)
lightbulb la bombilla (**7**)
lightweight liviano/a (7)
like, to gustar (3, 9)
like someone, to caer bien (**1**)
like very much, to encantar (**1**)
likes los gustos (1)
limousine la limusina (**5**)
line el verso (4)
link el enlace (**5**)
lip el labio (**1, 11**)
lipstick el pintalabios (7)
little mirror el espejito (1)
little piece of paper el papelito (PA)
little spot la manchita (11)
little stool el banquito (4)
little while el rato (3)
live, to vivir (PA)
live in, to habitar (3)
living room la sala (3); el salón (1)
loan el préstamo (**3**)
lobster langosta, la (**4**)
located, to be ubicarse (4)
log on , to hacer la conexión (**5**)
long largo/a (**11**)
long hair el pelo largo (**1**)
long sleeve la manga larga (7)
long walk la caminata (1)
look el vistazo (1)
Look . . . Mire... / Mira... (7)
loose interpretation la paráfrasis (8)
lose, to perder (e → ie) (PA)
lose weight, to perder (e → ie) peso (**11**)
lotion la loción (7)

love, to encantar (1); querer (e → ie) (PA, 2, 9)
luckily por suerte (PA)
luggage el equipaje (**5**)
lunch, to have almorzar (o → ue) (PA)
lung el pulmón (**11**)
lurker el mirón (**5**)
luxury el lujo (2, 11)
luxury hotel el hotel de lujo (**5**)

M

magazine la revista (3)
maid el/la camarero/a (**5**)
mail carrier el/la cartero/a (**8**)
mailbox el buzón (8)
main dish el plato (4)
maintain, to mantener (e → ie) (PA, 2)
majority la mayoría (2)
make, to hacer (PA, 1); fabricar (**8, 10**)
make by hand, to hacer a mano (**9**)
make noise, to hacer ruido (**10**)
mammal el mamífero (**10**)
manager el/la gerente/a (4, **8**)
manatee el manatí (**10**)
mango el mango (**4**)
manufacture, to fabricar (**8, 10**)
map el mapa (5)
mariachi el mariachi (**9**)
mark, to marcar (8)
market el mercado (4)
marketing el mercadeo (**8**)
married casado/a (**1**)
married, to get casarse (**1**)
marry, to casarse (**1**)
marsh el pantano (**10**)
martial arts las artes marciales (2)
martial arts, to do practicar las artes marciales (**2**)
mask la máscara (2)
masterpiece la obra maestra (**9**)
masters (degree) la maestría (8)
material la materia (**9**)
matter, to importar (**1**)
maybe quizás (2)
mean, to significar (6)
meaning el significado (1)
means los medios (9)
measles el sarampión (**11**)
meat la carne (**4**)
mechanic el/la mecánico/a (**8**)
medical attention la atención médica (**11**)
medical test la prueba médica (**11**)
medicine el medicamento (**11**)
meet, to reunirse (PA)
melt, to derretir (e → i → i) (**4**)
menu la carta (4)
merchant el/la comerciante (**8**)
merengue el merengue (**9**)
methane el metano (5)
middle el medio (1)
migraine la jaqueca (**11**)
milkshake el batido (**4**)
mind la mente (4)
mine mío/a/os/as (PA)
mirror el espejo (3)
misbehave, to portarse mal (**1**)
mix, to mezclar (4)
mixer la batidora (3)
mixture la mezcla (1)
modest sencillo/a (**1**, 3, PB)
mole el lunar (**1**)
mom la mamá (PA)
monkey el mono (**10**)

mononucleosis la mononucleosis (**11**)
monument of national importance el monumento nacional (**5**)
more than ever más que nunca (**4**)
mortar el mortero (**3**)
mortgage la hipoteca (**3**)
mosque la mezquita (**7**)
mother-in-law la suegra (**1**)
Mother's Day el Día de la Madre (**4**)
motif el motivo (**9**)
motorcycle la moto (PA)
mountain range la sierra (**10**)
mouse el ratón (**5**)
moustache el bigote (**1**)
move, to mudarse (**3**)
movies el cine (**9**)
MP3 player el reproductor de MP3 (**5, 9**)
multitasking la multitarea (**5**)
mumps las paperas (**11**)
mural el mural (**9**)
muralist el/la muralista (**9**)
muscle el músculo (**9**)
mushrooms los hongos (**4**)
music la música (**9**)
musical piece la pieza musical (**9**)
Muslim musulmán/musulmana (**7**)
must deber (+ inf.) (PA)
my mi/s (PA)
My most heartfelt condolences. Mis más sinceras condolencias. (**8**)
myth el mito (**2**)

N

nail el clavo (**7**); la uña (**11**)
nail polish el esmalte de uñas (**7**)
naive ingenuo/a (**11**)
named, to be llamarse (PA)
national monument el monumento nacional (**5**)
nature la naturaleza (**10**)
nausea las náuseas (**11**)
navigate, to navegar (**5**)
navigation system el navegador personal (**5**)
near cerca de (**10**)
necklace el collar (**7**)
need, to necesitar; (PA, 2, 9); faltar (1); hacer falta (**1**)
negotiate, to negociar (**8**)
neighbor el/la vecino/a (**3**)
neighborhood el barrio (**2, 3**)
neither tampoco (PA)
nephew el sobrino (**1**)
nerve el nervio (**11**)
never jamás (**2, 11**)
Never in my life. En mi vida. (**10**)
nevertheless sin embargo (**10**)
news program el noticiero (**9**)
next entonces; luego (**4**)
nice amable (**1**)
Nice to see you. Gusto en verlo/la/te. (**1**)
niece la sobrina (**1**)
nightmare la pesadilla (**7**)
No doubt. Sin duda. (**10**)
No way! ¡No me diga/s! (**5, 7, 10, 11**); ¡Qué va! (**10**)
No way. De ninguna manera. (**10**)
noise el ruido (**2**)
nonprofit sin fines de lucro (**8**)
nor tampoco (PA)
north el norte (**5**)
northeast noreste (**5**)
northwest noroeste (**5**)

not ever (*emphatic*) jamás (**2, 11**)
not to believe no creer (**3, 9**)
not to think no creer; no pensar (e → ie) (**3, 9**)
notable characteristics las características notables (**1**)
notwithstanding no obstante (**10**)
noun el sustantivo (PA)
novice el/la novato/novata (**2**)
now that ahora que (**7**)
number la cifra (**10**)
nursing la enfermería (**8**)
nylon nilón (**7**)
nylon, made of hecho de nilón (**7**)

O

obesity la obesidad (**11**)
obtain, to obtener (e → ie) (PA); ocupar (**2**); sacar (**3**)
octopus el pulpo (**10**)
Of course! ¡Claro!; (**1, 3**); ¡Por supuesto! (**3, 5, 7, 10**)
Of course. Claro que sí. (**3, 7, 10**); Cómo no.; Desde luego. (**7, 10**)
Of course not. Claro que no.; Nada de eso. (**10**)
offer (*special*) la oferta (**5, 7**)
offline desconectado/a (**5**)
often a menudo (PA)
oil painting el óleo (**9**)
OK . . . Bueno... (**11**)
Okay. Estoy de acuerdo.; Está bien. (**7, 10**)
old viejo/a (**9**)
old age la vejez (**1**)
olive la aceituna (**4**)
on board a bordo (**5**)
On / To the contrary. Al contrario. (**10**)
on the other hand por otro lado (**10**)
on top of encima de (**5, 10**)
oneself mismo/a (**2**)
online conectado (**5**)
only child el/la hijo/a único/a (**1**)
open, to abrir (PA, **1**)
operate, to operar (**11**)
opposite opuesto/a (**1**)
or o (**2**)
orange anaranjado/a (**4**)
order el pedido (**2, 5**)
organ el órgano (**9**)
organist el/la organista (**9**)
organize, to organizar (**9**)
organized organizado/a (**1**)
otherworldly extraterrestre (**5**)
our/s nuestro/a/os/as (PA)
outskirts las afueras (**7**)
oven el horno (**3**)
overpopulation la sobrepoblación (**10**)
overwhelmed agobiado/a (**7, 10**)
own propio/a (PA)
owner el/la dueño/a (**3**); el/la propietario/a (**8**)

P

pack up, to empaquetar (**12**)
package el paquete (**5**); el envase (**10**)
pageant el concurso (**5, 9**)
paint, to pintar (**2, 3**)
paintbrush el pincel (**9**)
painted pintado/a (**5**)
painter el/la pintor/a (**9**)
painting la pintura (**9**)
pair el par (**2**)
pancake el panqueque (**4**)
pantry la despensa (**3**)

papaya la papaya (**4**)
paper el papel (**5, 9**)
parade el desfile (**4**)
paradise el paraíso (**2**)
paragraph el párrafo (**1**)
Pardon. (*fam.*) Perdón. / Perdóname. (**2**)
Pardon. (*form.*) Perdóneme. (**2**)
Pardon, do you (all) know how to get to . . .? Perdón, ¿sabe/n usted / ustedes llegar al...? (**4**)
parking lot el estacionamiento (**11**)
parrot el loro (**10**)
partner la pareja (**1**)
part-time workday la jornada parcial (**8**)
pass, to pasar (**2**)
password la contraseña (**5**)
past el pasado (**3**)
paste, to pegar (**5**)
pastimes los pasatiempos (**2**)
pastry shop la pastelería (**7**)
path el sendero (**5**); el camino (**5**)
patient el/la paciente (**11**)
patron el/la patrocinador/a (**9**)
pay attention to, to fijarse en (**4**)
peace la paz (**10**)
peach el durazno (**4**)
peas los guisantes (**4**)
peel, to pelar (**4**)
penguin el pingüino (**5, 10**)
penicillin la penicilina (**11**)
pepper el pimiento (**4**)
percent por ciento (PB)
perform, to representar (**9**)
performance art el arte dramático (**9**)
perfume el perfume (**7**)
period of time la temporada (**1**)
personal characteristics las características personales (**1**)
personal letter la carta personal (**8**)
personality la personalidad (**1**)
personnel el personal (**8**)
pesticide el pesticida (**10**)
pharmacy la farmacia (**7**)
Phenomenal! ¡Fenomenal! (**5, 8**)
phone call la llamada (**2**)
photo la foto (PA)
physical appearance el aspecto físico (**1**)
physical exam el examen físico (**11**)
physically / psychologically handicapped discapacitado/a (**1**)
pick up, to recoger (**1**)
pictures / photos, to take sacar fotos (**5**)
piece el pedazo (**4**)
pigeon la paloma (**10**)
Pilates el pilates (**2**)
Pilates, to do hacer pilates (**2**)
pillow la almohada (**3**)
pillowcase la funda (de almohada) (**3**)
pilot el/la piloto/a (**8**)
pineapple la piña (**4**)
pink rosado/a (**4**)
pitcher la jarra (**3**)
place el lugar (**7**)
place, to poner (PA, **1**)
place an order, to hacer un pedido (**7**)
plain la llanura (**10**)
plan, to planear (**9**)
plantain el plátano (**4**)
plaster el yeso (**3**)
play la obra de teatro (**9**)
play, to jugar (o → ue) (PA)
play (an instrument), to tocar (un instrumento) (**9**)

play cards, to jugar a las cartas (**2**)
play charades, to hacer mímica (PA, 9)
play checkers, to jugar a las damas (**2**)
play chess, to jugar al ajedrez (**2**)
play frisbee, to tirar un platillo volador (**2**)
play hangman, to jugar al horcado (PB)
play hockey (*ice; field*)**, to** jugar al hockey
   (sobre hielo; sobre hierba) (**2**)
play poker, to jugar al póquer (**2**)
play the role, to hacer el papel (3, **9**)
play video games, to jugar a videojuegos (**2**)
play volleyball, to jugar al voleibol (**2**)
playwright el/la dramaturgo/a (**9**)
pleasant agradable (**1**)
please por favor (5)
plug el enchufe (**5**)
plug in, to enchufar (5)
plum la ciruela (**4**)
plumber el/la plomero/a (**3**)
pocket el bolsillo (7)
poisonous tóxico/a (**10**)
poisonous venenoso/a (9)
police station la comisaría (PB, 7)
polite educado/a (**1**)
(political) science las ciencias (políticas) (**8**)
politician el/la político/a (**8**)
pond el estanque (3)
poor quality de buena / mala calidad (7)
popcorn las palomitas de maíz (**4**)
popular music la música popular (9)
pork la carne de cerdo (**4**)
port el puerto (5)
portrait el retrato (**9**)
position el puesto (**8**)
post to a blog, to comentar en un blog (**2**)
poster el cartel (12)
pot la olla (3)
potter el/la alfarero/a (**9**)
pottery la alfarería (**9**)
pottery making la alfarería (**9**)
poultry las aves (**4**)
pour, to verter (e → ie) (**4**)
power el poder (PA)
powerful poderoso/a (1)
Precisely. Precisamente. (10);
   Efectivamente. (**10**)
predict, to predecir (i) (1)
prefer, to preferir (e → ie → i) (PA, 2, 9)
pregnancy el embarazo (**4**)
pregnant embarazada (**1**)
pregnant, to be estar embarazada (**4**)
preparations los preparativos (PB)
prepare, to preparar (PA)
present (*adj.*) actual (**8**)
present el regalo (**4**)
preserve, to preservar (**10**)
pretend, to fingir (5)
prevent, to prevenir (e → ie) (**10**)
pride el orgullo (5)
priest el cura (4)
prince el príncipe (1)
princess la princesa (1)
print, to imprimir (**5**)
printer la impresora (**5**)
prison la cárcel (**11**)
prize el premio (1)
probable, to be ser probable (3, 9)
procedure el procedimiento (**11**)
produce, to fabricar (**8, 10**)
production la función (9)
profession la profesión (**8**)
professional profesional (**8**)
profile el perfil (1)

profit el lucro (**8**)
prohibit, to prohibir (2, 9)
project el proyecto (3)
promenade el paseo (1)
promote, to ascender (e → ie) (**8**)
promoted, to be ascender (e → ie) (**8**)
proof la prueba (10)
property la propiedad (3)
proud orgulloso/a (**1**)
provided that con tal (de) que (7)
psychologist el/la psicólogo/a (**8**)
psychology la psicología (**8**)
public restrooms los servicios (7)
publicize, to publicitar (**8**)
puddle el charco (11)
puma el puma (**10**)
pumpkin la calabaza (**4**)
purpose el propósito (11)
put, to poner (PA, **1**)
put a cast on, to enyesar (**11**)
put away, to guardar (3, **5**)
put on (one's clothes), to ponerse
   (la ropa) (PA)
put on makeup, to maquillarse (PA)
put your foot in your mouth, to meter
   la pata (9)
pyramid la pirámide (1)

Q

qualification la calificación (8, 11)
quality la calidad (5)
quarter (*one*) el cuarto (PB)
quartet el cuarteto (**9**)
queen la reina (1)
quiet callado/a (**1**)
Quiet everybody (on the set)! ¡Silencio! (**9**)
quit, to renunciar (a) (**8**)
quit smoking cigarettes, to dejar de fumar
   cigarrillos (**11**)

R

race la carrera (**2**); la vuelta (2)
race car driver el/la piloto/a de carreras (5)
rack la pista (5, PB)
racket la raqueta (**2**)
raise, to criar (10)
rate la tasa (10)
raw crudo/a (**4**, PB)
razor la navaja de afeitar (7)
reach an agreement, to ponerse de acuerdo
   (2, 3)
read, to leer (PA)
real estate los bienes raíces (3)
Really? ¿De veras? (11)
rearview mirror el espejo retrovisor (5)
reason la razón (PA)
reboot, to reiniciar (5)
receive, to recibir (PA)
recently recién (PB)
receptacle el receptáculo (8)
receptionist el/la recepcionista (5)
recipe la receta (4)
recognize, to reconocer (PA)
recommend, to aconsejar (1, 2, 4, 9); proponer
   (2, 9); recomendar (e → ie) (PA, 2, 9)
recreational recreativo/a (2)
red-haired pelirrojo/a (**1**)
reduce, to reducir (**10**)
referee el/la árbitro/a (**2**)
reflect, to reflexionar (1); reflejar (**9**)
regret el pesar (8)

regret, to sentir (e → ie → i) (3, 9);
   arrepentirse (e → ie → i) de (4, PB)
reheat, to recalentar (ie) (**4**)
relative el/la pariente/a (**1**)
Relax. Tranquilo. (8)
relic la reliquia (8)
remain, to quedarse (PA)
remember, to acordarse (o → ue) de (PA);
   recordar (o → ue) (PA, **1**)
remind, to recordar (o → ue) (PA, **1**)
remodel, to remodelar (3); renovar (o → ue)
   (3, 5)
renew, to renovar (o → ue) (**3**, 5)
renewable renovable (10)
renovate, to remodelar (3); renovar (o → ue)
   (3, 5)
rent el alquiler (3)
rent, to alquilar (3)
rent a car, to alquilar un coche (5)
repair, to reparar (3); componer (**9**)
repeat, to repetir (e → i) (PA)
Repeat, please. Repite/a por favor. (2)
replace, to reemplazar (**10**)
report el reportaje (1); el informe (3)
reporter el/la reportero/a (**8**)
represent, to representar (**9**)
request el pedido (2, 5)
request, to pedir (e → i → i) (PA, 2, 9)
require, to requerir (e → ie) (**10**)
requirement el requisito (8)
rescue, to rescatar (**10, 11**)
resign, to renunciar (a) (**8**)
respond, to responder (5)
rest el descanso (1)
restore, to restaurar (5)
result el resultado (**2, 11**)
résumé el currículum (vitae) (C.V.) (**8**)
retire, to jubilarse (**8**)
retirement la jubilación (**1, 8**)
return, to regresar (PA); volver (o → ue)
   (PA, **1**)
return (an object), to devolver (o → ue)
   (PA)
review el repaso (PA)
review, to repasar (5)
rhinoceros el rinoceronte (**10**)
rib la costilla (**11**)
right justo/a (4)
right-click, to pulsar el botón derecho (5)
ring el anillo (7)
rink la pista (**2**)
risk el riesgo (**10**)
rivalry la rivalidad (2)
river el río (**10**)
roast, to asar (4)
rob, to robar (5)
robbery el robo (5)
role el papel (5, 9)
rookie el novato (2)
room el cuarto (3); la alcoba; la habitación;
   la recámara (3)
room service el servicio (5)
rooster el gallo (**10**)
roots las raíces (1)
roulette la ruleta (PA)
route el camino (5)
row, to remar (**2**)
rowing el remo (**2**)
royal real (1)
rude grosero/a; maleducado/a (**1**)
rug la alfombra (4)
ruin, to arruinar (8)
ruins las ruinas (3)

rule la regla (8)
run, to correr (PA)
running water el agua corriente (3)

S

sail, to pasear en barco (de vela) (2)
saint el/la santo/a (4)
salary el salario; el sueldo (8)
sale la venta (6, 8); la rebaja (7); el remate (7)
same igual (1)
same thing, the lo mismo (8)
sand la arena (5)
sardine la sardina (4)
saucepan la cacerola (3)
saucer el platillo (3)
sausage la salchicha (4)
save, to guardar (3, 5); ahorrar (8); salvar (10)
savings el ahorro (8)
sawdust el aserrín (4)
saxophone el saxofón (9)
saxophonist el/la saxofonista (9)
say, to decir (PA, 1, PB)
say exactly, to precisar (11)
say goodbye, to despedirse (e → i → i) (1, 11)
say hello, to saludar (1, 11)
Say hi to everyone at home. Saludos a todos por su / tu casa. (1)
Say hi to (*name*) at home. Saludos a (*nombre*) por su / tu casa. (1)
scan, to escanear (5)
scanner el escáner (5)
scar la cicatriz (1)
scarcity la escasez (10)
scare el susto (PB)
scarf la bufanda (7)
scatterbrained despistado/a (1)
schedule el horario (1, 8)
school (*adj.*) escolar (2)
scold, to reñir (i) (1)
score el resultado (2, 11); la calificación (8, 11)
screen la pantalla (2, 5)
screenwriter el/la guionista (9)
screw el tornillo (7)
script el guión (9)
scriptwriter el/la guionista (9)
scuba dive, to bucear (2)
sculpt, to esculpir (9)
sculptor el/la escultor/a (9)
sculpture la escultura (9)
sea el mar (10)
seafood los mariscos (4)
seal la foca (10)
search la búsqueda (2)
seatbelt el cinturón de seguridad (5)
secretary el/la secretario/a (8)
security guard el/la guardia de seguridad (5)
see, to ver (PA, 1)
See you. Nos vemos. (1)
seem, to parecer (1)
seem familiar, to sonar (o → ue) (2, 5)
selfish egoísta (1)
self-portrait el autorretrato (9)
seller el/la vendedor/a (2)
seminar el seminario (1)
Sensational! ¡Sensacional! (8)
sense el sentido (2)
sensitive sensible (1)
sentence la oración (PA)
separate, to separarse (1)
separated, to get separarse (1)
series la serie (4)

serious serio/a (1)
Seriously? ¿En serio? (11)
serve, to servir (e → i) (PA)
server el servidor (5)
set el decorado (9)
severe headache la jaqueca (11)
sew, to coser (2)
shadow la sombra (6)
shame la vergüenza (8)
shame, to be a ser una lástima (3, 9)
shampoo el champú (7)
share, to compartir (PA, 1)
shark el tiburón (10)
shave, to afeitarse (11)
shaving cream la crema de afeitar (7)
She is not home. No se encuentra. (7)
sheep la oveja (10)
shelf el estante (2)
shoe store la zapatería (7)
shop la tienda (7)
shopkeeper el/la comerciante (8)
shopping basket la cesta (2)
short corto/a (11)
short (film) el cortometraje (9)
short hair el pelo corto (1)
short sleeve la manga corta (7)
short-story writer el/la cuentista (9)
should deber (+ inf.) (PA)
shoulder el hombro (11)
show el espectáculo; la función (9)
show, to enseñar (PA); mostrar (o → ue) (PA); lucir (7)
show for the first time, to estrenar (1)
shower, to ducharse (11)
showy llamativo/a (3, 9)
shrimp los camarones (4)
shy tímido/a (1)
sidewalk la acera (3)
sign el signo (8); el letrero (11)
sign (papers), to firmar (los documentos) (PA, 5)
silver, made of hecho de plata (7)
similarity la semejanza (3, 6)
simple sencillo/a (1, 3, PB)
since pues (2); ya que (7)
Sincerely (Muy) Atentamente (8)
sing, to cantar (PA)
singer el/la cantante (PA)
single (*not married*) soltero/a (1)
single man el soltero (1)
single woman la soltera (1)
sister-in-law el/la cuñado/a (1)
sit down, to sentarse (e → ie) (PA)
size el tamaño (1)
skateboard, to patinar en monopatín (2)
skates los patines (2)
skeleton el esqueleto (4)
ski, to esquiar (2)
ski pole el bastón de esquí (2)
skill la destreza (5)
skillet la sartén (3)
skin la piel (1, 11)
skull la calavera (4)
slash (*in a URL*), / la barra (5)
sleep, to dormir (o → ue → u) (PA)
sling el cabestrillo (11)
slogan el lema (3)
small truck la camioneta (5)
smallpox la viruela (10)
smile la sonrisa (1)
smile, to sonreír (e → i) (5)
smog el esmog (10)
smoke el humo (10)

smoothly suavemente (2)
snack la botana (4)
so that de manera que; de modo que; para que (7)
soap el jabón (7)
soap opera la telenovela (4, 9)
social gathering la tertulia (3)
software el programa de computación (5)
solicit, to solicitar (8)
soloist el/la solista (9)
solve, to resolver (o → ue) (1)
something left, to have quedar (1)
sometimes a veces (11)
son el/la hijo/a (PA)
son-in-law el yerno (1)
soon pronto (4)
sorrow el pesar (8)
soul el alma (2)
soulmate la media naranja (9)
sound el sonido (7)
sound, to sonar (o → ue) (2, 5)
soup bowl la sopera (3)
source la fuente (8)
south el sur (1, 5)
southeast sureste (5)
southern austral (5)
southwest suroeste (5)
souvenir el recuerdo (5)
space el ámbito (7)
speak, to hablar (PA)
specialty la especialidad (7)
specify, to precisar (11)
speech el discurso (9)
speed la rapidez (5); la velocidad (5)
spend, to gastar (2, 3)
spinach las espinacas (4)
spokesperson el/la vocero/a (8)
sport utility vehicle (*SUV*) el vehículo utilitario deportivo (5)
sporting equipment el equipo deportivo (2)
sports los deportes (2)
sports-loving person deportista (2)
sports-related deportivo/a (2)
sporty deportista (2)
sprain, to torcerse (o → ue) (11)
square el cuadro (PA)
squash la calabaza (4)
squirrel la ardilla (10)
stadium el estadio (2)
stage el paso (PA); el escenario (9)
stage fright el miedo de salir en escena (9)
stage manager el/la director/a de escena (9)
stages of life las etapas de la vida (1)
staging el montaje (9)
stand out, to destacar(se) (3)
stand up, to levantarse (PA)
star la estrella (4)
start, to prender (5)
start up, to arrancar (5)
state el estado (PA)
station la estación (4)
station wagon la camioneta (5)
stationery shop la papelería (7)
stay, to quedarse (PA)
step el paso (PA)
step on, to pisar (2)
stepbrother el hermanastro (1)
stepdaughter la hijastra (1)
stepsister la hermanastra (1)
stepson el hijastro (1)
stew el guisado (4)
still life la naturaleza muerta (9)
stilts los zancos (7)

stir, to revolver (o → ue) (**4**)
stock market la bolsa (**8**)
stone la piedra (**3**)
stop, to dejar de (**2, 8**)
store la tienda (**7**)
store clerk el/la dependiente/a (**7**)
store window el escaparate (**7**)
story la historia (**4**)
stove la estufa (**4**)
straight hair el pelo lacio (**1**)
straighten up, to arreglar (**1, 8**)
strange raro/a (**1**)
strawberry la fresa (**4**)
stream el arroyo (**10**)
stress el estrés (**2**)
stretch, to estirarse (**11**)
stretcher la camilla (**11**)
strike la huelga (**8**)
strike, to hacer una huelga (**8**)
striking llamativo/a (**3, 9**)
string instruments las cuerdas (**7, 9**)
strings las cuerdas (**7, 9**)
strong fuerte (**11**)
stubborn terco/a (**1**)
studio el taller (**9, 11**)
study, to estudiar (**PA**)
style el estilo (**1**)
subject el tema (**1**); la materia (**9**)
substance la sustancia (**10**)
subtitles los subtítulos (**9**)
successful, to be tener éxito (**2**)
suffer, to sufrir (**2**)
suffering el sufrimiento (**5**)
sugar cane la caña de azucar (**5**)
suggest, to proponer (**2, 9**); sugerir
  (e → ie → i) (**2, 3, 9**)
suggest an alternative, to sugerir una
  alternativa (**11**)
summary el resumen (**1**)
sunglasses los lentes de sol (**5**)
Super! ¡Formidable! (**5**)
supervisor el/la supervisor/a (**8**)
support el apoyo (**1**)
Sure! ¡Claro! (**1, 3**); ¡Por supuesto! (**3, 5, 7, 10**)
surf, to hacer surf (**2**); navegar (**5**)
surface la superficie (**11**)
surfboard la tabla de surf (**2**)
surprise la sorpresa (**10**)
surprised sorprendido/a (**1**)
surround, to rodear (**10**)
surroundings los alrededores (**3**)
survey la encuesta (**11**)
survive, to sobrevivir (**10**)
sustain, to sostener (e → ie) (**10**)
sweep, to barrer (**3**)
sweet el bombón (**4**)
sweet (adj.) dulce (**3**)
sweet roll el pan dulce (**4**)
swell, to hincharse (**11**)
swimming pool la piscina (**3**)
sympathy el consuelo (**8**); la simpatía (**8**)
symphony orchestra la sinfónica (**9**)
symptom el síntoma (**11**)

T

tailor shop la sastrería (**7**)
take, to tomar (**PA**)
Take a bus. Tome/n un autobus. (**4**)
Take a taxi. Tome/n un taxi. (**4**)
Take care. Cuídese. / Cuídate. (**1**)
Take care. Que le / te vaya bien. (**1**)
take notes, to tomar apuntes (**8**)

take off (one's clothes), to quitarse (la ropa) (**PA**)
take over, to apropiarse (**8**)
take someone's blood pressure, to tomar
  la presión (**11**)
take someone's pulse, to tomar el pulso (**11**)
take turns, to turnarse (**PA**)
talcum powder el talco (**7**)
talented talentoso/a (**9**)
talk la charla (**PB**)
tapestry el tapiz (**9**)
tattoo el tatuaje (**1**)
teach, to enseñar (**PA**)
teacher el/la maestro/a (**8**)
teaching la pedagogía (**8**)
team el equipo (**2**)
technical técnico/a (**9**)
technology la tecnología (**5**)
tedious pesado/a (**1**)
(telemarketing) sales las ventas (por
  teléfono) (**8**)
telephone operator el/la telefonista (**5**)
television la televisión (**9**)
(television) network la cadena (de
  televisión) (**PA**)
television viewer el/la televidente (**9**)
tell, to decir (**PA, 1, PB**); contar (o → ue) (**1**);
  informar (**9**)
terrain el terreno (**2**)
testify, to declarar (**7**)
text message el mensaje de texto (**5**)
Thank you for calling (me). Gracias por
  haber(me) llamado. (**7**)
that que (**2, 5**); quien(es) (**5**)
That is . . . O sea... (**9, 11**)
That's it. Así es.; Eso es. (**7, 10**)
That's to say . . . Es decir... (**9**)
thaw, to descongelar (**10**)
The fact is that . . . Es que... (**9**)
The truth is . . . La verdad es que... (**11**)
theater el teatro (**9**)
their/s sus / suyos/as (**PA**)
theme el motivo (**9**)
theme el tema (**1**)
then entonces; luego (**4**)
therefore por lo tanto (**5**)
There's no doubt No cabe duda; No hay
  duda. (**10**)
There's no other solution. No hay más
  remedio. (**10**)
There's no other way. No hay más remedio.
  (**10**)
thermometer el termómetro (**11**)
thesis la tesis (**PB**)
thief el/la ladrón/ladrona (**5**)
thigh el muslo (**11**)
think, to pensar (e → ie) (**PA**)
This can't be! ¡No puede ser! (**5, 10, 11**)
This is . . . Es...; Soy...; Le / Te habla... (**7**)
This will soon pass. Esto pasará pronto. (**8**)
threat la amenaza (**10**)
threaten, to amenazar (**10**)
through por (**5**)
throw a frisbee, to tirar un platillo
  volador (**2**)
thus así (**2**)
ticket window la ventanilla (**2**)
tie (game) el empate (**2**)
tied atado/a (**8**)
tiger el tigre (**10**)
tight apretado/a (**7**)
Till the next time. Hasta la próxima. (**1**)
time la vez (**2**)
timetable el horario (**1, 8**)

tip la propina (**3**)
title el título (**1, 7**)
throw, to tirar (**PA, 1, 3**)
to the left of a la izquierda de (**7**)
to the right of a la derecha de (**7**)
To whom it may concern A quién
  corresponda (**8**)
together junto/a (**PA**)
together, to get reunirse (**PA**)
toilet paper el papel higiénico (**7**)
tolerate, to aguantar (**9**)
tone of voice el tono de voz (**1**)
tongue la lengua (**11**)
too much / many demasiado/a/os/as (**1**)
tool la herramienta (**3**)
toothbrush el cepillo de dientes (**7**)
toothpaste la pasta de dientes (**7**)
top (toy) el trompo (**7**)
torch la antorcha (**4**)
tour la gira (**5**)
tour, to viajar por (**5**)
tourism office la oficina de turismo (**5**)
tournament el torneo (**2**)
towel la toalla (**3**)
toy el juguete (**1, 5**)
toy store la juguetería (**7**)
track and field el atletismo (**2**)
traffic jam el atasco (**5**)
tragedy la tragedia (**9**)
train, to entrenar (**2, 8**)
trainer el/la entrenador/a (**1, 2**)
training la formación (**5, 8**);
  el entrenamiento (**11**)
transfer el traslado (**5**)
translate, to traducir (**8**)
transmission la transmisión (**5**)
transportation el transporte (**5**)
travel los viajes (**5**)
travel agency la agencia de viajes (**6**)
tray la bandeja (**11**)
treat, to tratar (**4**)
treatment el trato (**10**); el tratamiento (**10, 11**)
trio el trío (**9**)
trip el recorrido (**5**)
trips los viajes (**5**)
trombone el trombón (**9**)
true verdadero/a (**PB**)
try, to intentar; probar (o → ue) (**1**)
turkey el pavo (**4**)
turn, to doblar (**7**)
Turn right / left. Doble/n a la derecha /
  izquierda. (**4**)
turn . . . years old, to cumplir... años (**4**)
turnpike la autopista (**5**)
turtle la tortuga (**10**)
twins los gemelos (**1**)

U

Um . . . Este...; Pues... (**11**)
umbrella la sombrilla (**5**)
umpire el/la árbitro/a (**2**)
uncertain, to be no estar seguro (de) (**3, 9**)
uncle el tío (**PA**)
uncomfortable incómodo/a (**5**)
underestimate, to menospreciar (**11**)
understand, to comprender; entender
  (e → ie) (**PA**)
underwear la ropa interior (**7**)
undo, to deshacer (**7**)
unforeseen imprevisto/a (**11**)
unforgettable inolvidable (**1**)
unknown desconocido/a (**5**)

unless a menos que (**7**)
unplug, to desenchufar (**5**)
unsurpassable insuperable (**9**)
until hasta (que) (**7**)
up arriba (**5**)
update, to actualizar (**5**)
use, to usar; utilizar (PA, 1); emplear (7, 8)
utilize, to utilizar (1)

V

vacations las vacaciones (**5, 8**)
vaccination la vacuna (**11**)
Valentine's Day el Día de San Valentín (**4**)
valley el valle (**10**)
value el valor (**9**)
van la camioneta (**5**)
vase el florero (**3**)
veal la ternera (**4**)
vegetable la verdura (**4**)
vein la vena (**11**)
vendor el/la vendedor/a (**2**)
verse el verso (**4**)
veterinarian el/la veterinario/a (**8**)
violin el violín (**9**)
visual visual (**9**)
visual arts el arte visual (**9**)
voicemail el correo de voz (**5**)
volcano el volcán (**10**)
vomit, to vomitar (**11**)

W

wait for, to esperar (PA, 2, 9)
walk, to andar (1)
wall (*around a house*) el muro (**3**)
wallet la billetera (**7**)
want, to querer (e → ie) (PA, 2, 9)
wardrobe el vestuario (**9**)
wart la verruga (11)
wash oneself, to lavarse (PA)
washing machine la lavadora (**3**)
waste el/los desperdicio/desperdicios (5, **10**)
waste, to gastar (2, 3); desperdiciar (**10**)
waste products el/los desperdicios/ desperdicios (5, **10**)
wasteful gastador/a (**1**)
water the flowers, to regar (e → ie) las flores (**3**)
watercolor la acuarela (4, **9**)
waterfall la catarata (**10**)
watermelon la sandía (**4**)
wave la onda (10)
We would love to (but) . . . Nos encantaría (pero)... (**3**)

wear out, to gastar (2, **3**)
weather report el pronóstico del tiempo (2)
weaver el/la tejedor/a (**9**)
weaving el tejido (**9**)
web camera la cámara web (**5**)
wedding la boda (3, **4**)
wedding anniversary el aniversario de boda (**4**)
weed, to sacar la mala hierba (**3**)
weighed down agobiado/a (7, **10**)
weights las pesas (**2**)
well pues (**2**)
Well . . . Bueno...; Este...; Pues... (11)
well done bien hecho/a (5)
west el oeste (**5**)
whale la ballena (**10**)
What? ¿Cómo? (2)
What a pity! ¡Qué pena / lástima! (5, 8)
What a shame! ¡Qué pena / lástima! (5, 8)
What do you say? ¿Qué me cuentas? (1); ¿Qué dice/s?; ¿Qué dijiste / dijo? (5)
What do you think? ¿Qué opina/s? (5)
What do you think (about the idea)? ¿Qué le / te parece? (5)
What does . . . mean? ¿Qué quiere decir...?; ¿Qué significa...? (2)
(What) I mean . . . (Lo que) quiero decir... (9)
What's new? ¿Qué hay de nuevo? (1)
What's up? ¿Qué me cuentas? (1)
when cuando (2, **7**)
When you get to . . ., turn . . . Al llegar a..., doble/n... (4)
which que (2, 5)
while mientras (que) (PA, **7, 10**)
while, a la temporada (1)
who quien(es) (2); que (**2,** 5)
Who shall I say is calling? ¿De parte de quién? (7)
whom que (2, 5); quien(es) (5)
wide ancho/a (**11**)
widow la viuda (**1**)
widower el viudo (**1**)
wife la mujer (**1**)
wig la peluca (**1**)
wild salvaje (10)
win, to ganar (**2**)
wine glass la copa (**3**)
winegrowing la viticultura (8)
wisdom teeth los dientes de juicio (8)
wisdom tooth la muela de juicio (8)
wish el deseo (2)
wish, to querer (e → ie) (PA, 2, 9); desear (2, 9)
With love Con cariño (8)
with you contigo (2)

With your permission. Con permiso. (2)
without sin que (**7**)
Without a doubt. Sin duda.; No cabe duda.; No hay duda. (10)
wolf el lobo (**10**)
wood la madera (**3**)
wood instruments los instrumentos de viento / madera (**9**)
wood sculpture la talla (**9**)
woodwinds los instrumentos de viento / madera (**9**)
woodworking, to do hacer trabajo de carpintería (**2**)
work la obra (3)
work, to trabajar (PA)
worker el/la obrero/a (**3**)
work-related laboral (**8**)
workshop el taller (**9, 11**)
world mundial (*adj.*) (2)
worse peor (9)
worst, the el/la peor (9)
worst thing, the lo peor (8)
wrapping paper el papel de envolver (**7**)
wrestle, to practicar lucha libre (**2**)
wrist la muñeca (**11**)
wristwatch el reloj de pulsera (**7**)
write, to escribir (PA, **1**)
writer el/la escritor/a (**8**)
wrong equivocado/a (5)

X

X-ray la radiografía (**11**)

Y

yoga el yoga (**2**)
yoga, to do hacer yoga (**2**)
You don't say! ¡No me diga/s! (5, 7, 10, 11)
You have my sympathy. Mi más sentido pésame. (8)
You know . . . Sabes... (11)
young person el/la joven (9)
your (*fam.*) tu/s (PA)
your (*form.*) su (PA)
You're kidding me. Me estás tomando el pelo. (10)
You're pulling my leg. Me estás tomando el pelo. (10)
you're welcome no hay de qué (2)
your/s (*fam. pl. Spain*) vuestro/a/os/as (PA)
yours (*fam.*) tuyo/a/os/as (PA)
yours (*form.*) suyo/a (PA)
youth la juventud (**1**)

Credits

Photo Credits

pp. 2–3: © Andresr / Shutterstock; **p. 8 (top):** © Helga Esteb / Shutterstock.com; **(center, left to right):** © Mary A Lupo / Shutterstock.com; © Gustavo Miguel Fernandes / Shutterstock.com; © Christian Bertrand / Shutterstock.com; **(bottom, left to right):** © Entertainment Press / Shutterstock.com; © Helga Esteb / Shutterstock.com; 3777190317 / Shutterstock.com; **p. 9 (top):** © Andresr / Shutterstock; **(center):** © Debby Wong / Shutterstock.com; **(bottom):** © Monkey Business Images / Shutterstock; **p. 12 (top left):** © Monkey Business / Fotolia LLC; **(top right):** © Jack Hollingsworth / Digital Vision / Thinkstock; **(bottom left):** © Yuri Arcurs/ Shutterstock **(bottom right):** © Photos.com / Thinkstock; **p. 16:** © Andresr / Shutterstock; **p. 17:** © Monkey Business Images / Shutterstock; **p. 18 (top left):** © Debby Wong / Shutterstock.com; **(top right):** © K2 images / Shutterstock.com; **(bottom left):** © BRIAN KERSEY/UPI /Landov; **(bottom right):** © lev radin / Shutterstock.com; **p. 21:** © Brand X Pictures/ Thinkstock; **p. 23:** © humbak / Shutterstock; **p. 24 (top):** © Shots Studio/Shutterstock; **(center, left to right):** © carlo dapino / Shutterstock; © ewphotoservice / Shutterstock; © Jose AS Reyes / Shutterstock; **(bottom, left to right):** © micro10x / Shutterstock; © prodakszyn / Shutterstock; Thinkstock; **p. 25:** Andresr / Shutterstock; **p. 27:** © Andresr / Shutterstock; **p. 30 (top):** © Supri Suharjoto / Shutterstock; **(bottom):** © Andresr / Shutterstock; **pp. 32–33:** © Yuri Arcurs/Shutterstock; **p. 38:** © AZP Worldwide/Shutterstock; **p. 41 (left to right):** © Andresr/Shutterstock; © Fatal Sweets/Shutterstock; © liquidlibrary/Getty Images; **p. 43:** © auremar/Shutterstock; **p. 47:** © R.Ashrafov/Shutterstock; **p. 51 (top):** © Petinov Sergey Mihilovich/Shutterstock; **(bottom):** © Yuri Arcurs/Shutterstock; **p. 52 (left to right):** © Michel Stevelmans/Shutterstock; © BananaStock/Thinkstock; © oliveromg/Shutterstock; © JinYoung Lee/ Shutterstock; **p. 54:** © Dorling Kindersley; **p. 55:** © Jack Hollingsworth/Thinkstock; **p. 57 (top, clockwise from left):** © Corbis; © INTERFOTO / Alamy; © Keith Dannemiller / Alamy; **(bottom):** © Ryan McVay/Thinkstock; **p. 58 (left to right):** © Supri Suharjoto/Shutterstock; © CREATISTA/Shutterstock; © Dmitriy Shironosov/Shutterstock; © Stockbyte/Thinkstock; **p. 59 (top):** © dwphotos/Shutterstock; **(bottom, left to right):** © Gina Smith/Shutterstock; © Blend Images/Shutterstock; © Monkey Business Images/Shutterstock; **p. 62 (top left):** © Paul Matthew Photography/Shutterstock; **(center):** © iStockphoto/Thinkstock; **(bottom left):** © oorka/Shutterstock; **(bottom right):** © AP Wide World Photos; **p. 63 (top left):** © CHRISTIAN ARAUJO/Shutterstock; **(center left):** © Samuel Acosta/Shutterstock; **(center right):** © Nickolay Stanev/Shutterstock; **p. 64:** Pearson Education/PH College; **p. 66:** Pearson Education/PH College; **pp. 70–71:** © olly/Shutterstock; **p. 74:** © auremar/Shutterstock; **p. 75:** © Galyna Andrushko/ Shutterstock; **p. 77:** © Laura Litman/Shutterstock; **p. 80 (top):** © Yuri Arcurs/Shutterstock; **(2nd row, left to right):** © Diego Barbieri/ Shutterstock; © Mana Photo/Shutterstock; © Lario Tus/Shutterstock; **(3rd row, left to right):** © Michael Pettigrew/Shutterstock; © pjcross/Shutterstock; **(4th row, left to right):** © Roca/Shutterstock; © pirita/Shutterstock; © Ilja Mašík/Shutterstock; **p. 82 (top):** © Arthur Eugene Preston/Shutterstock.com; **(bottom):** © oliveromg/Shutterstock; **p. 83 (top, left to right):** © stefanolunardi/ Shutterstock; © Stefano Tiraboschi/Shutterstock; © Darren Baker/Shutterstock; **(middle):** © Tao Associates/Stone/Getty Images; **p. 84:** © ARENA Creative/Shutterstock; **p. 87 (top, left to right):** © Yuri Arcurs/Shutterstock; © Konstantin Sutyagin/Shutterstock; © stefanolunardi/Shutterstock; © AVAVA/Shutterstock; **(bottom, left to right):** © Rich Carey/Shutterstock; © Kzenon/Shutterstock; © silver-john/Shutterstock; © Morgan Lane Photography/Shutterstock; **p. 88:** © Dmitriy Shironosov/Shutterstock; **p. 92:** © monbibi/ Shutterstock; **p. 93:** © lev radin/Shutterstock.com; **p. 94 (clockwise from left):** © Classic Image/Alamy; Matt Trommer/Shutterstock. com; © sportgraphic/Shutterstock.com; **p. 95:** ©photogolfer/Shutterstock.com; **p. 96 (left):** © maxstockphoto/Shutterstock.com; **(right):** © Mike Flippo/Shutterstock; **p. 97 (top):** © ARENA Creative/Shutterstock; **(bottom left):** © Elinag/Shutterstock; **(bottom right):** © Digital Vision/ Thinkstock; **p. 100 (top left):** © CREATISTA/Shutterstock; **(center left):** © D. Heining-Boynton, HBPHOTOPRO.COM.; **(center right):** © D. Heining-Boynton, HBPHOTOPRO.COM.; **(bottom):** © Rich Carey/Shutterstock; **p. 101 (top left):** Humberto Ortega/Shutterstock; **(top right):** © Steve Heap/Shutterstock; **(bottom left):** ©Dalayo/Shutterstock; **(bottom right):** © Steve Estvanik/Shutterstock; **p. 102:** ©Pearson Education/PH College; **p. 104:** ©Pearson Education/PH College; **pp. 108–109:** ©Aaron Amat /Shutterstock; **p. 112:** ©Aaron Amat /Shutterstock; **p. 117 (top):** ©Creatas/Getty Images/Thinkstock; **(bottom):** © mihalec/Shutterstock; **p. 118:** © iStockphoto/Thinkstock; **p. 119:** © Rob Marmion/Shutterstock; **p. 120:** © Chad McDermott/Shutterstock; **p. 124:** Dorling Kindersley Limited; **p. 128:** © Dmitriy Shironosov/Shutterstock; **p. 129:** © D. Heining-Boynton, HBPHOTOPRO.COM.; **p. 130:** ©StockLite /Shutterstock; **p. 131 (clockwise from left):** ©Left Eyed Photography / Shutterstock; ©LOOK Die Bildagentur der Fotografen GmbH / Alamy; ©Jarno Gonzalez Zarraonandia/Shutterstock; **p. 132:** ©GG Pro Photo /Shutterstock; **p. 134:** © BortN66/Shutterstock; **p. 135 (top):** ©Brooke Becker/ Shutterstock; **(bottom):** ©Comstock Images/ Getty/Thinkstock; **p. 138 (top left):** © AVAVA/Shutterstock; **(center left):** ©Glen Allison/Stone/Getty Images; **(center right):** ©Medioimages/Photodisc/Thinkstock; ©Aguilarphoto/Shutterstock; **p. 139 (top left):** ©Somatuscan/Shutterstock; **(top right):** ©D. Heining-Boynton, HBPHOTOPRO.COM; **(center left):** ©D. Heining-Boynton, HBPHOTOPRO.COM; **(center right):** ©F.C.G./ Shutterstock; **(bottom):** ©D. Heining-Boynton, HBPHOTOPRO.COM; **p. 140:** ©Pearson Education/PH College; **p. 142:** ©Pearson Education/PH College; **pp. 146–147:** ©tan4ikk/Shutterstock; **p. 151:** ©Francisco Javier Alcerreca Gomez/Shutterstock; **p. 152:** ©naumalex/Shutterstock; **p. 154 (left):** ©IgorGolovniov / Shutterstock.com; **(right):** ©AlexanderZam/Shutterstock; **p. 156:** ©Jose Gil/ Shutterstock; **p. 157:** ©Blend Images/Shutterstock; **p. 161:** ©kai hecker/Shutterstock; **p. 162 (top):** ©D. Heining-Boynton, HBPHOTOPRO.COM; **(bottom):** ©David Gilder/Shutterstock; **p. 163:** ©George Doyle/Stockbyte/Thinkstock; **p. 165 (top):** ©ifong/ Shutterstock; **(bottom):** ©D. Heining-Boynton, HBPHOTOPRO.COM; **p. 169:** ©Shutterstock; **p. 171:** ©AISPIX/Shutterstock; **p. 172 (clockwise from left):** ©AP Images/Eduardo Verdugo; © Per Karlsson/Alamy; ©Jorge Cubells Biela/Shutterstock; **p. 175 (top):**

(center left): ©olly/Shutterstock; (center right): ©Thirteen/Shutterstock; (bottom left): ©Kiselev Andrey Valerevich/Shutterstock; (bottom right): ©AYAKOVLEV.COM/Shutterstock; p. 397 (left): ©MARCOS BRINDICCI/RTR/Newscom; (center): ©Kazimierz Jurewicz/Alamy; (right): © Filmspiegel/Dreamstime; p. 399 (top): ©CREATISTA/Shutterstock; (center far left): ©Monkey Business Images/Shutterstock; (center middle left): ©Carme Balcells/Shutterstock; (center middle right): ©Andy Dean Photography/Shutterstock; (center far right): ©Monkey Business Images/Shutterstock; (bottom left): ©Pearson Education/PH College; (bottom right): ©Pearson Education/PH College; p. 402 (top): ©Photos.com/Thinkstock; (center left): ©Susan Abad/El Comercio de Per/Newscom; (center right): ©Ronald Sumners/Shutterstock; (bottom): ©APP Photo/Barriopedro; p. 403 (top right): ©Radu Razvan/Shutterstock; (top right): ©steve100/Shutterstock; (bottom left): © Presselect / Alamy; (bottom right): Pablo Corral Vega/Corbis; p. 404: ©Pearson Education/PH College; p. 406: ©Pearson Education/PH College; pp. 410–411: © kwest / Shutterstock; p. 415: © argus / Shutterstock; p. 416 (top): © dwphotos / Shutterstock; (bottom, left to right): © XuRa / Shutterstock; © R McIntyre / Shutterstock; © ssuaphotos / Shutterstock; © Dudarev Mikhail / Shutterstock; p. 418 (top row, left to right): © Anton Prado PHOTO / Shutterstock; © Nataliya Hora / Shutterstock; © Daniel Prudek / Shutterstock; (bottom row, left to right): © Liquid Productions, LLC / Shutterstock; © gary yim / Shutterstock; © Huguette Roe / Shutterstock; p. 427 (top): © Bizroug / Shutterstock; (center row, left to right): © Steven Russell Smith Photos / Shutterstock; © EcoPrint / Shutterstock; © Catmando / Shutterstock; (bottom row, left to right): © Maria Dryfhout / Shutterstock; © kated / Shutterstock; p. 428 (top): © Christopher Ewing / Shutterstock; (top row, left to right): © Serg64 / Shutterstock; © James Laurie / Shutterstock; © kochanowski / Shutterstock; (center row, left to right): © Jan Martin Will / Shutterstock; © palko72 / Shutterstock; © Chuck Wagner / Shutterstock; (bottom row, left to right): © visceralimage / Shutterstock; © Hugh Lansdown / Shutterstock; © vblinov / Shutterstock; p. 429 (top row, left to right): © R. Gino Santa Maria / Shutterstock; © rattanapatphoto / Shutterstock; © Allie van Niekerk / Shutterstock; (center row, left to right): © Denis Vesely / Shutterstock; © Ronnie Howard / Shutterstock; © Rena Schild / Shutterstock; (bottom row, left to right): © Clive Watkins / Shutterstock; © Geanina Bechea / Shutterstock; © Thomas Zobl / Shutterstock; p. 434: © Tischenko Irina / Shutterstock; p. 436: David Peart © Dorling Kindersley; p. 438 (clockwise from left): Joel Sartore Photography; Album/Newscom; © ARMANDO SALAZAR/NOTIMEX/Newscom; p. 440: © beboy / Shutterstock; p. 441 (top right): © Sabino Parente / Shutterstock; (center right): © Tatiana Popova / Shutterstock; (bottom left): © Vlad61 / Shutterstock; (bottom right): © Tifonimages / Shutterstock; p. 444 (top left): © fotoluminate / Shutterstock; (center left): © Vladimir Melnik/Shutterstock; (center right): © Celso Diniz/Shutterstock; (bottom): © Ralph Loesche / Shutterstock; p. 445 (top left): © Ralph Loesche / Shutterstock; (top right): ©D. Heining-Boynton, HBPHOTOPRO.COM; (center left): © Rich Lindie / Shutterstock; (bottom): © © NICOLAS LARENTO/fotolia; p. 446: © Pearson Education/PH College; p. 448: © Pearson Education/PH College; pp. 452–453: © Artyzan / Shutterstock; p. 456: © SerrNovik / Shutterstock; p. 457: © iofoto / Shutterstock; p. 458 (top): © Blend Images / Shutterstock; (bottom): © Andresr / Shutterstock; p. 459: © Kzenon / Shutterstock; p. 461: © Golden Pixels LLC / Shutterstock; p. 462 (top): © Monkey Business Images / Shutterstock; (bottom): © Dorling Kindersley; p. 463: © Andresr / Shutterstock; p. 464: © Monkey Business Images / Shutterstock; p. 468: © Alexander Raths / Shutterstock; p. 470: © Sportstock / Shutterstock; p. 471: © Alex James Bramwell / Shutterstock; p. 476: © Monkey Business Images / Shutterstock; p. 478: © stefanolunardi / Shutterstock; p. 479: © Philip Lange / Shutterstock; p. 481 (clockwise from left): © Carlos Pérez de Rozas / EFE News Services, Inc.; AP Photos; AP Photos/Tony Gomez; p. 483 (top right): © Alexander Raths / Shutterstock; (center, from left to right): © BioMedical / Shutterstock; © Sebastian Kaulitzki / Shutterstock; © konmesa / Shutterstock; (bottom): © wellphoto/fotolia; p. 486 (top left): © Andrew Park / Shutterstock.com; (center right): © vadim kozlovsky / Shutterstock; (bottom): © BasPhoto / Shutterstock; p. 487 (top left): © Picsfive/Shutterstock; (top right): © holbox / Shutterstock; (bottom left): Deni Bown © Dorling Kindersley; (bottom right): © JIANG HONGYAN / Shutterstock; p. 488: © Pearson Education/PH College; p. 490: © Pearson Education/PH College; p. 494 (left): ©Matt Ragen/Shutterstock; (right): ©Angel Simon/Shutterstock; p. 495 (left): ©kwest/Shutterstock; (right): ©Artyzan/Shutterstock; p. 500: ©wong yu liang/Shutterstock; p. 501 (top left): ©Ala Alkhouskaya/Shutterstock; (top right): © Elnur/Shutterstock; (bottom): ©PinkBlue/Shutterstock; p. 503 (top): ©Monkey Business Images/Shutterstock; (bottom left): ©auremar/Shutterstock; (bottom right): ©Aaron Amat/Shutterstock; p. 504: ©Dan Bannister/Shutterstock; p. 505 (top left): ©Kostia/Shutterstock; (top right): ©Leremy/Shutterstock; (center left): ©tele52/Shutterstock; (center right): ©Elena Schweitzer/Shutterstock; (bottom): ©Supertrooper/Shutterstock; p. 506 (top): ©Tyler Olson/Shutterstock; (bottom): ©Stephanie Frey/Shutterstock; p. 511: ©Tatiana Popova/Shutterstock; p. 513 (top): ©Moritz Buchty/Shutterstock; (bottom): ©william casey/Shutterstock; p. 516 (all): © Pearson Education/PH College; p. 517 (top row, left to right): ©FXEGS Javier Espuny/ Shutterstock; ©David Davis/Shutterstock; ©StockLite/Shutterstock; ©Remistudio/Shutterstock; (center row, left to right): ©Ronald Sumners/Shutterstock; ©Radu Razvan/Shutterstock; ©steve100/ Shutterstock; ©D. Heining-Boynton, HBPHOTOPRO.COM; (bottom row, left to right): © Vladimir Melnik/Shutterstock; ©BasPhoto/ Shutterstock; © Picsfive/Shutterstock; ©holbox/Shutterstock.

A72

Index